JN329909

苦手克服！

これで完璧！

矩《かな》計《ばかり》図《ず》で徹底的に学ぶ住宅設計

中山繁信・細谷功・長沖充・蕪木孝典・伊藤茉莉子・杉本龍彦 共著

Ohmsha

本書を発行するにあたって，内容に誤りのないようできる限りの注意を払いましたが，本書の内容を適用した結果生じたこと，また，適用できなかった結果について，著者，出版社とも一切の責任を負いませんのでご了承ください．

本書は，「著作権法」によって，著作権等の権利が保護されている著作物です．本書の複製権・翻訳権・上映権・譲渡権・公衆送信権（送信可能化権を含む）は著作権者が保有しています．本書の全部または一部につき，無断で転載，複写複製，電子的装置への入力等をされると，著作権等の権利侵害となる場合があります．また，代行業者等の第三者によるスキャンやデジタル化は，たとえ個人や家庭内での利用であっても著作権法上認められておりませんので，ご注意ください．

本書の無断複写は，著作権法上の制限事項を除き，禁じられています．本書の複写複製を希望される場合は，そのつど事前に下記へ連絡して許諾を得てください．

出版者著作権管理機構
（電話 03-5244-5088，FAX 03-5244-5089，e-mail : info@jcopy.or.jp）

JCOPY ＜出版者著作権管理機構 委託出版物＞

はじめに

矩計図（かなばかりず）とは難しいもの、と思っている人は少なくない。まず、「矩計」という漢字は知っていなければ通常読めないから、その時点で敷居が高そうに思ってしまう。

しかし、この矩計図も、基本的な建築のしくみと、建設されていく過程を知れば、そう難しいものではない。

この本は木造住宅の基本的な矩計図を描けるようになるために、できる限り平易にわかりやすく記したつもりである。

特に矩計図の書き順と、施工過程とを並べ「パラパラ」マンガのように順序立てて図解してある点が特徴である。基本的には建物をつくる順序で描いていけばよいのである。また、建築用語は特殊で読み方なども難しい。それらも初心者に理解できるように、ていねいに説明したつもりである。加えて、読者諸氏が基本をマスターし、応用ができるように、部位の詳細図も数多く載せた。

ぜひ、この本で苦手とされる矩計図を描けるようになってほしい。

著者を代表して
中山繁信

Contents

苦手克服！　これで完璧！

矩計図で徹底的に学ぶ住宅設計

第1章 パラパラ読み解く矩計図

1 矩計図とは

2 平屋

第2章 部位別に見る矩計図

1 基礎・土台・1階廻り

2 2階床・天井廻り

3 屋根・軒廻り

4 外部造作・開口廻り

第3章 部位別パターンの組み合わせ

第4章 名作住宅の矩計図

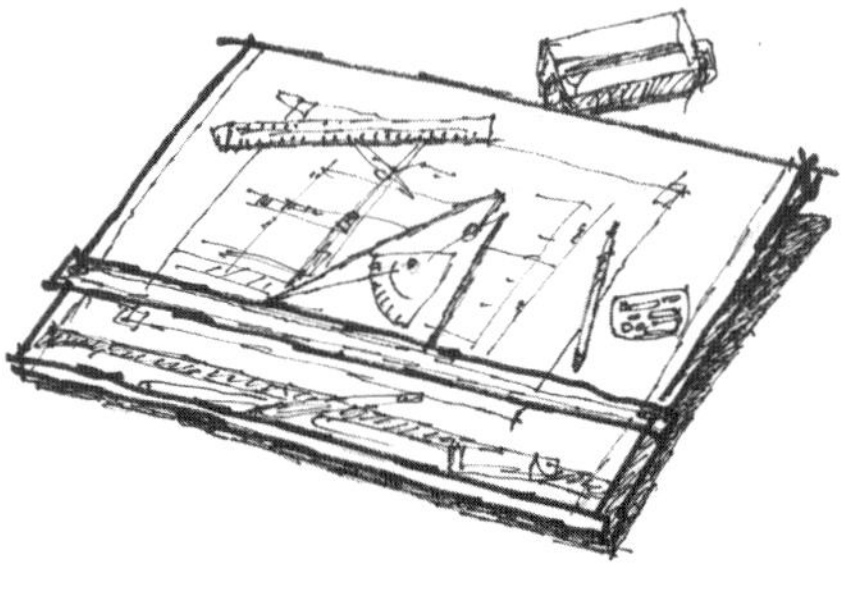

この章では矩計図の描くために必要な
基礎的な知識と図面の記号、描き順を学ぶ。
矩計図を描くには建築のしくみと、
それを建設する工程を知る必要があるため、
矩計図の描き順と施工の過程を並列に並べ図解している。
図面の線の種類、太さ、そして線の意味を
理解しながら順次描いていけば、
初心者でも基本的な矩計図は描けるはずである。

第1章 パラパラ読み解く 矩計図

1 矩計図とは

01 矩計図の役割

高さ寸法は軒高まで表示する
寸法線は内側は細かい寸法、
外側に向かって順次大きな寸法にする

軒の高さ

1階床から2階床までの高さ

基礎、土台の寸法関係を表示する
（必ずGL、FLとの関係がわかるように）

地盤面（GL）から床の高さ（FL）の寸法の表示

1階床レベル

地盤レベル（GL±0）

建物名と図面名称、縮尺の表示

矩《かな》計図《ばかりず》とは、建物の基礎から、軒までの主要な外壁部分を切断した**断面詳細図**の一種である。

また、矩計図は建物の仕様や性能の情報が一目でわかるように図面化されていなければならない。したがって、矩計図は建築の設計図面の中でも**最も重要な図面の一つ**である。

矩計図を描けるようになるには、建物の構造、材の接合の仕方（納まり）、さらに施工の手順などを理解していなければ正確な矩計図は描くことができないから、建築全般にわたって知識を深めてほしい。

矩計図では何を表現しなければならないのか

建築の図面は**第三者**（**建て主や施工者たち**）に建物の形や性能の情報が**正確に伝えられなければならない**。したがって、図面は見やすく、かつ美しく描き表すことが重要である。

特に矩計図はさまざまな建築の図面の中でも重要な図面であり、その図面には必ず表現されていなければならない情報がある。それらを**「矩計図の必須七か条」**としてまとめてみる。

一　原則、**基礎から軒先まで**の断面を**途中省略することなく**描き表す。

矩計図が壁一枚を切った単なる棒状の矩計図である場合、俗に「ボウカナ」などと呼ばれる。

よりていねいな矩計図は基礎から屋根の棟まで描かれた図や、建物全体の断面詳細図の矩計図もある。

二　一般的には**縮尺1／20**で描くが、建物の規模などによっては1／30、1／50で描く場合もある。

三　設計された**建物の特徴が最もよく表われている部分**を描き表す。普通、居間からテラス部分、玄関部分などの建物の主要断面を表現する。

四　構造と下地材、仕上材の**接合の仕方**、防水、断熱材など**位置と納まり**が図化されていなければならない。

五　構造材、仕上材などの**大きさ（寸法）**と**材質が表記**されていなければならない。

六　**建物の高さ**（床高、階高、天井高、軒高、開口部の高さなど）**の寸法**が**基準線からわかりやすく**表記されていなければならない。

七　**寸法の単位**は必ず㎜で表記する。

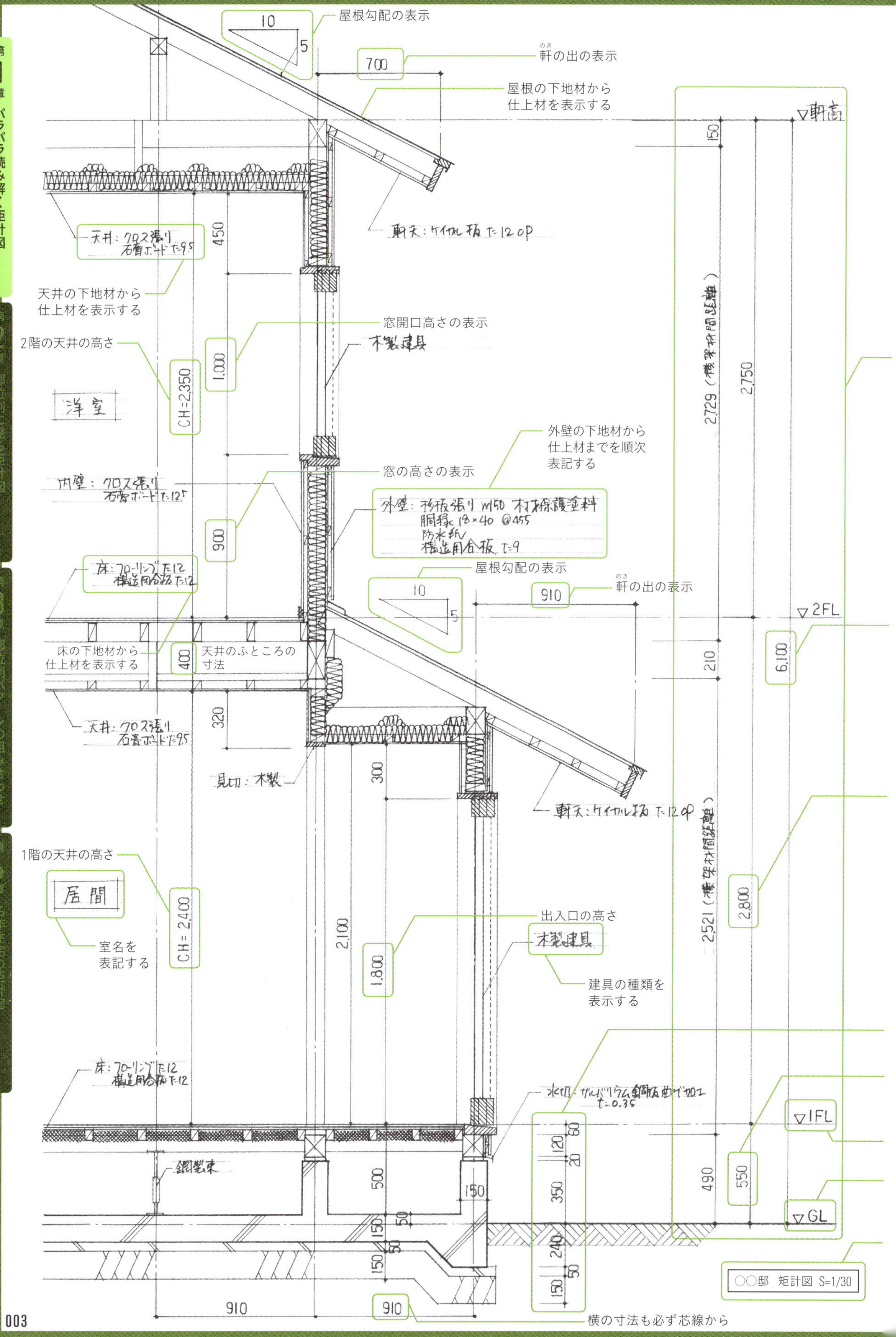
屋根勾配の表示
10
5
700
軒《のき》の出の表示
屋根の下地材から
仕上材を表示する
▽軒高
150
軒天：ケイカル板 t=12 OP
天井：クロス張り
石膏ボード t=9.5
450
天井の下地材から
仕上材を表示する
窓開口高さの表示
木製建具
2階の天井の高さ
CH=2,350
1,000
洋室
2729（横架材間距離）
2,750
外壁の下地材から
仕上材までを順次
表記する
窓の高さの表示
内壁：クロス張り
石膏ボード t=12.5
外壁：杉板張り W150 木材保護塗料
胴縁 18×40 @455
防水紙
構造用合板 t=9
900
床：フローリング t=12
構造用合板 t=12
屋根勾配の表示
10
5
910
軒《のき》の出の表示
▽2FL
床の下地材から
仕上材を表示する
400
天井のふところの
寸法
210
6,100
天井：クロス張り
石膏ボード t=9.5
320
300
見切：木製
軒天：ケイカル板 t=12 OP
1階の天井の高さ
居間
CH=2,400
室名を
表記する
2,100
2521（横架材間距離）
2,800
出入口の高さ
木製建具
1,800
建具の種類を
表示する
床：フローリング t=12
構造用合板 t=12
水切：ガルバリウム鋼板曲げ加工
t=0.35
▽1FL
鋼製束
60
120
20
500
350
150
490
550
▽GL
50
150
50
240
150
50
150
910
910
○○邸 矩計図 S=1/30
横の寸法も必ず芯線から

	製図作業	決定しなければならない事項	図面表示
1	**基準線を描く** （芯線とレベル線）	地盤面（GL）、床高（FL）、屋根勾配、階高、軒高、天井高（CH）を決める。	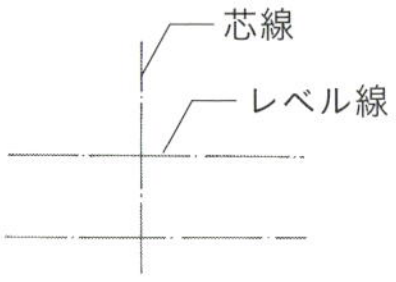芯線 レベル線
2	**基礎を描く**	基礎の形を決める。主に現在では布基礎かベタ基礎。基礎の形と深さなどは、建物の規模、地盤などによって決まる。	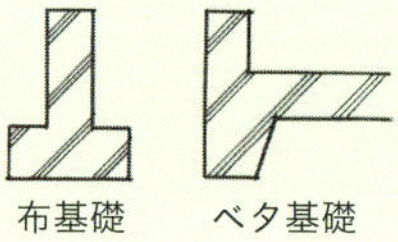布基礎 ベタ基礎
3	**土台を描く**	基礎の上に土台の腐食と床下通気を兼ねた基礎パッキンを敷いて、その上に土台（ヒノキ材、120×120）を敷く。	
4	**主構造材を描く** （柱、土台、桁、梁、棟木、筋交、火打ちなど）	土台の上に柱、桁、梁、棟木を組み上げる。この段階を「上棟」という。主構造材は建物全体の構造を担う材。図面では断面形に「×印」で表示される。	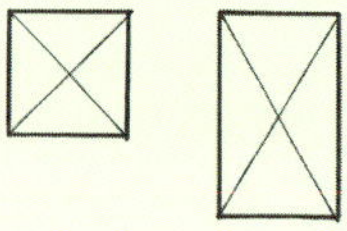
5	**副構造材を描く** （間柱、大引、根太、母屋、窓台、まぐさ、野縁など）	床や壁の強度を得るための下地材。窓台、まぐさは窓枠を入れるための補強材。図面では材に「斜線」で表示される。	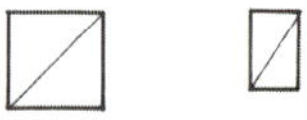
6	**造作材と下地材を描く** （戸枠、窓枠、巾木など）	造作材は化粧材ともいわれ、カンナをかけた材で、図面では斜線のハッチングで表示される。	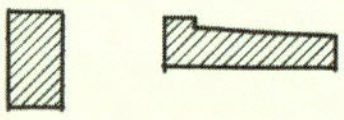
7	**仕上材を描く** （床材、内壁、外壁材、屋根材など）	フローリングなどの厚みのある材はできるだけ表現する。クロスは「破線」または「シングルライン」。ペイントは文字表示にする。	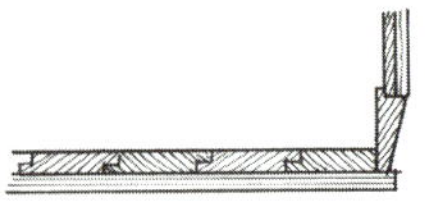
8	**仕様、寸法線、寸法、材質を記入する**	図面では表せない材質、材料名、材の厚みなどを文字や数字で記入する。高さや幅の寸法、屋根の勾配、地盤面、断熱材、縮尺、図面名称を表示する。	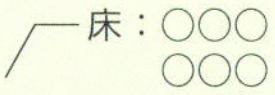床：〇〇〇 〇〇〇

03 本書の表記事項

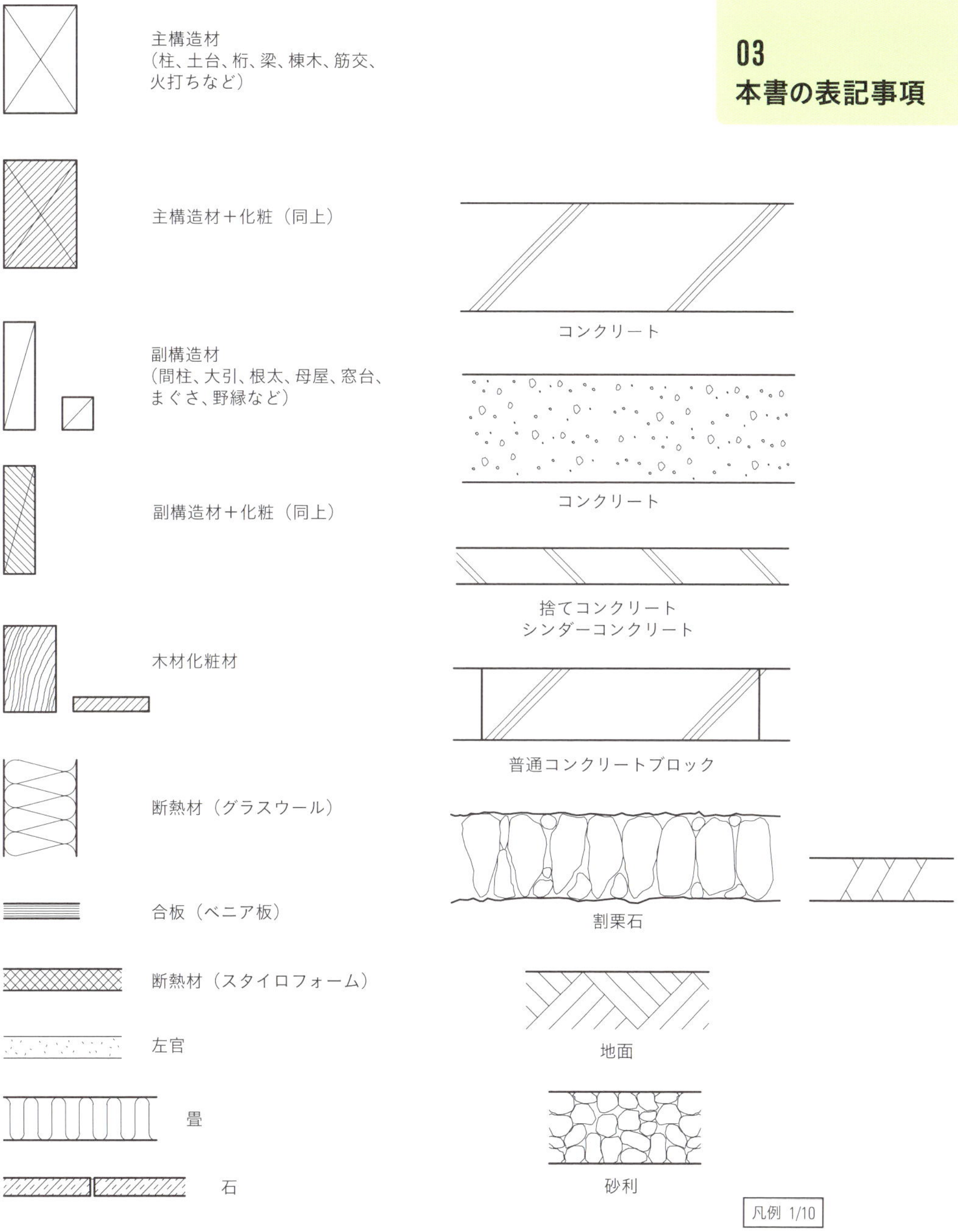
主構造材
（柱、土台、桁、梁、棟木、筋交、火打ちなど）
主構造材＋化粧（同上）
副構造材
（間柱、大引、根太、母屋、窓台、まぐさ、野縁など）
副構造材＋化粧（同上）
木材化粧材
断熱材（グラスウール）
合板（ベニア板）
断熱材（スタイロフォーム）
左官
畳
石
コンクリート
コンクリート
捨てコンクリート
シンダーコンクリート
普通コンクリートブロック
割栗石
地面
砂利
凡例 1/10

「：」＝部位の明示

床：○○○○
　　○○○○○○

t=○○　厚みを示す

GL　地盤面（建物の基準となる高さ±0）

FL　フロアレベル（GLからの高さ）

プラスターボード
石膏ボード
GB
PB
→ 石膏ボード

120角
120×120
→ 120×120

桧
檜　（木部名称）→ ヒノキ
ヒノキ

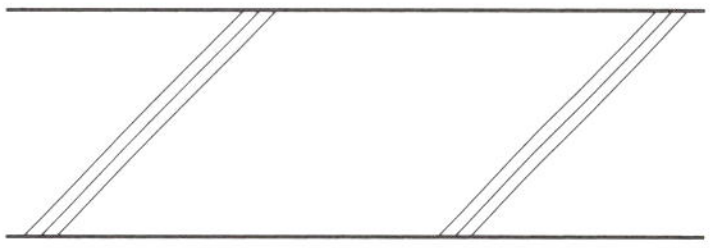

04 木造住宅ができるまで

❶ 水盛《みずもり》・遣《や》り方《かた》

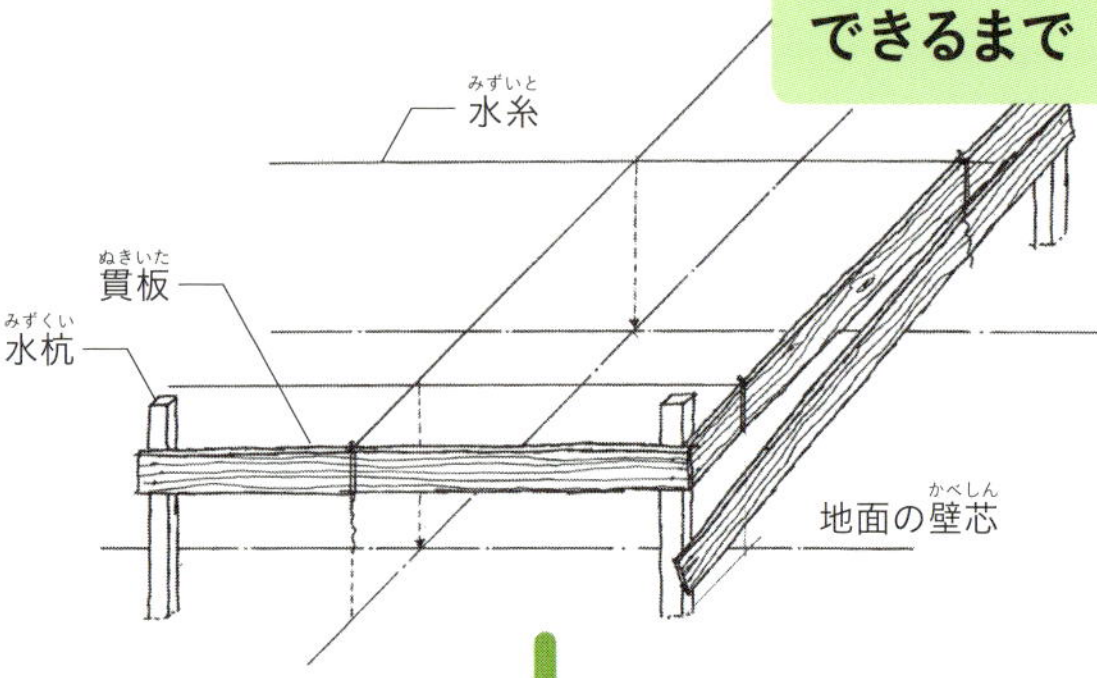
水糸《みずいと》
貫板《ぬきいた》
水杭《みずくい》
地面の壁芯《かべしん》

❷ 根伐《ねぎ》り

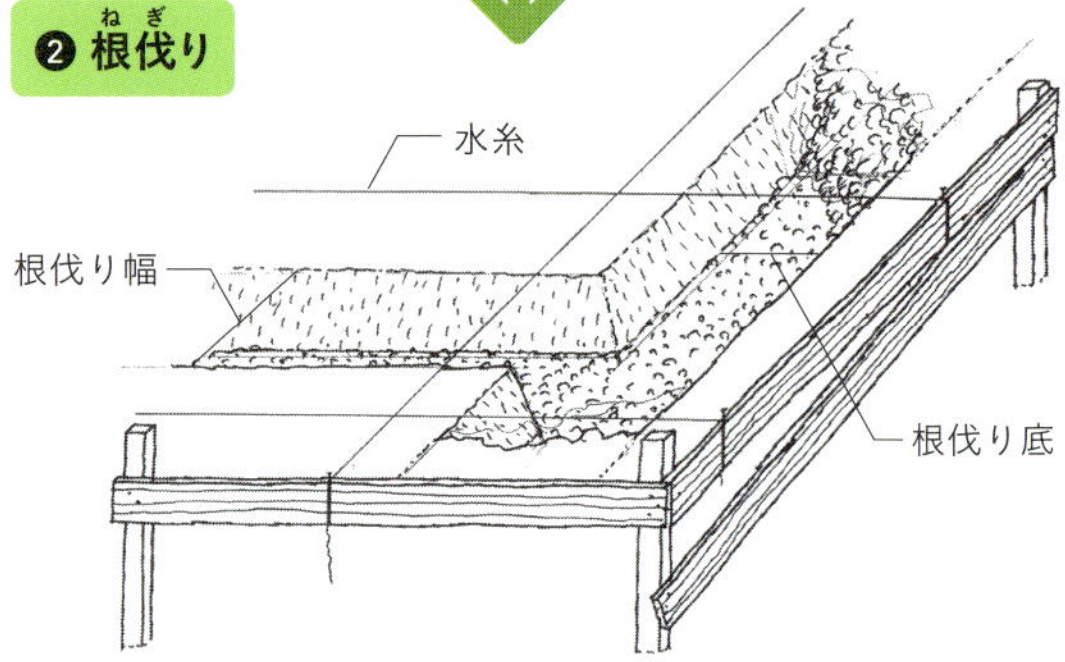
水糸
根伐り幅
根伐り底

❸ 墨出《すみだ》し

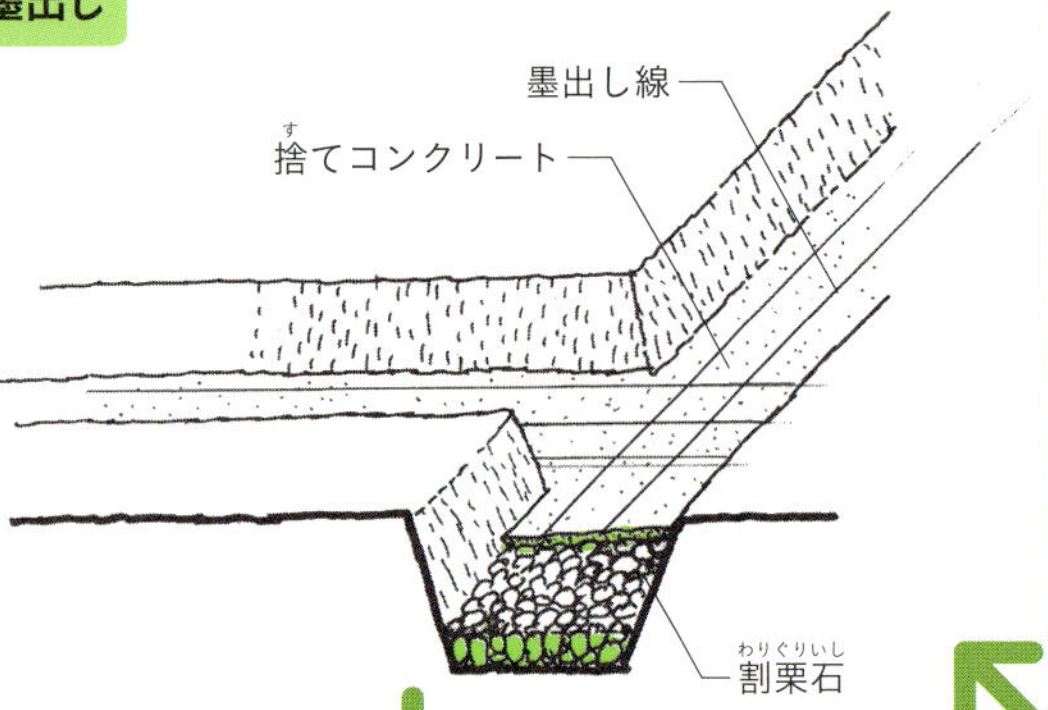
墨出し線
捨《す》てコンクリート
割栗石《わりぐりいし》

❹ 基礎配筋《きそはいきん》

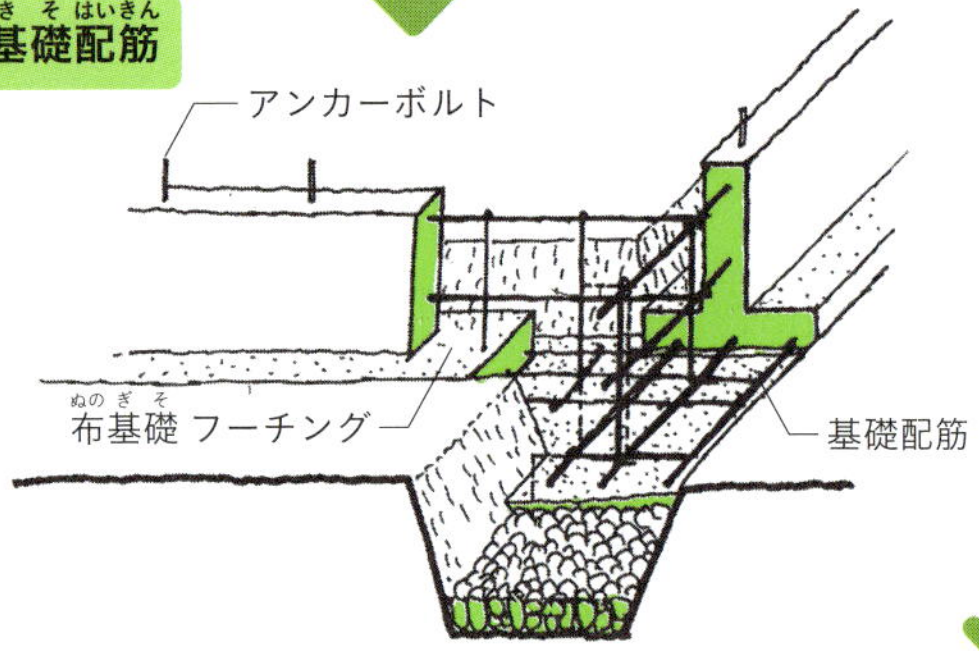
アンカーボルト
布基礎《ぬのぎそ》 フーチング
基礎配筋

❺ 基礎《きそ》コンクリート打ち

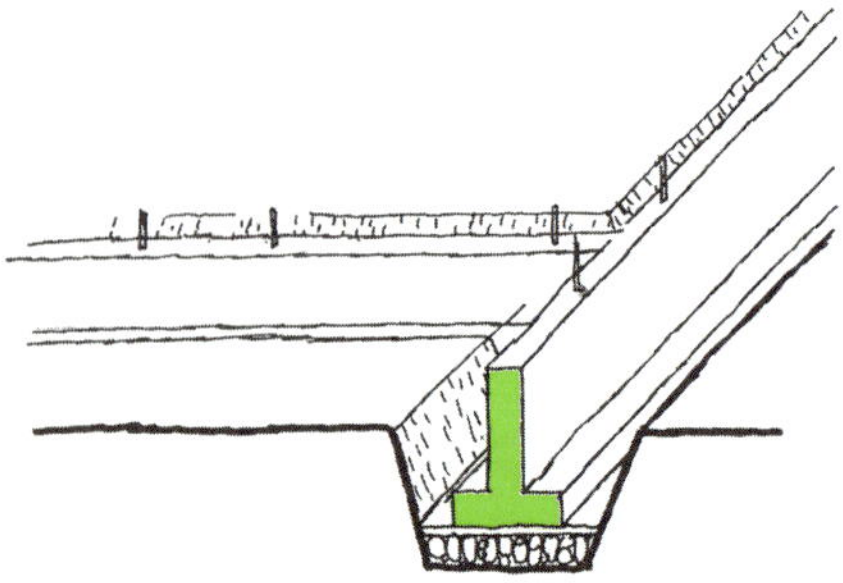

❻ 土台敷《どだいじ》き

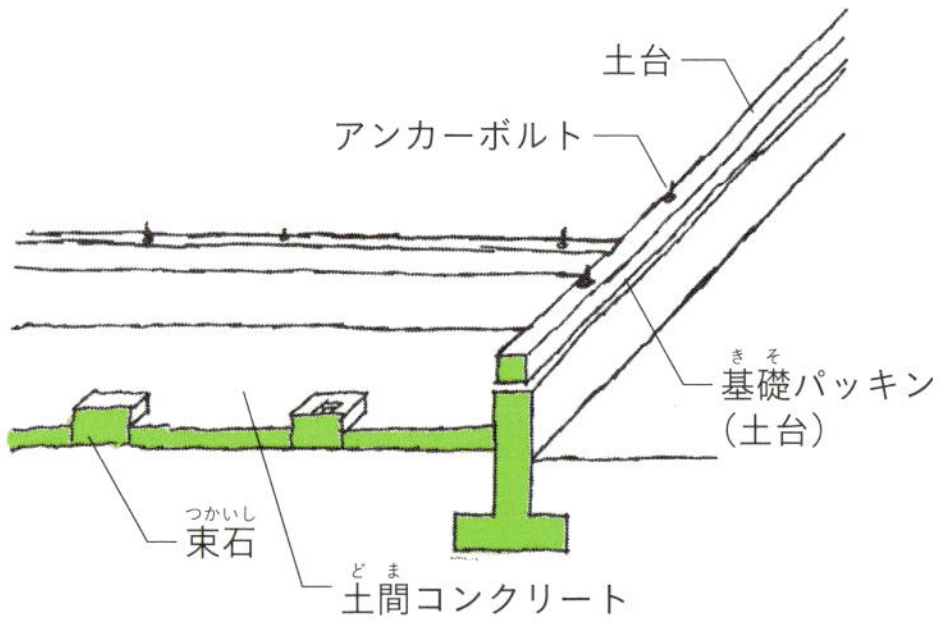
土台
アンカーボルト
基礎《きそ》パッキン
（土台）
束石《つかいし》
土間《どま》コンクリート

❼ 主構造材《しゅこうぞうざい》（土台、柱、桁、梁、筋交、火打ち）

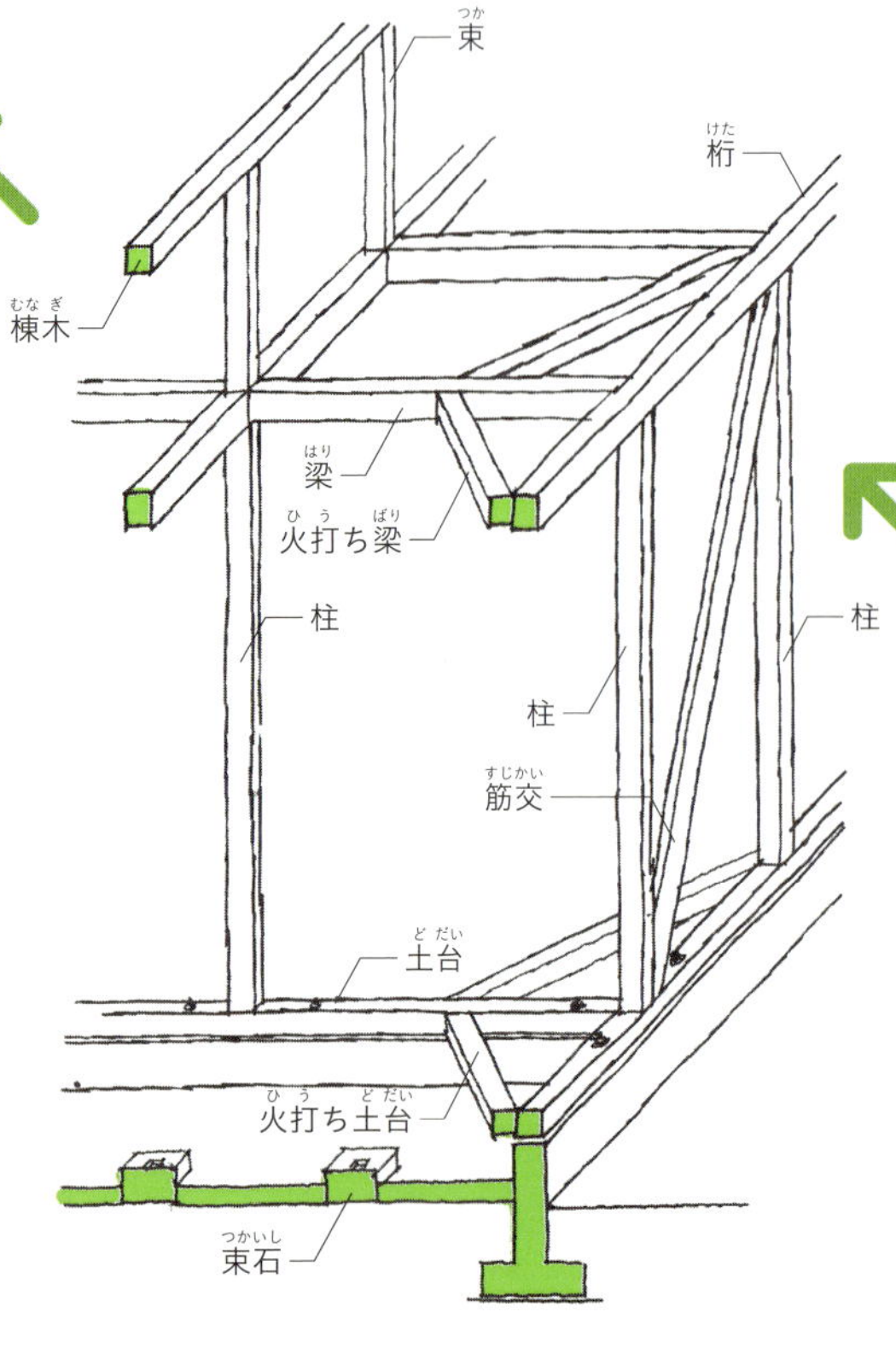
束《つか》
桁《けた》
棟木《むなぎ》
梁《はり》
火《ひ》打《う》ち梁《ばり》
柱
柱
柱
筋交《すじかい》
土台《どだい》
火《ひ》打《う》ち土台《どだい》
束石《つかいし》

❽ 副構造材《ふくこうぞうざい》1（間柱、大引、母屋）

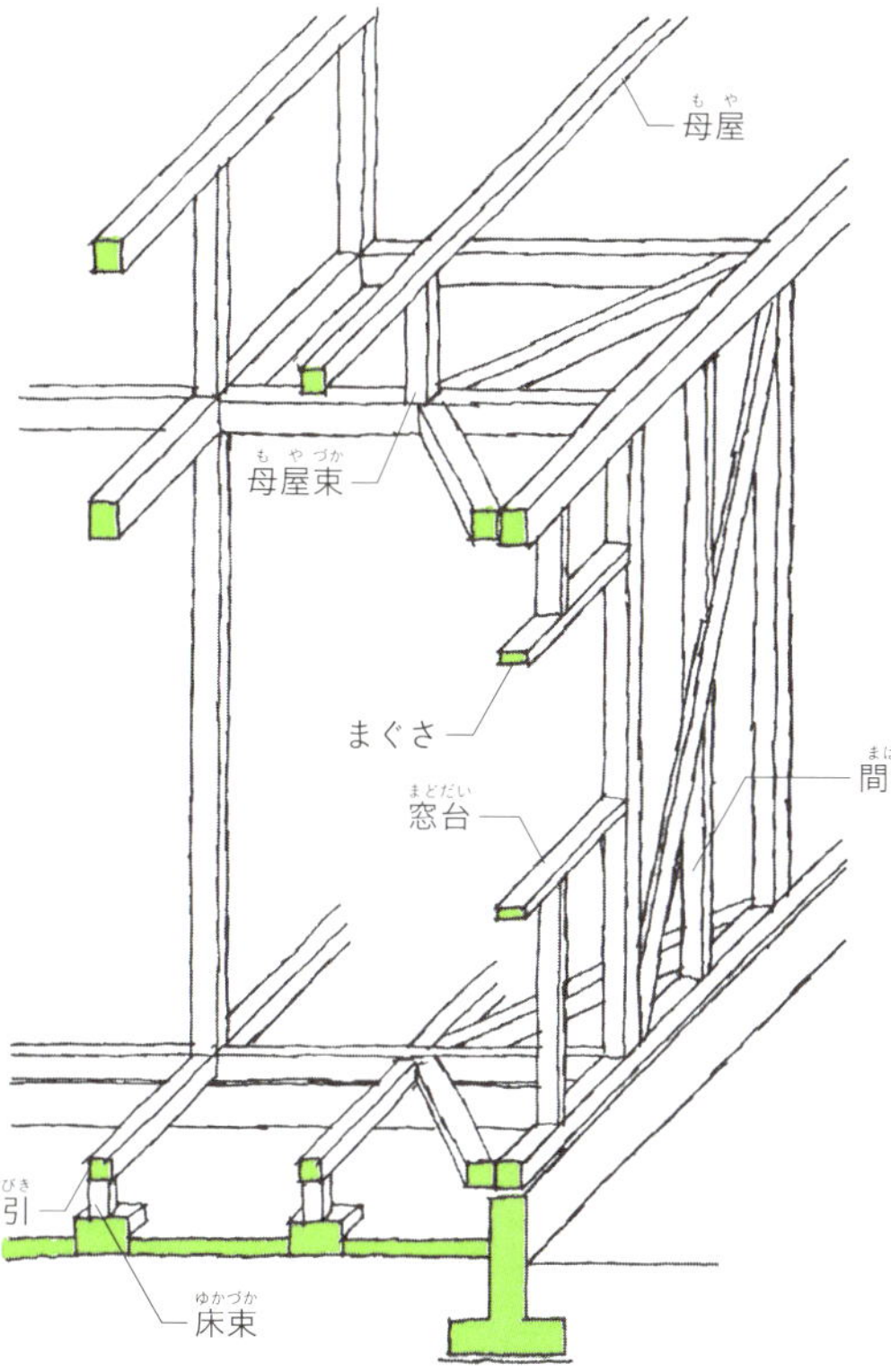
母屋《もや》
母屋束《もやづか》
まぐさ
間柱《まばしら》
窓台《まどだい》
大引《おおびき》
床束《ゆかづか》

❾ 副構造材2（根太、垂木）

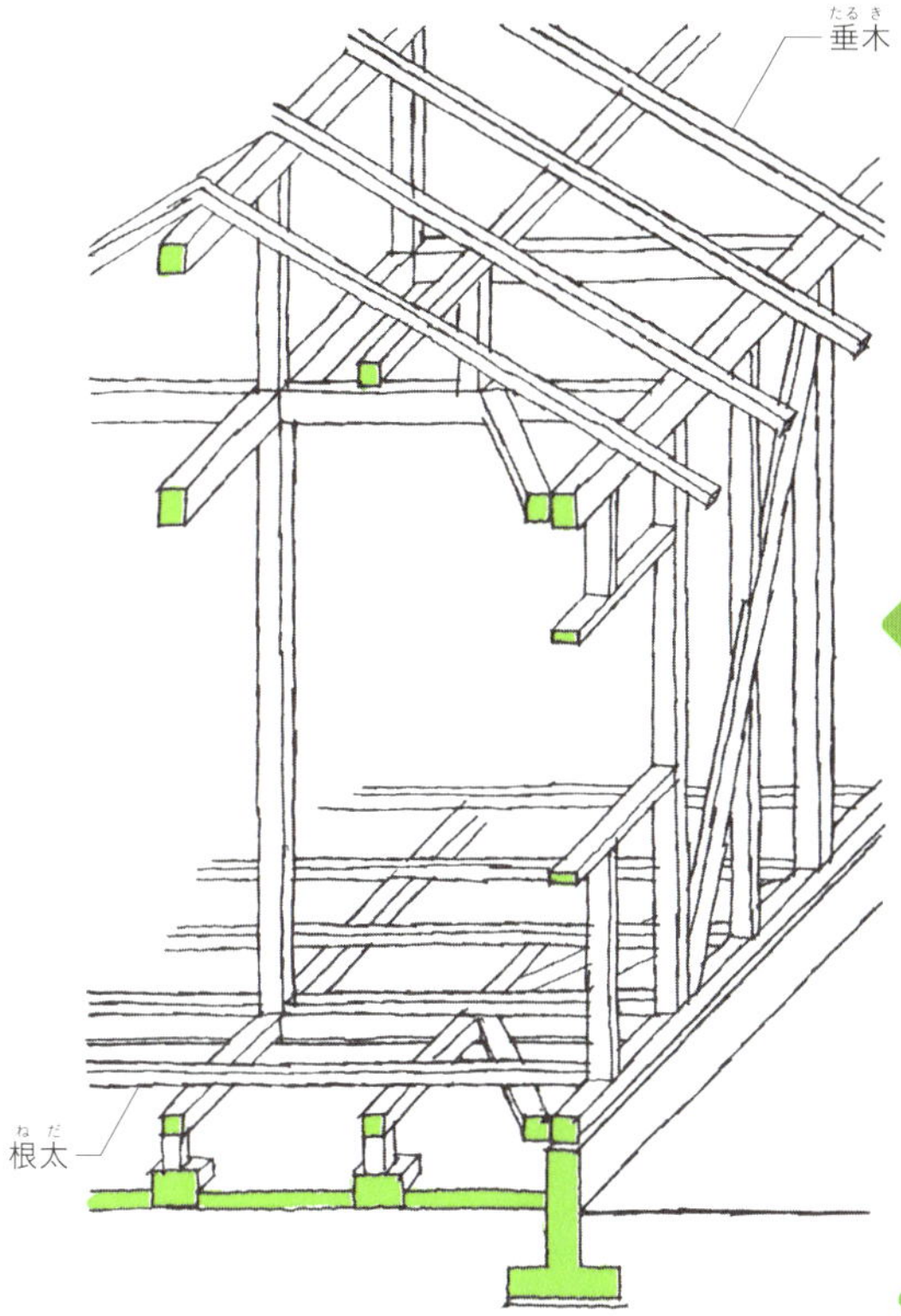
垂木《たるき》
根太《ねだ》

❿ 枠《わく》、下地材《したじざい》（窓枠、胴縁、野縁）

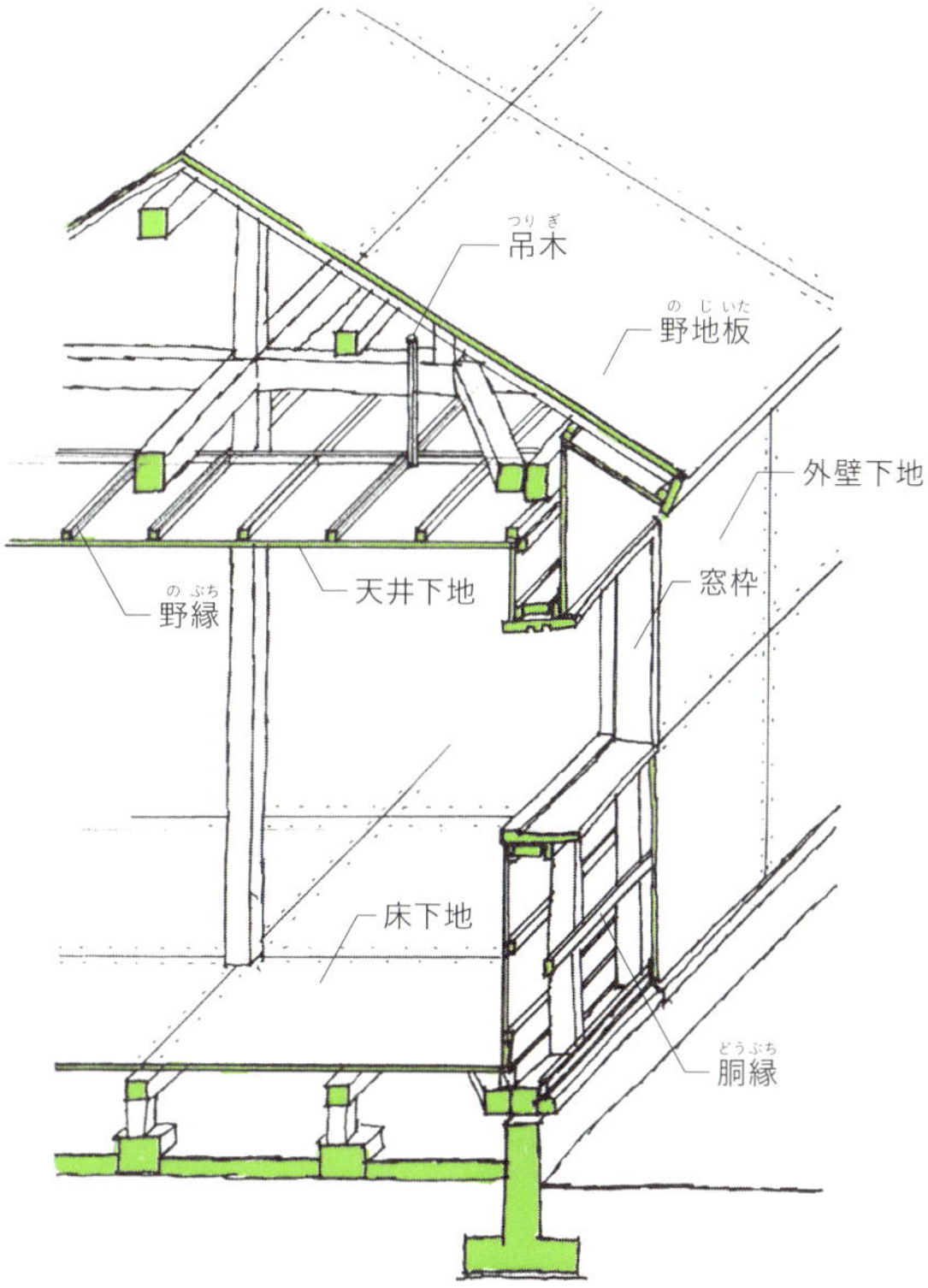
吊木《つりぎ》
野地板《のじいた》
外壁下地
窓枠
野縁《のぶち》
天井下地
床下地
胴縁《どうぶち》

⓫ 仕《し》上《あ》げ（外壁、内壁、床、天井）

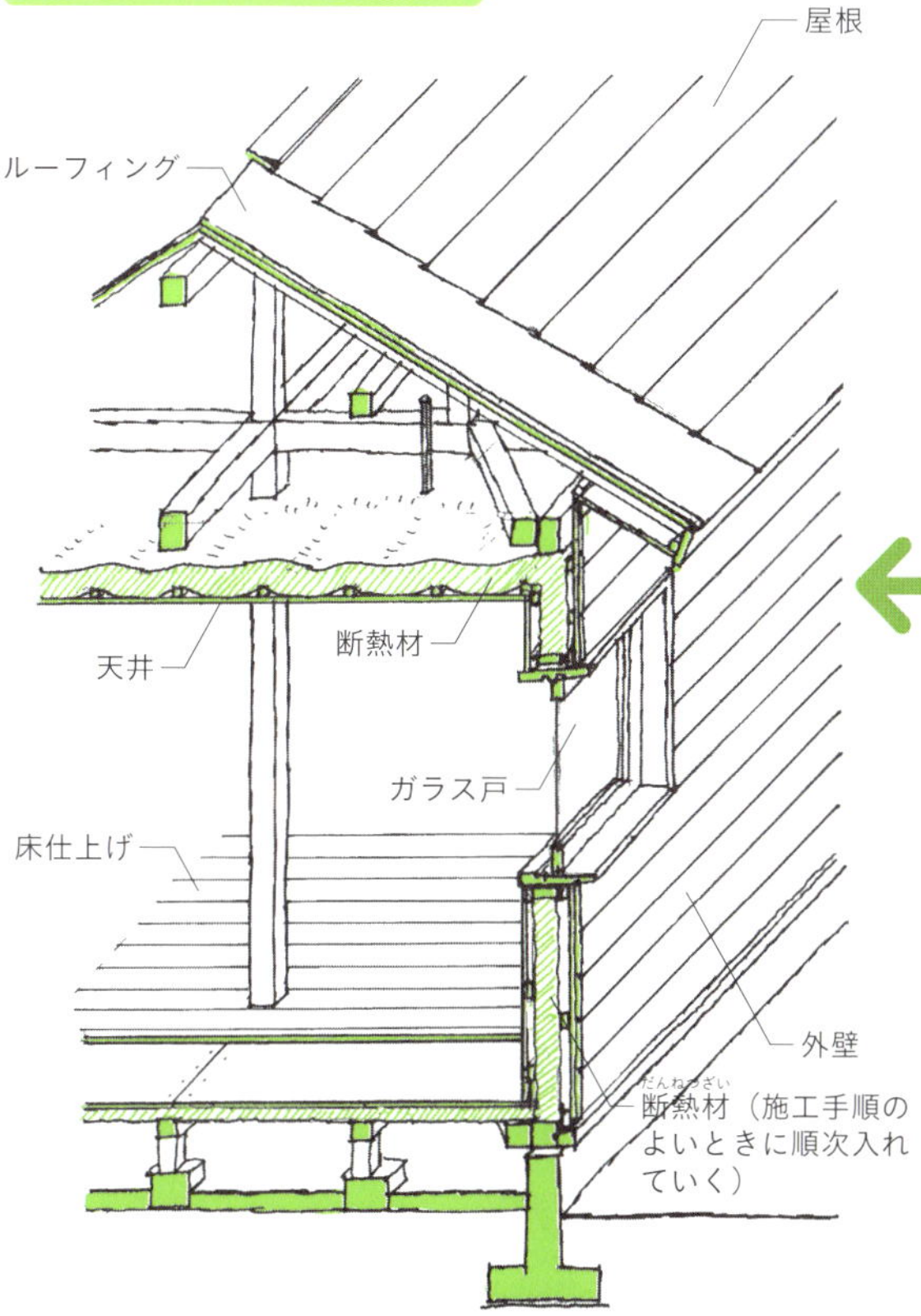
屋根
ルーフィング
天井
断熱材
ガラス戸
床仕上げ
外壁
断熱材《だんねつざい》（施工手順のよいときに順次入れていく）

矩計図（作図手順）

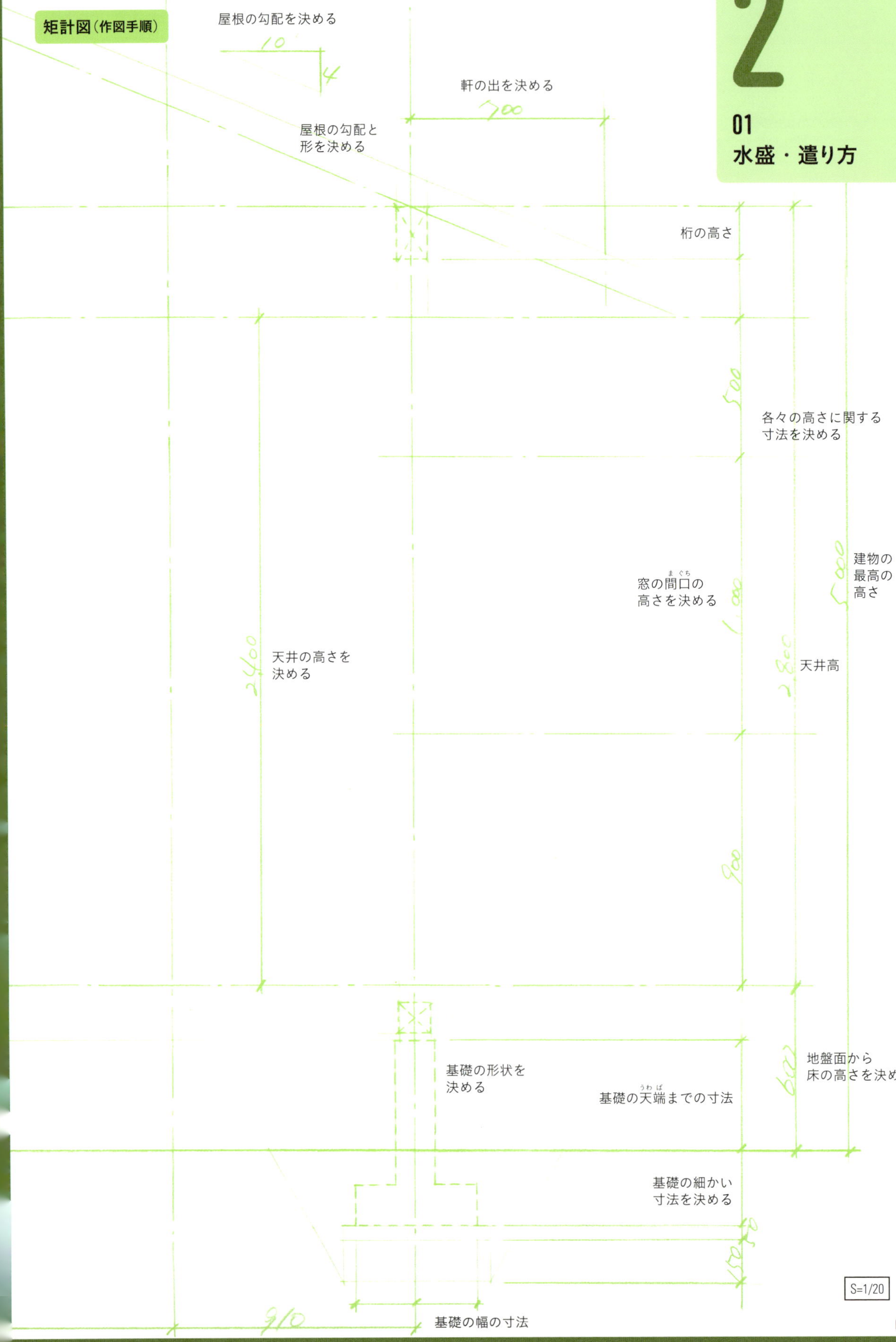
屋根の勾配を決める
軒の出を決める
屋根の勾配と
形を決める
桁の高さ
各々の高さに関する
寸法を決める
建物の
最高の
高さ
窓の間口《まぐち》の
高さを決める
天井の高さを
決める
天井高
基礎の形状を
決める
基礎の天端《うわば》までの寸法
地盤面から
床の高さを決める
基礎の細かい
寸法を決める
基礎の幅の寸法
S=1/20

断面パース（施工手順）

※矩計図を描く順序と、実際に施工する手順は類似しているが、実際には屋内で仕事ができる、材が雨ざらしにならないなどの事情で、一般的には早期に屋根を葺く。また、通常断熱材などを入れる時期は仕上材、下地材を施工する前に入れるなどの施工上の問題があるが、ここでは、下地などの組み合わせがわかるように、断熱材は最後に入れるようにした。

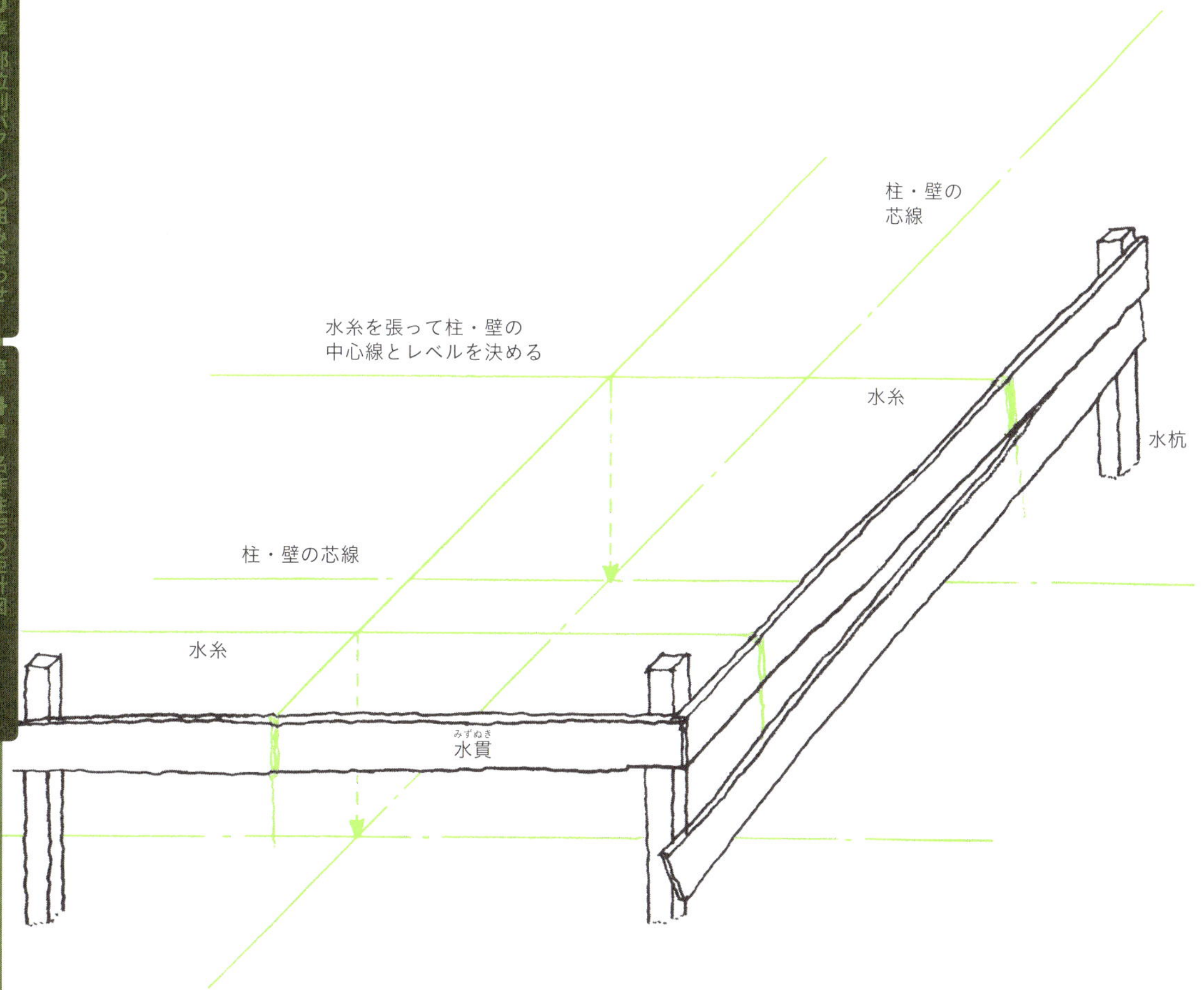
柱・壁の
芯線
水糸を張って柱・壁の
中心線とレベルを決める
水糸
水杭
柱・壁の芯線
水糸
水貫《みずぬき》

S=1/20

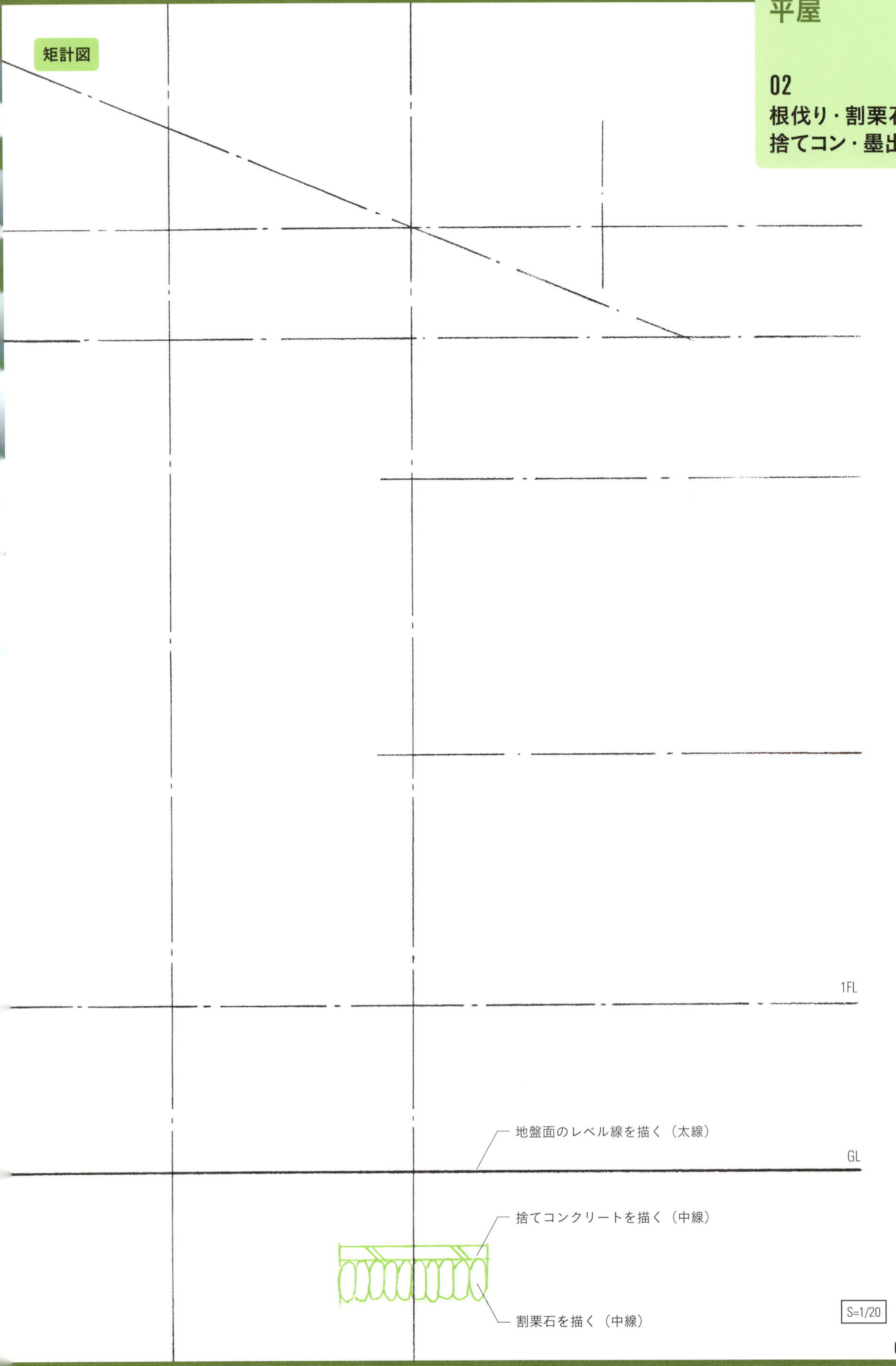
矩計図
1FL
地盤面のレベル線を描く（太線）
GL
捨てコンクリートを描く（中線）
割栗石を描く（中線）
S=1/20

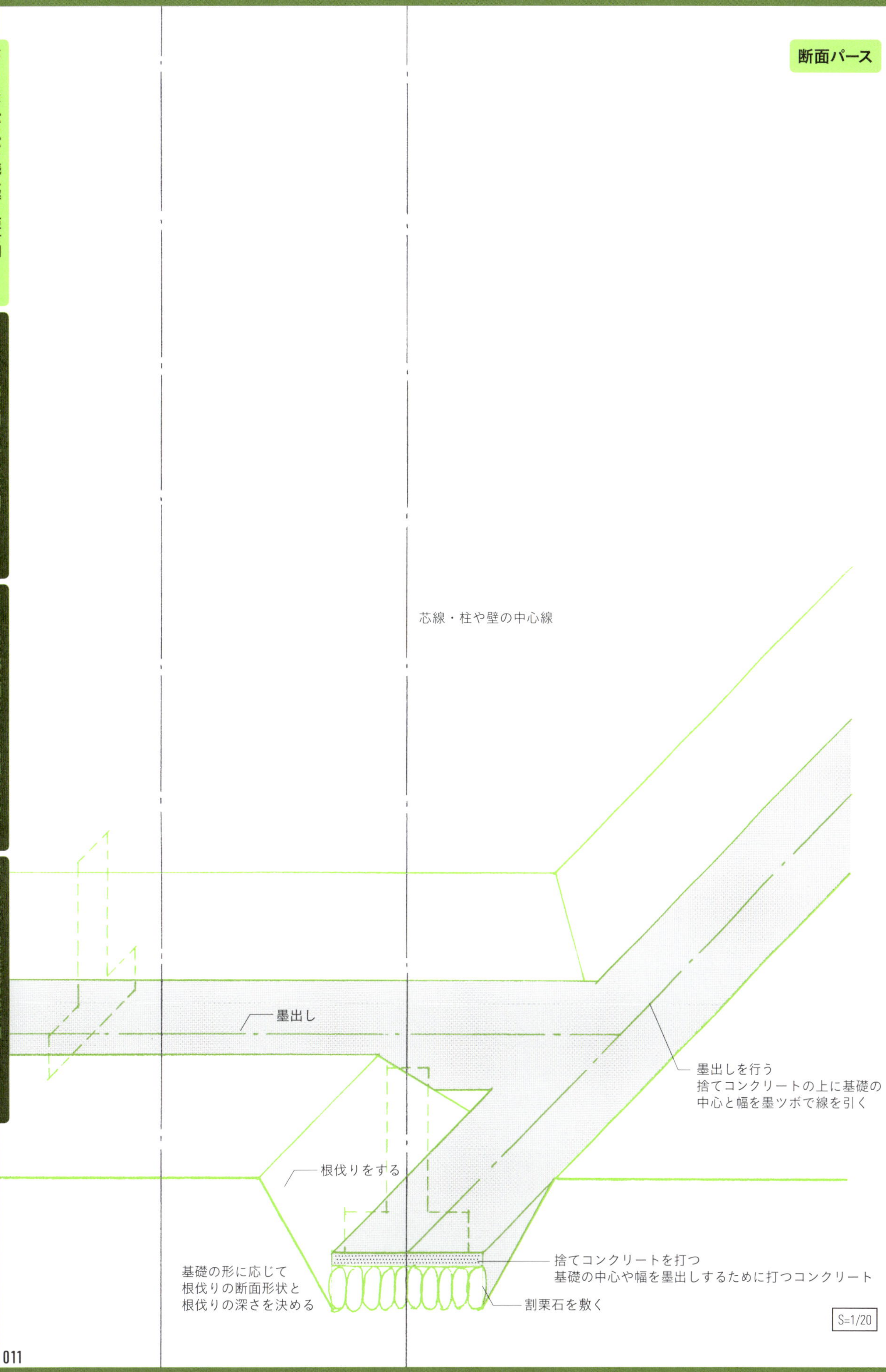
芯線・柱や壁の中心線
墨出し
墨出しを行う
捨てコンクリートの上に基礎の
中心と幅を墨ツボで線を引く
根伐りをする
捨てコンクリートを打つ
基礎の中心や幅を墨出しするために打つコンクリート
基礎の形に応じて
根伐りの断面形状と
根伐りの深さを決める
割栗石を敷く
S=1/20

矩計図

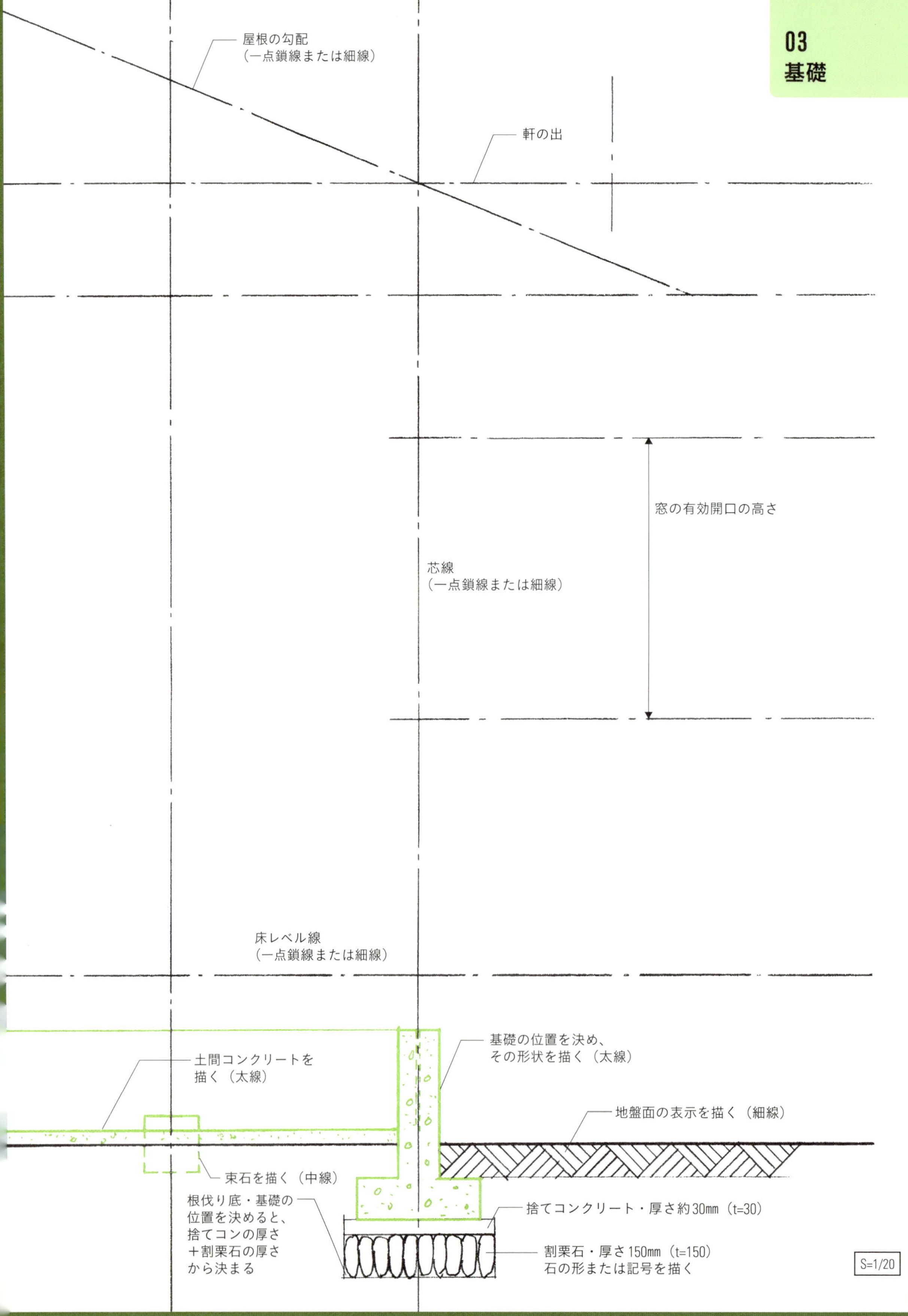
屋根の勾配
（一点鎖線または細線）
軒の出
窓の有効開口の高さ
芯線
（一点鎖線または細線）
床レベル線
（一点鎖線または細線）
基礎の位置を決め、
その形状を描く（太線）
土間コンクリートを
描く（太線）
地盤面の表示を描く（細線）
束石を描く（中線）
根伐り底・基礎の
位置を決めると、
捨てコンの厚さ
＋割栗石の厚さ
から決まる
捨てコンクリート・厚さ約30mm（t=30）
割栗石・厚さ150mm（t=150）
石の形または記号を描く
S=1/20

断面パース

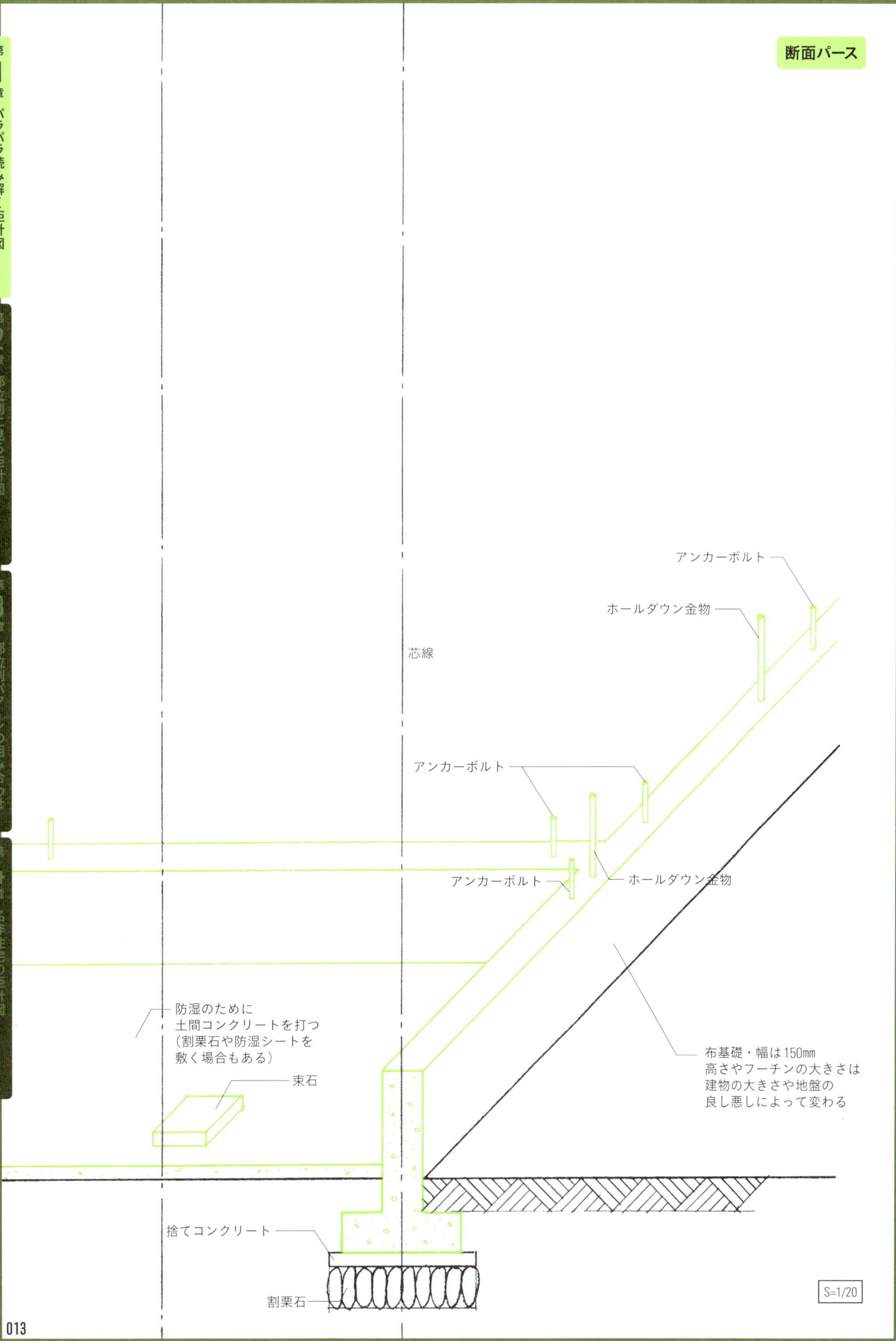
アンカーボルト
ホールダウン金物
芯線
アンカーボルト
アンカーボルト
ホールダウン金物
防湿のために
土間コンクリートを打つ
（割栗石や防湿シートを
敷く場合もある）
束石
布基礎・幅は150㎜
高さやフーチンの大きさは
建物の大きさや地盤の
良し悪しによって変わる
捨てコンクリート
割栗石
S=1/20

矩計図

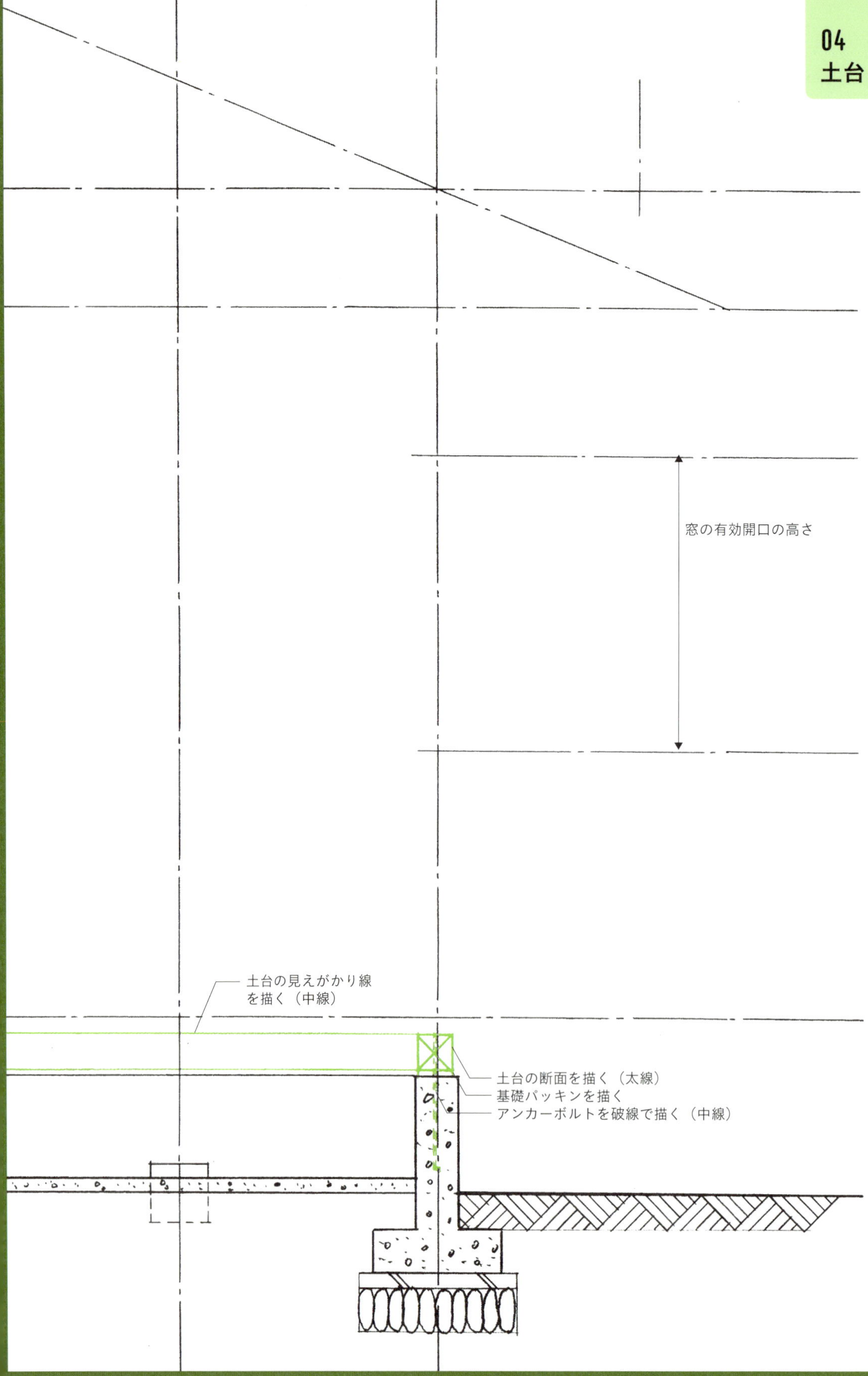
窓の有効開口の高さ
土台の見えがかり線
を描く（中線）
土台の断面を描く（太線）
基礎パッキンを描く
アンカーボルトを破線で描く（中線）

S=1/20

断面パース

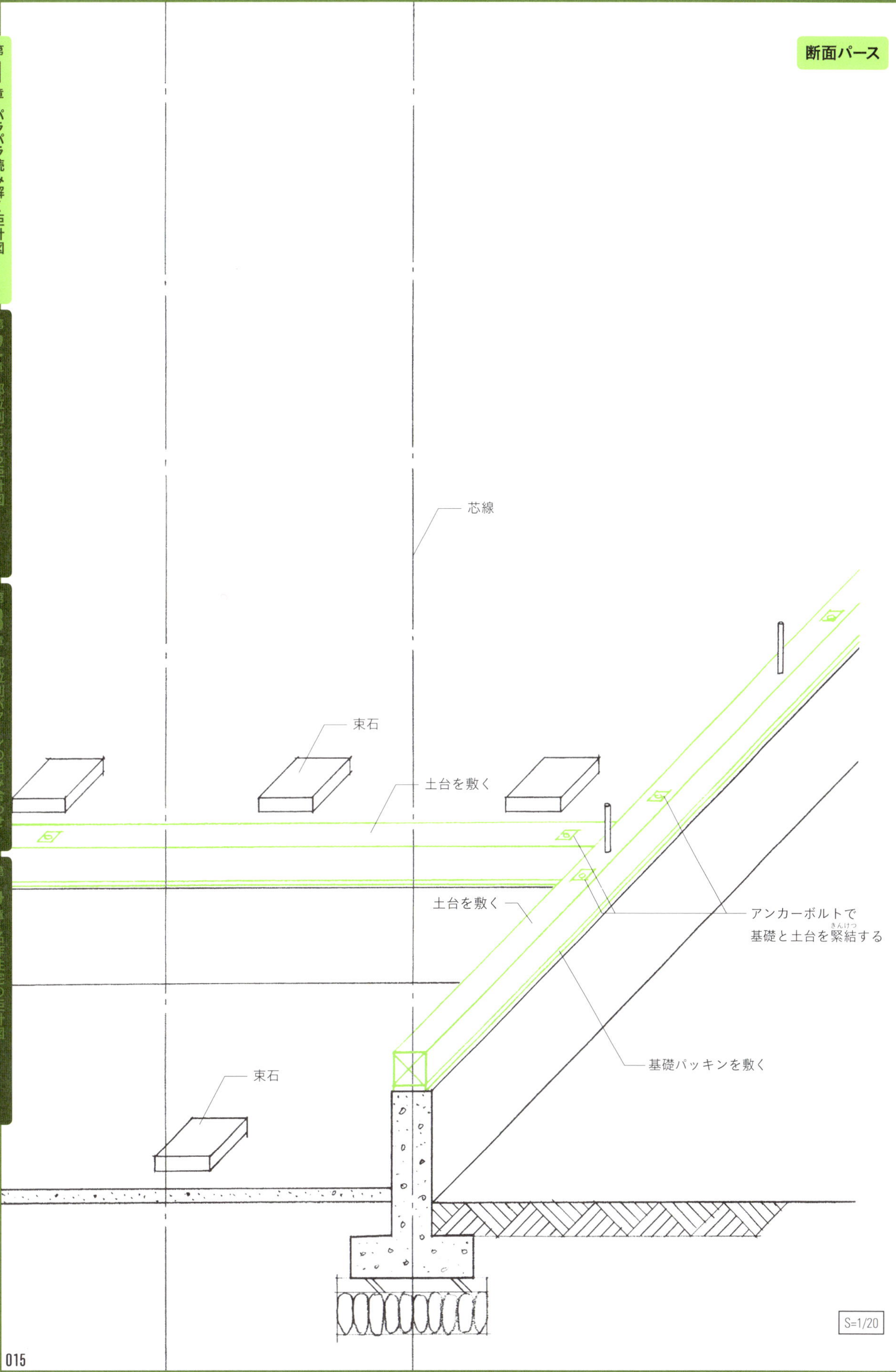
芯線
束石
土台を敷く
束石
土台を敷く
アンカーボルトで
基礎と土台を緊結《きんけつ》する
基礎パッキンを敷く
束石
S=1/20

矩計図

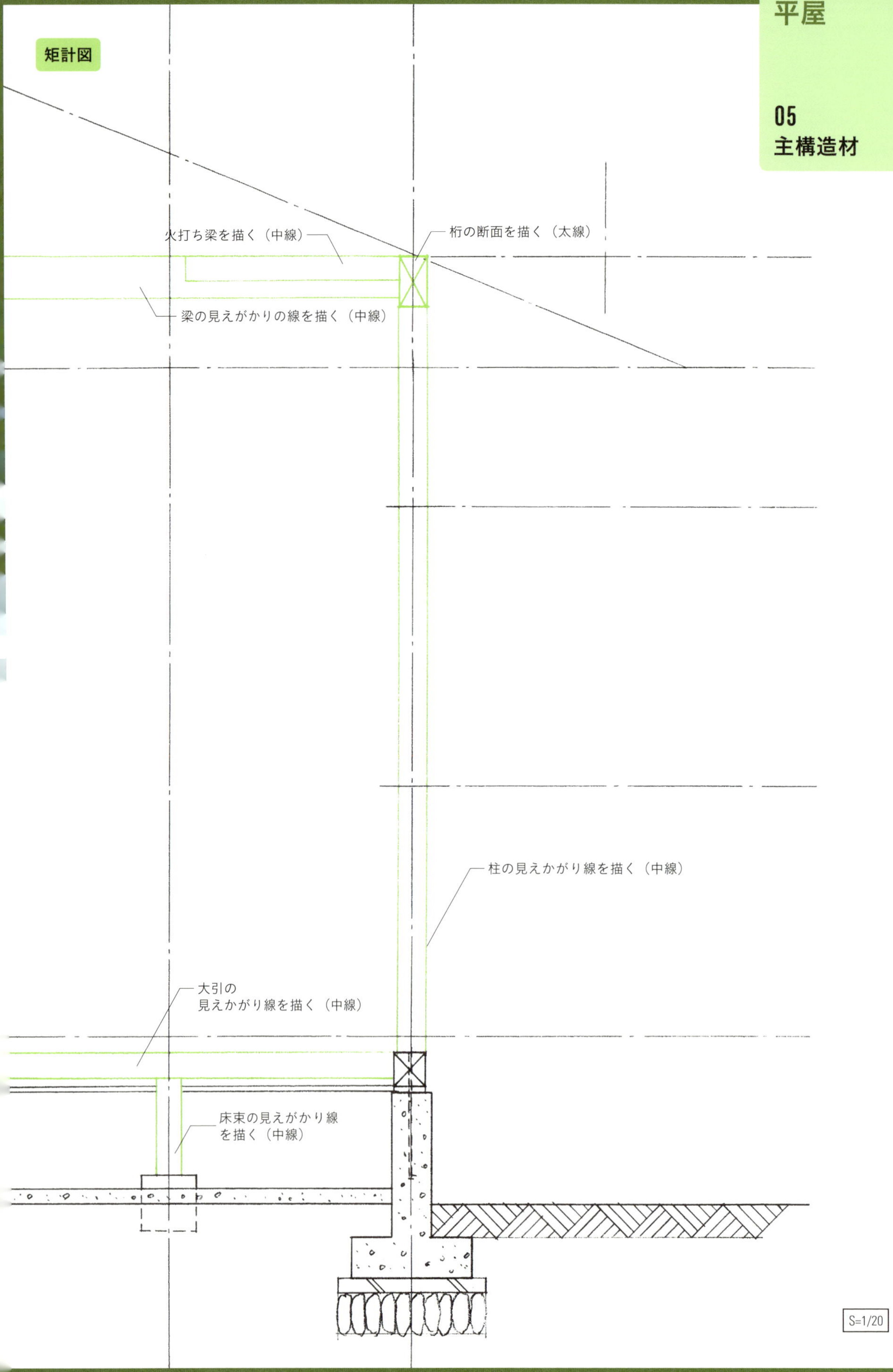
火打ち梁を描く（中線）
桁の断面を描く（太線）
梁の見えがかりの線を描く（中線）
柱の見えかがり線を描く（中線）
大引の
見えかがり線を描く（中線）
床束の見えがかり線
を描く（中線）
S=1/20

断面パース

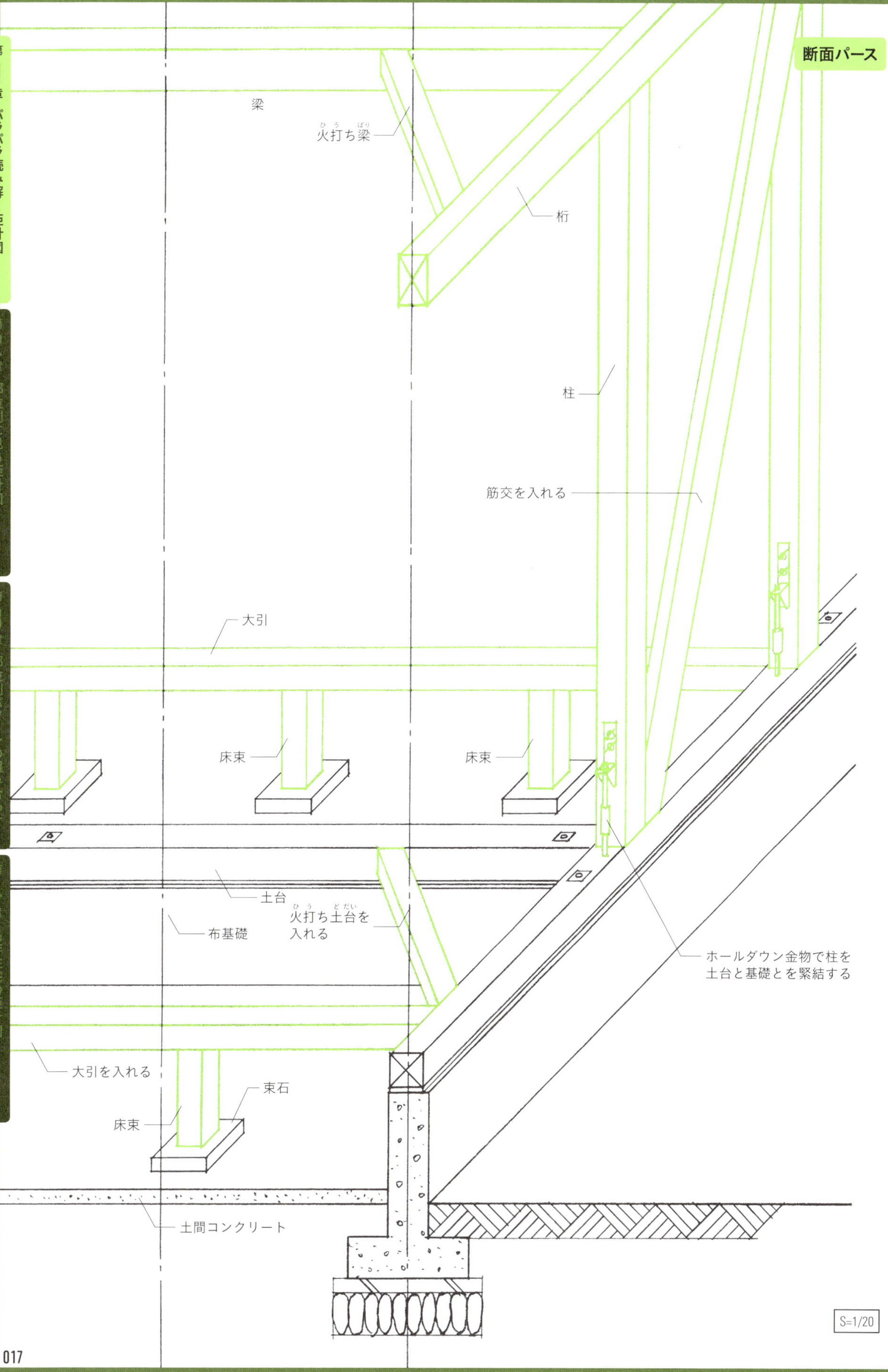
梁
火《ひ》打《う》ち梁《ぱり》
桁
柱
筋交を入れる
大引
床束
床束
土台
火《ひ》打《う》ち土台《どだい》を入れる
布基礎
ホールダウン金物で柱を土台と基礎とを緊結する
大引を入れる
束石
床束
土間コンクリート
S=1/20

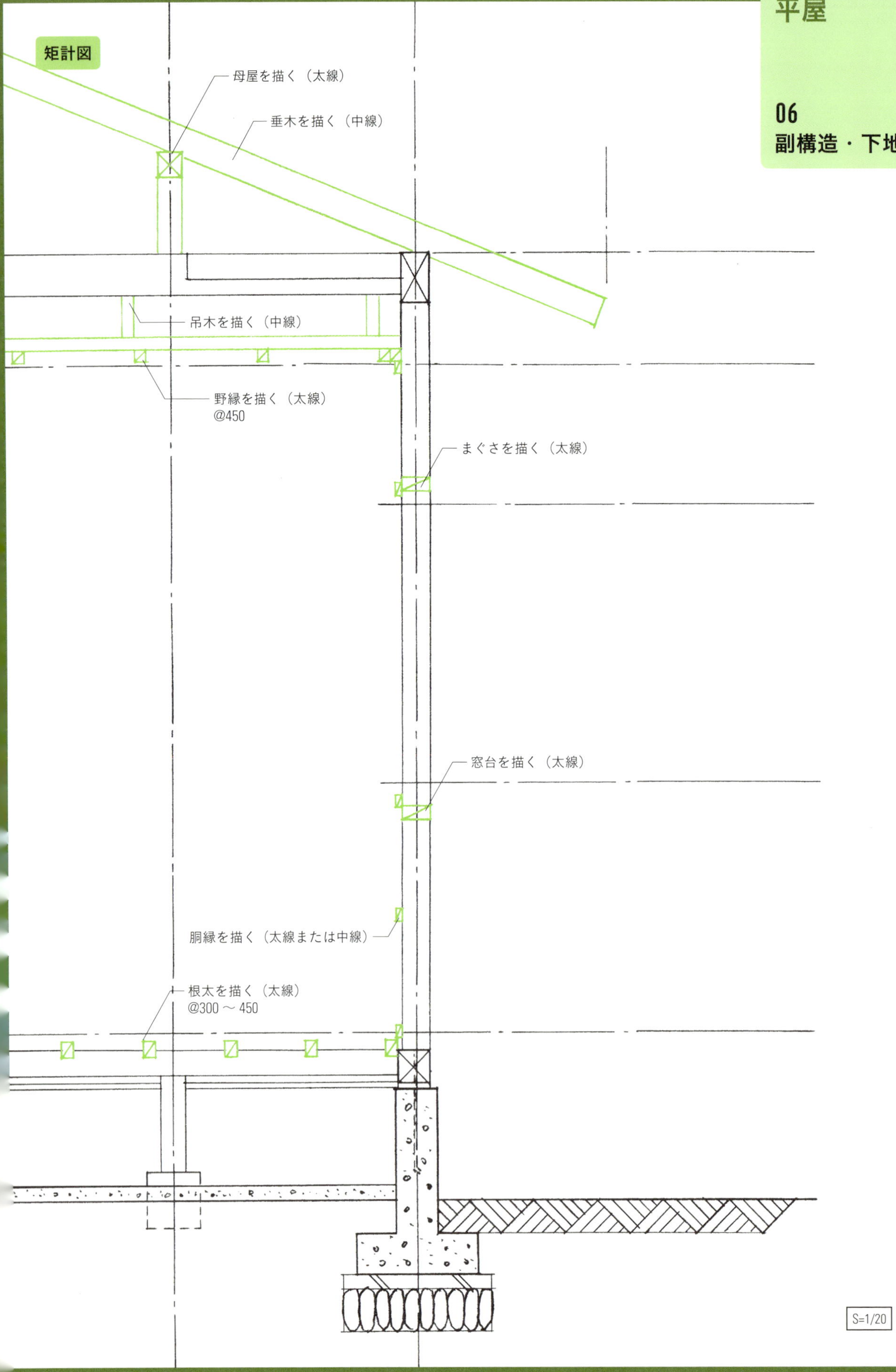
矩計図
母屋を描く（太線）
垂木を描く（中線）
吊木を描く（中線）
野縁を描く（太線）
@450
まぐさを描く（太線）
窓台を描く（太線）
胴縁を描く（太線または中線）
根太を描く（太線）
@300～450
S=1/20

断面パース

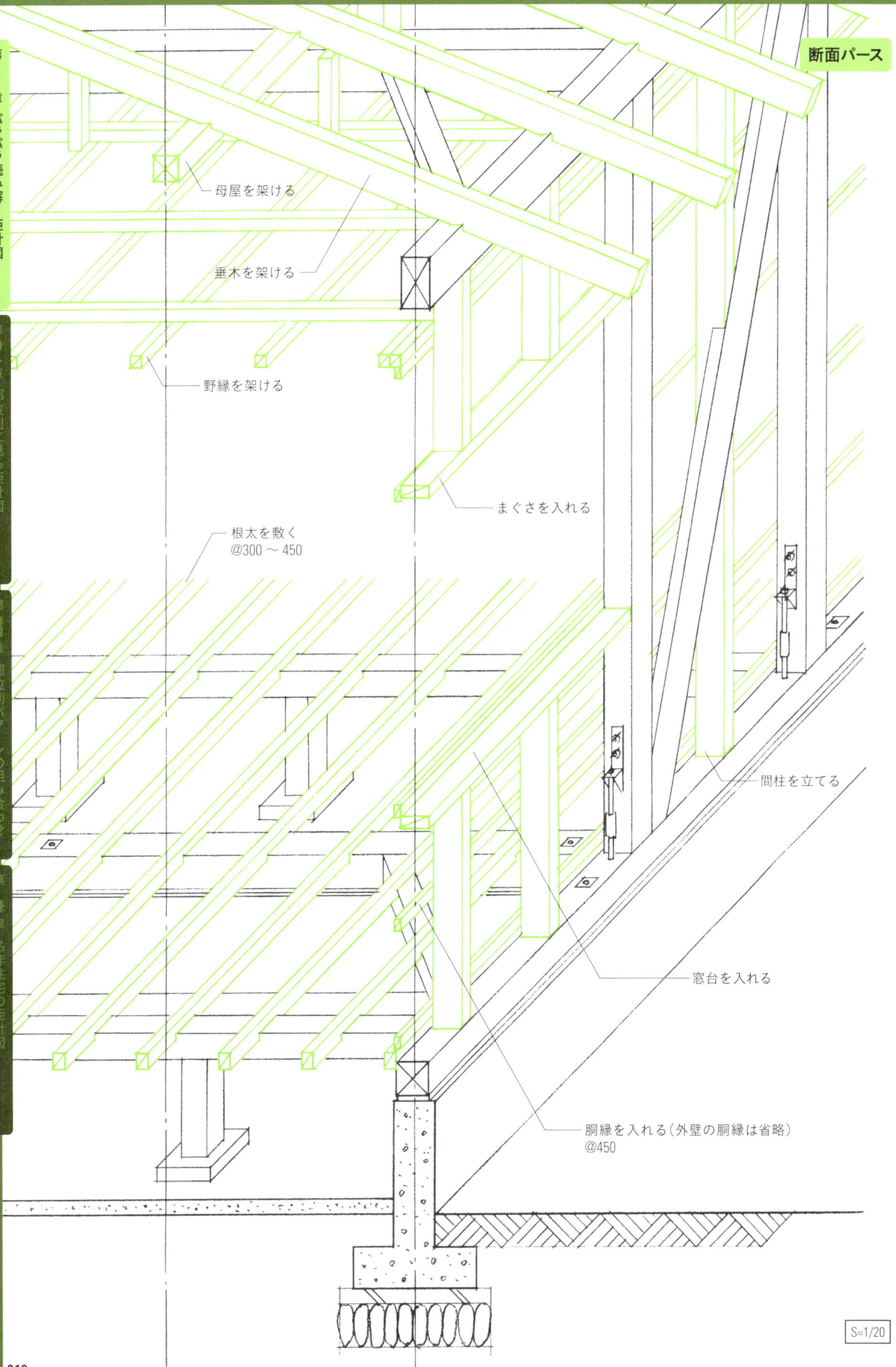
母屋を架ける
垂木を架ける
野縁を架ける
まぐさを入れる
根太を敷く
@300 ～ 450
間柱を立てる
窓台を入れる
胴縁を入れる（外壁の胴縁は省略）
@450
S=1/20

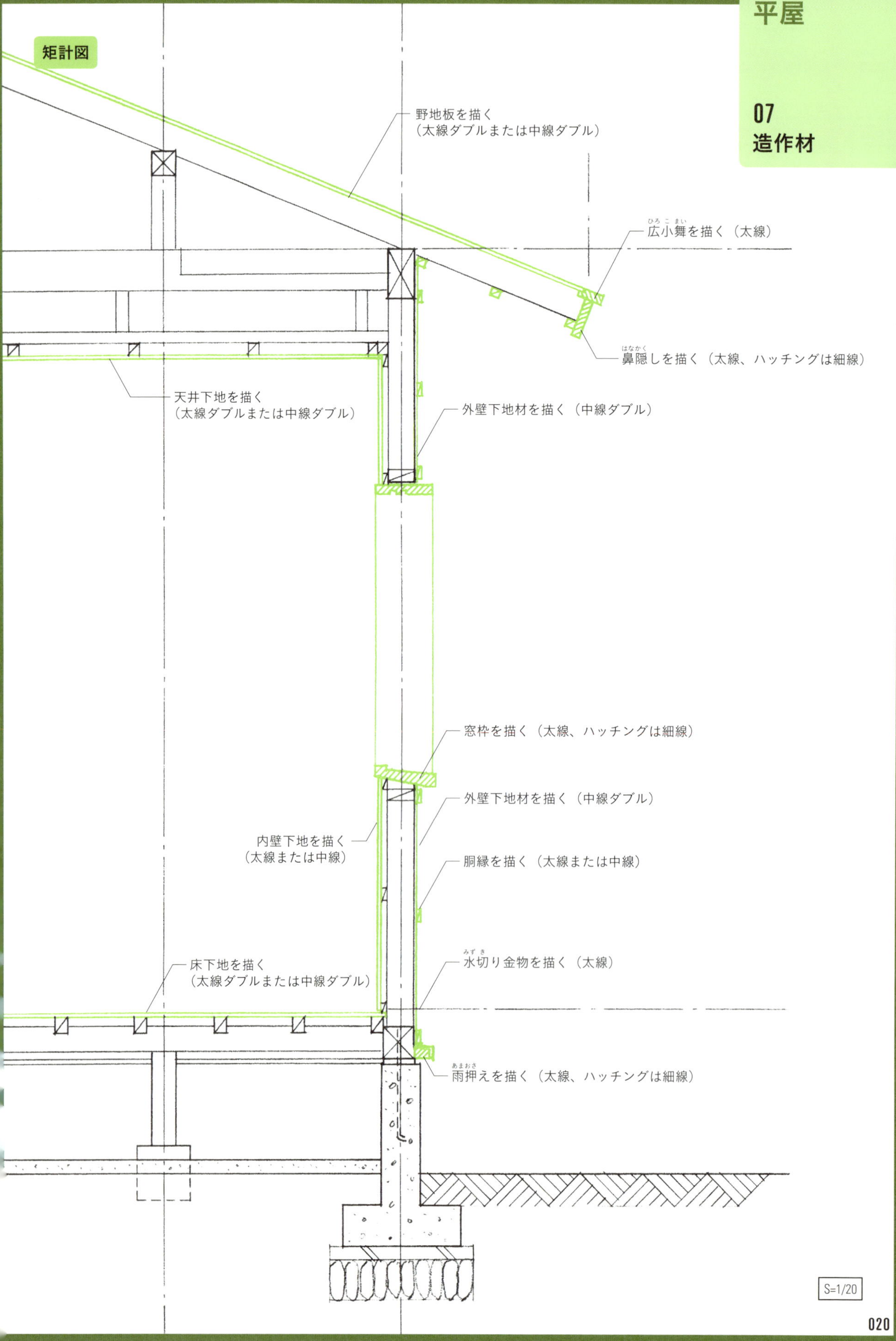
矩計図
野地板を描く
（太線ダブルまたは中線ダブル）
広小舞《ひろこまい》を描く（太線）
鼻隠《はなかく》しを描く（太線、ハッチングは細線）
天井下地を描く
（太線ダブルまたは中線ダブル）
外壁下地材を描く（中線ダブル）
窓枠を描く（太線、ハッチングは細線）
外壁下地材を描く（中線ダブル）
内壁下地を描く
（太線または中線）
胴縁を描く（太線または中線）
水切《みずき》り金物を描く（太線）
床下地を描く
（太線ダブルまたは中線ダブル）
雨押《あまおさ》えを描く（太線、ハッチングは細線）
S=1/20

断面パース

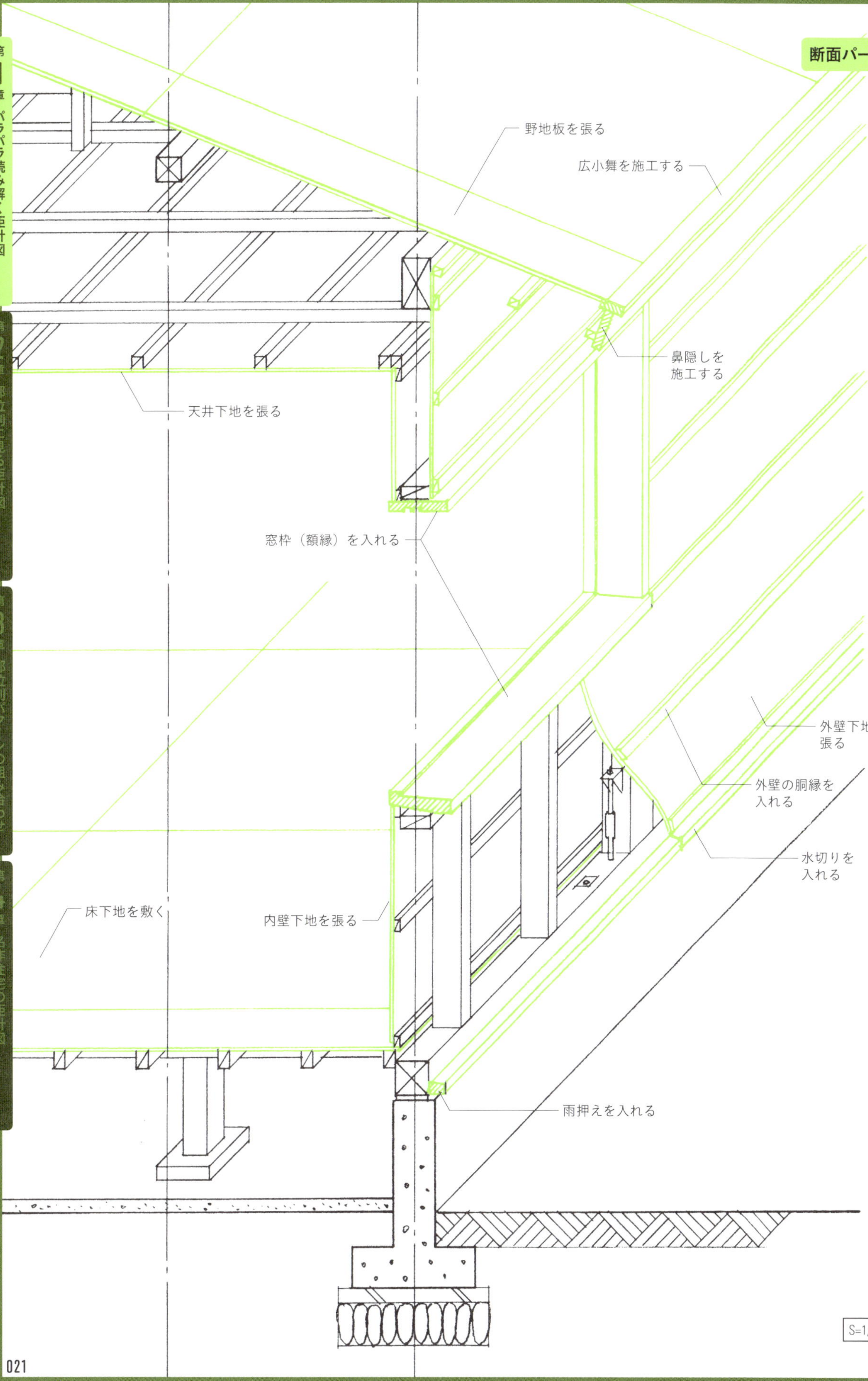
野地板を張る
広小舞を施工する
鼻隠しを施工する
天井下地を張る
窓枠（額縁）を入れる
外壁下地を張る
外壁の胴縁を入れる
水切りを入れる
床下地を敷く
内壁下地を張る
雨押えを入れる
S=1/20

矩計図

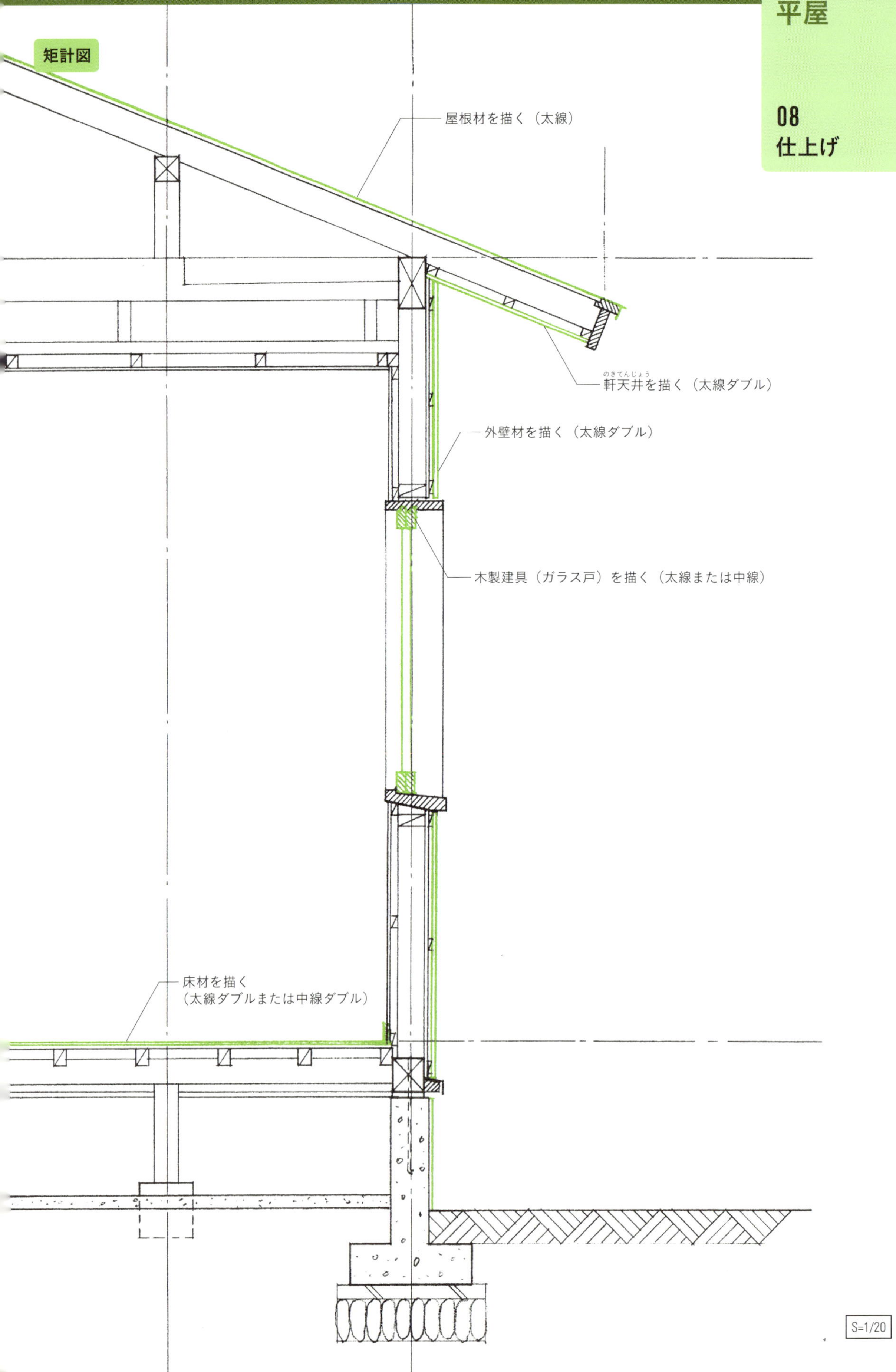
屋根材を描く（太線）
軒天井《のきてんじょう》を描く（太線ダブル）
外壁材を描く（太線ダブル）
木製建具（ガラス戸）を描く（太線または中線）
床材を描く
（太線ダブルまたは中線ダブル）
S=1/20

断面パース

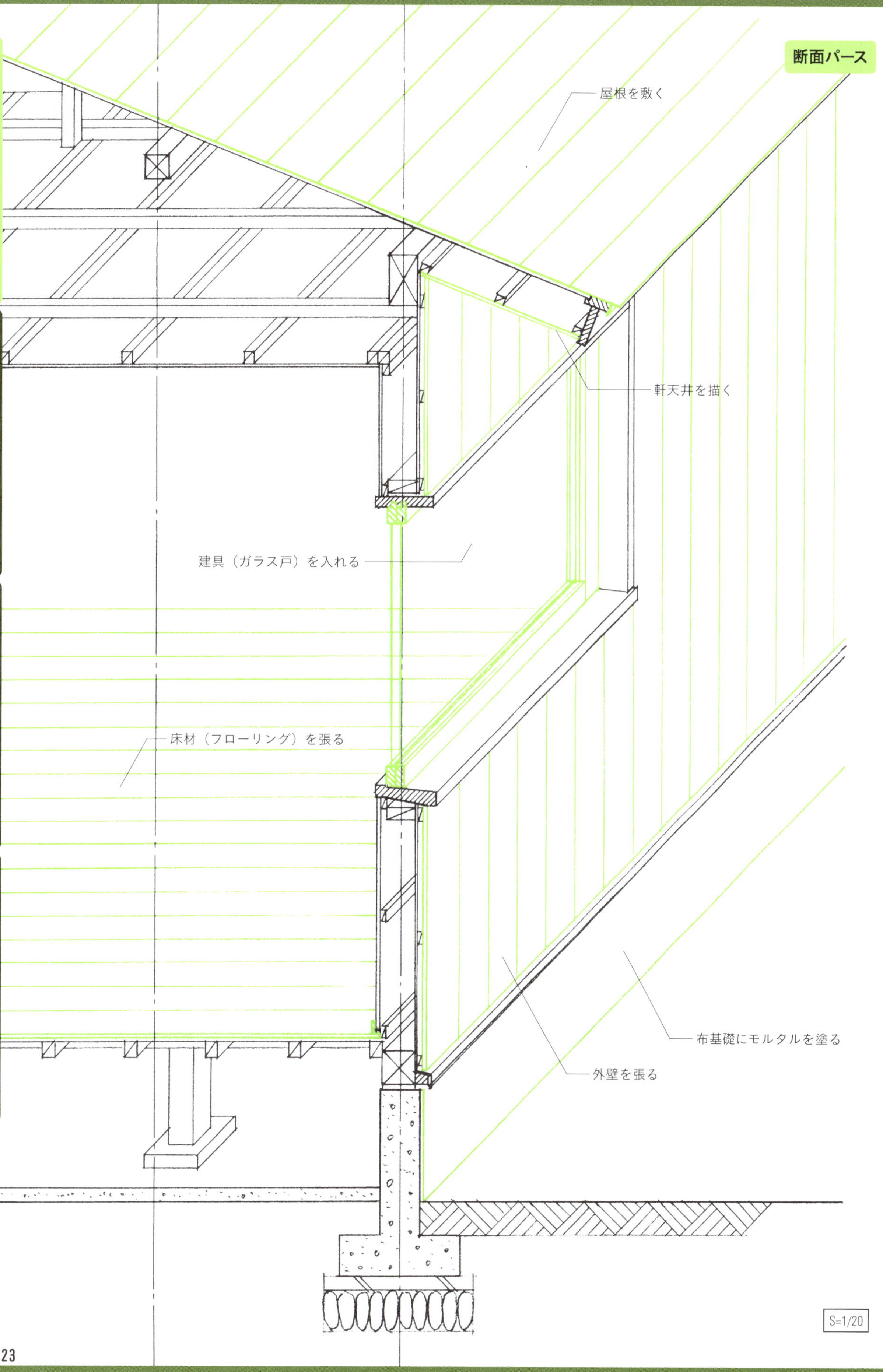
屋根を敷く
軒天井を描く
建具（ガラス戸）を入れる
床材（フローリング）を張る
布基礎にモルタルを塗る
外壁を張る
S=1/20

矩計図

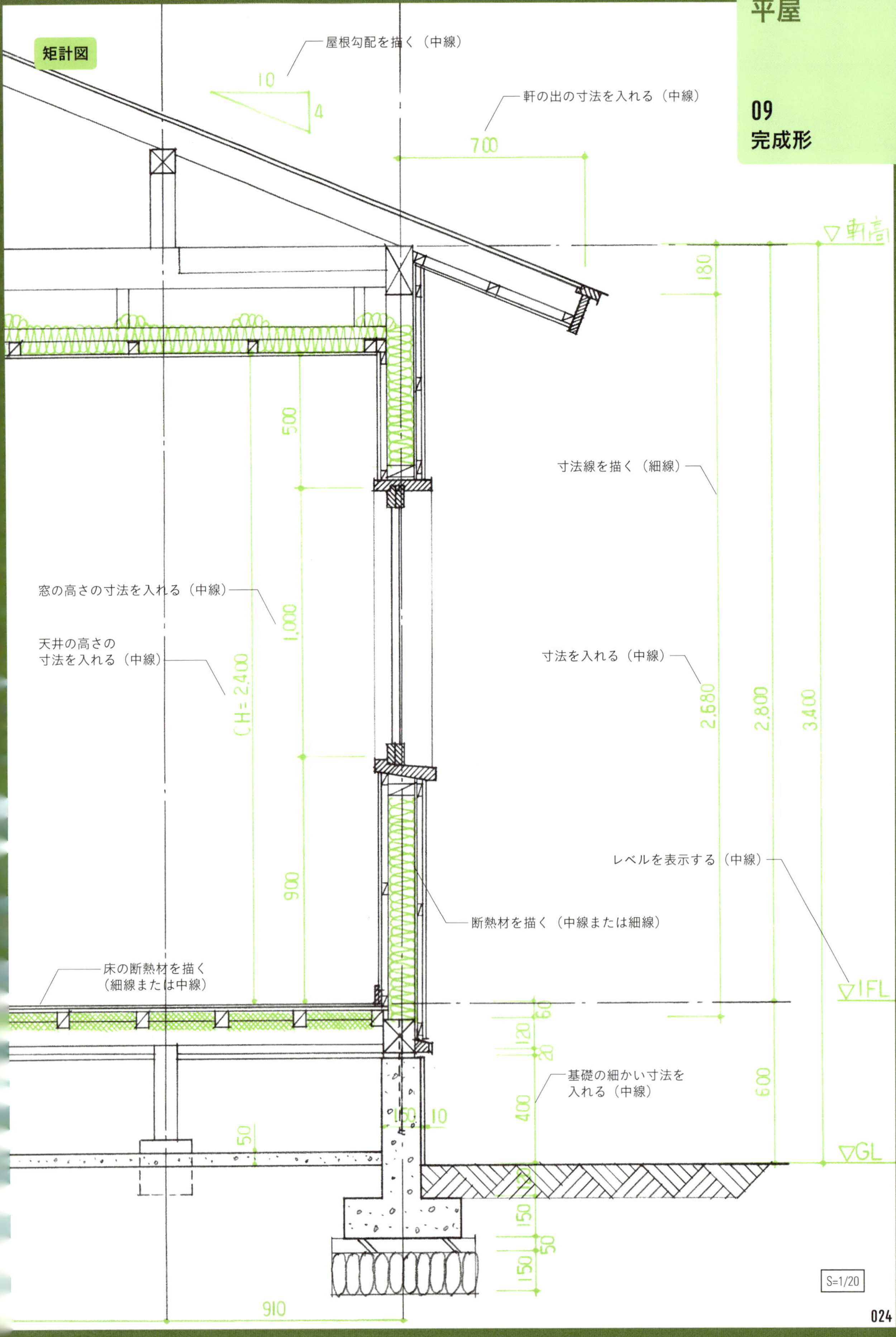
屋根勾配を描く（中線）
10
4
軒の出の寸法を入れる（中線）
700
▽軒高
180
500
寸法線を描く（細線）
窓の高さの寸法を入れる（中線）
1,000
天井の高さの
寸法を入れる（中線）
CH=2,400
寸法を入れる（中線）
2,680
2,800
3,400
900
レベルを表示する（中線）
断熱材を描く（中線または細線）
床の断熱材を描く
（細線または中線）
▽1FL
60
120
20
基礎の細かい寸法を
入れる（中線）
400
600
150
10
50
▽GL
150
150
50
150
910
S=1/20

完成形

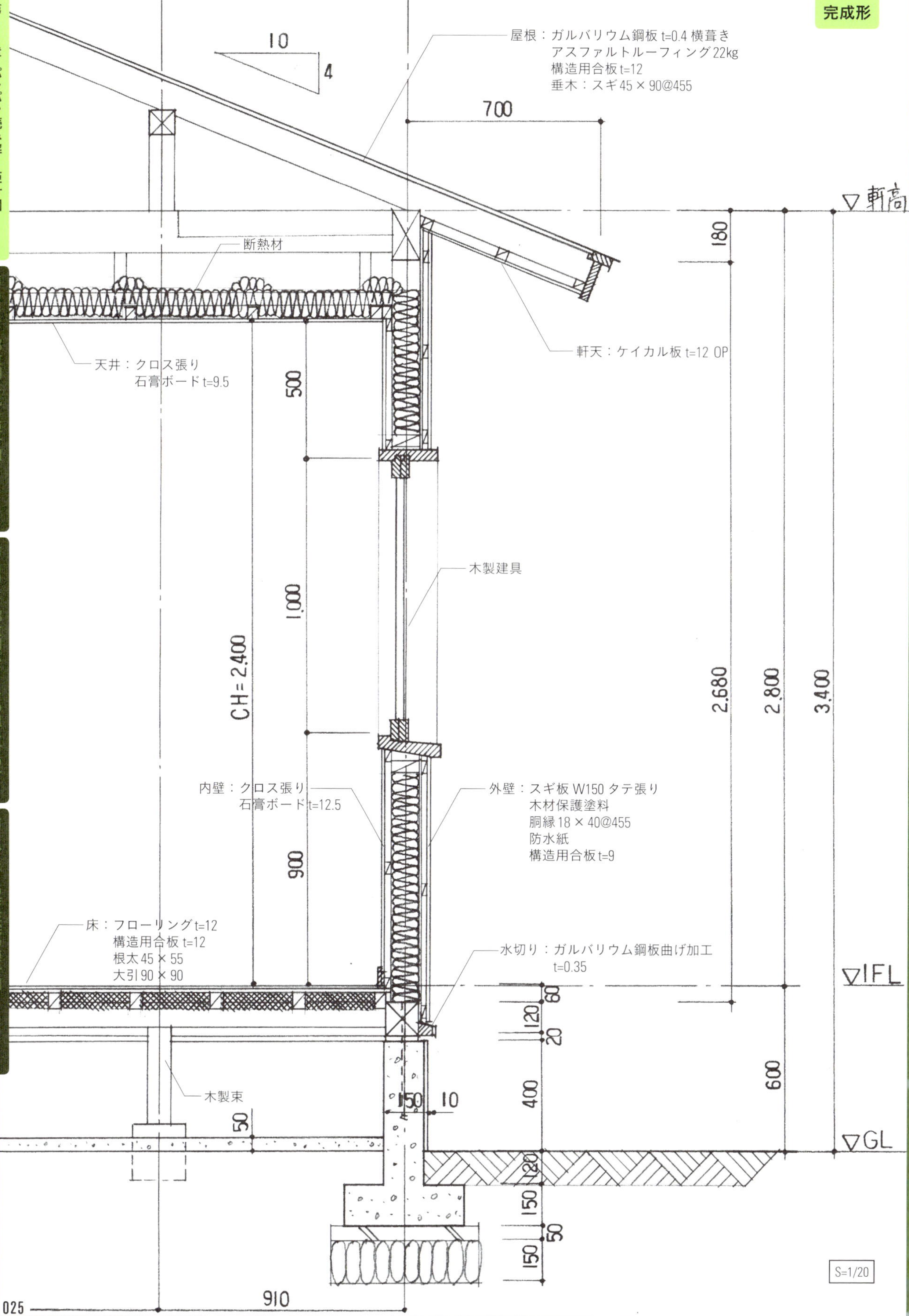
屋根：ガルバリウム鋼板 t=0.4 横葺き
アスファルトルーフィング22kg
構造用合板 t=12
垂木：スギ45×90@455
10
4
700
▽軒高
断熱材
180
軒天：ケイカル板 t=12 OP
天井：クロス張り
石膏ボード t=9.5
500
木製建具
1,000
CH=2,400
2,680
2,800
3,400
内壁：クロス張り
石膏ボード t=12.5
外壁：スギ板 W150 タテ張り
木材保護塗料
胴縁18×40@455
防水紙
構造用合板 t=9
900
床：フローリング t=12
構造用合板 t=12
根太45×55
大引90×90
水切り：ガルバリウム鋼板曲げ加工
t=0.35
▽1FL
60
120
20
400
600
木製束
150
10
50
▽GL
120
150
50
150
910
S=1/20

矩計図（作図手順）

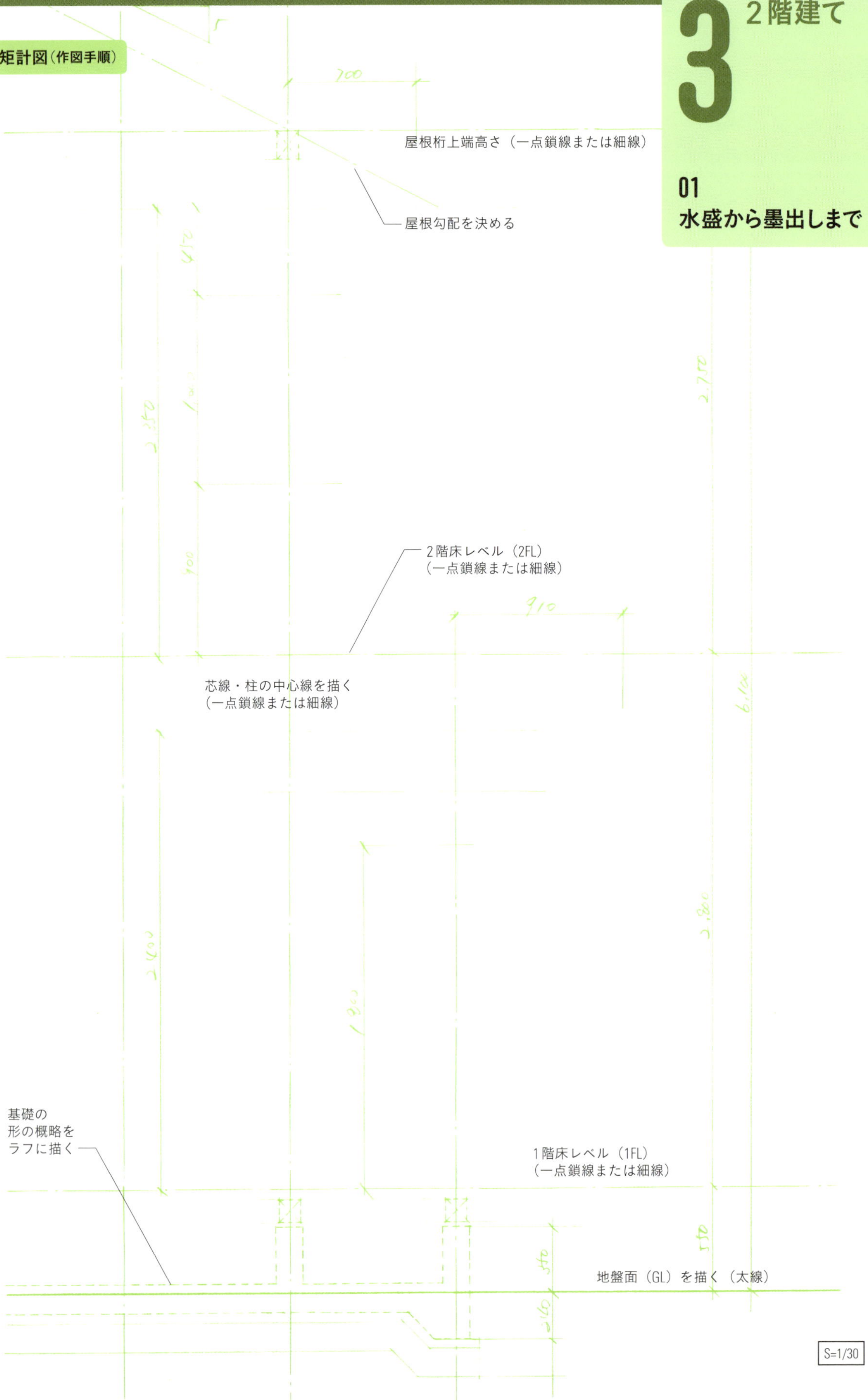
屋根桁上端高さ（一点鎖線または細線）
屋根勾配を決める
2階床レベル（2FL）
（一点鎖線または細線）
芯線・柱の中心線を描く
（一点鎖線または細線）
基礎の
形の概略を
ラフに描く
1階床レベル（1FL）
（一点鎖線または細線）
地盤面（GL）を描く（太線）
S=1/30

断面パース（施工手順）

※2階建ての木造に関しても、先の平屋の場合と原則変わりはない。矩計図を描く順序と実際に施工する手順は類似しているため、矩計図をより理解しやすくするために、施工時の様子（現場）を見開きページに並記している。実際には、材が雨ざらしにならない、また、1階部を材料置き場、また、2階を作業場などに使用するケースもあるため、早めに屋根や床下地を張る場合もある。また、通常断熱材は仕上材、下地材を施工する前に入れるなどの施工上の手順の問題があるが、ここでは、下地などの組み合わせを図でわかりやすくするために、断熱材は最後に表記した。

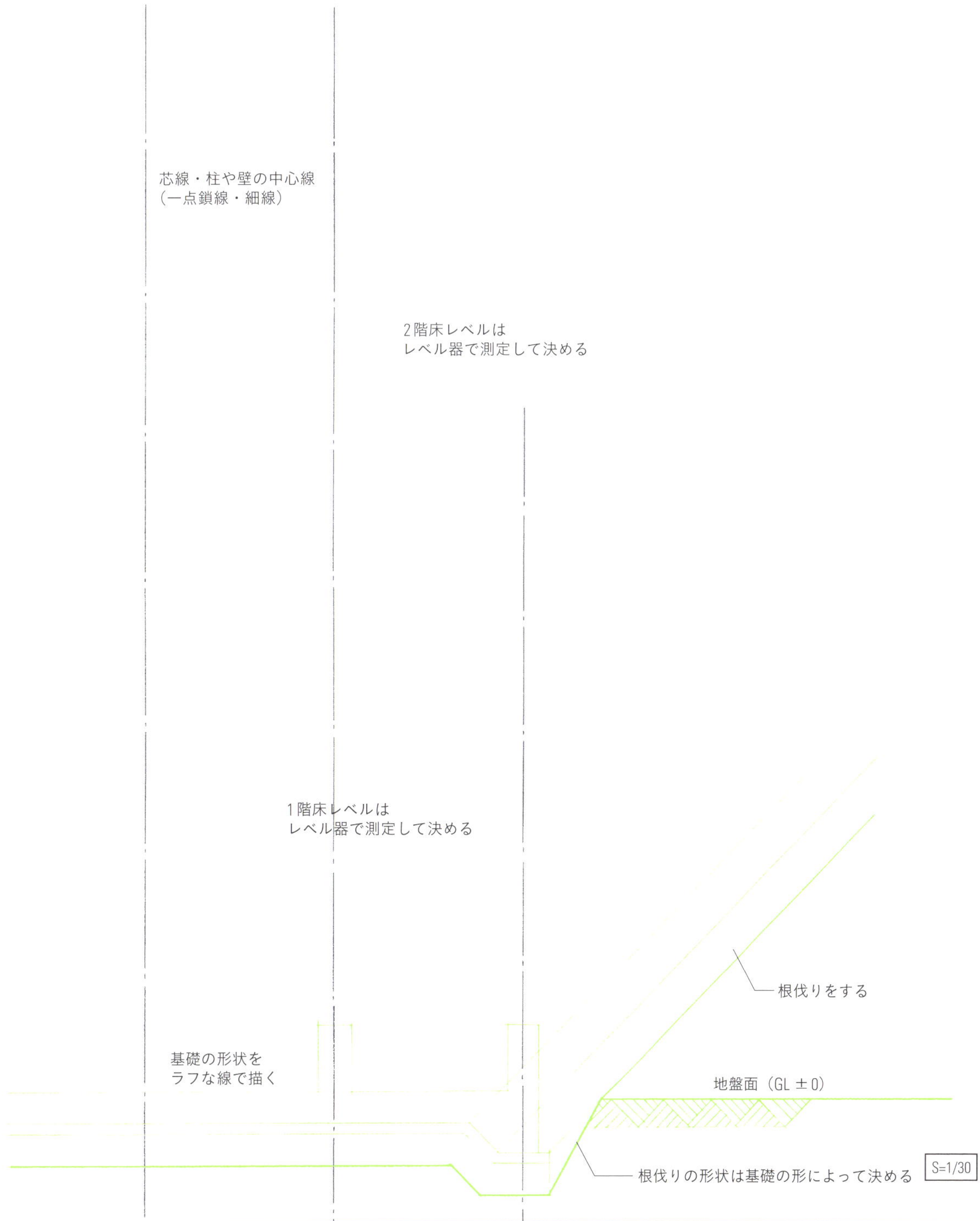
芯線・柱や壁の中心線
（一点鎖線・細線）
2階床レベルは
レベル器で測定して決める
1階床レベルは
レベル器で測定して決める
根伐りをする
基礎の形状を
ラフな線で描く
地盤面（GL ±0）
根伐りの形状は基礎の形によって決める
S=1/30

矩計図

捨てコンクリートを描く（太線、斜線は細線）
ベタ基礎を描く（太線、斜線は細線）
地盤面の表示を描く（細線）
割栗石を描く（中線または細線）
S=1/30

断面パース

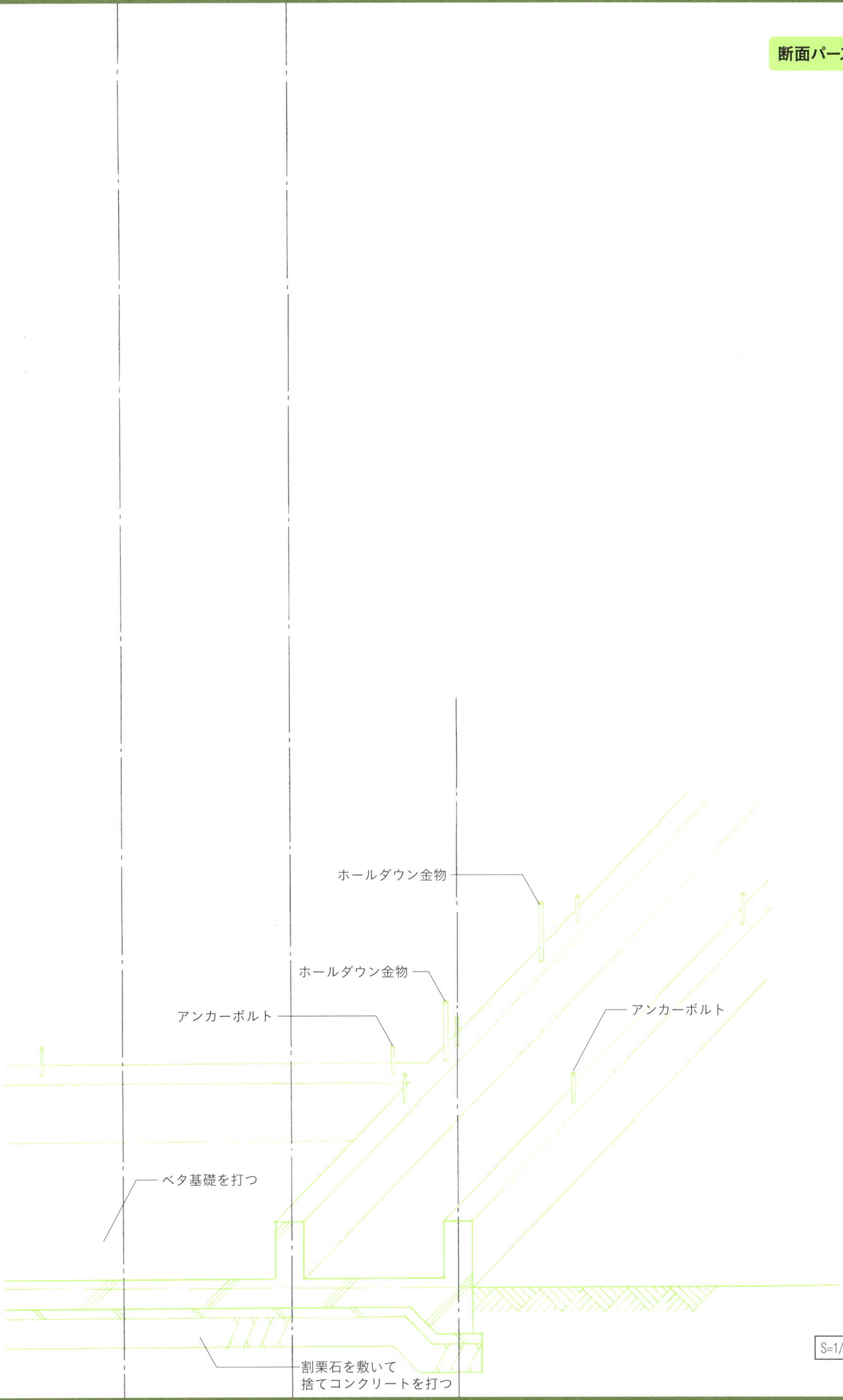
ホールダウン金物
ホールダウン金物
アンカーボルト
アンカーボルト
ベタ基礎を打つ
割栗石を敷いて
捨てコンクリートを打つ
S=1/30

矩計図

土台の見えがかり線を描く（中線）
土台と基礎パッキンを描く（太線）
アンカーボルトを描く（中線）
S=1/30

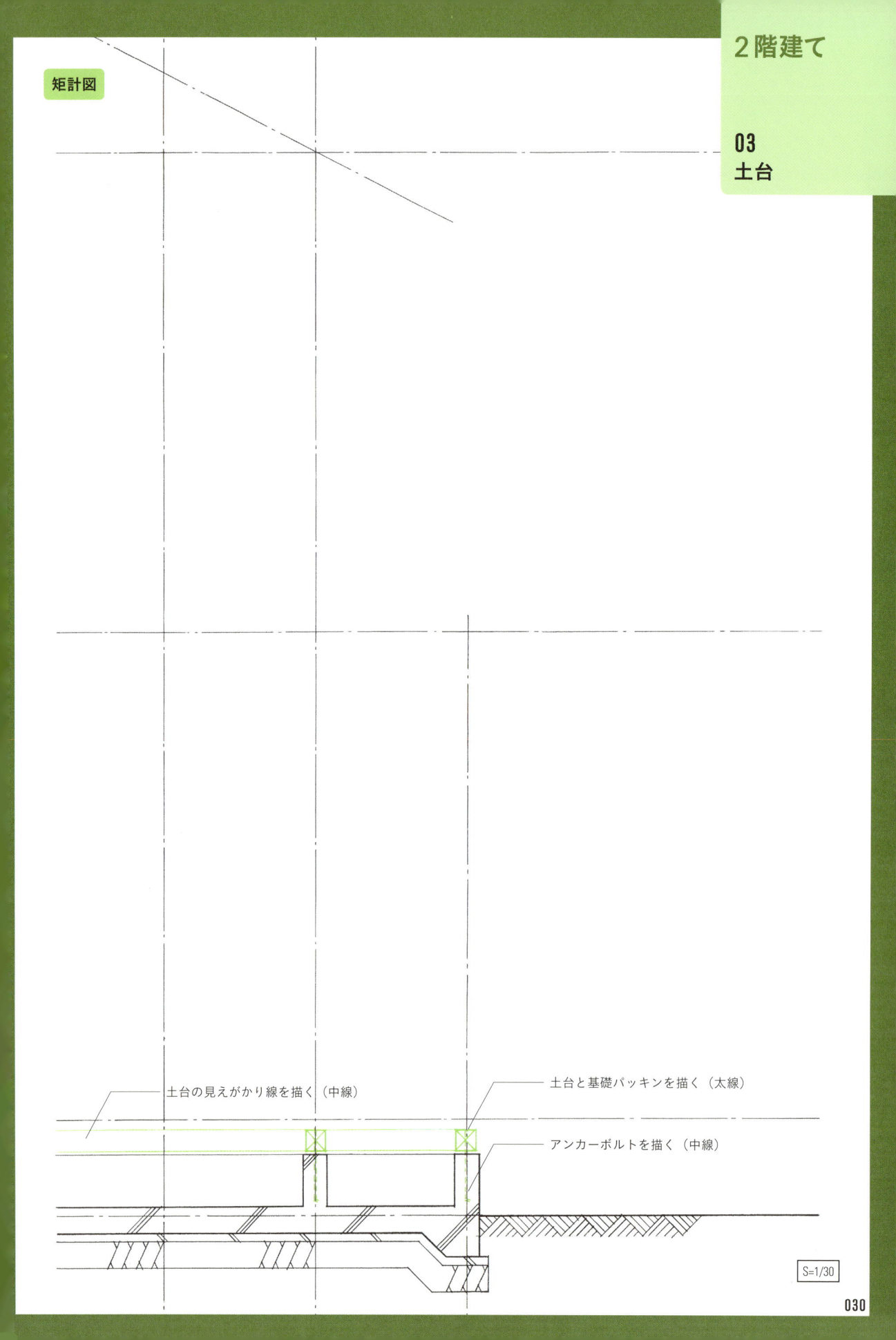

断面パース

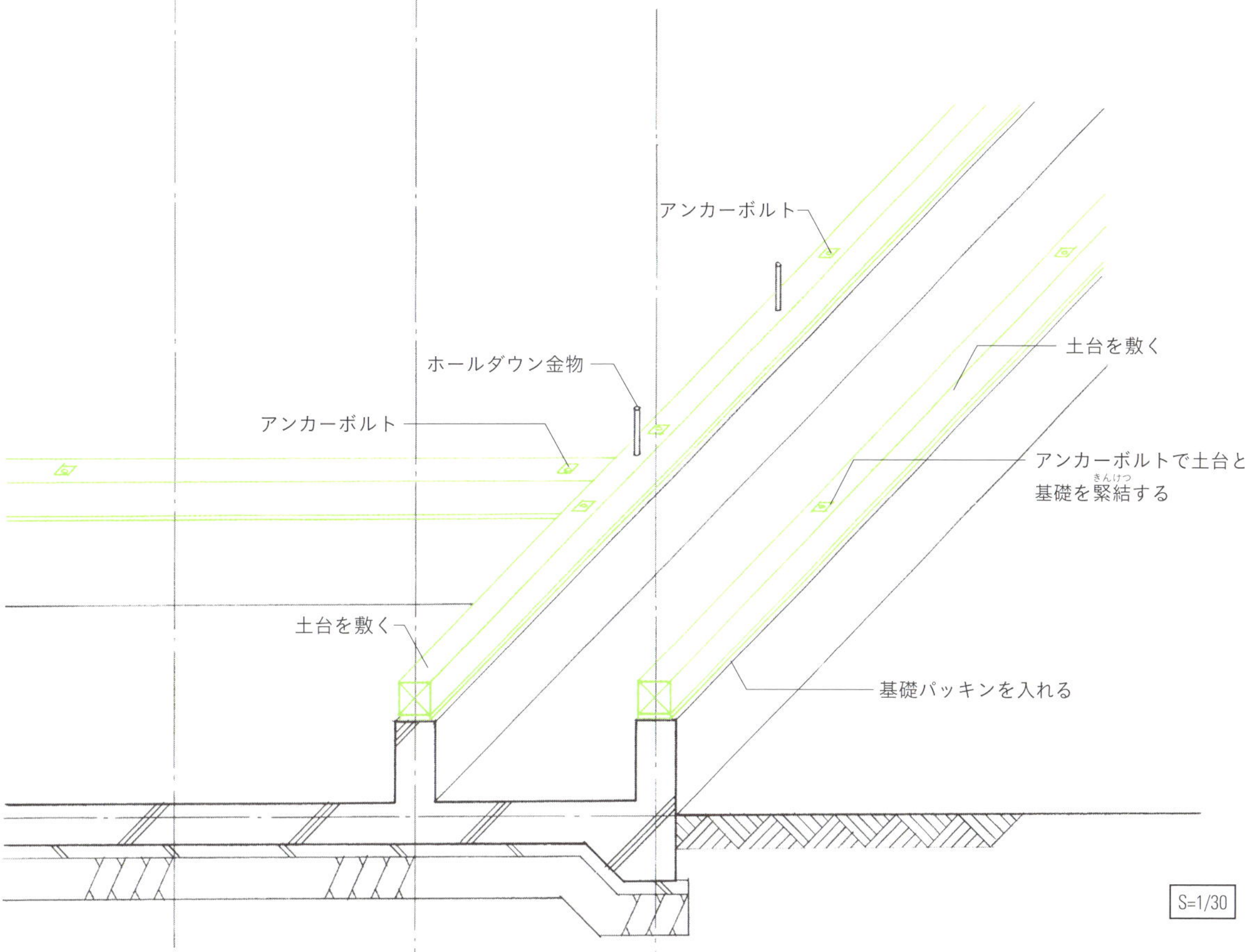
アンカーボルト
ホールダウン金物
アンカーボルト
土台を敷く
アンカーボルトで土台と
基礎を緊結《きんけつ》する
土台を敷く
基礎パッキンを入れる
S=1/30

矩計図

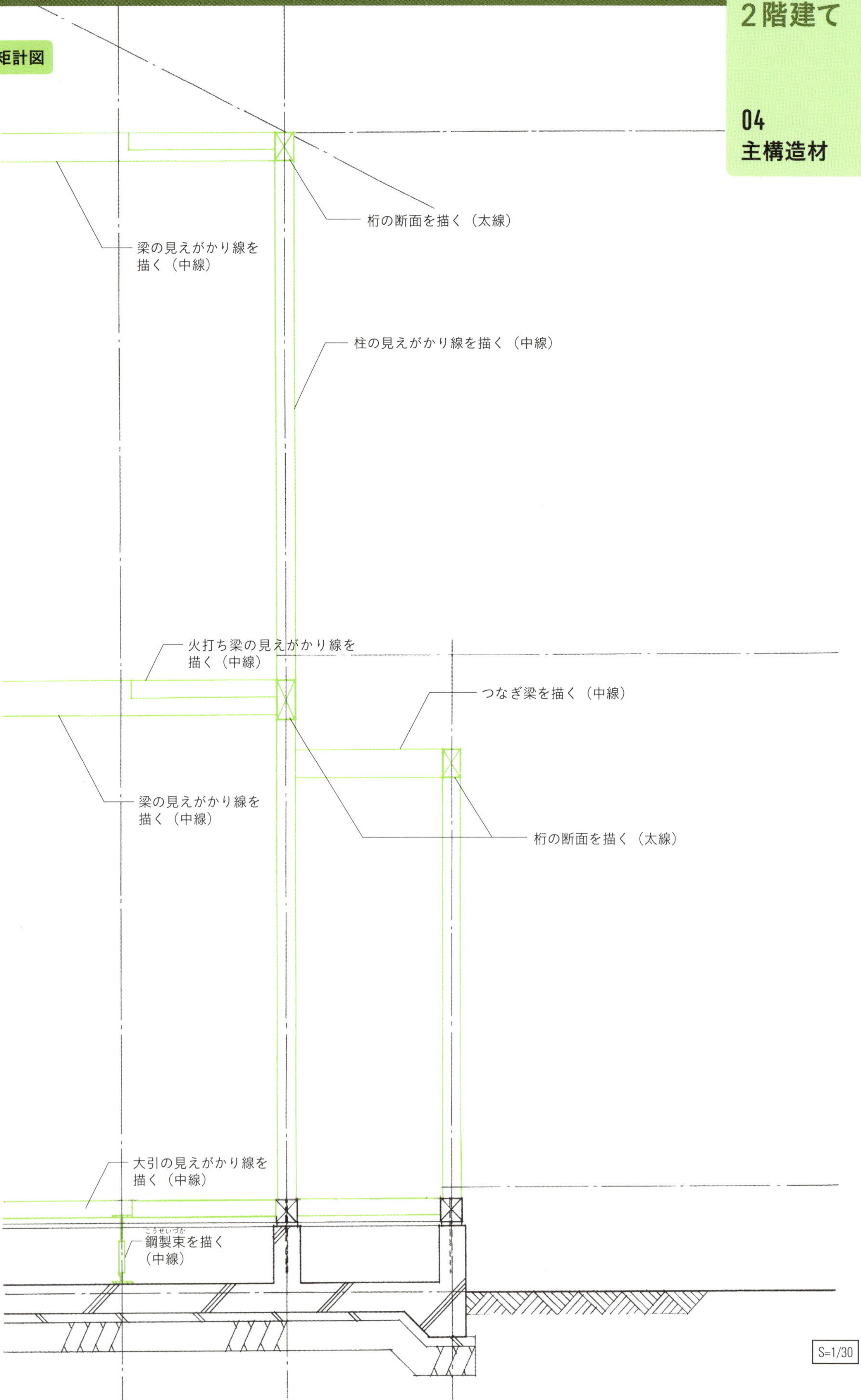
桁の断面を描く（太線）
梁の見えがかり線を
描く（中線）
柱の見えがかり線を描く（中線）
火打ち梁の見えがかり線を
描く（中線）
つなぎ梁を描く（中線）
梁の見えがかり線を
描く（中線）
桁の断面を描く（太線）
大引の見えがかり線を
描く（中線）
鋼製束《こうせいづか》を描く
（中線）
S=1/30

断面パース

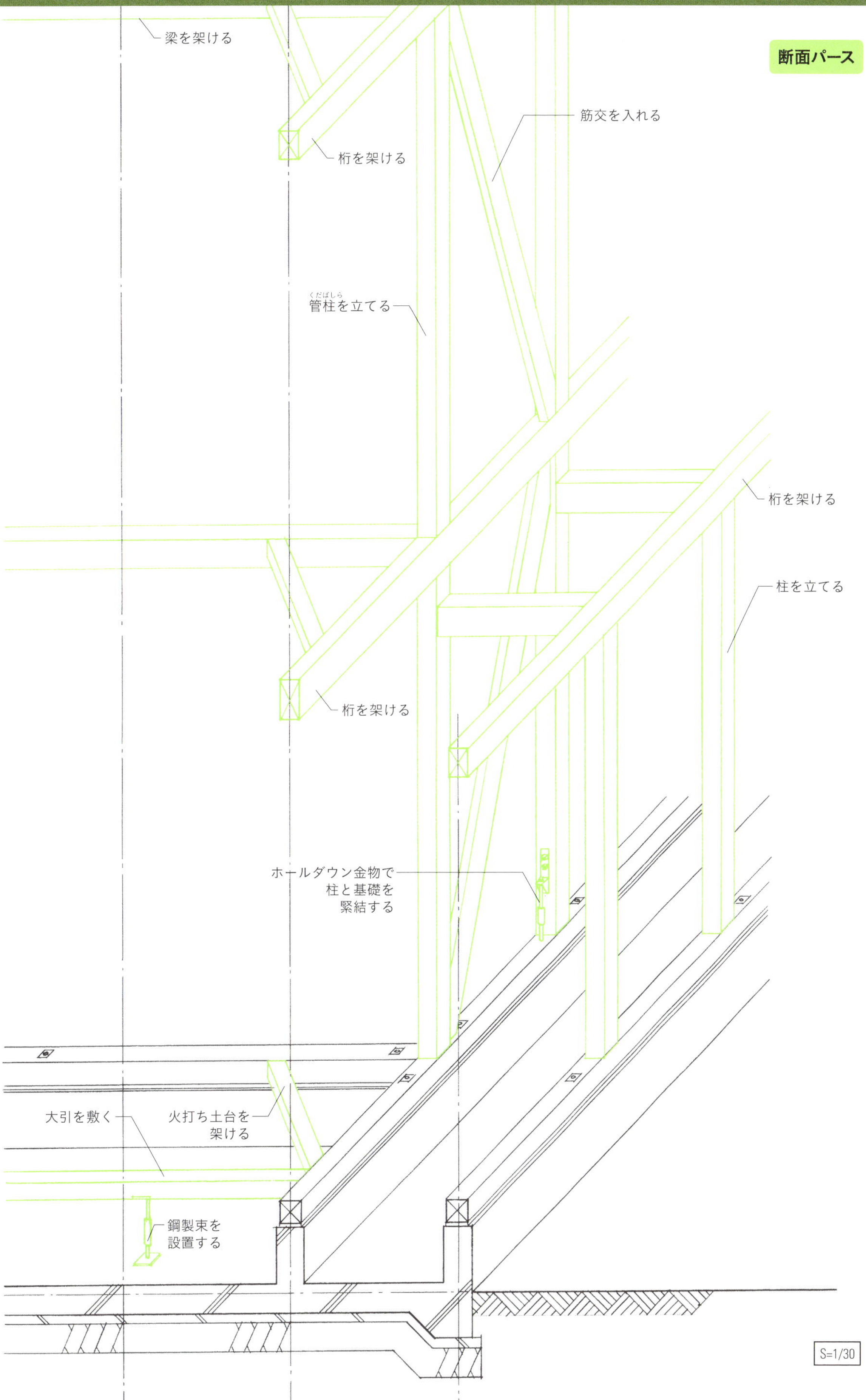
梁を架ける
桁を架ける
筋交を入れる
管柱《くだばしら》を立てる
桁を架ける
柱を立てる
桁を架ける
ホールダウン金物で柱と基礎を緊結する
大引を敷く
火打ち土台を架ける
鋼製束を設置する
S=1/30

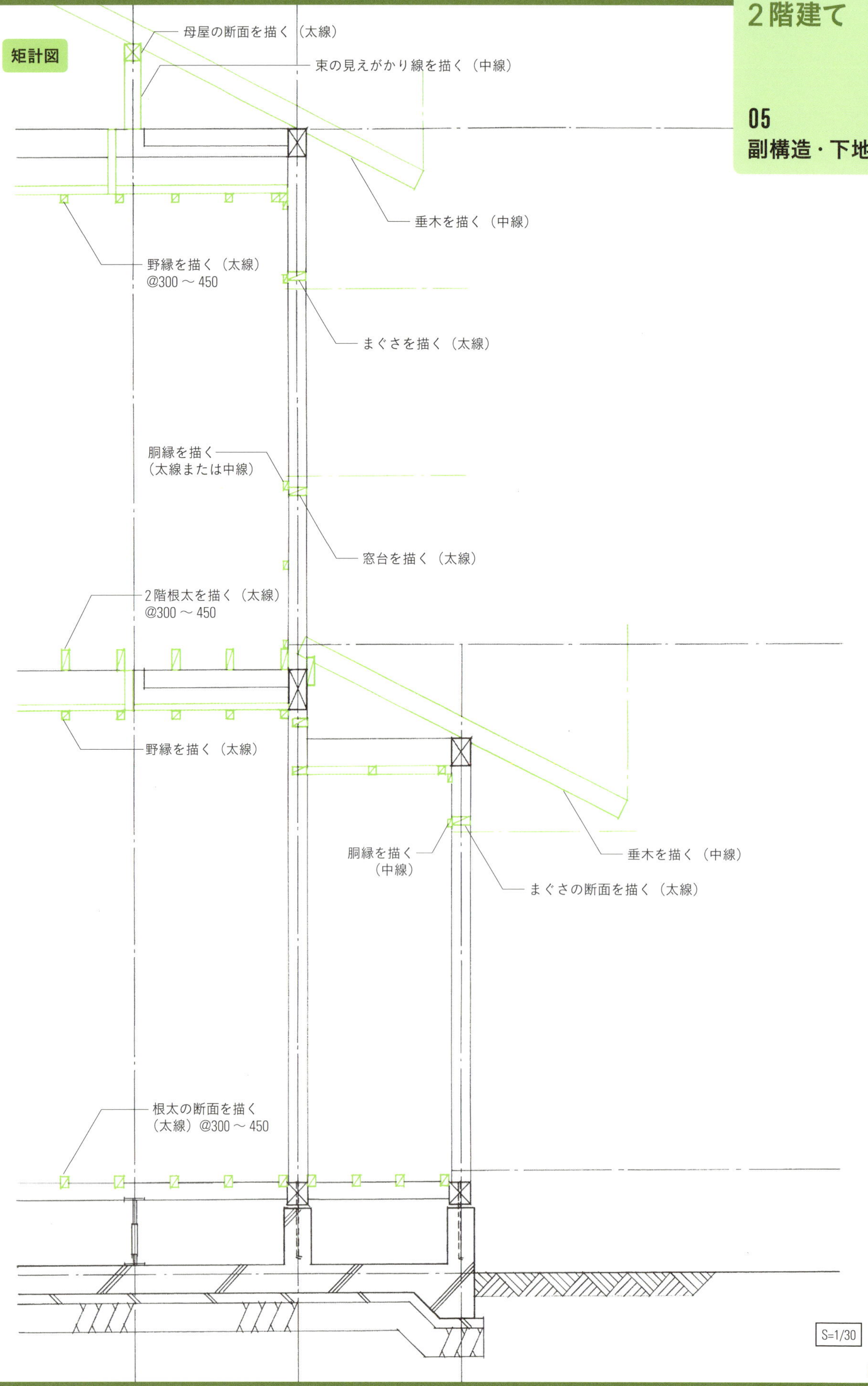
矩計図
母屋の断面を描く（太線）
束の見えがかり線を描く（中線）
垂木を描く（中線）
野縁を描く（太線）
@300 ～ 450
まぐさを描く（太線）
胴縁を描く
（太線または中線）
窓台を描く（太線）
2階根太を描く（太線）
@300 ～ 450
野縁を描く（太線）
垂木を描く（中線）
胴縁を描く
（中線）
まぐさの断面を描く（太線）
根太の断面を描く
（太線）@300 ～ 450
S=1/30

断面パース

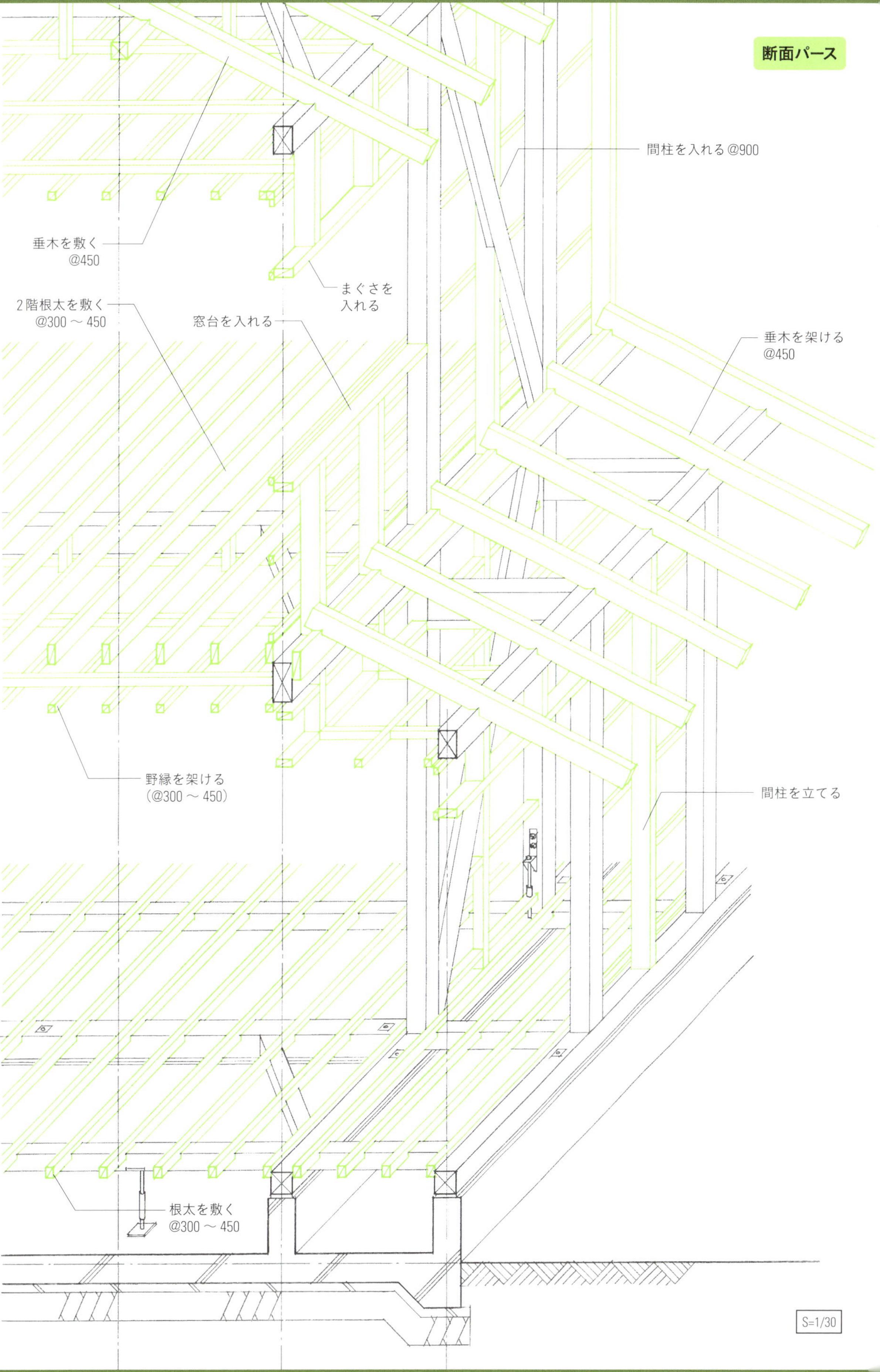
間柱を入れる @900
垂木を敷く
@450
まぐさを
入れる
2階根太を敷く
@300 〜 450
窓台を入れる
垂木を架ける
@450
野縁を架ける
(@300 〜 450)
間柱を立てる
根太を敷く
@300 〜 450
S=1/30

矩計図

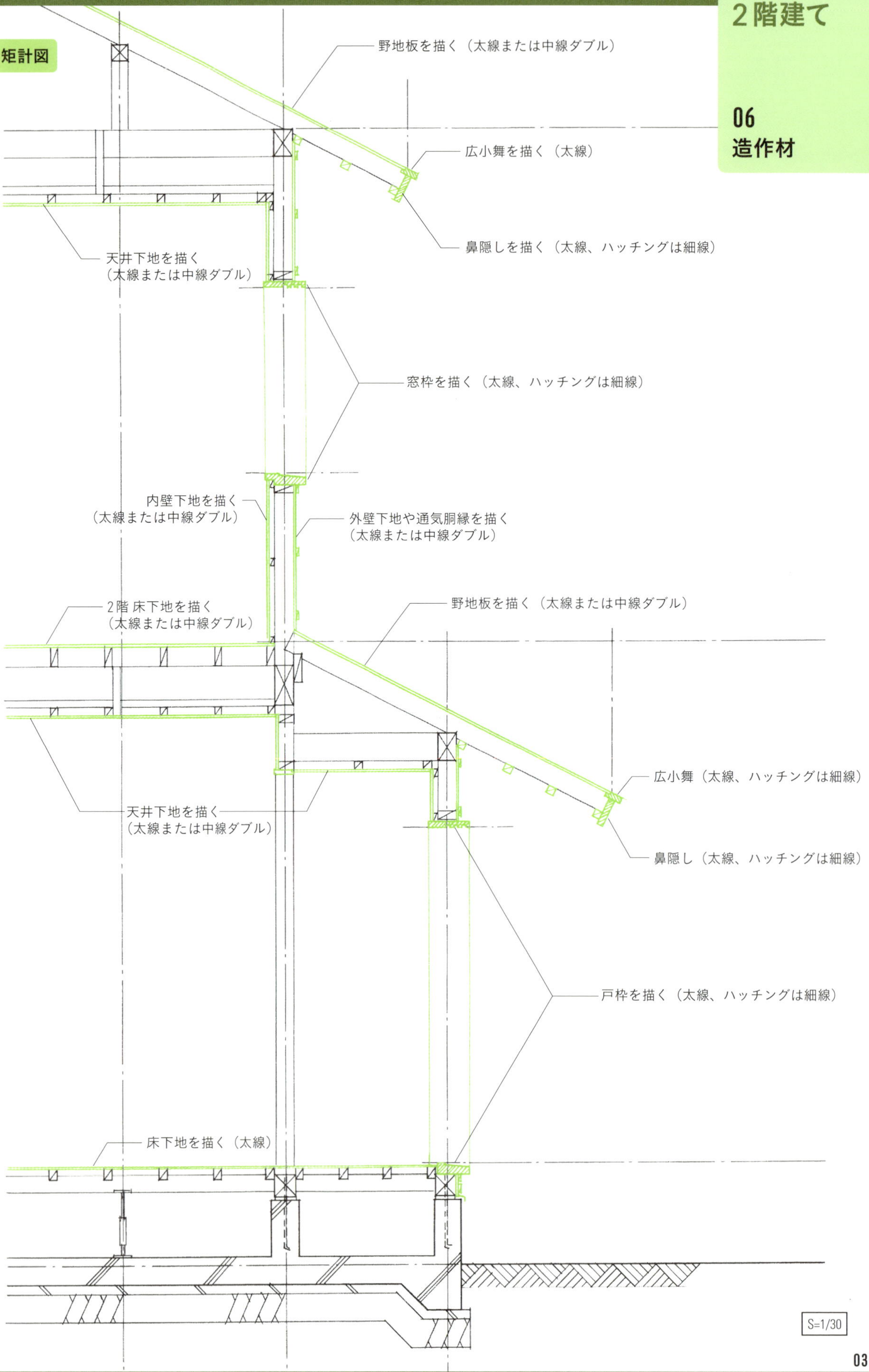
野地板を描く（太線または中線ダブル）
広小舞を描く（太線）
鼻隠しを描く（太線、ハッチングは細線）
天井下地を描く
（太線または中線ダブル）
窓枠を描く（太線、ハッチングは細線）
内壁下地を描く
（太線または中線ダブル）
外壁下地や通気胴縁を描く
（太線または中線ダブル）
2階 床下地を描く
（太線または中線ダブル）
野地板を描く（太線または中線ダブル）
広小舞（太線、ハッチングは細線）
鼻隠し（太線、ハッチングは細線）
天井下地を描く
（太線または中線ダブル）
戸枠を描く（太線、ハッチングは細線）
床下地を描く（太線）
S=1/30

断面パース

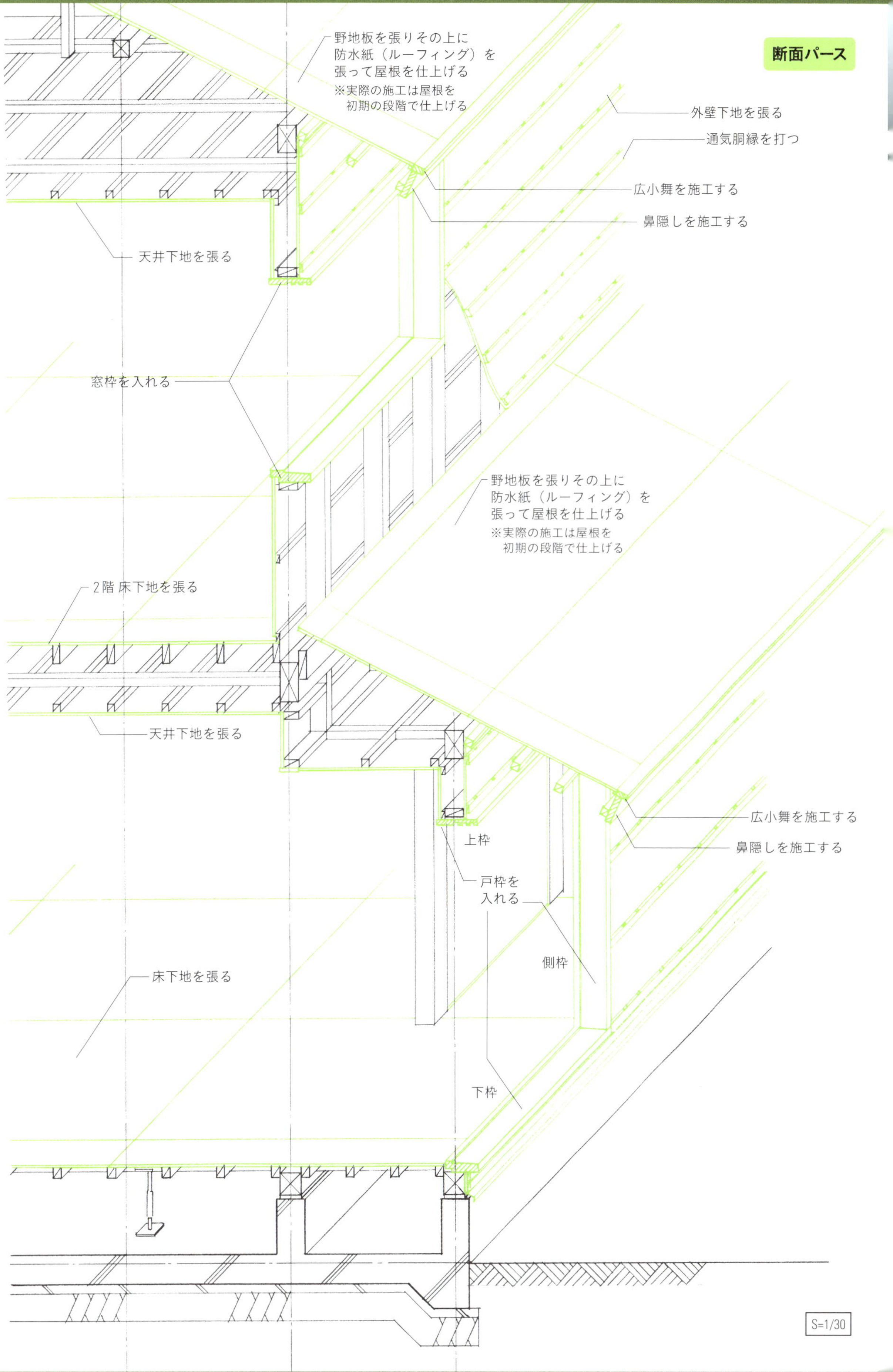
野地板を張りその上に
防水紙（ルーフィング）を
張って屋根を仕上げる
※実際の施工は屋根を
初期の段階で仕上げる
外壁下地を張る
通気胴縁を打つ
広小舞を施工する
鼻隠しを施工する
天井下地を張る
窓枠を入れる
野地板を張りその上に
防水紙（ルーフィング）を
張って屋根を仕上げる
※実際の施工は屋根を
初期の段階で仕上げる
2階 床下地を張る
天井下地を張る
広小舞を施工する
鼻隠しを施工する
上枠
戸枠を
入れる
側枠
床下地を張る
下枠
S=1/30

矩計図

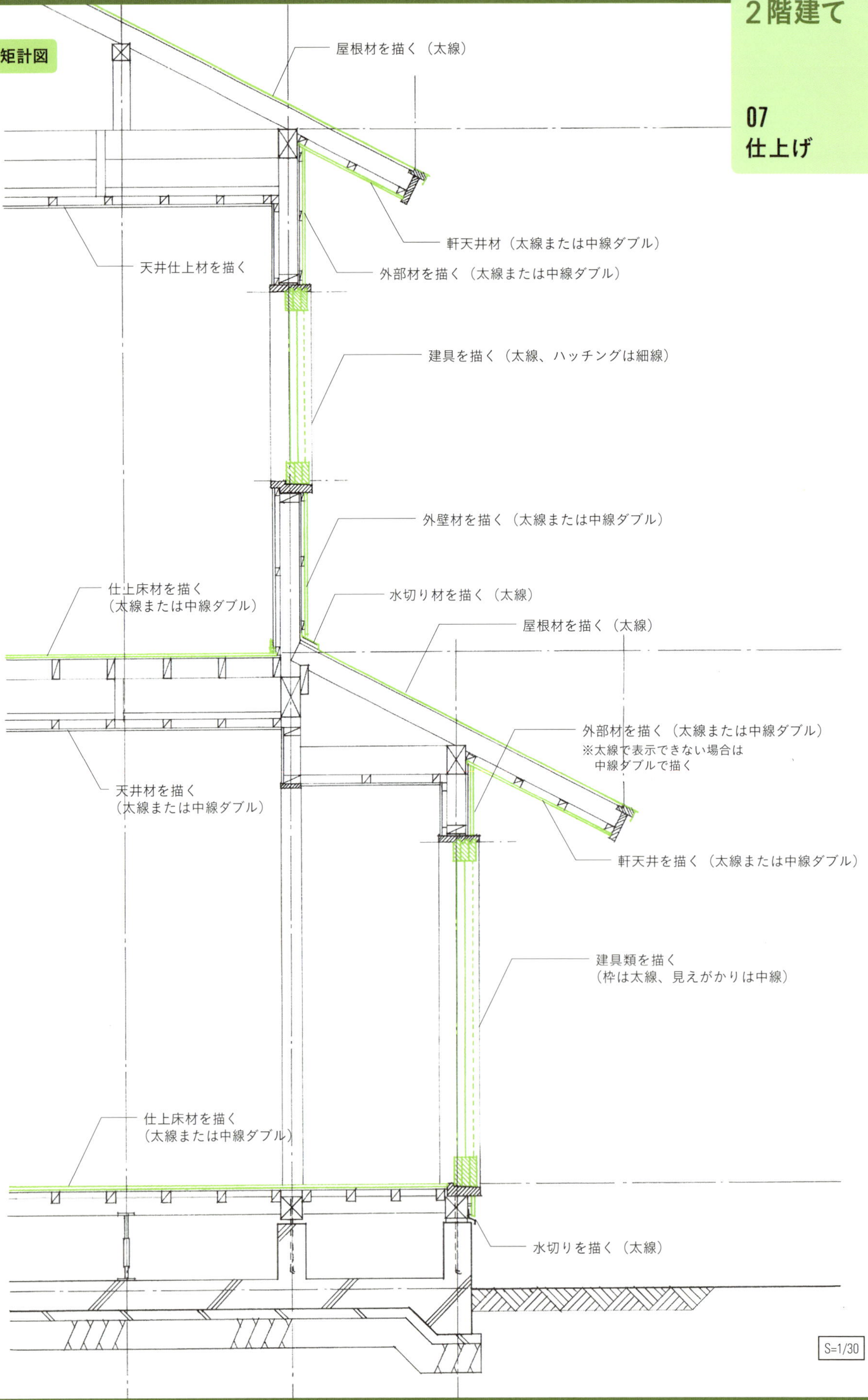
屋根材を描く（太線）
軒天井材（太線または中線ダブル）
天井仕上材を描く
外部材を描く（太線または中線ダブル）
建具を描く（太線、ハッチングは細線）
外壁材を描く（太線または中線ダブル）
仕上床材を描く
（太線または中線ダブル）
水切り材を描く（太線）
屋根材を描く（太線）
外部材を描く（太線または中線ダブル）
※太線で表示できない場合は
中線ダブルで描く
天井材を描く
（太線または中線ダブル）
軒天井を描く（太線または中線ダブル）
建具類を描く
（枠は太線、見えがかりは中線）
仕上床材を描く
（太線または中線ダブル）
水切りを描く（太線）

S=1/30

断面パース

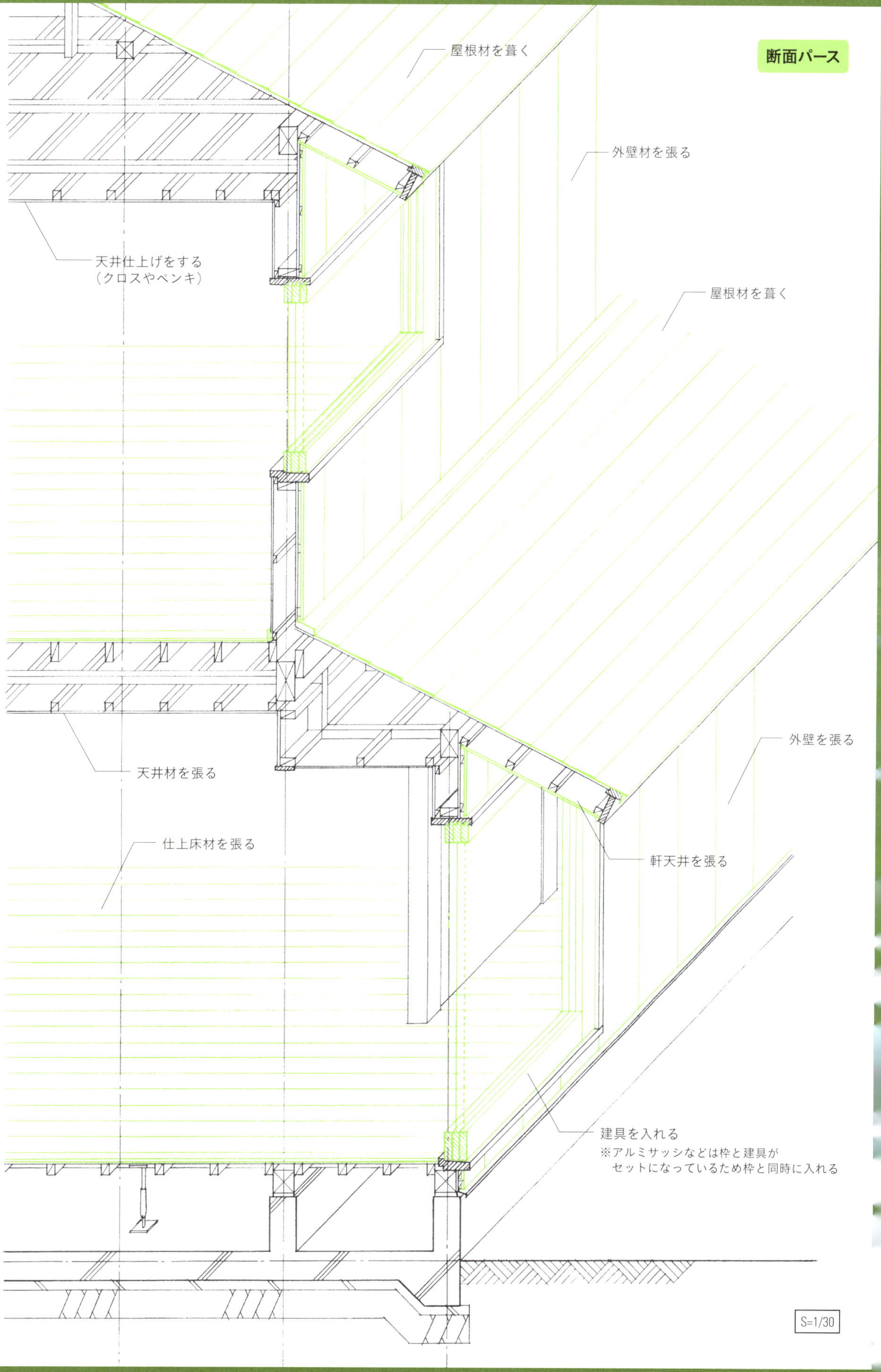
屋根材を葺く
外壁材を張る
天井仕上げをする
（クロスやペンキ）
屋根材を葺く
天井材を張る
外壁を張る
仕上床材を張る
軒天井を張る
建具を入れる
※アルミサッシなどは枠と建具が
セットになっているため枠と同時に入れる
S=1/30

08 完成形

矩計図

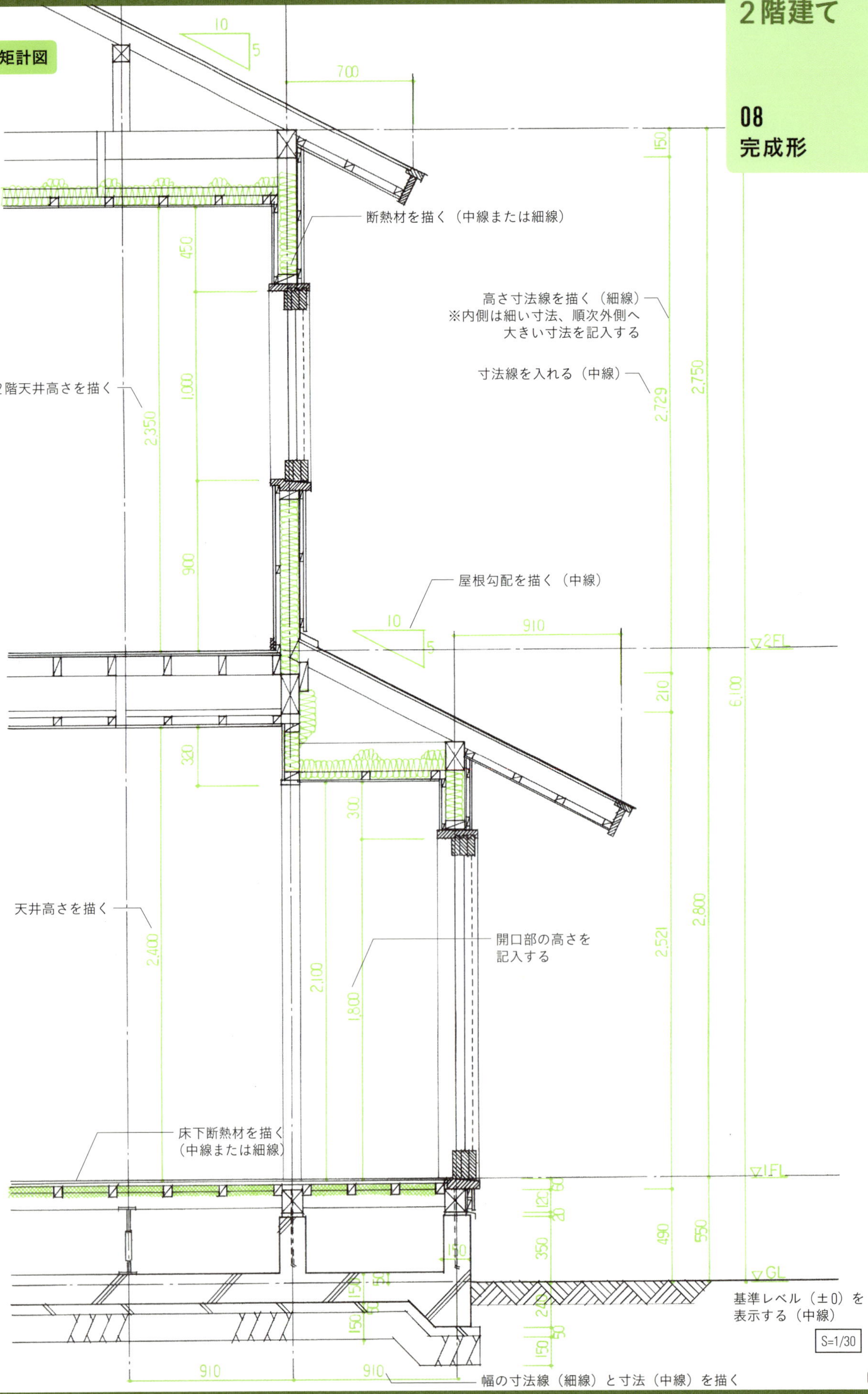

断熱材を描く（中線または細線）
高さ寸法線を描く（細線）
※内側は細い寸法、順次外側へ
大きい寸法を記入する
寸法線を入れる（中線）
2階天井高さを描く
屋根勾配を描く（中線）
▽2FL
天井高さを描く
開口部の高さを
記入する
床下断熱材を描く
（中線または細線）
▽1FL
▽GL
基準レベル（±0）を
表示する（中線）
S=1/30
幅の寸法線（細線）と寸法（中線）を描く

完成形

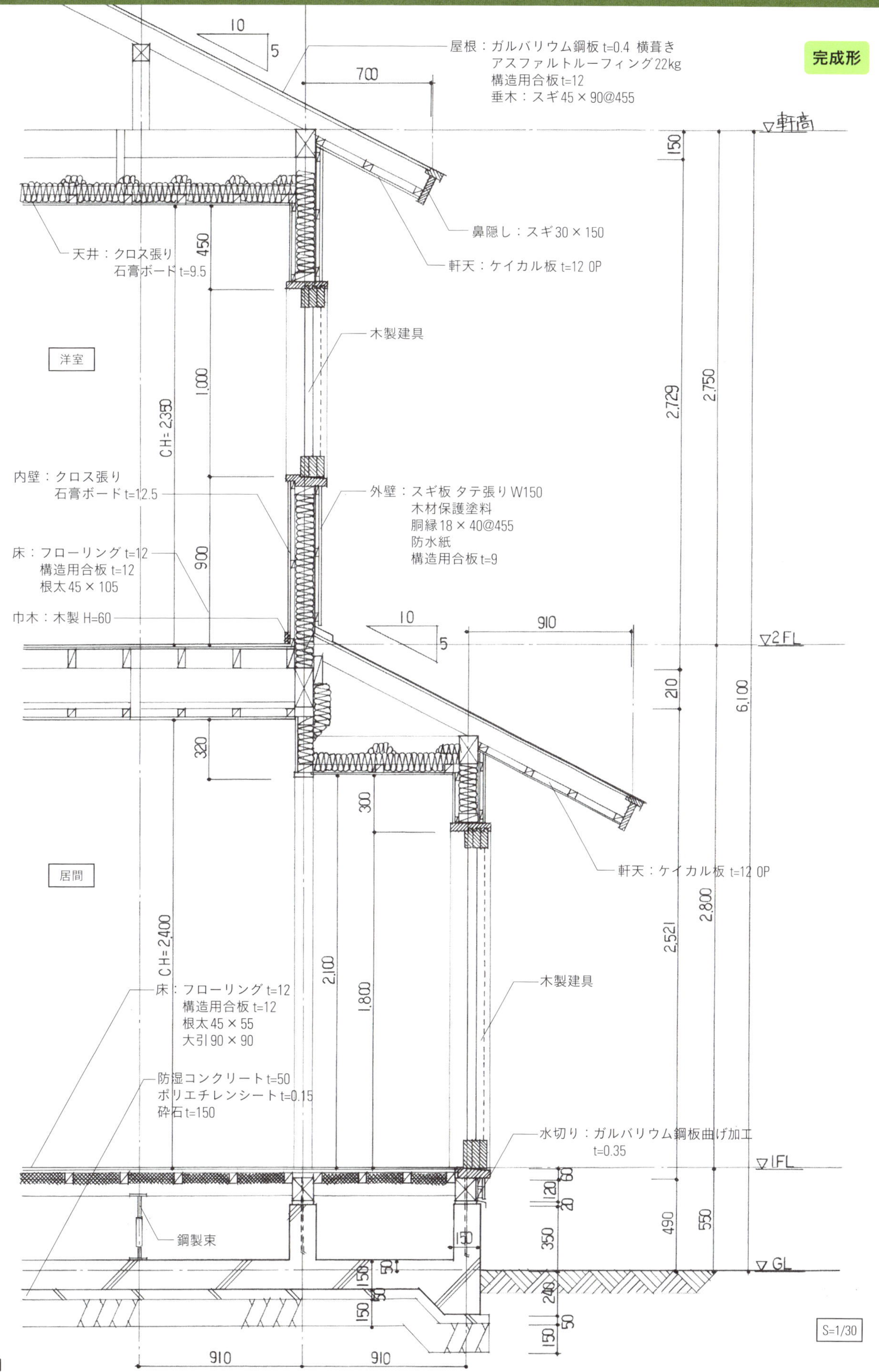
屋根：ガルバリウム鋼板 t=0.4 横葺き
アスファルトルーフィング22kg
構造用合板 t=12
垂木：スギ45×90@455
▽軒高
鼻隠し：スギ30×150
軒天：ケイカル板 t=12 OP
天井：クロス張り
石膏ボード t=9.5
木製建具
洋室
内壁：クロス張り
石膏ボード t=12.5
外壁：スギ板 タテ張り W150
木材保護塗料
胴縁18×40@455
防水紙
構造用合板 t=9
床：フローリング t=12
構造用合板 t=12
根太45×105
巾木：木製 H=60
▽2FL
軒天：ケイカル板 t=12 OP
居間
木製建具
床：フローリング t=12
構造用合板 t=12
根太45×55
大引90×90
防湿コンクリート t=50
ポリエチレンシート t=0.15
砕石 t=150
水切り：ガルバリウム鋼板曲げ加工
t=0.35
▽1FL
鋼製束
▽GL
CH=2,350
CH=2,400
10
5
700
910
2,729
2,750
2,521
2,800
6,100
S=1/30

4 基礎知識

01 主要部材の名称

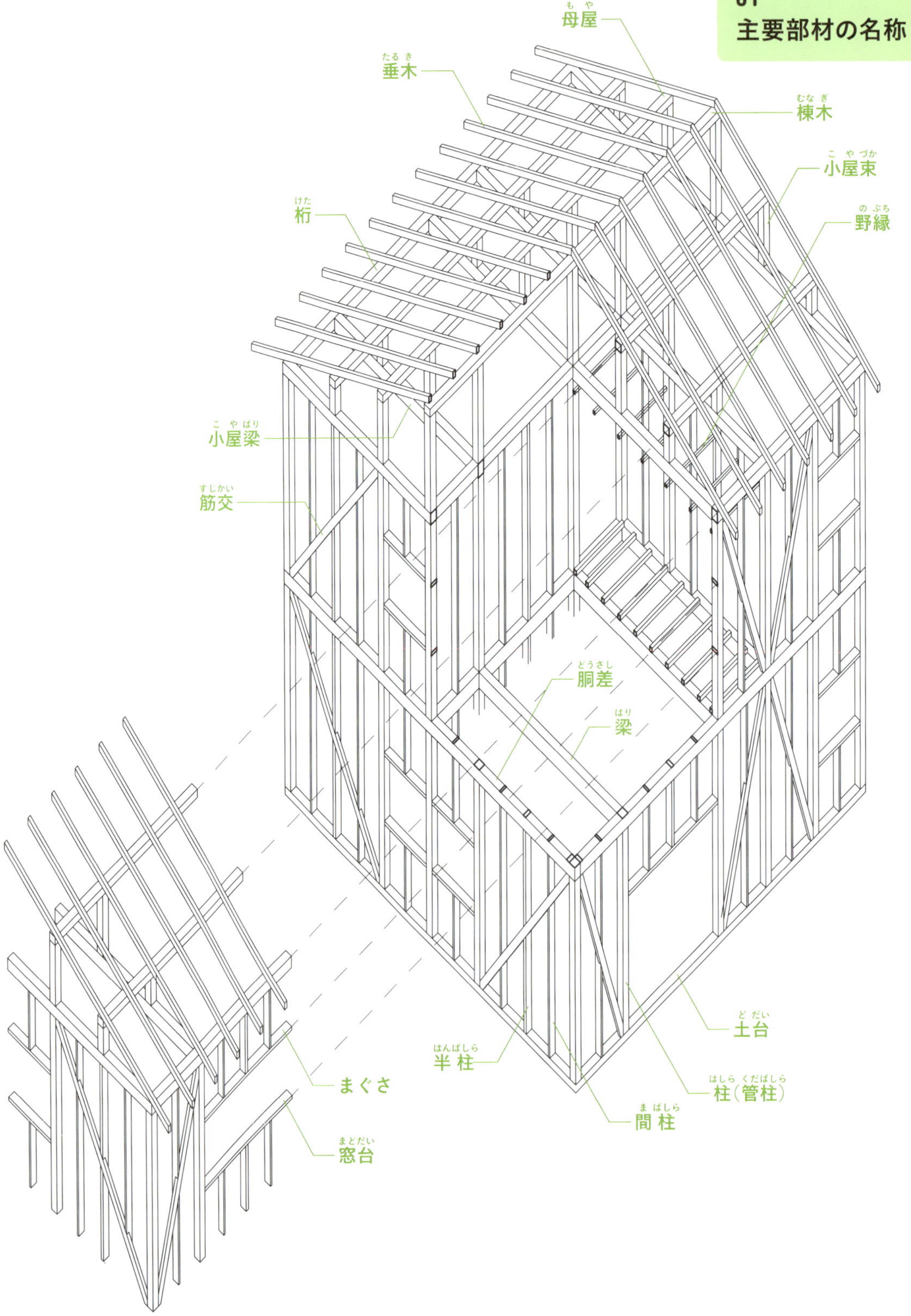

母屋《もや》
垂木《たるき》
棟木《むなぎ》
小屋束《こやづか》
野縁《のぶち》
桁《けた》
小屋梁《こやばり》
筋交《すじかい》
胴差《どうさし》
梁《はり》
土台《どだい》
半柱《はんばしら》
柱《はしら》（管柱《くだばしら》）
間柱《まばしら》
まぐさ
窓台《まどだい》

02 長さの単位（尺・間）

910㎜＝3尺＝半間
1820㎜＝6尺＝一間

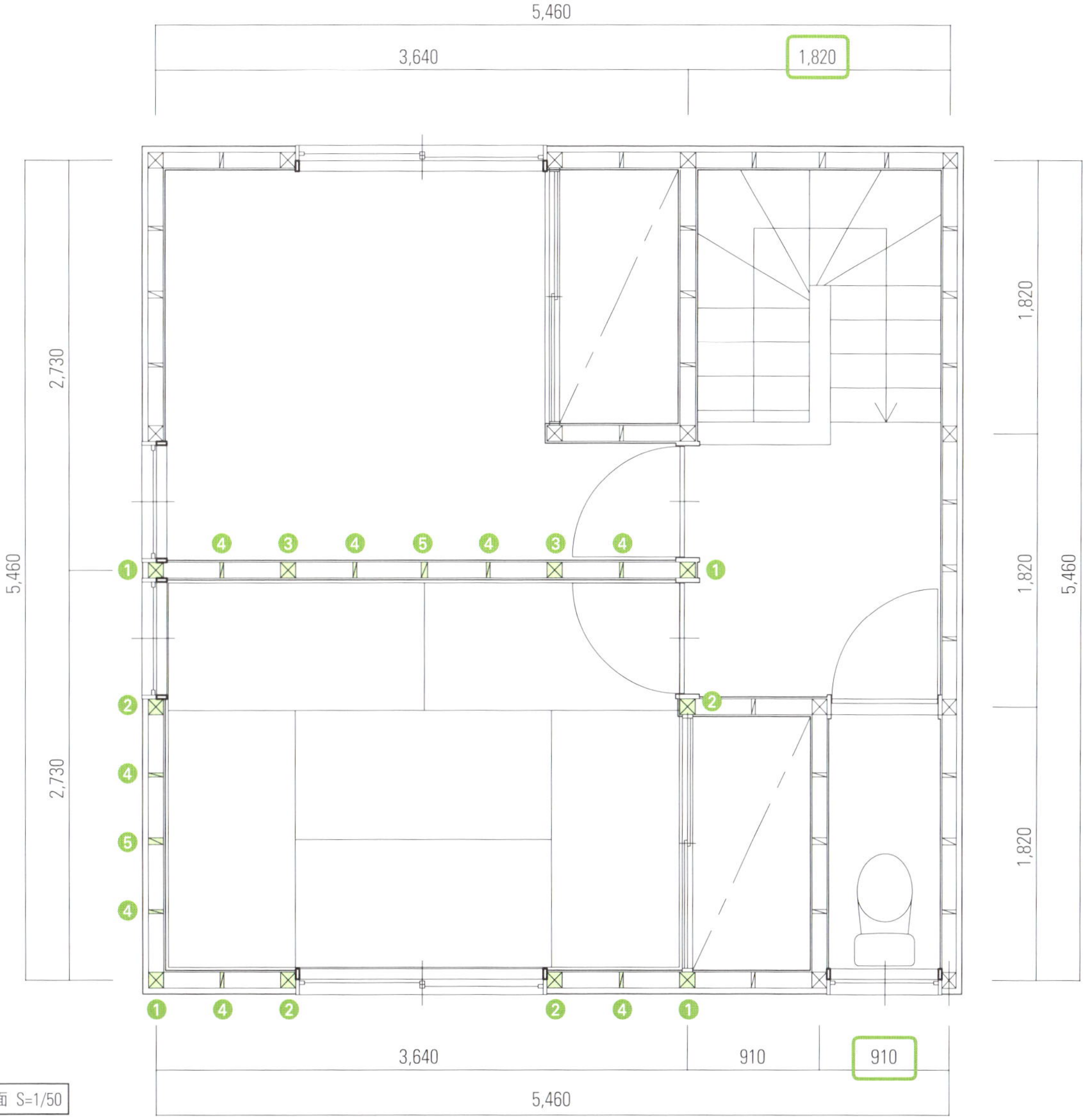

平面 S=1/50

ここでは、図面を理解するための基礎知識を解説する。

まず上の平面図を見ると、柱間の距離が、**910㎜**の倍数で決められていることがわかるだろう。「910㎜」というのは、**尺貫法**《しゃっかんほう》でいうところの**3尺**《さんじゃく》にあたり、家屋設計の際の基本単位である。

これは住宅を建設する際に必要な、構造材や建材、住宅設備等にも共通した基本寸法である。また「尺」と同時に**間**《けん》という単位もよく用いられる。**一間**《いっけん》は1820㎜であり、先の910㎜の2倍の数となっている。

計量法等の各種制度により、教育現場では㎜表示されているが、実際の建築現場等では、**尺や間を使ったやり取りが、いまでも日常的に行われている。**

たとえば**柱**の配置は「910㎜」の間隔を基本にして、原則、**❶部屋の4隅**、**❷窓や出入口の両端**、**❸壁面6尺以内**の順に行う（1820㎜以内の間隔ですべての柱を配置）。また**間柱・半柱**に関しては、**❹455㎜の間隔で配置**、**❺ボードの継ぎ目は半柱**を原則とする。

上図「和室六畳」の柱において、柱・間柱・半柱に示してある❶～❺は、この文中の番号と対応しているので、参考にされたい。

03
広さの単位（坪・畳）

部屋の大きさを示す単位として、畳《じょう》がある。一畳《いちじょう》とは、910mm×1820mm（＝3尺×6尺＝半間×一間）である（図中❶）。実際の設計で「一畳」は、トイレや押入れ・クロゼット等の収納スペースとして用いられる。
二畳で一坪《ひとつぼ》という単位になり、1820mm×1820mm（＝6尺×6尺＝一間×一間）である（図中❷）。実際の設計で「一坪（二畳）」とは、玄関や脱衣室、浴室、階段室、ホール、ウォークイン・クローゼット等、多くの用途として用いられている。ユニットバス等を制作する住宅設備メーカーも、二畳に合わせた製品を製造している。

その他に部屋の単位としては、四畳半（図中❸）、六畳（図中❹）、八畳（図中❺）といった大きさが、和室・洋室を問わず一般的に用いられている。

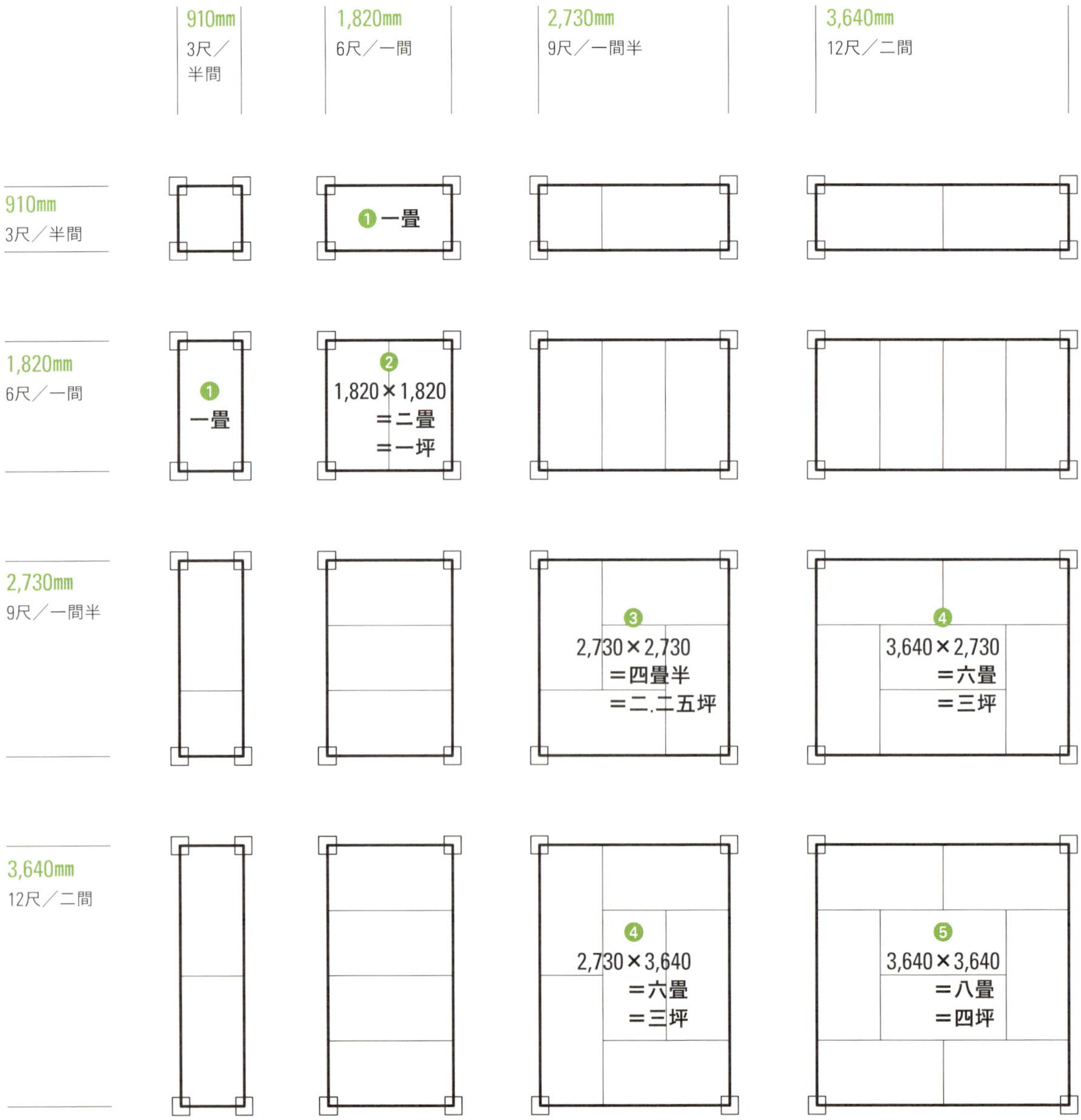
910mm
3尺／半間
1,820mm
6尺／一間
2,730mm
9尺／一間半
3,640mm
12尺／二間
❶一畳
❶ 一畳
❷ 1,820×1,820 ＝二畳 ＝一坪
❸ 2,730×2,730 ＝四畳半 ＝二.二五坪
❹ 3,640×2,730 ＝六畳 ＝三坪
❹ 2,730×3,640 ＝六畳 ＝三坪
❺ 3,640×3,640 ＝八畳 ＝四坪

住宅の平面図は、**単位空間の組み合わせ**によってできている。たとえば、右図のプランは六畳や四畳半、二畳、一畳の組み合わせで構成されていることがわかるだろう。

ただし、実際の設計では455㎜やモジュールに乗らない変則的な数値を組み合わせることも多々ある。

その一例として、**キッチンの奥行き寸法**が挙げられる。背面に冷蔵庫を設置することが多いことから1820㎜だと狭すぎ、2730㎜だと広すぎ、いずれも使いにくくなってしまう。そこで、奥行きを**2275㎜**（1820㎜＋455㎜）として設計される例が散見される。

原則をしっかり理解した上で、使い勝手のよい・心地よい空間を実現するための「寸法」に留意した設計を心がけたい。

❶910㎜×1,820㎜（一畳）のプラン例

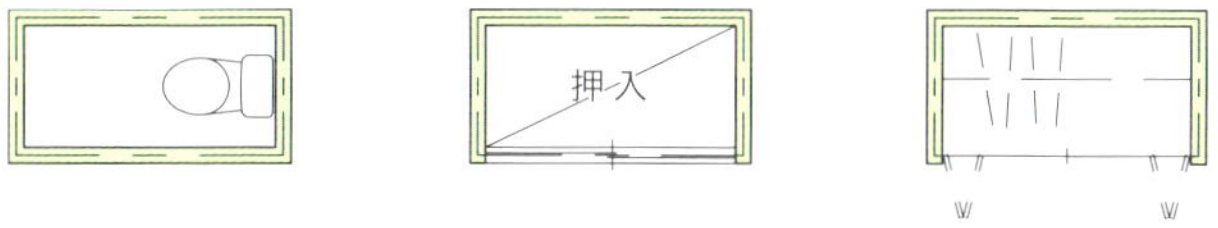
押入

❷1,820㎜×1,820㎜（二畳）のプラン例

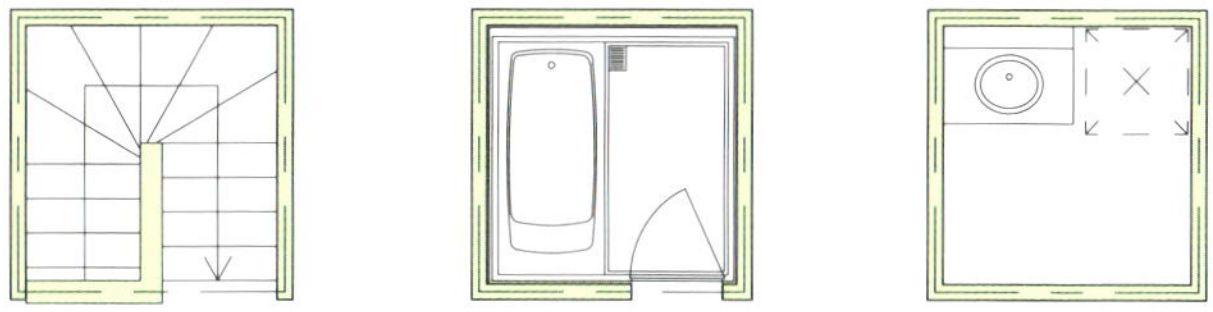

❸2,730㎜×2,730㎜（四畳半）のプラン例

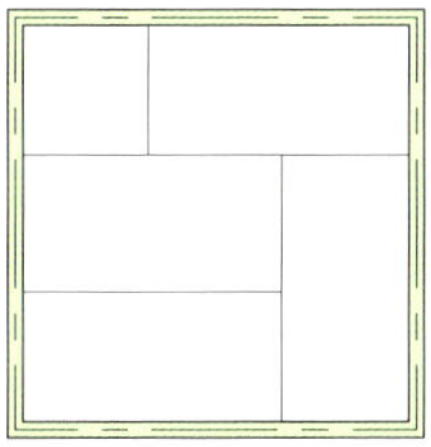

❹3,640㎜×2,730㎜（六畳）のプラン例

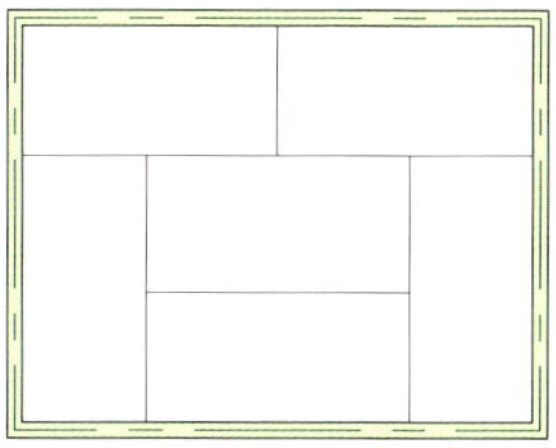

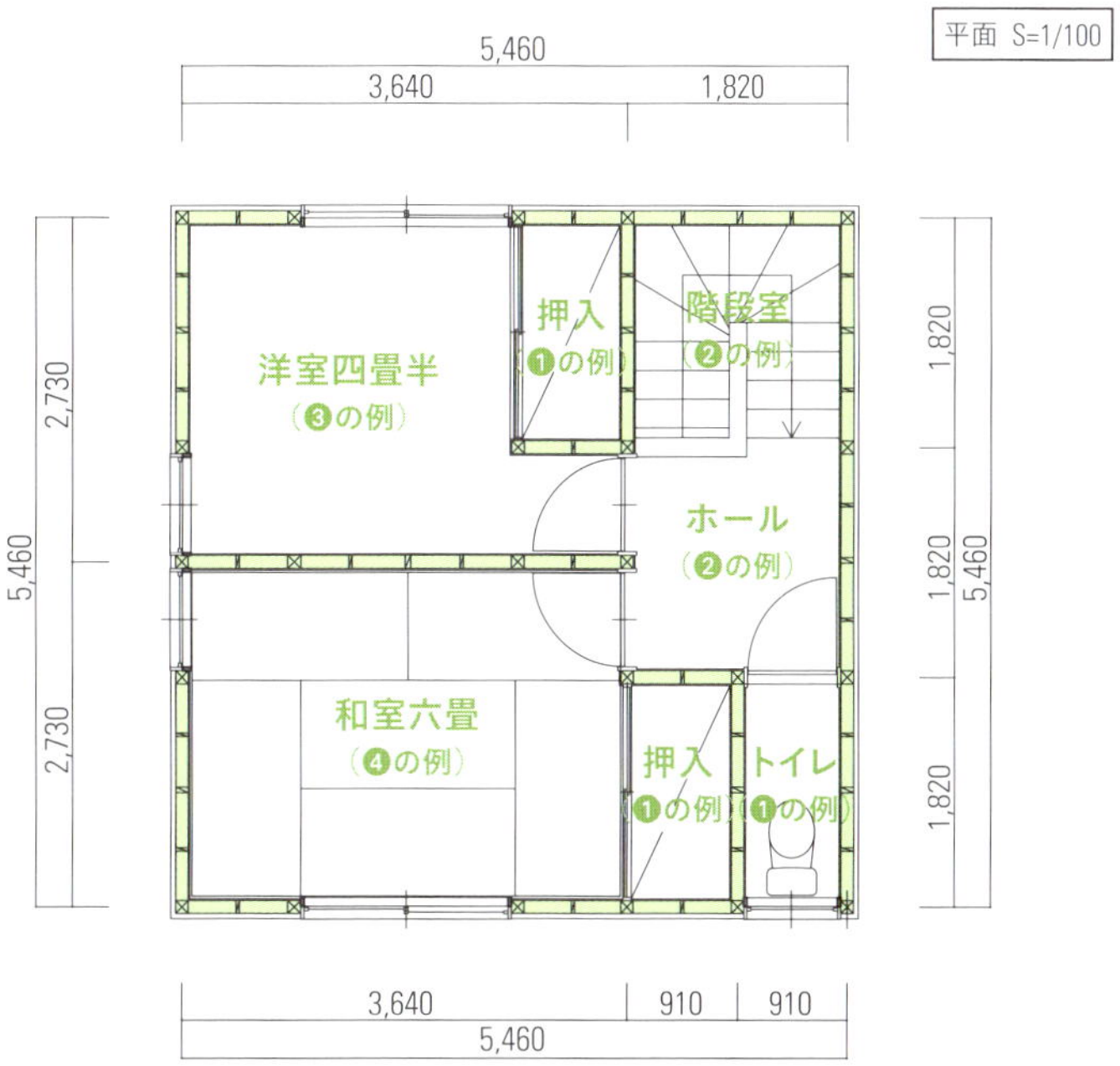
平面 S=1/100
5,460
3,640
1,820
洋室四畳半
（❸の例）
押入
（❶の例）
階段室
（❷の例）
ホール
（❷の例）
和室六畳
（❹の例）
押入
（❶の例）
トイレ
（❶の例）
2,730
2,730
5,460
1,820
1,820
1,820
5,460
3,640
910
910
5,460

04
柱材

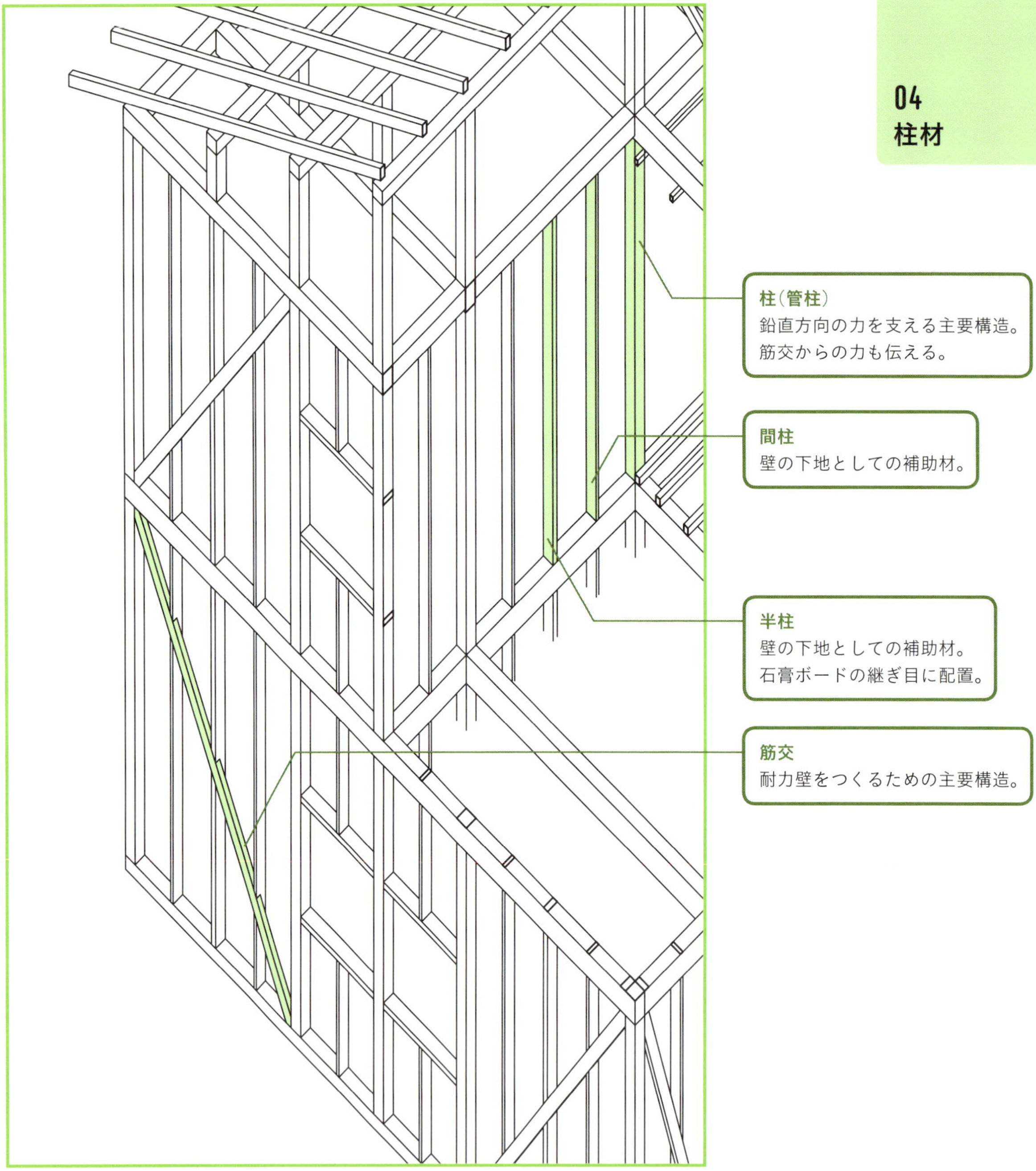

柱（管柱）
鉛直方向の力を支える主要構造。筋交からの力も伝える。
間柱
壁の下地としての補助材。
半柱
壁の下地としての補助材。石膏ボードの継ぎ目に配置。
筋交
耐力壁をつくるための主要構造。

柱材は、鉛直方向の荷重を伝える主要構造材である。最も広く使われるのは**105㎜×105㎜**の断面寸法をもつ材で、尺貫法上は**3寸5分**（単位：1寸＝30㎜、1分＝3㎜）の角材であることから、「35角（さんごかく）」などと呼ばれている。また、**4寸角**（**120㎜×120㎜**）もよく使われる。

材種は、**スギ**や**ヒノキ**などの**無垢材**や**アカマツ**などの**針葉樹系**の集成材などが多く使われている。長さは**3m材**が広く流通している。

柱と柱の間に一定の間隔で立てる補助材に**間柱**《まばしら》と**半柱**《はんばしら》がある。柱材とは異なり、直接荷重を受けることはなく、**内壁や外壁をつくる際の下地材**としての役割をもっている。

間柱は**27㎜×105㎜**、半柱は**45㎜×105㎜**の断面寸法が一般的である。材種はベイツガ材が多く、集成材も多く出回っている。長さも**3m材**が基本となる。

筋交《すじかい》は、耐力上重要な耐力壁をつくるための主要構造材で、柱・梁・土台によってつくられる壁面の対角線上に配置される。断面寸法は**90㎜×45㎜**のものが多く用いられている。材種は**ツガ材**が多く、針葉樹系の集成材も見受けられる。

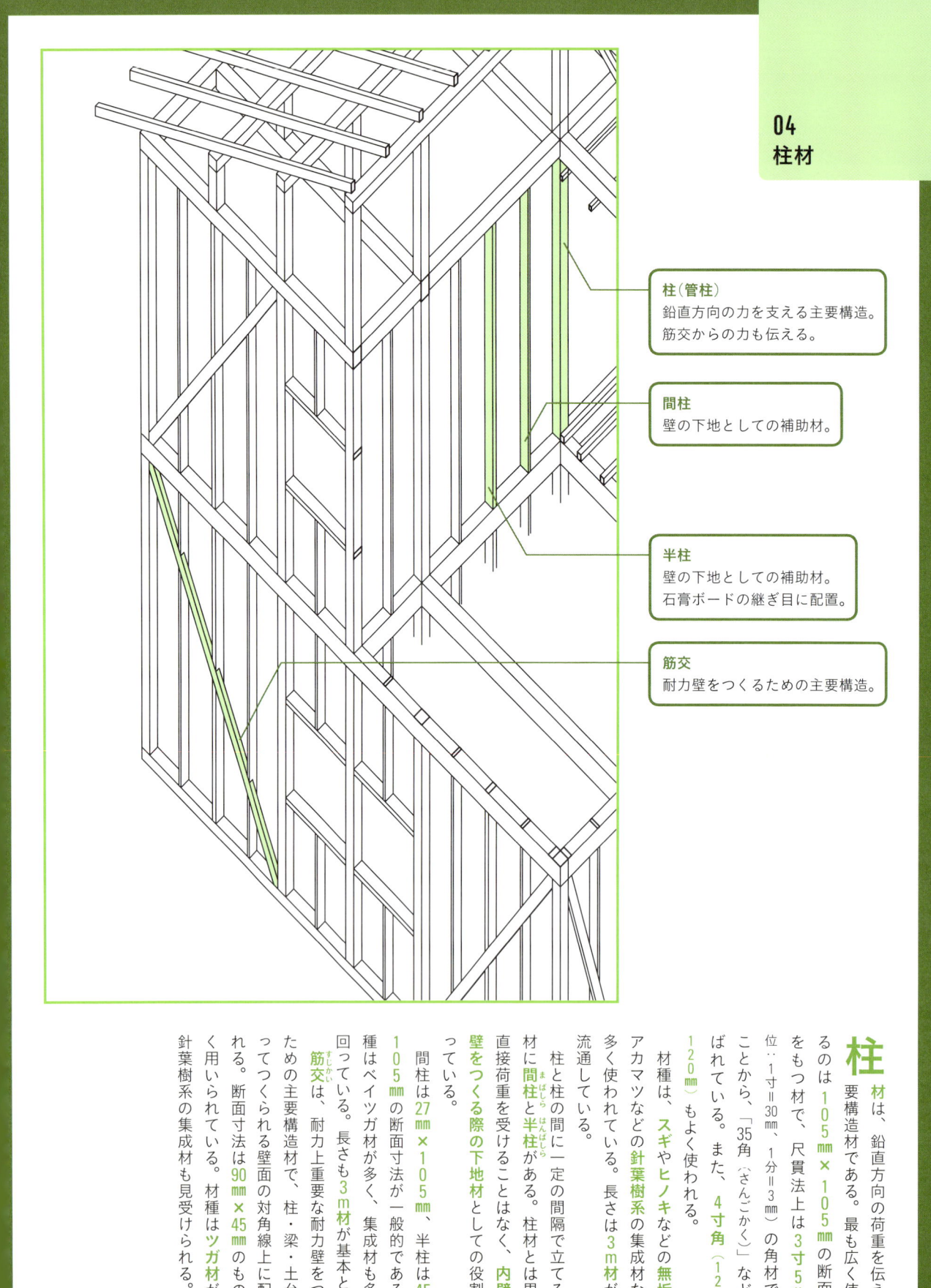

05
横架材

小屋梁
最上階の梁で、小屋の荷重を支える。
桁
垂木から屋根の荷重を受ける横架材。
梁
上階からの荷重や床の荷重を伝える主要構造。
胴差
横架材のうち、外周部に設置されるもの。梁に比べて、せいは一般的に低くなる。
土台
柱からの荷重や筋交の力を基礎に伝える主要構造。

横《おう》**架**《か》**材**《ざい》とは、**2階の床や屋根を支えるため**に水平方向に用いられる構造材で、複数の柱材により支えられる。このうち、建物の**外周部に用いられる**ものを**胴差**《どうさし》、それ以外のものを**梁**《はり》と呼んでいる。

一般的に、建物の外周部には柱が多く集まるため、胴差にはそれほど荷重の負担はかからないが、梁には状況に応じて大きな荷重を受ける場合があり、それに伴い、**梁せい（＝梁の高さ）も大きくなる傾向**にある。また、胴差の中で**小屋の垂木を直接受ける**ものを**桁**《けた》、**最上階の梁**を**小屋梁**《こやばり》と呼び、区別する場合が多い。

梁せいは、**210㎜**か**240㎜**が一般的であるが、状況に応じて、300㎜以上の材を用いる場合もある。**梁幅**は**105㎜（3寸5分）**か**120㎜（4寸）**のものが一般的である。

横架材の材種には**構造上粘りのある針葉樹系**のベイマツやアカマツなどが、無垢材・集成材ともに多く用いられている。さらに強度を必要とする場合、LVL材による横架材も頻繁に使われるようになってきている。

06
小屋組

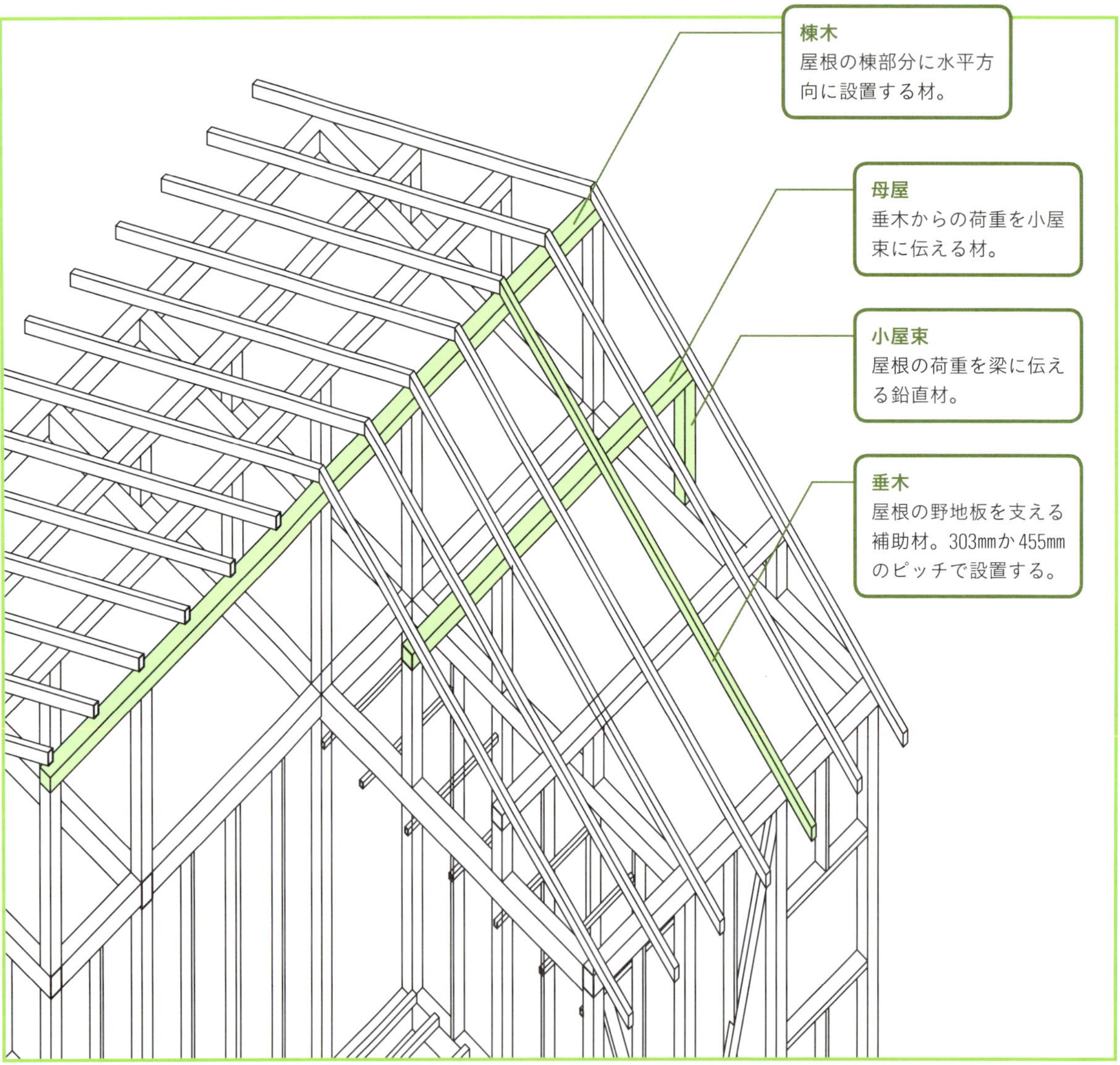

棟木
屋根の棟部分に水平方向に設置する材。
母屋
垂木からの荷重を小屋束に伝える材。
小屋束
屋根の荷重を梁に伝える鉛直材。
垂木
屋根の野地板を支える補助材。303㎜か455㎜のピッチで設置する。

屋根の重要な機能の一つに**雨水を防ぐ役割**があり、傾斜のある屋根が伝統的に用いられてきた。建物の屋根を支持する骨組を**小屋組**《こやぐみ》と呼ぶ。小屋組は**屋根の傾斜をつくるための下地**である。

小屋梁の上に垂直方向に設置する材が、**小屋束**《こやづか》である（柱以外の垂直方向の材を一般的に「束」という）。小屋束は、**屋根からの鉛直荷重を伝える役割**を担っている。断面寸法は**90㎜**か**105㎜**の角材が多く使われる。

小屋束の上に載る横架材が、**母屋**《もや》と呼ばれる材である。母屋は屋根の傾斜方向に対して直行方向に、**原則910㎜間隔**で配置される。棟（＝屋根の頂点）に向かうにしたがって、徐々に高い位置に設置することで屋根の傾斜をつくる下地となる。

母屋のうち、一番高い位置に設置されるのが**棟木**《むなぎ》である。屋根の頂点に棟木が設置されることを**上棟**《じょうとう》と呼ぶ。上棟は建物の主構造が組み上がることを意味し、重要な工事工程の一つとなっている。

07 補助・下地材

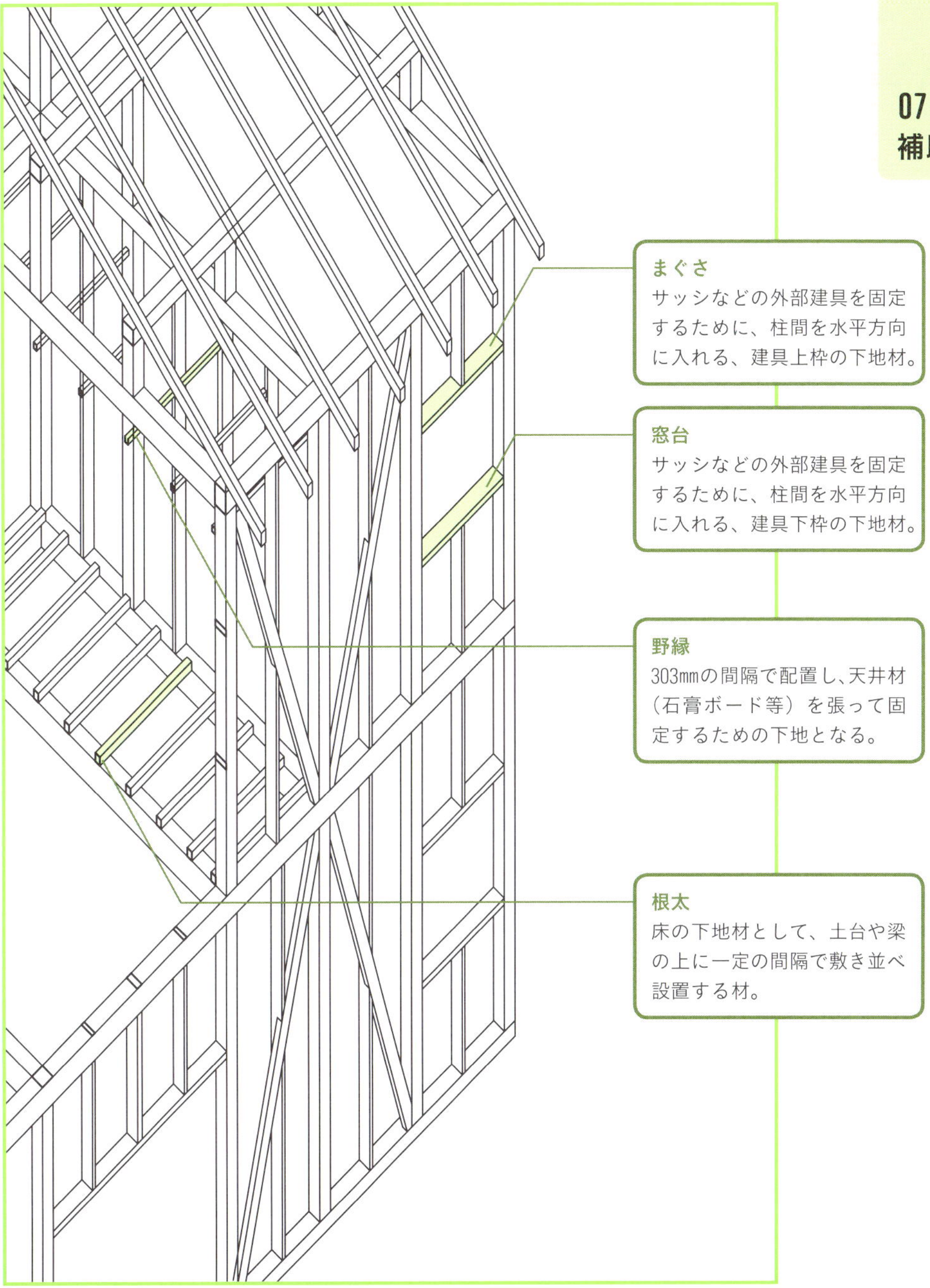
まぐさ
サッシなどの外部建具を固定するために、柱間を水平方向に入れる、建具上枠の下地材。
窓台
サッシなどの外部建具を固定するために、柱間を水平方向に入れる、建具下枠の下地材。
野縁
303㎜の間隔で配置し、天井材（石膏ボード等）を張って固定するための下地となる。
根太
床の下地材として、土台や梁の上に一定の間隔で敷き並べ設置する材。

補助材は、建物の荷重を支える**主要構造材以外の材**を指す。

アルミサッシ等の外部建具を開口部として設ける際、建具を建物に固定するための材が**窓台**《まどだい》と**まぐさ**である。このうち、開口部下部に設置するものを「窓台」、上部に設置するものを「まぐさ」と呼び、一般的に**45㎜×105㎜**（120㎜）の材が用いられる。

開口部の左右については**柱材を用いることが多く**、「窓台、まぐさ、柱」に窓枠を緊結し建物に固定する。

下地材は、内装の床板や天井板を固定するための材である。

床材の下地材は**根太**《ねだ》と呼ばれ、土台や梁の上に、一定の間隔で敷き並べ設置する材である。断面寸法は**幅45㎜×高さ60㎜**程度で、**303㎜間隔**で設置される。

一方、**天井板の下地材**は**野縁**《のぶち》と呼ばれ、**幅40㎜×高さ30㎜**の材を**455㎜間隔**で設置する。野縁に限らず、あらゆる下地材として広く用いられている材である。

また、**内装の壁の下地**については、**柱・間柱・半柱がその役割を果たしている。**

一般的によく使われている部材の材寸表

梁
胴差
小屋梁
桁

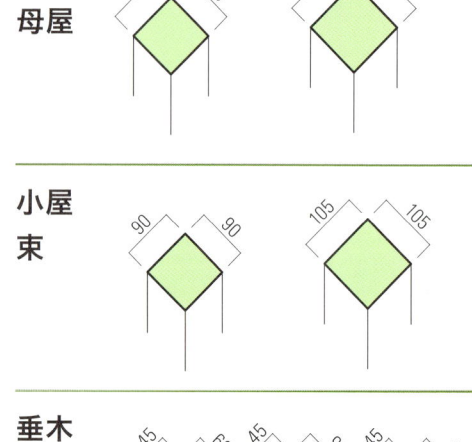

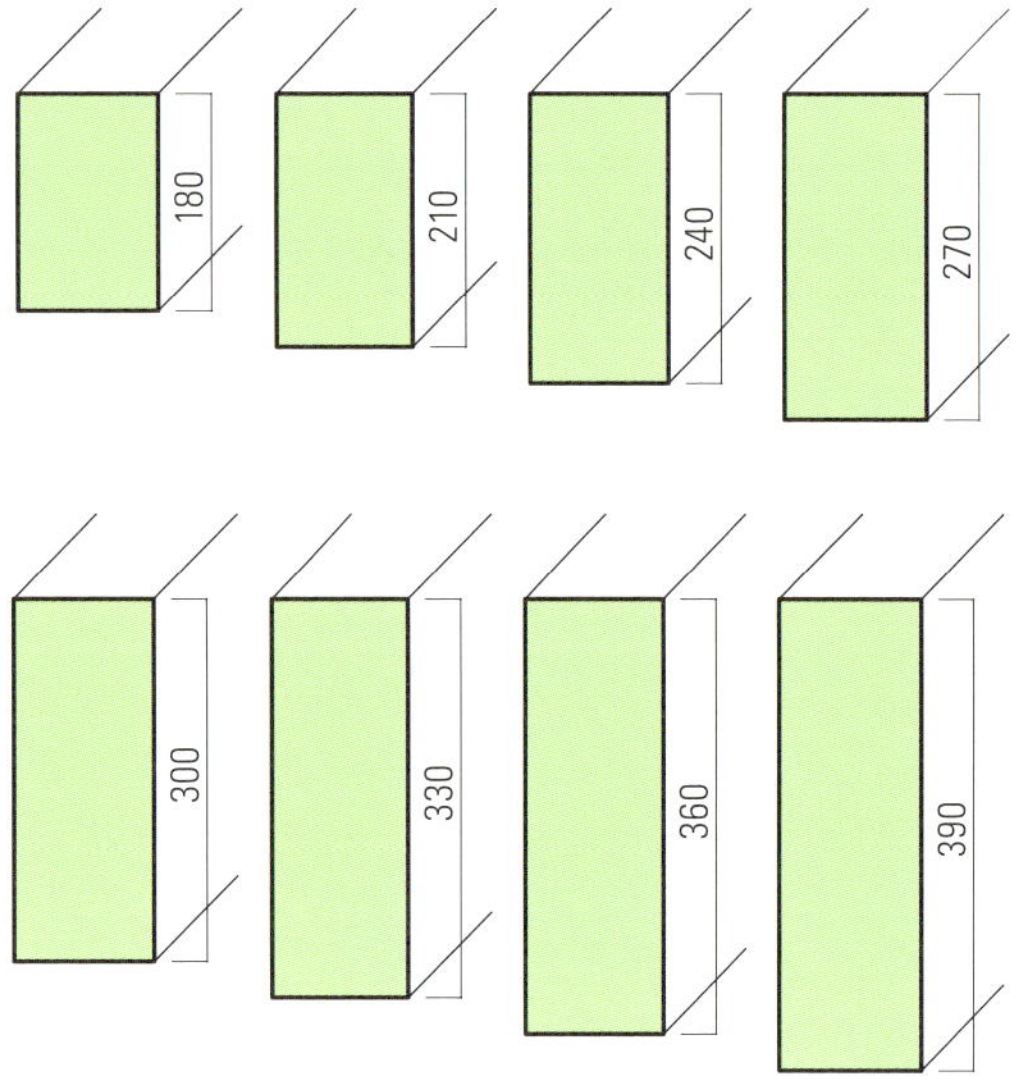
180
210
240
270
300
330
360
390

柱

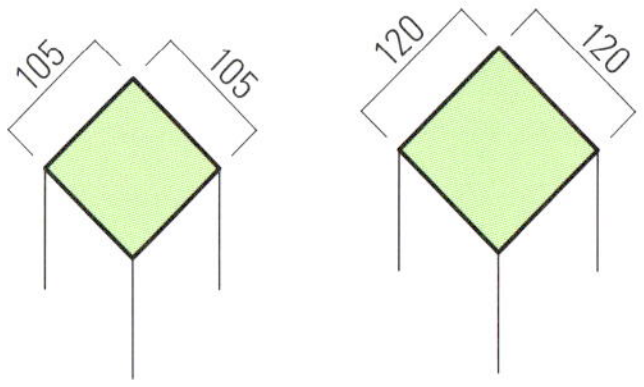
105
105
120
120

半柱

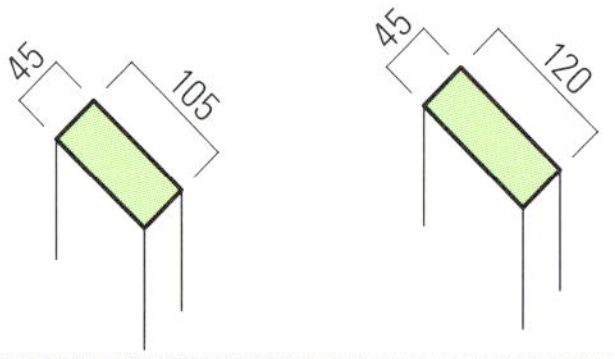
45
105
45
120

間柱

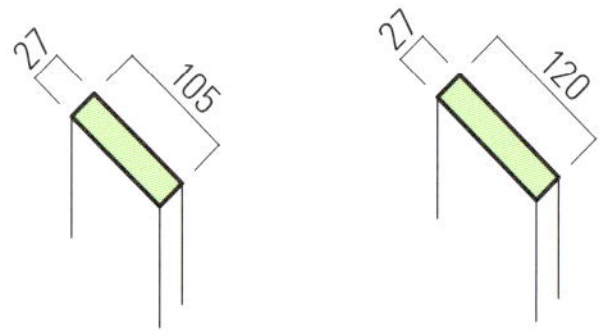
27
105
27
120

土台

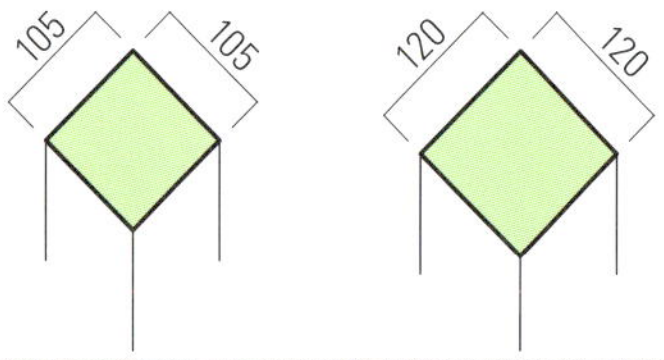
105
105
120
120

筋交

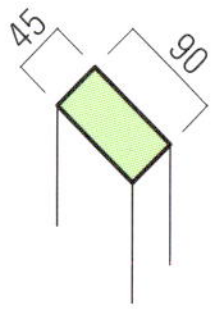
45
90

窓台
まぐさ

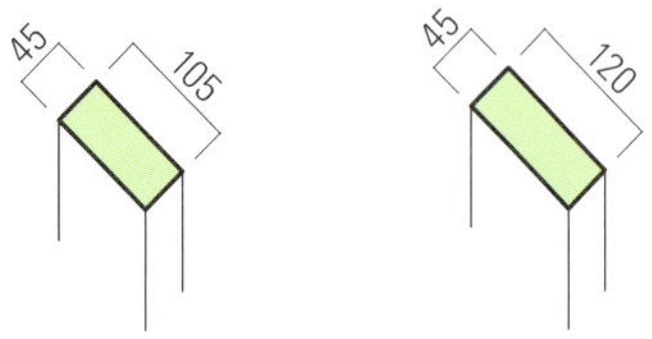
45
105
45
120

棟木
母屋

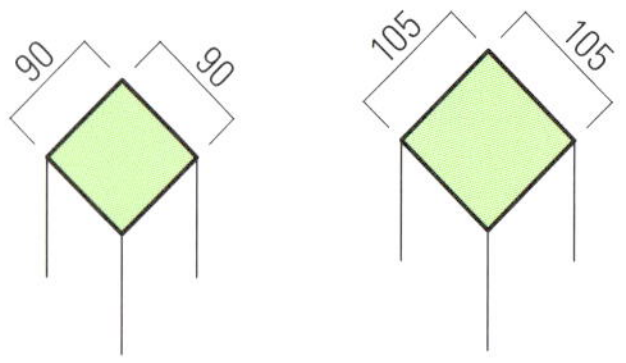
90
90
105
105

野縁

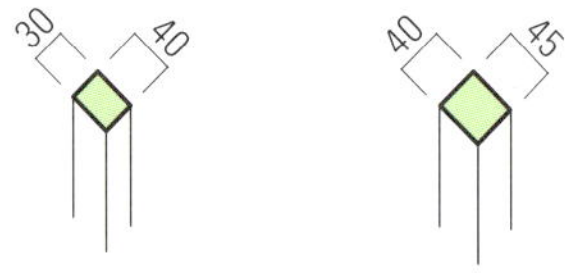
30
40
40
45

小屋
束

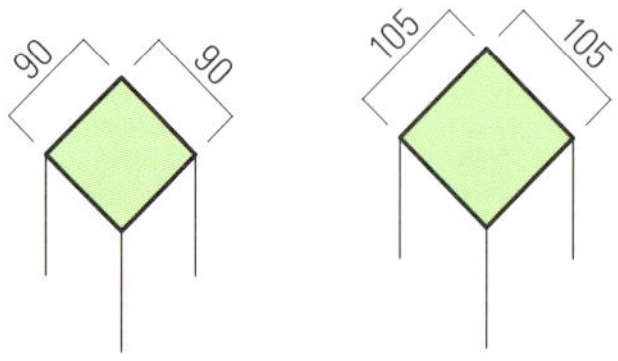
90
90
105
105

根太

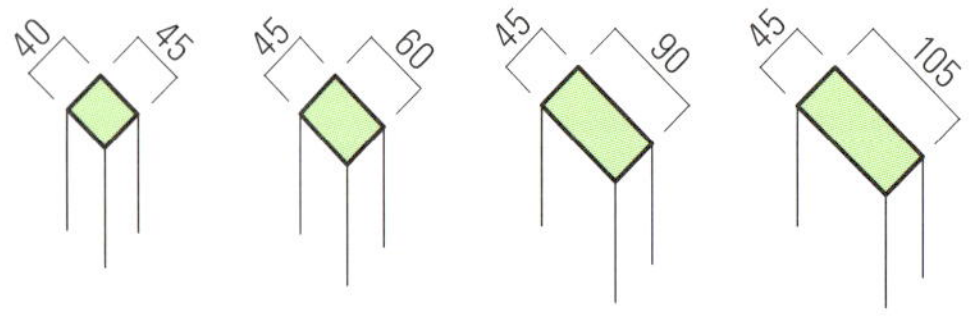
40
45
45
60
45
90
45
105

垂木

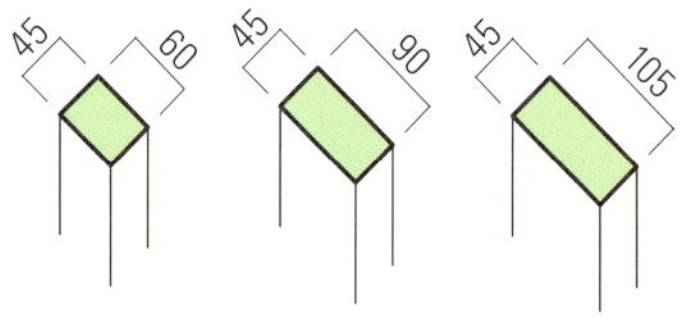
45
60
45
90
45
105

建築は、基礎、壁、屋根などいくつかの部位に分類できる。
それらは、建築の形や仕上材などの仕様や
性能の違いによって多様な様式に発展する。
これらの部位の納まりは多く汎用され、
基本となる事例であるから、ぜひ習得してほしい。

第2章 部位別に見る 矩計図

1 基礎・土台・1階床廻り

01 布基礎の基本的な納まり

布基礎

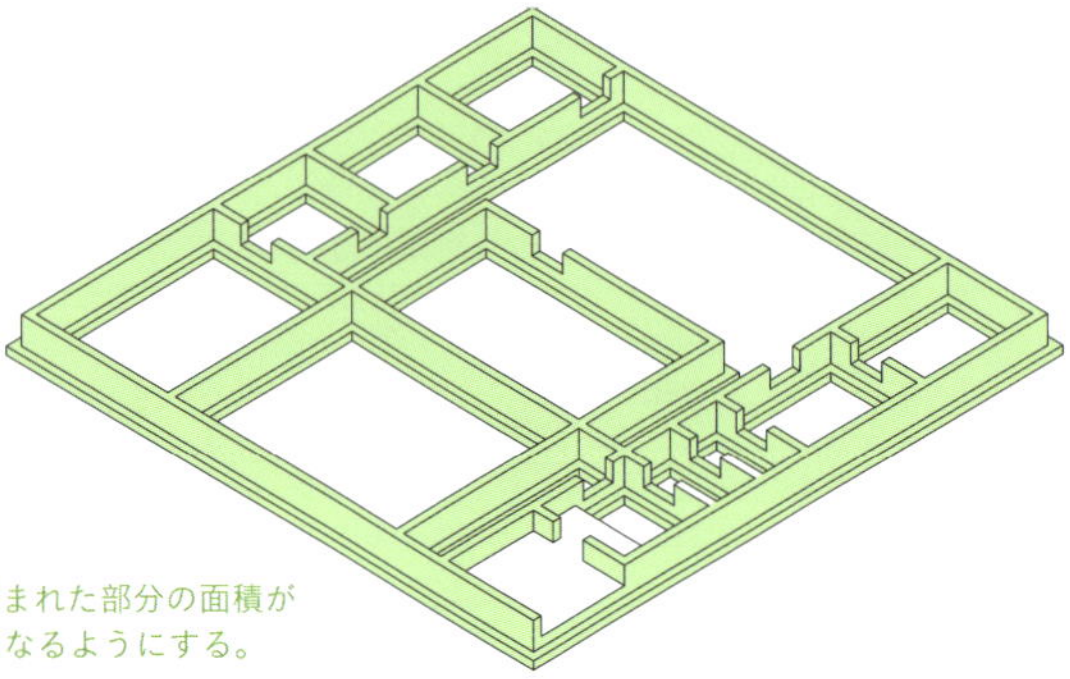

基礎梁で囲まれた部分の面積が
20m²以下になるようにする。

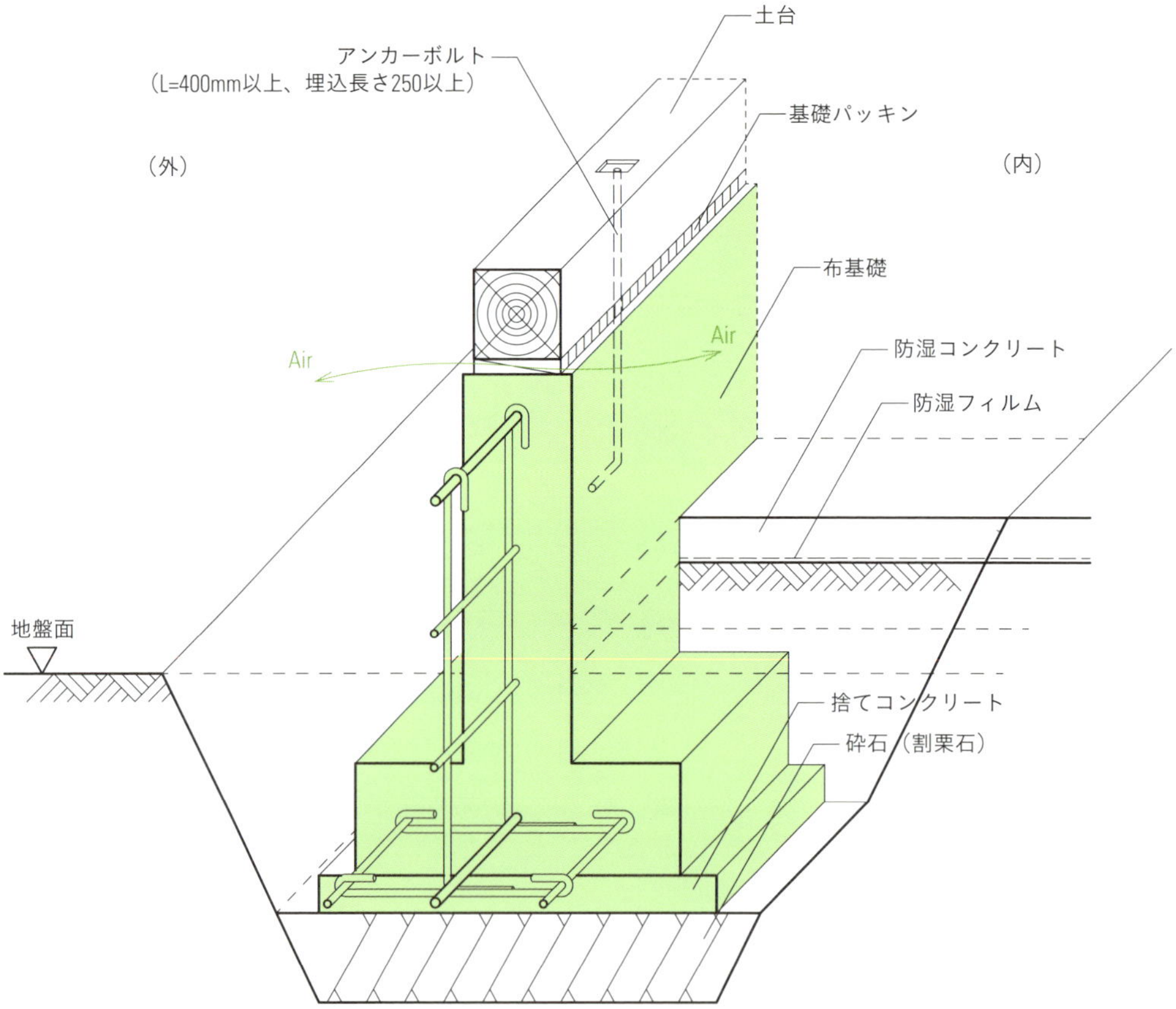

土台
アンカーボルト
（L=400mm以上、埋込長さ250以上）
基礎パッキン
（外）
（内）
布基礎
Air
Air
防湿コンクリート
防湿フィルム
地盤面
捨てコンクリート
砕石（割栗石）

布《ぬの》**基礎**《ぎそ》は、**直接基礎**の一つである。直接基礎とは地盤が比較的良好で、杭基礎や柱状改良の必要ない地盤に直接つくることのできる基礎のことである。

布基礎は地耐力が**30 kN／m²**以上ある良質な地盤のときに採用することができる。断面形状は、**底版**《ていばん》（フーチング）**部分**と**立上りの基礎梁の部分**で構成された**Tの字を逆にした形**をした鉄筋コンクリートである。敷地の状況や隣地との関係で**L型の形状となることもある。**主要な柱や構造壁のある通りに連続させるように設ける。**基礎梁**《きそばり》**で囲まれた部分が20㎡以下の面積になるように配置する。**

建物の室内側となるところには、地面からの湿気や、白アリ、ネズミなどの侵入を防ぐために**土間コンクリート**を打設する。

布基礎と床組の一例

布基礎の建築の矩計図では、基礎の形状（フーチングの幅と厚さ150以上、地上部分の基礎立上りは地盤面から高さ300以上、幅120以上など）と根入れ深さの寸法240以上かつ凍結深度以上（地域のよって異なる）とする。

布基礎と根太床組例

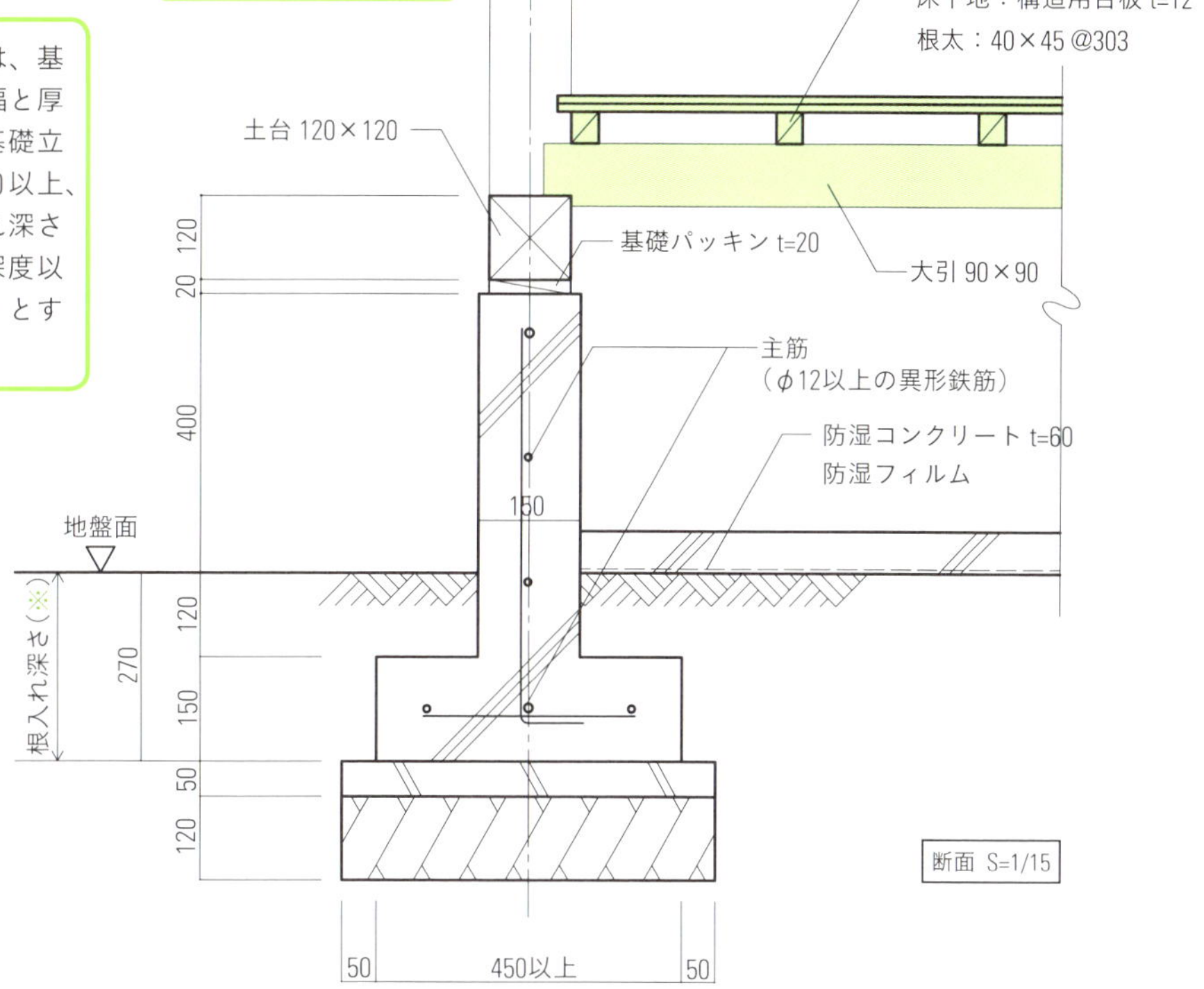
床材：フローリング t=12
床下地：構造用合板 t=12
根太：40×45 @303
土台 120×120
基礎パッキン t=20
大引 90×90
主筋
（φ12以上の異形鉄筋）
防湿コンクリート t=60
防湿フィルム
地盤面
根入れ深さ（※）
270
120
20
400
150
120
150
50
120
50
450以上
50
断面 S=1/15

布基礎と剛床組例

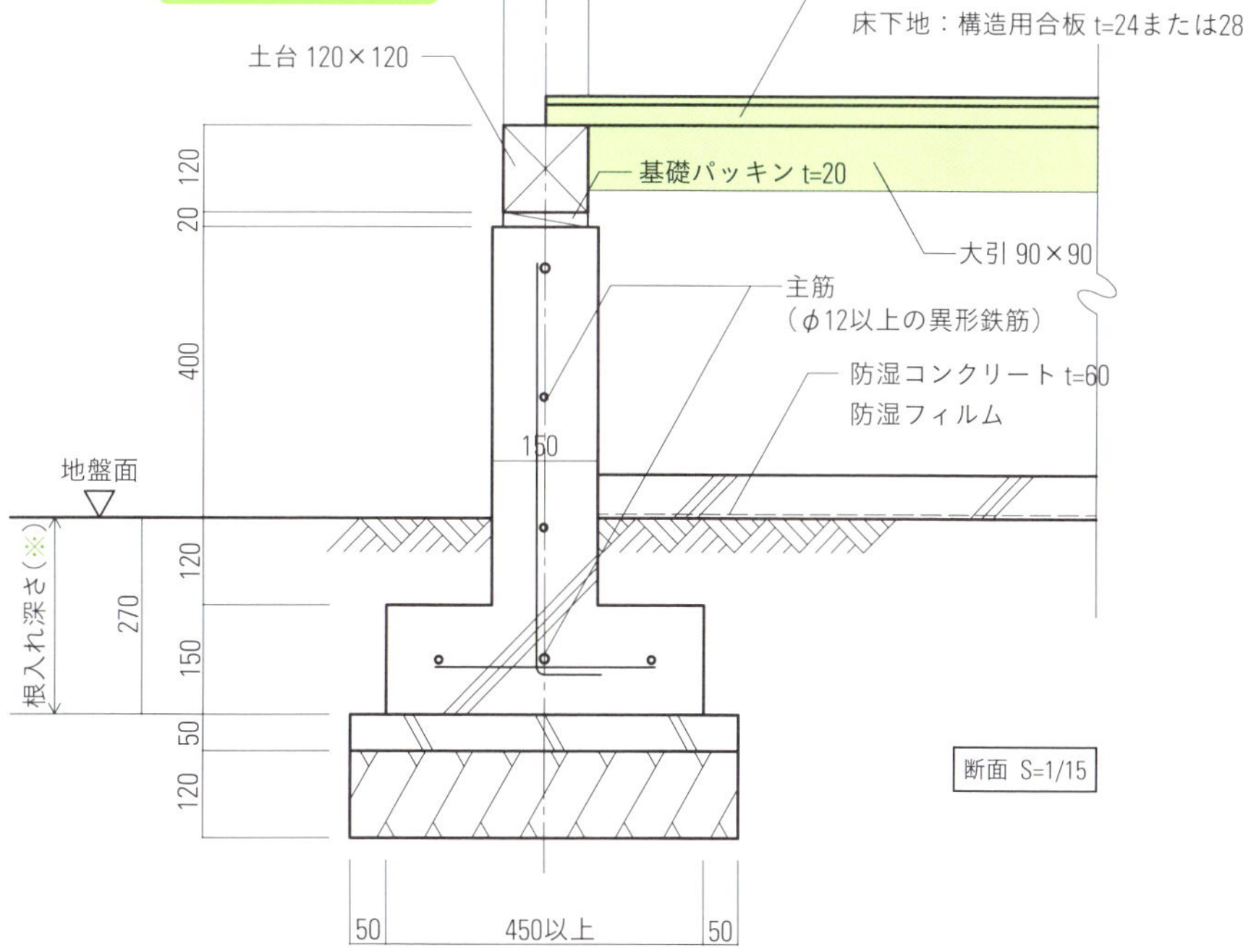
床材：フローリング t=12
床下地：構造用合板 t=24または28
土台 120×120
基礎パッキン t=20
大引 90×90
主筋
（φ12以上の異形鉄筋）
防湿コンクリート t=60
防湿フィルム
地盤面
根入れ深さ（※）
270
120
20
400
150
120
150
50
120
50
450以上
50
断面 S=1/15

※根入れ深さは240以上かつ、凍結深度以上とする。

布基礎のフーチング（底版）の幅

地盤の長期に生ずる力に対する許容応力度（kN/m²）	建築物の種類 木造またはS造その他これに類する重量の小さな建物		その他の建築物
	平屋建て	2階建て	
30以上50未満	30cm	45cm	60cm
50以上70未満	24cm	36cm	45cm
70以上	18cm	24cm	30cm

注）地盤の長期の許容応力度の算定方法については、平13国交告1113号第2を参照すること。

ベタ基礎

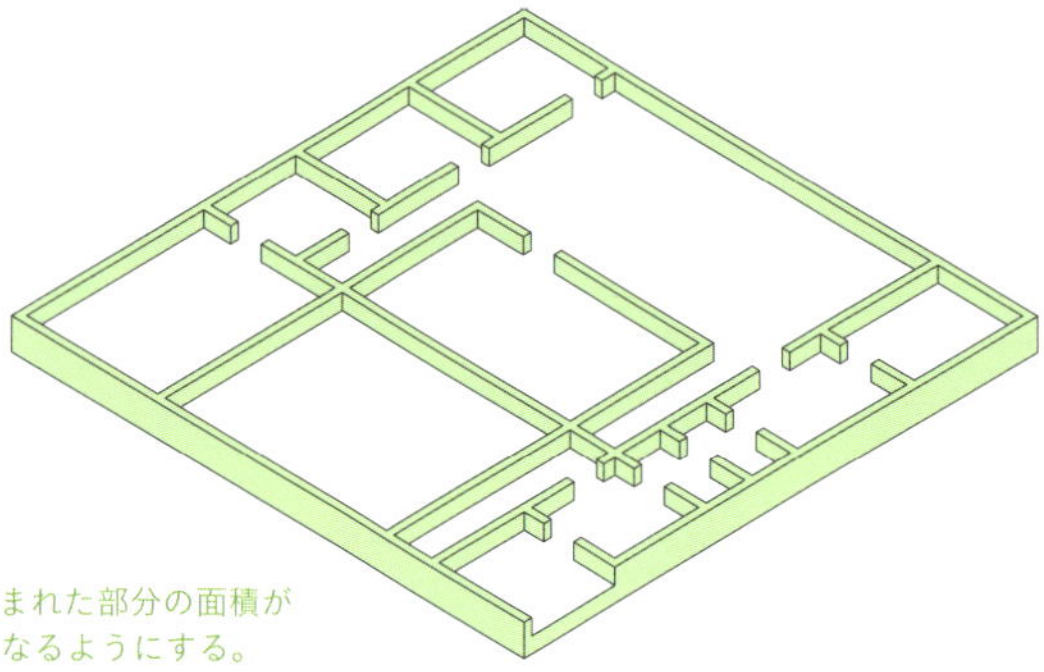
基礎梁で囲まれた部分の面積が
20m²以下になるようにする。

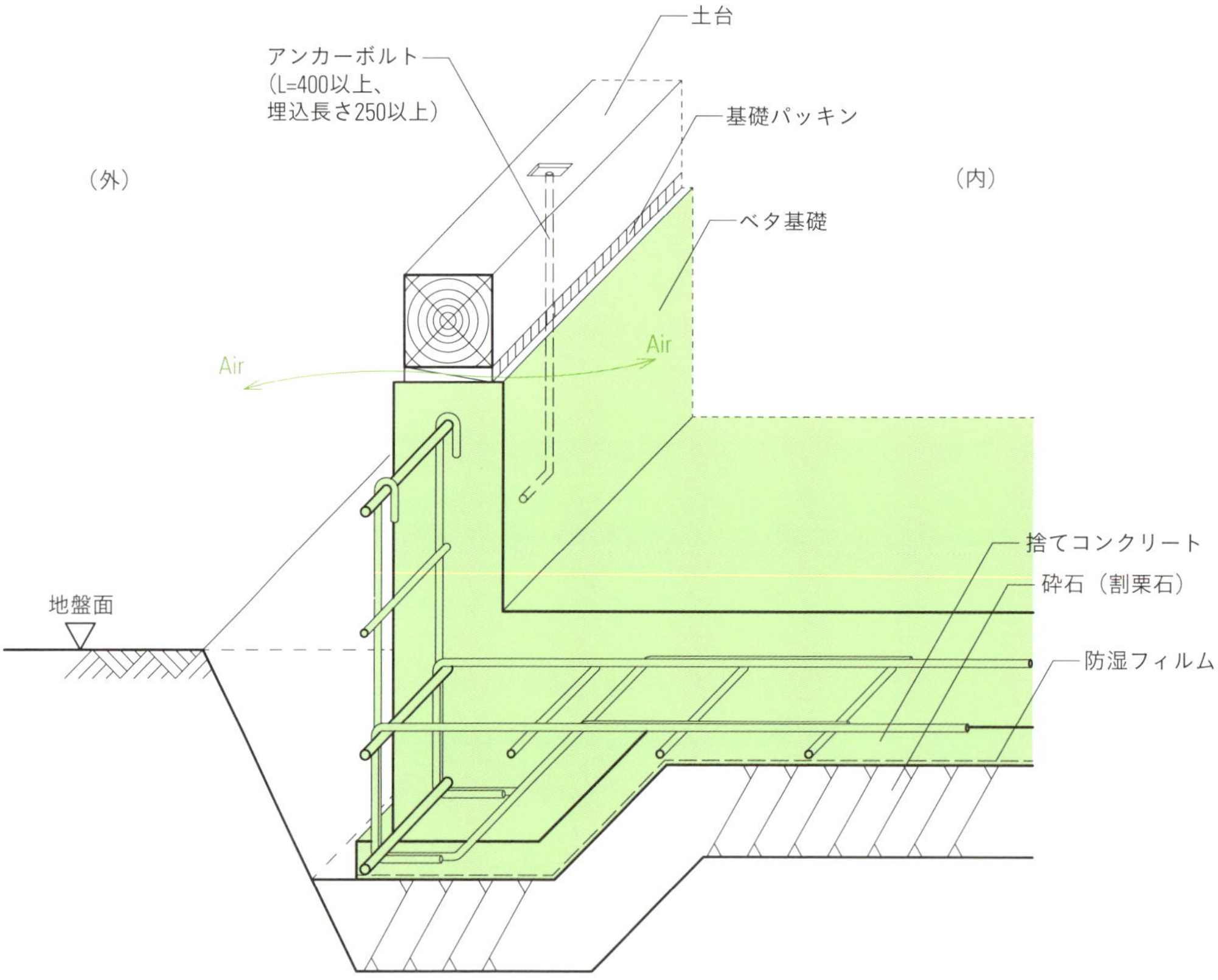
土台
アンカーボルト
(L=400以上、
埋込長さ250以上)
基礎パッキン
(外)
(内)
ベタ基礎
Air
Air
捨てコンクリート
砕石（割栗石）
地盤面
防湿フィルム

ベタ基礎とは、建築物1階の床下全面を版状の鉄筋コンクリート底版にして、外周と主要な柱や構造壁のある通りに**基礎梁**を連続させるように設ける基礎形式である。**上部の木造の構造と対応させることが大切**であり、基礎梁の立ち上がりは、柱と耐力壁の部分に設けることが基本である。

布基礎よりも底版の接地面積が大きく接地圧が小さくなるため、地耐力の小さな**20KN／m²**程度でも採用できる直接基礎である。地中梁に囲まれた面積は**20m²以下**で、短辺方向の長さが**4m以内の場合スラブ厚さは15cmでシングル配筋**、それを超える場合は**スラブ厚さ18cm以上のダブル配筋**とする。底版が地面からの湿気や、白アリ、ネズミなどの侵入を防いでいる。

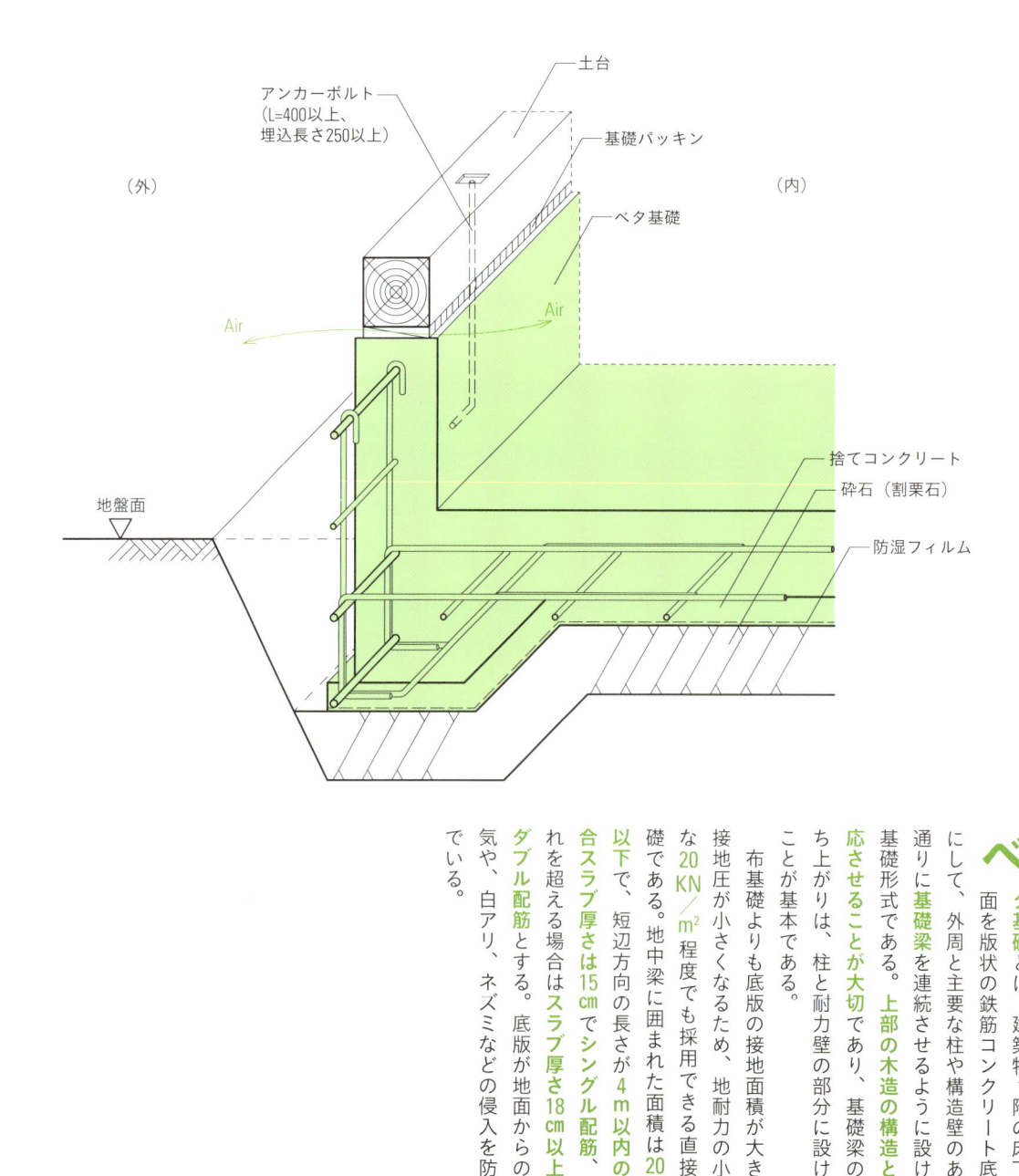

ベタ基礎と床組の一例

ベタ基礎の建築の矩計図では、地上部分の基礎立上りは地盤面から高さ300以上、幅120以上と、根入れ深さの寸法120以上かつ凍結深度以上（地域のよって異なる）とする。

ベタ基礎と根太床組例

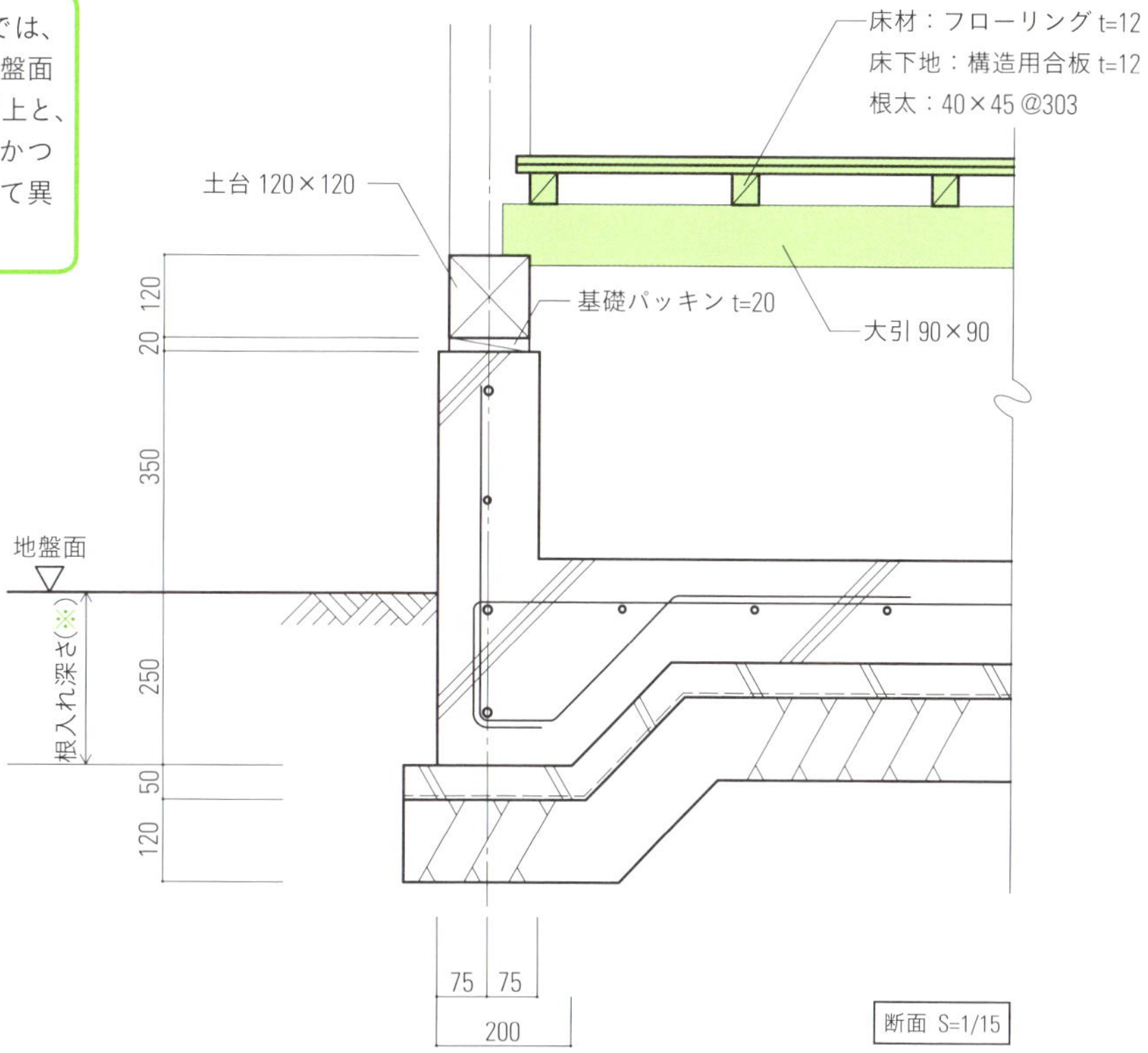
床材：フローリング t=12
床下地：構造用合板 t=12
根太：40×45 @303
土台 120×120
基礎パッキン t=20
大引 90×90
地盤面
根入れ深さ(※)
120
20
350
250
50
120
75
75
200
断面 S=1/15

ベタ基礎と剛床組例

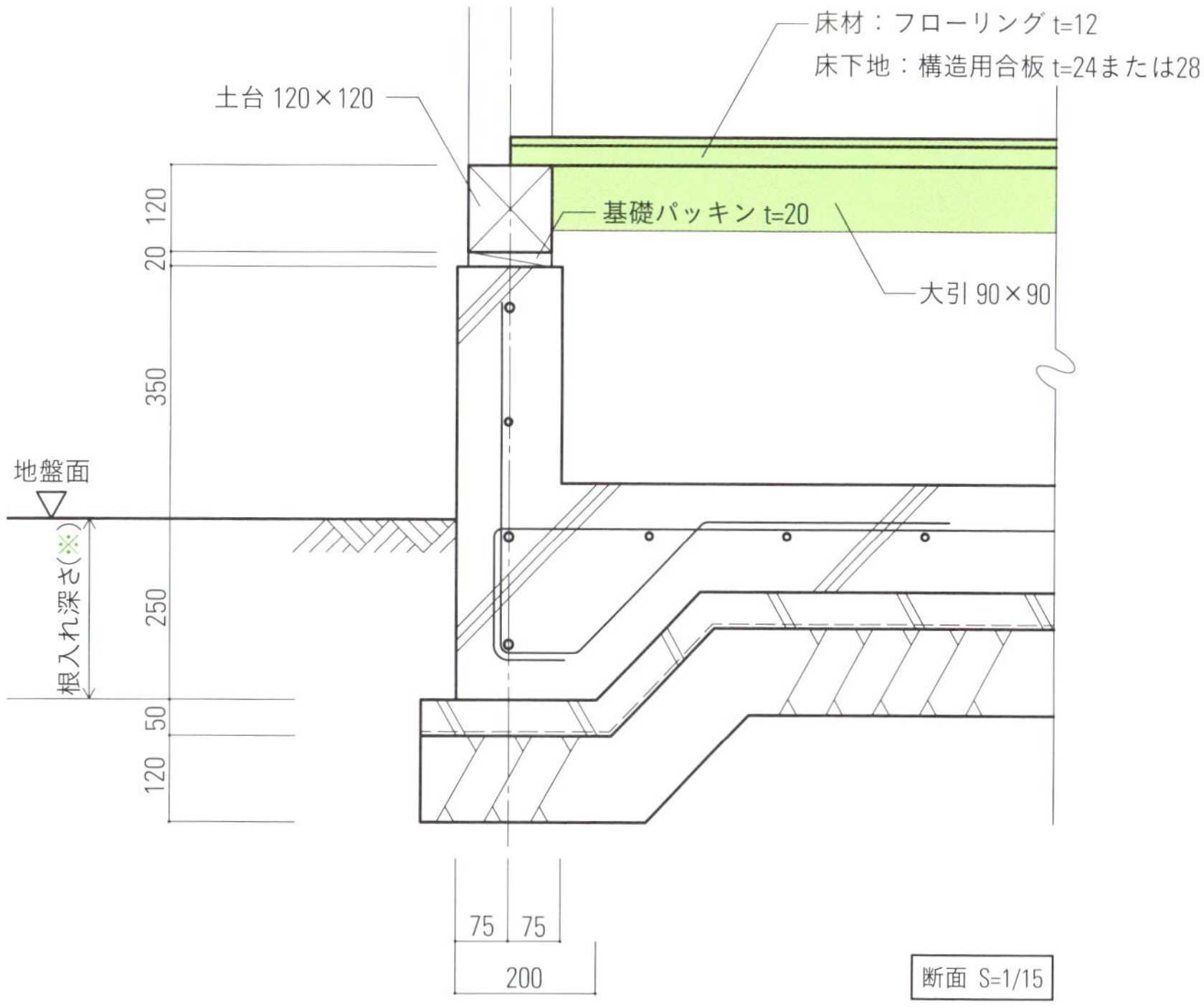
床材：フローリング t=12
床下地：構造用合板 t=24または28
土台 120×120
基礎パッキン t=20
大引 90×90
地盤面
根入れ深さ(※)
120
20
350
250
50
120
75
75
200
断面 S=1/15

※根入れ深さは240以上かつ、凍結深度以上とする。

布基礎の場合

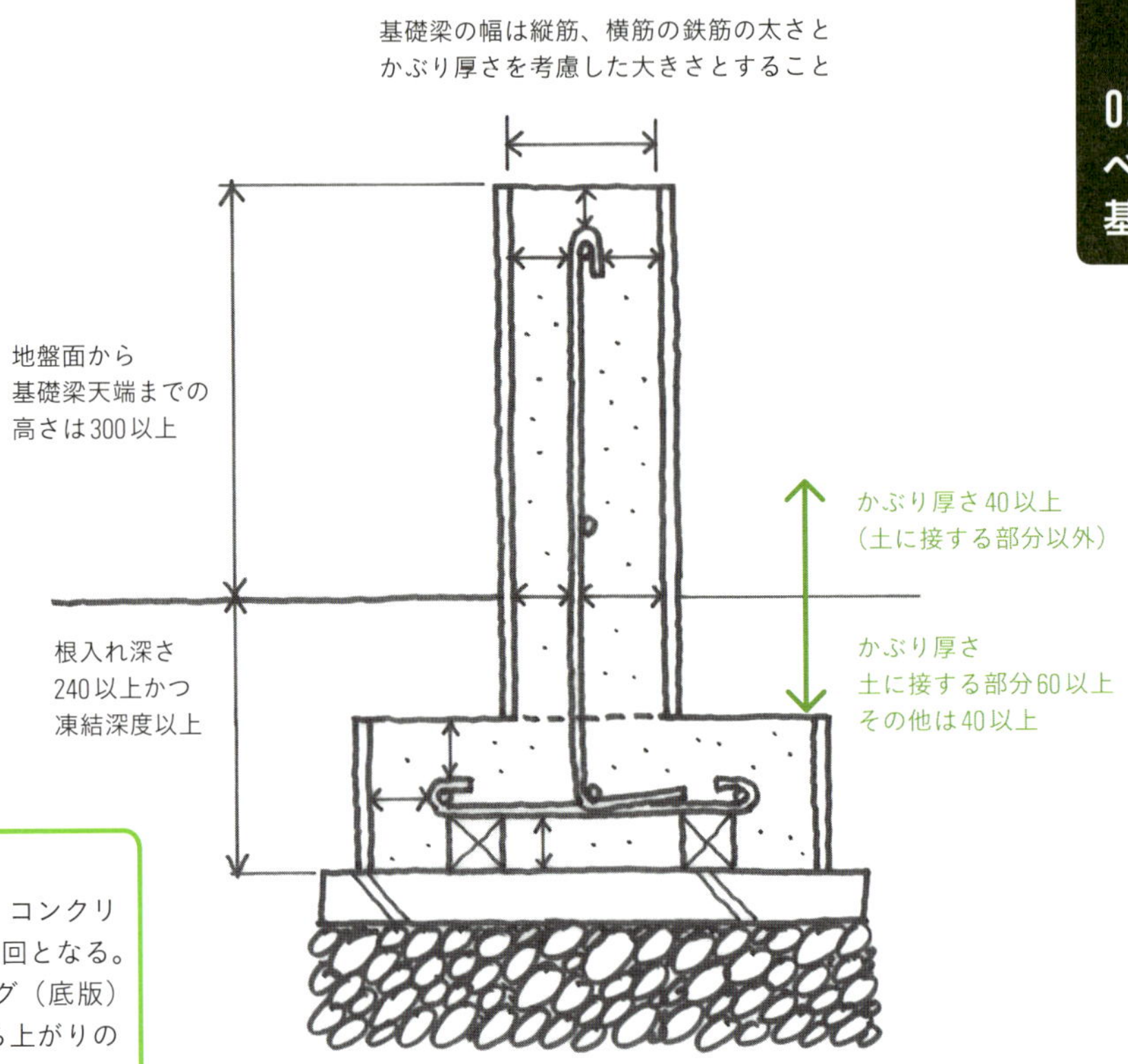
基礎梁の幅は縦筋、横筋の鉄筋の太さと
かぶり厚さを考慮した大きさとすること
地盤面から
基礎梁天端までの
高さは300以上
かぶり厚さ40以上
（土に接する部分以外）
根入れ深さ
240以上かつ
凍結深度以上
かぶり厚さ
土に接する部分60以上
その他は40以上

打継面《うちつぎめん》
布基礎本体の場合、コンクリートの打設回数は2回となる。はじめにフーチング（底版）を打設し、次に立ち上がりの基礎梁の打設を行う。コンクリートの打設を2回に分ける部分を打継面と呼ぶ。

かぶり厚さ
・構造耐力を確保するための付着割裂の防止
・耐火性能の確保するため火災時の鉄筋の温度上昇防止
・耐久性の確保のためコンクリートの中性化によつ鉄筋の腐食を防ぐため

布基礎のコンクリート打設手順

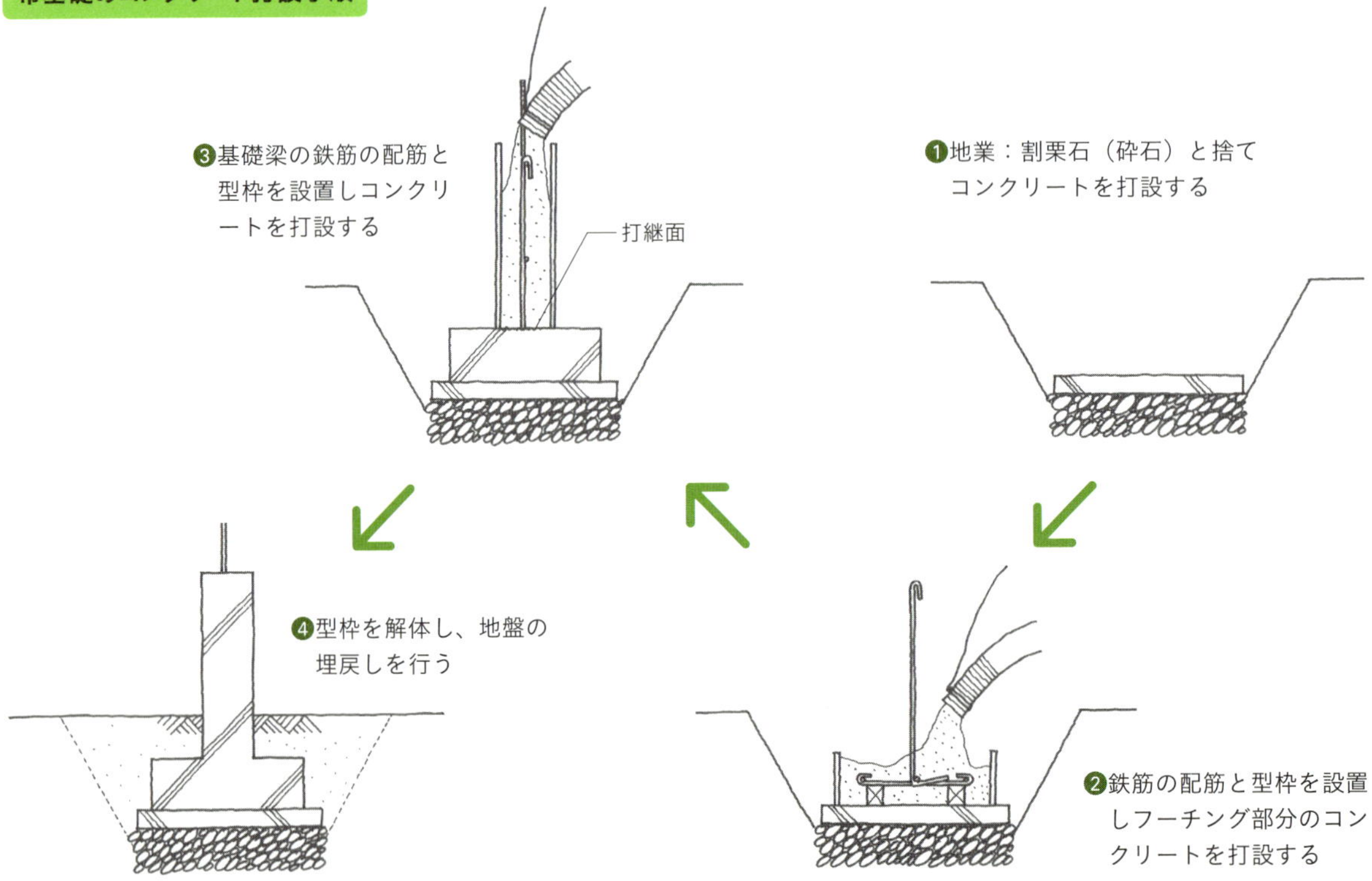
❶地業：割栗石（砕石）と捨てコンクリートを打設する
❷鉄筋の配筋と型枠を設置しフーチング部分のコンクリートを打設する
❸基礎梁の鉄筋の配筋と型枠を設置しコンクリートを打設する
打継面
❹型枠を解体し、地盤の埋戻しを行う

ベタ基礎の場合

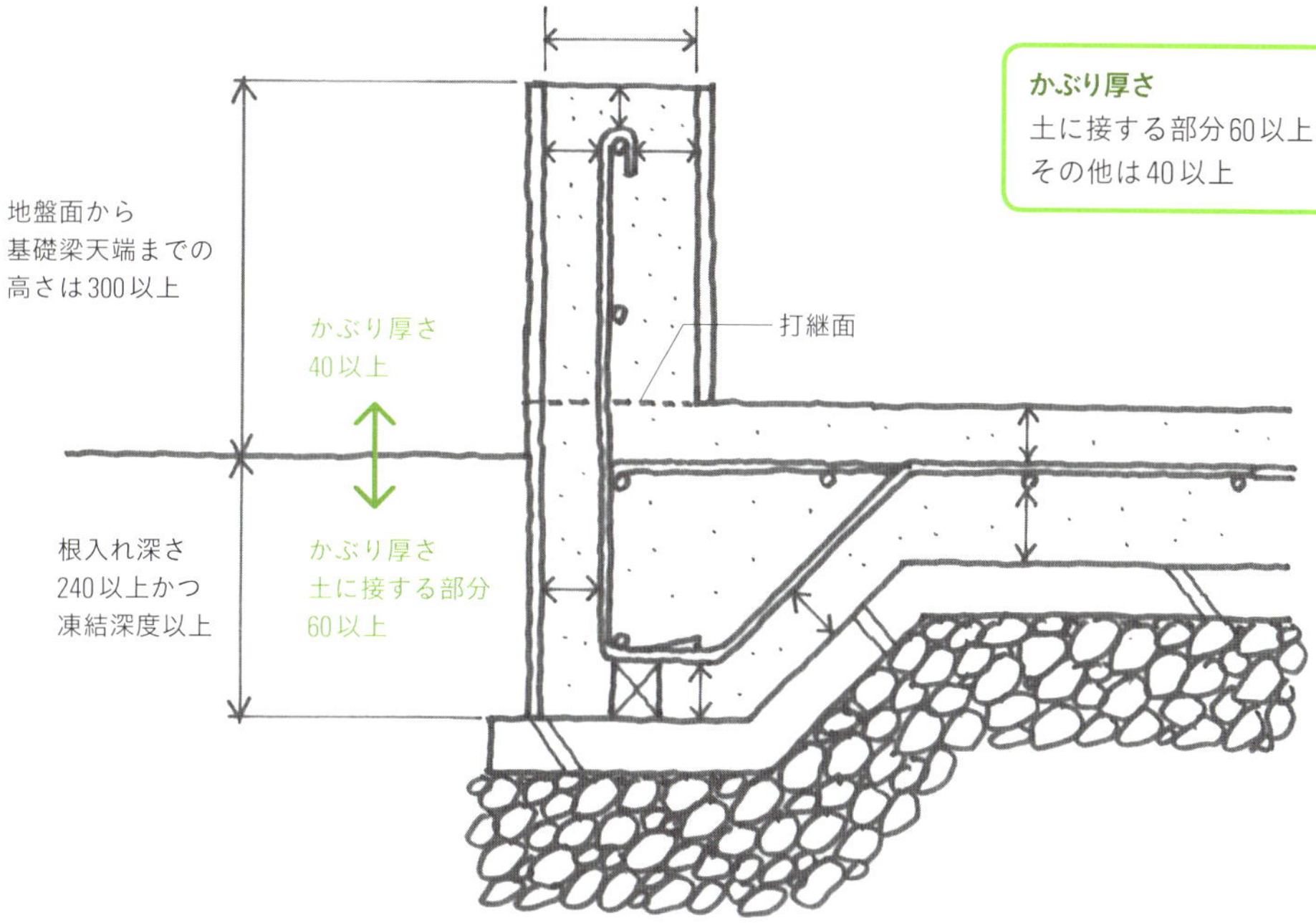
基礎梁の幅は縦筋、横筋の鉄筋の太さと
かぶり厚さを考慮した大きさとすること
かぶり厚さ
土に接する部分60以上
その他は40以上
地盤面から
基礎梁天端までの
高さは300以上
かぶり厚さ
40以上
打継面
根入れ深さ
240以上かつ
凍結深度以上
かぶり厚さ
土に接する部分
60以上

基礎コンクリートの打継と止水方法について

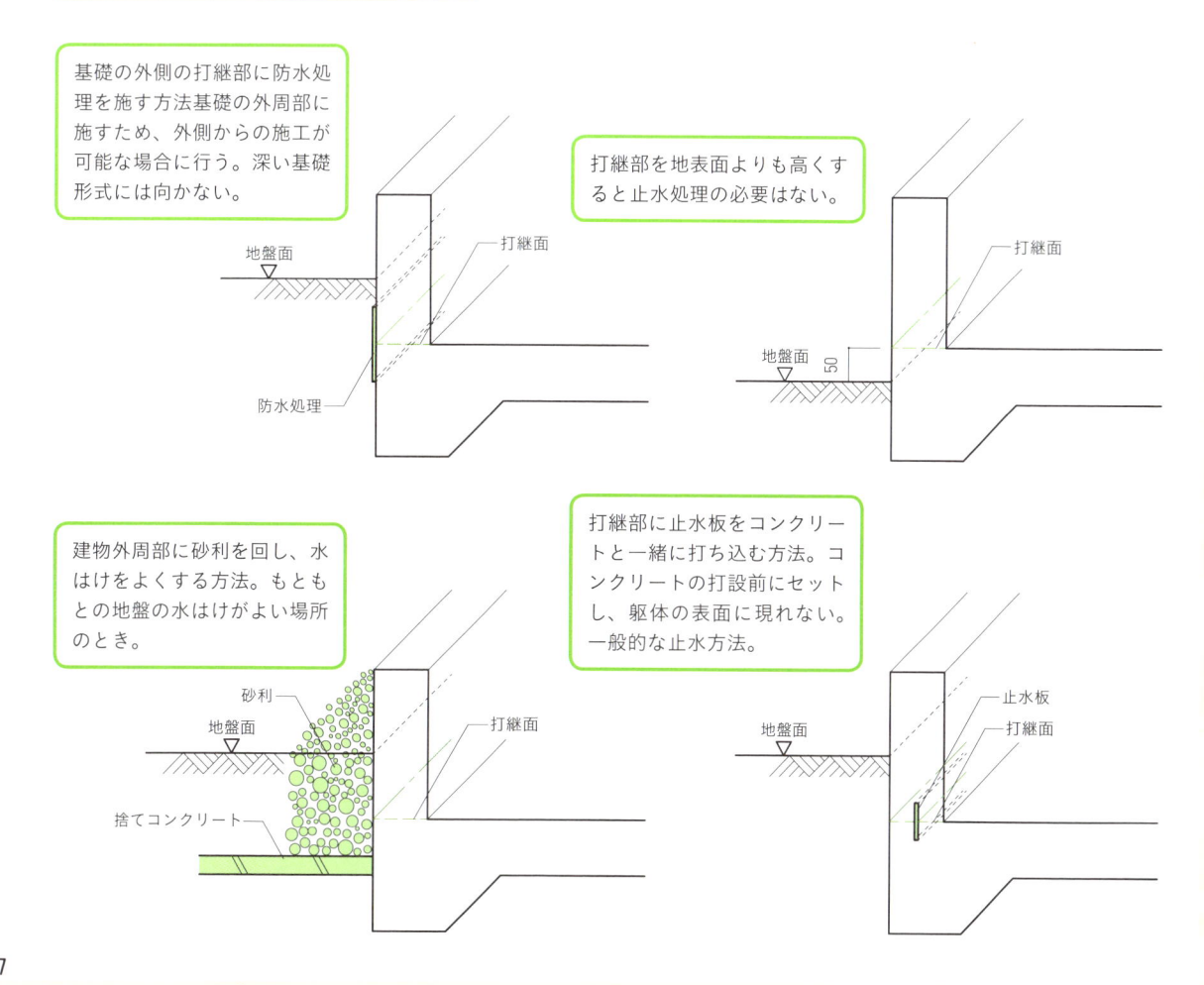

基礎の外側の打継部に防水処理を施す方法基礎の外周部に施すため、外側からの施工が可能な場合に行う。深い基礎形式には向かない。

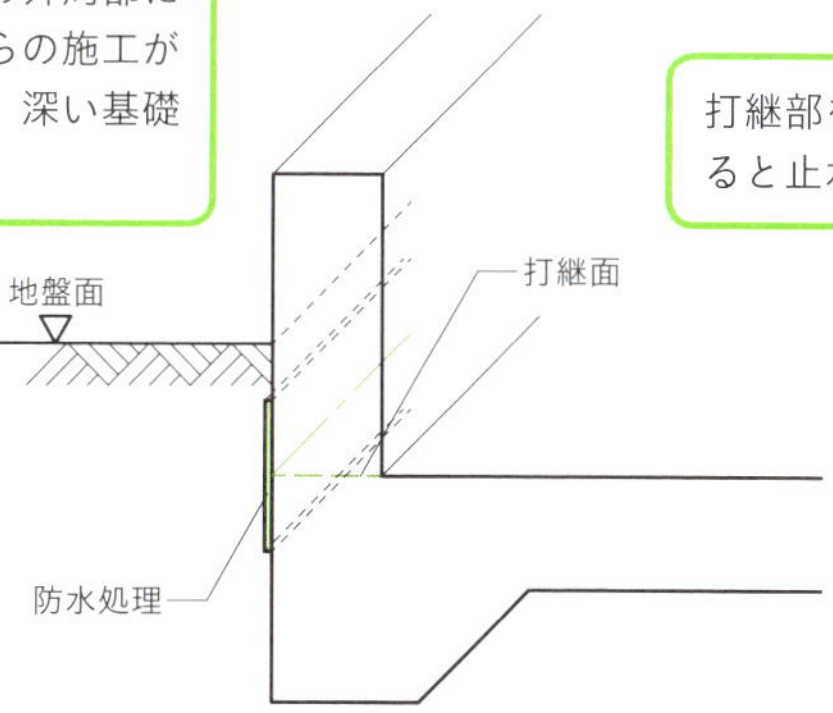
地盤面
打継面
防水処理

打継部を地表面よりも高くすると止水処理の必要はない。

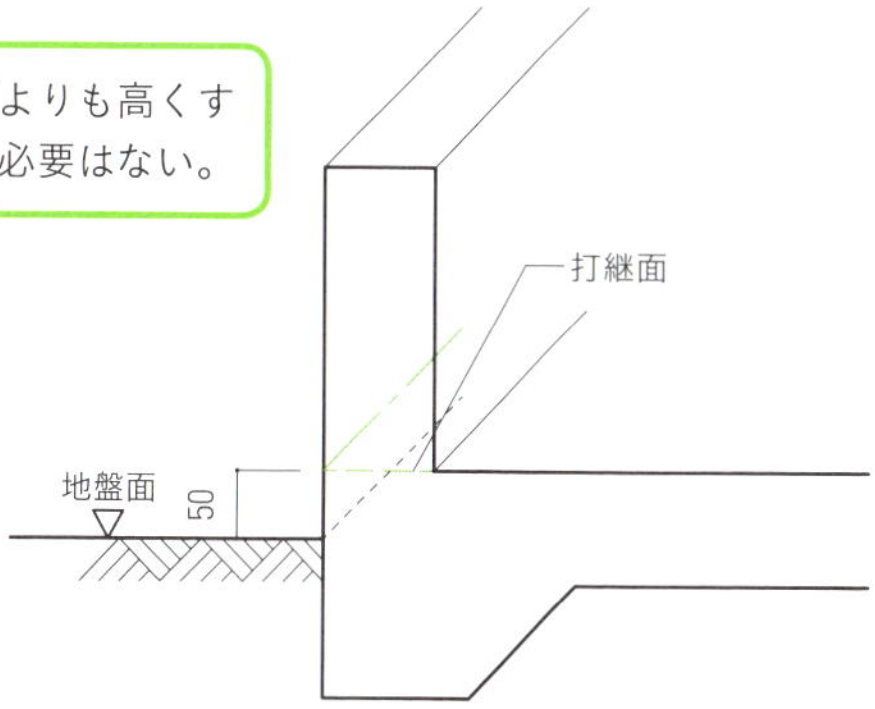
打継面
地盤面
50

建物外周部に砂利を回し、水はけをよくする方法。もともとの地盤の水はけがよい場所のとき。

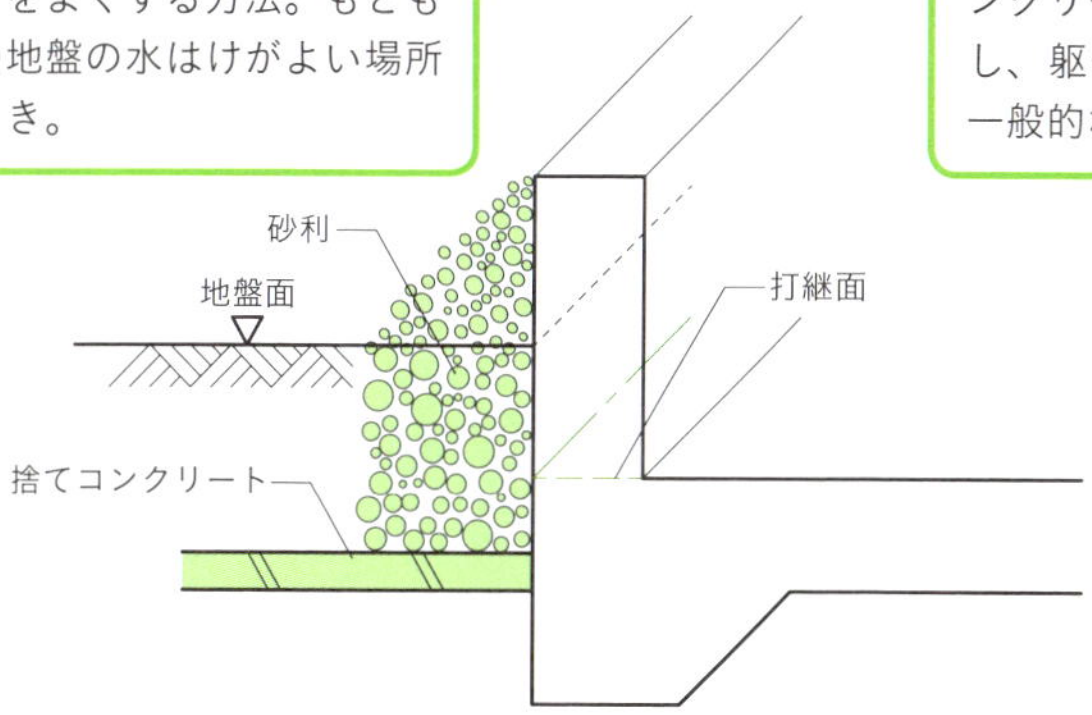
砂利
地盤面
打継面
捨てコンクリート

打継部に止水板をコンクリートと一緒に打ち込む方法。コンクリートの打設前にセットし、躯体の表面に現れない。一般的な止水方法。

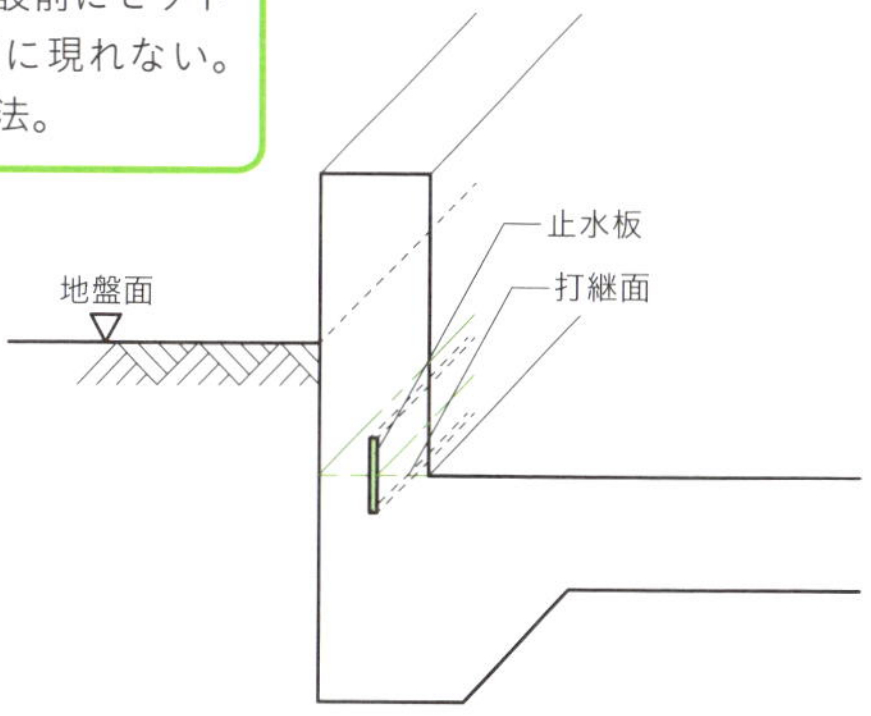
止水板
打継面
地盤面

03 基礎断熱工法の基本的な納まり

布基礎の例

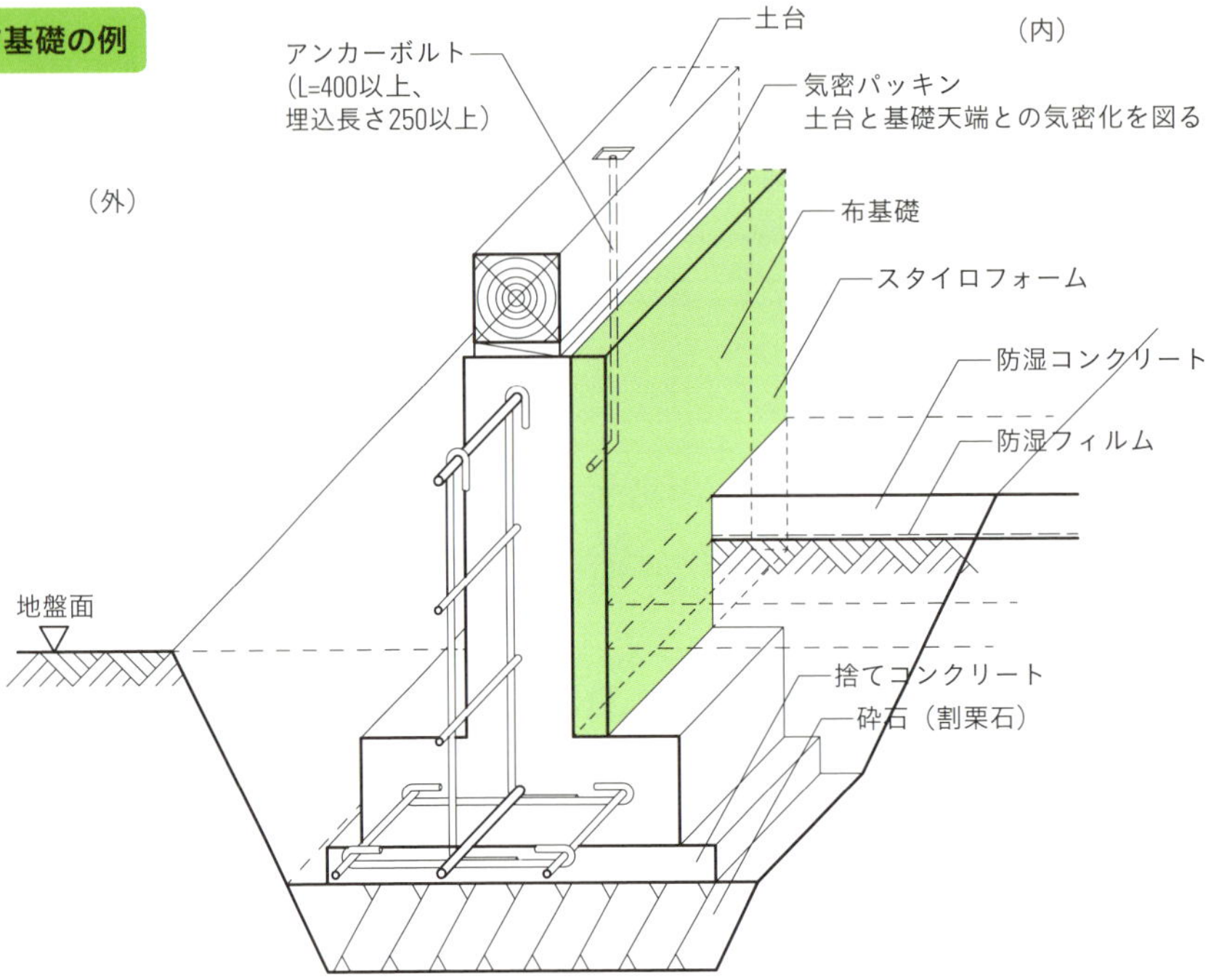

土台
（内）
アンカーボルト
（L=400以上、
埋込長さ250以上）
気密パッキン
土台と基礎天端との気密化を図る
（外）
布基礎
スタイロフォーム
防湿コンクリート
防湿フィルム
地盤面
捨てコンクリート
砕石（割栗石）

ベタ基礎の例

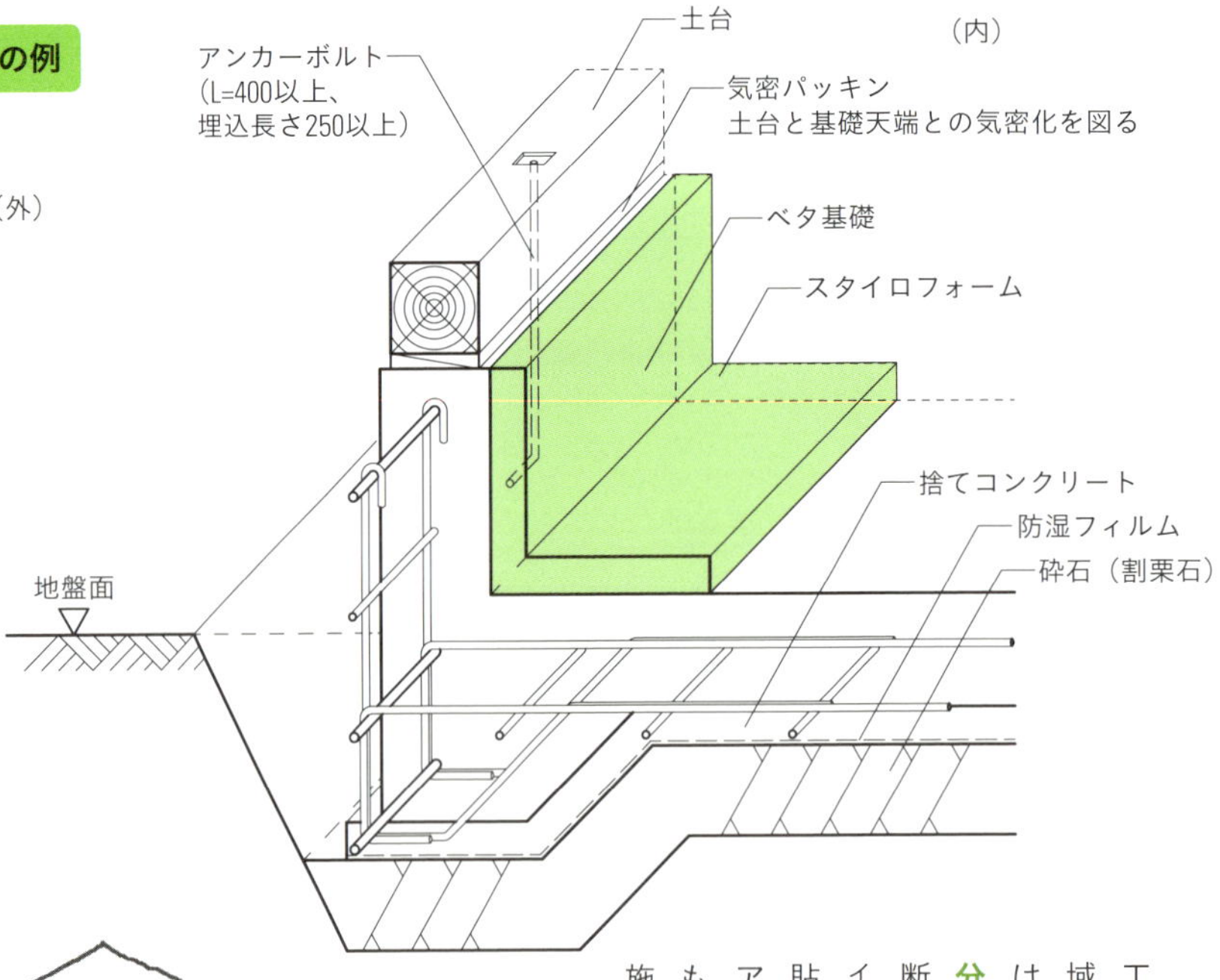

土台
（内）
アンカーボルト
（L=400以上、
埋込長さ250以上）
気密パッキン
土台と基礎天端との気密化を図る
（外）
ベタ基礎
スタイロフォーム
捨てコンクリート
防湿フィルム
砕石（割栗石）
地盤面

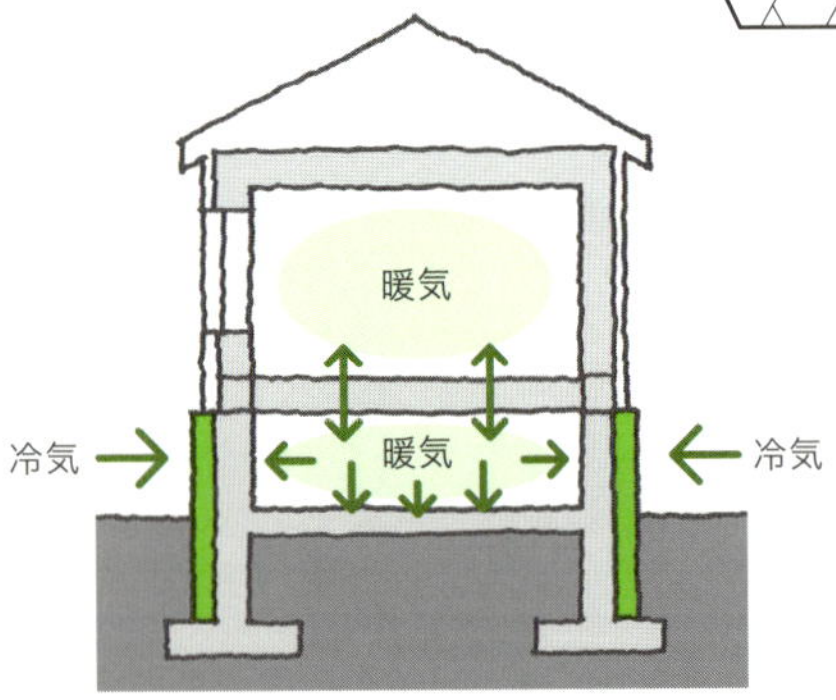

暖気
暖気
冷気
冷気

基礎のコンクリートを断熱材で覆うため
コンクリートに熱が伝わりにくく、床下
を温かい状態にすることができる。

住宅の1階床下の断熱方法として、**床断熱**と**基礎断熱**の工法がある。

床断熱とは、**1階床の全面に断熱材**を設置し外部の温度の影響を受けないようにする工法である。

基礎断熱は、主に**寒冷地**で採用される工法であるが、近年では比較的温暖な地域でも採用されることがある。基礎断熱は床下ではなく**建物外周の基礎立上り部分に断熱材**を設置する工法である。基礎断熱には、基礎の外側に板状断熱材（スタイロフォーム）を貼る基礎外断熱と内側に貼る基礎内断熱がある。板状断熱材は白アリ等の蟻道にならないよう防蟻性能をもった断熱材とし、その上から仕上げを施す。

基礎の内側にスタイロフォームを貼った基礎断熱工法

断面 S=1/20

ベタ基礎の内側にスタイロフォームを貼った基礎断熱工法

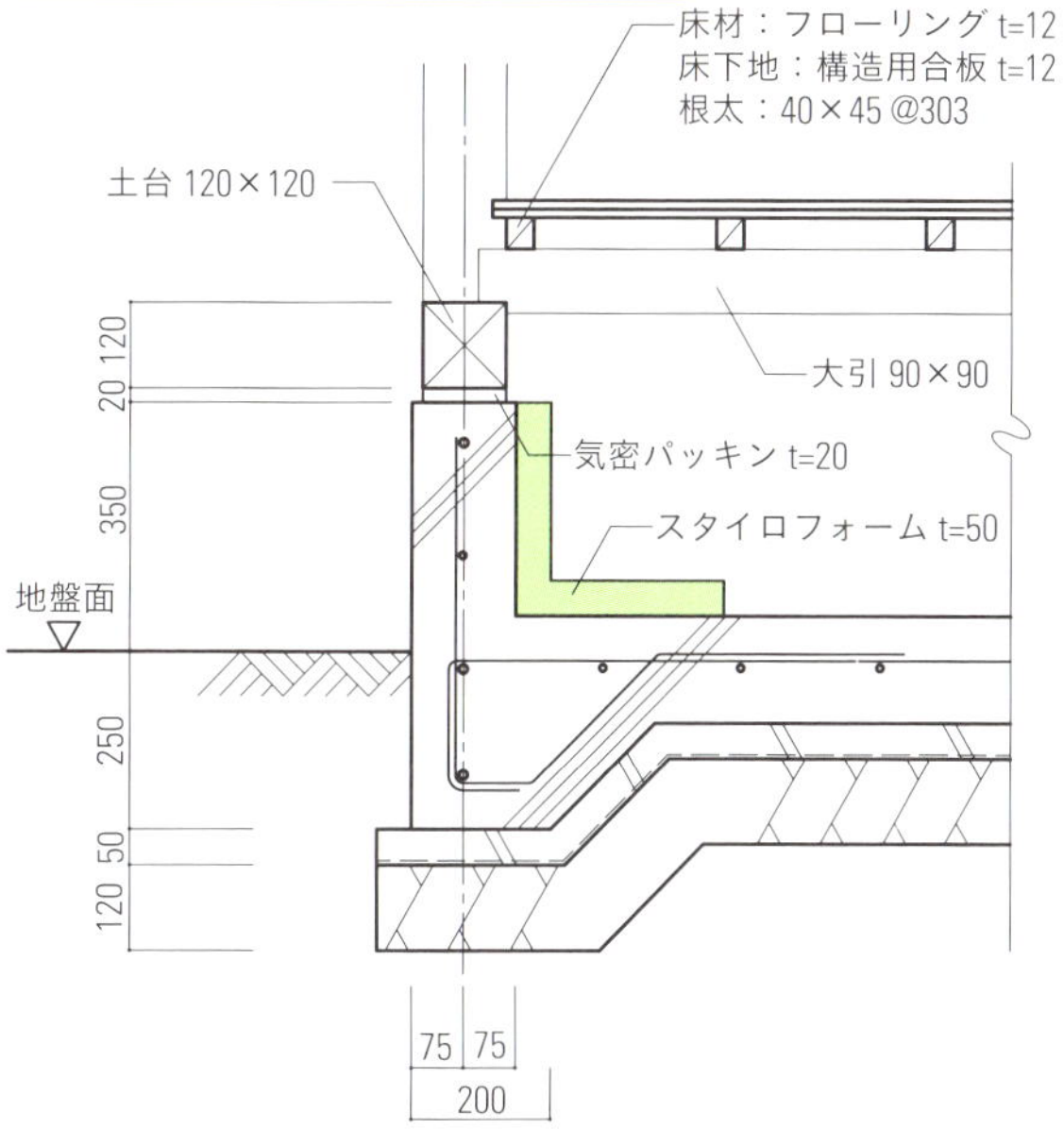
床材：フローリング t=12
床下地：構造用合板 t=12
根太：40×45 @303
土台 120×120
大引 90×90
気密パッキン t=20
スタイロフォーム t=50
地盤面
20 120
350
250
50
120
75 75
200

布基礎の内側にスタイロフォームを貼った基礎断熱工法

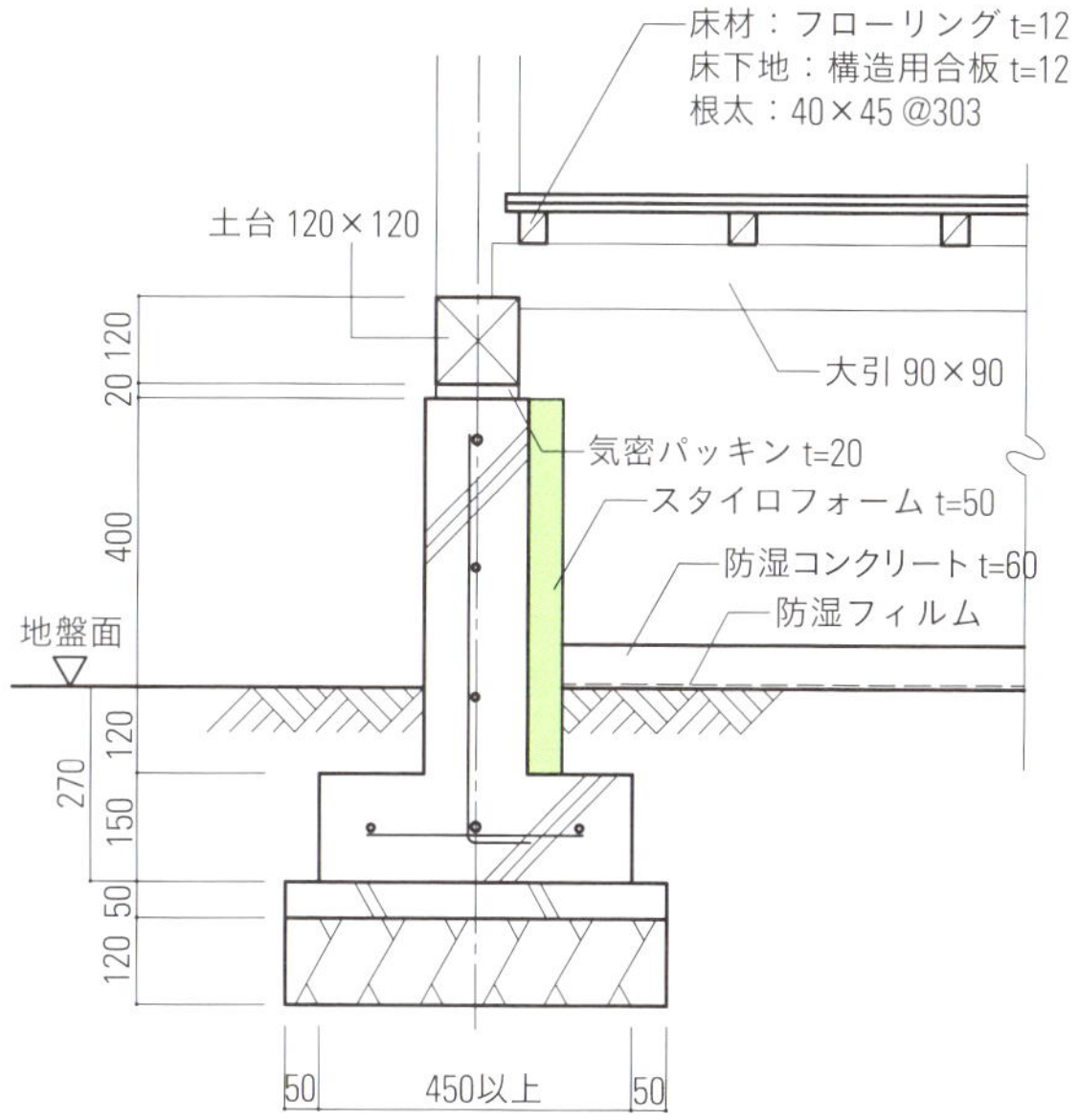
床材：フローリング t=12
床下地：構造用合板 t=12
根太：40×45 @303
土台 120×120
大引 90×90
気密パッキン t=20
スタイロフォーム t=50
防湿コンクリート t=60
防湿フィルム
地盤面
20 120
400
270
120
150
50
120
50
450以上
50

・基礎の外側に断熱材を貼る場合、白アリの発生する可能性のある地域では防蟻性能をもった断熱材とする。
・床下換気口がないので、耐久性能上支障が生じるような水蒸気の滞留、結露の発生が起きないように床下地面からの防湿を入念に行うことが大切。室内との空気の循環ができるような措置を講ずること。

基礎の外側にスタイロフォームを貼った基礎断熱工法

断面 S=1/20

ベタ基礎の外側にスタイロフォームを貼った基礎断熱工法

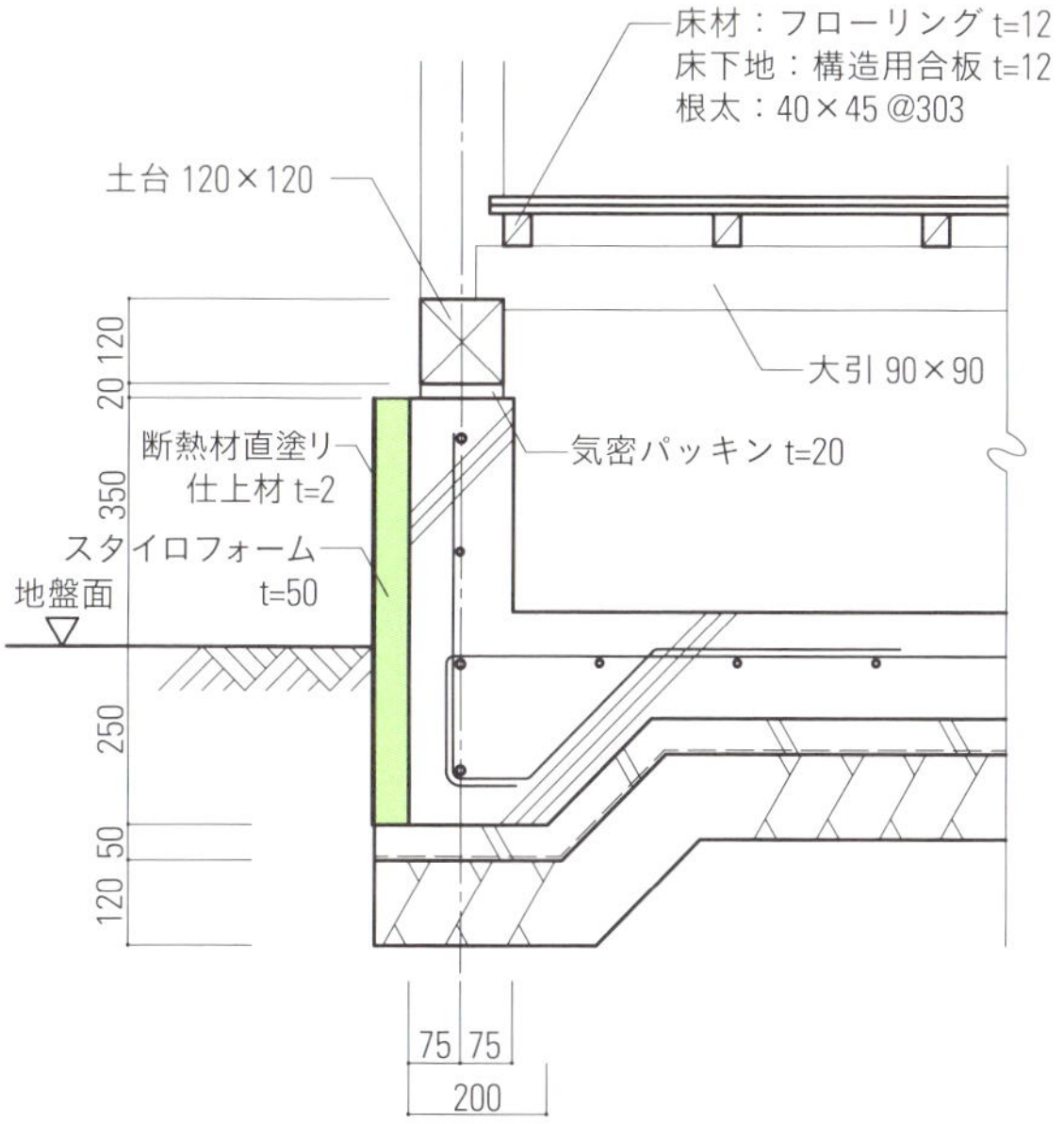
床材：フローリング t=12
床下地：構造用合板 t=12
根太：40×45 @303
土台 120×120
大引 90×90
気密パッキン t=20
断熱材直塗リ
仕上材 t=2
スタイロフォーム
t=50
地盤面
20 120
350
250
50
120
75 75
200

布基礎の外側内側の両方にスタイロフォームを貼った基礎断熱工法

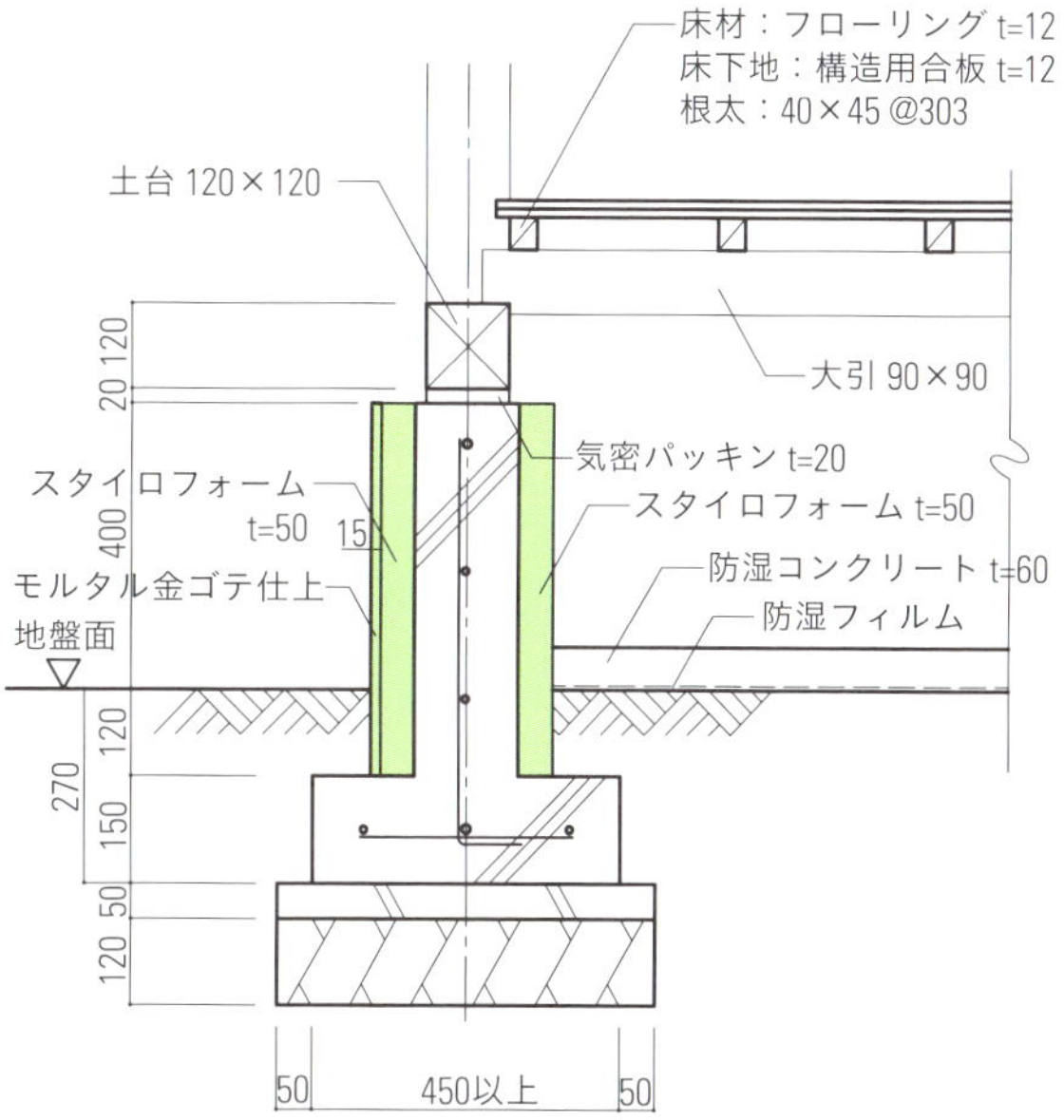
床材：フローリング t=12
床下地：構造用合板 t=12
根太：40×45 @303
土台 120×120
大引 90×90
気密パッキン t=20
スタイロフォーム
t=50
15
スタイロフォーム t=50
モルタル金ゴテ仕上
防湿コンクリート t=60
防湿フィルム
地盤面
20 120
400
270
120
150
50
120
50
450以上
50

・建物全体を外断熱工法とする場合に、基礎も外側に断熱材を貼った基礎断熱工法とする。
・基礎の外側に断熱材を貼る場合、白アリの発生する可能性のある温暖な地域では防蟻性能をもった断熱材とする。
・床下換気口がないので、耐久性能上支障が生じるような水蒸気の滞留、結露の発生が起きないように床下地面からの防湿を入念に行うことが大切。室内との空気の循環ができるような措置を講ずること。
・断熱材がむき出しの丸見えになるので、仕上げを施す必要がある。

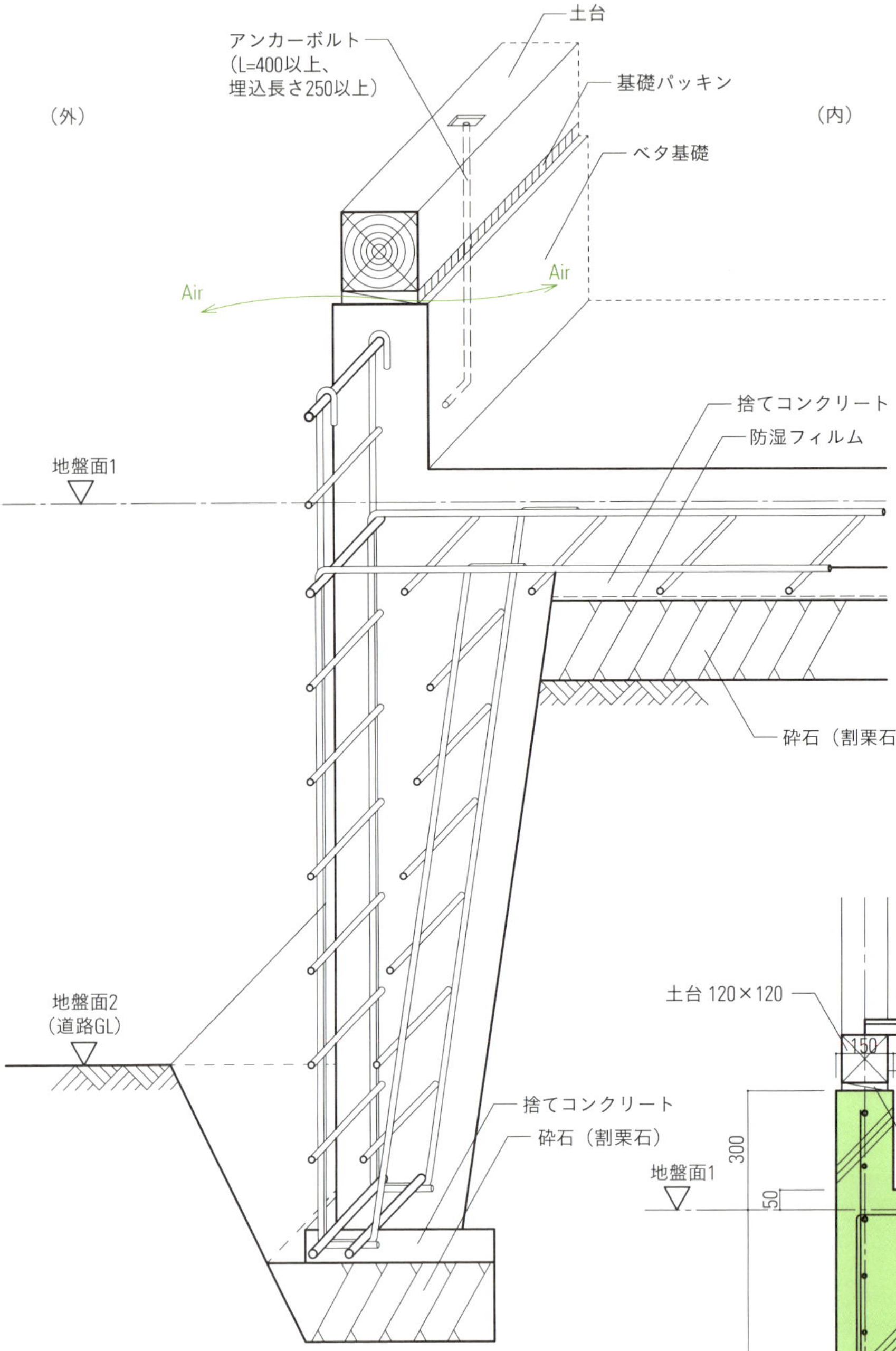
（外）
（内）
土台
アンカーボルト
（L=400以上、
埋込長さ250以上）
基礎パッキン
ベタ基礎
Air
Air
捨てコンクリート
防湿フィルム
地盤面1
砕石（割栗石）
地盤面2
（道路GL）
捨てコンクリート
砕石（割栗石）

道路と敷地の高低差や、敷地内での**高低差のある場合**は、基礎の形状が大きく変わることがある。

特に、建物の基礎としての役割だけでなく、**土留め**の役割をもたせるような場合は、注意が必要である。基本的には構造設計者の見解により決定することになる。

図は、ベタ基礎の**基礎梁の部分の高さ**を道路と**敷地の高低差に合わせて大きく**して対応している例である。

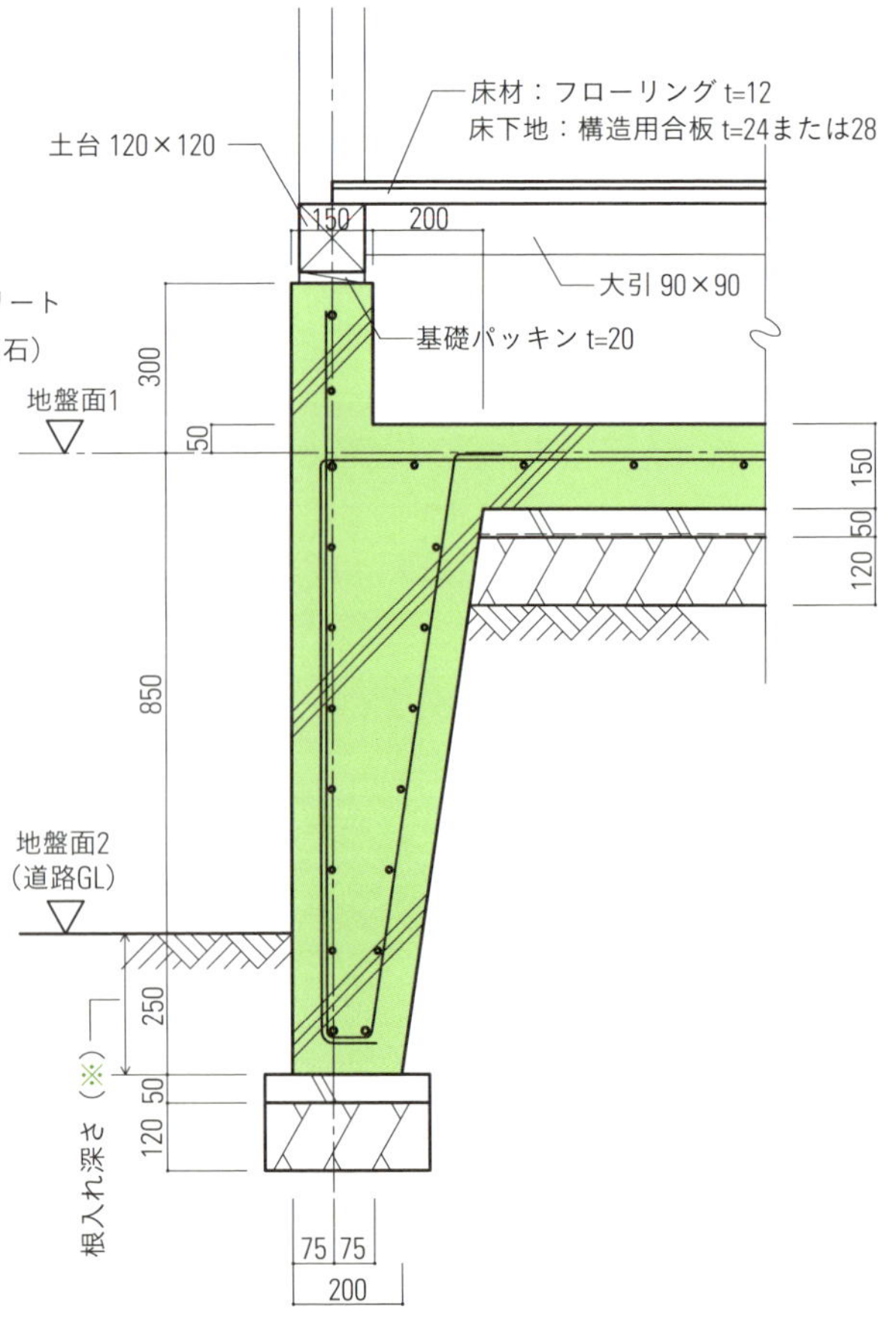
床材：フローリング t=12
床下地：構造用合板 t=24または28
土台 120×120
150
200
大引 90×90
基礎パッキン t=20
300
地盤面1
50
150
50
120
850
地盤面2
（道路GL）
250
50
120
根入れ深さ（※）
75 75
200

※根入れ深さは240以上かつ凍結深度以上とする

基礎の立ち上がりよりも床レベルを下げたときの納まり例

木造の場合、基礎の高さに法律の規定がある。1階の床レベルを地盤面レベルに近くしたい（レベル差を少なくしたい）場合は、基礎の高さは規定のままにして、「床レベルのみ」を下げる。

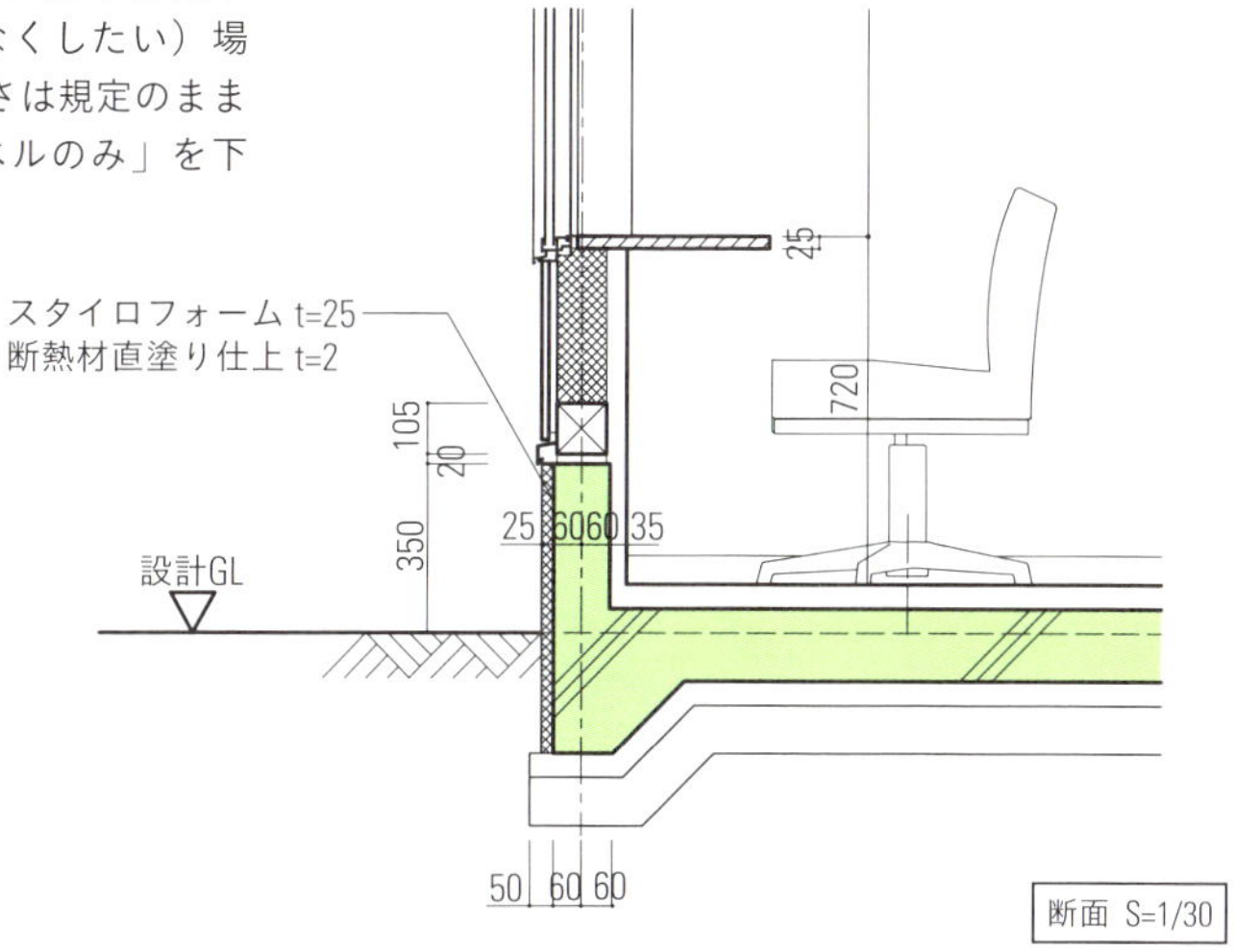
スタイロフォーム t=25
断熱材直塗り仕上 t=2
25
720
105
20
350
25 60 60 35
設計GL
50 60 60

断面 S=1/30

ピロティ車庫の土留めを兼ねた基礎の例

ピロティ車庫の土留めを兼ねた基礎である。

車両の出入りする側には、直交する構造体がないため、壁面が自立するように、厚さ180のダブル配筋の基礎梁（構造壁）となっている。また、耐圧版との剛性を保つようにハンチ形状の断面としている。

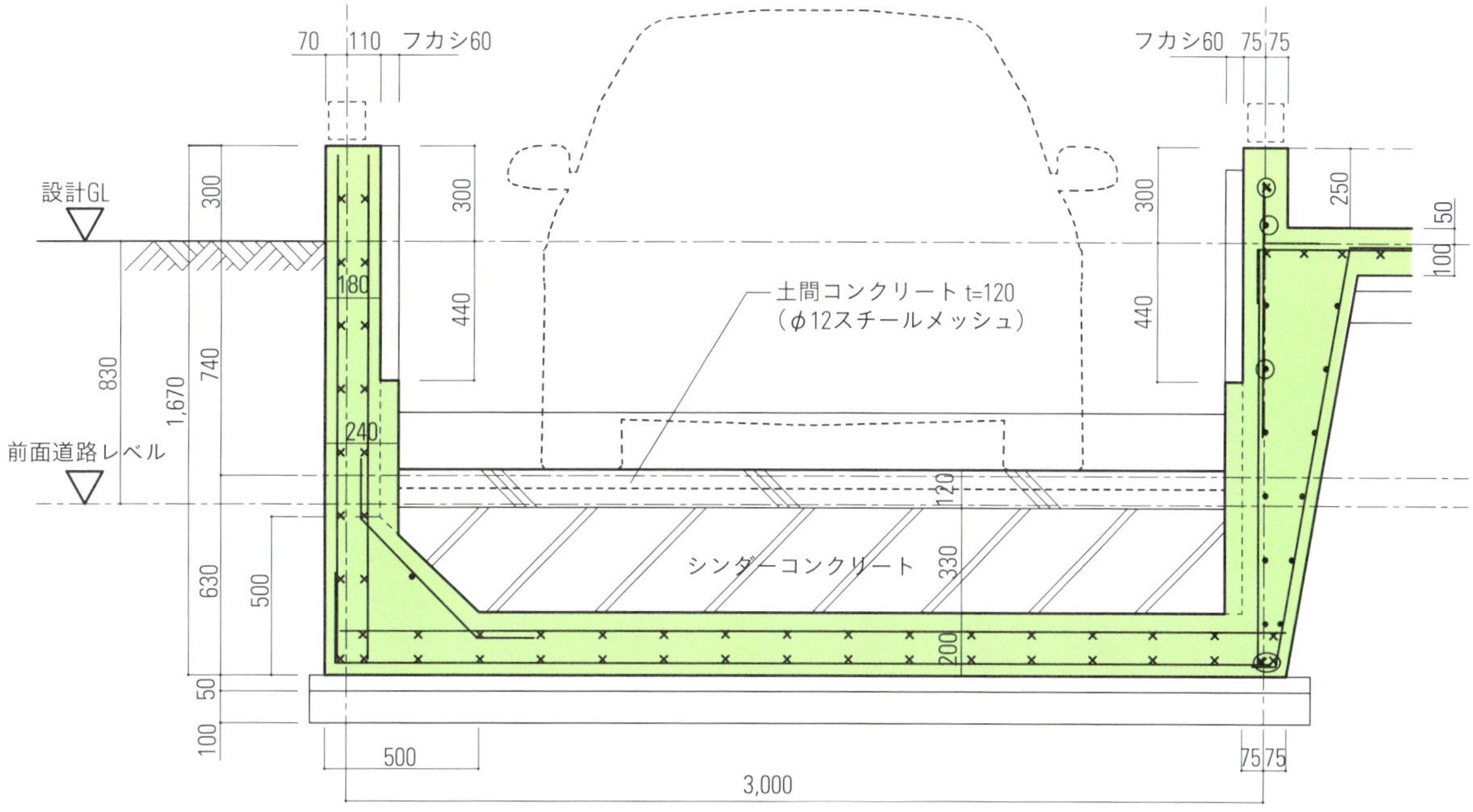
70 110 フカシ60
フカシ60 75 75
設計GL
300
300
300
250
50
100
180
440
440
830
1,670
740
240
前面道路レベル
土間コンクリート t=120
（φ12スチールメッシュ）
120
シンダーコンクリート
330
200
630
500
50
100
500
75 75
3,000

断面 S=1/30

根太による床組の例

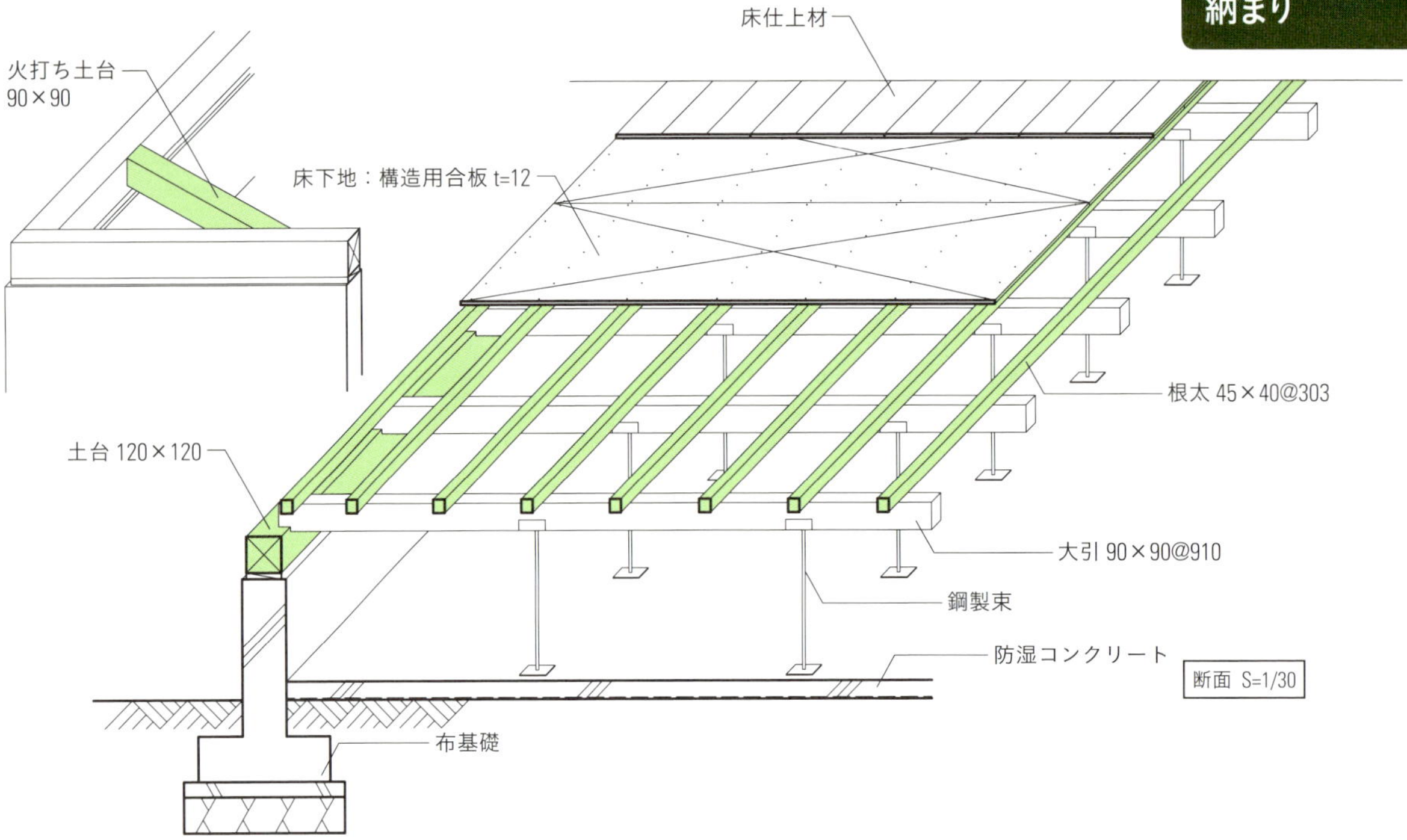
床仕上材
火打ち土台
90×90
床下地：構造用合板 t=12
根太 45×40@303
土台 120×120
大引 90×90@910
鋼製束
防湿コンクリート
断面 S=1/30
布基礎

厚い構造用合板による剛床の例

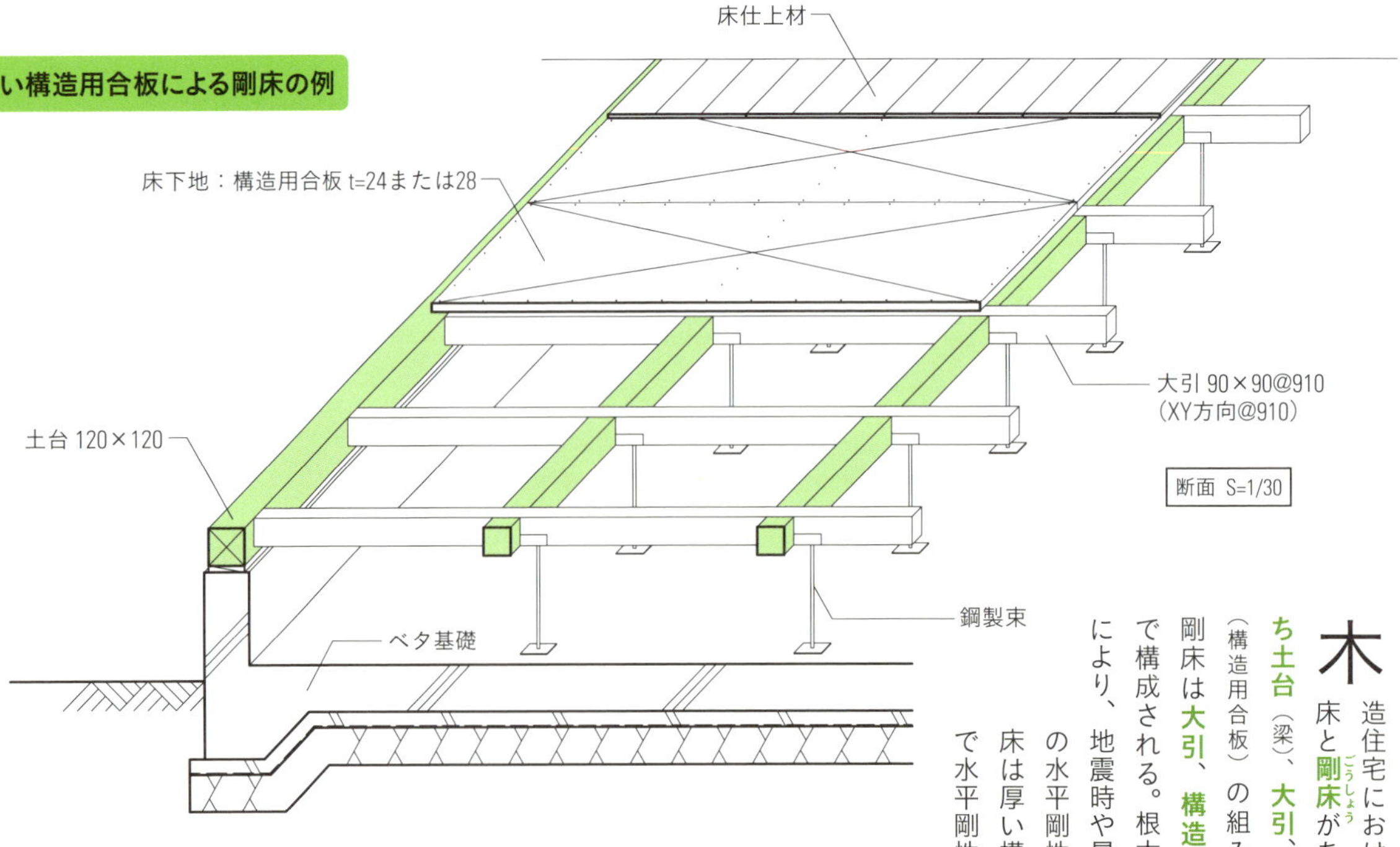
床仕上材
床下地：構造用合板 t=24または28
大引 90×90@910
（XY方向@910）
断面 S=1/30
土台 120×120
鋼製束
ベタ基礎

木造住宅における床組は、**根太組**の床と**剛床**《ごうしょう》がある。根太組は、**火打ち土台**（梁）、**大引**、**根太**、**捨て貼り合板**（構造用合板）の組み合わせで構成され、剛床は**大引**、**構造用合板**（24または28㎜）で構成される。根太組は火打ち土台（梁）により、地震時や暴風時に対応するための水平剛性をとるのに対し、剛床は厚い構造用合板を使うことで水平剛性をつくっている。

根太床：フローリング

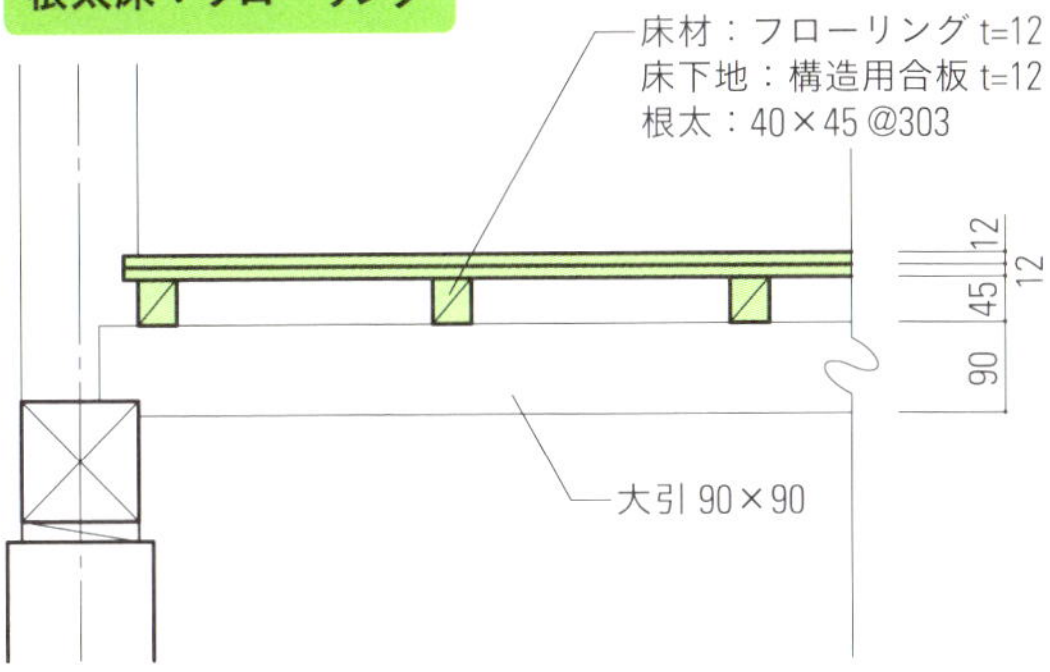
床材：フローリング t=12
床下地：構造用合板 t=12
根太：40×45 @303
12
12
45
90
大引 90×90

根太床：畳

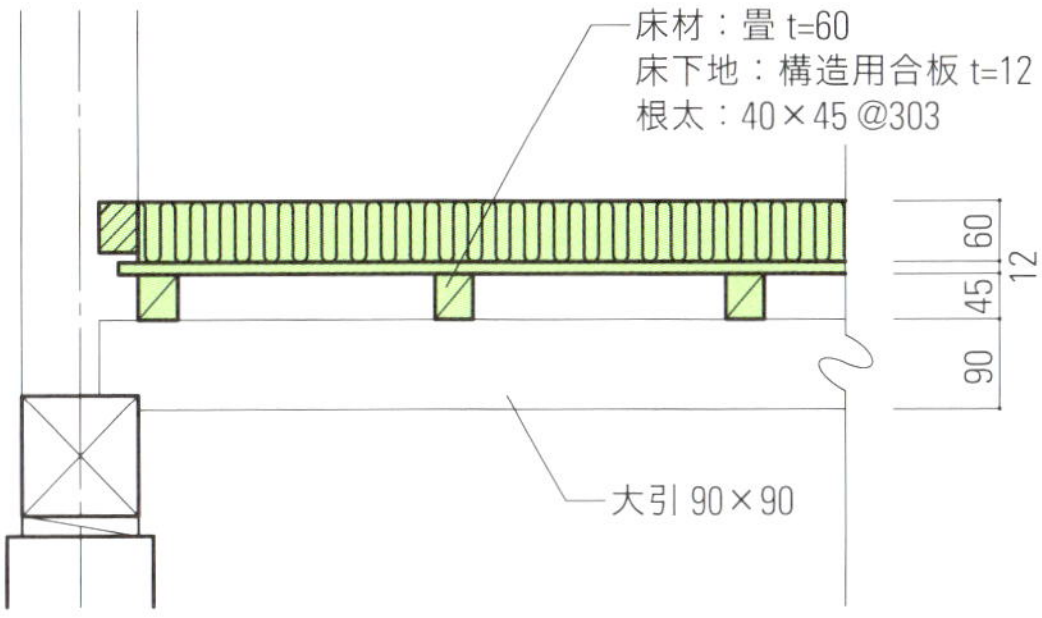
床材：畳 t=60
床下地：構造用合板 t=12
根太：40×45 @303
60
12
45
90
大引 90×90

根太床：タイル❷

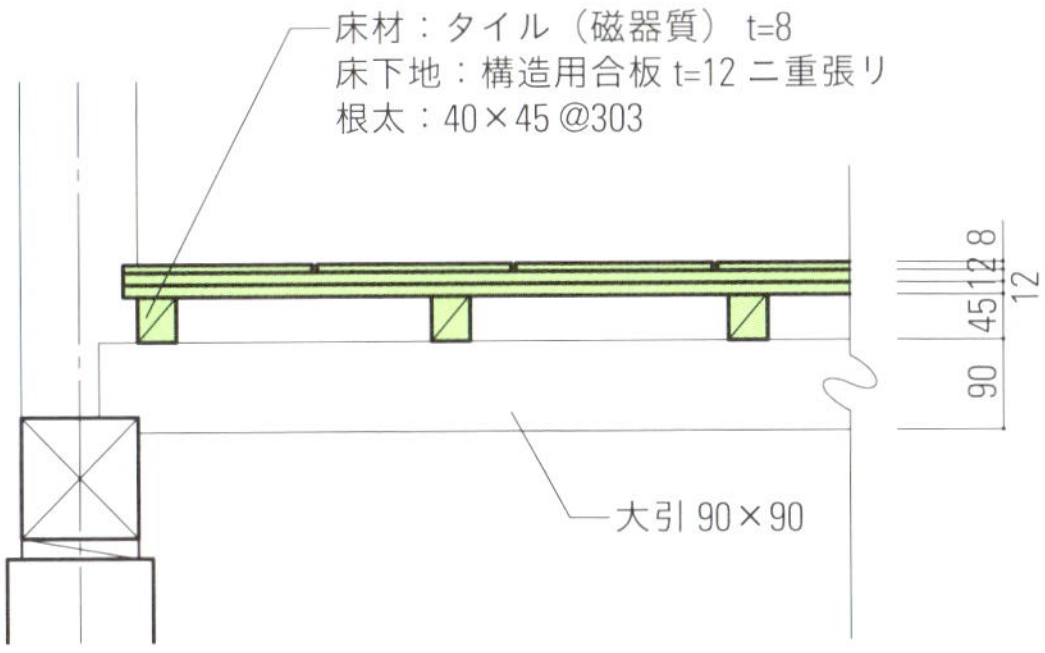
床材：タイル（磁器質） t=8
床下地：構造用合板 t=12 二重張り
根太：40×45 @303
12 8
12
45
90
大引 90×90

根太床：タイル

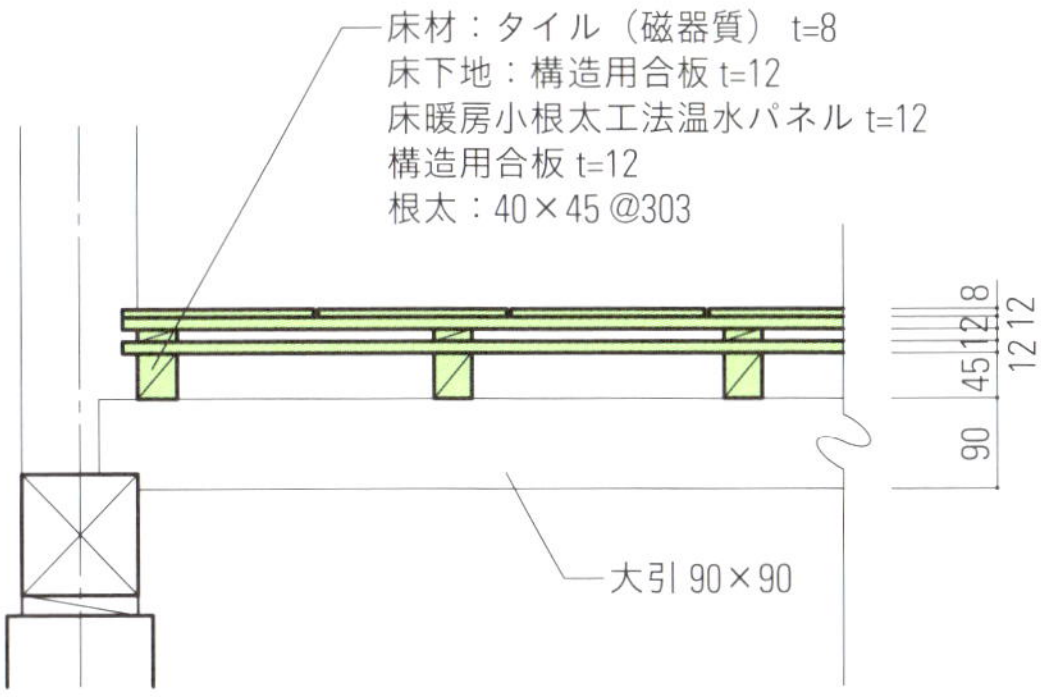
床材：タイル（磁器質） t=8
床下地：構造用合板 t=12
床暖房小根太工法温水パネル t=12
構造用合板 t=12
根太：40×45 @303
12 8
12 12
45
90
大引 90×90

剛床：タイル

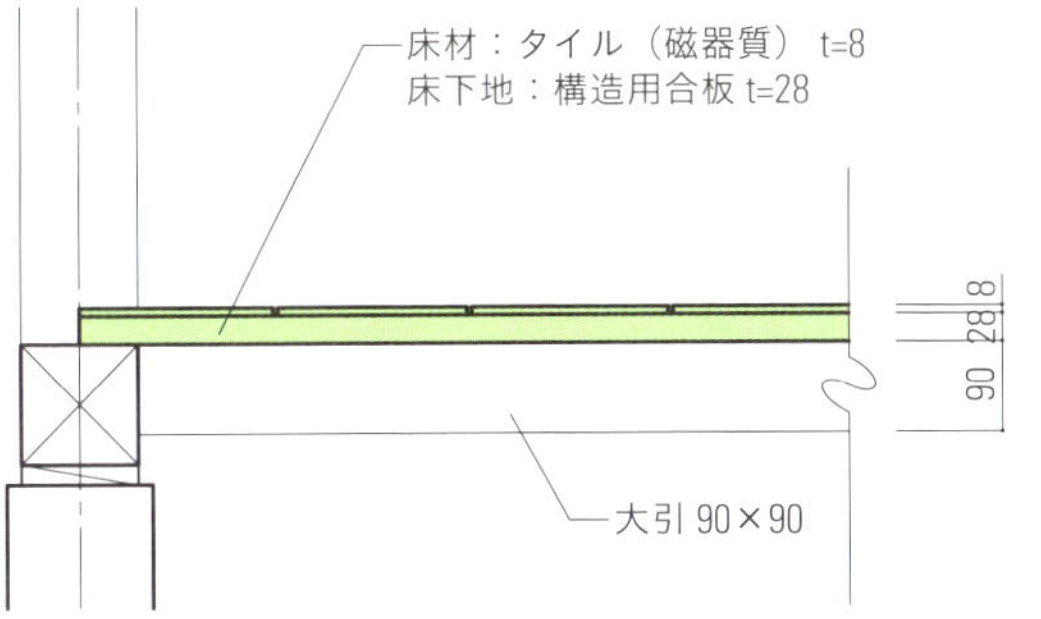
床材：タイル（磁器質） t=8
床下地：構造用合板 t=28
28 8
90
大引 90×90

剛床：畳

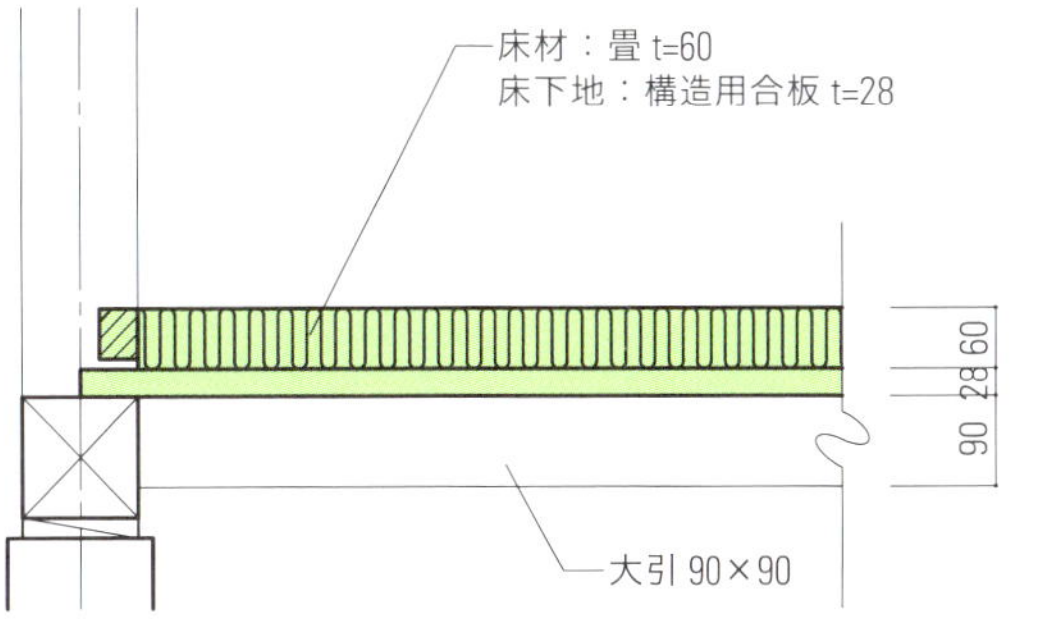
床材：畳 t=60
床下地：構造用合板 t=28
28 60
90
大引 90×90

剛床：フローリング

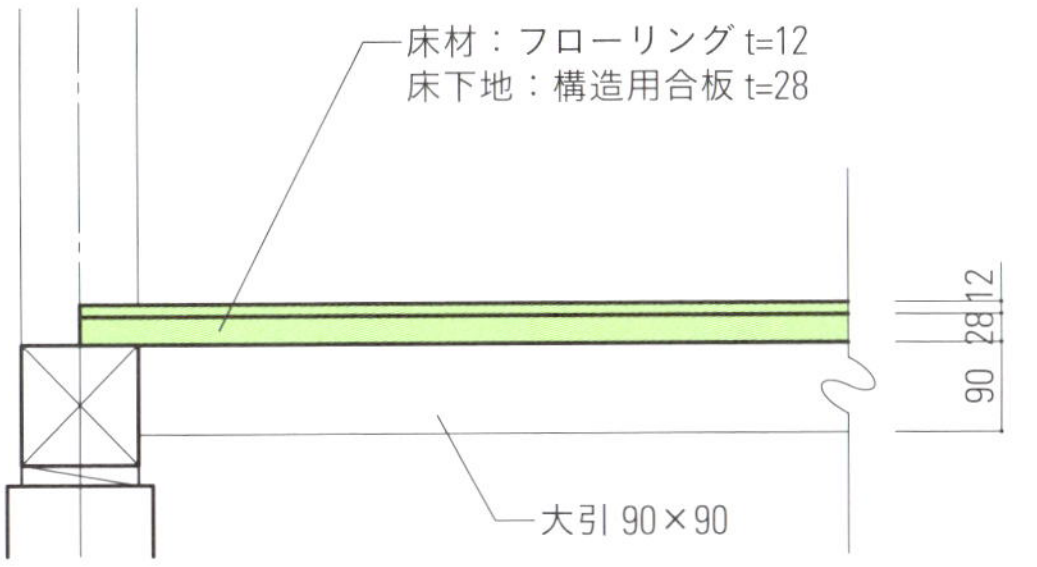
床材：フローリング t=12
床下地：構造用合板 t=28
28 12
90
大引 90×90

剛床：畳❷

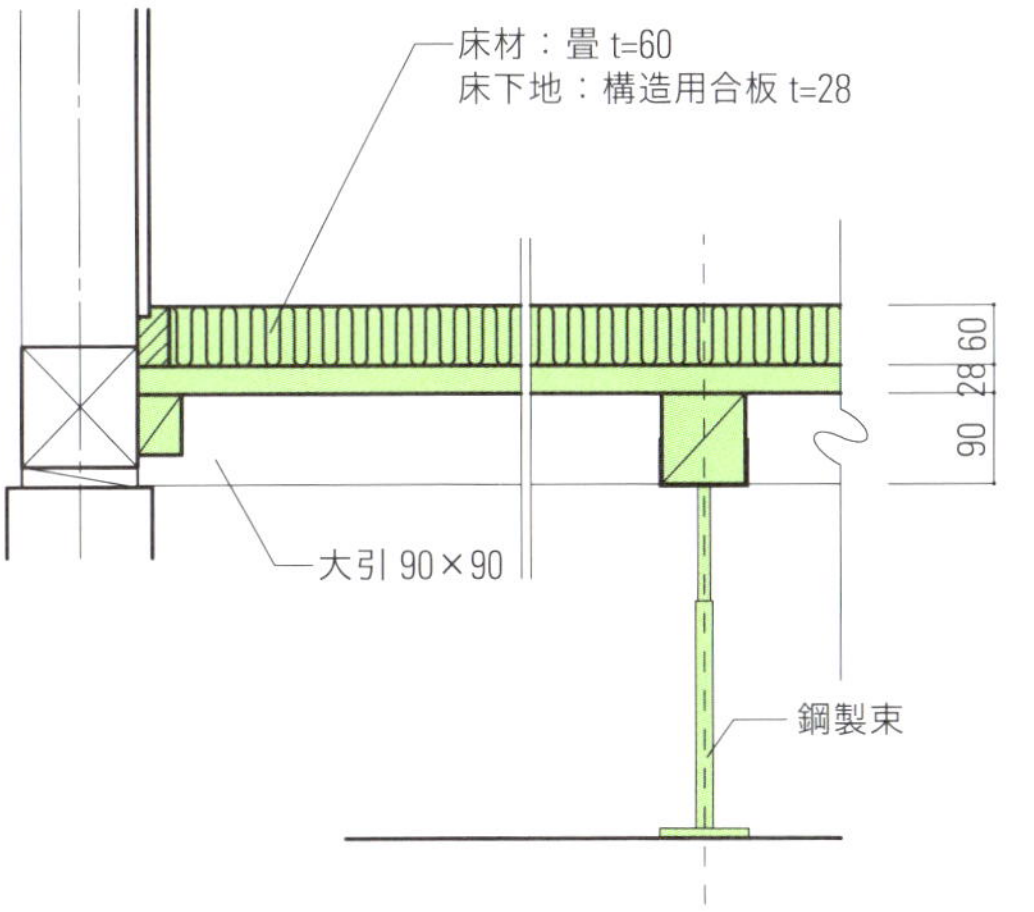
床材：畳 t=60
床下地：構造用合板 t=28
28 60
90
大引 90×90
鋼製束

断面 S=1/15

06 地下部分の納まり

都市部で生活する上で敷地を**立体的に有効利用する**選択肢として考えられるのが、**地下の利用**である。あまり一般的な方法ではないが、建築基準法の容積率の緩和という優遇措置や、地下利用の欠点を補う建築的技術が進んできたことで、より有効に地下の利点を享受することができるようになってきた。

地下空間の利点としては、**断熱性がよい**、**遮音性に優れている**、**地震に強い**、**プライバシーがある**、**建築基準法の容積率の緩和**等がある。欠点としては、湿度が高く**結露しやすい**、**水が出やすい**、採光や通風が取りにくい、閉塞感、コストが高い等がある。

トップライトより光と風を取り込む地下空間

閉鎖的な地下空間

中庭と地下空間

ドライエリアを設けた地下空間

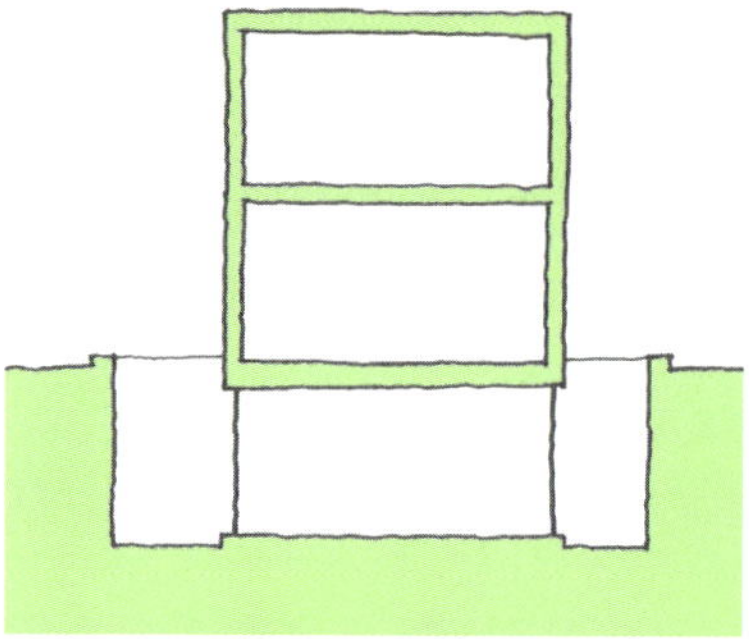

視線の抜けと庭園化した地下空間

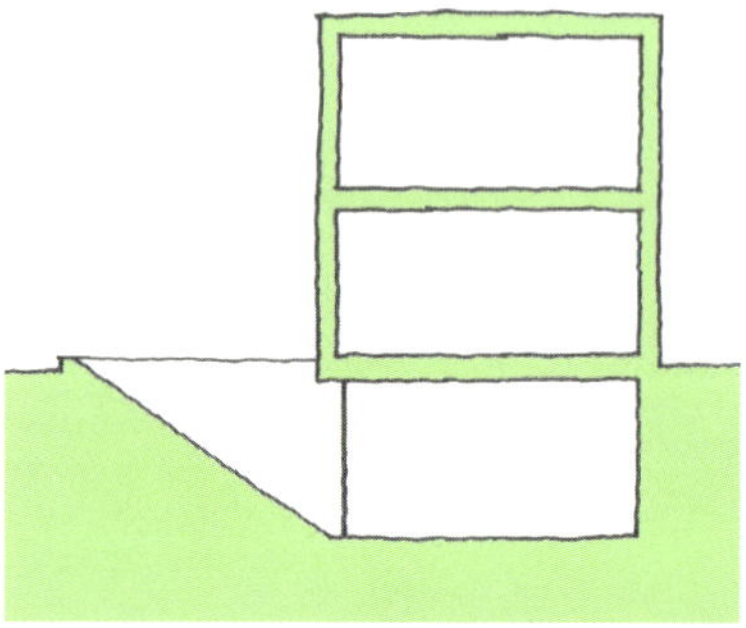

半地下空間

地下空間の規制

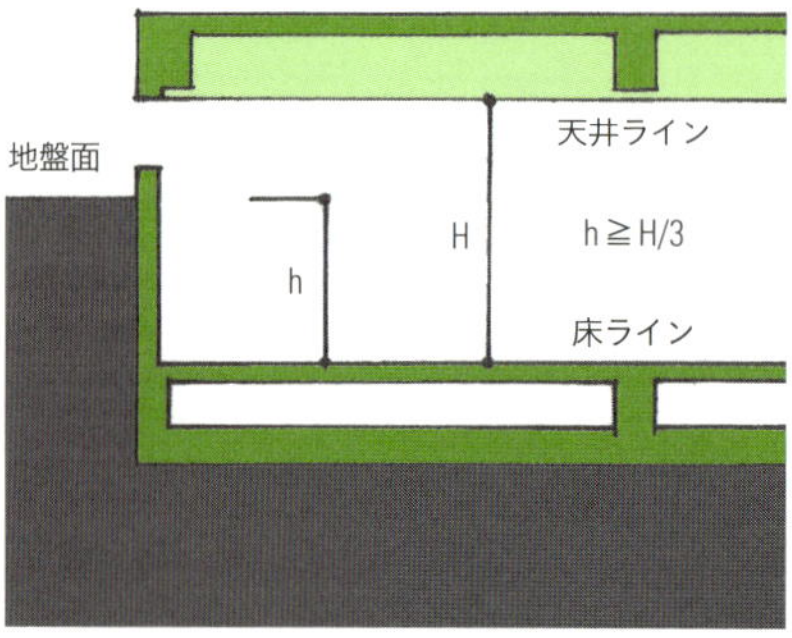

地階の定義

床が地盤面下にある階で、床面から地盤面までの高さが、その会の天井高さの1/3以上のものをいう。左図のようにh≧H/3の場合、この空間は建築基準法上の地階である。

「建築の地階で住宅の用途に供する部分の床面積については、その建築の住宅の用途に供する部分の床面積の合計の1/3を限度として延床面積に算入しない」という容積率の緩和がある。また、積極的な地階利用の緩和があるほか、居室として快適に使用できるように規定があるので注意する。

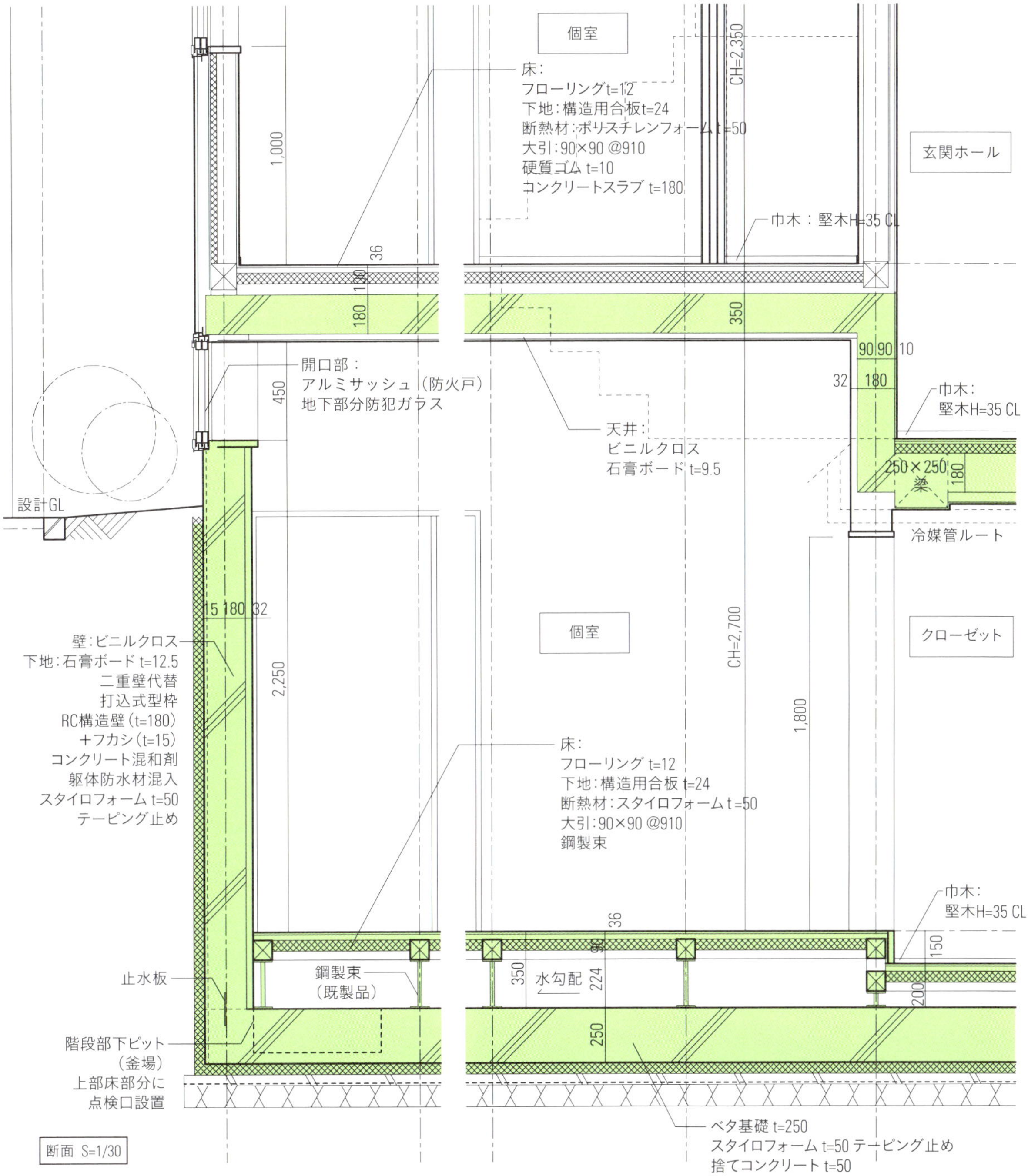
個室
床：
フローリングt=12
下地：構造用合板t=24
断熱材：ポリスチレンフォームt=50
大引：90×90 @910
硬質ゴム t=10
コンクリートスラブ t=180
CH=2,350
玄関ホール
巾木：堅木H=35 CL
1,000
36
180
350
90 90 10
32 180
巾木：
堅木H=35 CL
250×250
梁
開口部：
アルミサッシュ（防火戸）
地下部分防犯ガラス
450
天井：
ビニルクロス
石膏ボード t=9.5
冷媒管ルート
設計GL
15 180 32
個室
CH=2,700
クローゼット
壁：ビニルクロス
下地：石膏ボード t=12.5
二重壁代替
打込式型枠
RC構造壁（t=180）
＋フカシ（t=15）
コンクリート混和剤
躯体防水材混入
スタイロフォーム t=50
テーピング止め
2,250
1,800
床：
フローリング t=12
下地：構造用合板 t=24
断熱材：スタイロフォーム t=50
大引：90×90 @910
鋼製束
巾木：
堅木H=35 CL
36
150
止水板
鋼製束
（既製品）
350
水勾配
224
200
250
階段部下ピット
（釜場）
上部床部分に
点検口設置
断面 S=1/30
ベタ基礎 t=250
スタイロフォーム t=50 テーピング止め
捨てコンクリート t=50
防湿フィルム t=0.15 二重張り
砕石 t=100

地下空間を利用するときの欠点に対する技術的な対応

❶地盤調査を行い、大きな水脈の有無を確認

❷水に対して

・コンクリートに躯体防水材を混入してコンクリート自体の防水性能を高める。

・コンクリート躯体の室内側に二重壁を設ける。図では簡易に二重壁をつくる「打ち込み型枠」を使用している例である。

・水がもし入ったときのために、耐圧版に勾配を付けて、釜場（水を集めるくぼみ）をつくっておく。例：釜場の直上部に床下点検口を設置するなど。

❸湿度に対して

・躯体の外周部に断熱材を設置。

・通風、採光為の開口部（トップライトやハイサイドライト）を設置する。換気扇を設置し、機械的な強制換気を行うなど。

❹閉塞感に対して

・開口部を設け、外構の緑が見えるような視界のつながりをつくる。

・ドライエリアなど外部と空間的つながる設計を行うなど。

❺コストに対して

・躯体防水コンクリートの選択。

・簡易に二重壁をつくる打ち込み型枠の選択。

・半地下にするなど。

01 2階の床組・1階天井仕上げの種類別納まり

天井組の例

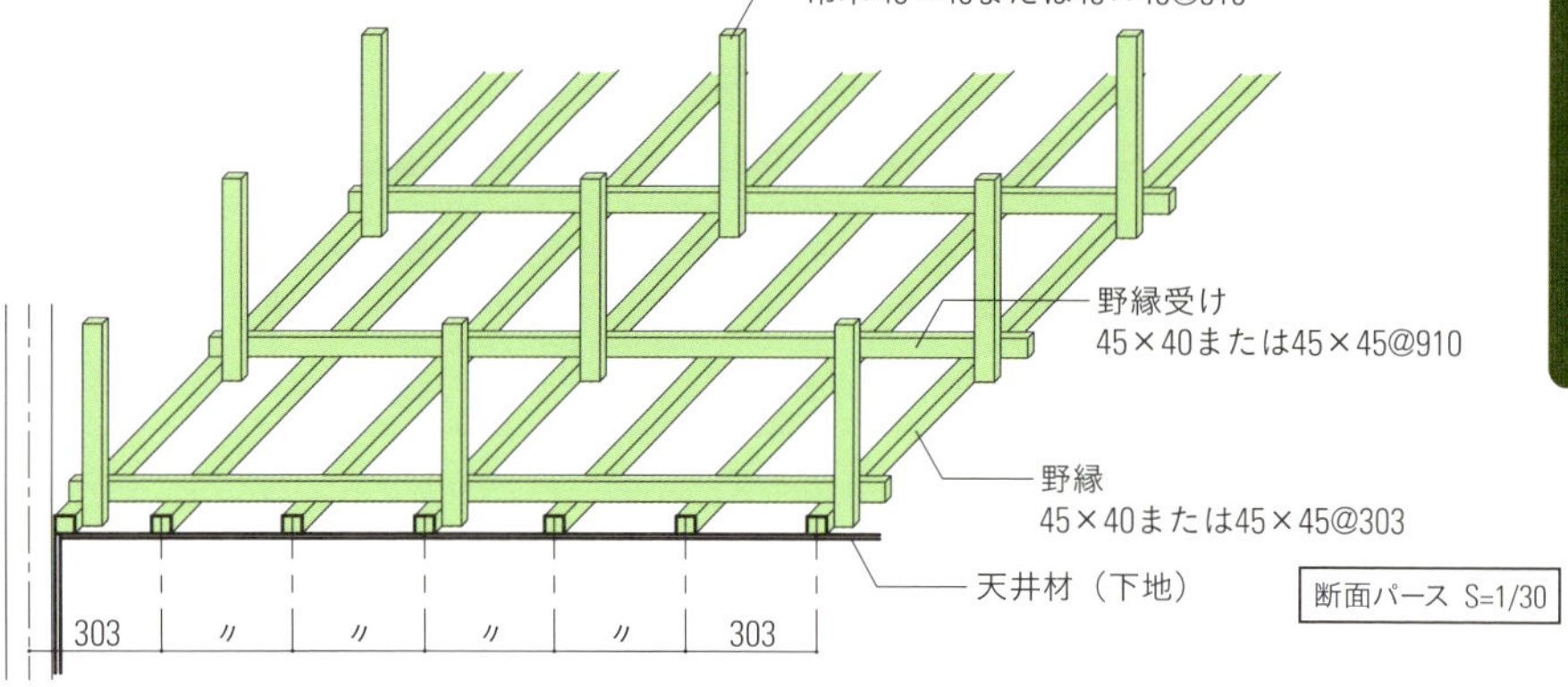
吊木 45×40または45×45@910
野縁受け
45×40または45×45@910
野縁
45×40または45×45@303
天井材（下地）
断面パース S=1/30
303
〃
〃
〃
〃
303

根太による2階床組の例

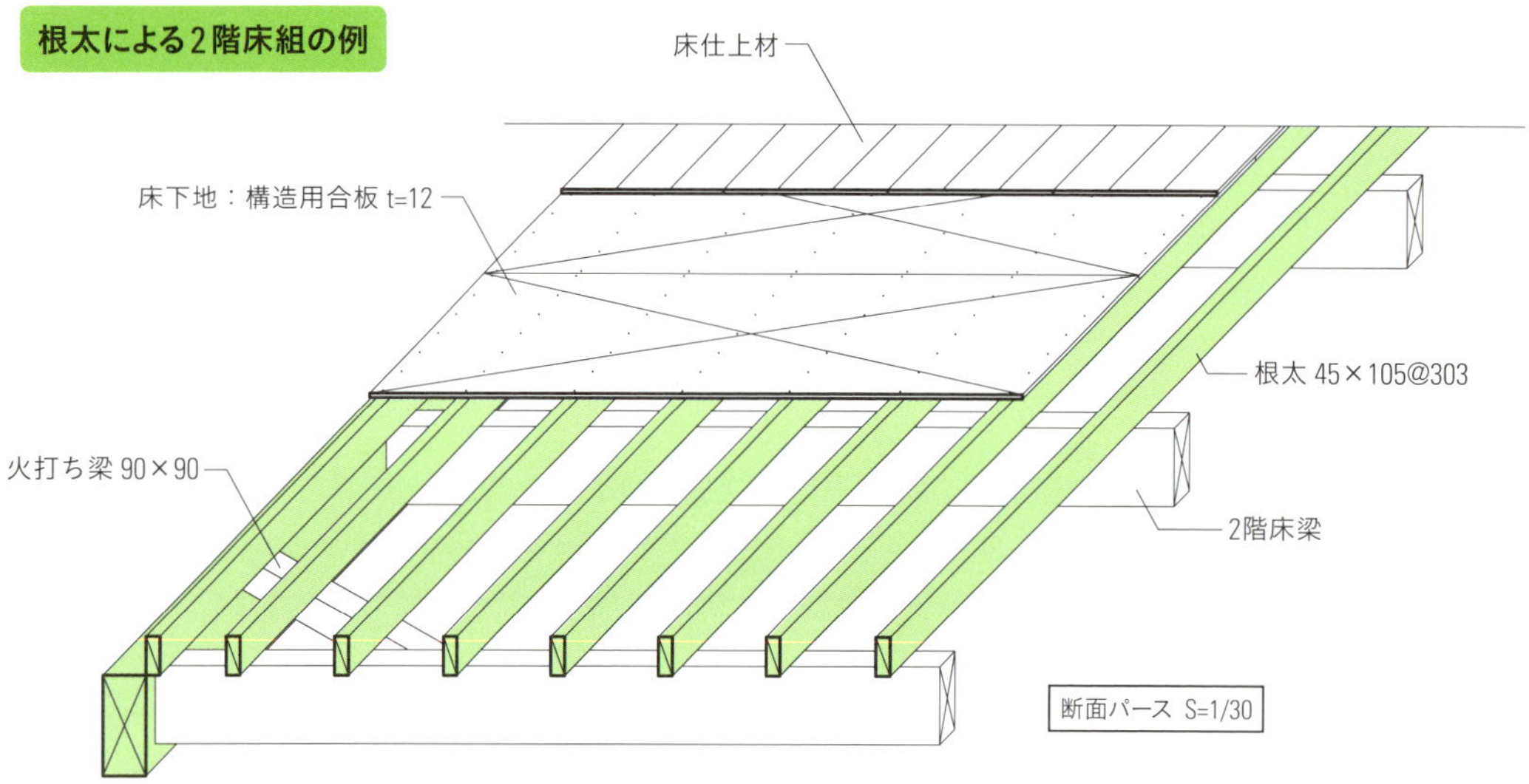
床仕上材
床下地：構造用合板 t=12
根太 45×105@303
火打ち梁 90×90
2階床梁
断面パース S=1/30

厚い構造用合板による2階剛床の例

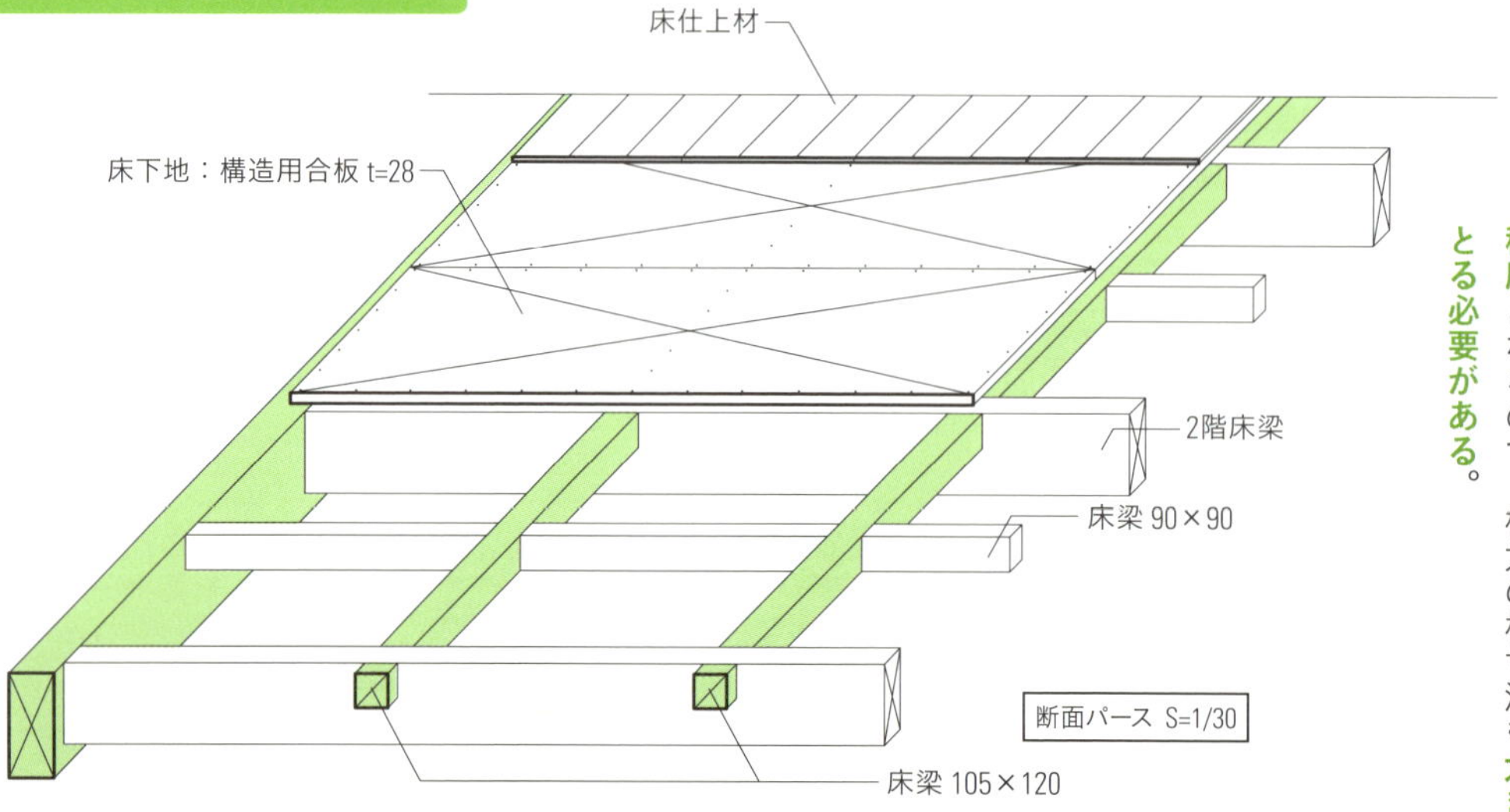
床仕上材
床下地：構造用合板 t=28
2階床梁
床梁 90×90
断面パース S=1/30
床梁 105×120

構造用合板を900×900でビス止めできるように床組をつくる

2階床組は、1階の床組と同じように、根太組と剛床に分けられる。2階床の根太組の場合、**梁の間隔が一間程度**となるので、根太の材寸法も**大きくとる必要がある**。

根太による2階床組と1階天井組の例

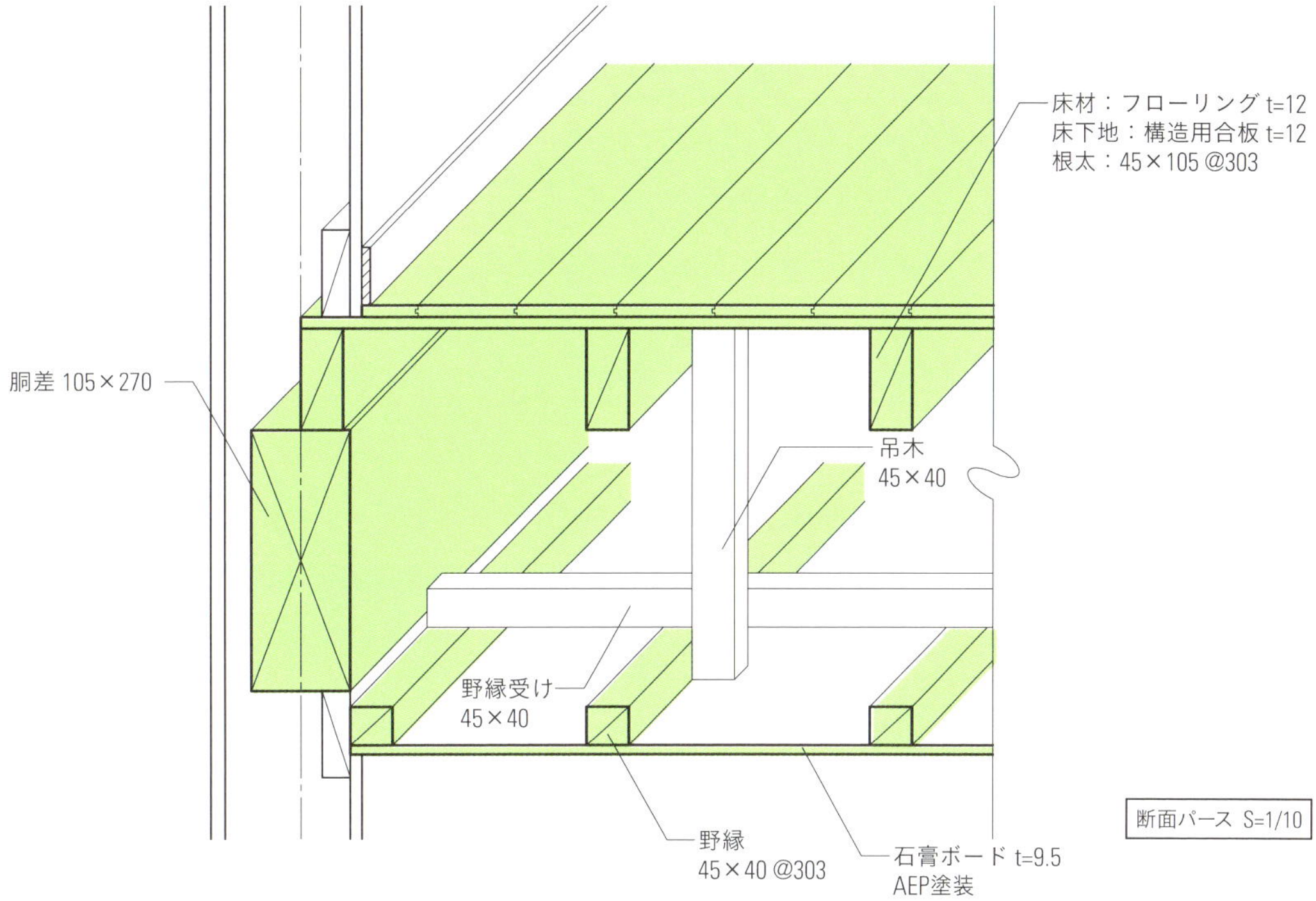
床材：フローリング t=12
床下地：構造用合板 t=12
根太：45×105 @303
胴差 105×270
吊木
45×40
野縁受け
45×40
野縁
45×40 @303
石膏ボード t=9.5
AEP塗装

断面パース S=1/10

厚い構造用合板による2階剛床と1階天井の例

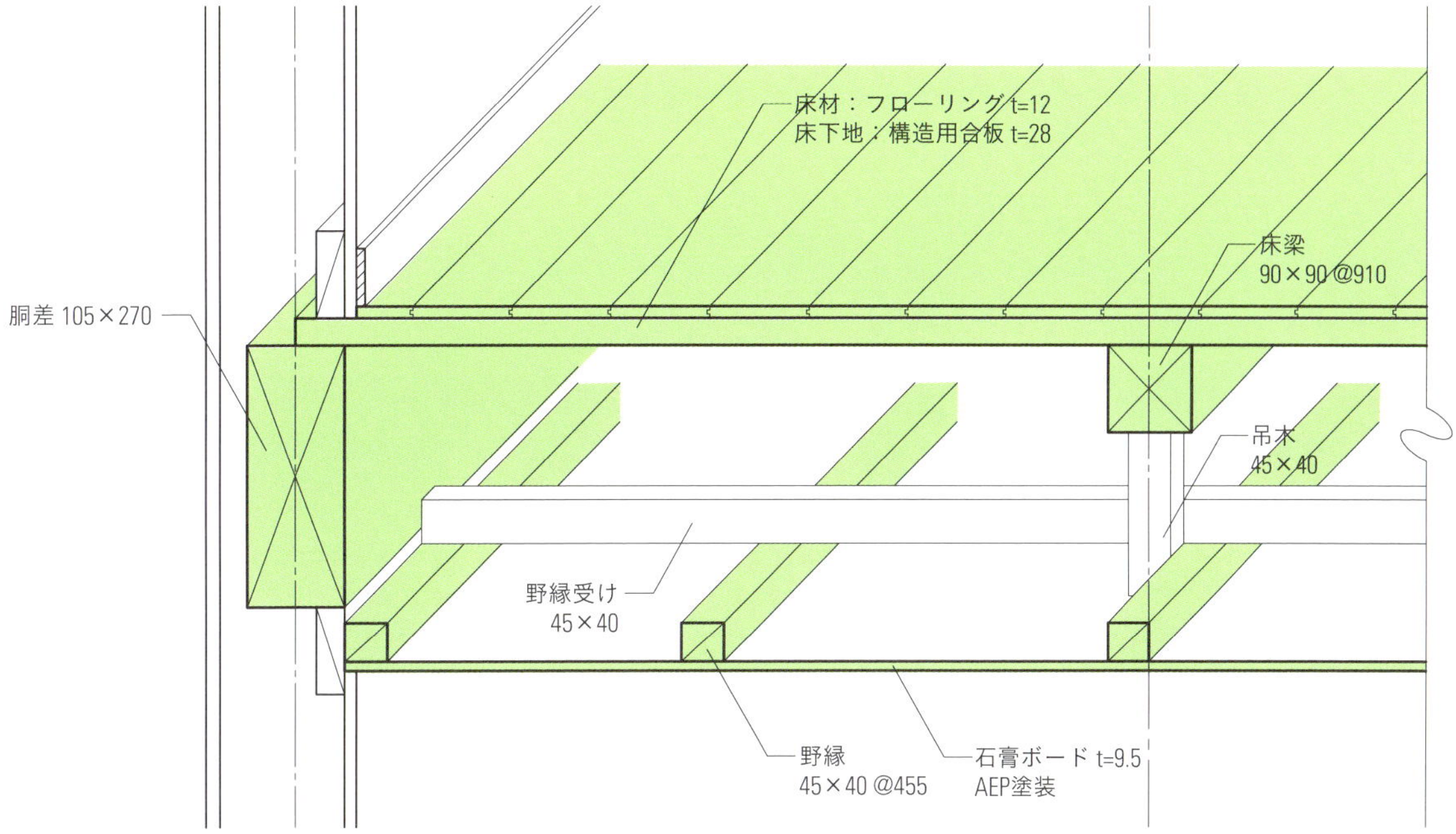
床材：フローリング t=12
床下地：構造用合板 t=28
床梁
90×90 @910
胴差 105×270
吊木
45×40
野縁受け
45×40
野縁
45×40 @455
石膏ボード t=9.5
AEP塗装

断面パース S=1/10

01 2階の床組・1階天井仕上げの種類別納まり

断面 S=1/20

剛床：床 フローリング／天井 塗装仕上げ

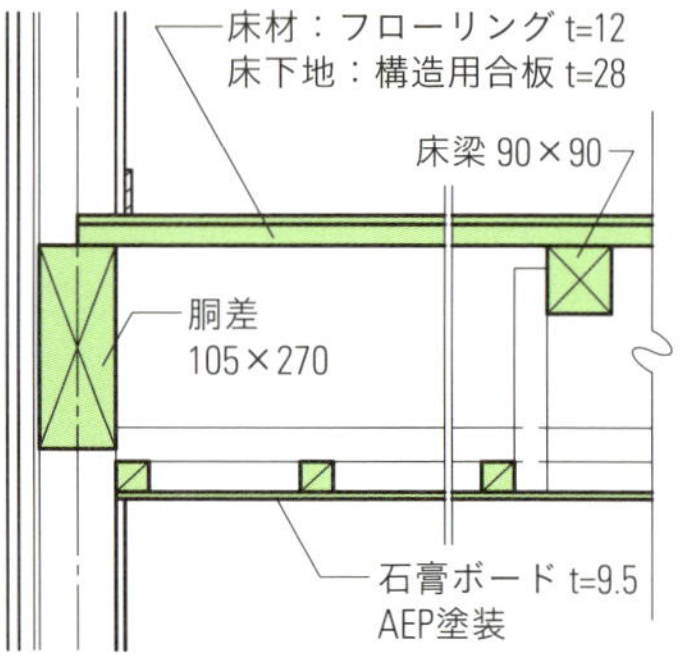

床材：フローリング t=12
床下地：構造用合板 t=28
床梁 90×90
胴差
105×270
石膏ボード t=9.5
AEP塗装

剛床：床 畳／天井 塗装仕上げ

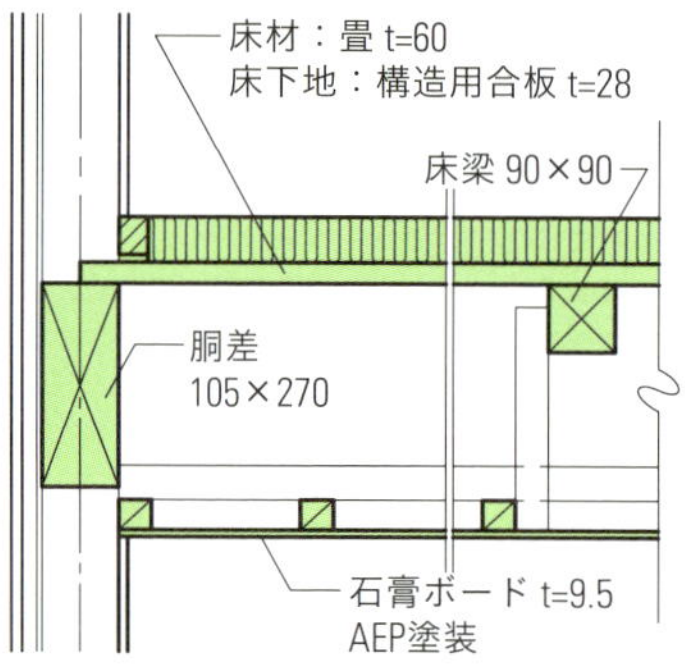

床材：畳 t=60
床下地：構造用合板 t=28
床梁 90×90
胴差
105×270
石膏ボード t=9.5
AEP塗装

根太床：床 フローリング／天井 塗装仕上げ

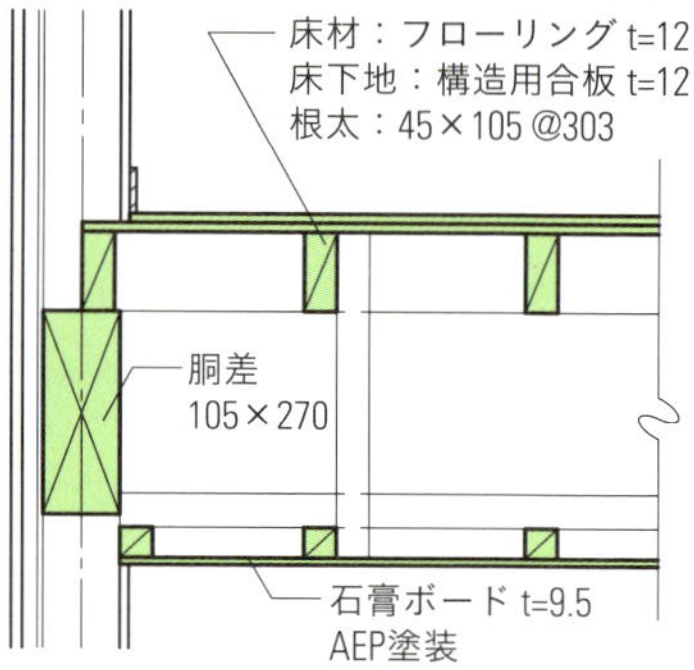

床材：フローリング t=12
床下地：構造用合板 t=12
根太：45×105 @303
胴差
105×270
石膏ボード t=9.5
AEP塗装

踏み天井：床 フローリング／天井 合板＋根太

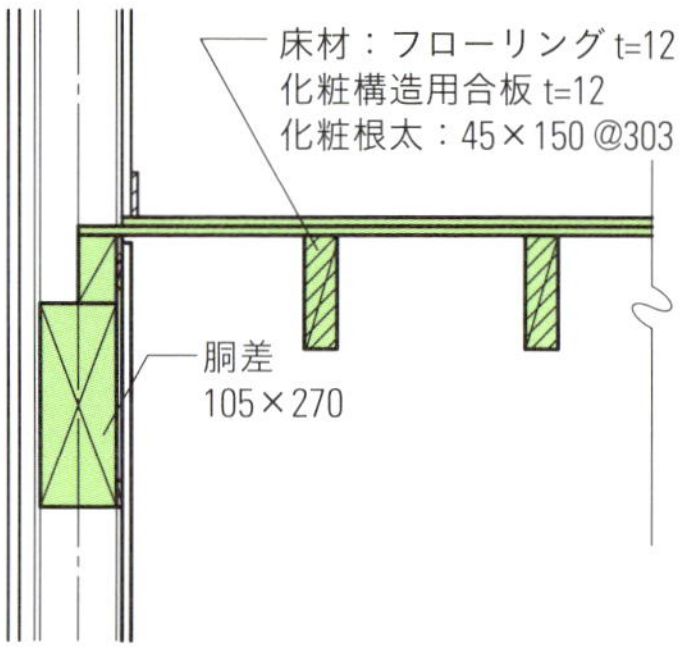

床材：フローリング t=12
化粧構造用合板 t=12
化粧根太：45×150 @303
胴差
105×270

踏み天井：床 木製パネル／天井 木製パネル＋根太

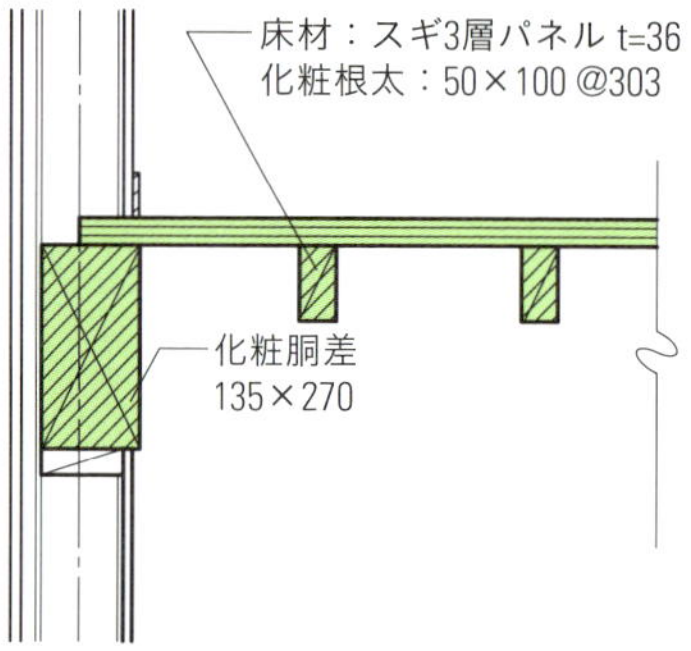

床材：スギ3層パネル t=36
化粧根太：50×100 @303
化粧胴差
135×270

踏み天井：床 フローリング／天井 合板＋根太

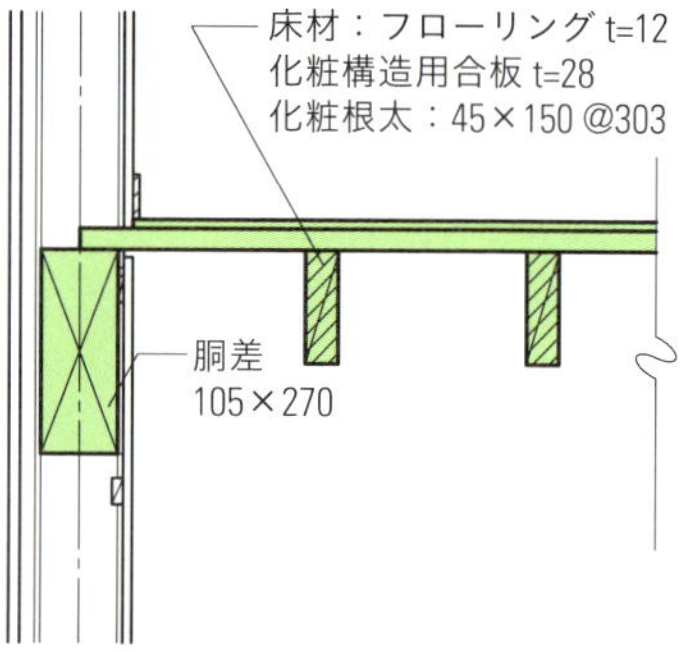

床材：フローリング t=12
化粧構造用合板 t=28
化粧根太：45×150 @303
胴差
105×270

根太床：床 タイル／天井 塗装仕上げ

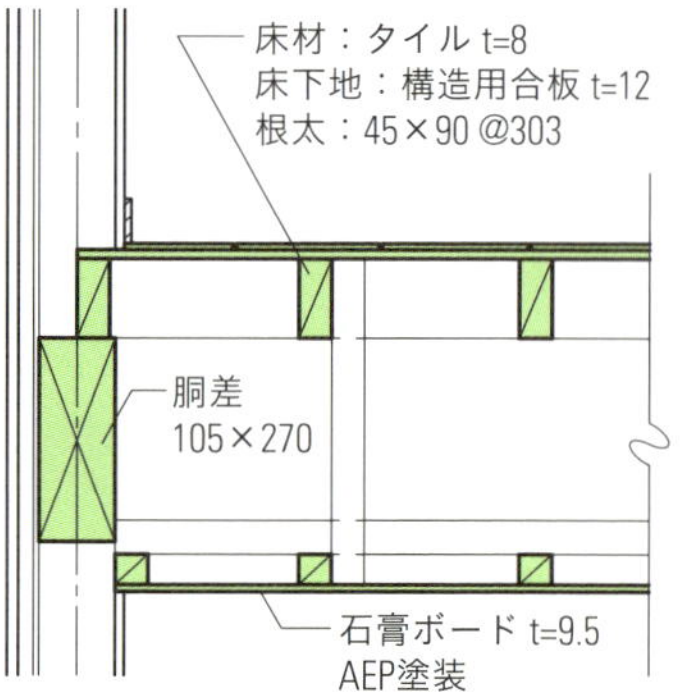

床材：タイル t=8
床下地：構造用合板 t=12
根太：45×90 @303
胴差
105×270
石膏ボード t=9.5
AEP塗装

根太床：床 カーペット／天井 塗装仕上げ

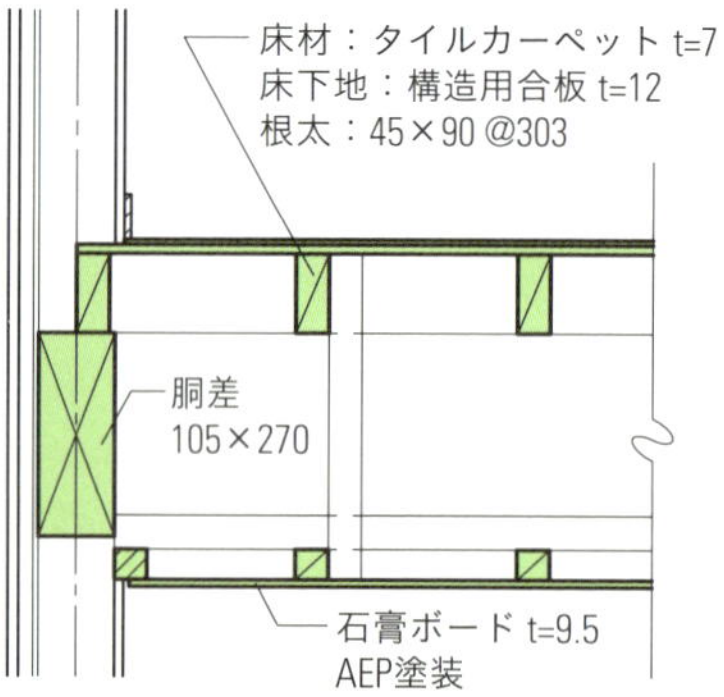

床材：タイルカーペット t=7
床下地：構造用合板 t=12
根太：45×90 @303
胴差
105×270
石膏ボード t=9.5
AEP塗装

根太床：床 フローリング／天井 合板

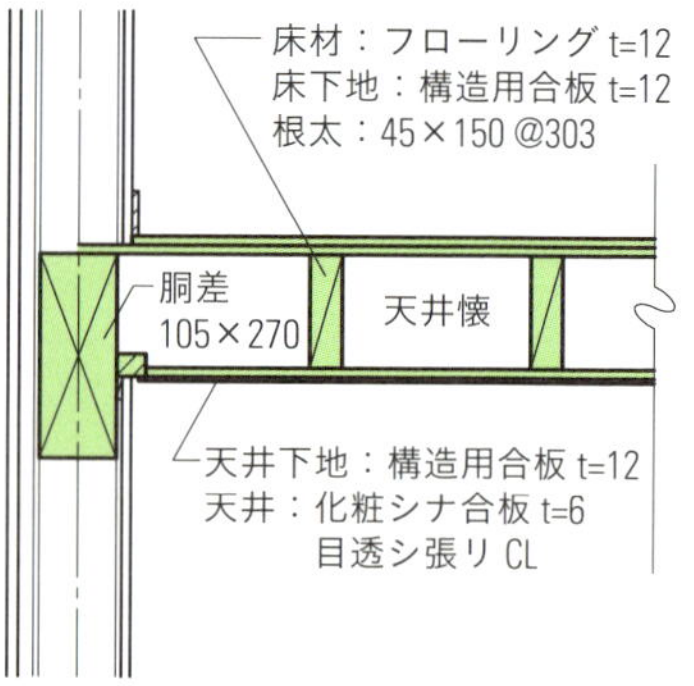

床材：フローリング t=12
床下地：構造用合板 t=12
根太：45×150 @303
胴差
105×270
天井懐
天井下地：構造用合板 t=12
天井：化粧シナ合板 t=6
目透シ張り CL

踏み天井：木製ルーバー

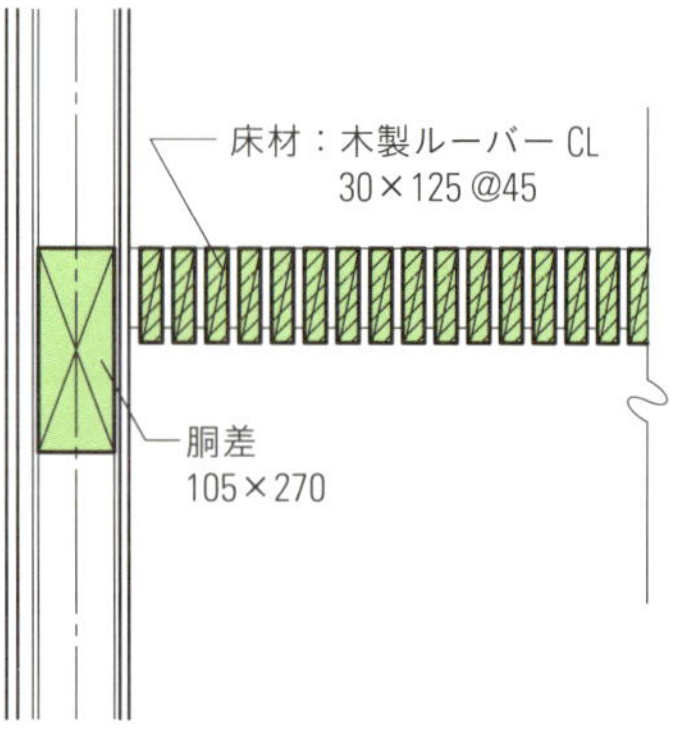

床材：木製ルーバー CL
30×125 @45
胴差
105×270

踏み天井：床 フローリング／天井 合板＋根太

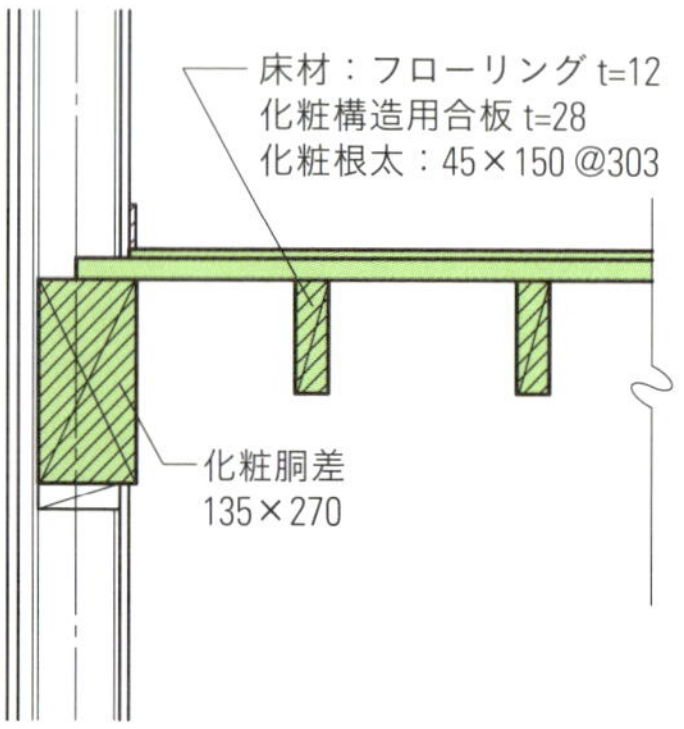

床材：フローリング t=12
化粧構造用合板 t=28
化粧根太：45×150 @303
化粧胴差
135×270

根太床：床 畳／天井 塗装仕上げ

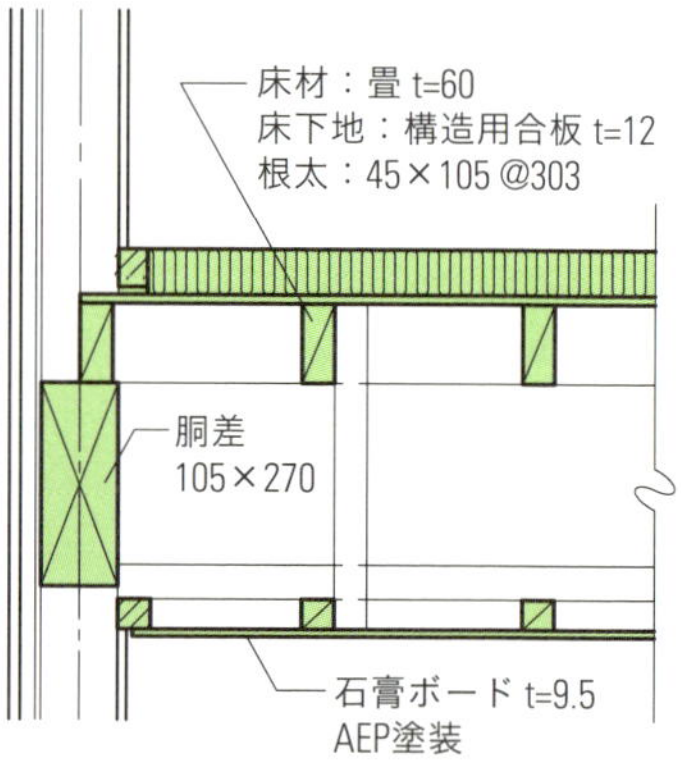

床材：畳 t=60
床下地：構造用合板 t=12
根太：45×105 @303
胴差
105×270
石膏ボード t=9.5
AEP塗装

※踏み天井：上階の床組を下階の天井仕上げとしたもの。

02 2階の床組 断面寸法（軸組の梁の大きさ）

梁間寸法、梁の架け方のバリエーション（梁の材料はマツ材を基準）

S=1/120

平面 S=1/200

2階の床組例
（3,640×2,730）

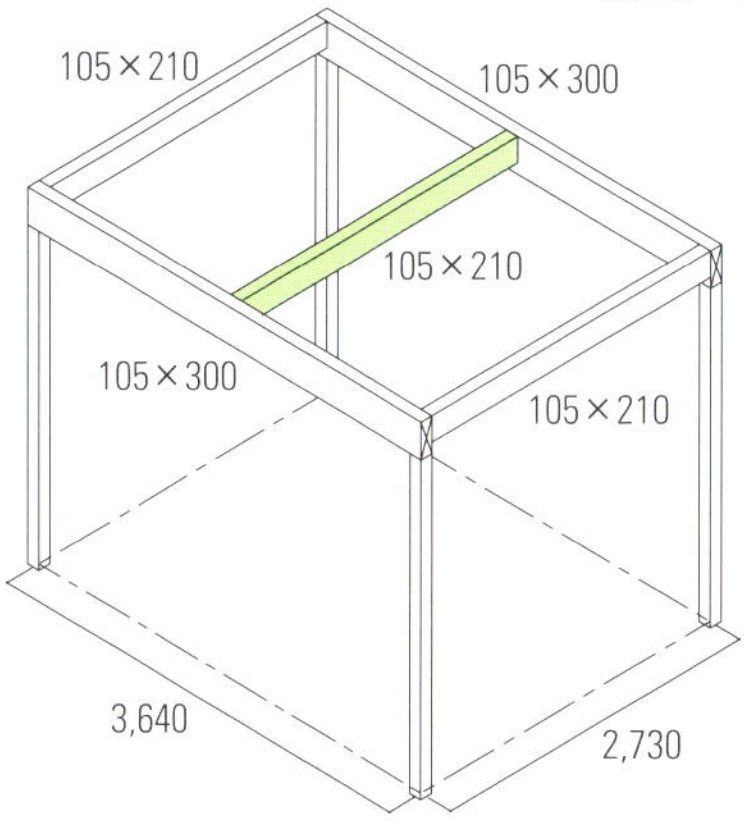
105×210
105×300
105×210
105×300
105×210
3,640
2,730

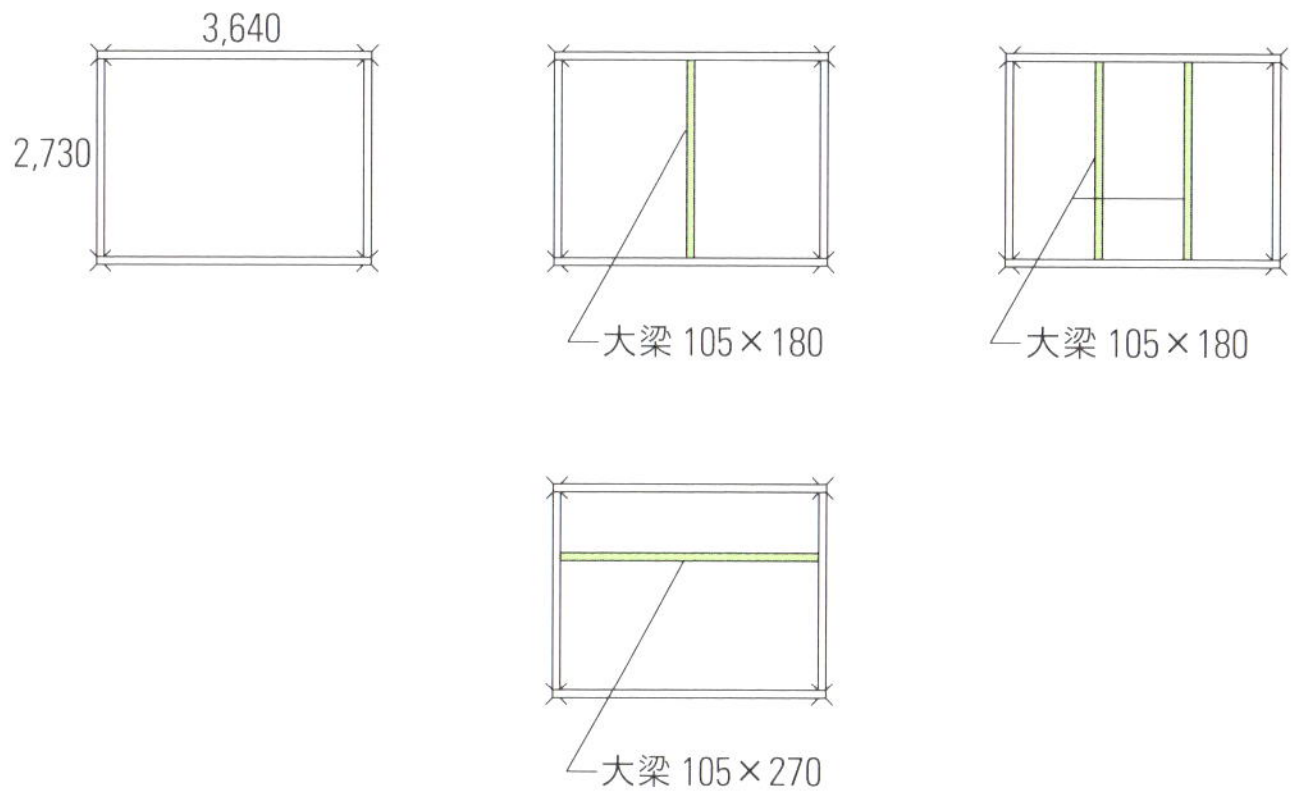
3,640
2,730
大梁 105×180
大梁 105×180
大梁 105×270

2階の床組例
（3,640×3,640）

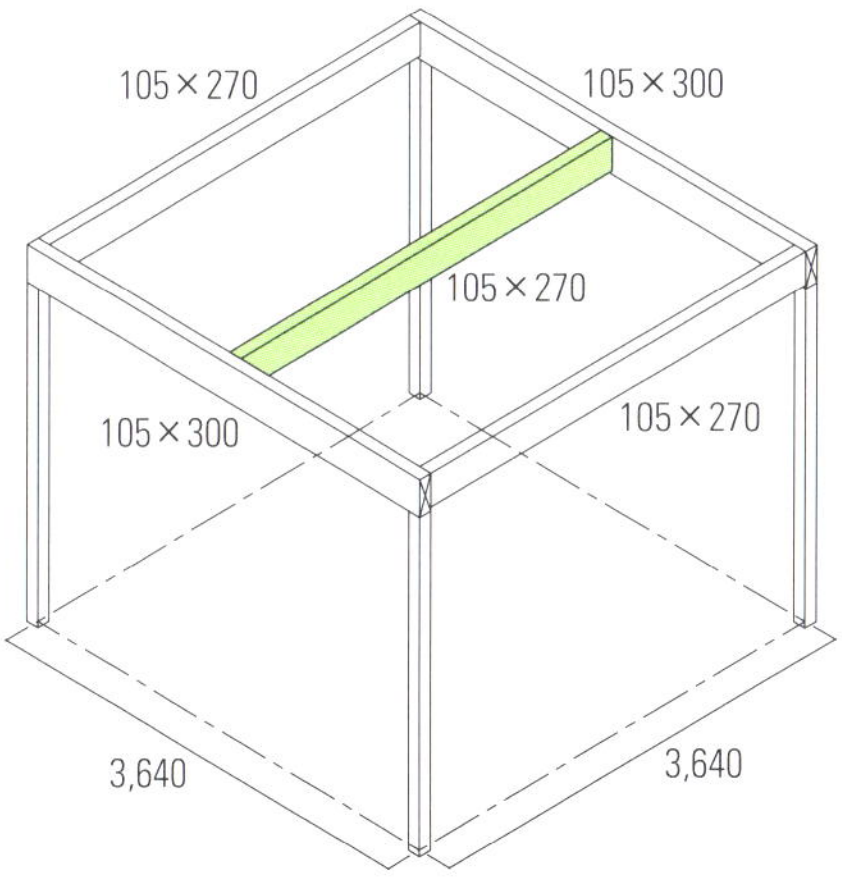
105×270
105×300
105×270
105×300
105×270
3,640
3,640

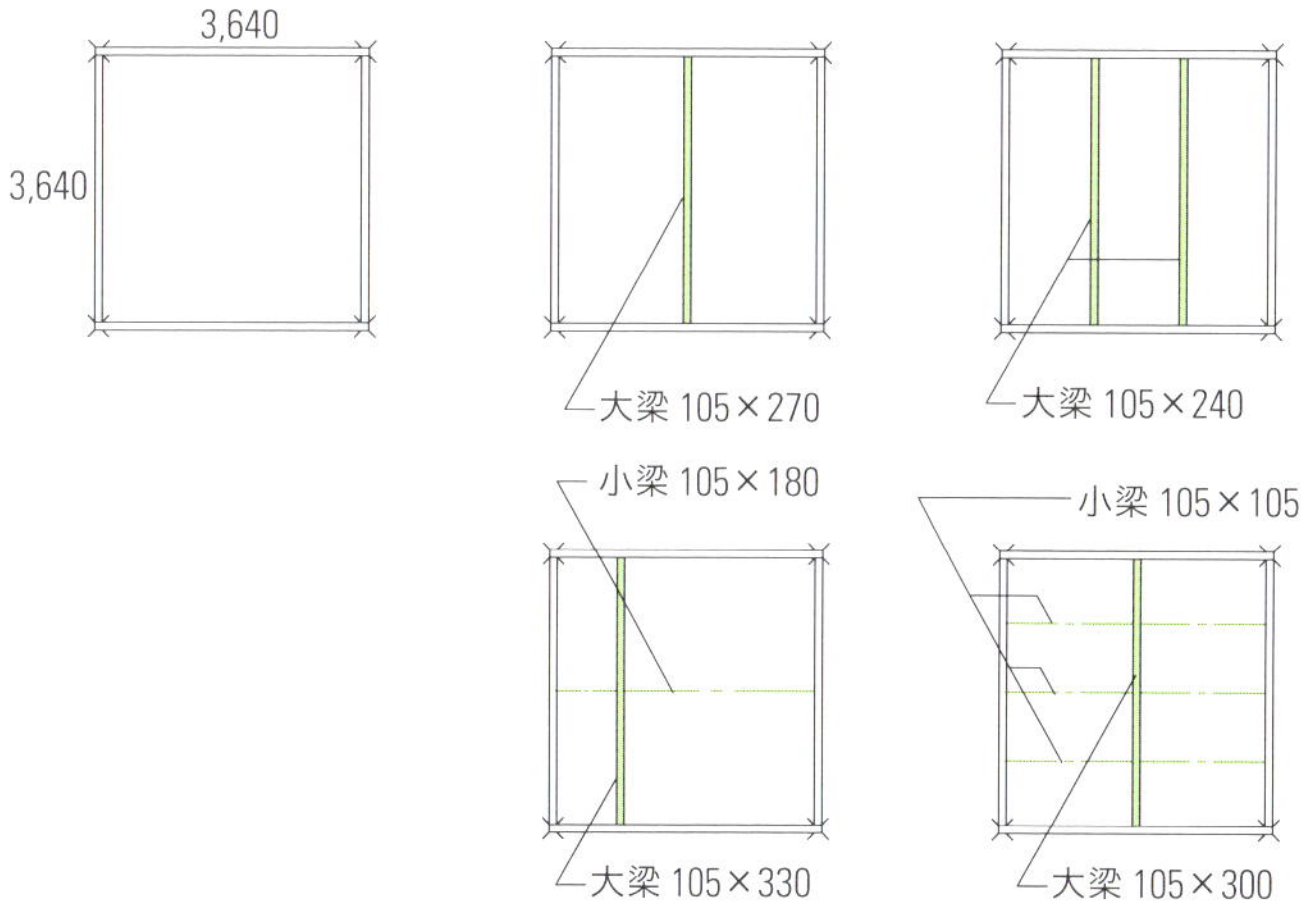
3,640
3,640
大梁 105×270
大梁 105×240
小梁 105×180
小梁 105×105
大梁 105×330
大梁 105×300

2階の床組例
（3,640×4,550）

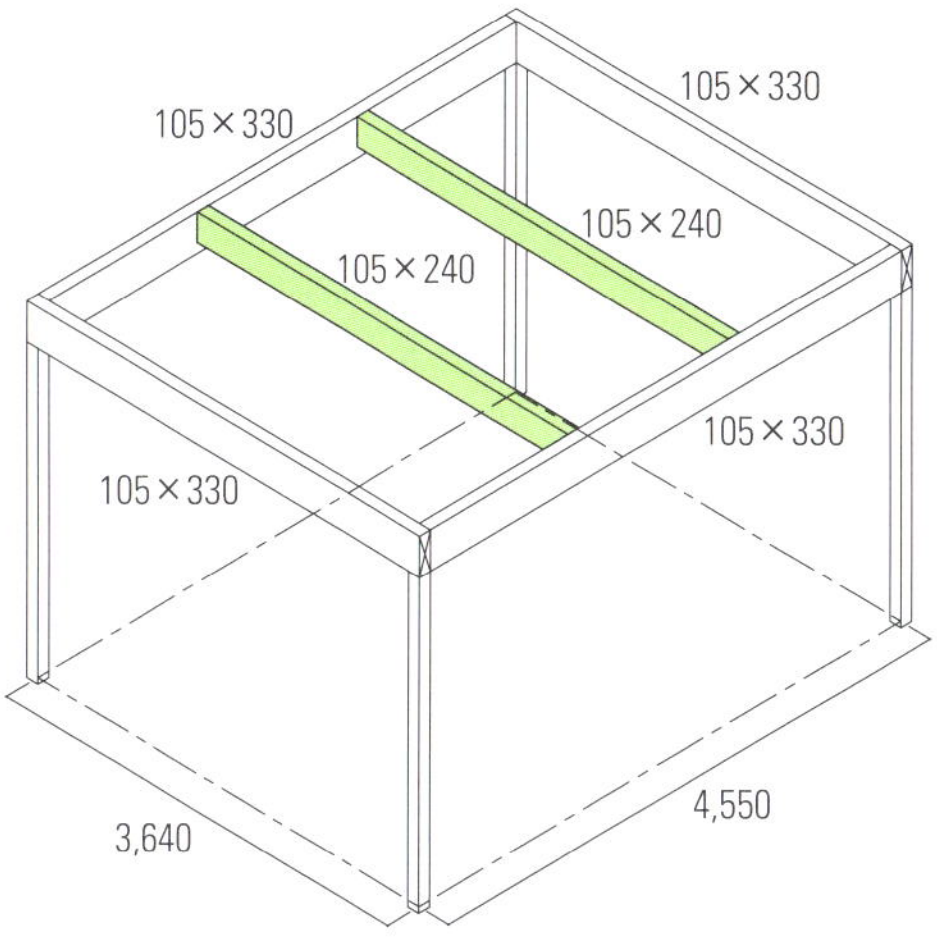
105×330
105×330
105×240
105×240
105×330
105×330
3,640
4,550

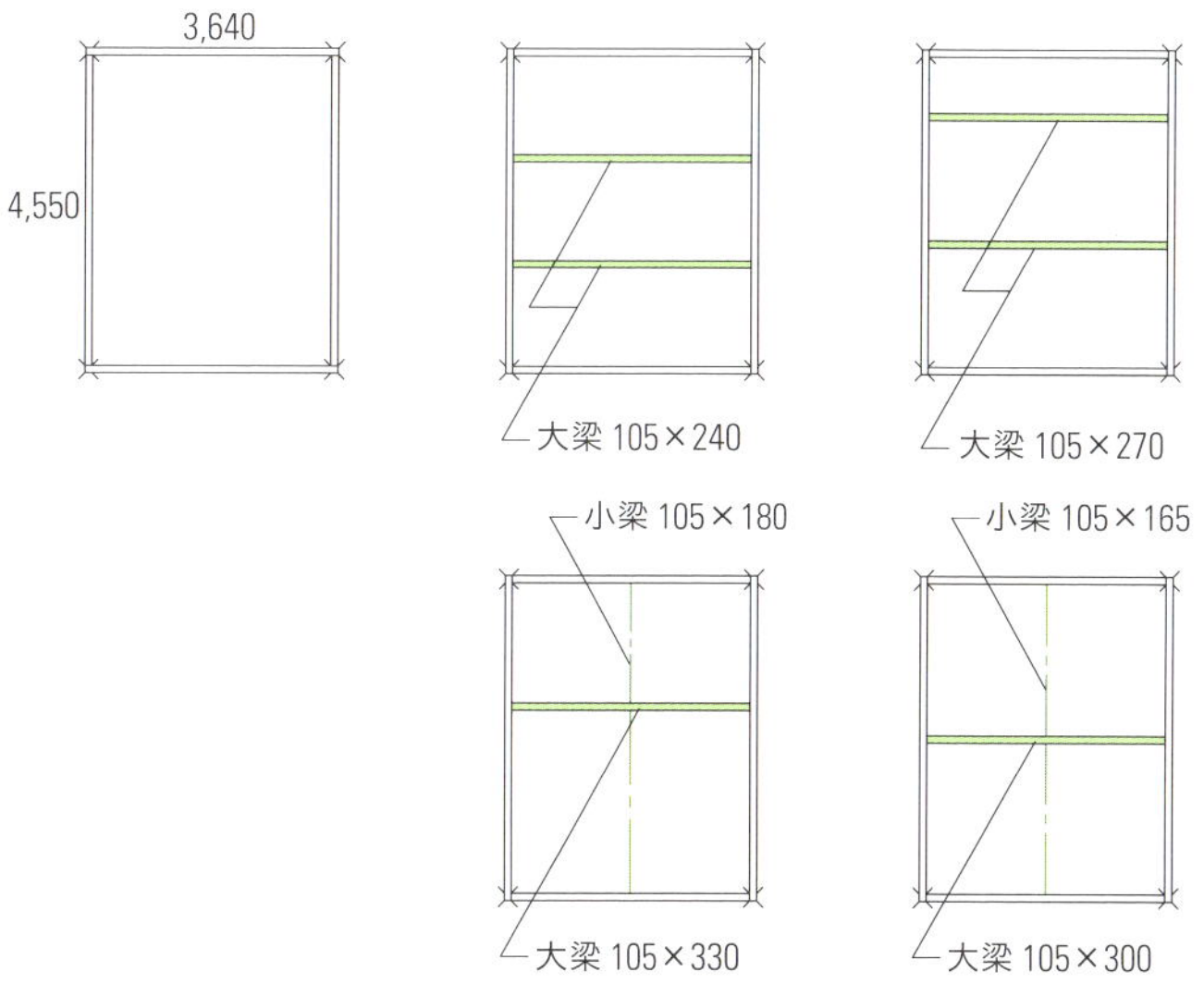
3,640
4,550
大梁 105×240
大梁 105×270
小梁 105×180
小梁 105×165
大梁 105×330
大梁 105×300

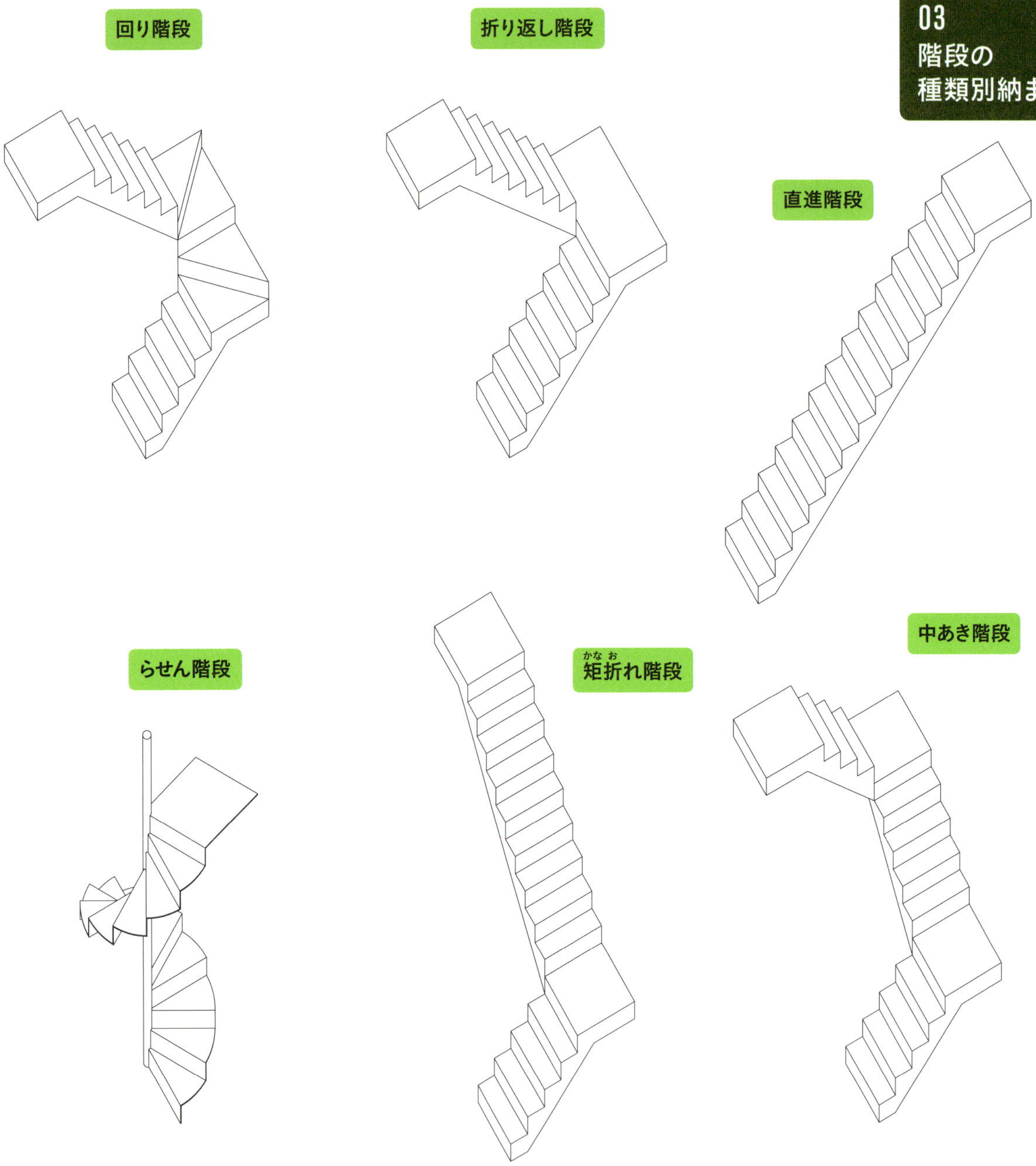
回り階段
折り返し階段
直進階段
らせん階段
矩《かな》折《お》れ階段
中あき階段

階段は、階の上下を立体的につなぐ役割をする部位である。その立体的な構造の美しさは時にオブジェのような芸術的な側面をもっている。多様なデザインの可能性から階段をとりまくさまざまな楽しい空間がつくられている。

階段の設計は、**1階と2階の空間を同時に考えることが大切**であり、平面的、断面的、立体的に階段をとりまく空間の成り立ちを考慮しなければならない。要点としては、通路として人が安全に上がり下りがきちんとできるために、**構造的な柱や梁が階段と重ならないこと**、階高に合わせた**無理のない段数**、**踏面寸法（T）と蹴上げ寸法（R）を確保**していることなどがある。550≦2R＋T≦650を満たすように設計すると上がりやすい自然な階段となる。

左項の説明図版は、階段の各部の名称と法律で決められた寸法を示している。一般の住宅の場合は個人的な使い方になるので割とゆるやかな基準となっている。ただし、手摺の設置は建築基準法で決められているので注意しなければならない（高齢化に伴う側方への転落防止・昇降時の補助などのため）。

階段空間のおおよその大きさ

階段の高さと幅

2層以上の直進階段など層になる階段の場合、天井部が階段と同様に傾斜天井になる。図はどの程度の大きさをとる必要があるかを示している。階段の幅は、一人が通行するには600〜750、二人が通行するには1,200以上が必要になる。

2,100〜2,500mm
1,580〜1,980mm
800mm
断面 S=1/50

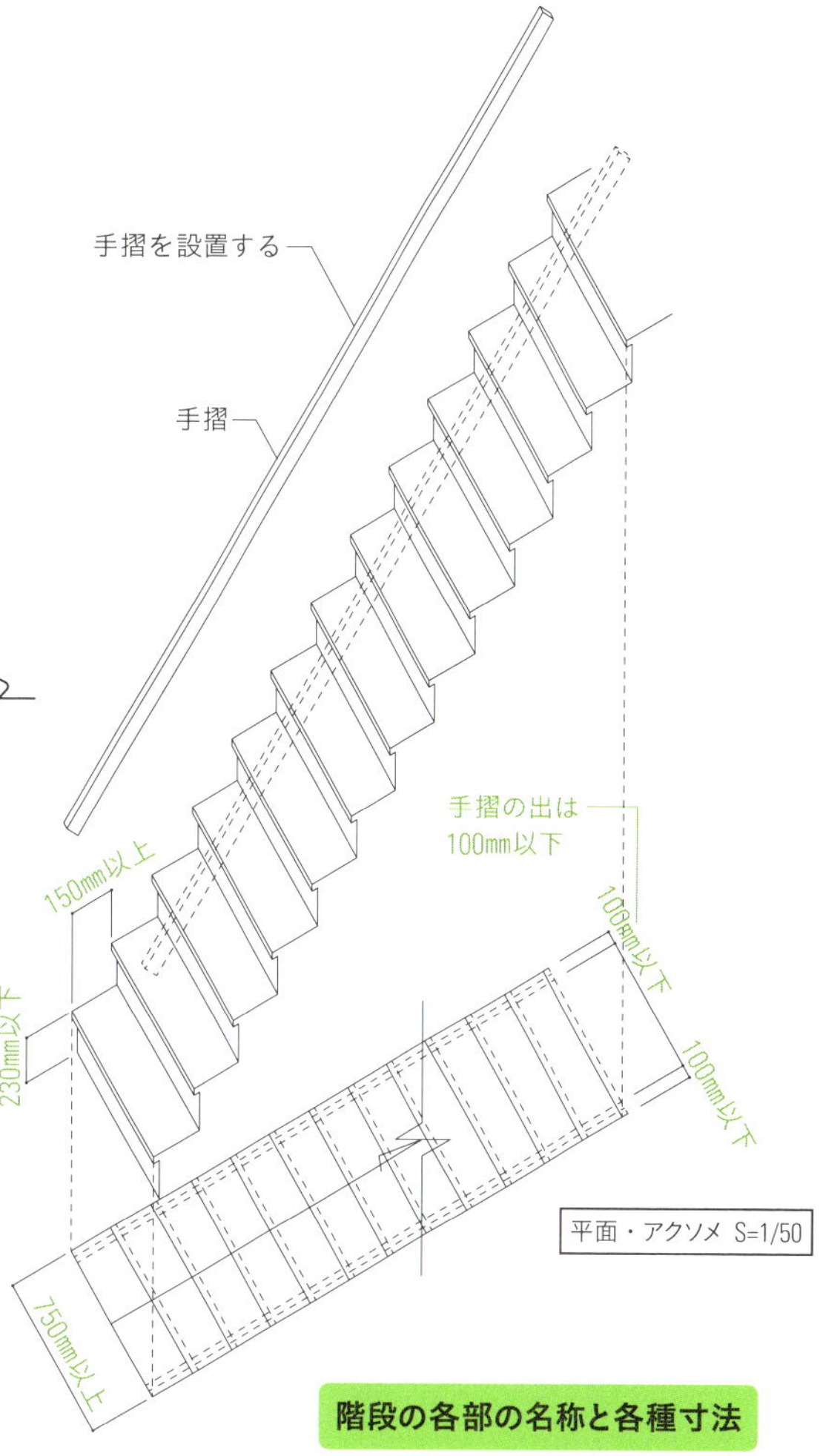
手摺を設置する
手摺
手摺の出は
100mm以下
150mm以上
100mm以下
230mm以下
100mm以下
750mm以上
平面・アクソメ S=1/50

階段・スロープの勾配

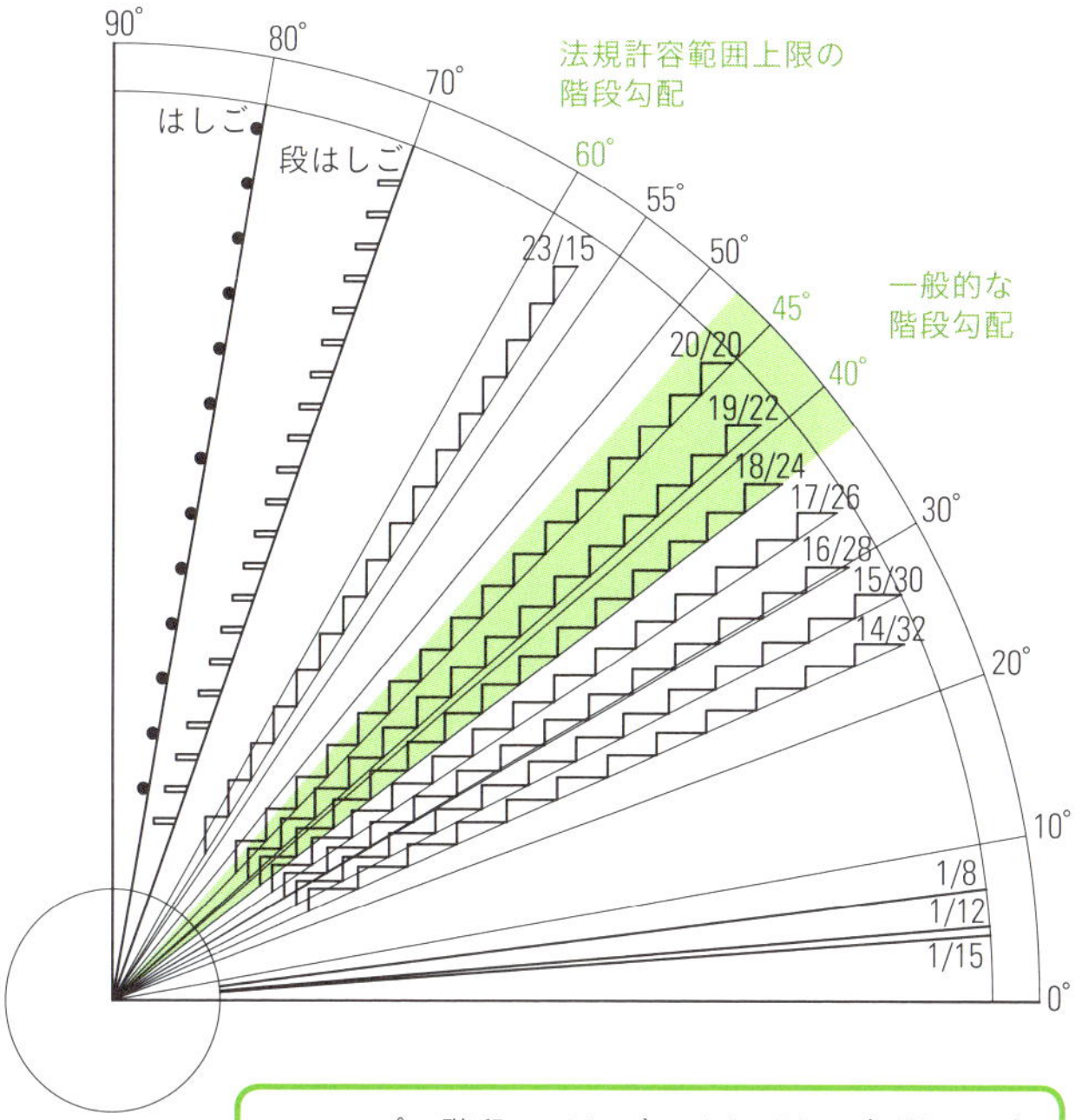
90°
80°
70°
60°
55°
50°
45°
40°
30°
20°
10°
0°
はしご
段はしご
法規許容範囲上限の
階段勾配
一般的な
階段勾配
23/15
20/20
19/22
18/24
17/26
16/28
15/30
14/32
1/8
1/12
1/15

スロープ、階段、はしごのそれぞれの勾配の目安をまとめてみた。階段の角度は20〜55度くらいと幅があり、個別に対応するが、一般の住宅では40〜45度くらいにするのが普通である。

階段の各部の名称と各種寸法

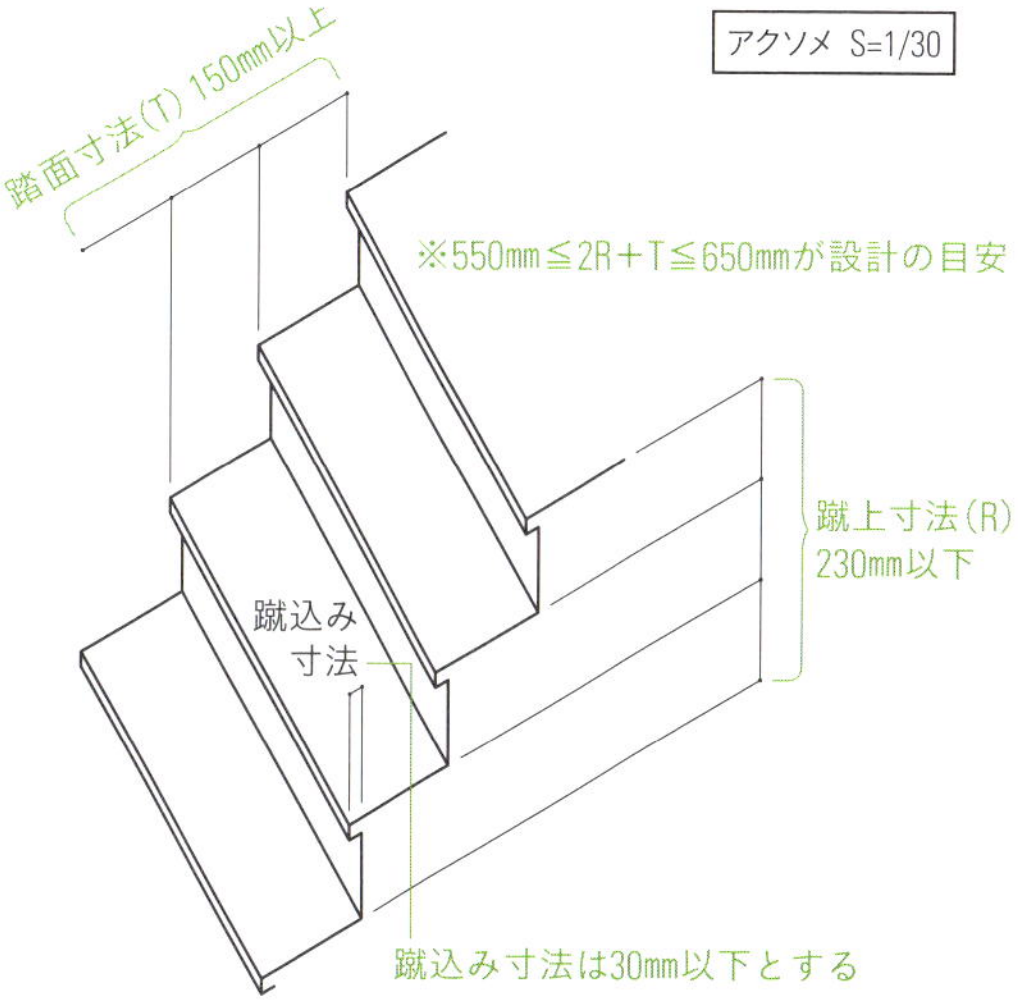
アクソメ S=1/30
踏面寸法(T) 150mm以上
※550mm≦2R+T≦650mmが設計の目安
蹴上寸法(R)
230mm以下
蹴込み
寸法
蹴込み寸法は30mm以下とする

一般的な住宅階段の法規規定

階段幅750以上
踏面寸法150以上
(蹴込み寸法は30以下とするのが望ましい)
蹴上寸法230以下
階段には手摺を設けなければならない

04 側桁階段の基本的な納まり

直進階段は、直線状に上がり下りをする階段の形式である。階段のデザインとしてはシンプルで純粋な形である。視線の見通しがよく住宅の階段としては象徴的なデザインをすることができる。

側桁《かわげた》階段は、木造階段の中でも最も標準的な形式の階段である。構成部材は側桁、段板、蹴《け》込《こ》み板《いた》からなっている。踏込板や蹴込み板を側板で両側から挟み込むような構造で成り立っている階段の形式である。

側桁《がわげた》階段

アクソメ S=1/40

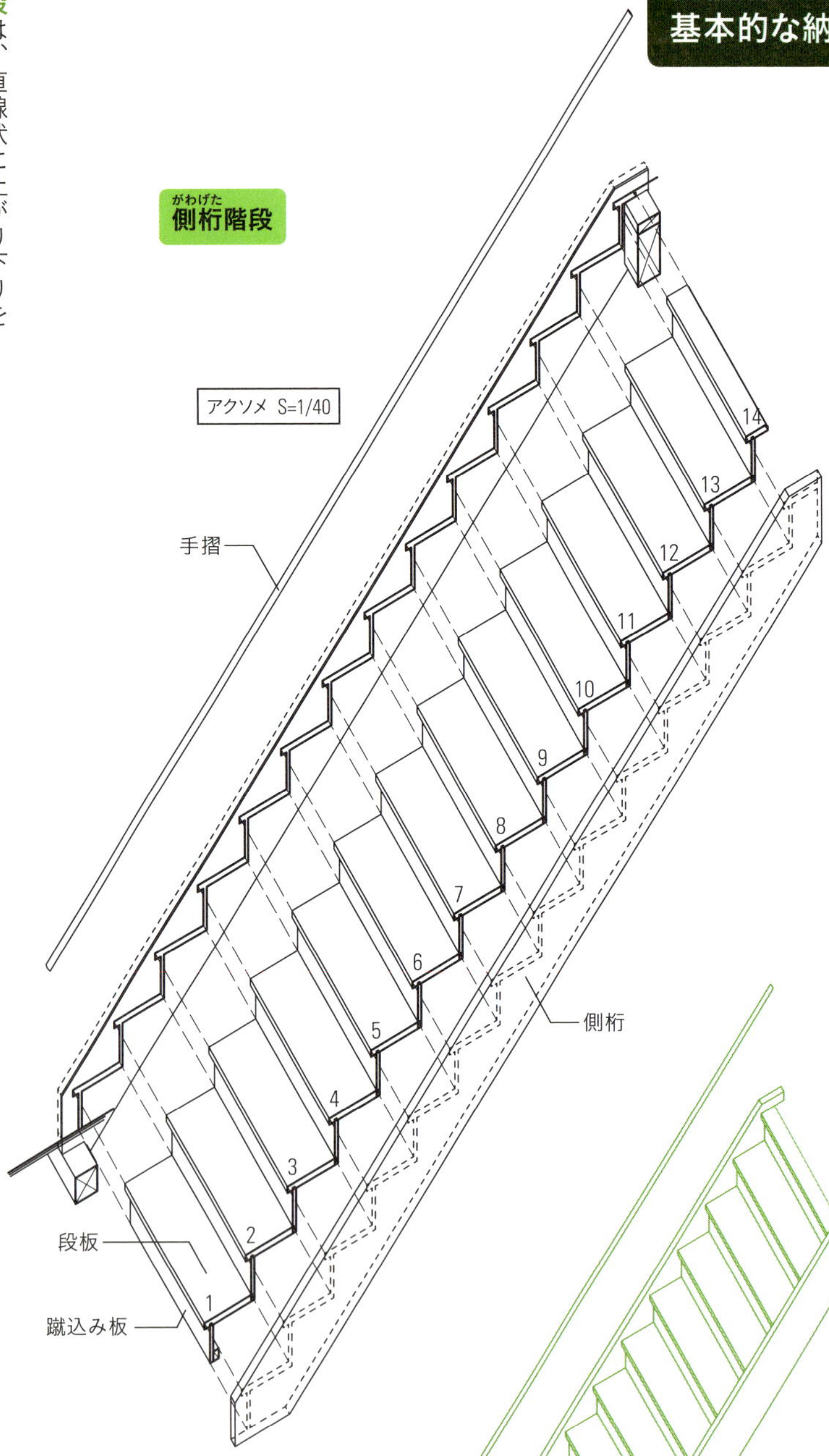

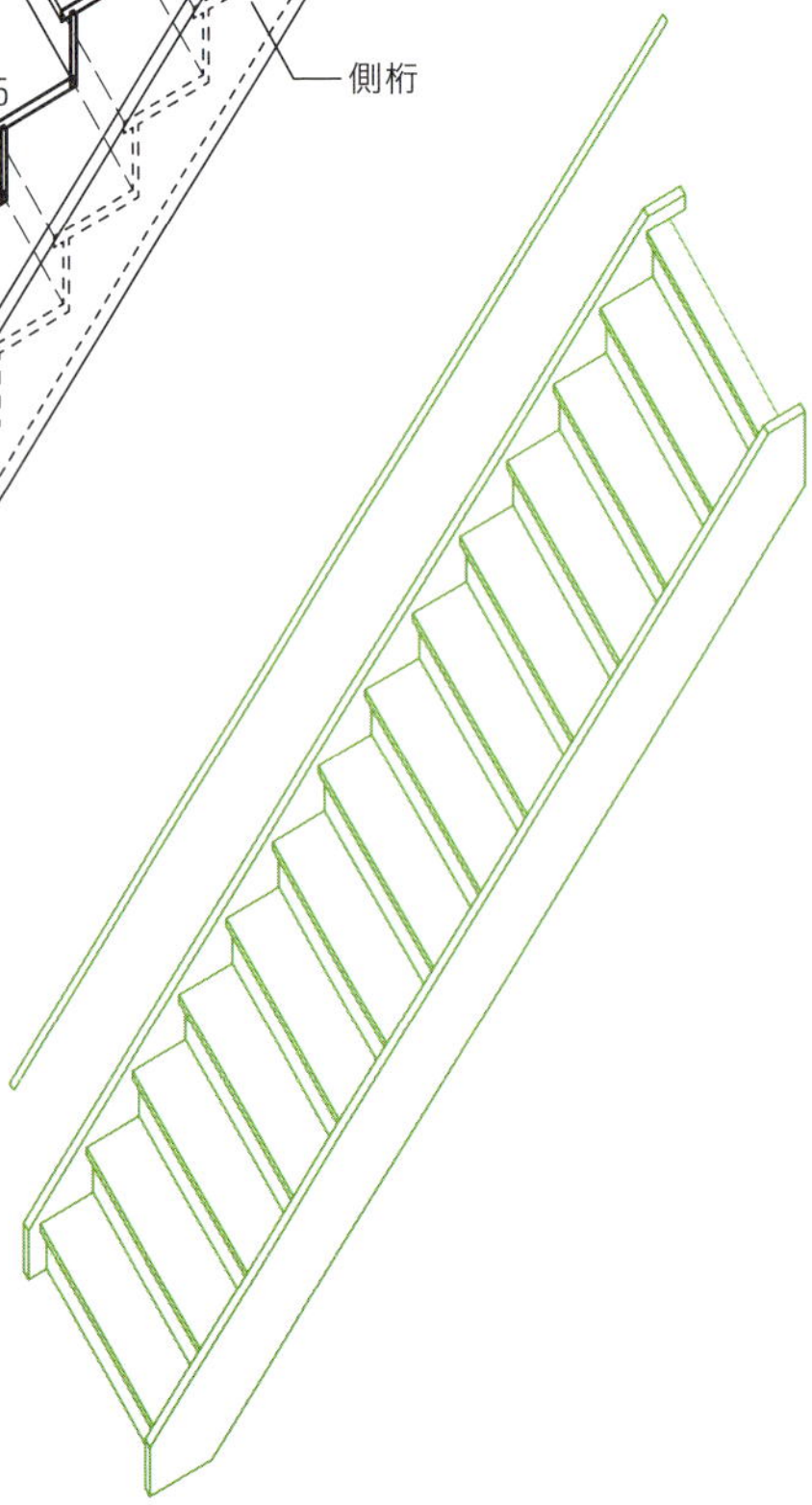

立面 S=1/30

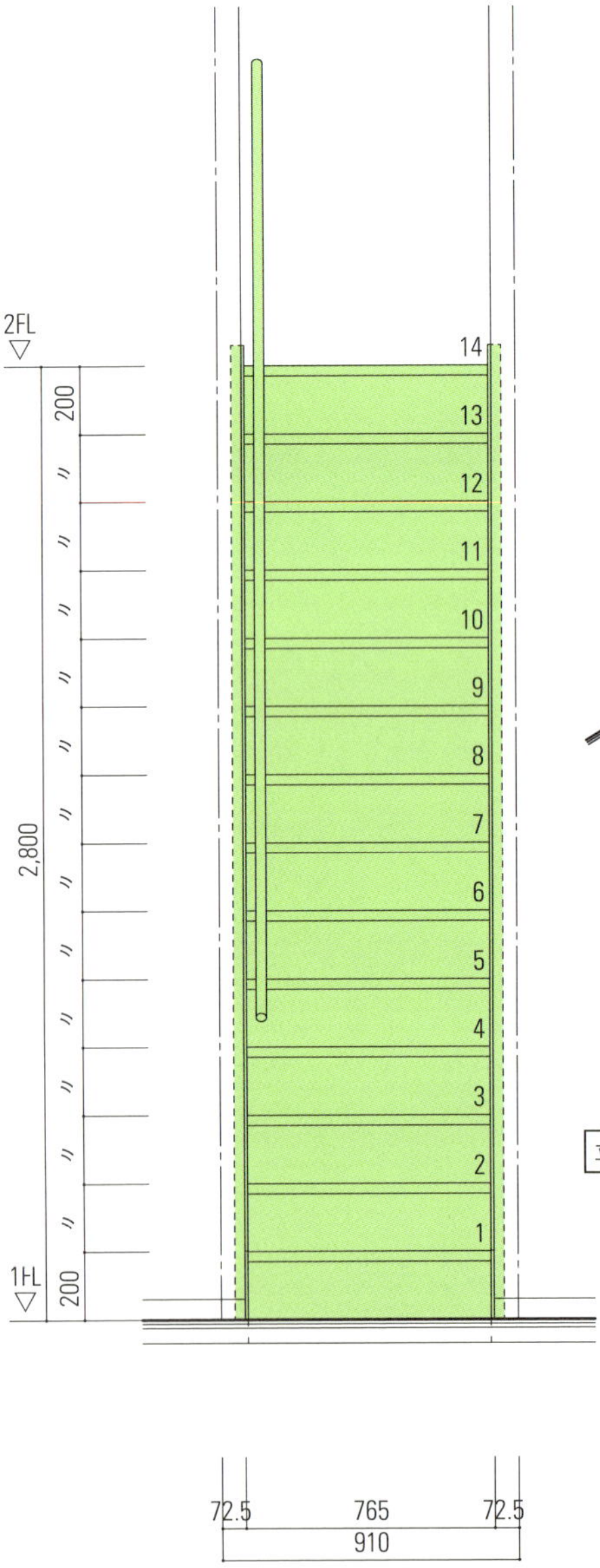

側桁階段の納まり

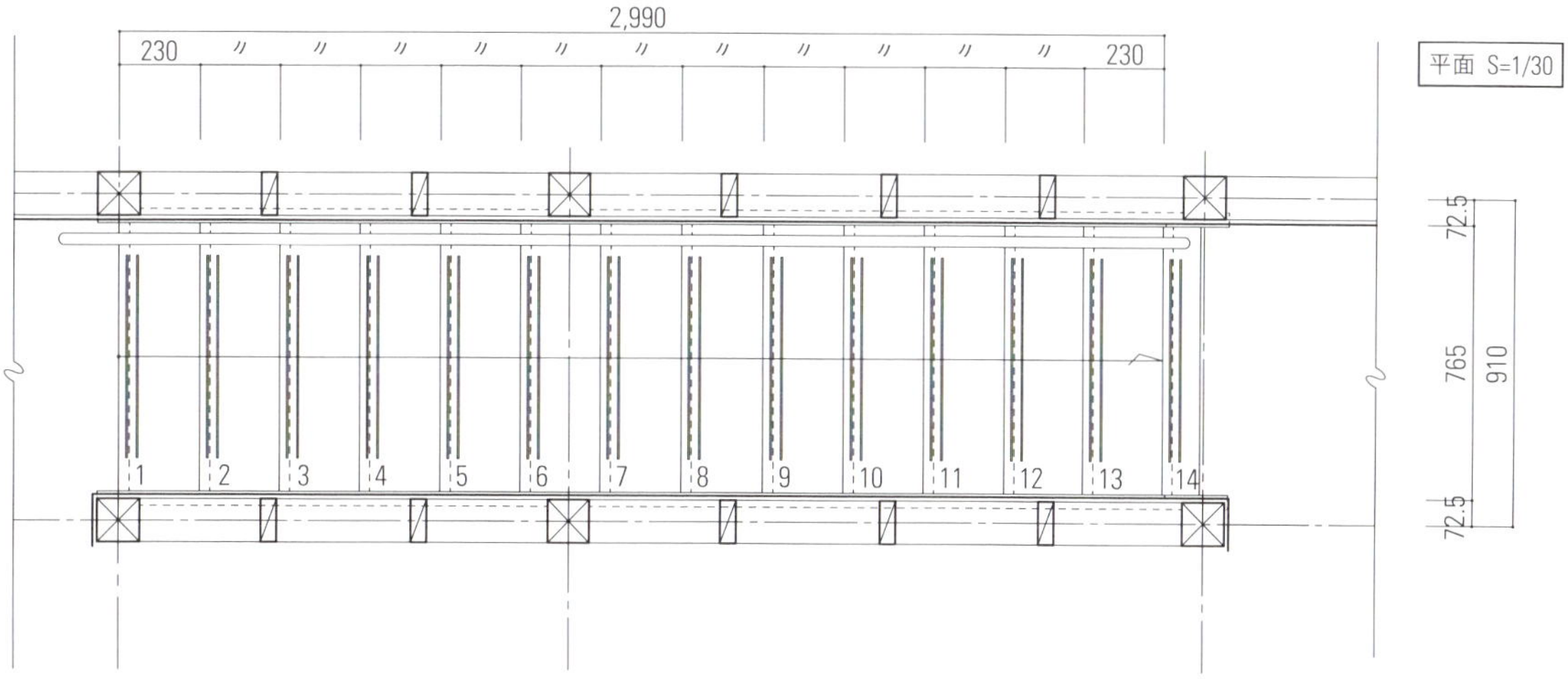
2,990
230
230
平面 S=1/30
72.5
765
910
72.5
1
2
3
4
5
6
7
8
9
10
11
12
13
14

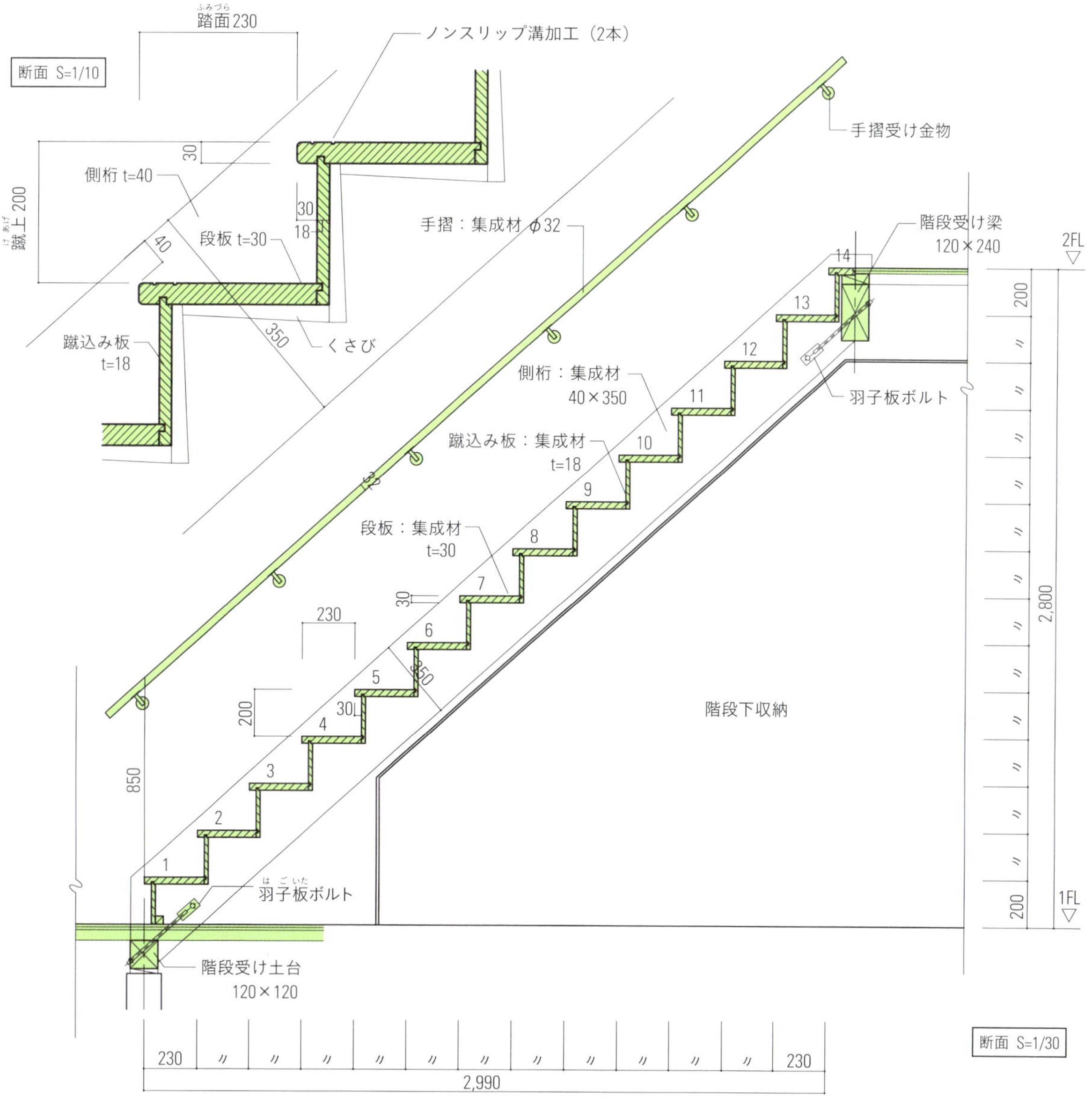
踏面《ふみづら》230
ノンスリップ溝加工（2本）
断面 S=1/10
30
側桁 t=40
蹴上《けあげ》200
40
段板 t=30
30
18
350
くさび
蹴込み板
t=18
手摺：集成材 φ32
手摺受け金物
階段受け梁
120×240
2FL
側桁：集成材
40×350
羽子板ボルト
蹴込み板：集成材
t=18
段板：集成材
t=30
階段下収納
羽子板《はごいた》ボルト
階段受け土台
120×120
850
200
230
2,800
1FL
断面 S=1/30
2,990

蹴込み板のない側桁階段は、視線が通るので**軽やかな印象を与える。**空間を閉鎖的にしたくないときや光を通したいとき、階段下を収納などに利用しないときなどに選択される。

段板の両側が側桁で挟まれているので、抜けてはいるが、上がり下りのときに**安心感がある階段**の形式である。

側桁階段（蹴込み板なし）

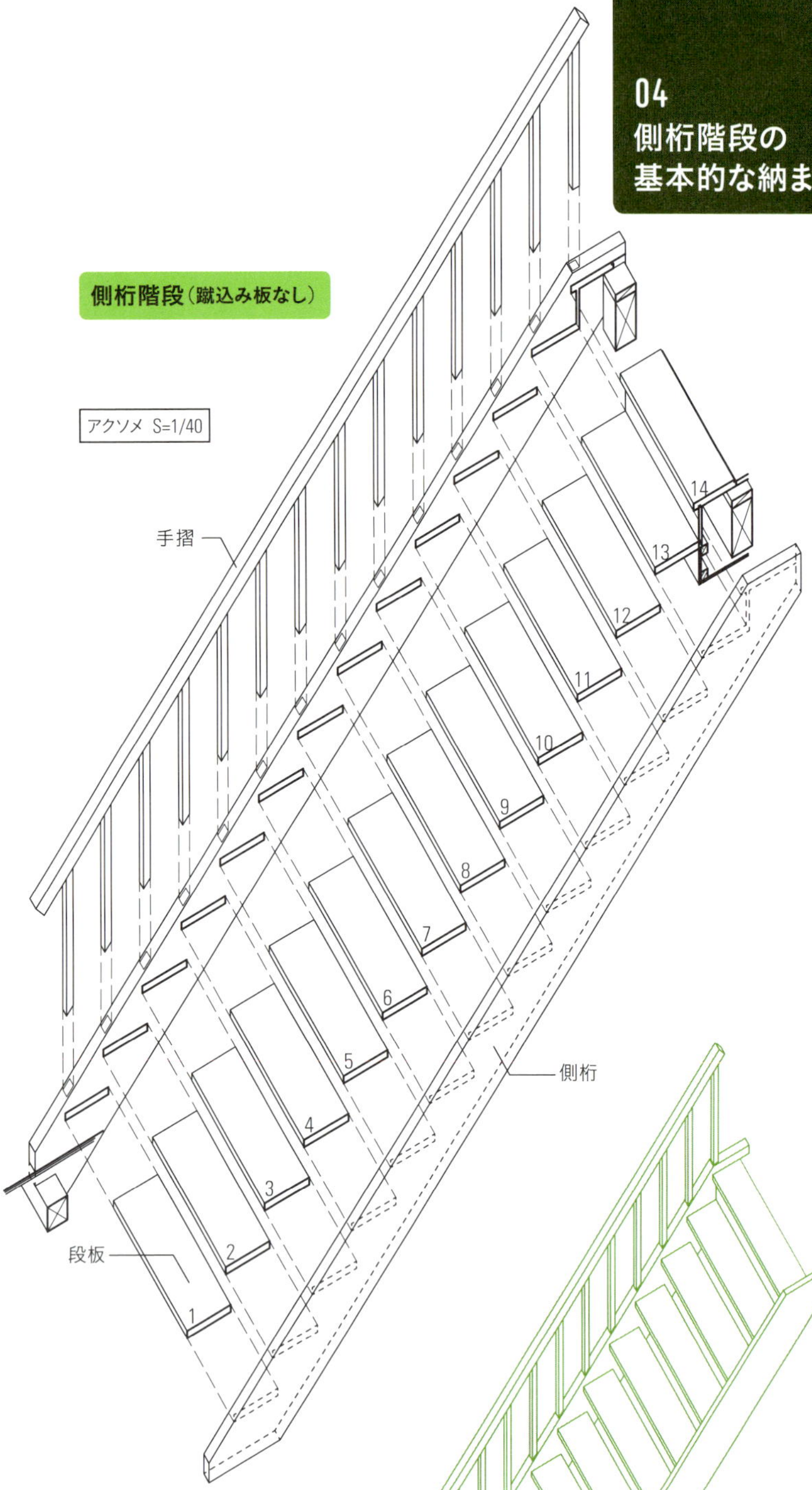
手摺
側桁
段板
1
2
3
4
5
6
7
8
9
10
11
12
13
14

アクソメ S=1/40

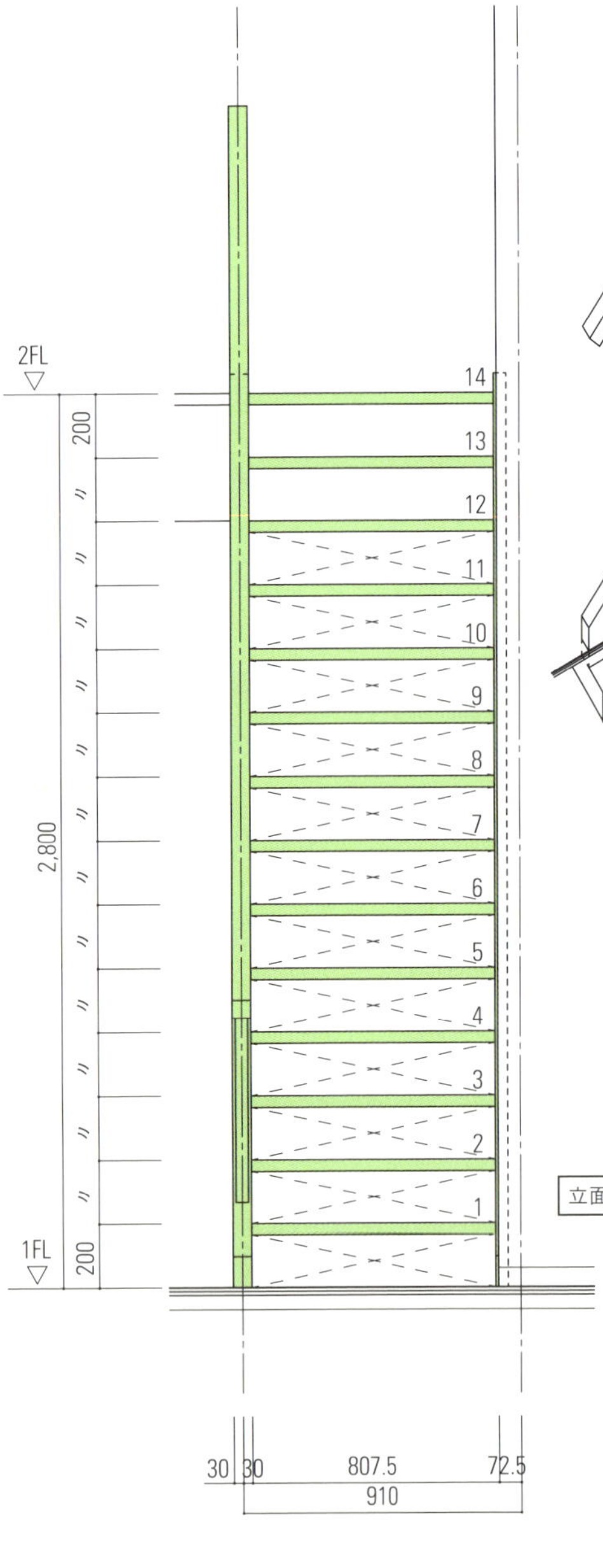
2FL
1FL
200
2,800
200
14
13
12
11
10
9
8
7
6
5
4
3
2
1
30
30
807.5
72.5
910

立面 S=1/30

側桁階段（蹴込み板なし）の納まり

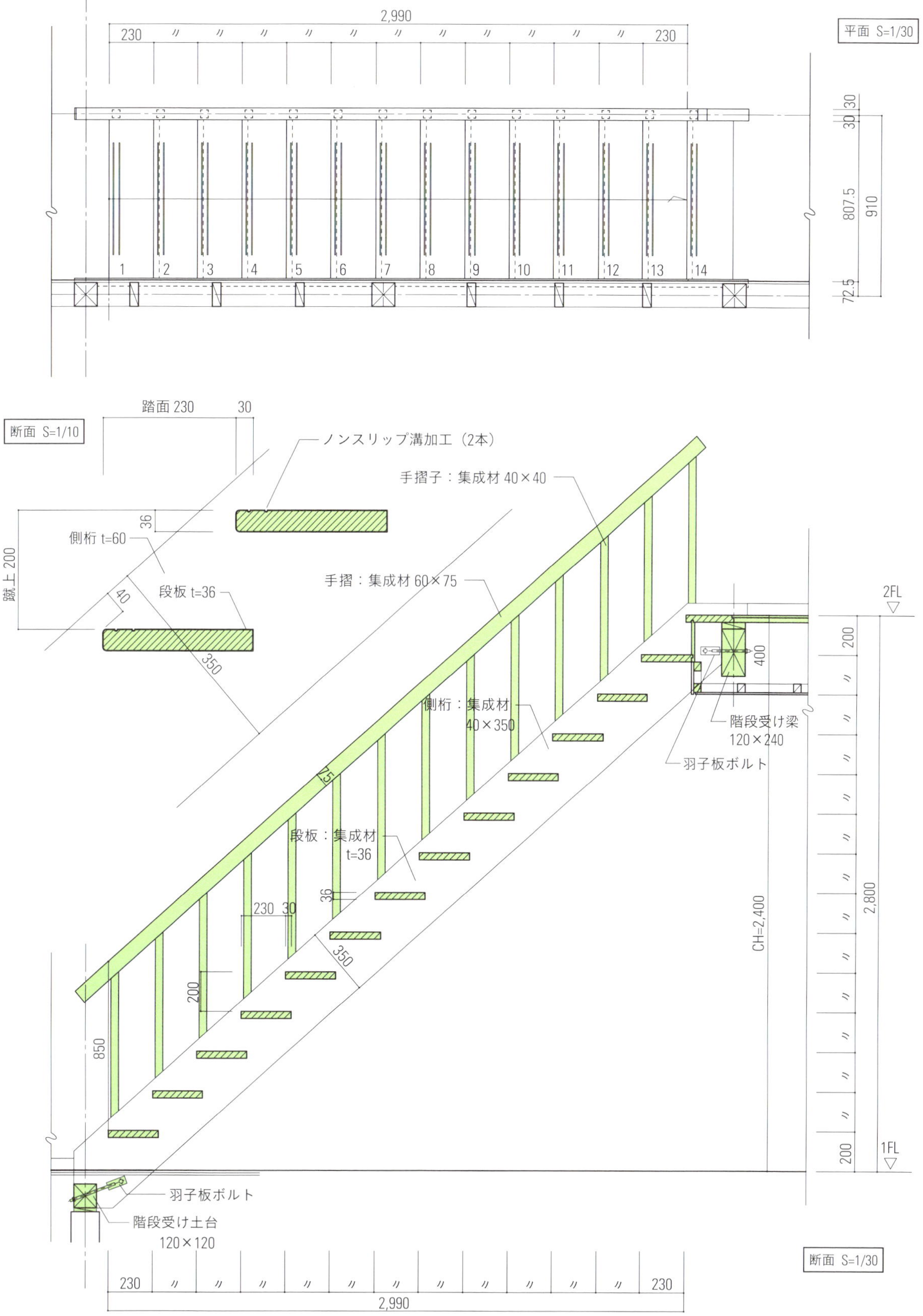

ささら桁《げた》階段は、段板をささら桁で支えるシンプルな階段の形式である。動的なささら桁の美しさと踏板のリズムが気持ちよく、**高い意匠性**から玄関ホールやリビング等のパブリックな空間に採用されることが多い。**2本のささら桁で支える形式**や**1本のささら桁と壁面で支える形式**などがあり、またささら桁の形状や手摺の形状と取付け方などでデザイン性の高いさまざまなバリエーションの階段がつくられている。

ささら桁《げた》階段

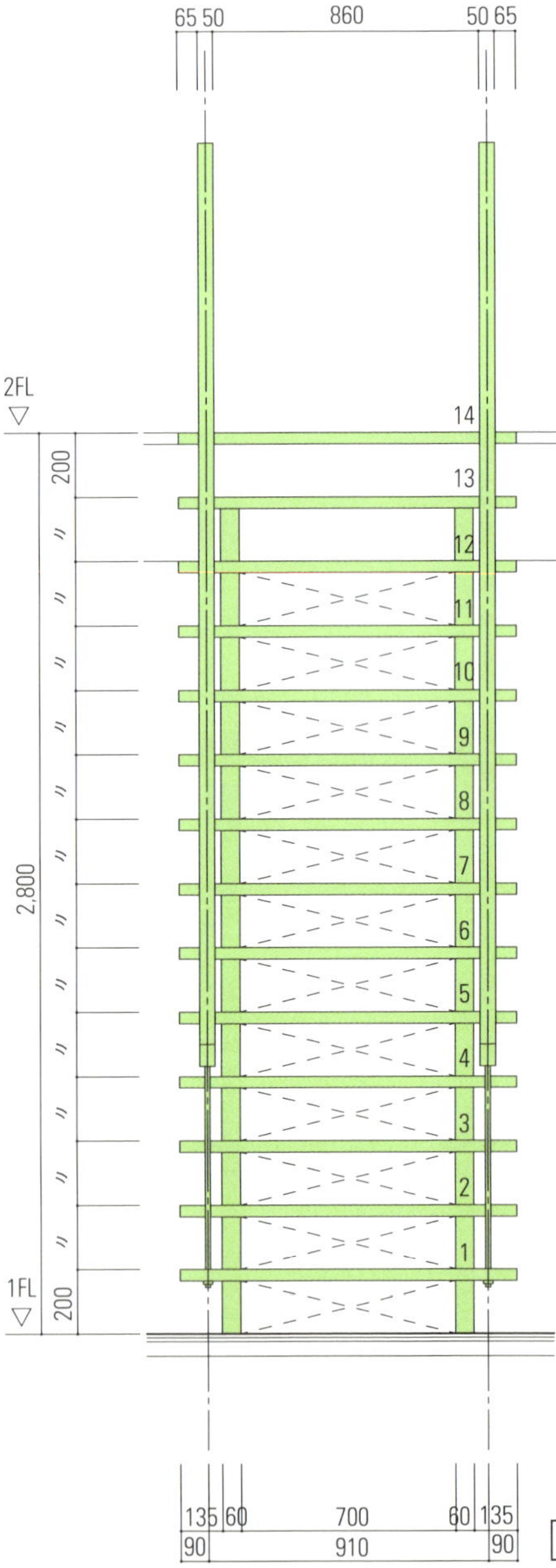
65
50
860
50
65
2FL
1FL
14
13
12
11
10
9
8
7
6
5
4
3
2
1
200
2,800
200
135
60
700
60
135
90
910
90
立面 S=1/30

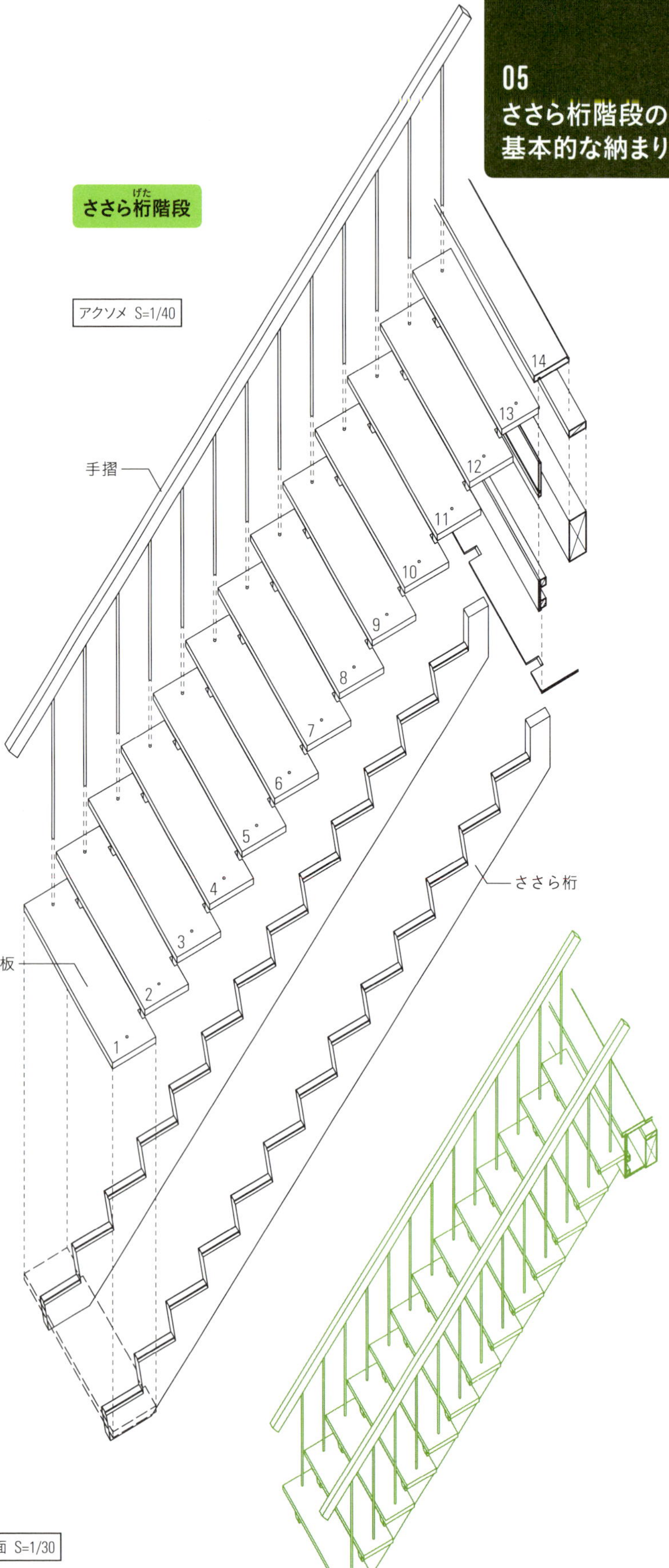
アクソメ S=1/40
手摺
段板
ささら桁
1
2
3
4
5
6
7
8
9
10
11
12
13
14

ささら桁階段の納まり

2,990
230
230
平面 S=1/30
135
60
700
60
135
90
910
90
1 2 3 4 5 6 7 8 9 10 11 12 13 14

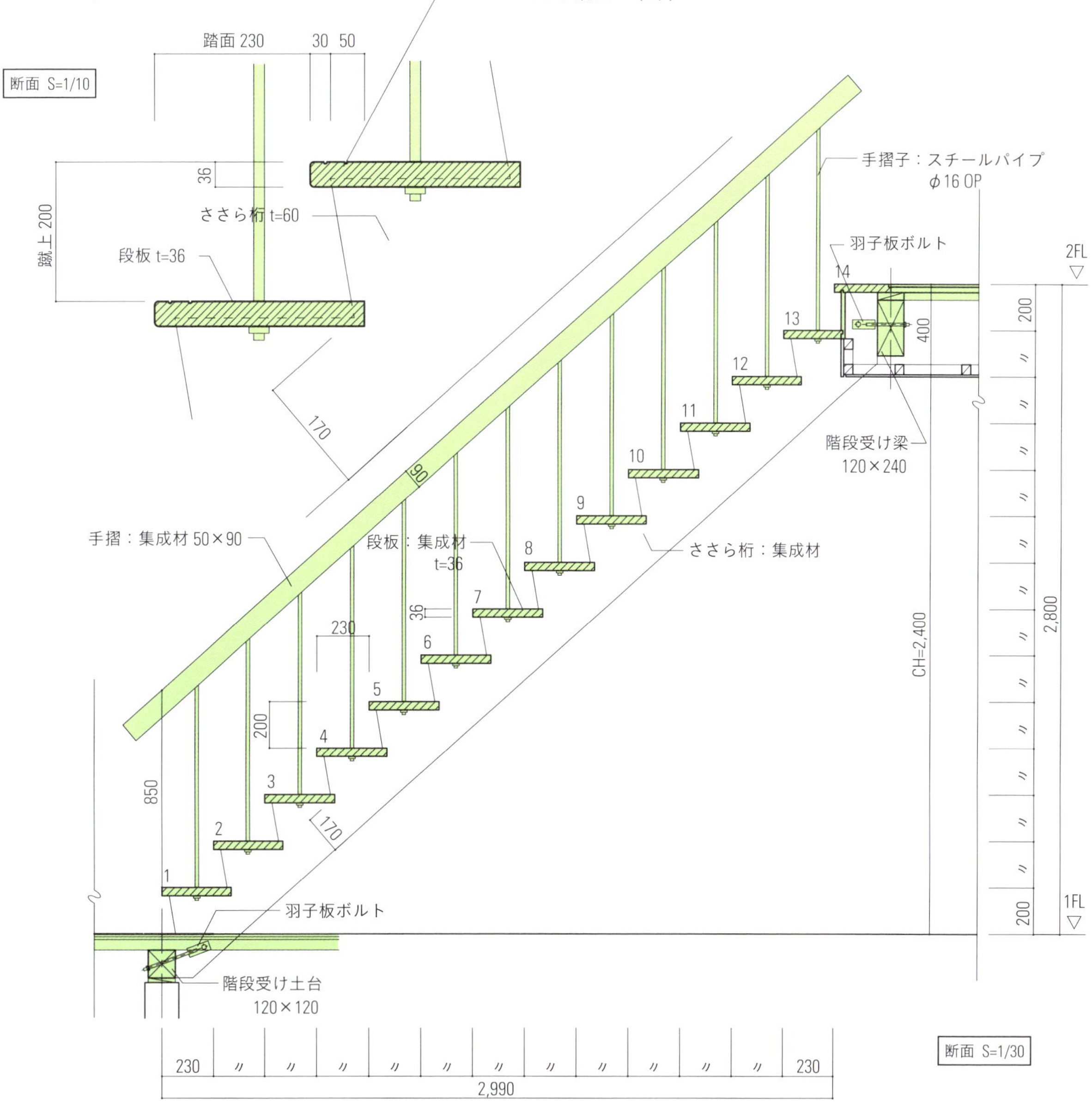
ノンスリップ溝加工（2本）
踏面 230
30 50
断面 S=1/10
36
ささら桁 t=60
蹴上 200
段板 t=36
170
手摺子：スチールパイプ
φ16 OP
羽子板ボルト
2FL
400
階段受け梁
120×240
90
手摺：集成材 50×90
段板：集成材
t=36
ささら桁：集成材
230
200
36
850
170
CH=2,400
2,800
200
1FL
羽子板ボルト
階段受け土台
120×120
230
230
2,990
断面 S=1/30

06 力桁階段の基本的な納まり

力《ちから》桁《げた》階段は、ささら桁階段の一種で段板を中央の斜めに架け渡した力桁という大きな部材により支える構造の階段である。シンプルな一本桁の直進階段のデザインは、構造的な強度とバランスが要求される。力桁の重厚感と力強さ、段板の軽やかさの対比とバランスが魅力であり、風や光を通し、視線が抜け、空間に解放感を与えることができる意匠性の高い階段である。

力桁階段《ちからげた》

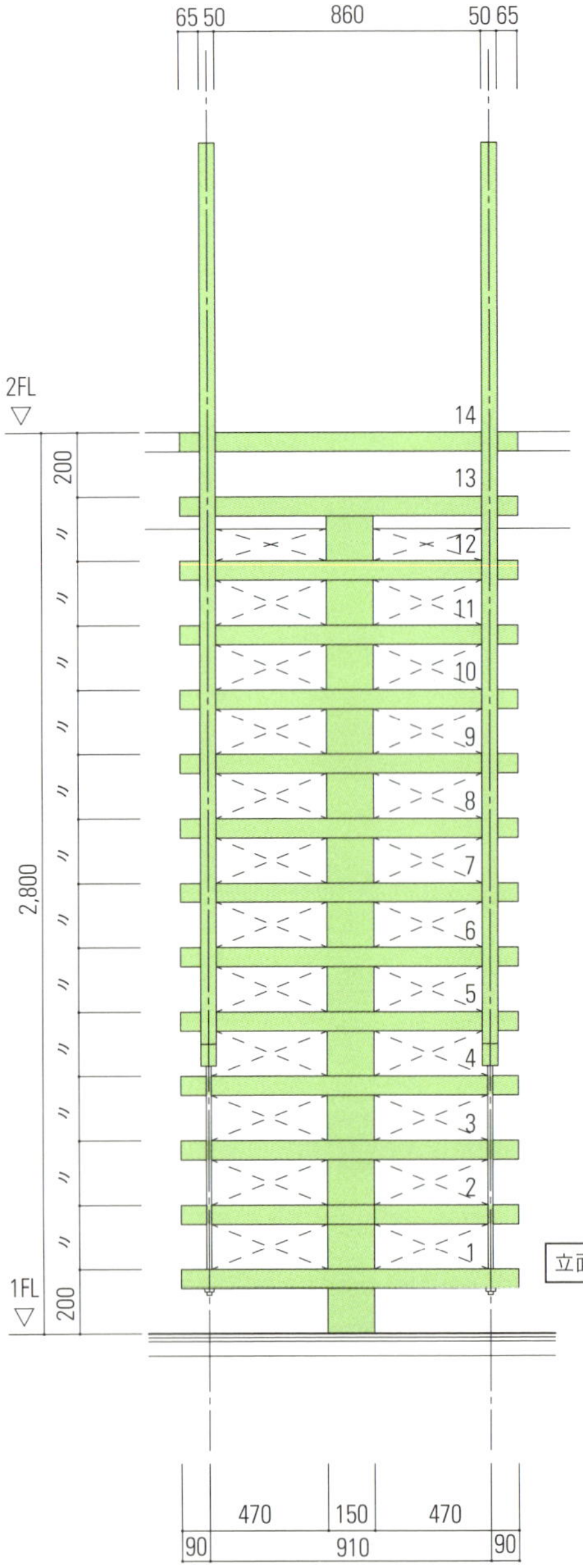

立面 S=1/30

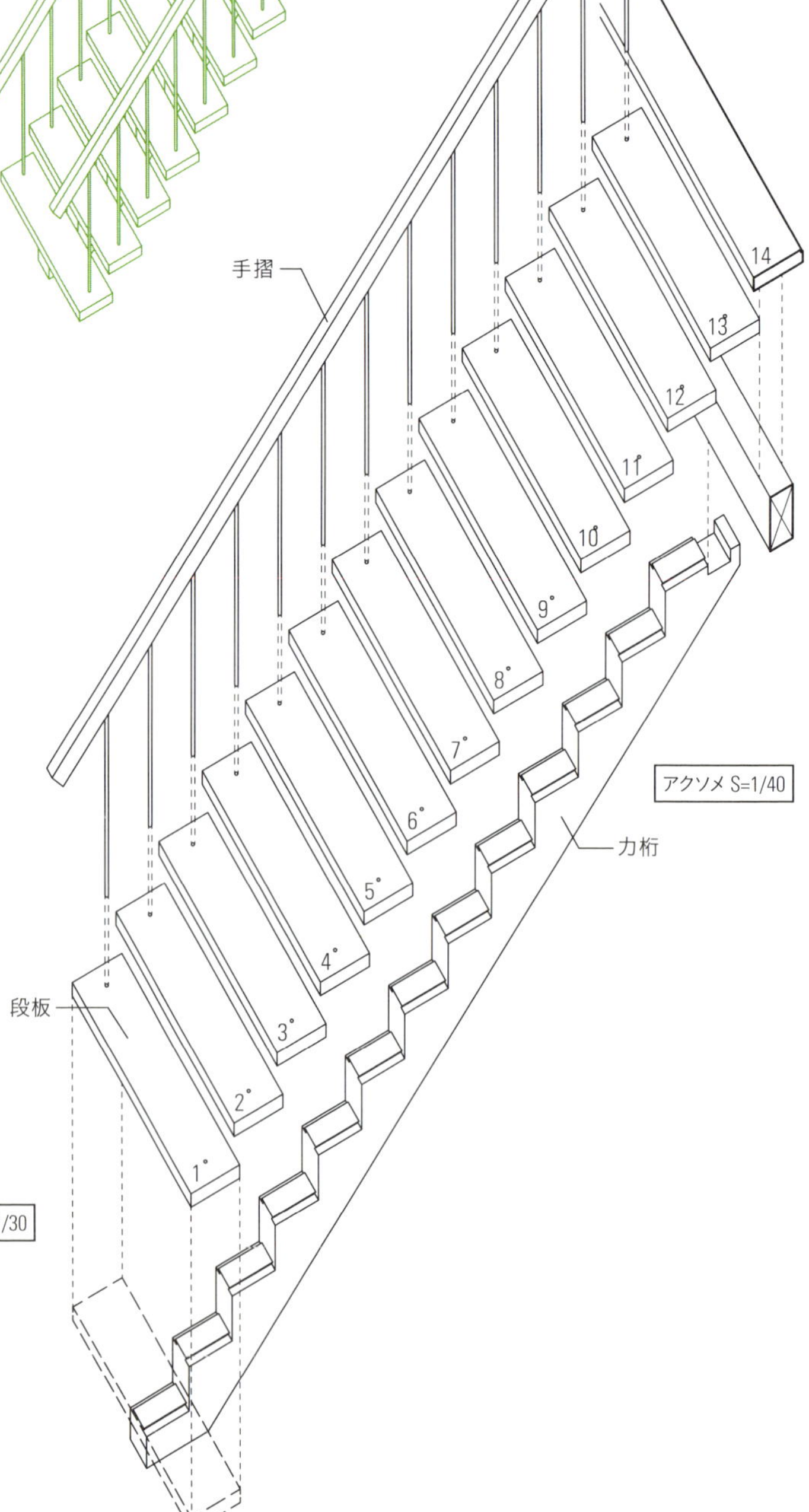

アクソメ S=1/40

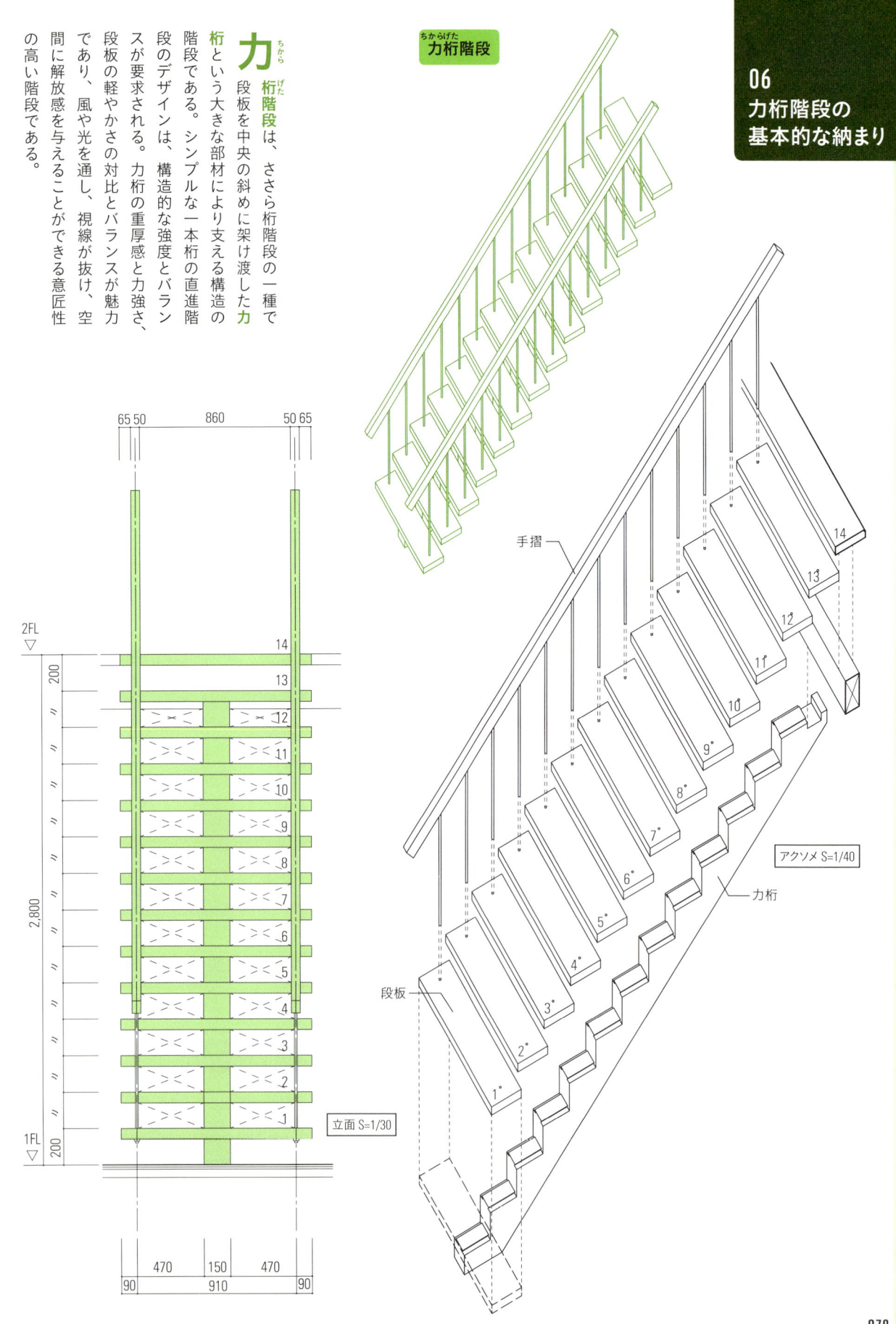

力桁階段の納まり

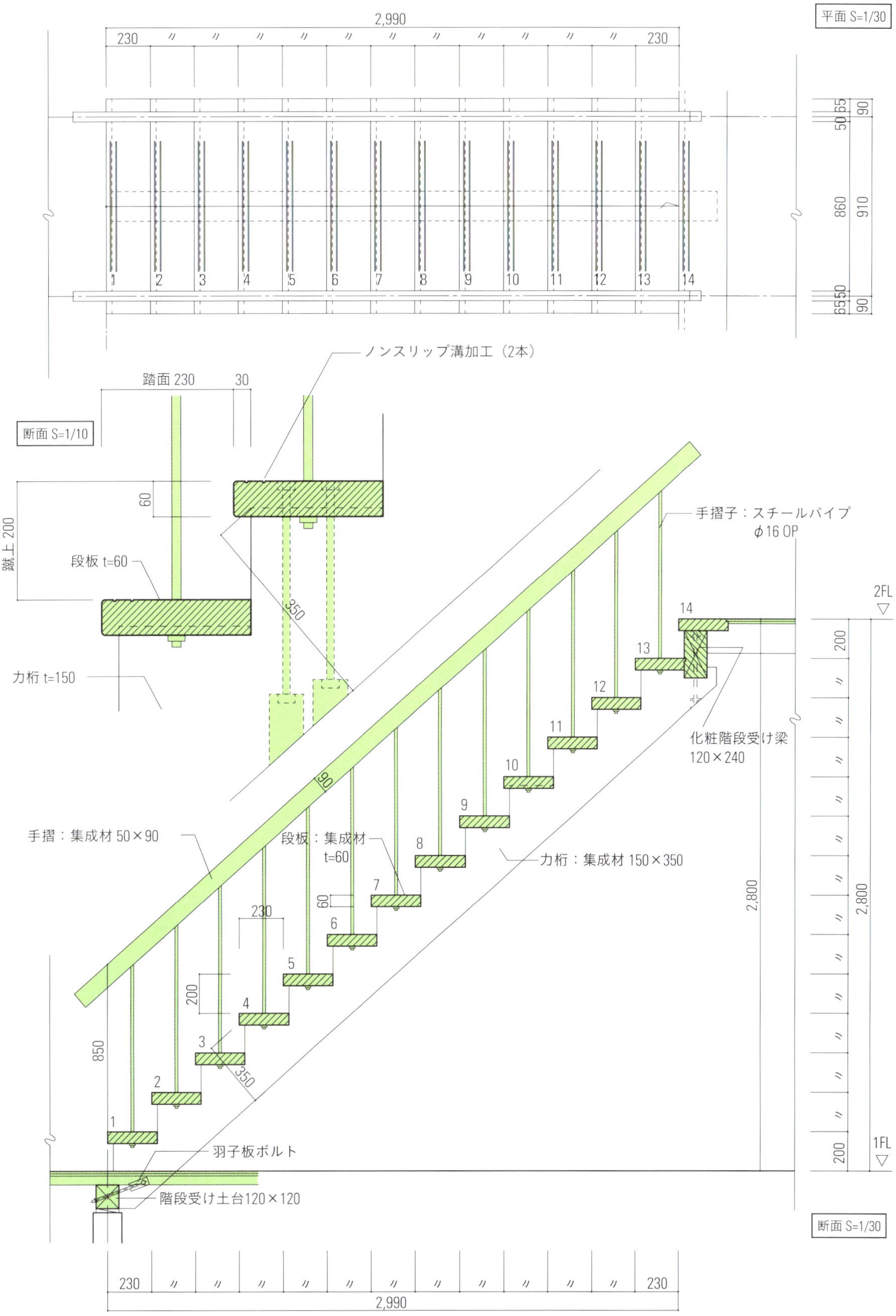
平面 S=1/30
2,990
230
230
1
2
3
4
5
6
7
8
9
10
11
12
13
14
50
65
90
860
910
65
50
90
ノンスリップ溝加工（2本）
踏面 230
30
断面 S=1/10
60
蹴上 200
段板 t=60
350
力桁 t=150
手摺子：スチールパイプ
φ16 OP
2FL
化粧階段受け梁
120×240
手摺：集成材 50×90
段板：集成材
t=60
力桁：集成材 150×350
2,800
850
羽子板ボルト
階段受け土台120×120
1FL
断面 S=1/30

07
折り返し階段の基本的な納まり

折《お》り返《かえ》し階段

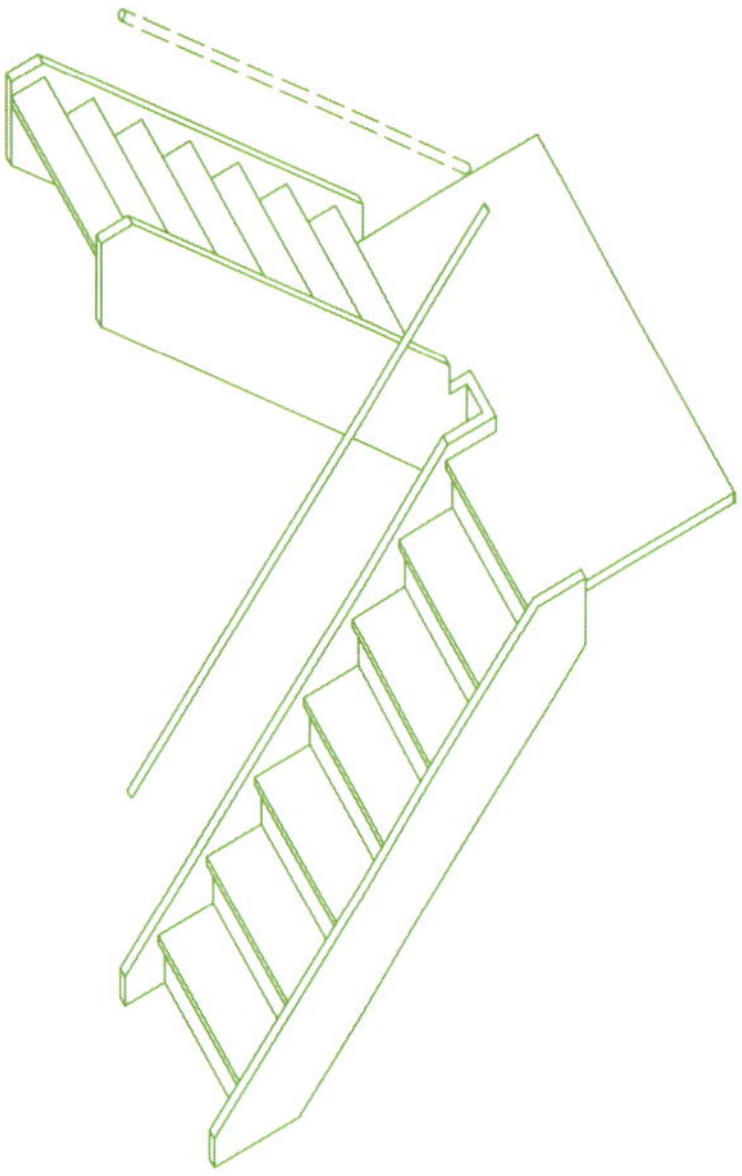

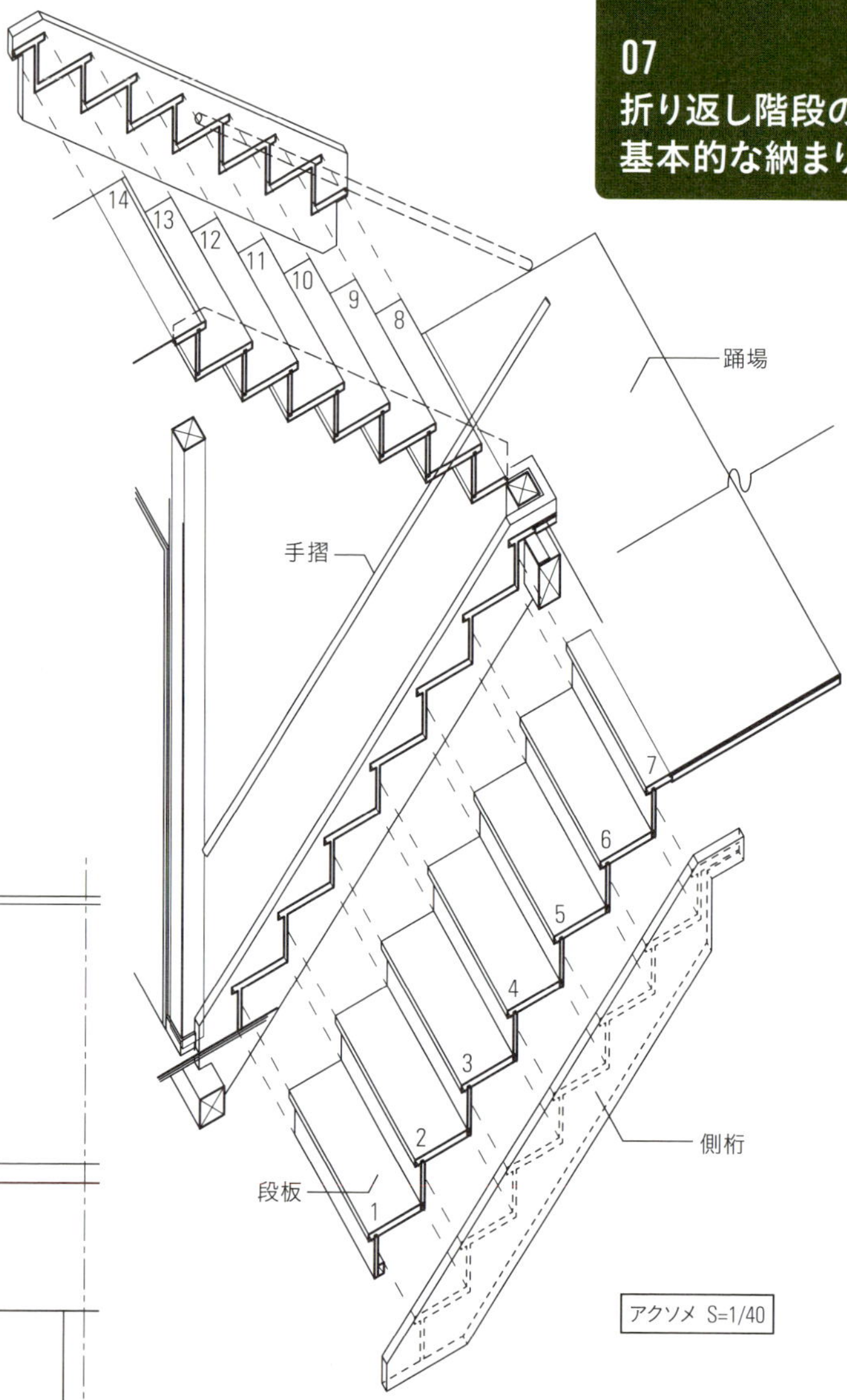

アクソメ S=1/40

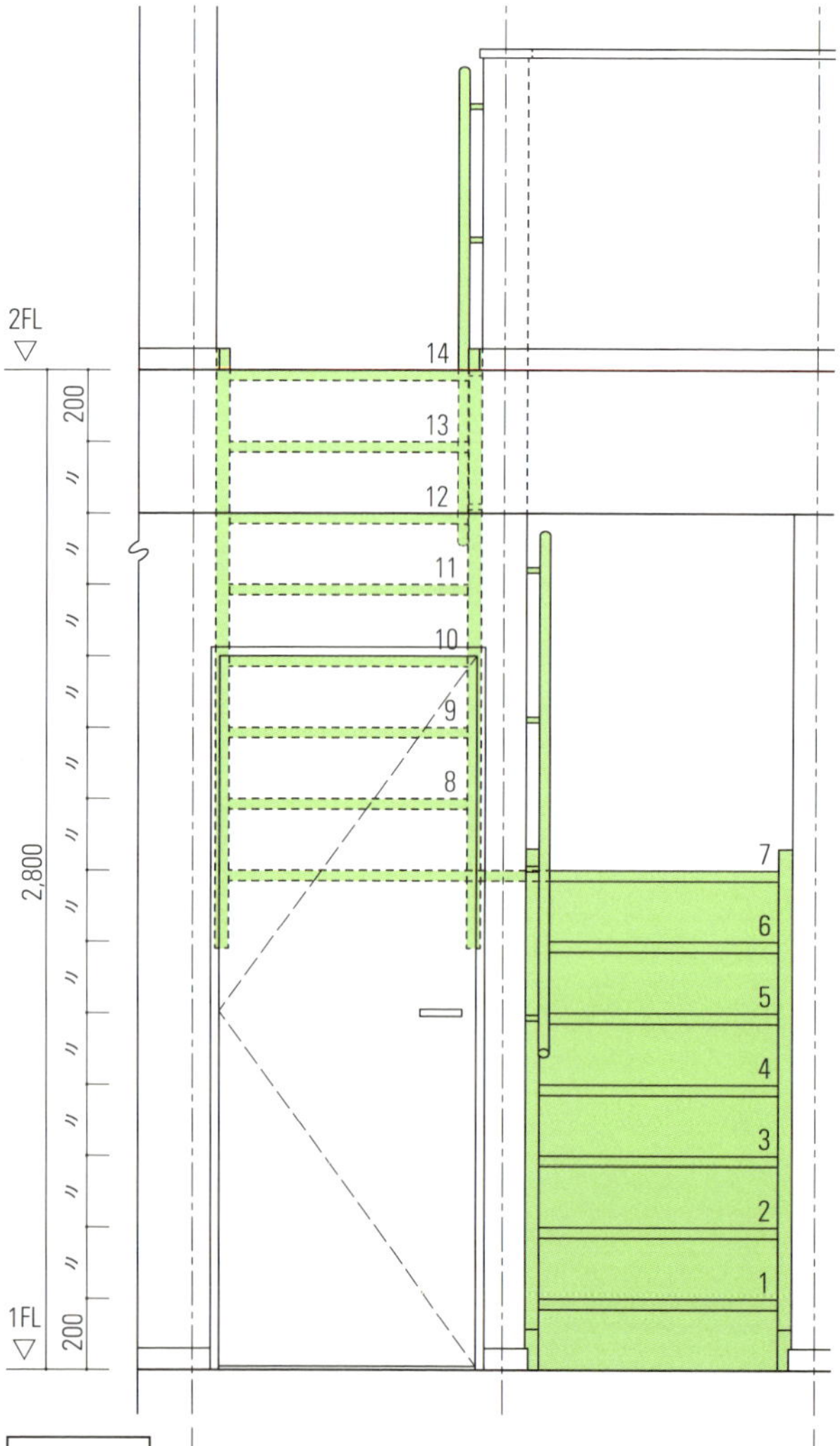

立面 S=1/30

折《お》り返《かえ》し階段は、階高の中間の高さに、踊り場（階段の途中で方向が変わる場合に設けられる）を設け、**180度転回させて**上がり下りする階段の形式である。安全性が高く、**上がり下りのしやすい**安心な階段形式である。

踊場をもつ平面形状は、直進階段に比べて面積が多く必要となる。上がり下りのときに**視線の方向が変わる**という空間体験ができる階段である。

折り返し階段の納まり

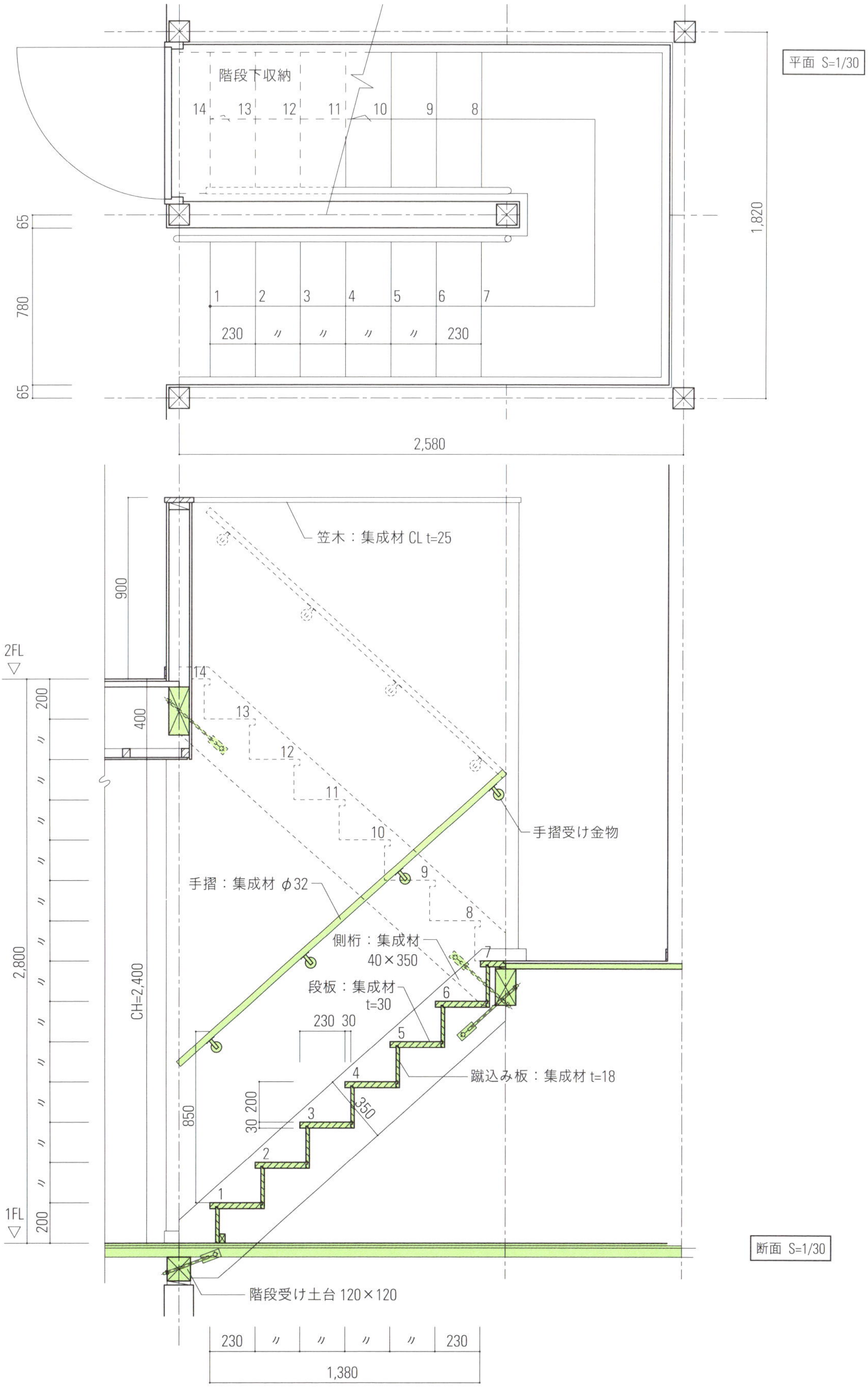
平面 S=1/30
階段下収納
14 13 12 11 10 9 8
1 2 3 4 5 6 7
230 〃 〃 〃 〃 230
65
780
65
1,820
2,580
笠木：集成材 CL t=25
900
2FL
200
400
14 13 12 11 10 9 8 7 6 5 4 3 2 1
手摺受け金物
手摺：集成材 φ32
側桁：集成材 40×350
段板：集成材 t=30
230 30
蹴込み板：集成材 t=18
350
30 200
2,800
CH=2,400
850
1FL
200
断面 S=1/30
階段受け土台 120×120
230 〃 〃 〃 〃 230
1,380

回り階段は、**コンパクト**に平面に納めることのできる階段形式である。一般の住宅では、直進階段と同様に、**頻繁に採用される**タイプの階段である。

折り返し階段のように踊場がなく、旋回するように回りながら上がり下りする階段であるため、安全性は少し劣る。

旋回する部分の踏面は、回転の中心から300㎜のところで**150㎜以上確保**されなければならない。

回り階段

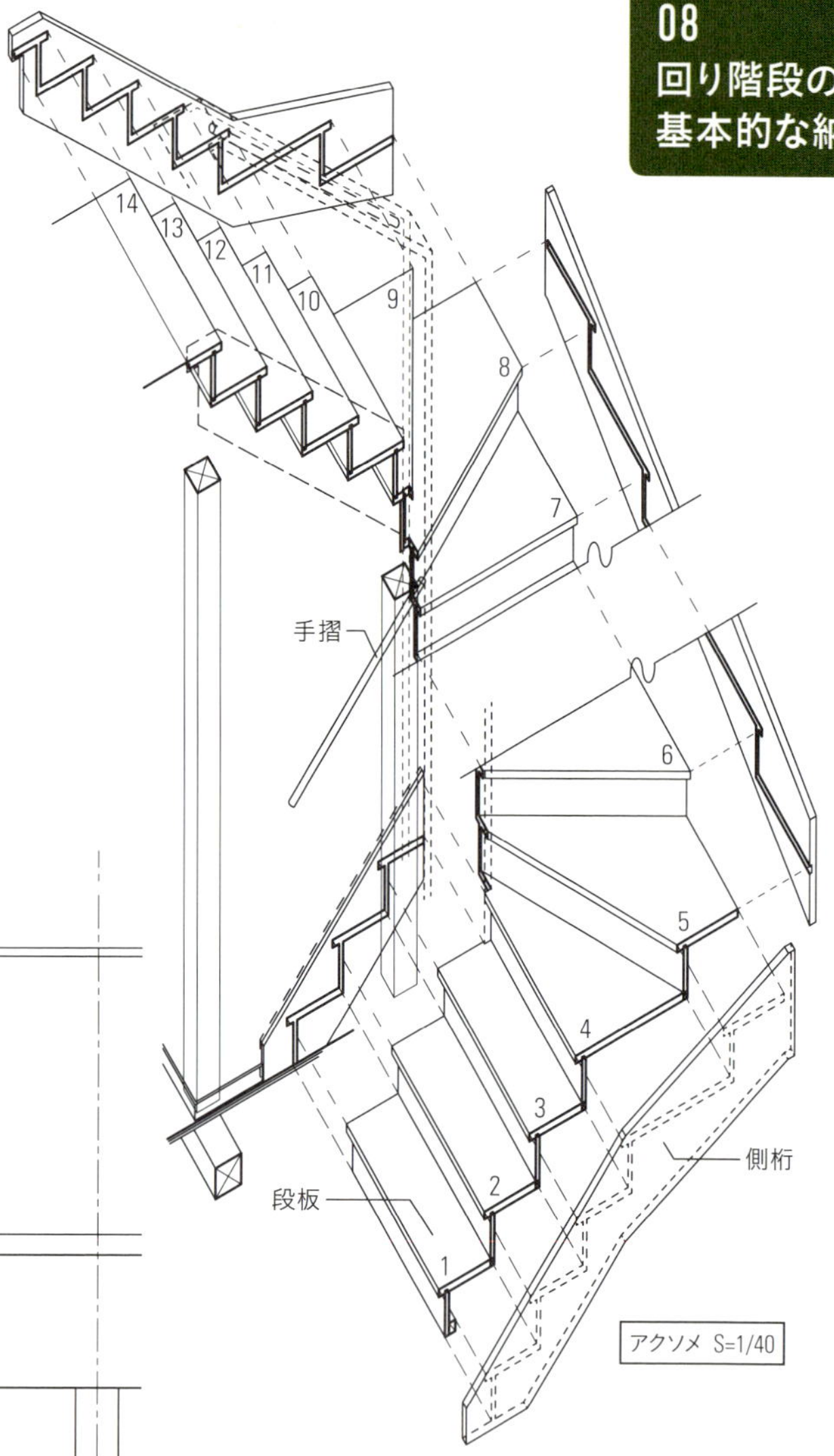
14
13
12
11
10
9
8
7
6
5
4
3
2
1
手摺
段板
側桁
アクソメ S=1/40

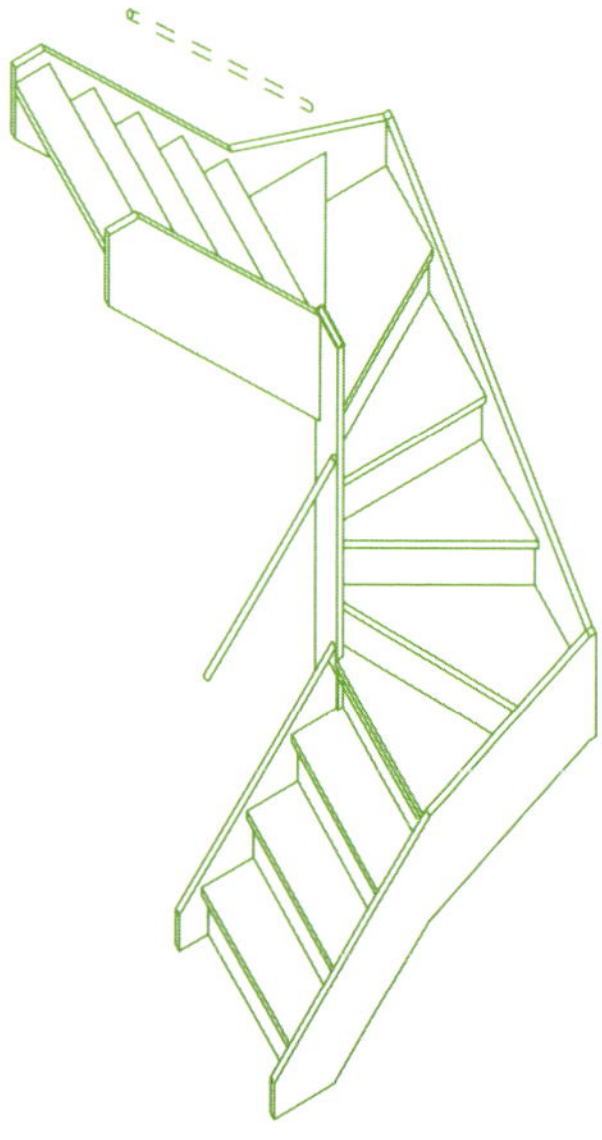

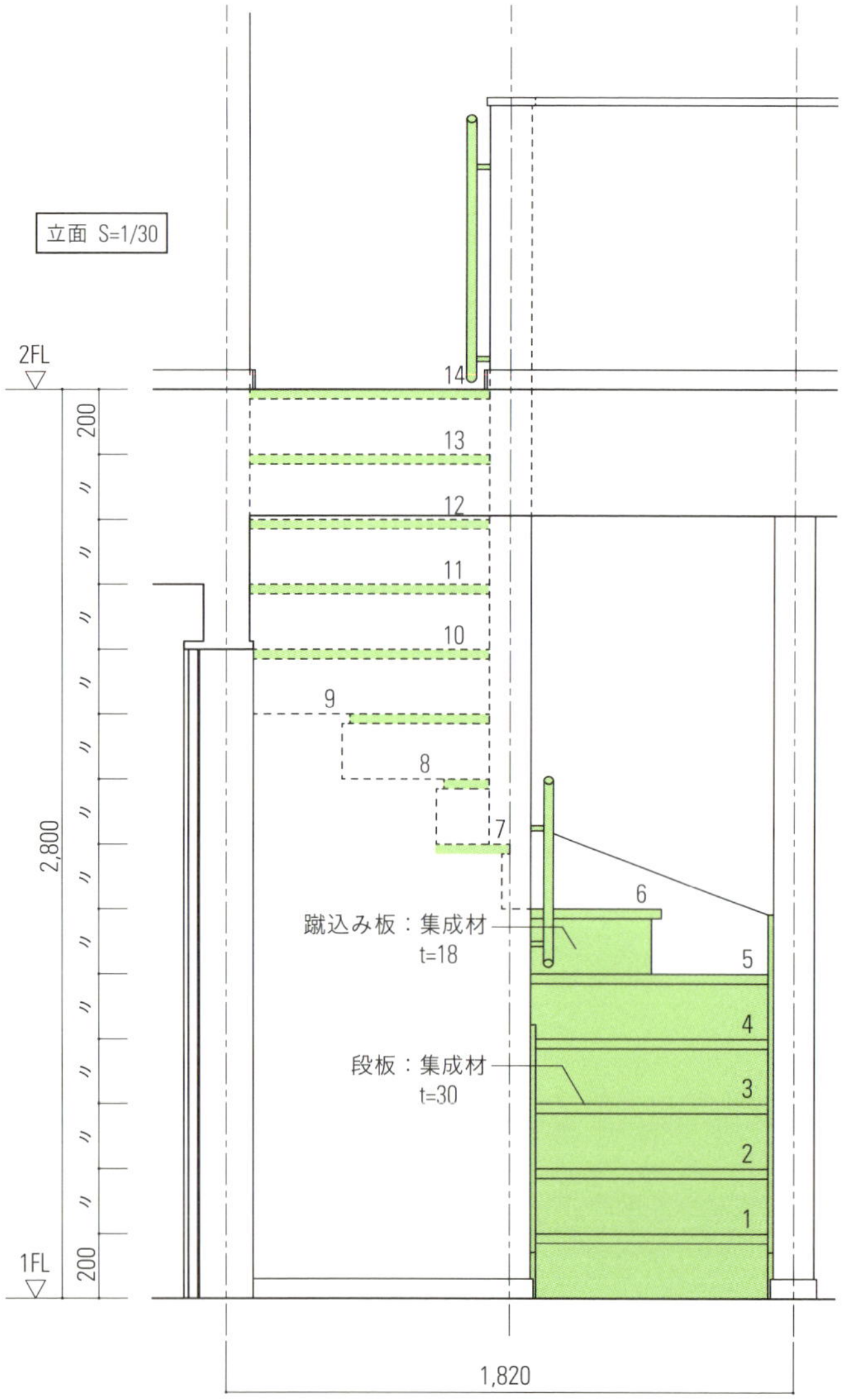
立面 S=1/30
2FL
1FL
200
2,800
200
14
13
12
11
10
9
8
7
6
5
4
3
2
1
蹴込み板：集成材
t=18
段板：集成材
t=30
1,820

回り階段の納まり

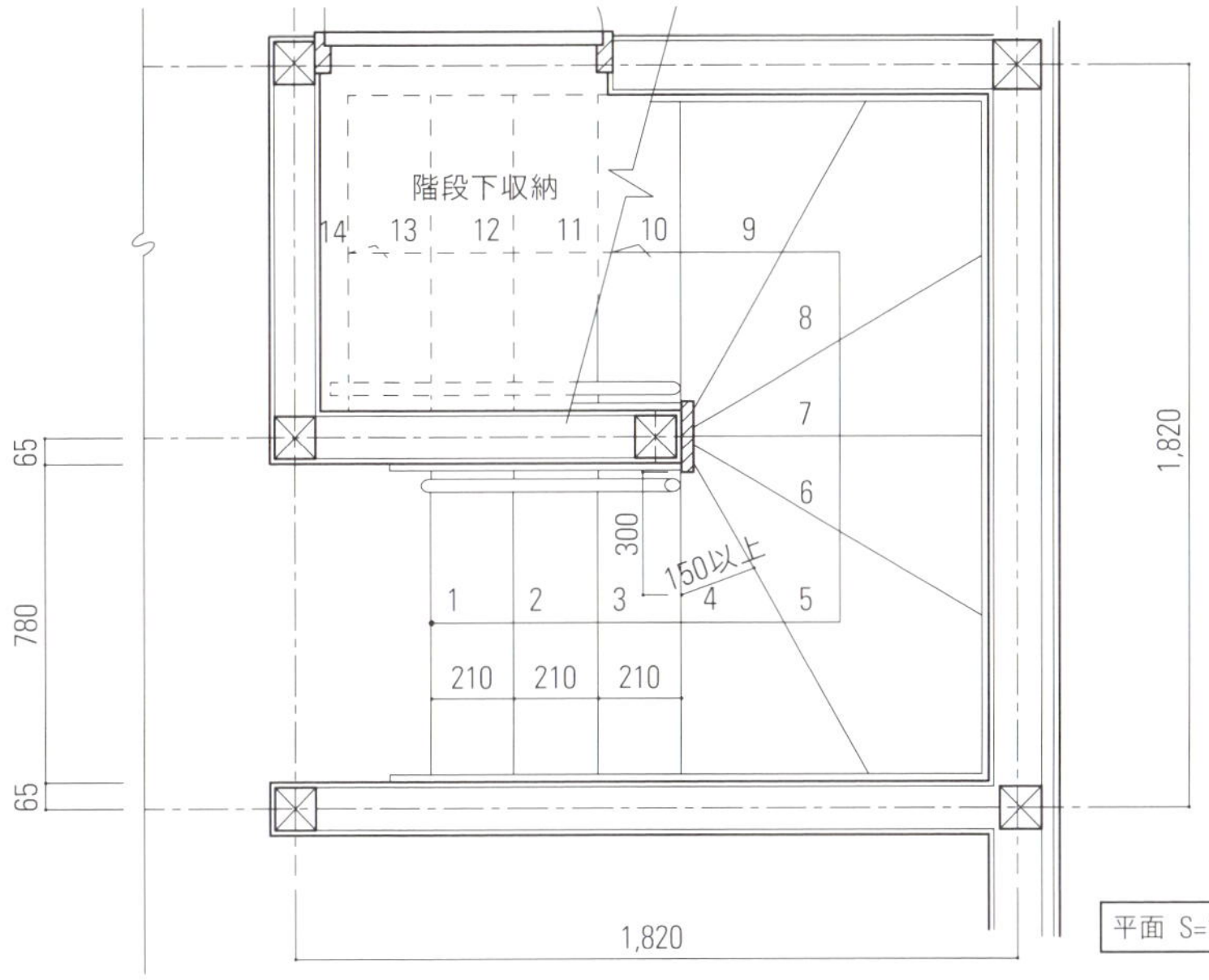

平面 S=1/30

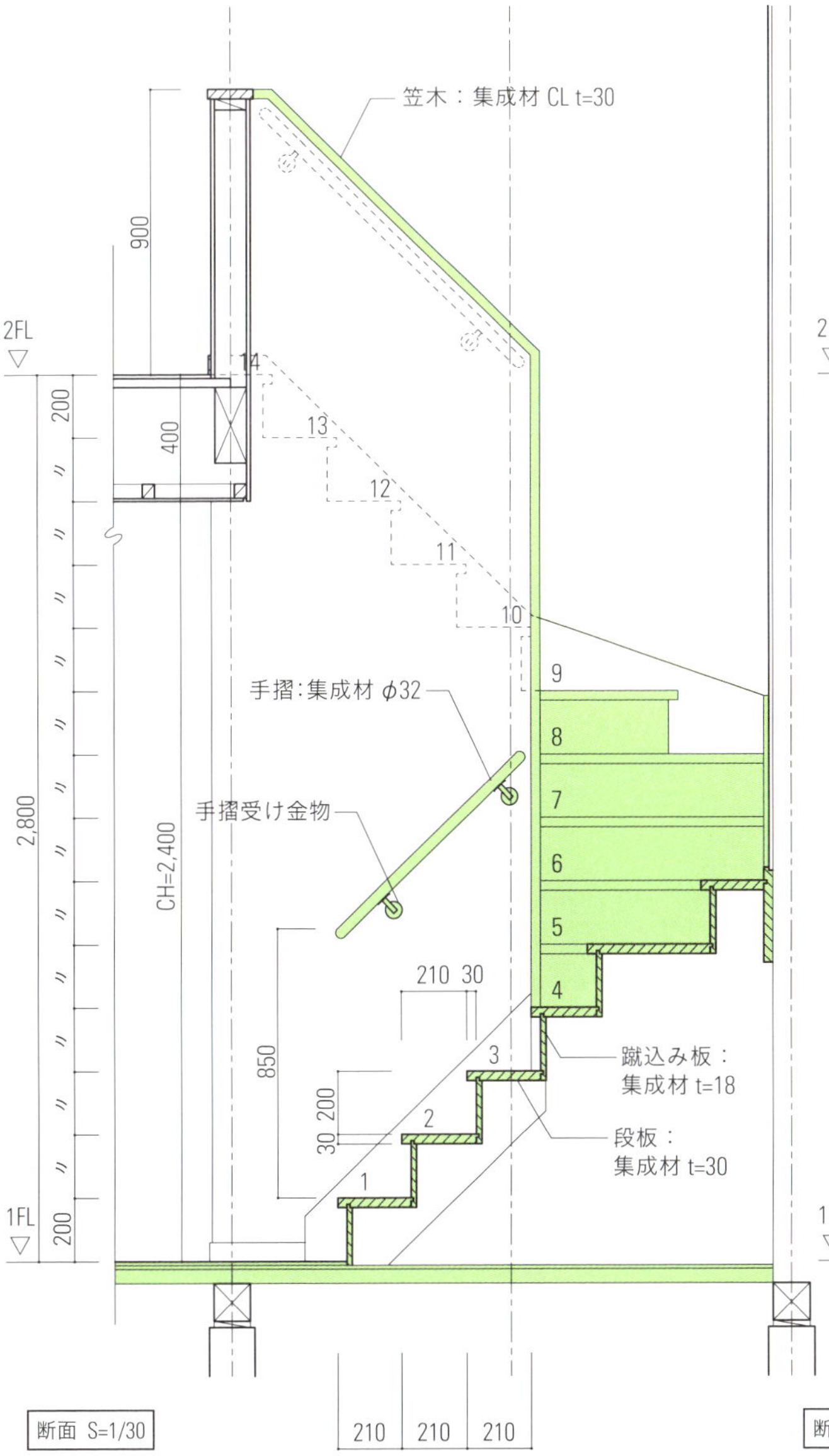

断面 S=1/30

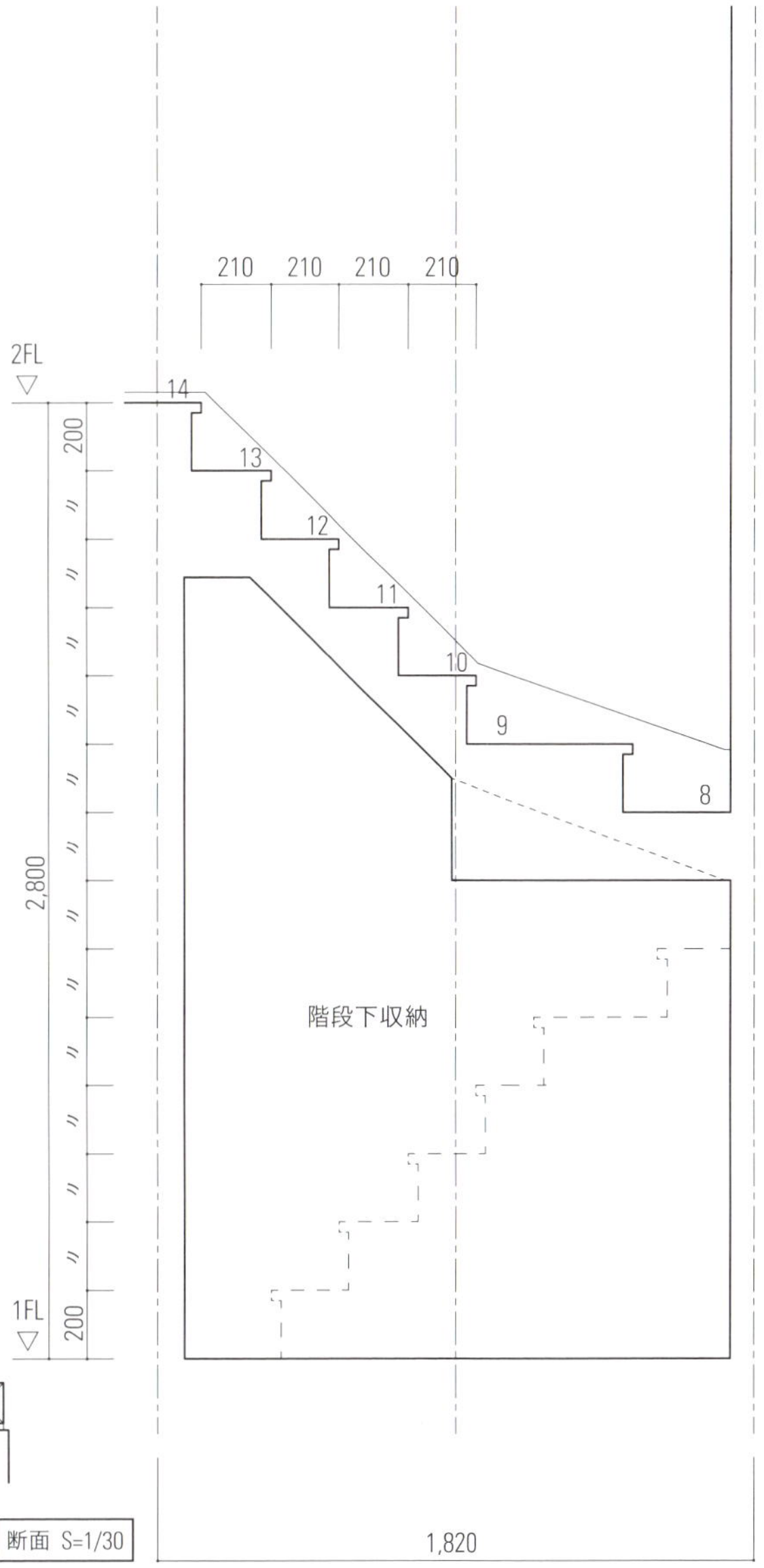

断面 S=1/30

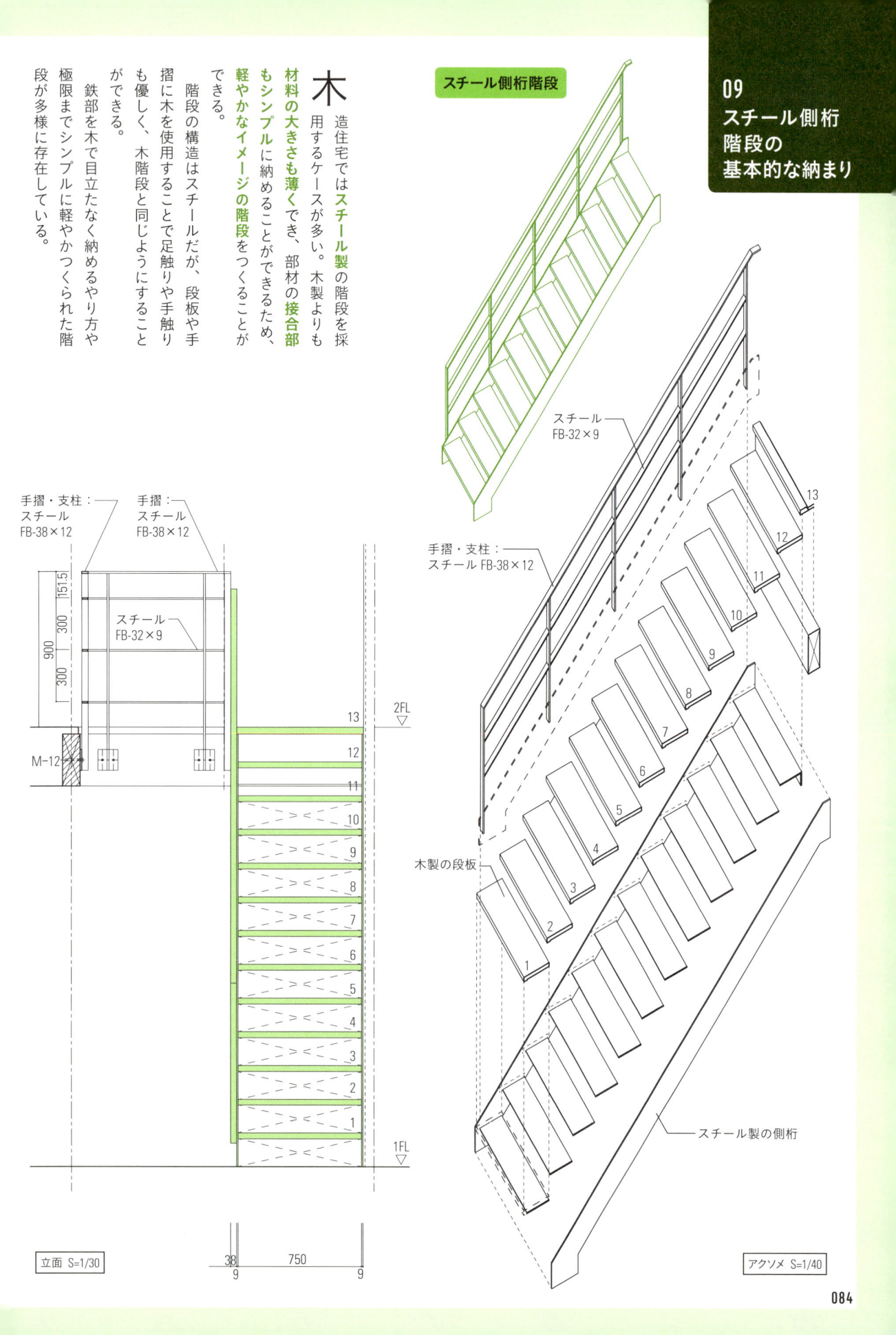

09 スチール側桁階段の基本的な納まり

木造住宅では**スチール製**の階段を採用するケースが多い。木製よりも**材料の大きさも薄く**でき、部材の**接合部もシンプル**に納めることができるため、**軽やかなイメージの階段**をつくることができる。

階段の構造はスチールだが、段板や手摺に木を使用することで足触りや手触りも優しく、木階段と同じようにすることができる。

鉄部を木で目立たなく納めるやり方や極限までシンプルに軽やかつくられた階段が多様に存在している。

スチール側桁階段

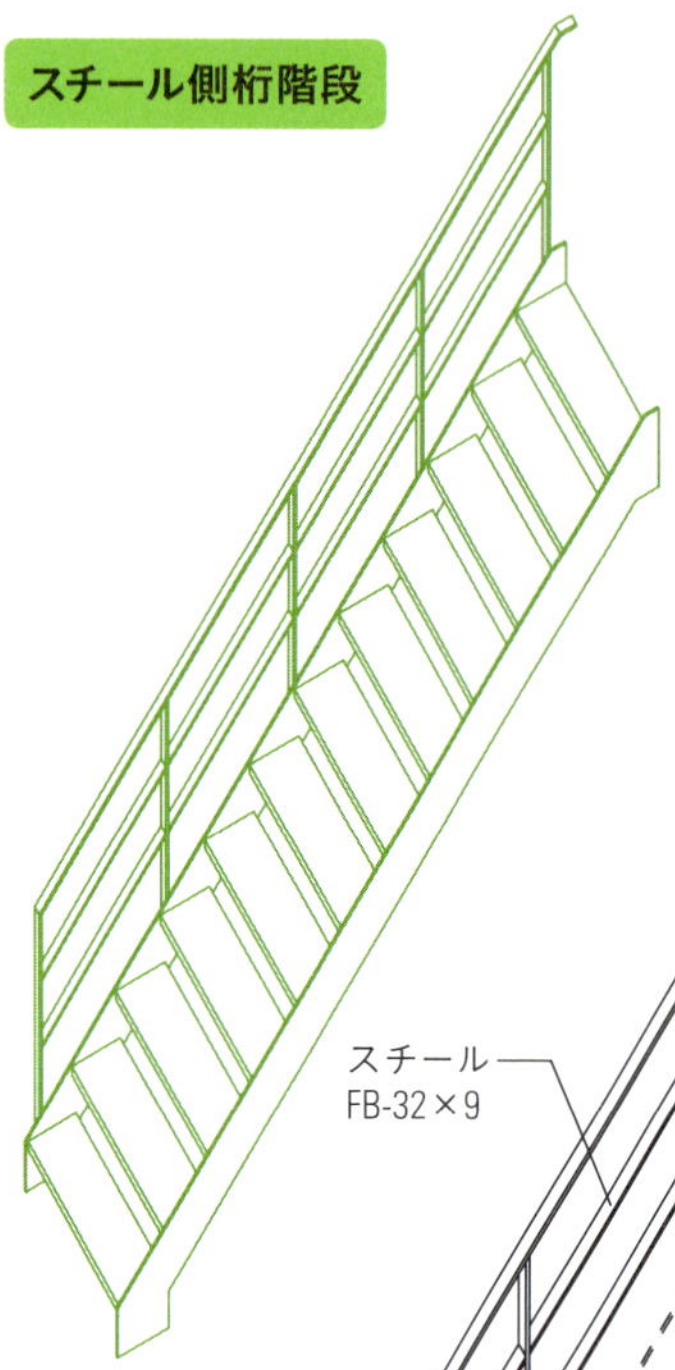

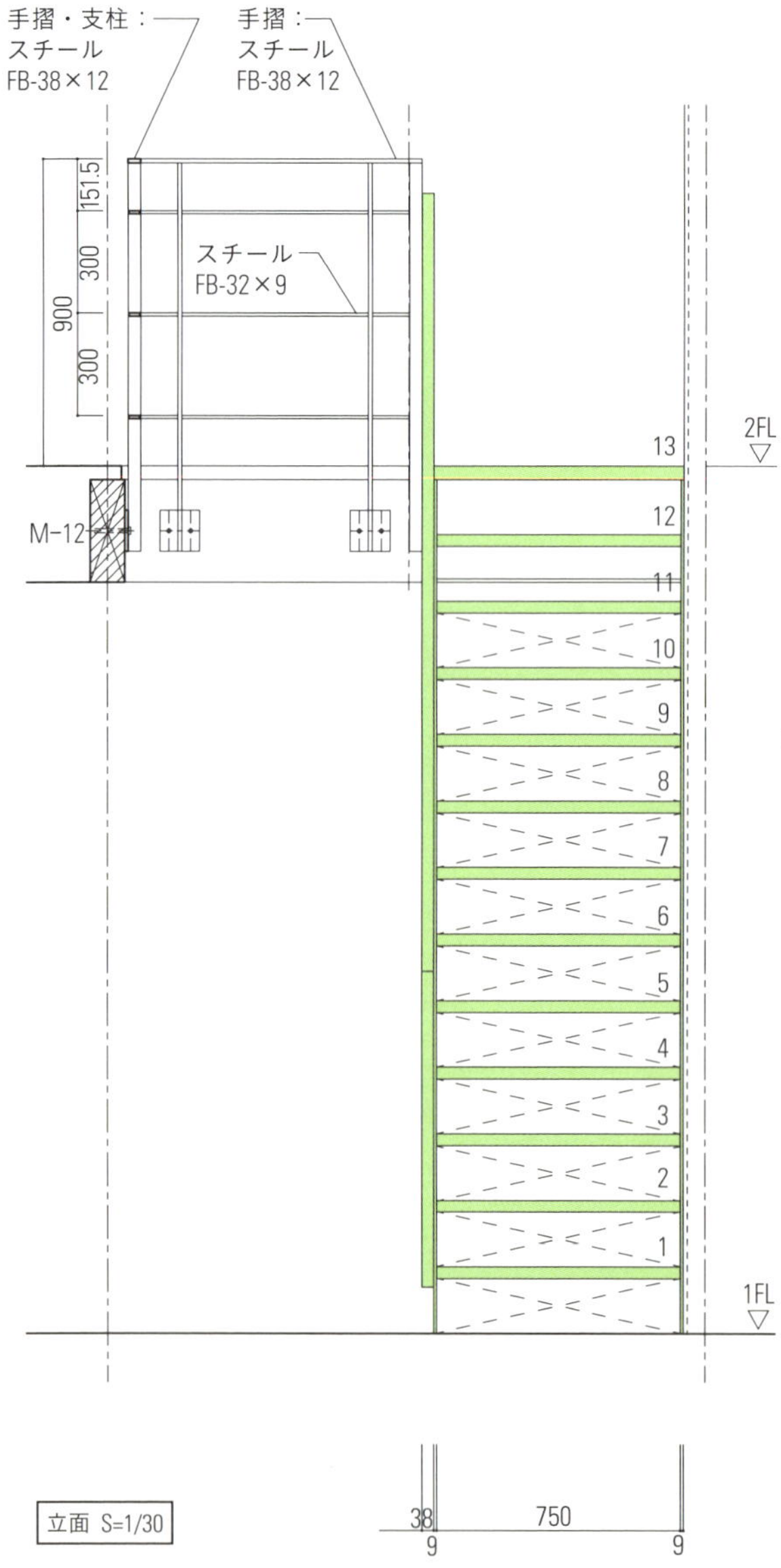
手摺・支柱：
スチール
FB-38×12
手摺：
スチール
FB-38×12
151.5
300
900
300
スチール
FB-32×9
M-12
13
2FL
12
11
10
9
8
7
6
5
4
3
2
1
1FL
38
9
750
9

立面 S=1/30

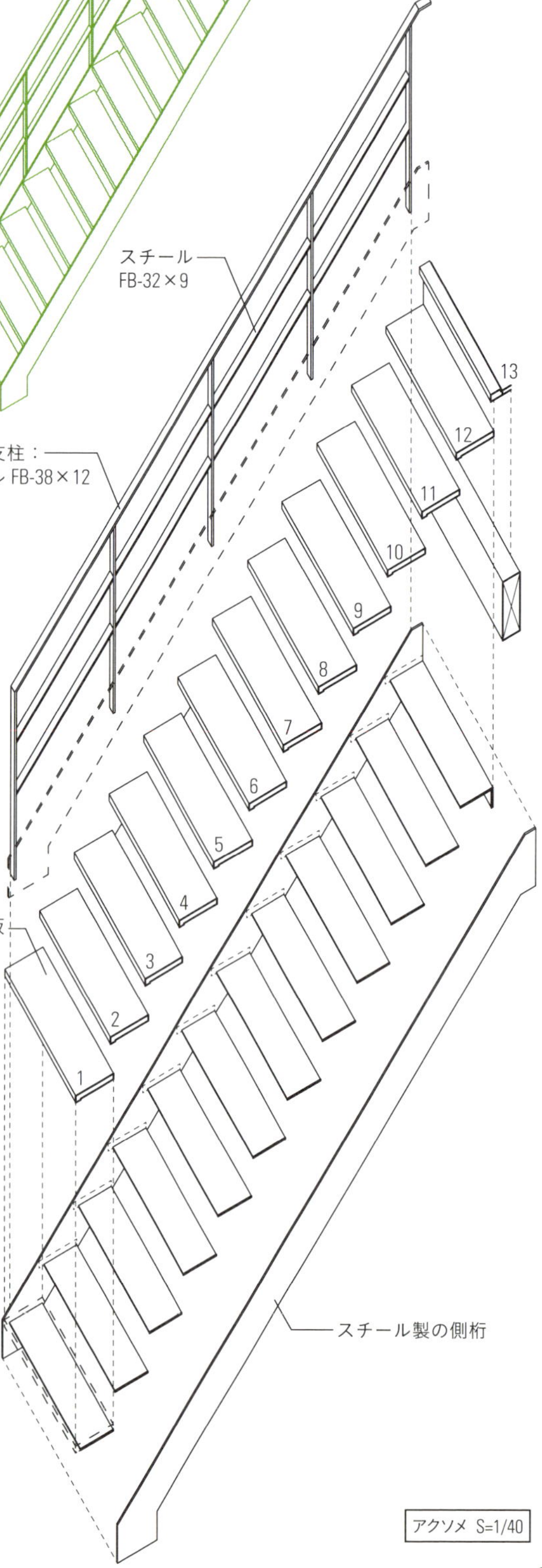
スチール
FB-32×9
13
12
11
10
9
8
7
6
5
4
3
2
1
手摺・支柱：
スチール FB-38×12
木製の段板
スチール製の側桁

アクソメ S=1/40

スチール側桁階段の納まり

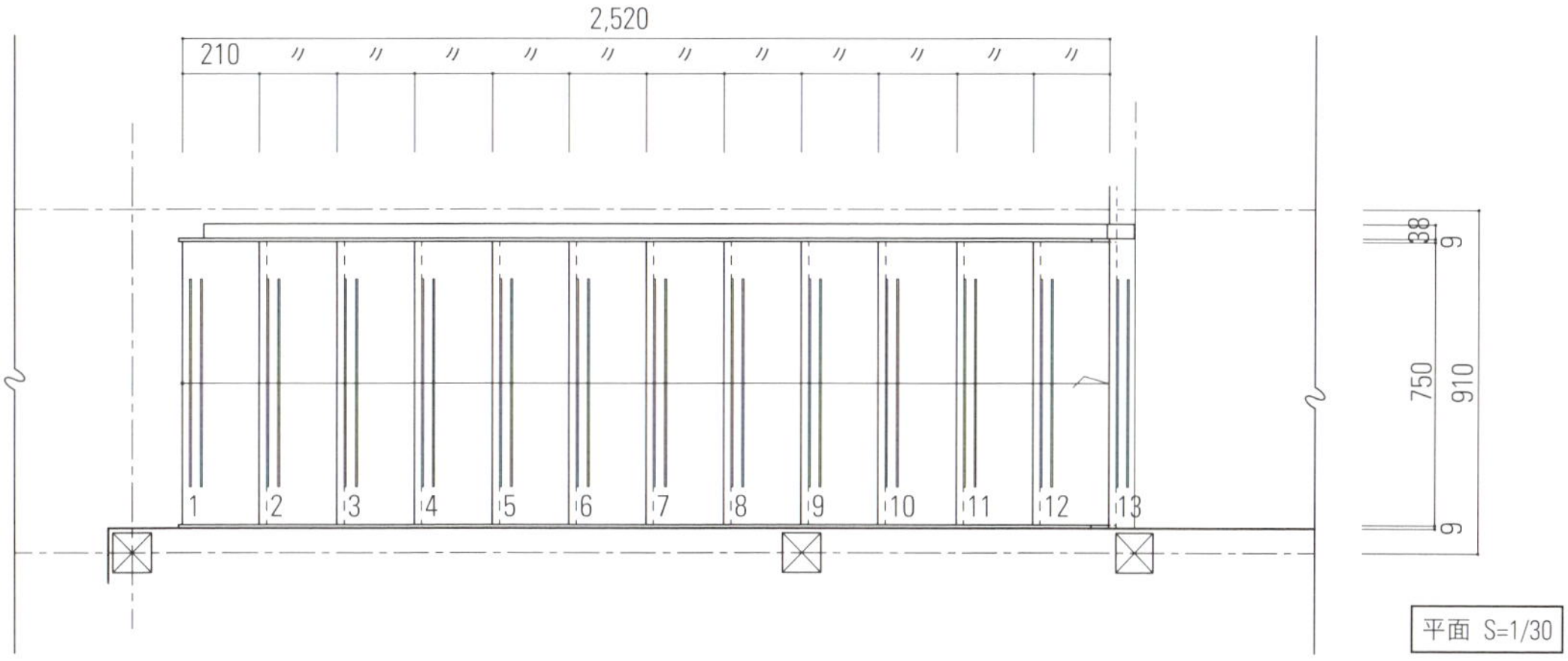
2,520
210
1 2 3 4 5 6 7 8 9 10 11 12 13
38
9
750
910
9
平面 S=1/30

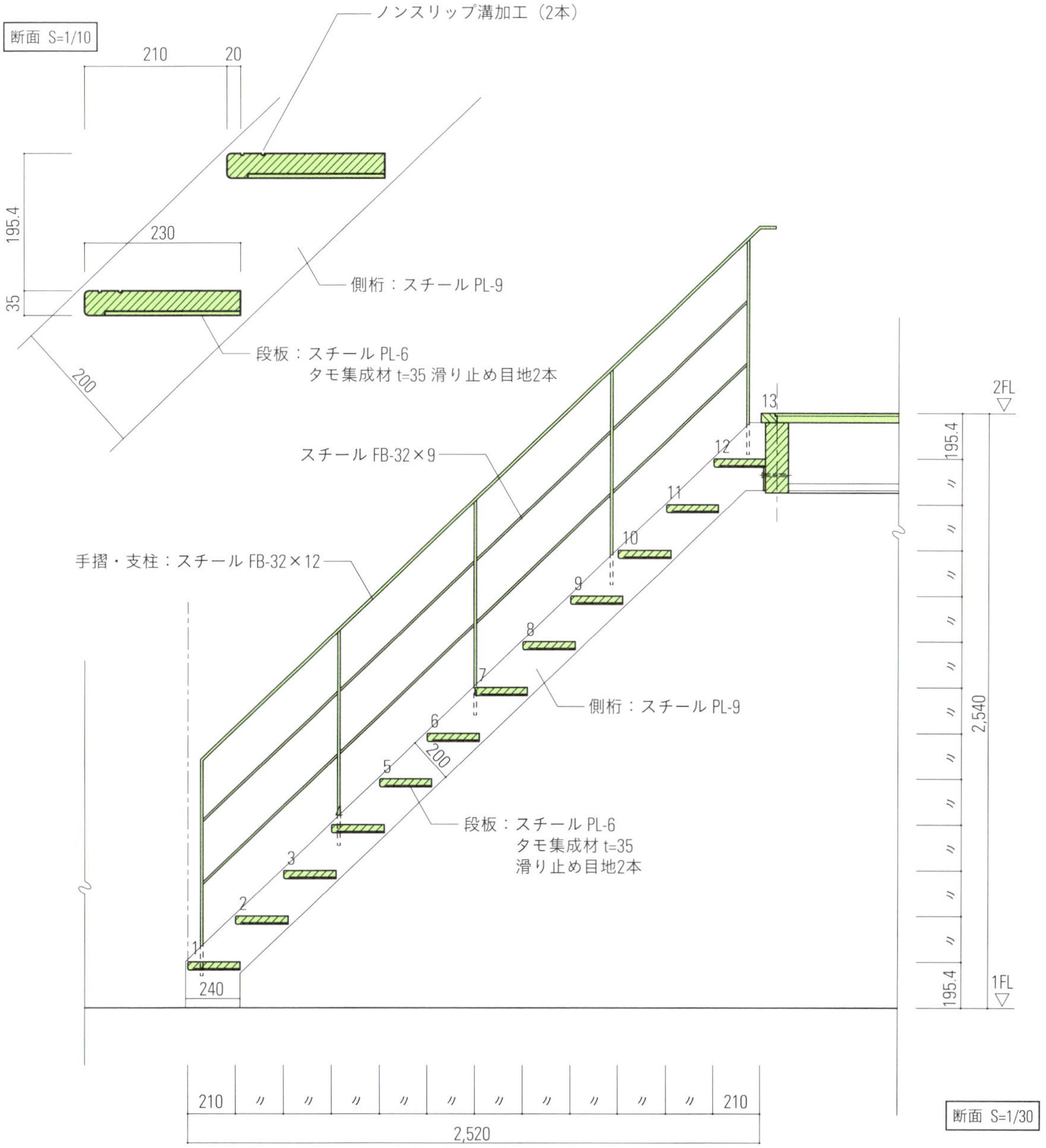
断面 S=1/10
ノンスリップ溝加工（2本）
210
20
195.4
230
35
200
側桁：スチール PL-9
段板：スチール PL-6
タモ集成材 t=35 滑り止め目地2本
スチール FB-32×9
手摺・支柱：スチール FB-32×12
側桁：スチール PL-9
段板：スチール PL-6
タモ集成材 t=35
滑り止め目地2本
200
240
2FL
1FL
195.4
2,540
195.4
210
210
2,520
断面 S=1/30

10 らせん階段の基本的な納まり

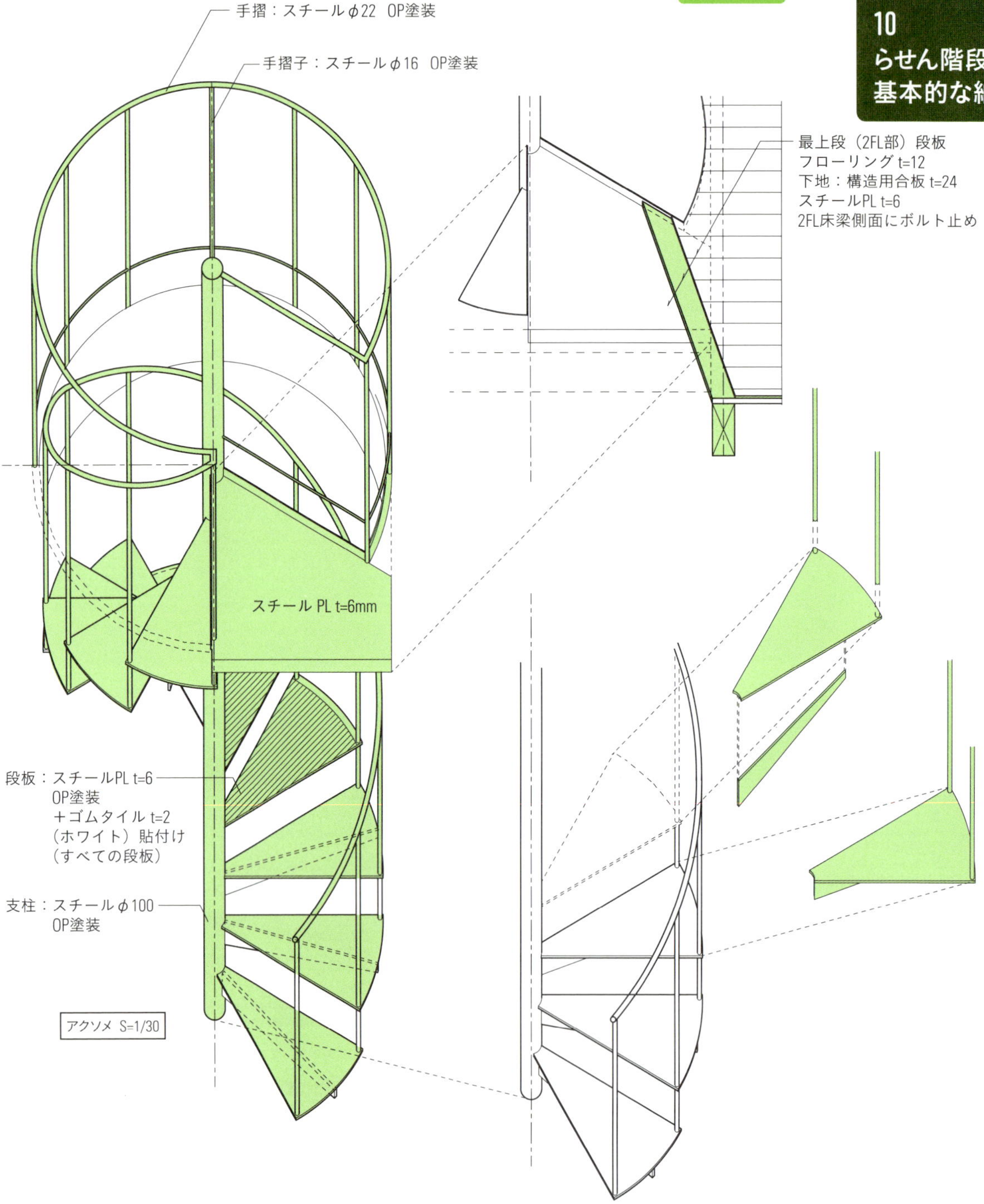
手摺：スチールφ22 OP塗装
手摺子：スチールφ16 OP塗装
最上段（2FL部）段板
フローリング t=12
下地：構造用合板 t=24
スチールPL t=6
2FL床梁側面にボルト止め
スチール PL t=6mm
段板：スチールPL t=6
OP塗装
＋ゴムタイル t=2
（ホワイト）貼付け
（すべての段板）
支柱：スチールφ100
OP塗装
アクソメ S=1/30

らせん階段は、平面形状が**円形**で中心の柱から各段板が**環状**になっている。柱を中心としたらせん状に旋回しながら上がり下りをする階段である。上がり下りのしやすさは、折り返し階段や回り階段よりは劣るが設置面積がコンパクトで、なにより**流れるような美しい構造**のフォルムは、インテリア空間のシンボルとなる。上下に動きながら同時に360度に視界の変化を楽しむことができる階段の形式である。

木製のらせん階段もあるが、住宅の階段では**スチール製**の方が**納まりも比較的容易**で、軽やかなイメージから採用されるケースが多い。スチールの直通階段でも触れたように、スチールで軽やかな構造をつくり、人が直接触れる、段板や手摺には木を使うことが多い。

らせん階段の納まり

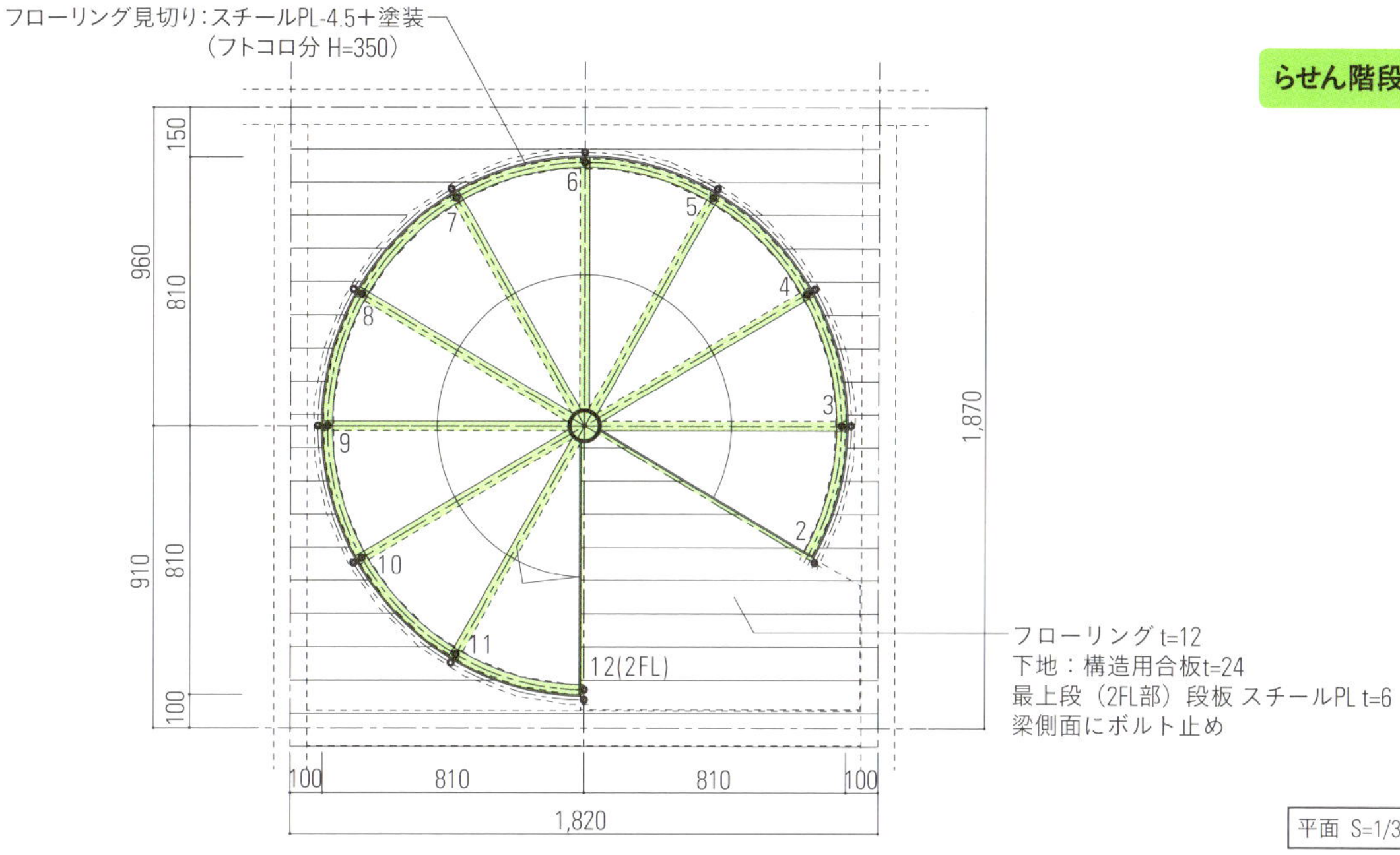
フローリング見切り：スチールPL-4.5＋塗装
（フトコロ分 H=350）
150
960
810
810
910
100
1,870
1
2
3
4
5
6
7
8
9
10
11
12(2FL)
フローリング t=12
下地：構造用合板t=24
最上段（2FL部）段板 スチールPL t=6
梁側面にボルト止め
100
810
810
100
1,820

平面 S=1/30

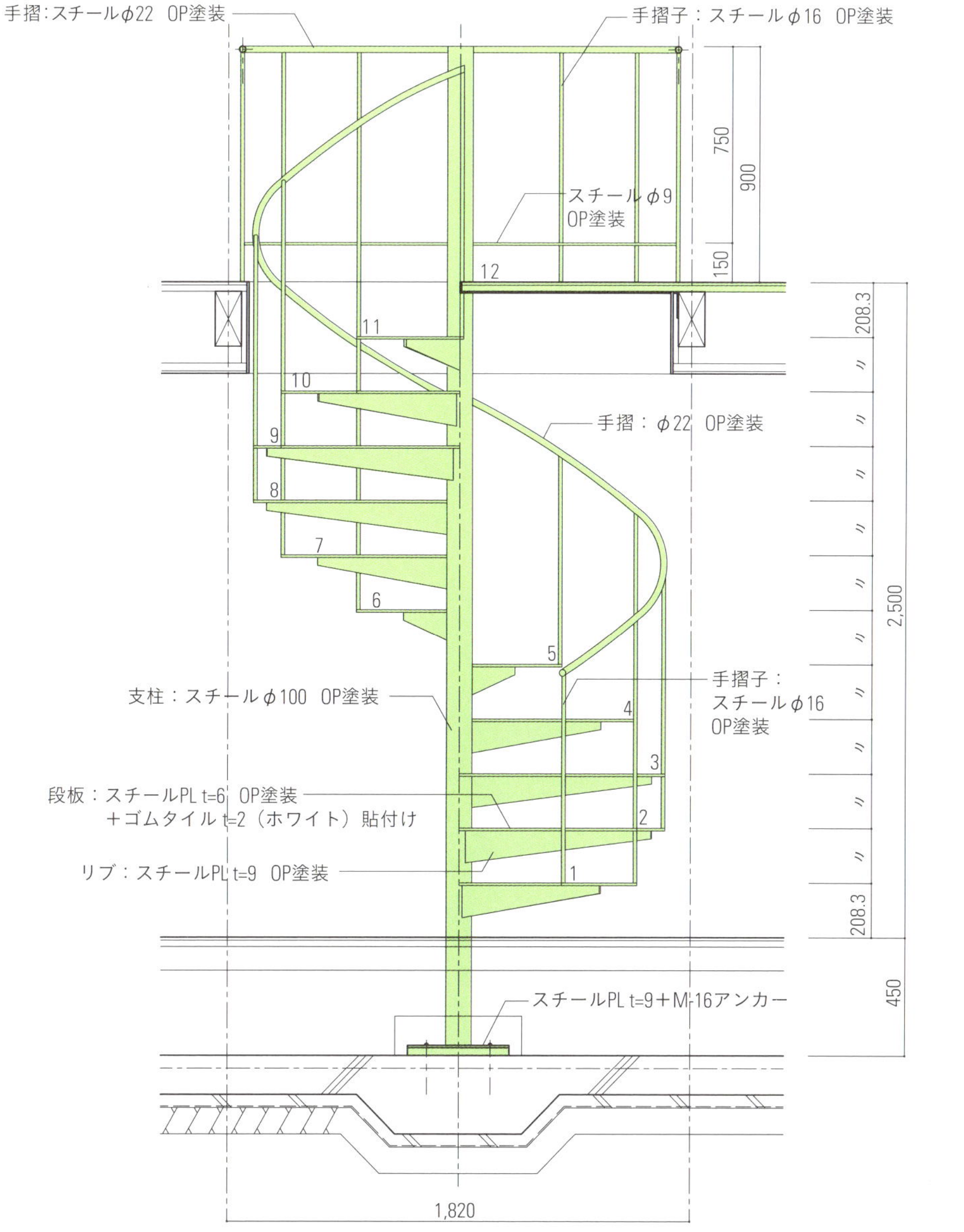
手摺：スチールφ22 OP塗装
手摺子：スチールφ16 OP塗装
750
900
150
スチールφ9
OP塗装
12
11
10
9
8
7
6
5
4
3
2
1
手摺：φ22 OP塗装
208.3
〃
2,500
支柱：スチールφ100 OP塗装
手摺子：
スチールφ16
OP塗装
段板：スチールPL t=6 OP塗装
＋ゴムタイル t=2（ホワイト）貼付け
リブ：スチールPL t=9 OP塗装
スチールPL t=9＋M-16アンカー
450
1,820

断面 S=1/30

11 吹抜け部等の手摺の納まり

内**部手摺**は、**吹抜け上部**や**階段**、**スキップフロア**などの空間に現れる。2階建て住宅の場合、バルコニーなどの外部手摺のような法的規制がないので、**手摺の高さ**などはクライアントの希望や設計者によるところが大きいため、細心の注意が必要である。

手摺は、吹抜けなどで一体的になっている空間で、上下階からの視線のつながりや、光や風などの環境的なつながりをつくる**境界の部位**である。

開放的な空間にしたいか、閉鎖的な空間にしたいか、どのようなつながりをもった空間にしたいかで、**手摺のデザイン**を考える。また、収納やデスクコーナーなどの機能や居場所と絡めて提案することもできる。

腰壁手摺

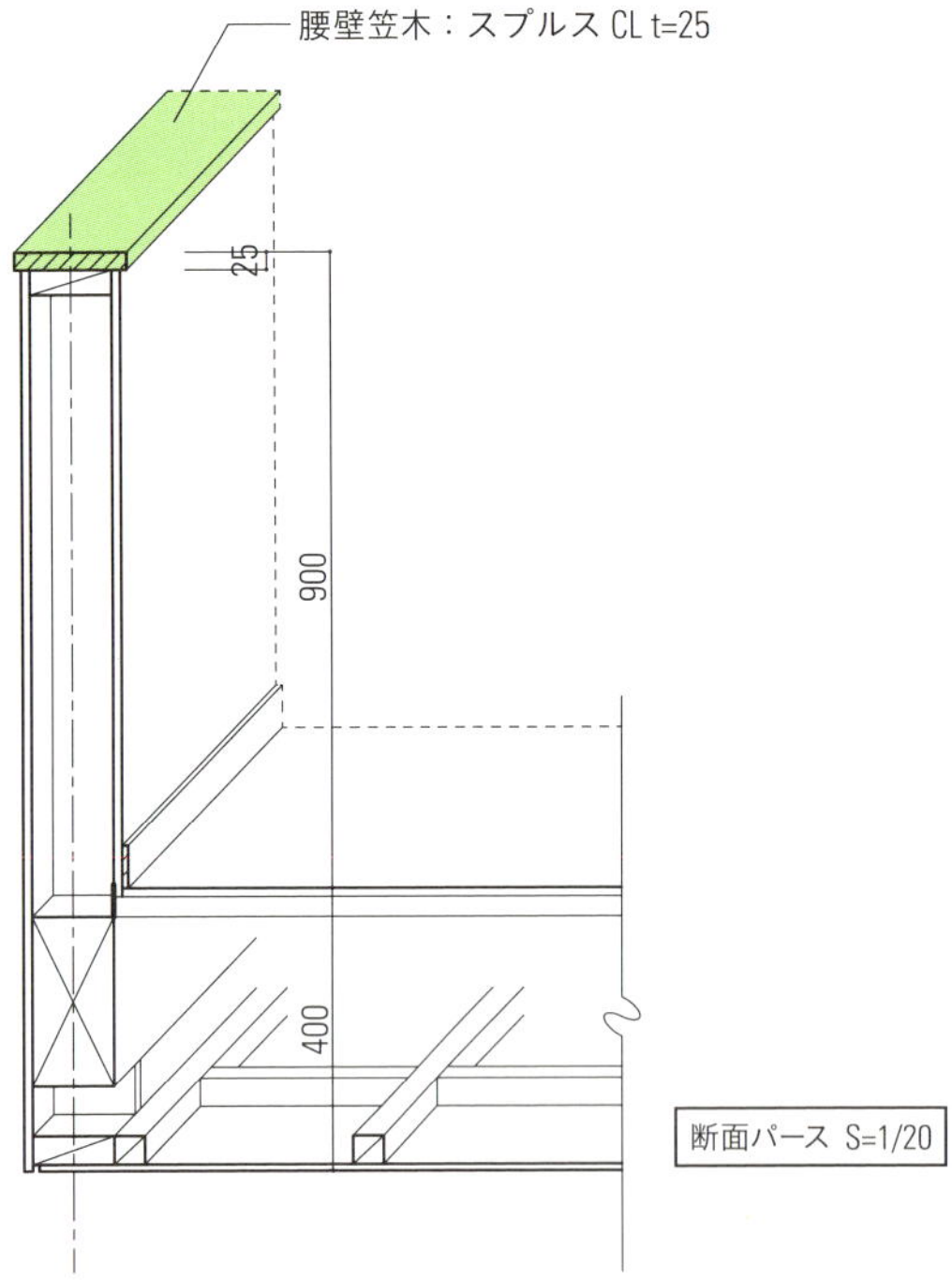
腰壁笠木：スプルス CL t=25
25
900
400
断面パース S=1/20

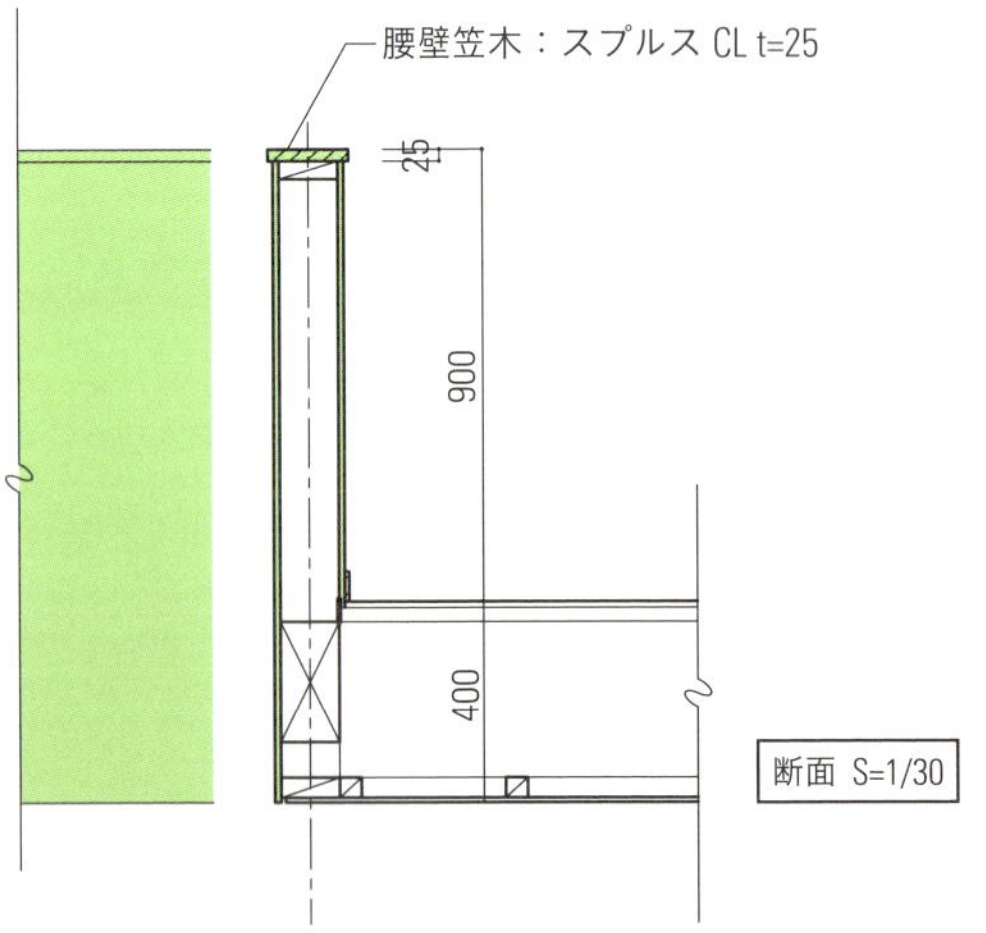
腰壁笠木：スプルス CL t=25
25
900
400
断面 S=1/30

木製手摺付腰壁《こしかべ》

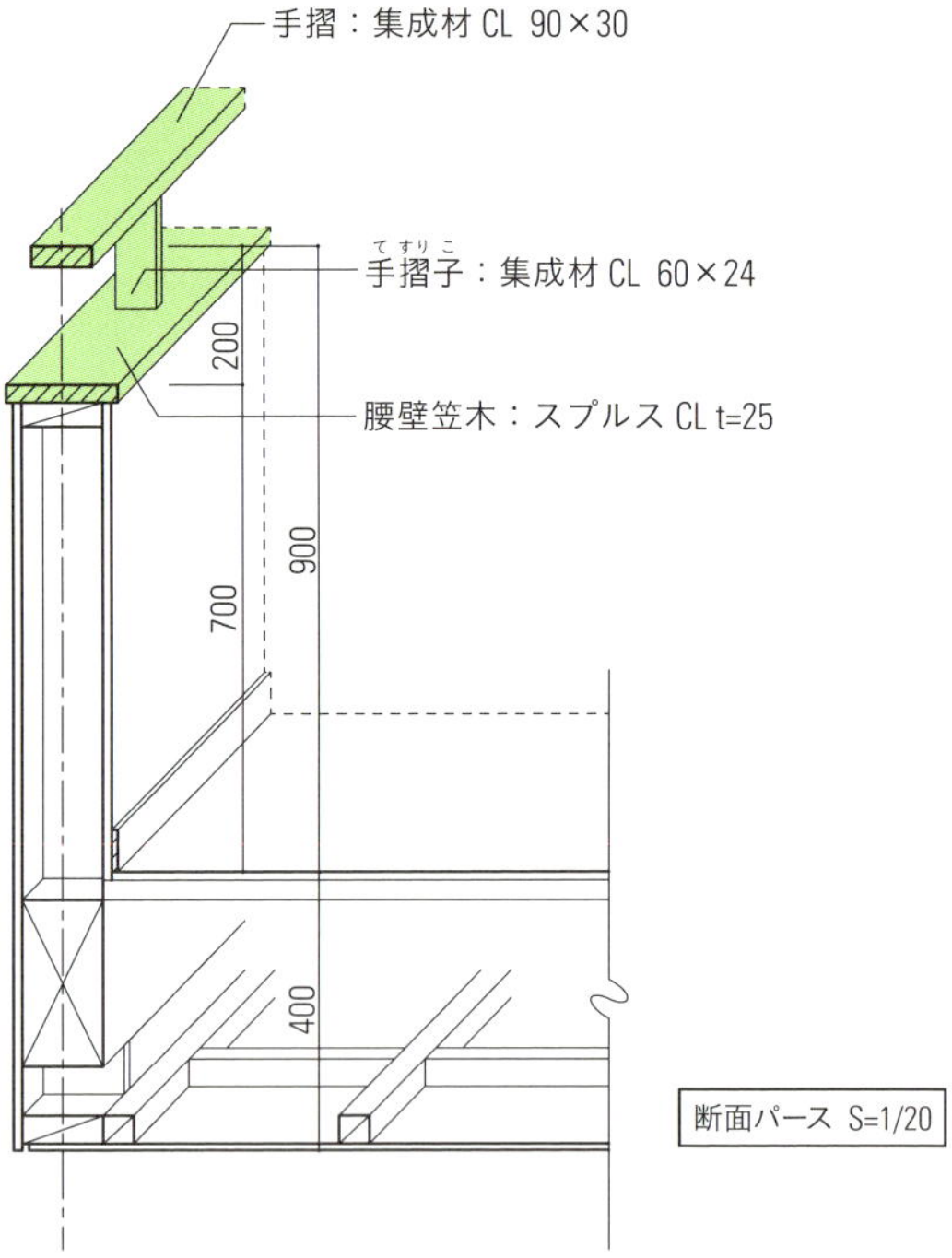
手摺：集成材 CL 90×30
手摺子《てすりこ》：集成材 CL 60×24
腰壁笠木：スプルス CL t=25
200
700
900
400
断面パース S=1/20

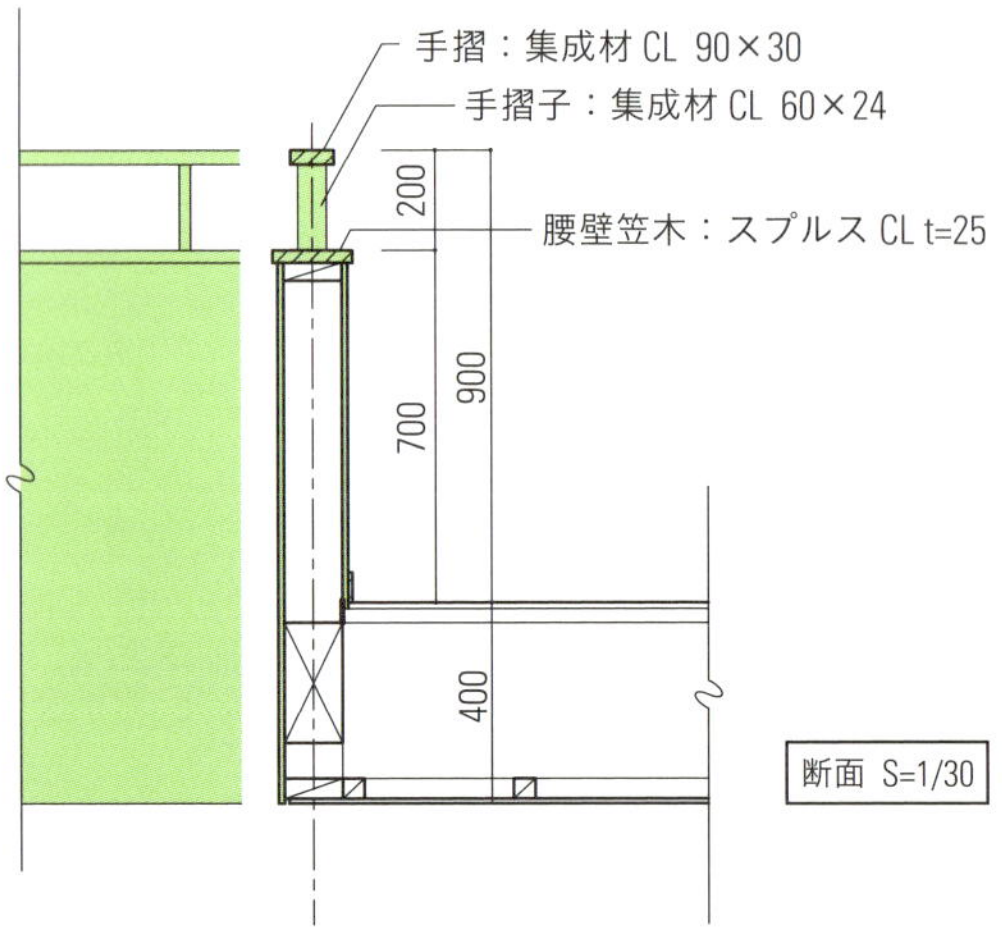
手摺：集成材 CL 90×30
手摺子：集成材 CL 60×24
腰壁笠木：スプルス CL t=25
200
700
900
400
断面 S=1/30

吹抜け部等の手摺の納まりバリエーション

金属手摺

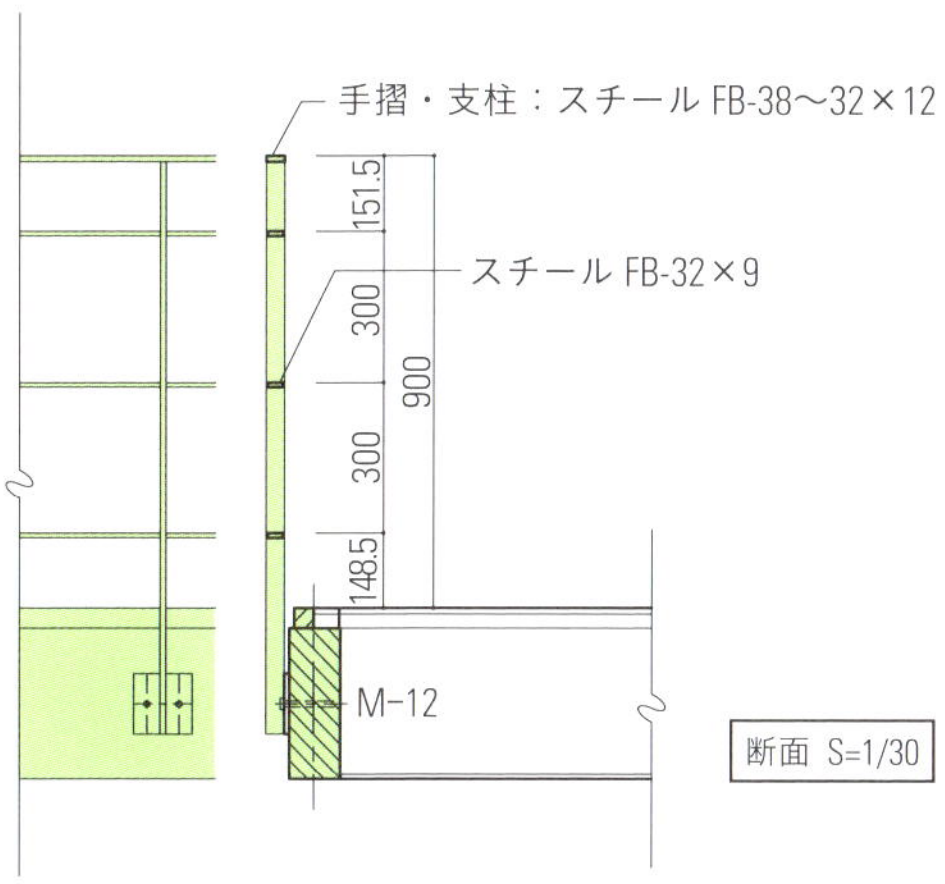
手摺・支柱：スチール FB-38～32×12
スチール FB-32×9
151.5
300
300
148.5
900
M-12
断面 S=1/30

木製手摺

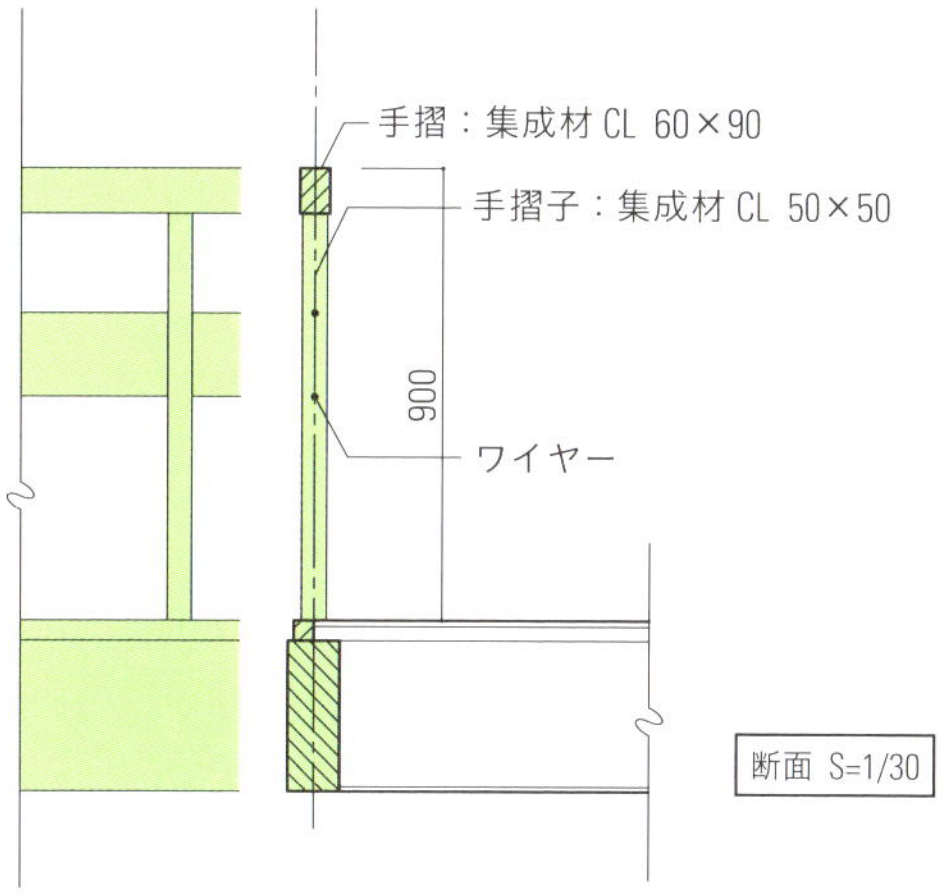
手摺：集成材 CL 60×90
手摺子：集成材 CL 50×50
900
ワイヤー
断面 S=1/30

金属手摺❷

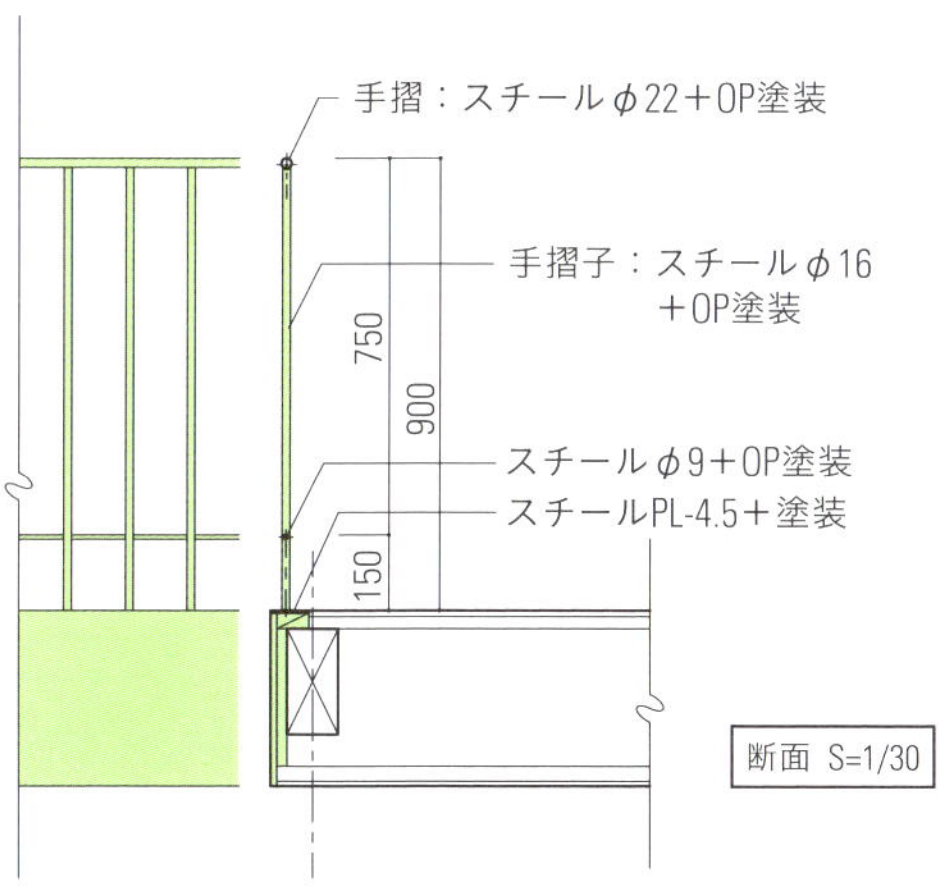
手摺：スチールφ22＋OP塗装
手摺子：スチールφ16
＋OP塗装
750
900
スチールφ9＋OP塗装
スチールPL-4.5＋塗装
150
断面 S=1/30

木製手摺❷

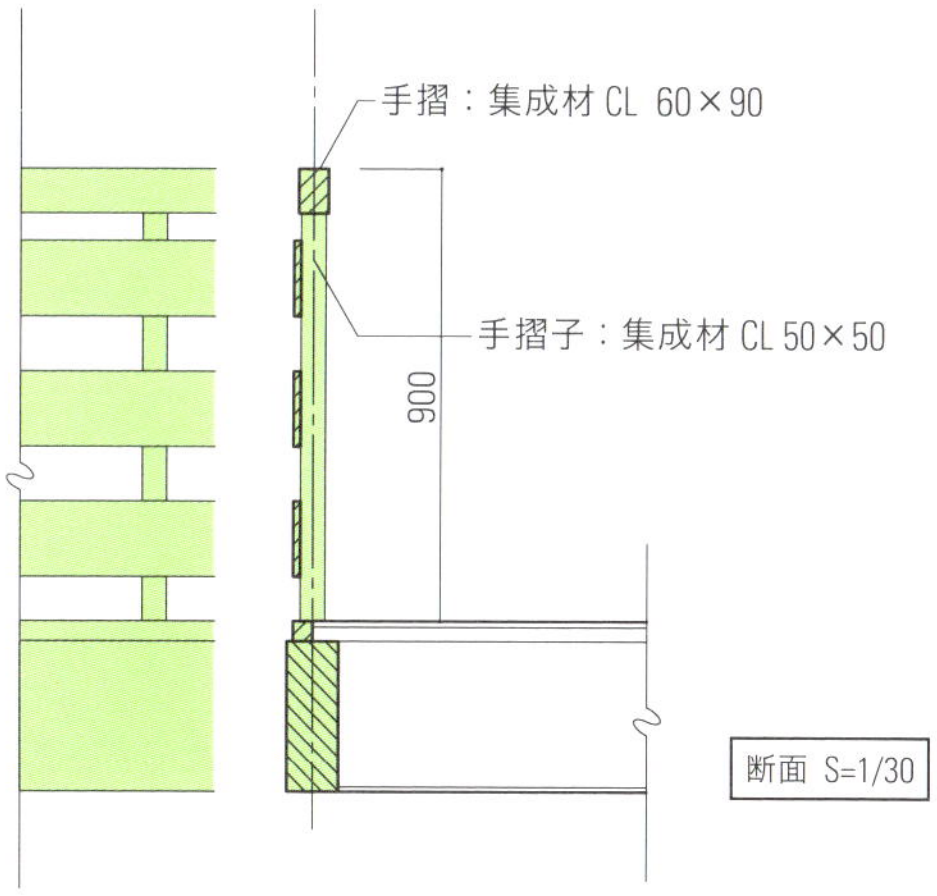
手摺：集成材 CL 60×90
手摺子：集成材 CL 50×50
900
断面 S=1/30

カウンター付腰壁手摺

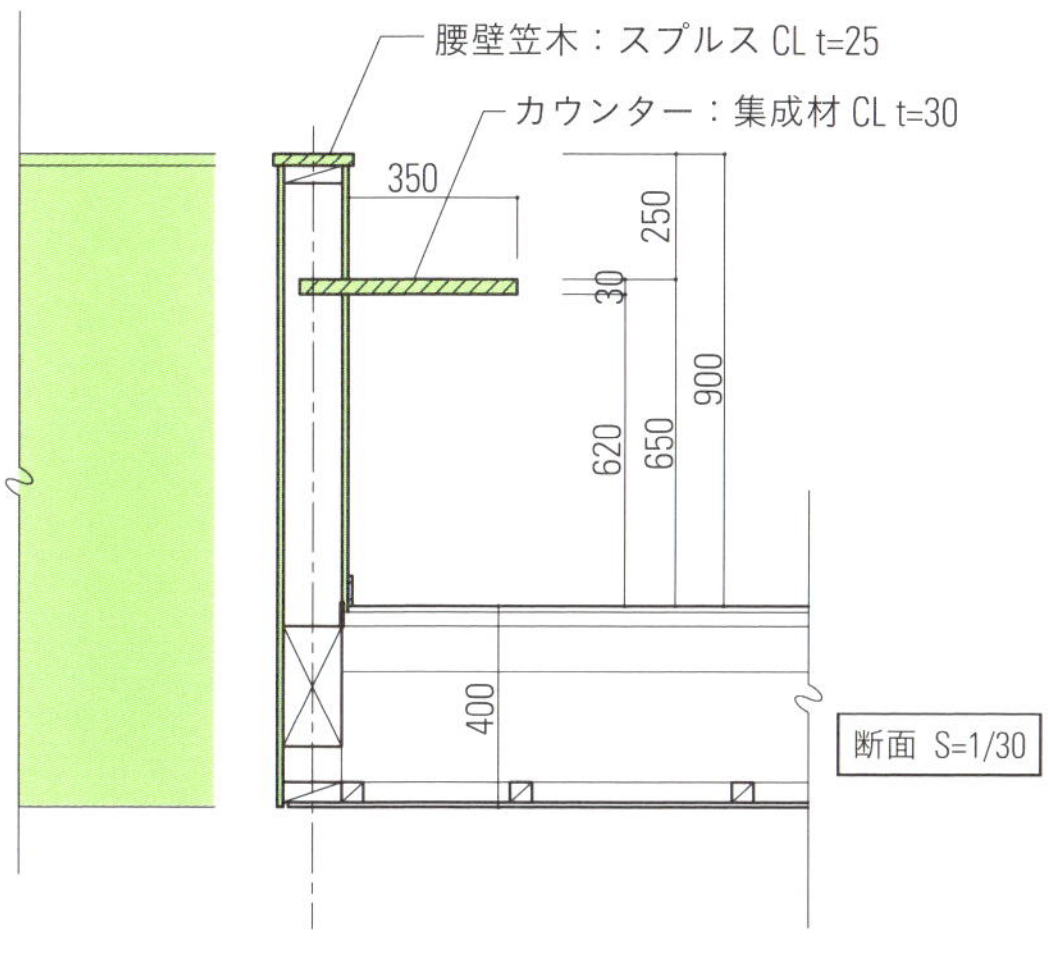
腰壁笠木：スプルス CL t=25
カウンター：集成材 CL t=30
350
250
30
620
650
900
400
断面 S=1/30

カウンター収納手摺

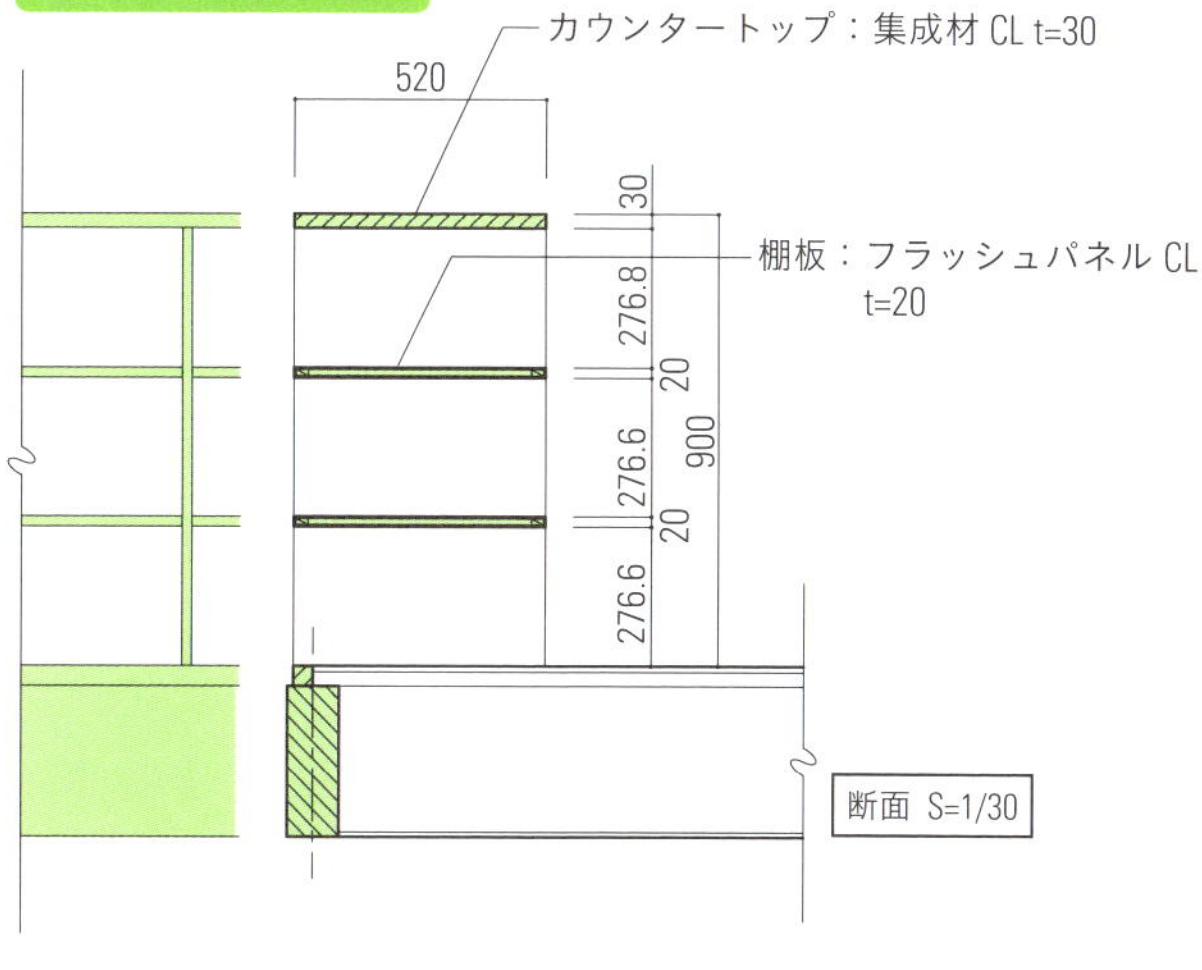
カウンタートップ：集成材 CL t=30
520
30
棚板：フラッシュパネル CL
t=20
276.8
20
276.6
20
276.6
900
断面 S=1/30

01
屋根の形状

屋**根の形状**は建物の意匠を考える上で非常に重要なデザイン要素である。街並、敷地形状、建物形状、地域の風土など屋根形状を決定する要因はさまざまなので、総合的に判断し決定することが求められる。

屋根葺《ふ》き材の選定は、屋根形状や屋根勾配から適切な材料を選ぶことが必要になる。

屋根は**雨水を自然に流して排水することが基本**なので、屋根面に出っ張り等、水の流れを邪魔するような形状はなるべく避けるべきである。軒先やけらばの水切り形状も内部に水が入り込むことがないような**ディテール**とすることが肝心である。また、雨をしのぐ以外に断熱性や遮音性も求められるほか、地域の気象条件によって求められる性能は異なるので注意したい。

切妻《きりづま》屋根

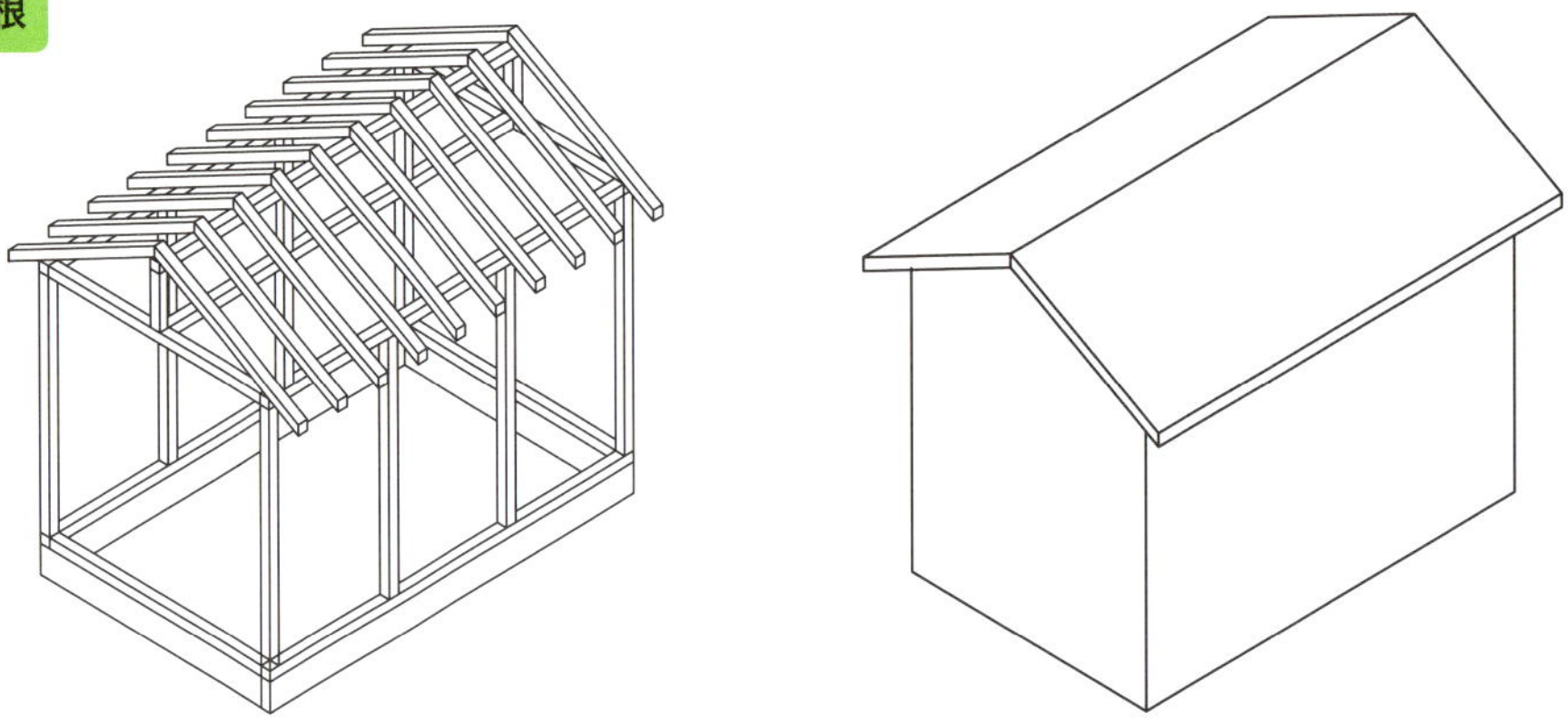

寄棟《よせむね》屋根

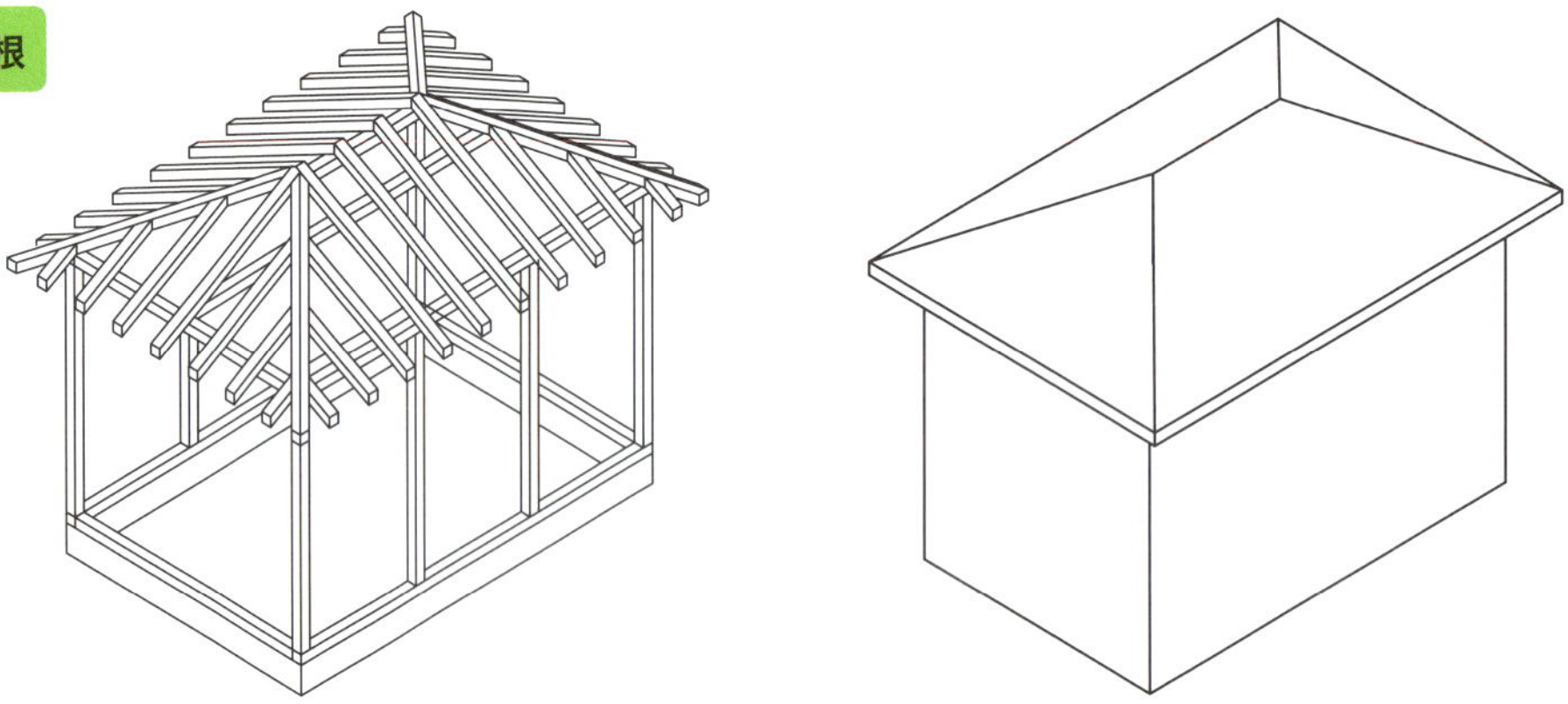

片流《かたながれ》屋根

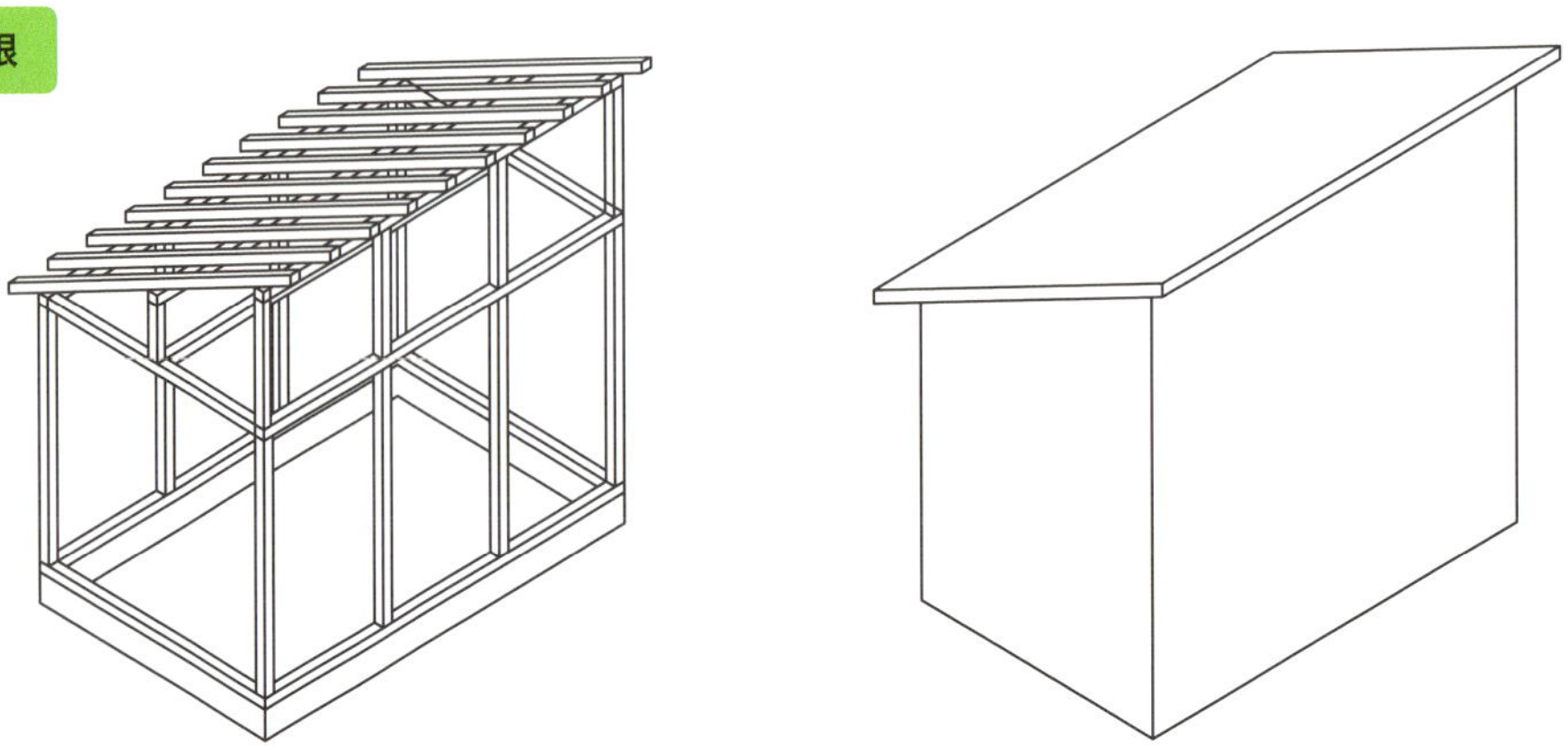

方形《ほうぎょう》屋根

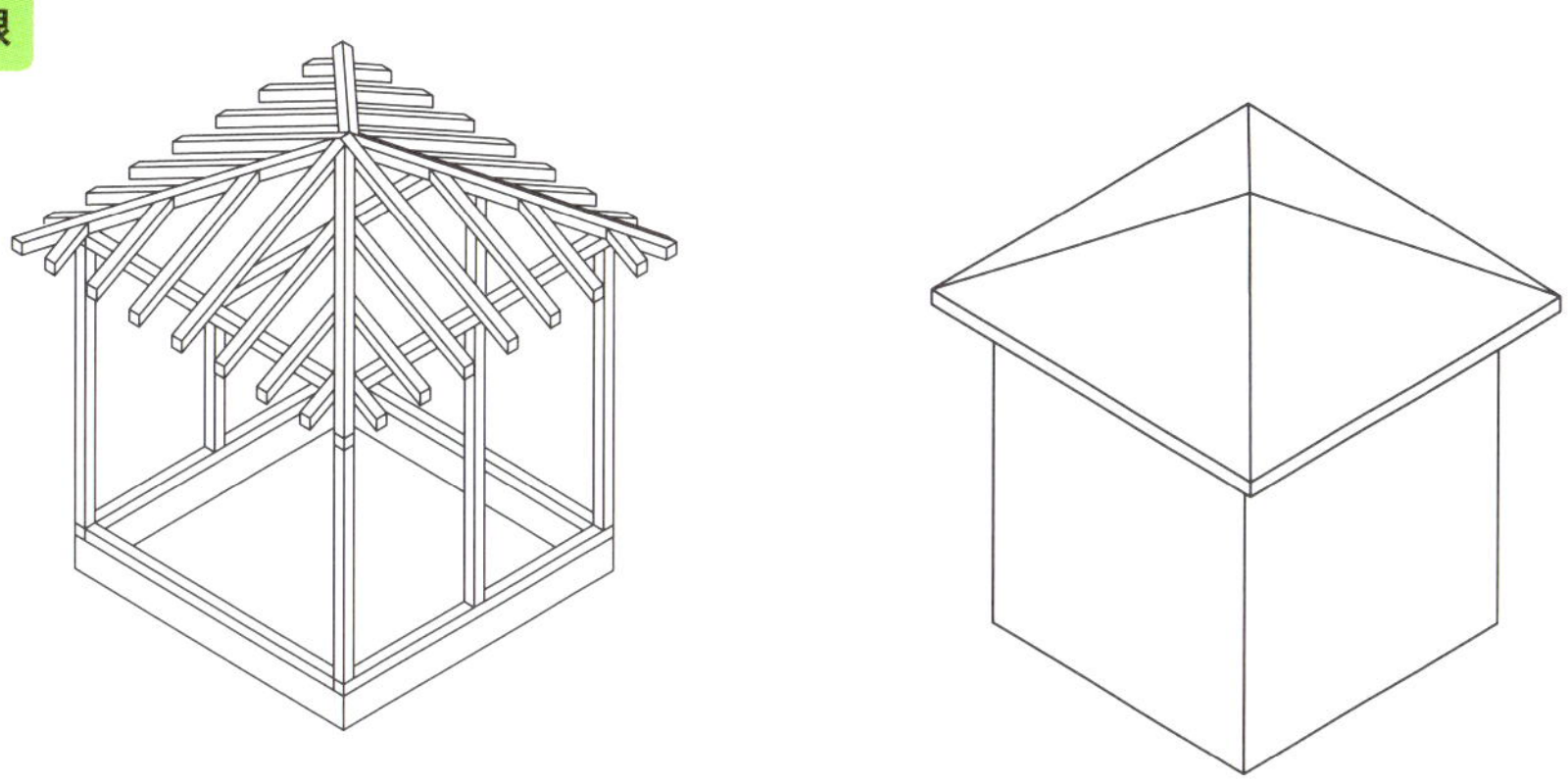

入母屋《いりもや》屋根

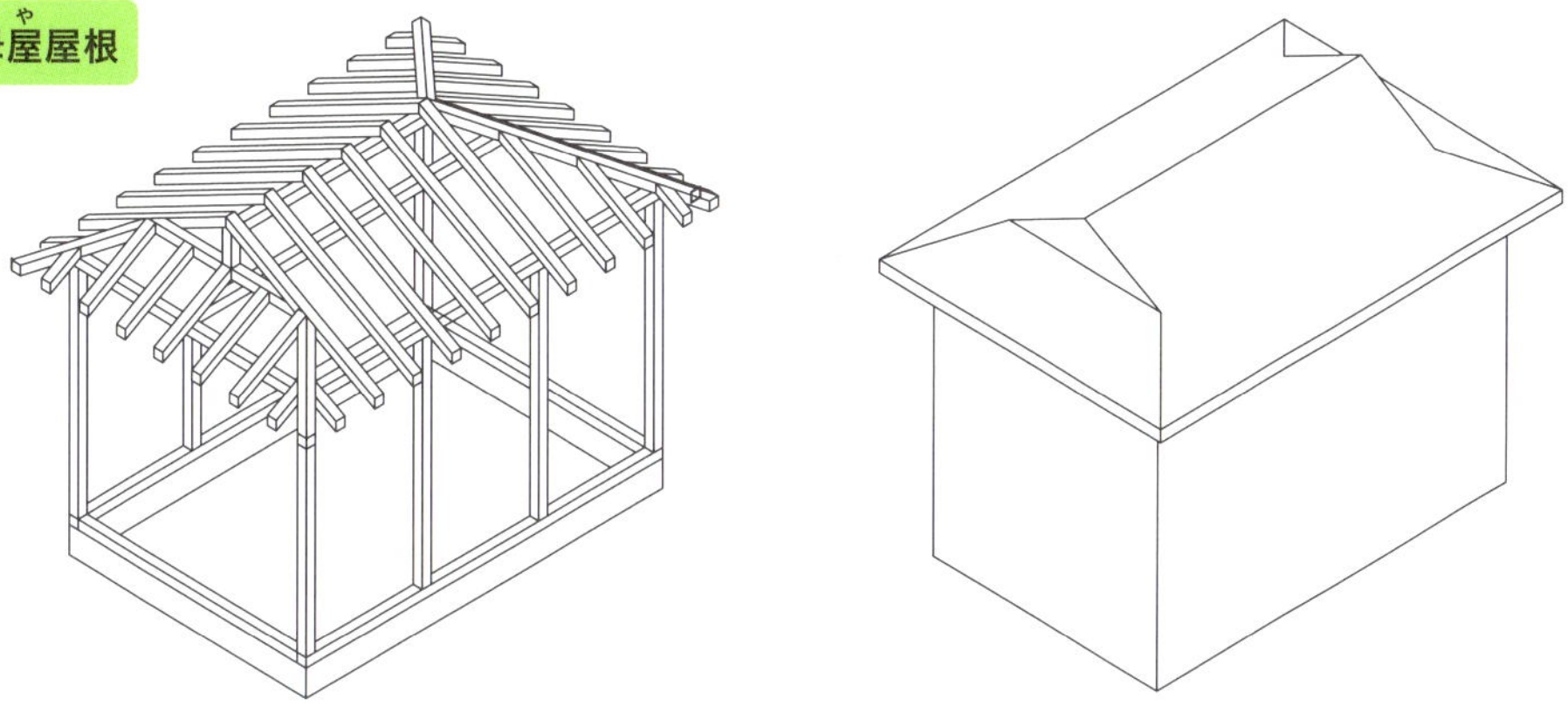

陸《ろく》屋根

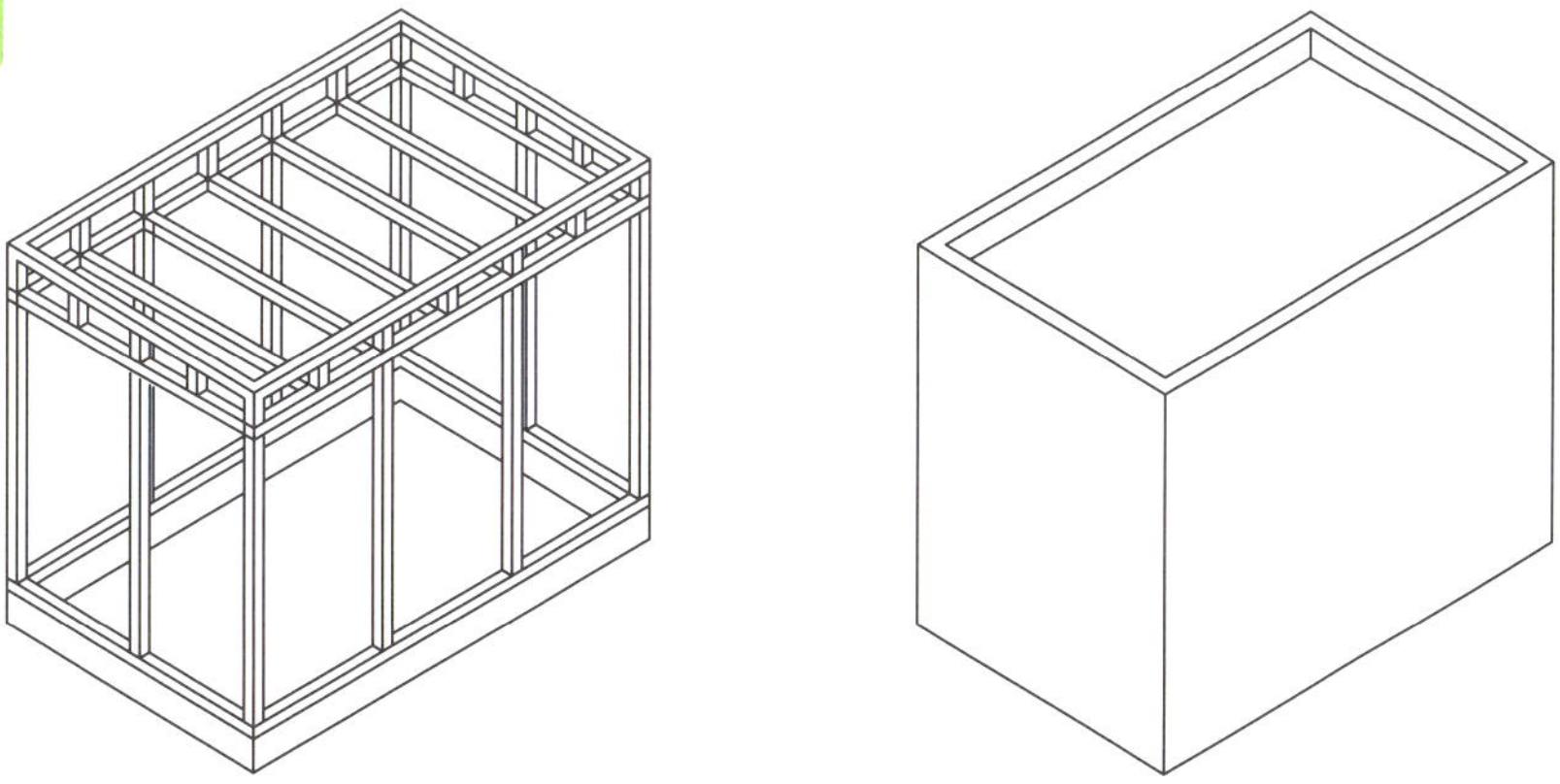

断熱方式

屋根の断熱方法には大きく分けて、**天井断熱**と**屋根断熱**がある。

「天井断熱」は天井材の上に断熱材を敷き詰め、その上の小屋裏には外気が入る。

「屋根断熱」は屋根勾配に沿って断熱を施すため、屋根の下は屋根勾配なりに室内空間となる。断熱材と屋根材の間には**通気層**を設け、外気を取り入れる**二重構造**とする必要がある。

屋根工法と勾配の目安

金属屋根葺き

- 瓦棒《かわらぼう》葺《ぶ》き：5／100〜1／10以上
- 竪《たて》ハゼ葺《ぶ》き：5／100以上
- 平《ひら》葺《ぶ》き：3／10以上
- 折板《せっぱん》葺《ぶ》き：3／100以上

スレート葺き

- 天然スレート葺き：4／10以上
- 化粧スレート葺き：3／10以上

瓦葺き

- 4／10〜7／10以上

02
切妻屋根の基本的な納まり

切妻《きりづま》屋根

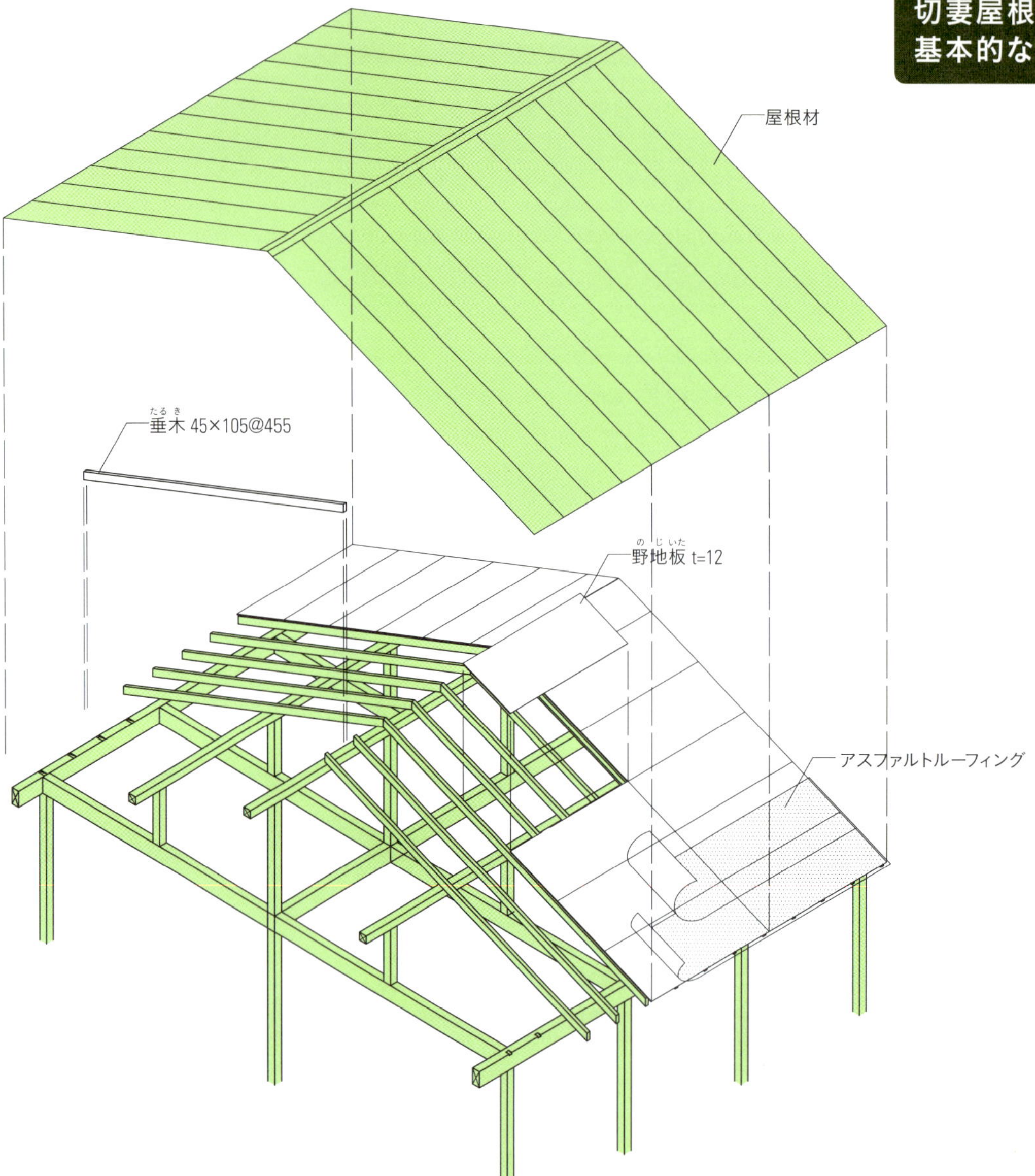

屋根材
垂木《たるき》 45×105@455
野地板《のじいた》 t=12
アスファルトルーフィング

切《きり》妻《づま》屋根は一般的に多く見られる屋根形状である。シンプルな形をしているので、**ローコスト**かつ雨漏りの心配が少ない利点をもつ。豪雪地帯においても雪が勾配に沿って落ちて積もりにくいため、建物の倒壊の危険性が低い。

狭小敷地やデザイン性を考え、軒を出さない形状も採用されるが、軒の深い屋根に比べて雨漏りや外壁の汚れにもつながりやすくなるので、雨仕舞いや外壁の仕上げをよく検討する必要がある。

屋根材のすぐ下に断熱を敷く**屋根断熱**は、**ダイナミックな空間**を表現したい場合、内部に屋根の勾配が現れ、天井高も確保できるため採用されることが多い（左頁上図）。内部空間を重視し天井の厚みを小さくしたい場合、断熱材はフェノールフォームなどの**発泡プラスチック保温材**を使用する。通気は**通気垂木**で**通気層を確保**する。

フラットな天井の場合は、**天井真上**に断熱材を用いることが多い（左頁下図）。天井上に十分な空間があるので、繊維系断熱材の**グラスウール**等を施す。天井裏には照明器具、配線等があるので断熱の欠損とならないように、またダウンライトなどの器具の熱による発火などに注意する。小屋裏内全体の通気が必要となるので、**棟換気口**や妻側に**小屋裏換気口**を設ける。

切妻屋根：屋根断熱と屋根通気の例

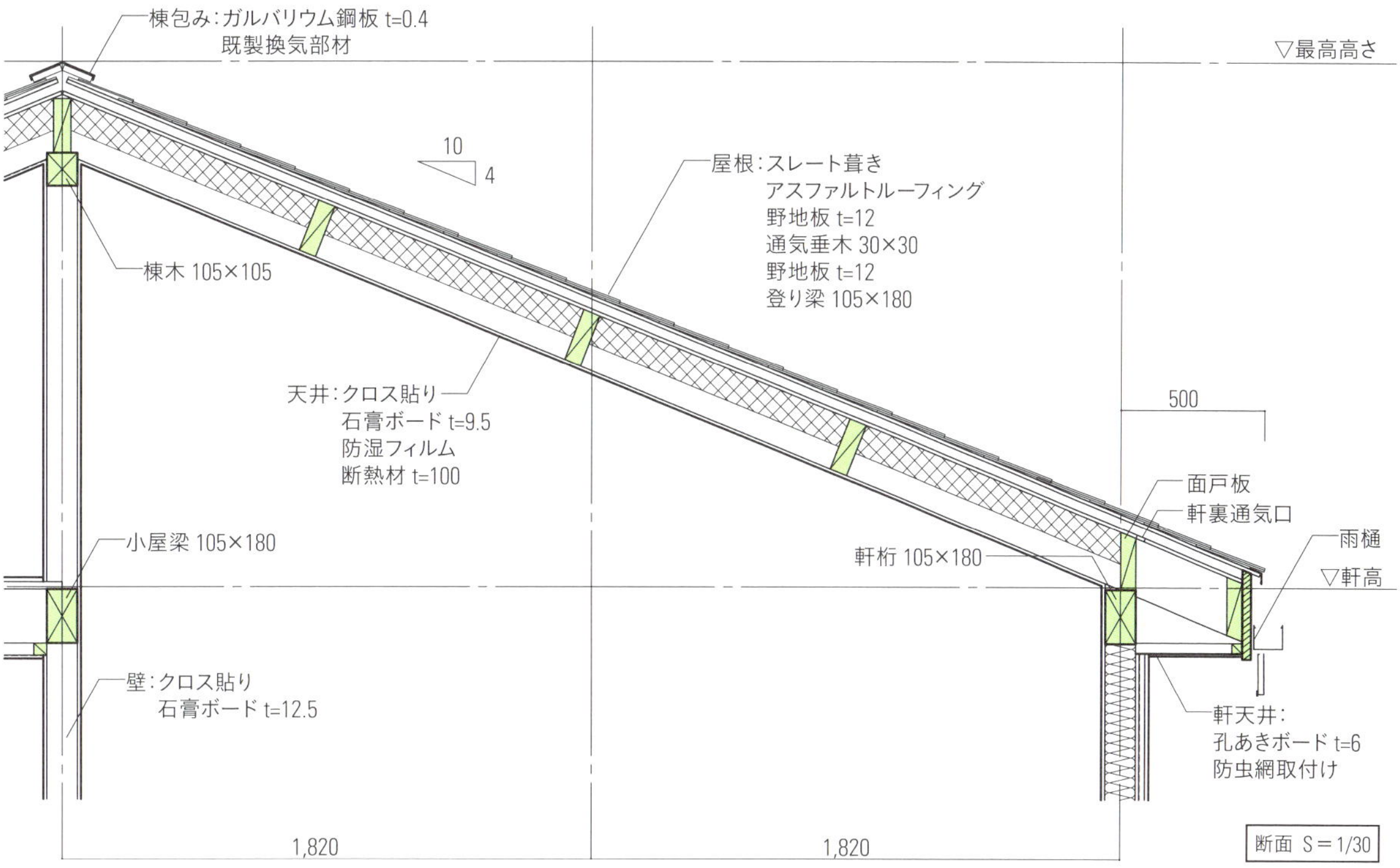
棟包み:ガルバリウム鋼板 t=0.4
既製換気部材
▽最高高さ
10
4
屋根:スレート葺き
アスファルトルーフィング
野地板 t=12
通気垂木 30×30
野地板 t=12
登り梁 105×180
棟木 105×105
天井:クロス貼り
石膏ボード t=9.5
防湿フィルム
断熱材 t=100
500
面戸板
軒裏通気口
雨樋
▽軒高
小屋梁 105×180
軒桁 105×180
壁:クロス貼り
石膏ボード t=12.5
軒天井:
孔あきボード t=6
防虫網取付け
1,820
1,820
断面 S＝1/30

切妻屋根：天井断熱と小屋裏通気の例

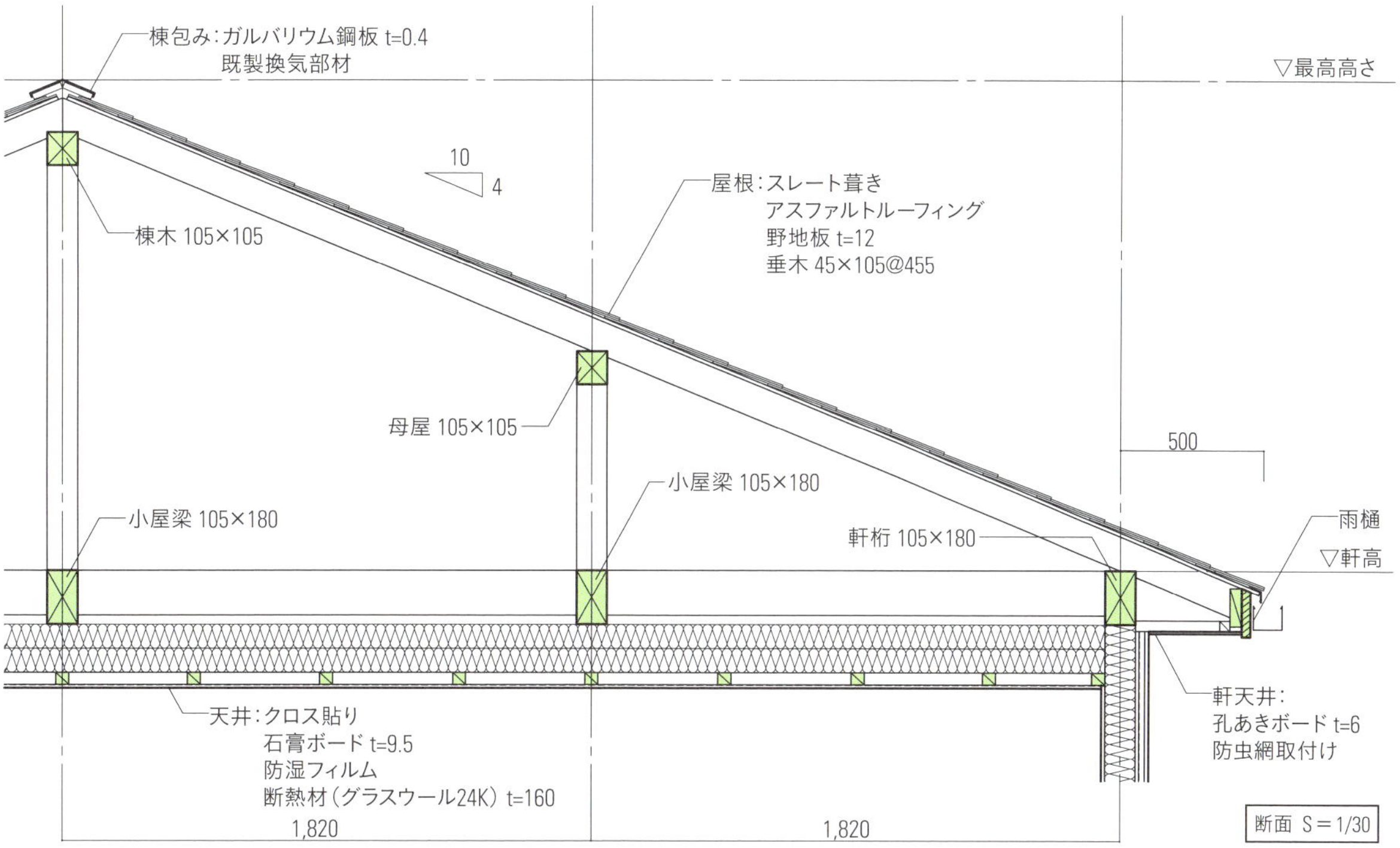
棟包み:ガルバリウム鋼板 t=0.4
既製換気部材
▽最高高さ
10
4
屋根:スレート葺き
アスファルトルーフィング
野地板 t=12
垂木 45×105@455
棟木 105×105
母屋 105×105
500
小屋梁 105×180
小屋梁 105×180
軒桁 105×180
雨樋
▽軒高
天井:クロス貼り
石膏ボード t=9.5
防湿フィルム
断熱材（グラスウール24K） t=160
軒天井:
孔あきボード t=6
防虫網取付け
1,820
1,820
断面 S＝1/30

03
寄棟屋根の基本的な納まり

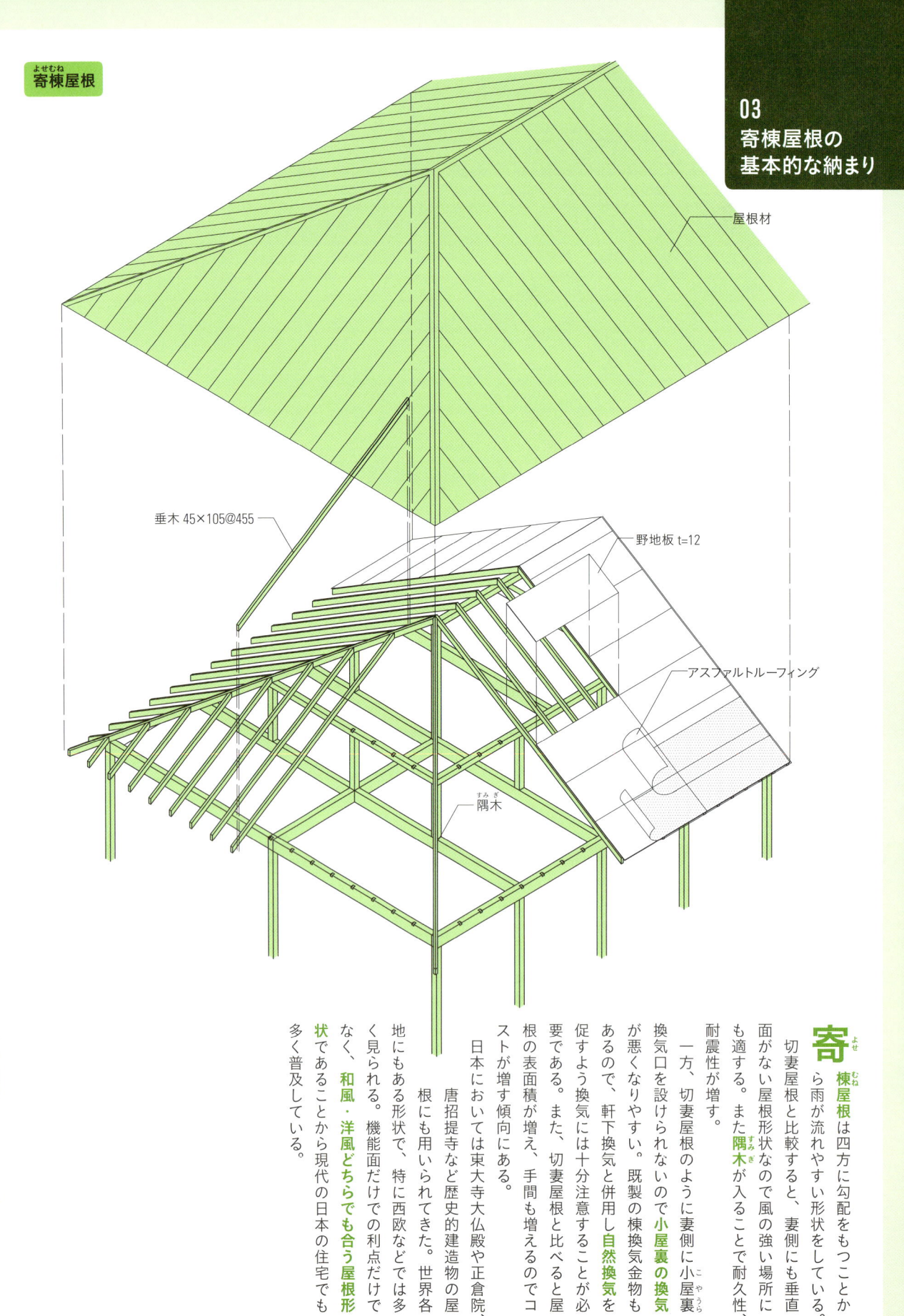

寄棟屋根《よせむね》

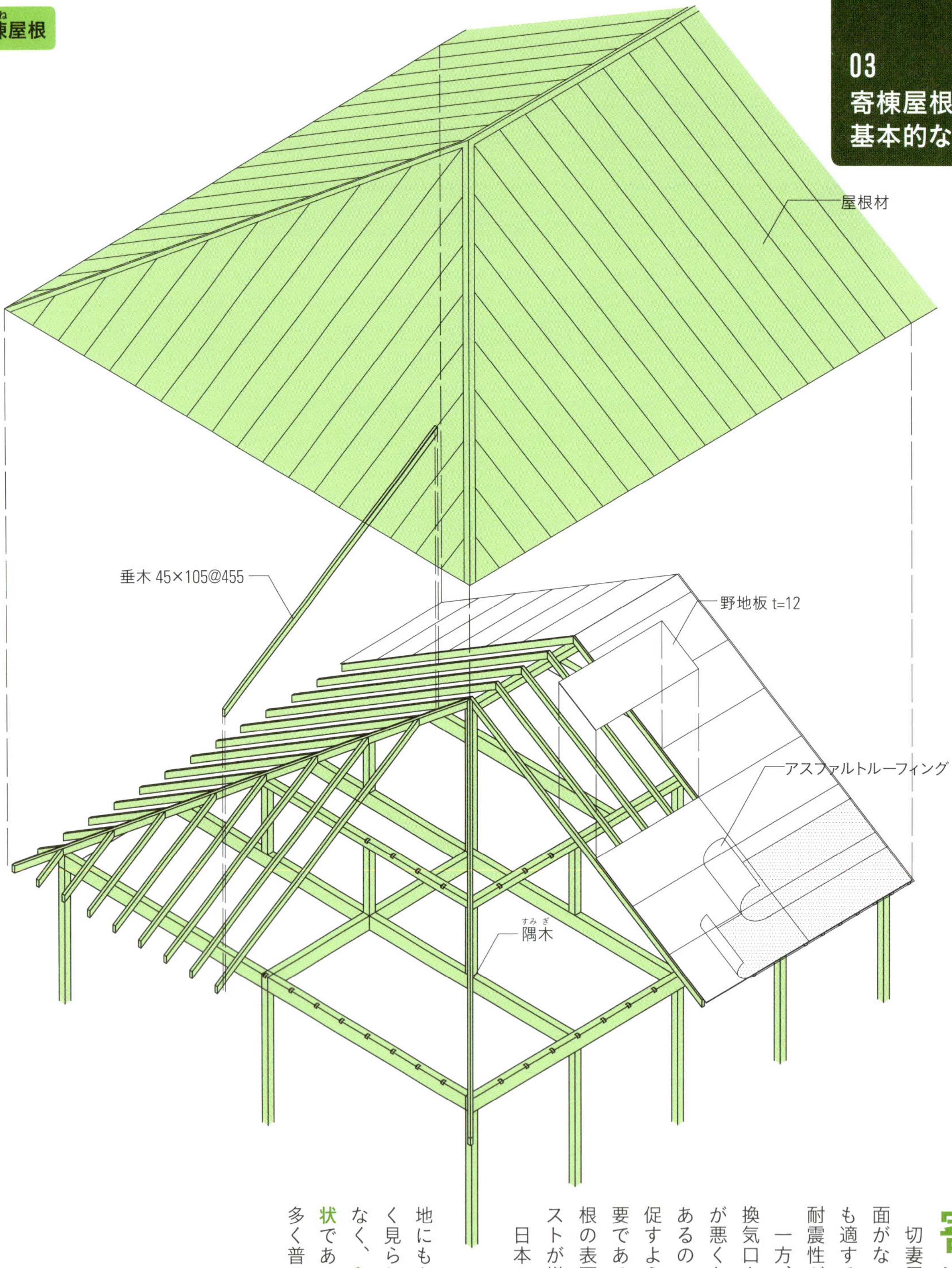
屋根材
垂木 45×105@455
野地板 t=12
アスファルトルーフィング
隅木《すみぎ》

寄《よせ》棟《むね》屋根は四方に勾配をもつことから雨が流れやすい形状をしている。

切妻屋根と比較すると、妻側にも垂直面がない屋根形状なので風の強い場所にも適する。また**隅木《すみぎ》**が入ることで耐久性、耐震性が増す。

一方、切妻屋根のように妻側に小屋裏《こやうら》換気口を設けられないので**小屋裏の換気**が悪くなりやすい。既製の棟換気金物もあるので、軒下換気と併用し**自然換気**を促すよう換気には十分注意することが必要である。また、切妻屋根と比べると屋根の表面積が増え、手間も増えるのでコストが増す傾向にある。

日本においては東大寺大仏殿や正倉院、唐招提寺など歴史的建造物の屋根にも用いられてきた。世界各地にもある形状で、特に西欧などでは多く見られる。機能面だけでの利点だけでなく、**和風・洋風どちらでも合う屋根形状**であることから現代の日本の住宅でも多く普及している。

寄棟屋根：短手方向断面

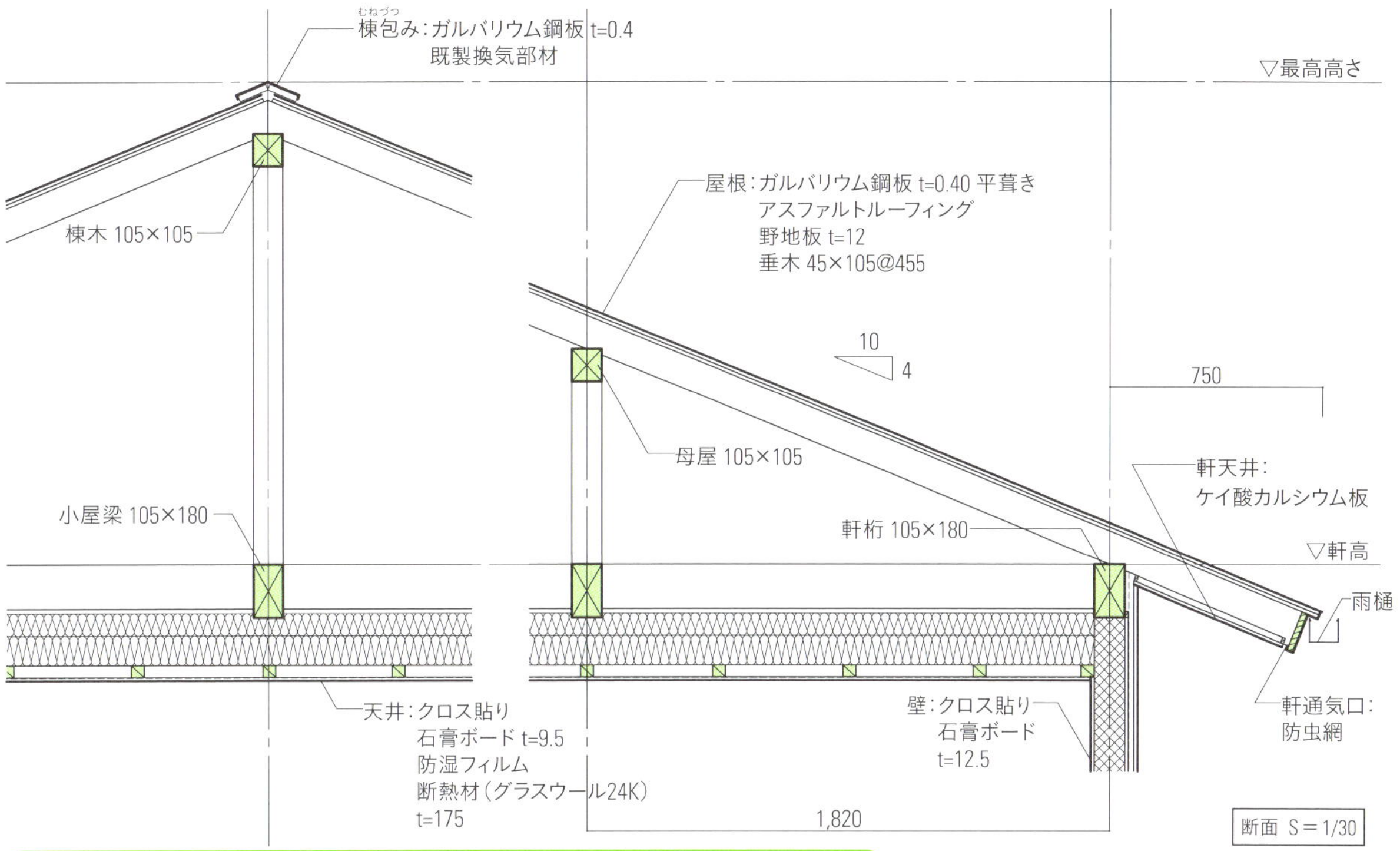
棟包《むねづつ》み：ガルバリウム鋼板 t=0.4
既製換気部材
▽最高高さ
棟木 105×105
屋根：ガルバリウム鋼板 t=0.40 平葺き
アスファルトルーフィング
野地板 t=12
垂木 45×105@455
10
4
750
母屋 105×105
軒天井：
ケイ酸カルシウム板
小屋梁 105×180
軒桁 105×180
▽軒高
雨樋
軒通気口：
防虫網
天井：クロス貼り
石膏ボード t=9.5
防湿フィルム
断熱材（グラスウール24K）
t=175
壁：クロス貼り
石膏ボード
t=12.5
1,820
断面 S＝1/30

断熱材の厚みは断熱材の種類、地域や求める性能によって異なる。省エネルギーの基準があるので、地域ごとの必要熱抵抗値に合わせて厚さを検討する必要がある。

寄棟屋根：長手方向断面

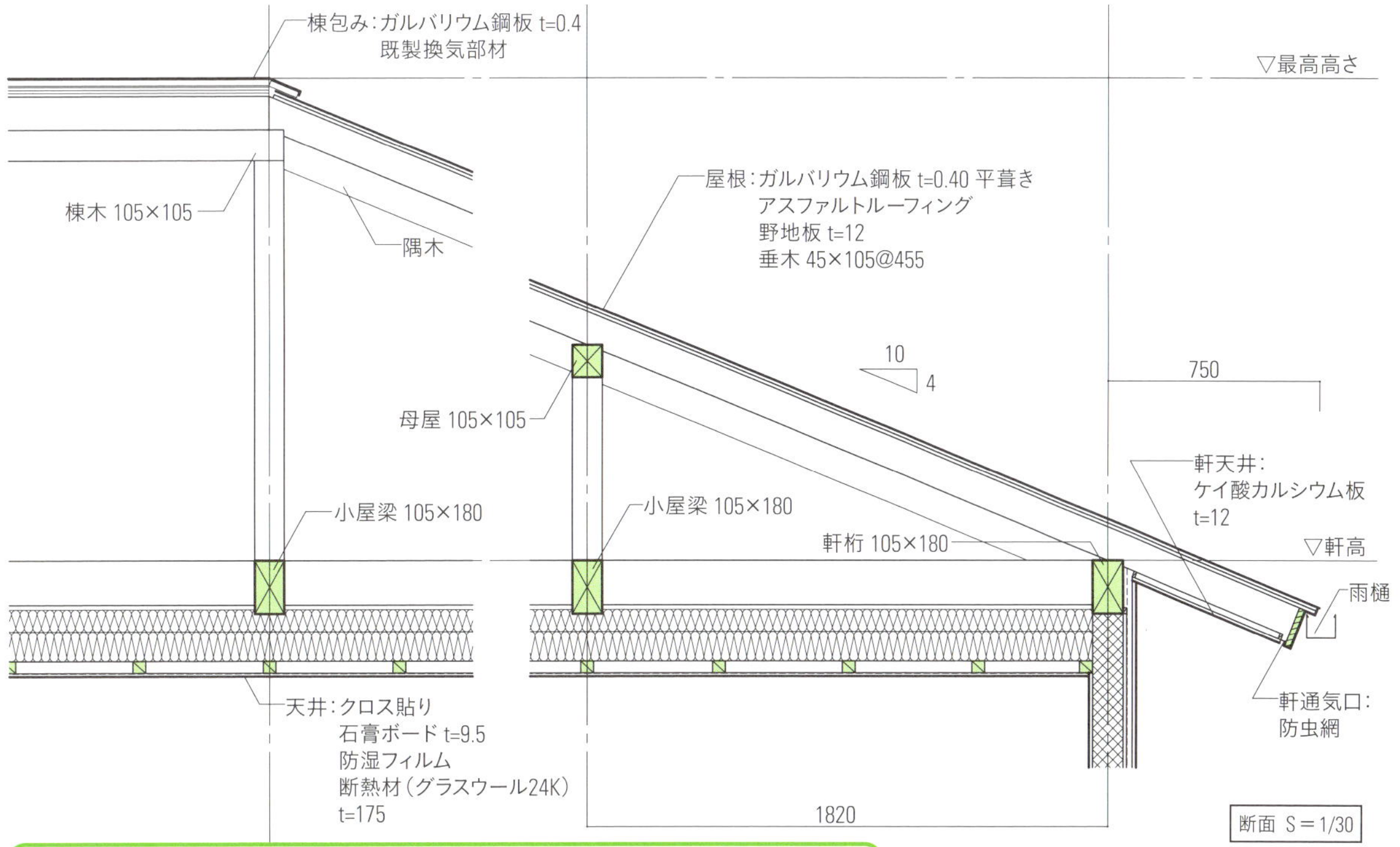
棟包み：ガルバリウム鋼板 t=0.4
既製換気部材
▽最高高さ
棟木 105×105
隅木
屋根：ガルバリウム鋼板 t=0.40 平葺き
アスファルトルーフィング
野地板 t=12
垂木 45×105@455
10
4
750
母屋 105×105
軒天井：
ケイ酸カルシウム板
t=12
小屋梁 105×180
小屋梁 105×180
軒桁 105×180
▽軒高
雨樋
軒通気口：
防虫網
天井：クロス貼り
石膏ボード t=9.5
防湿フィルム
断熱材（グラスウール24K）
t=175
1820
断面 S＝1/30

この矩形図の例はⅣ地域の高断熱住宅を表す。選択する断熱材の種類によっても厚さは異なるので、内部に求められる天井高さに応じて断熱材の種類を選択する。

片流屋根《かたながれ》

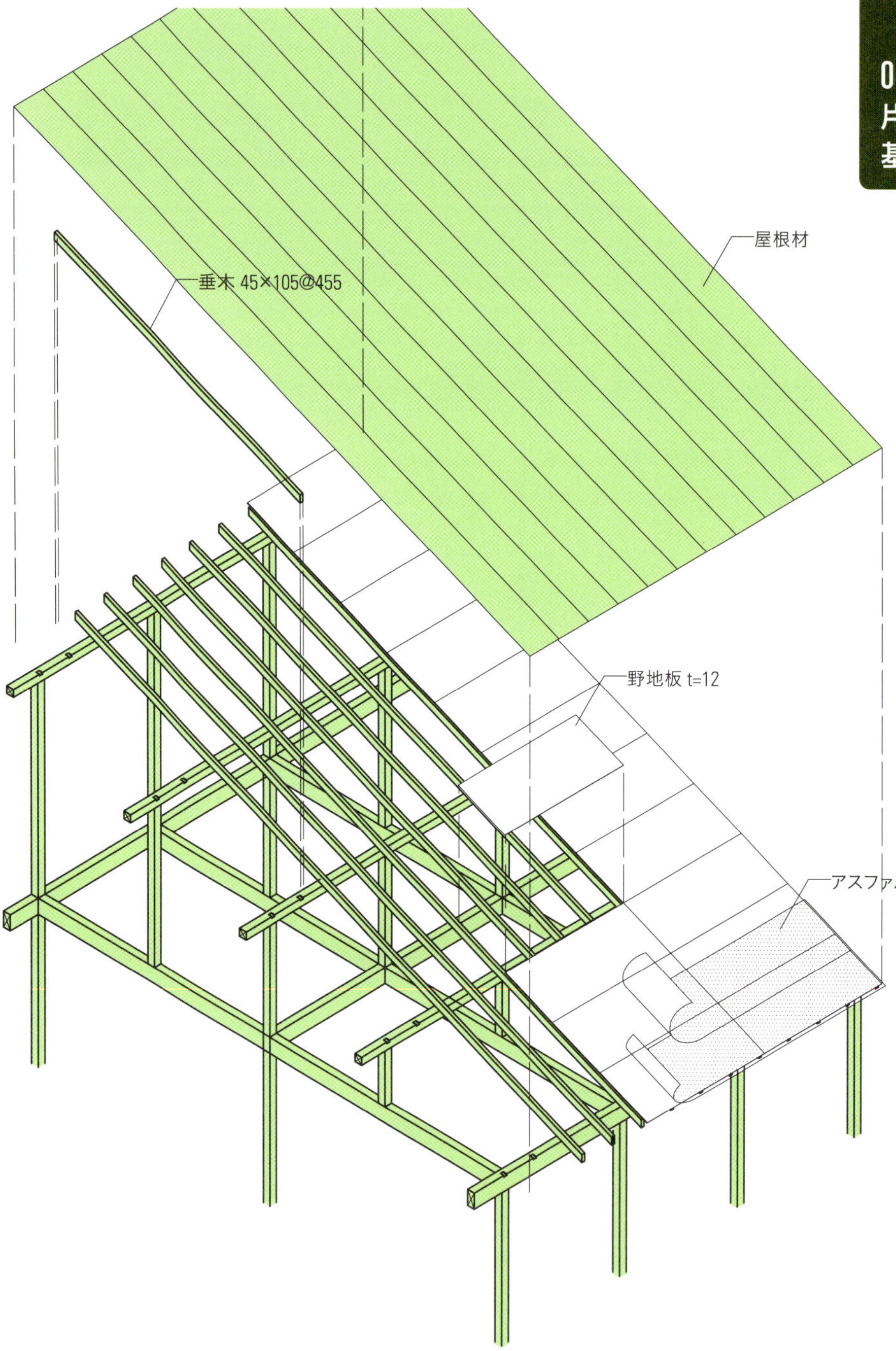
屋根材
垂木 45×105@455
野地板 t=12
アスファルトルーフィング

片《かた》**流**《ながれ》**屋根**は一方向のみに傾斜した屋根の形状をいう。

屋根形状がシンプルなため施工はしやすく、屋根工事のみで考えると**コストも比較的安く**済む。また複雑な形状の屋根に比べて雨漏りなどのトラブルも少ない。しかし、屋根の強度について比較すると他の屋根形状に比べ、垂直面が増えるので**強風には弱く**なる。また、一方向に傾斜するので、雨や雪が一箇所に集中して流れる。そのため、道路や隣地との関係性を考慮して建物の配置を計画する必要がある。

シンプルな外観と、傾斜に沿って天井を張った場合の**開放的な内観**を好む人も多い。軒を出さない形状は意匠性はよいが、雨を多く受けやすく、壁面の汚れの原因になりやすいので、**水切りを極力出す**など、納まりをよく検討する必要がある。

内部に関しては、傾斜の大きい**屋根の流れに沿って天井を張る**ことでダイナミックな空間にすることが可能とある。

さらに、天井を張らずに**梁や垂木を露出**させるなど、構造部材を意匠として見せることで片流屋根の利点をより活かすことができる。

片流屋根：梁現し

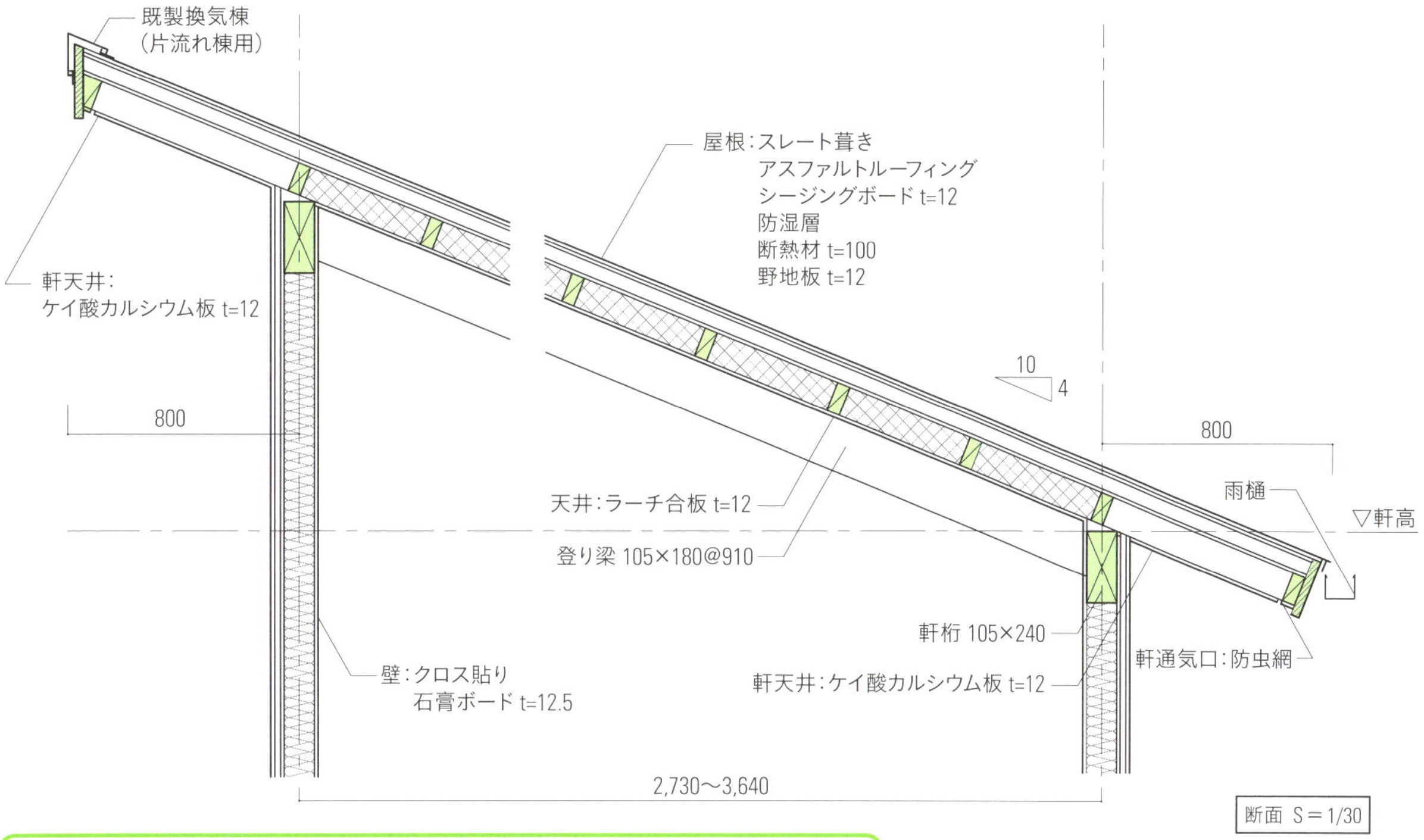
既製換気棟
(片流れ棟用)
屋根：スレート葺き
アスファルトルーフィング
シージングボード t=12
防湿層
断熱材 t=100
野地板 t=12
軒天井：
ケイ酸カルシウム板 t=12
10
4
800
800
天井：ラーチ合板 t=12
登り梁 105×180@910
雨樋
▽軒高
軒桁 105×240
壁：クロス貼り
石膏ボード t=12.5
軒天井：ケイ酸カルシウム板 t=12
軒通気口：防虫網
2,730〜3,640
断面 S＝1/30

構造部材の下に天井を張るよりも、梁や垂木を現すことで天井が高く感じられ、ダイナミックな空間となる。均等に配置された登り梁により、リズム感が生まれ意匠性も優れる。構造部材を現しにする場合、材種を検討する必要がある。

片流屋根：妻側フラット

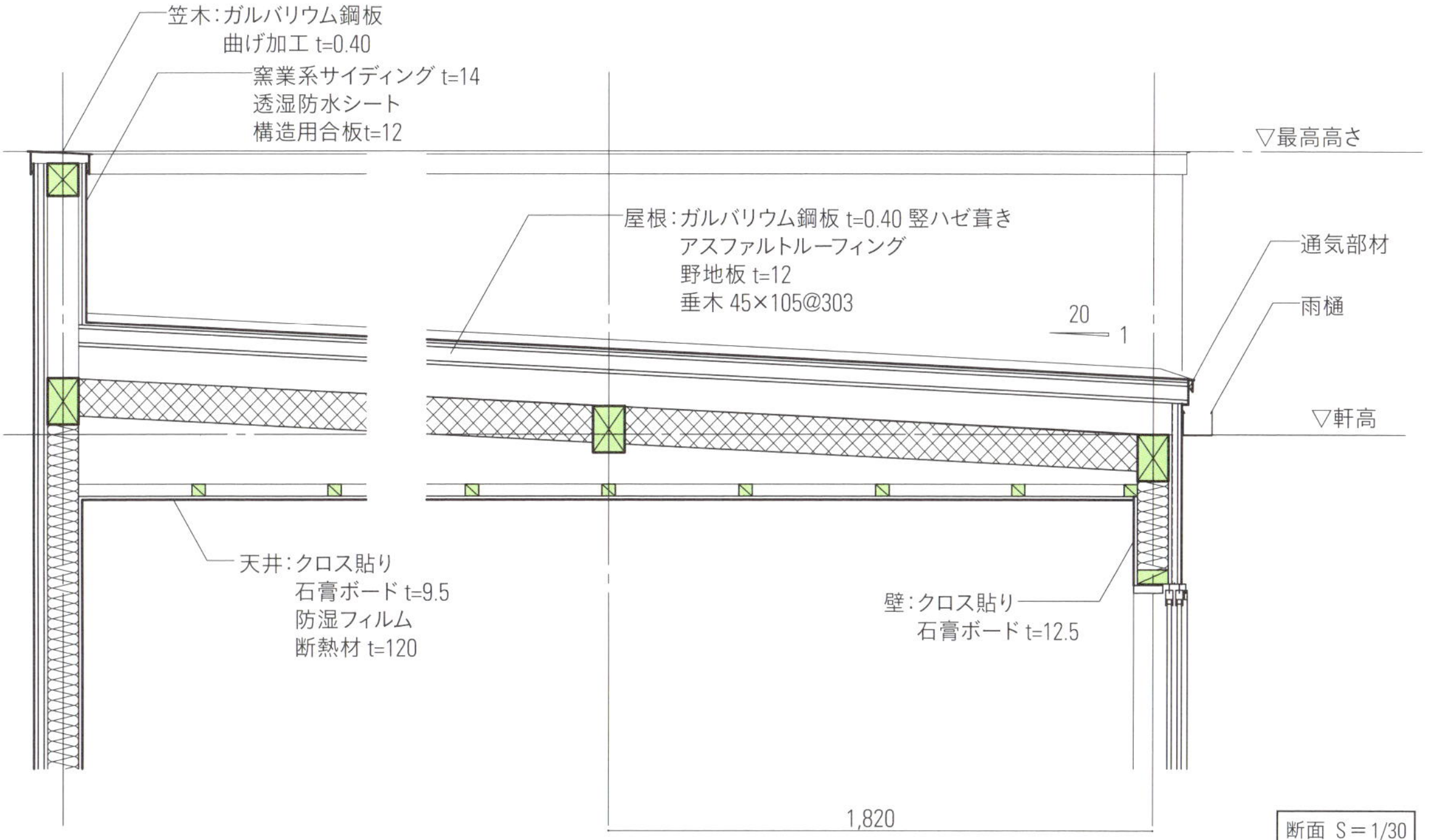
笠木：ガルバリウム鋼板
曲げ加工 t=0.40
窯業系サイディング t=14
透湿防水シート
構造用合板t=12
▽最高高さ
屋根：ガルバリウム鋼板 t=0.40 竪ハゼ葺き
アスファルトルーフィング
野地板 t=12
垂木 45×105@303
通気部材
雨樋
20
1
▽軒高
天井：クロス貼り
石膏ボード t=9.5
防湿フィルム
断熱材 t=120
壁：クロス貼り
石膏ボード t=12.5
1,820
断面 S＝1/30

建物の三方に立ち上がりを設け、建物をフラットの屋根に見せる屋根形状。陸《ろく》屋根は四方に立ち上がりを設け防水を施すが、水を自然に流す形状ではないので、このように緩勾《かんこう》配《ばい》が可能な金属屋根を葺いた片流屋根とすることで雨水を溜めずに自然に排水できる。

方形《ほうぎょう》屋根

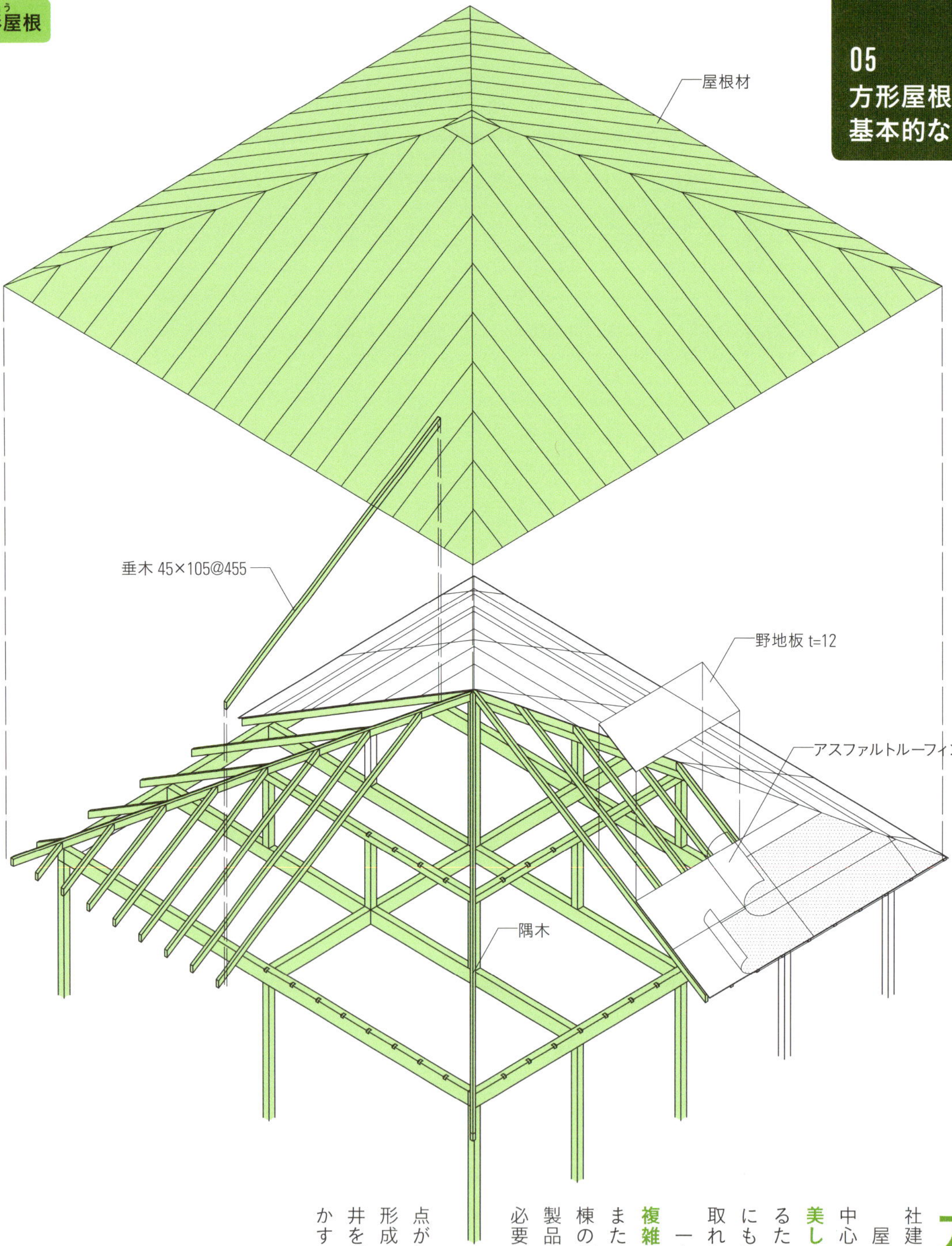
屋根材
垂木 45×105@455
野地板 t=12
アスファルトルーフィング
隅木

方《ほう》**形**《ぎょう》**屋根**は正方形の屋根の中心を頂点とし、四方に勾配をもち、寺社建築でよく見られる屋根の形状である。

屋根の頂点である棟の部分が、建物の中心にくることから、バランスのとれた**美しい外観**となる。また四方に雨が流れるため、雨はけがよく降雨量が多い地域にも適する。さらに垂直面がなく均衡の取れた形状により強風の地域にも適する。

一方、寄棟と同様に**隅木部分は加工が複雑**なので雨漏りの要因となりやすい。また、小屋裏換気口を設けられないので棟の部分で効率よく換気できるよう、既製品の方形用換気棟を使うなどの配慮が必要である。

内部に関しては、屋根の構造部材を現しにすると建物の中心に頂点が集まり、美しく均衡のとれた天井が形成される。このように、意匠として天井を利用することでプランニングにも活かすことのできる形状である。

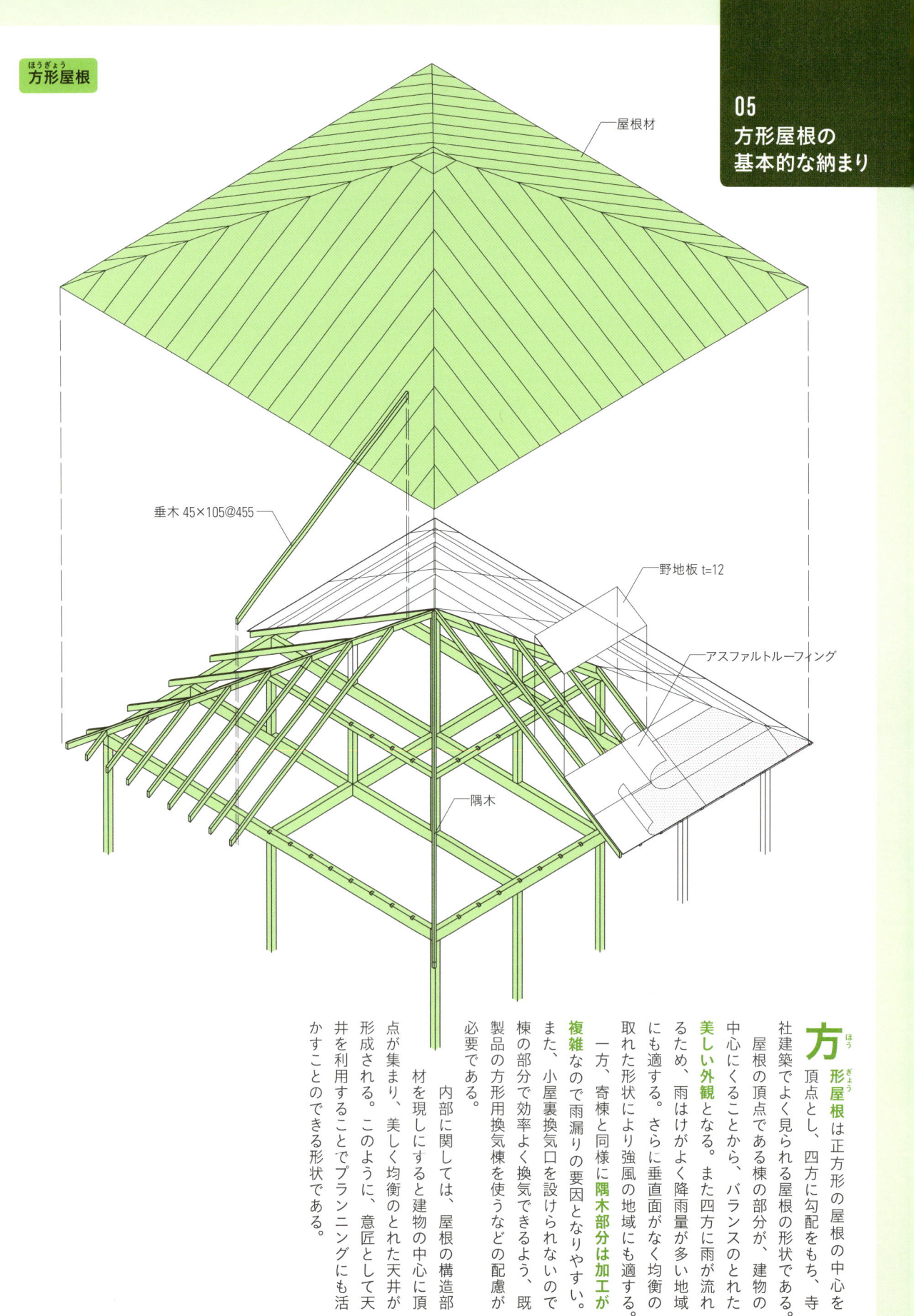

方形屋根：屋根断熱

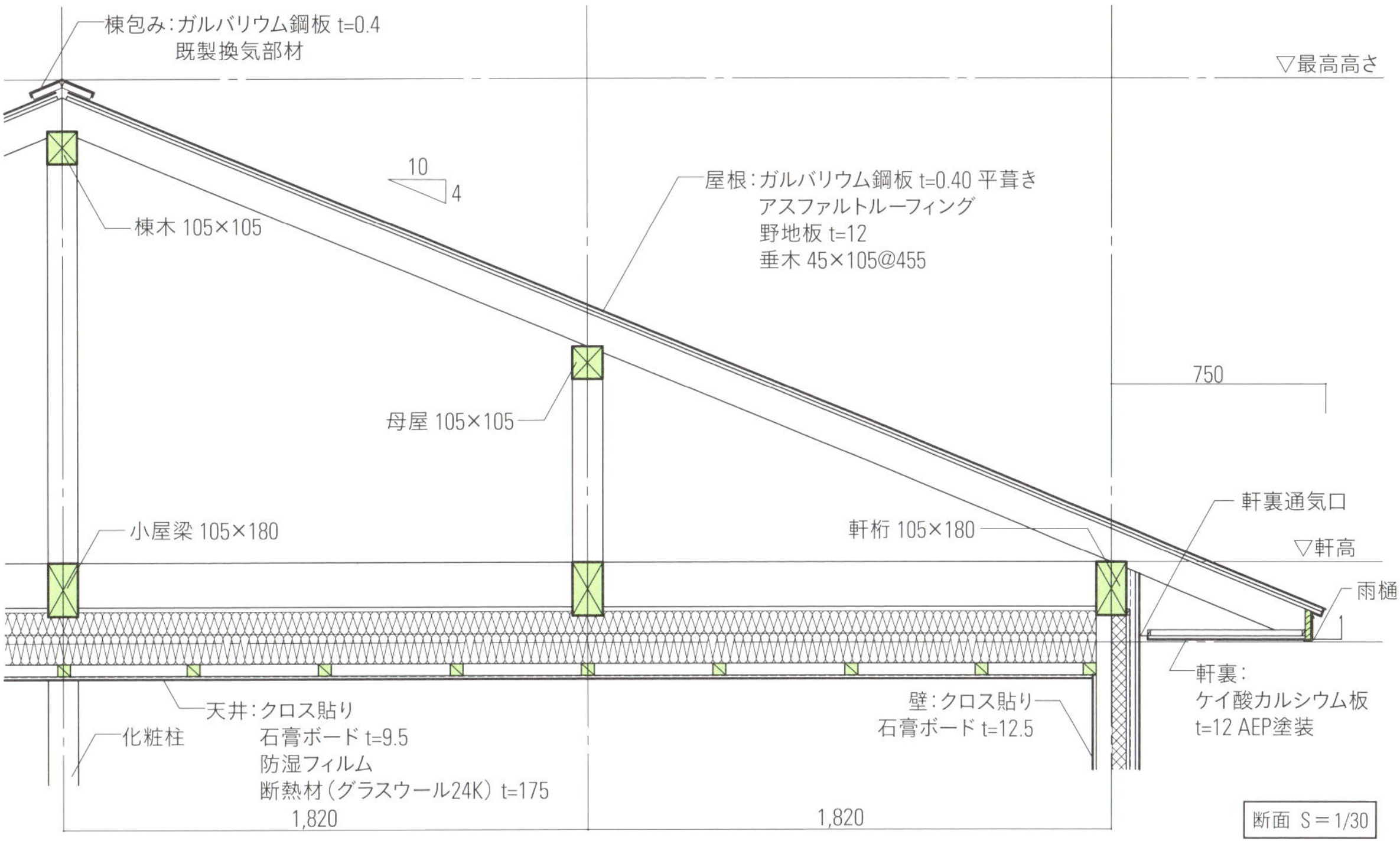
棟包み：ガルバリウム鋼板 t=0.4
既製換気部材
▽最高高さ
10
4
棟木 105×105
屋根：ガルバリウム鋼板 t=0.40 平葺き
アスファルトルーフィング
野地板 t=12
垂木 45×105@455
750
母屋 105×105
軒裏通気口
小屋梁 105×180
軒桁 105×180
▽軒高
雨樋
軒裏：
ケイ酸カルシウム板
t=12 AEP塗装
天井：クロス貼り
石膏ボード t=9.5
防湿フィルム
断熱材（グラスウール24K）t=175
化粧柱
壁：クロス貼り
石膏ボード t=12.5
1,820
1,820
断面 S＝1/30

正方形の平面にフラットな天井を設けて柱だけを露出させた形状。化粧柱とすることで柱を意匠的に強調したプランニングも可能である。

方形屋根：垂木・小屋梁露出

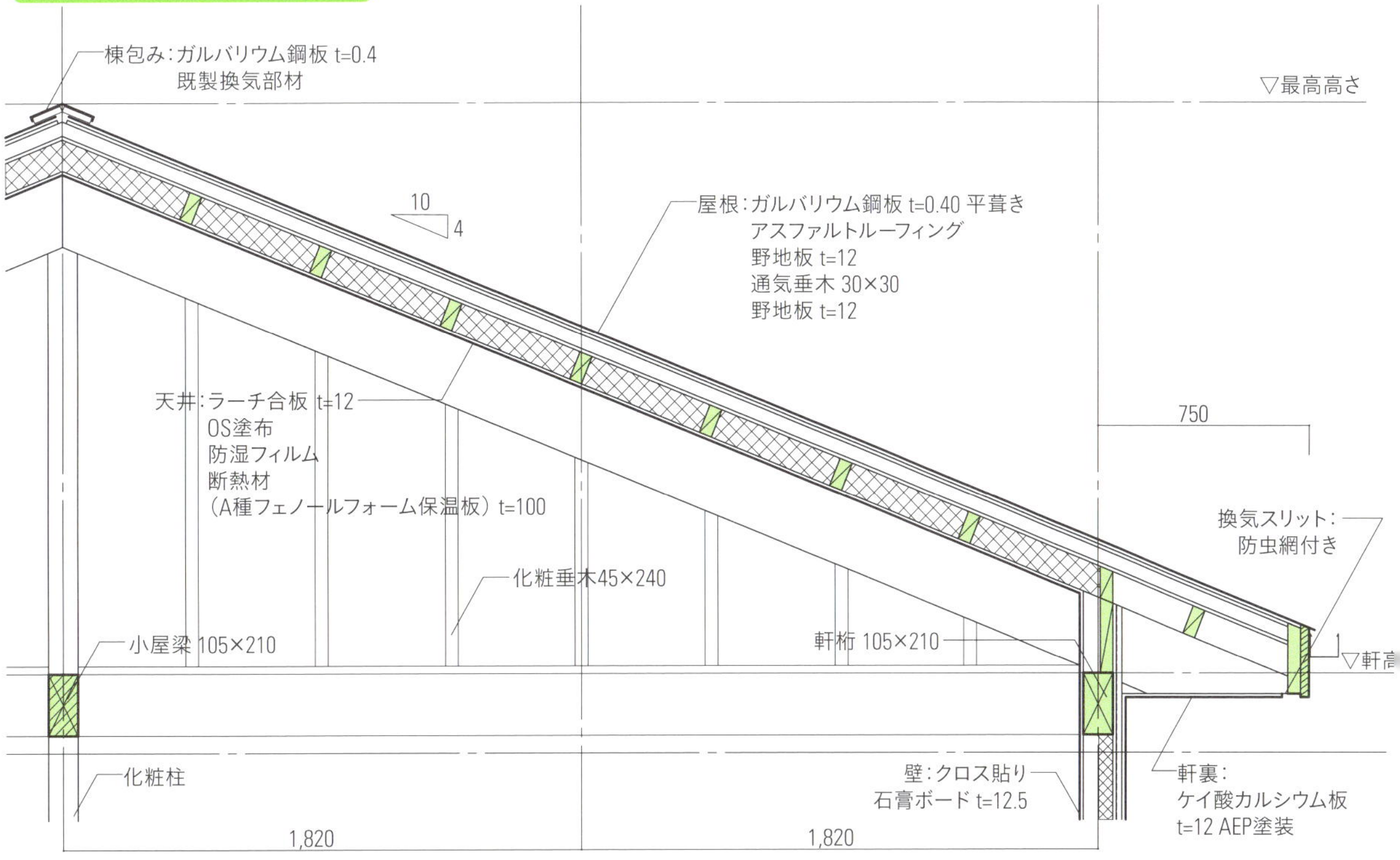
棟包み：ガルバリウム鋼板 t=0.4
既製換気部材
▽最高高さ
10
4
屋根：ガルバリウム鋼板 t=0.40 平葺き
アスファルトルーフィング
野地板 t=12
通気垂木 30×30
野地板 t=12
天井：ラーチ合板 t=12
OS塗布
防湿フィルム
断熱材
（A種フェノールフォーム保温板）t=100
750
換気スリット：
防虫網付き
化粧垂木45×240
小屋梁 105×210
軒桁 105×210
▽軒高
化粧柱
壁：クロス貼り
石膏ボード t=12.5
軒裏：
ケイ酸カルシウム板
t=12 AEP塗装
1,820
1,820
断面 S＝1/30

構造体を露出させ、構造と意匠が一体化した明快でダイナミックなつくり。天井高さを確保し、ラーチ合板で天井を張り天井の構造体をデザインの一つとしている。

06 入母屋屋根の基本的な納まり

入母屋《いりもや》屋根

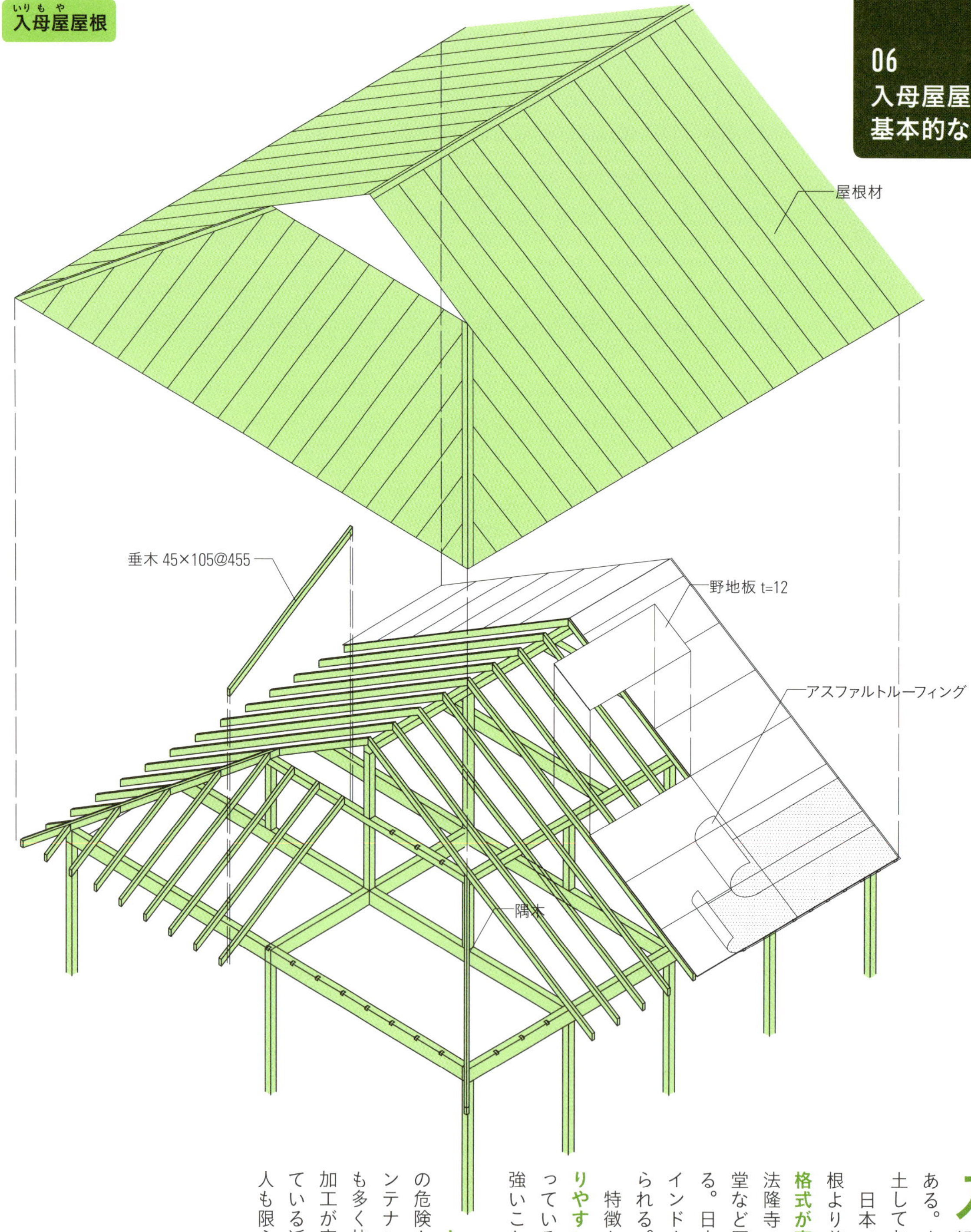
屋根材
垂木 45×105@455
野地板 t=12
アスファルトルーフィング
隅木

入《いり》母屋《もや》屋根は、上部を切妻屋根、下部を寄棟屋根の構造をした屋根である。古墳から入母屋屋根の家屋跡が出土しており、古くからある屋根形状である。

日本では古来より、切妻屋根は寄棟屋根より尊ばれ、さらに入母屋屋根は**最も格式が高い形式**として重んじられてきた。法隆寺の金堂、新薬師寺本道や醍醐寺金堂など歴史的な建築の屋根でも用いられる。日本以外にも中国や韓国、ベトナム、インドネシアなどの東洋の寺院でよく見られる。

特徴として、上部で**屋根裏の換気が取りやすい**こと、下部では軒が四方に下がっているため、壁面が少なく、風雨にも強いことが挙げられる。

ただし、棟が多くあること、**合わせが複雑な**ことなどから雨漏りの危険も多くなるので、確実な施工とメンテナンスが求められる。現場での加工も多く技量も必要なので、プレカットや加工が容易にできる屋根材が主流になっている近年では入母屋屋根をつくれる職人も限られてきている。

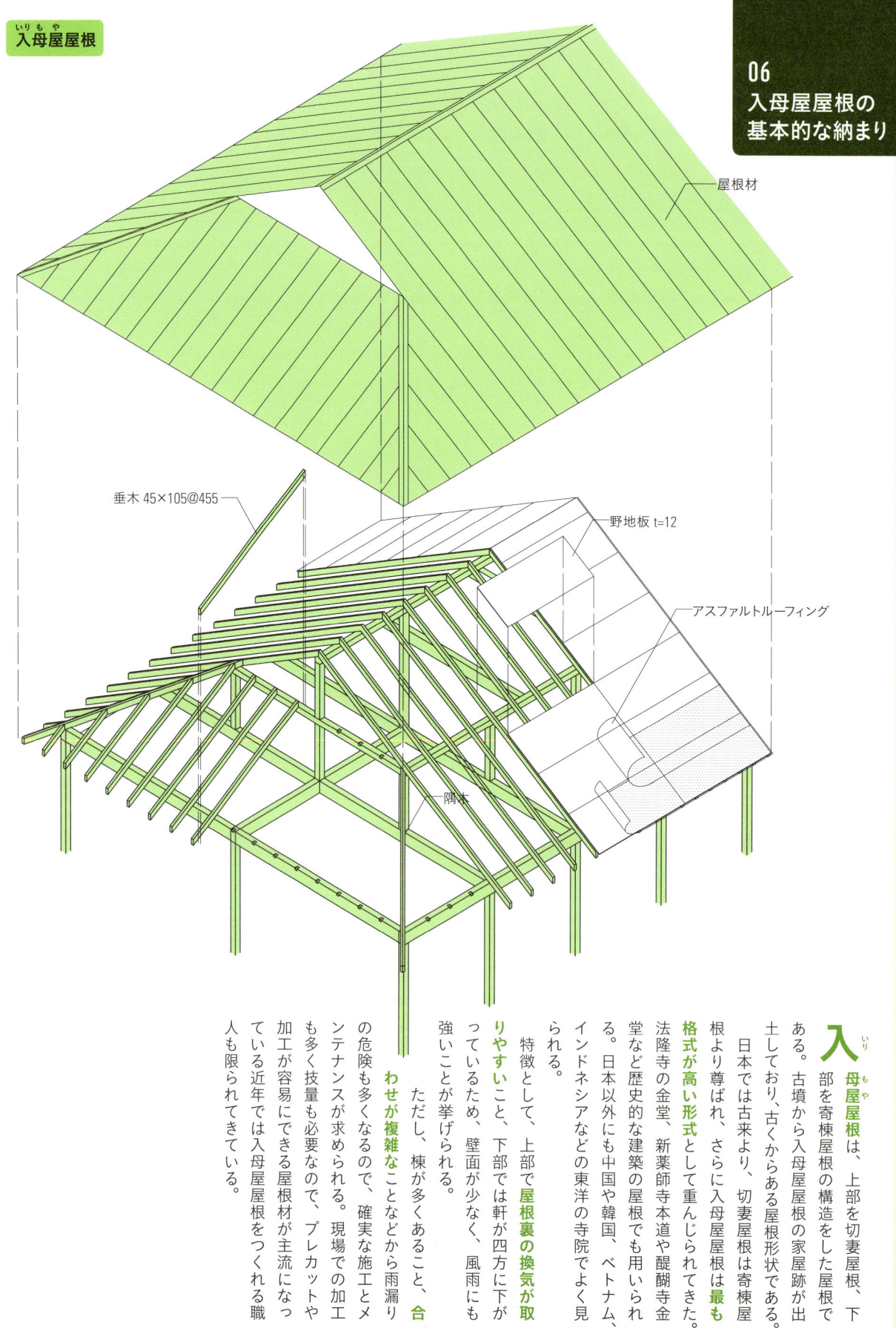

入母屋屋根：短手方向断面

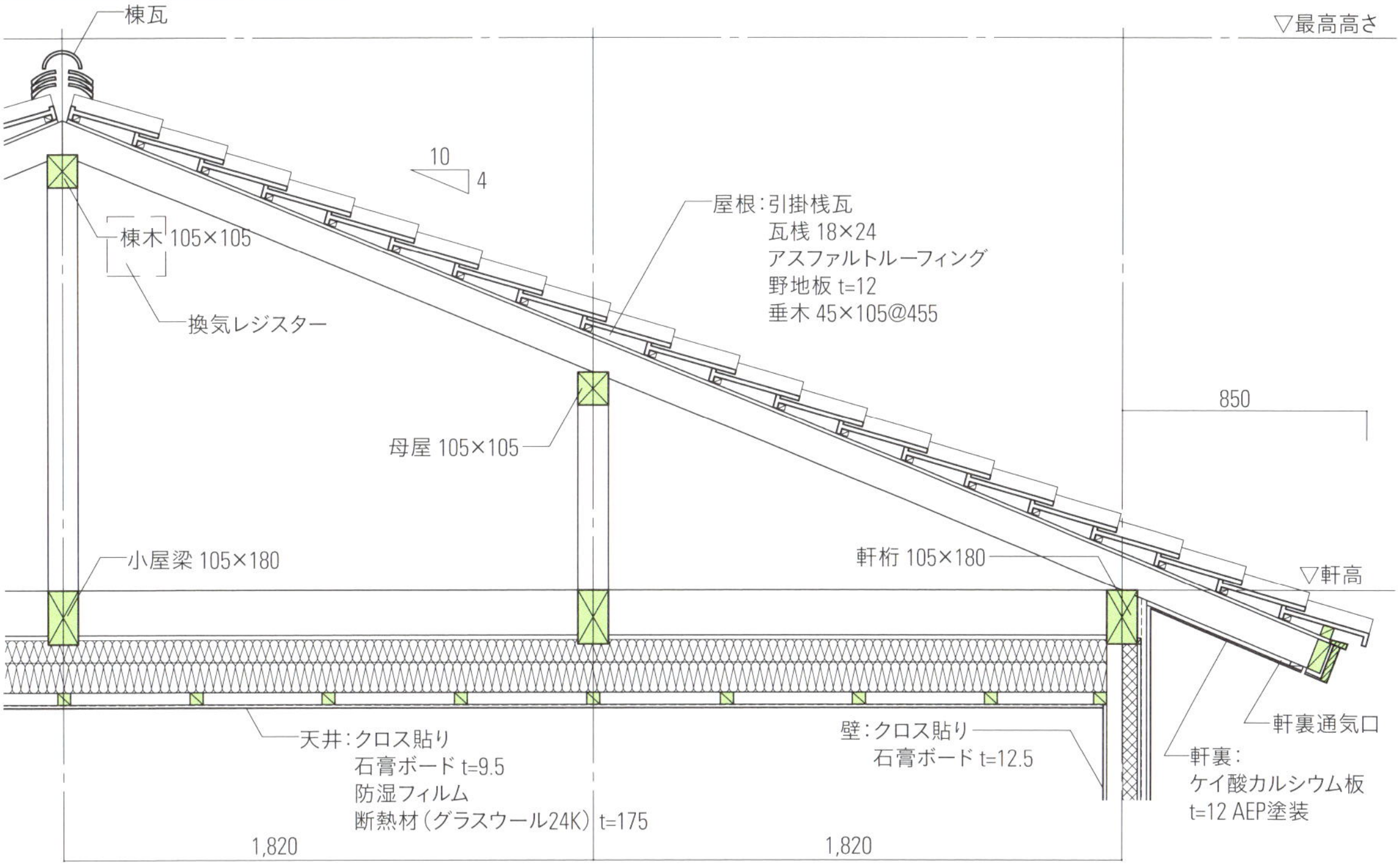
棟瓦
▽最高高さ
10
4
屋根：引掛桟瓦
瓦桟 18×24
アスファルトルーフィング
野地板 t=12
垂木 45×105@455
棟木 105×105
換気レジスター
850
母屋 105×105
小屋梁 105×180
軒桁 105×180
▽軒高
軒裏通気口
天井：クロス貼り
石膏ボード t=9.5
防湿フィルム
断熱材（グラスウール24K）t=175
壁：クロス貼り
石膏ボード t=12.5
軒裏：
ケイ酸カルシウム板
t=12 AEP塗装
1,820
1,820

引掛桟瓦《ひっかけさんがわら》は垂木に対して垂直に桟木《さんぎ》を固定し、裏に突起をつけた瓦を桟木に引っ掛けるように固定して施工する方法である。昔は突起のない瓦の下に葺き土を敷き、固定する土葺《つちぶき》工法も住宅で使用されていたが、関東大震災のときに土葺工法の瓦が落ちる被害が多発したため、震災後の市街地建物は引掛桟瓦で施工することとなった。

断面 S＝1/30

入母屋屋根：長手方向断面

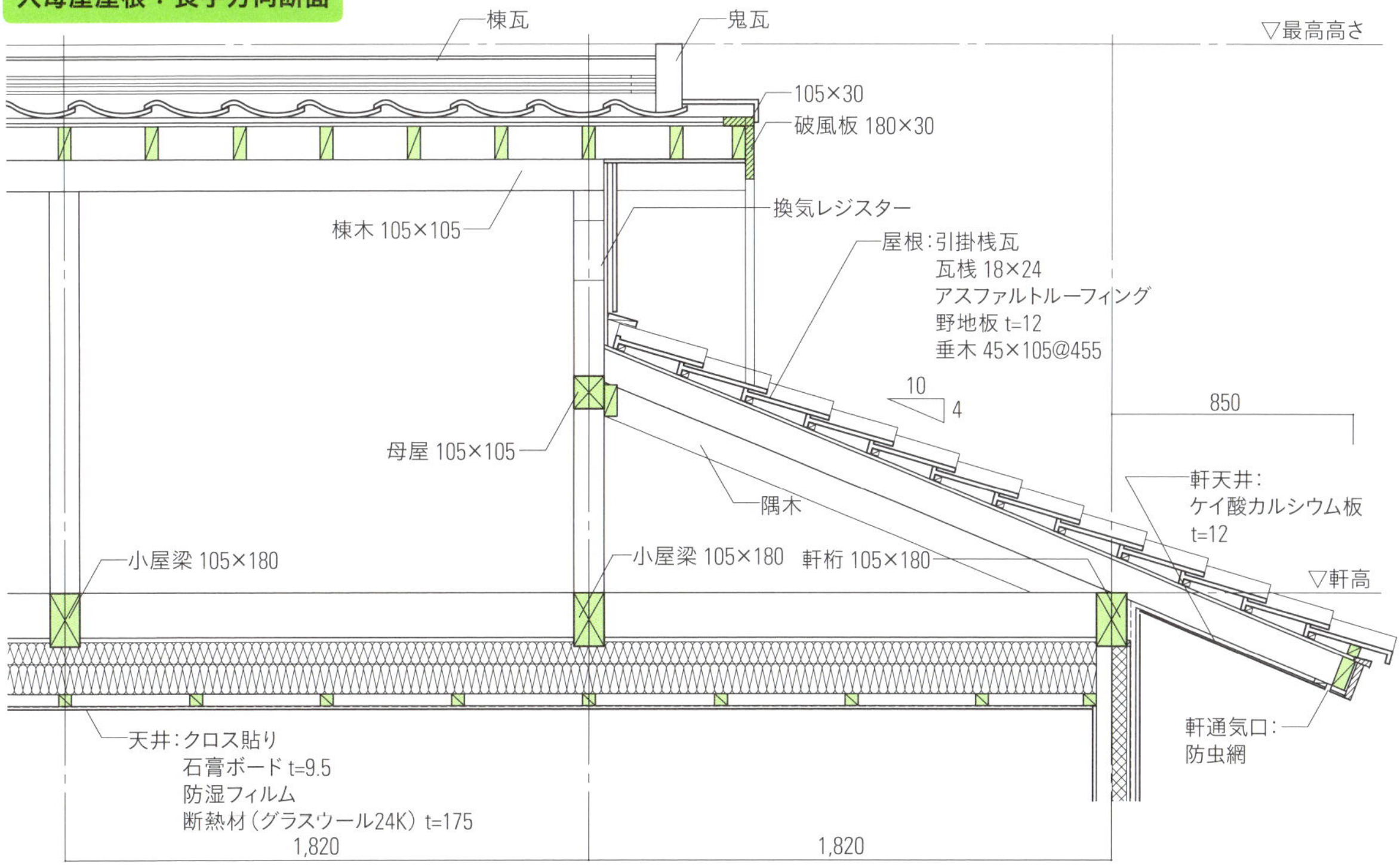
棟瓦
鬼瓦
▽最高高さ
105×30
破風板 180×30
換気レジスター
棟木 105×105
屋根：引掛桟瓦
瓦桟 18×24
アスファルトルーフィング
野地板 t=12
垂木 45×105@455
10
4
850
母屋 105×105
隅木
軒天井：
ケイ酸カルシウム板
t=12
小屋梁 105×180
小屋梁 105×180
軒桁 105×180
▽軒高
軒通気口：
防虫網
天井：クロス貼り
石膏ボード t=9.5
防湿フィルム
断熱材（グラスウール24K）t=175
1,820
1,820

入母屋屋根は妻壁があるので、小屋裏の換気がしやすい。雨水の侵入を防ぐ換気レジスター等を妻壁に取り付け、小屋裏内の空気を外に排出する。

断面 S＝1/30

陸《ろく》屋根

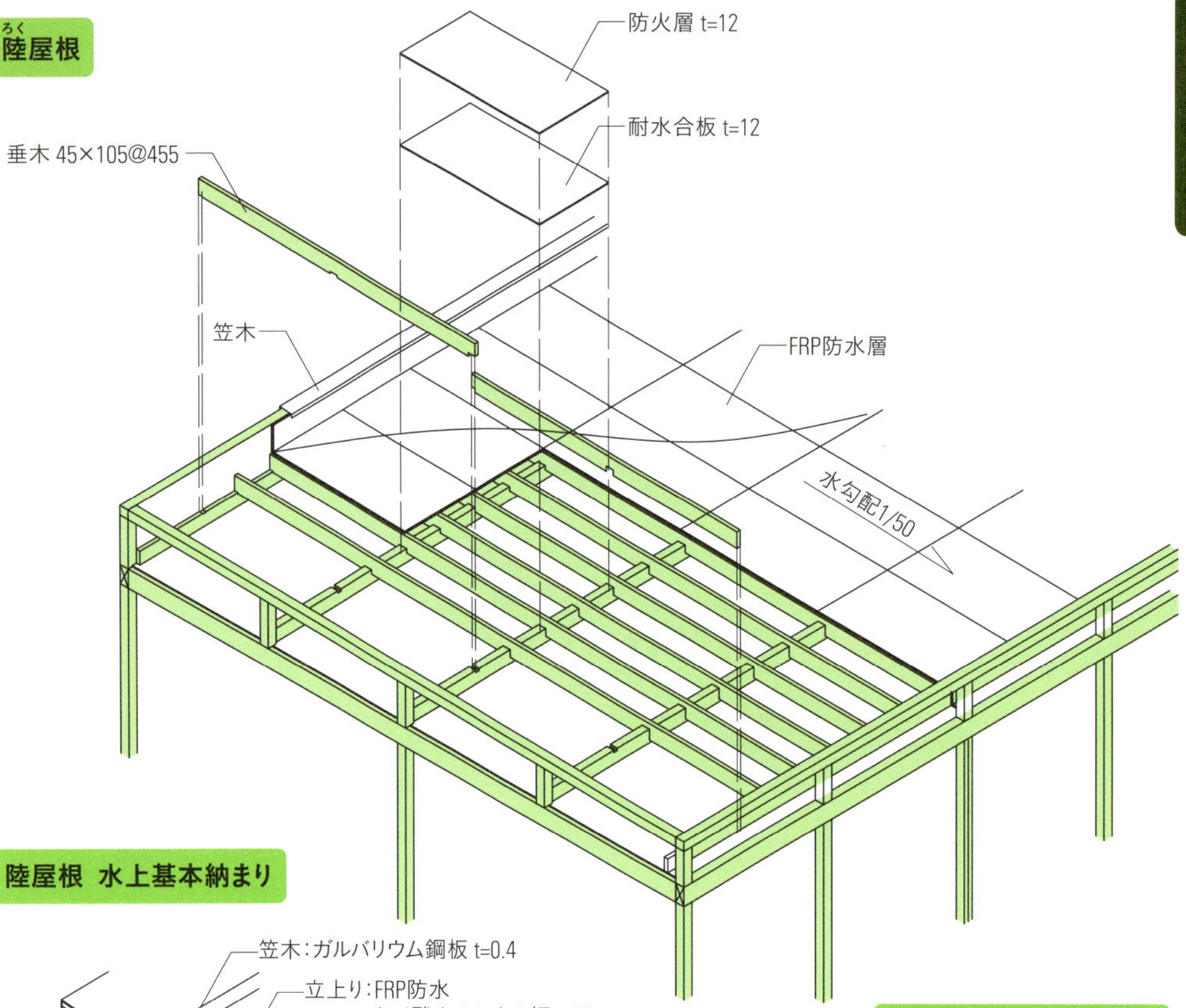
防火層 t=12
耐水合板 t=12
垂木 45×105@455
笠木
FRP防水層
水勾配1/50

陸屋根 水上基本納まり

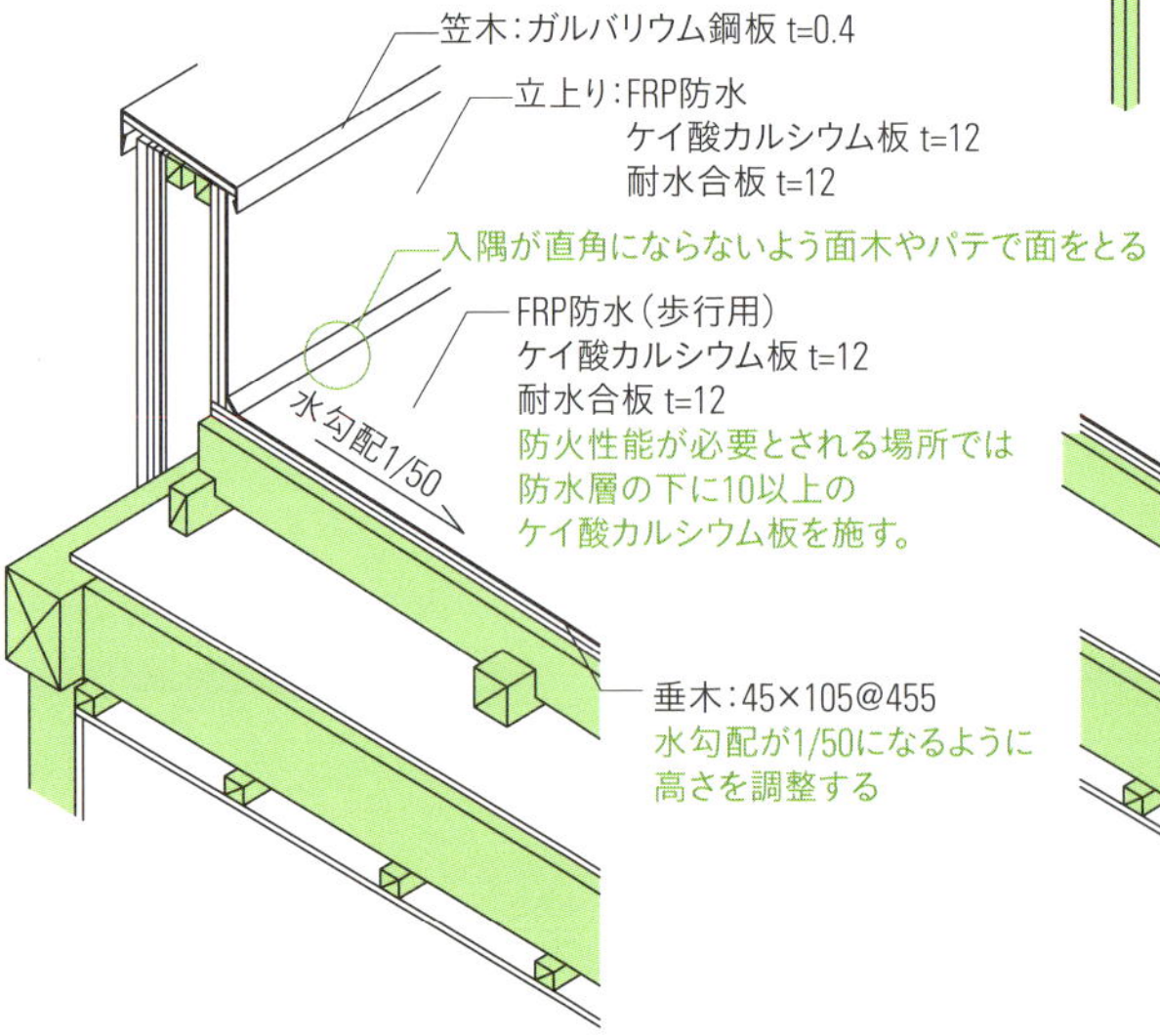
笠木：ガルバリウム鋼板 t=0.4
立上り：FRP防水
ケイ酸カルシウム板 t=12
耐水合板 t=12
入隅が直角にならないよう面木やパテで面をとる
FRP防水（歩行用）
ケイ酸カルシウム板 t=12
耐水合板 t=12
防火性能が必要とされる場所では
防水層の下に10以上の
ケイ酸カルシウム板を施す。
水勾配1/50
垂木：45×105@455
水勾配が1/50になるように
高さを調整する

陸屋根 水下基本納まり

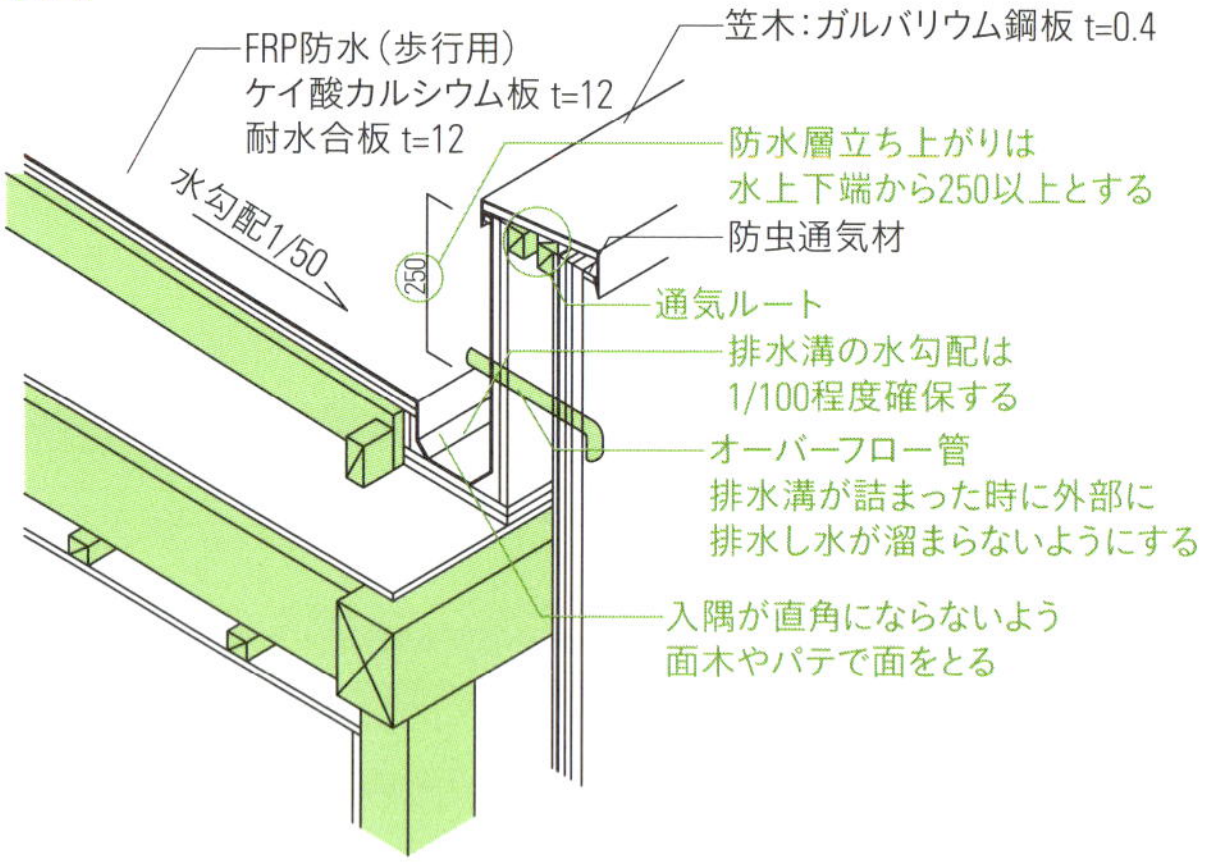
FRP防水（歩行用）
ケイ酸カルシウム板 t=12
耐水合板 t=12
水勾配1/50
笠木：ガルバリウム鋼板 t=0.4
防水層立ち上がりは
水上下端から250以上とする
250
防虫通気材
通気ルート
排水溝の水勾配は
1/100程度確保する
オーバーフロー管
排水溝が詰まった時に外部に
排水し水が溜まらないようにする
入隅が直角にならないよう
面木やパテで面をとる

陸《ろく》**屋根**は傾斜がほとんどない平たい形状をした屋根である。鉄筋コンクリート構造の中高層建築でよく見られる屋根形状だが、**最近では木造住宅でも採用されている**。特に北海道などの豪雪地域においてはよく見られる。

かつては北海道でも急勾配の屋根の住宅が常識だったが、屋根からの落氷雪による事故が多く、雪の除雪作業による苦労が絶えなかった。そこで最近では、雪の荷重に耐える**無落雪屋根**の住宅が主流になってきている。北海道の雪質がさらさらなこと、体積に比べて軽いことなどから陸屋根に適している。

積雪地域以外でも**デザイン性**や**屋上利用**の観点から陸屋根が採用されるケースも増えているが、傾斜屋根と違い自然に水が流れないので、**防水**や**屋根端部**の処理には十分注意して施工する必要がある。

平場の水勾配は**1／50以上**、排水溝の勾配は**1／100以上**確保できるよう根太を加工する。特に直角の入隅《いりすみ》はFRP防水の施工性が悪いので、入隅部に**面木やパテで面をとる**。また、万が一ドレインが詰まったときのために**オーバーフロー管**を設置し、外部に排水するようにしておく必要がある。

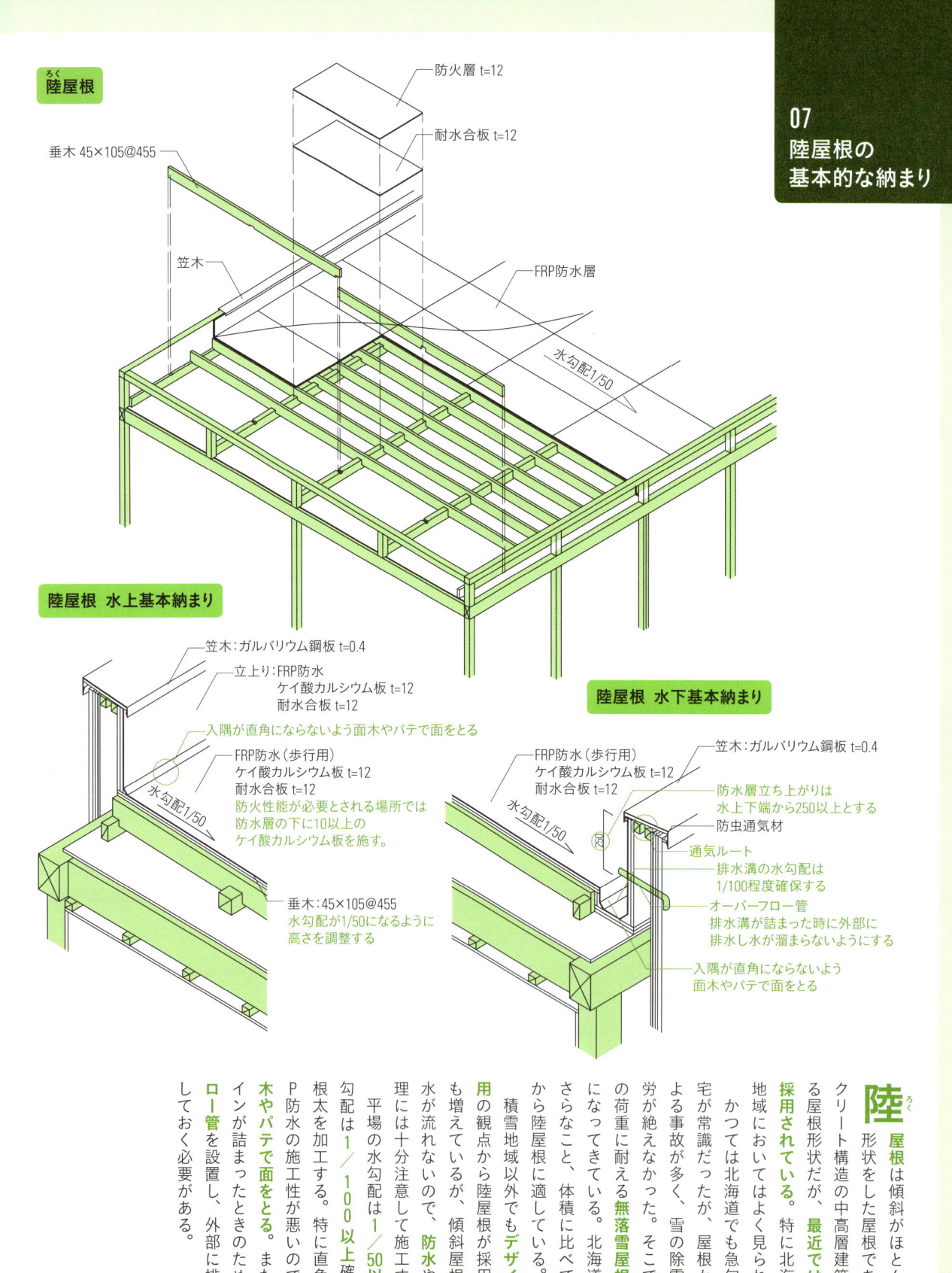

陸屋根：手摺壁立ち上げ

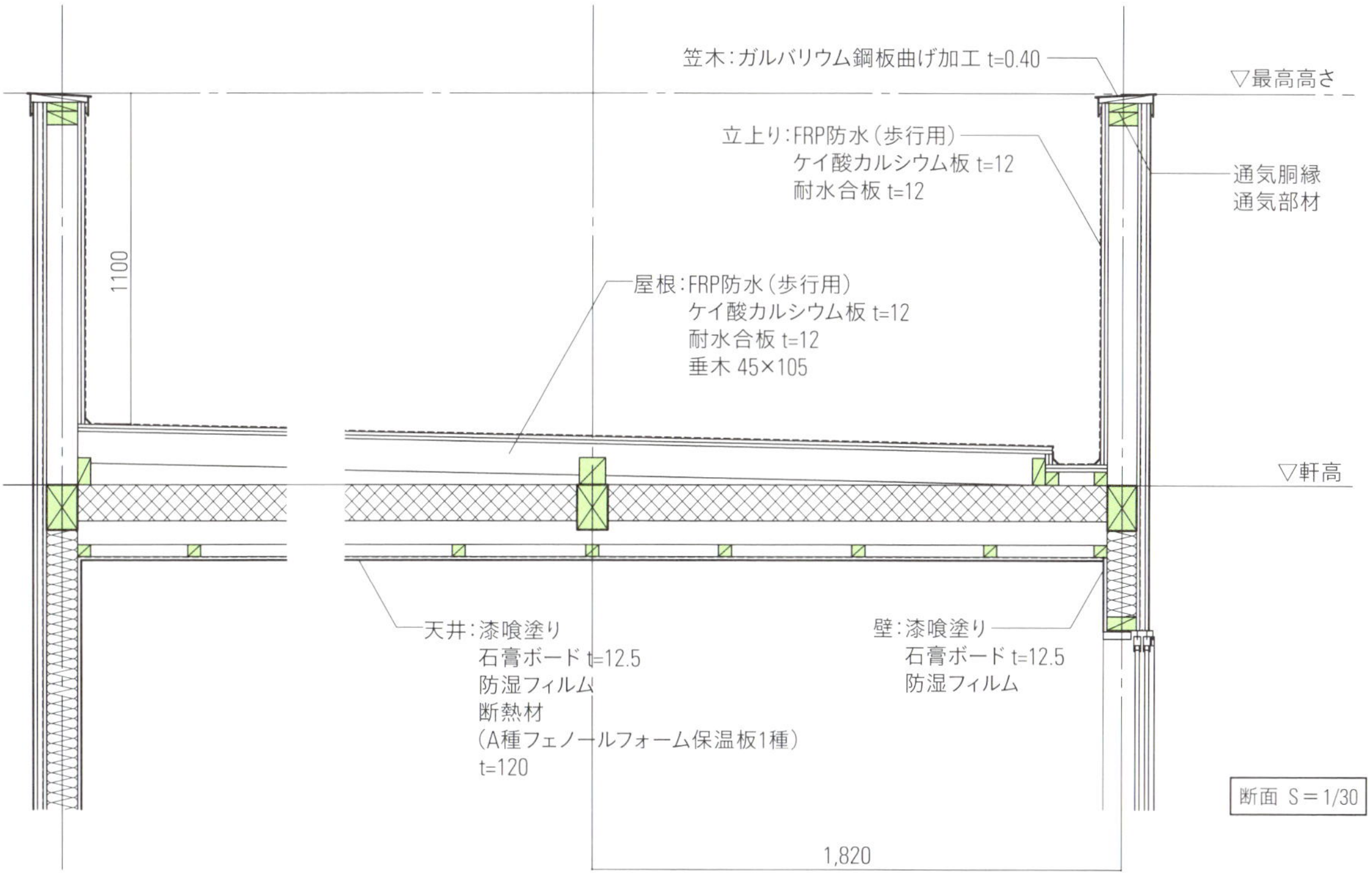
笠木：ガルバリウム鋼板曲げ加工 t=0.40
▽最高高さ
立上り：FRP防水（歩行用）
ケイ酸カルシウム板 t=12
耐水合板 t=12
通気胴縁
通気部材
1100
屋根：FRP防水（歩行用）
ケイ酸カルシウム板 t=12
耐水合板 t=12
垂木 45×105
▽軒高
天井：漆喰塗り
石膏ボード t=12.5
防湿フィルム
断熱材
（A種フェノールフォーム保温板1種）
t=120
壁：漆喰塗り
石膏ボード t=12.5
防湿フィルム
断面 S＝1/30
1,820

外壁をそのまま立ち上げ、屋上の手摺としている。手摺の高さは安全のため1,100まで立ち上げる。

陸屋根：金属手摺

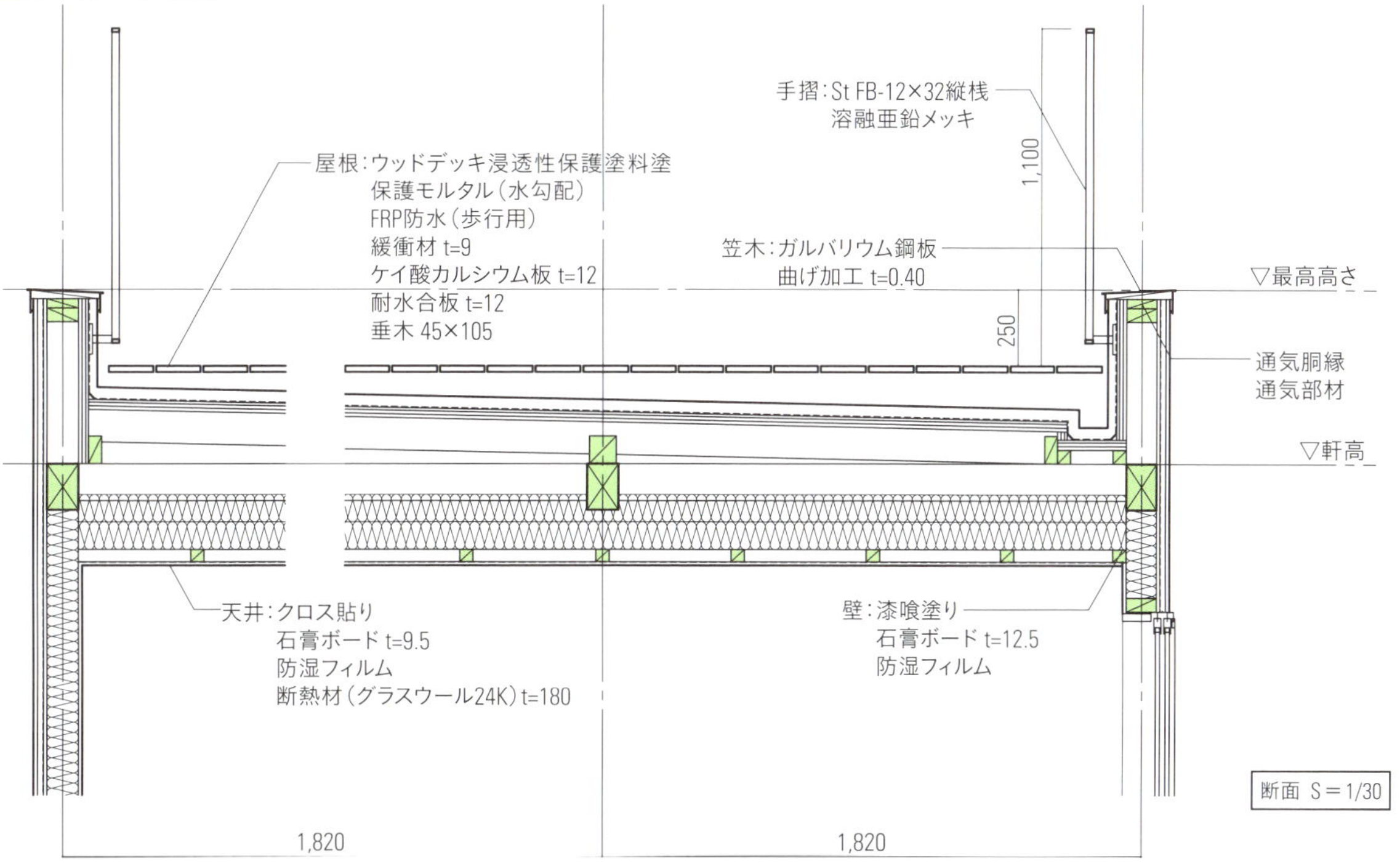
手摺：St FB-12×32縦桟
溶融亜鉛メッキ
屋根：ウッドデッキ浸透性保護塗料塗
保護モルタル（水勾配）
FRP防水（歩行用）
緩衝材 t=9
ケイ酸カルシウム板 t=12
耐水合板 t=12
垂木 45×105
1,100
笠木：ガルバリウム鋼板
曲げ加工 t=0.40
▽最高高さ
250
通気胴縁
通気部材
▽軒高
天井：クロス貼り
石膏ボード t=9.5
防湿フィルム
断熱材（グラスウール24K）t=180
壁：漆喰塗り
石膏ボード t=12.5
防湿フィルム
断面 S＝1/30
1,820
1,820

建物の高さは低く抑え、安全のために金属手摺を取り付ける。FRP防水の上に保護モルタル施し、その上部にウッドデッキを施工する。近年では屋上を利用するために木造住宅でも陸屋根とすることが増えている。

棟❶（換気棟なし）

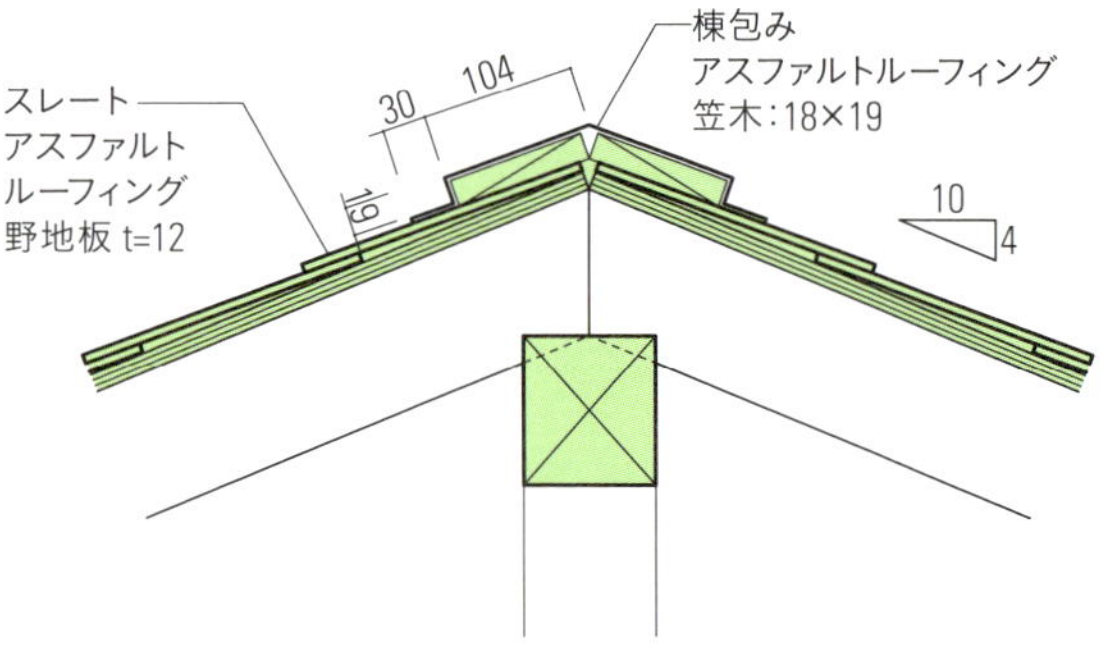
棟包み
アスファルトルーフィング
笠木：18×19
スレート
アスファルト
ルーフィング
野地板 t=12
30
104
19
10
4

棟❷（棟換気）

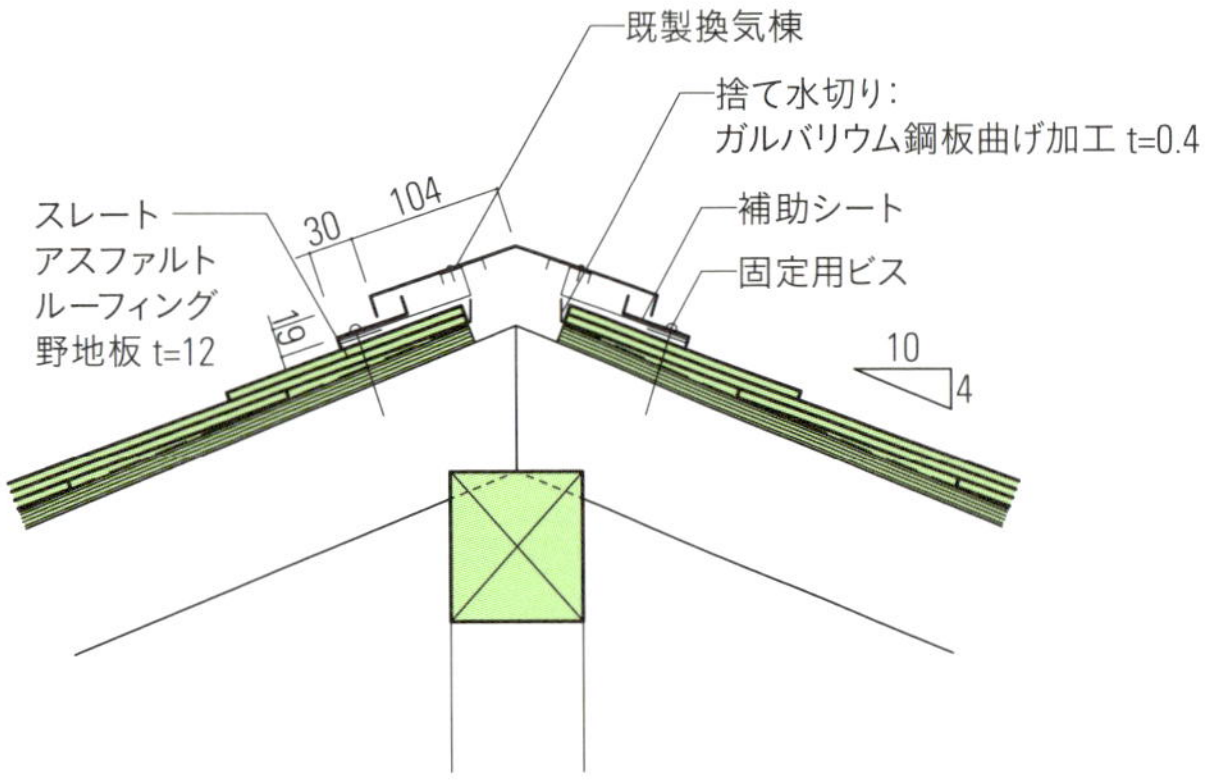
既製換気棟
捨て水切り：
ガルバリウム鋼板曲げ加工 t=0.4
補助シート
固定用ビス
スレート
アスファルト
ルーフィング
野地板 t=12
30
104
19
10
4

棟❸（棟換気）

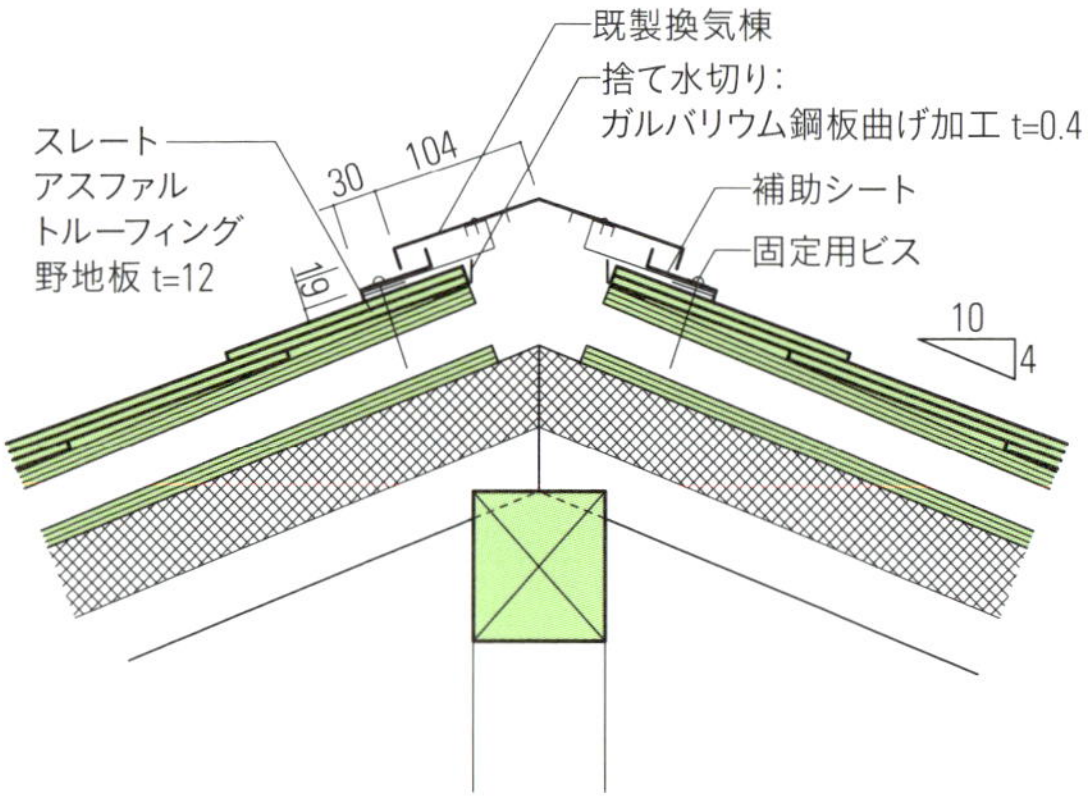
既製換気棟
捨て水切り：
ガルバリウム鋼板曲げ加工 t=0.4
補助シート
固定用ビス
スレート
アスファル
トルーフィング
野地板 t=12
30
104
19
10
4

軒先❶（軒を出す）

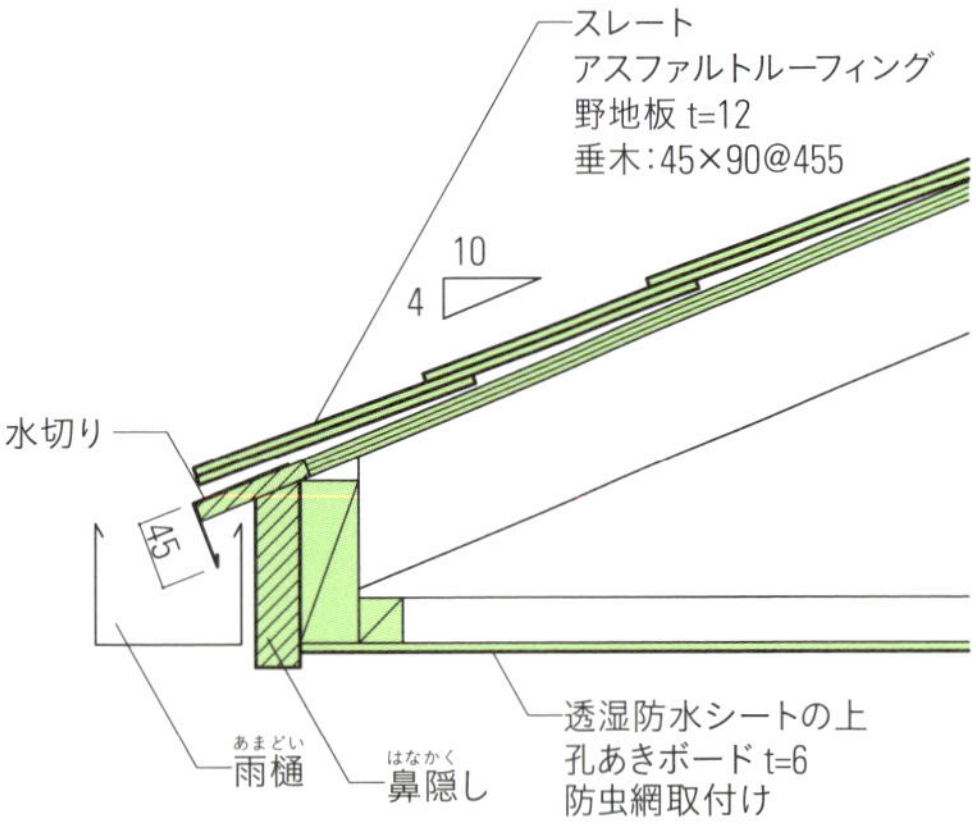
スレート
アスファルトルーフィング
野地板 t=12
垂木：45×90@455
10
4
水切り
45
雨樋《あまどい》
鼻隠《はなかく》し
透湿防水シートの上
孔あきボード t=6
防虫網取付け

軒先❷（軒を出す）

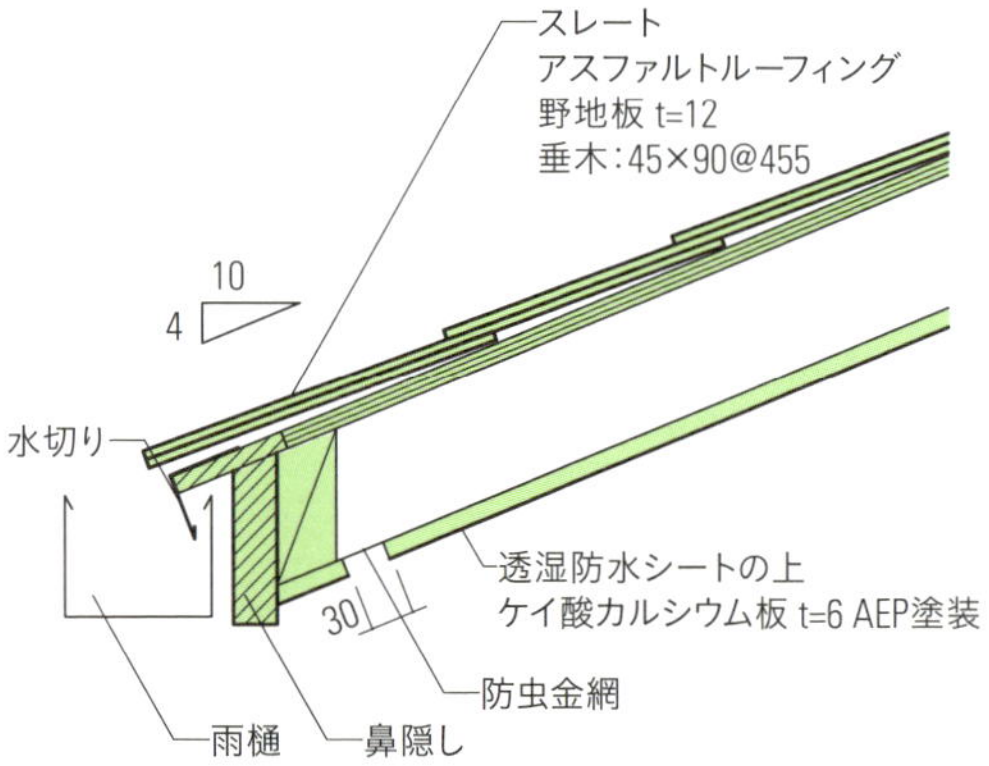
スレート
アスファルトルーフィング
野地板 t=12
垂木：45×90@455
10
4
水切り
透湿防水シートの上
ケイ酸カルシウム板 t=6 AEP塗装
30
防虫金網
雨樋
鼻隠し

軒先❸（軒を出す・段積み）

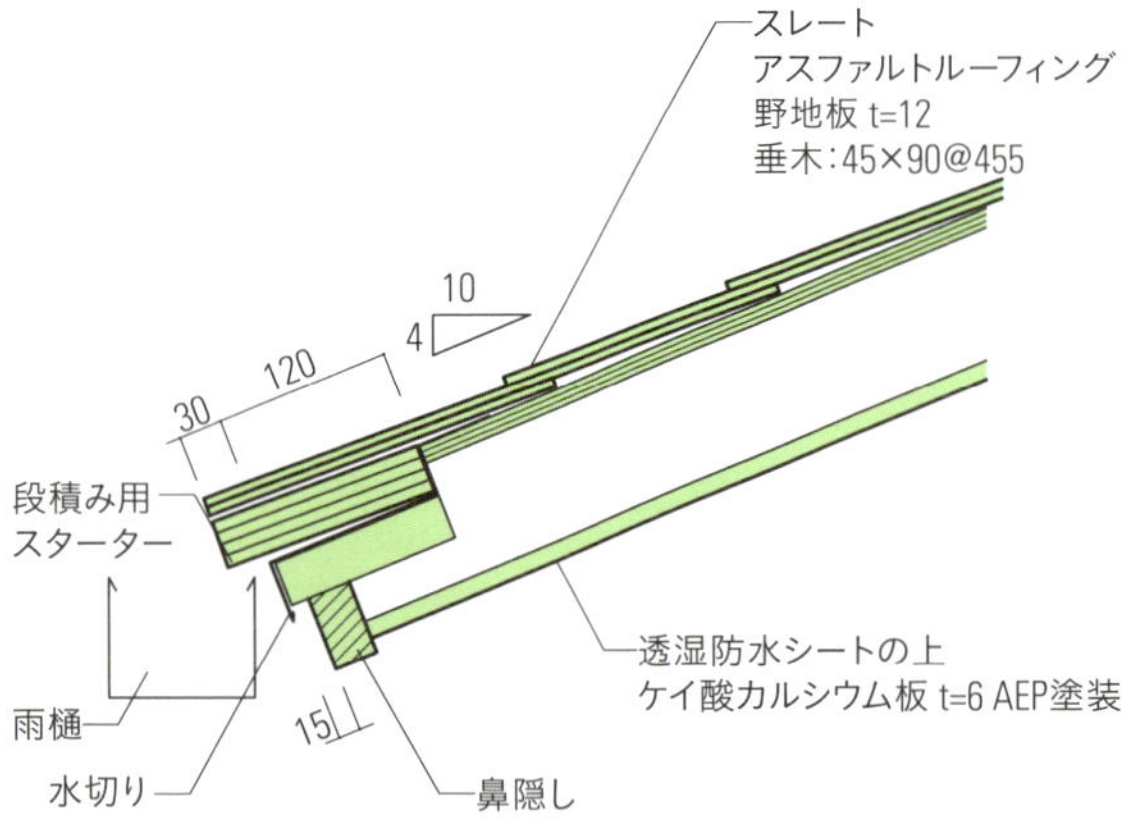
スレート
アスファルトルーフィング
野地板 t=12
垂木：45×90@455
10
4
30
120
段積み用
スターター
雨樋
水切り
15
透湿防水シートの上
ケイ酸カルシウム板 t=6 AEP塗装
鼻隠し

谷

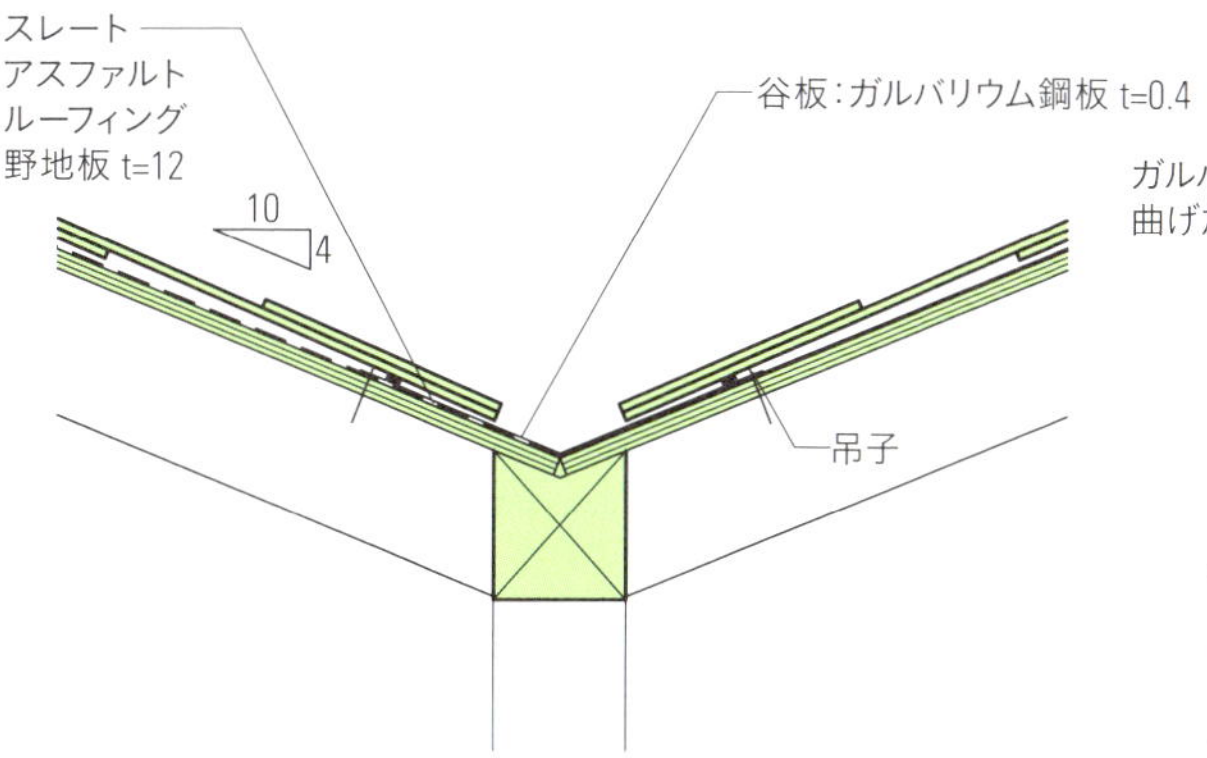
スレート
アスファルト
ルーフィング
野地板 t=12
10
4
谷板：ガルバリウム鋼板 t=0.4
吊子

けらば（軒を出す）

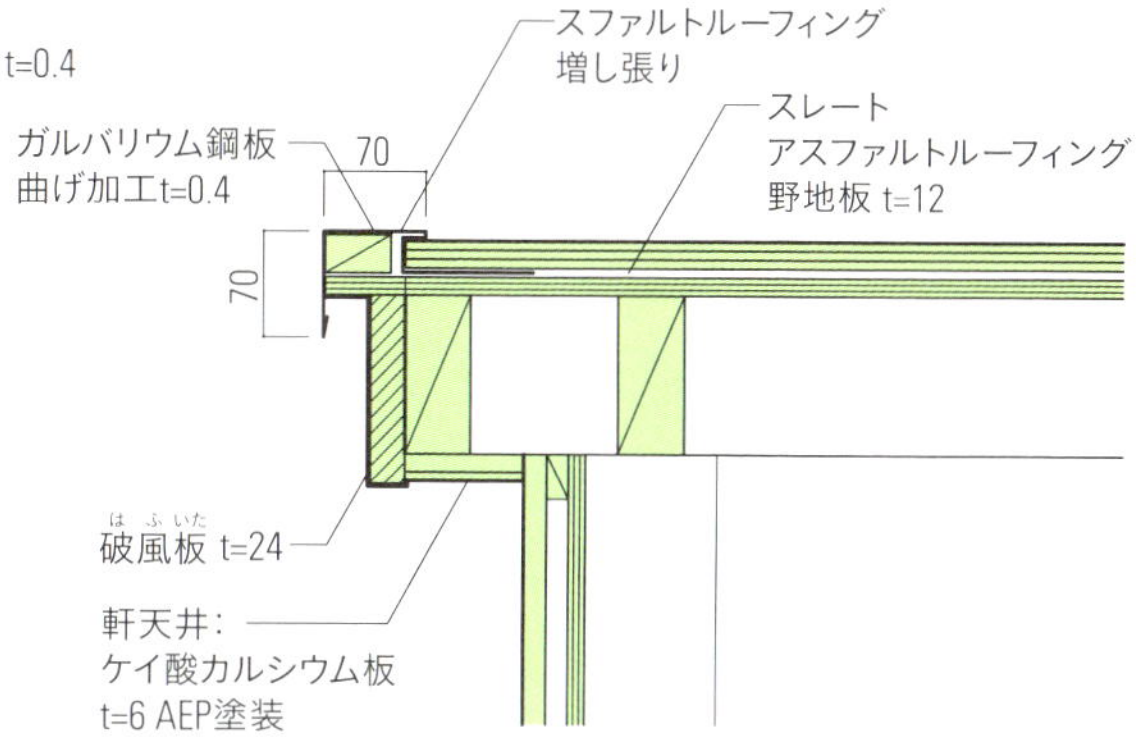
スファルトルーフィング
増し張り
ガルバリウム鋼板
曲げ加工t=0.4
70
70
スレート
アスファルトルーフィング
野地板 t=12
破風板《はふいた》 t=24
軒天井：
ケイ酸カルシウム板
t=6 AEP塗装

片流屋根棟部❷

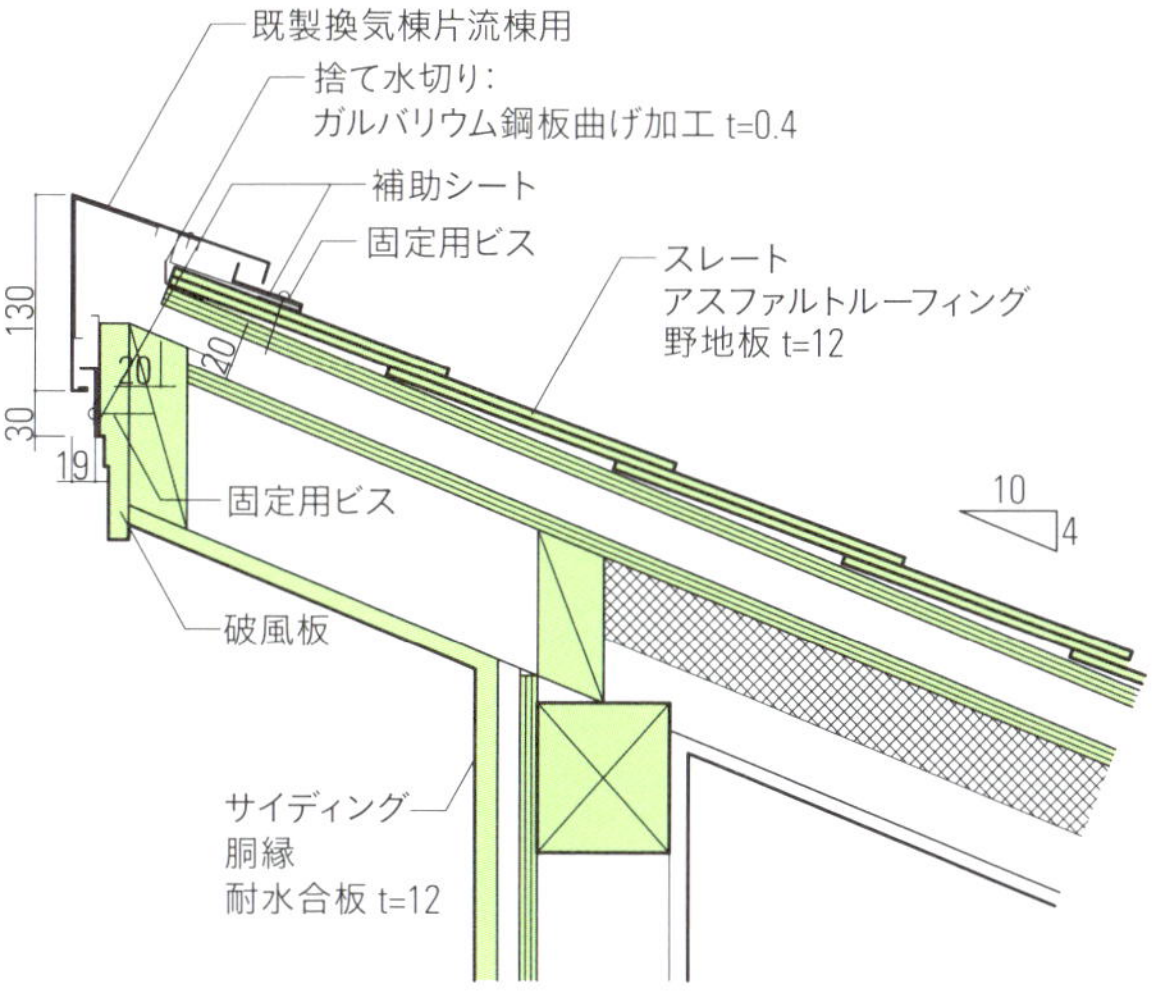
既製換気棟片流棟用
捨て水切り：
ガルバリウム鋼板曲げ加工 t=0.4
補助シート
固定用ビス
スレート
アスファルトルーフィング
野地板 t=12
130
20
20
30
19
固定用ビス
10
4
破風板
サイディング
胴縁
耐水合板 t=12

片流屋根棟部❶

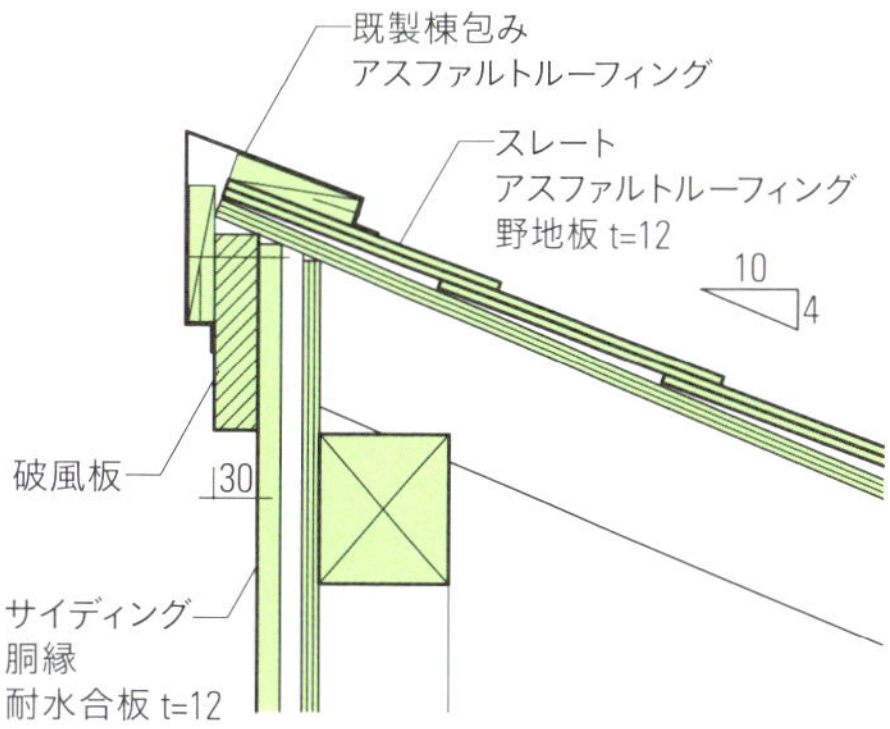
既製棟包み
アスファルトルーフィング
スレート
アスファルトルーフィング
野地板 t=12
10
4
破風板
30
サイディング
胴縁
耐水合板 t=12

下屋の雨仕舞い❷（流れ方向）

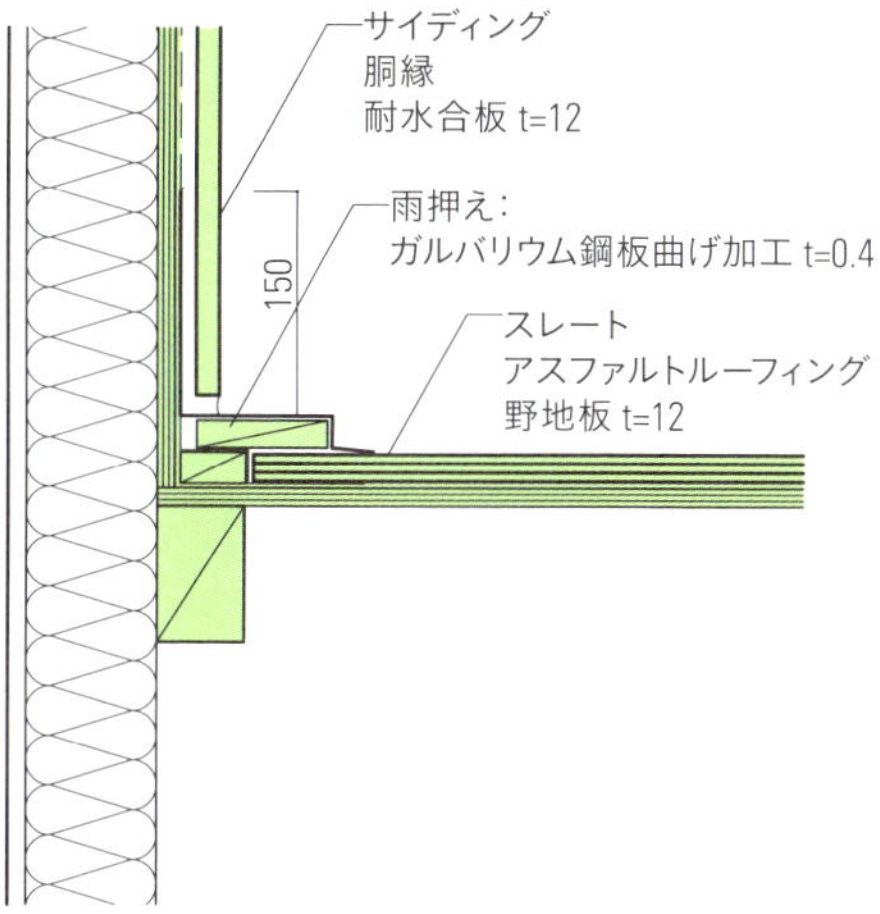
サイディング
胴縁
耐水合板 t=12
150
雨押え：
ガルバリウム鋼板曲げ加工 t=0.4
スレート
アスファルトルーフィング
野地板 t=12

下屋の雨仕舞い❶

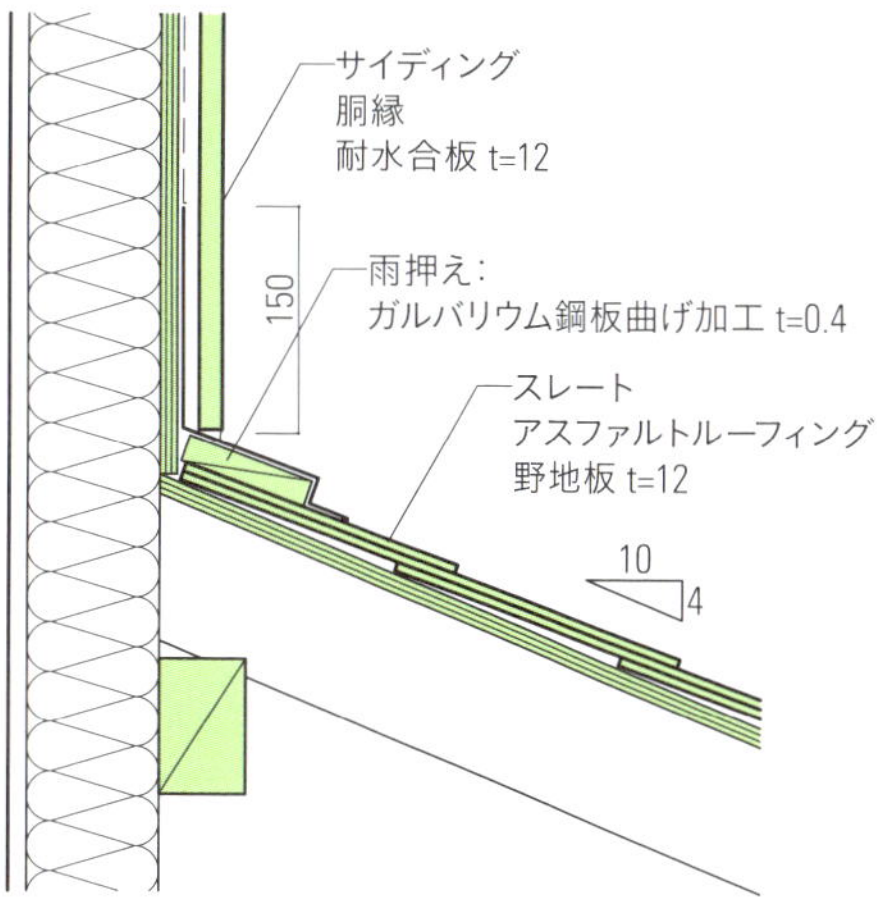
サイディング
胴縁
耐水合板 t=12
150
雨押え：
ガルバリウム鋼板曲げ加工 t=0.4
スレート
アスファルトルーフィング
野地板 t=12
10
4

棟❶（換気棟なし）

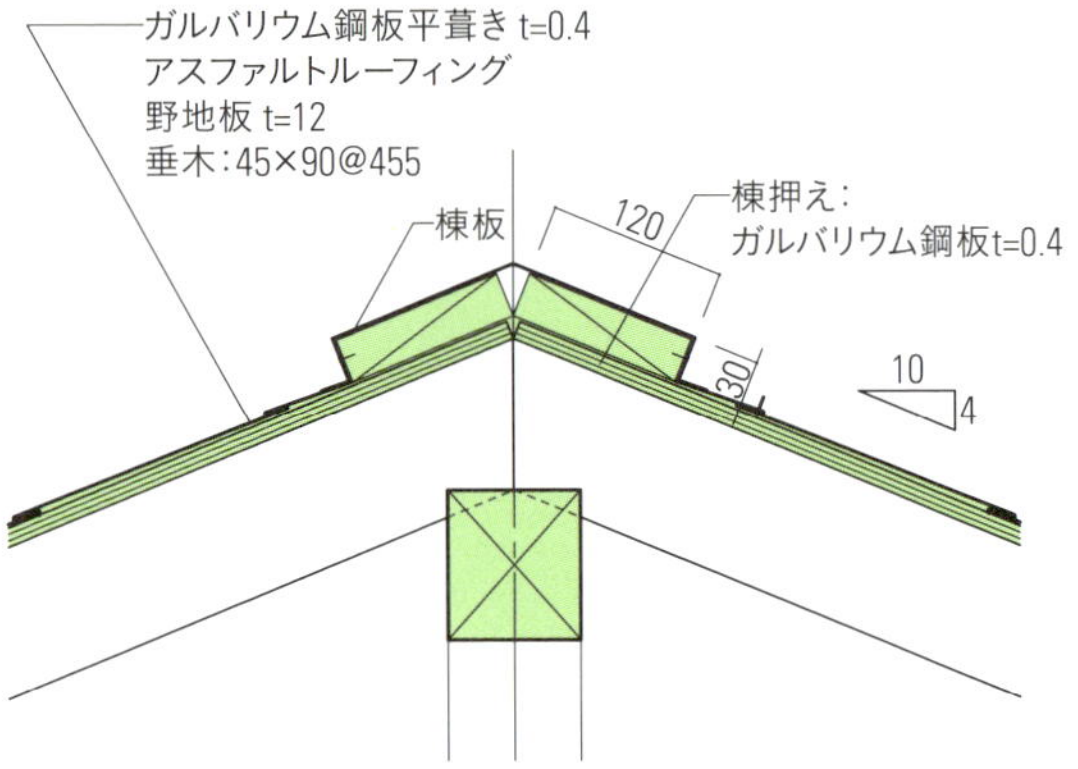
ガルバリウム鋼板平葺き t=0.4
アスファルトルーフィング
野地板 t=12
垂木：45×90@455
棟板
120
棟押え：
ガルバリウム鋼板t=0.4
30
10
4

棟❷（換気棟なし・屋根断熱）

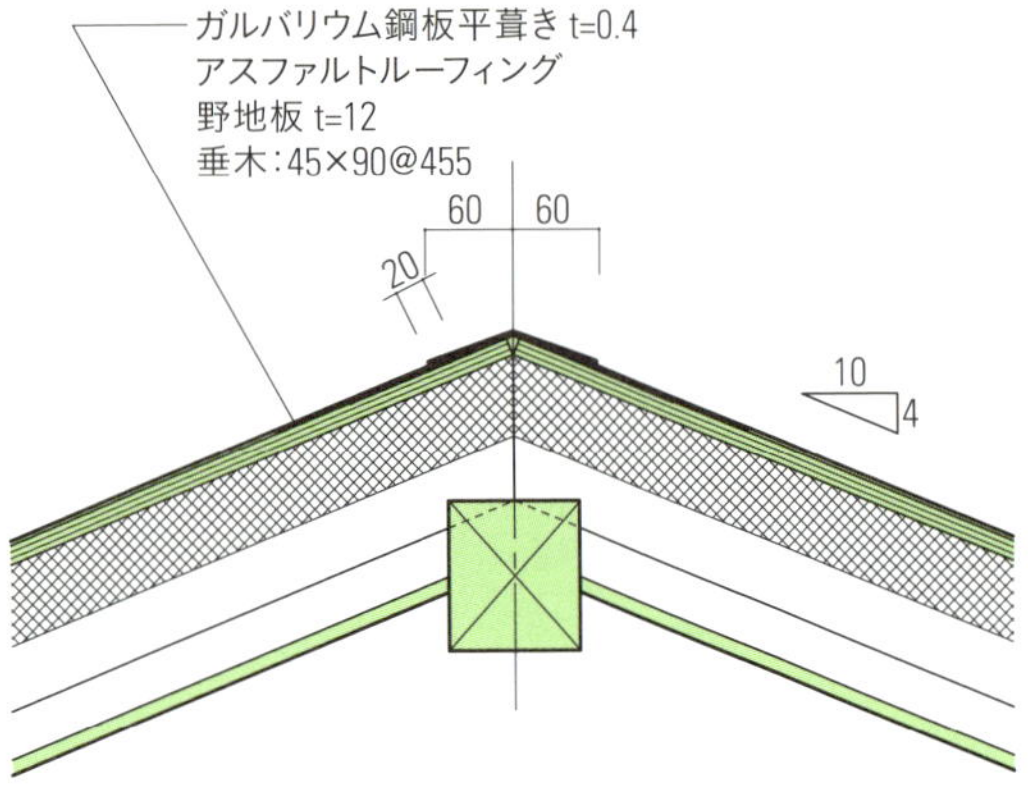
ガルバリウム鋼板平葺き t=0.4
アスファルトルーフィング
野地板 t=12
垂木：45×90@455
60
60
20
10
4

棟❸（換気棟）

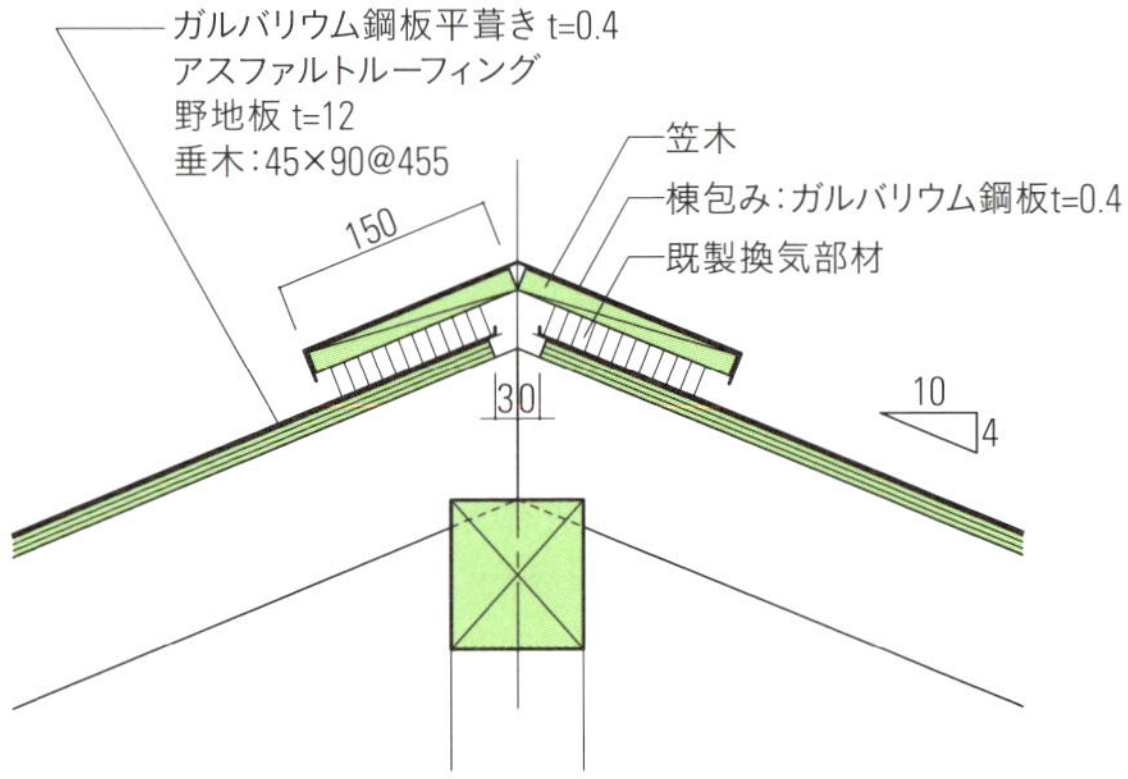
ガルバリウム鋼板平葺き t=0.4
アスファルトルーフィング
野地板 t=12
垂木：45×90@455
150
笠木
棟包み：ガルバリウム鋼板t=0.4
既製換気部材
30
10
4

軒先❶（軒を出す）

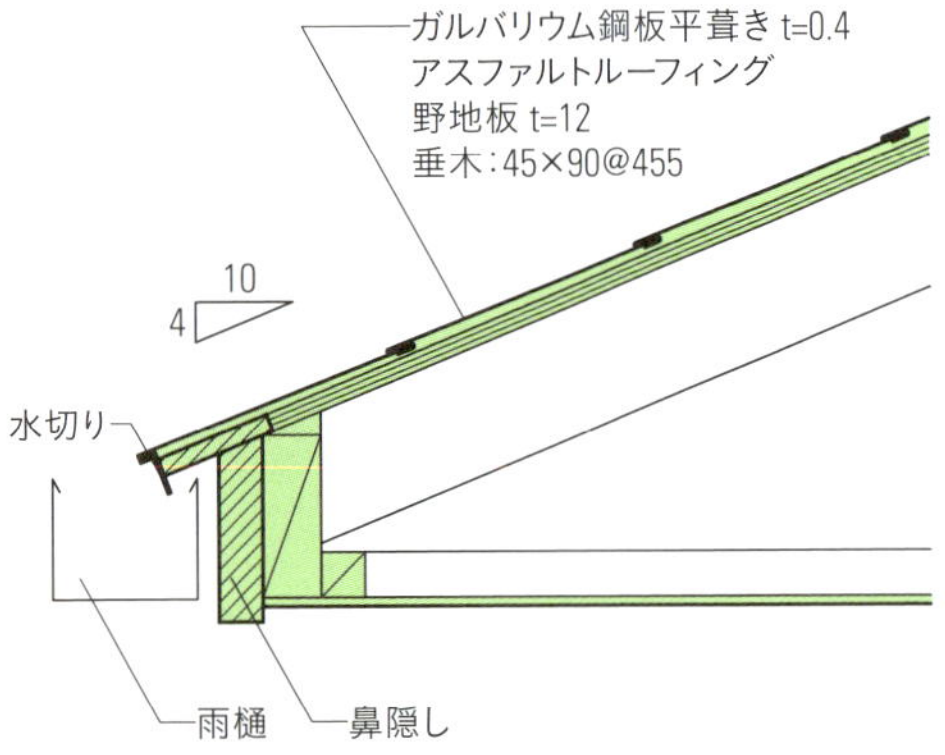
ガルバリウム鋼板平葺き t=0.4
アスファルトルーフィング
野地板 t=12
垂木：45×90@455
10
4
水切り
雨樋
鼻隠し

軒先❷（軒を出す）

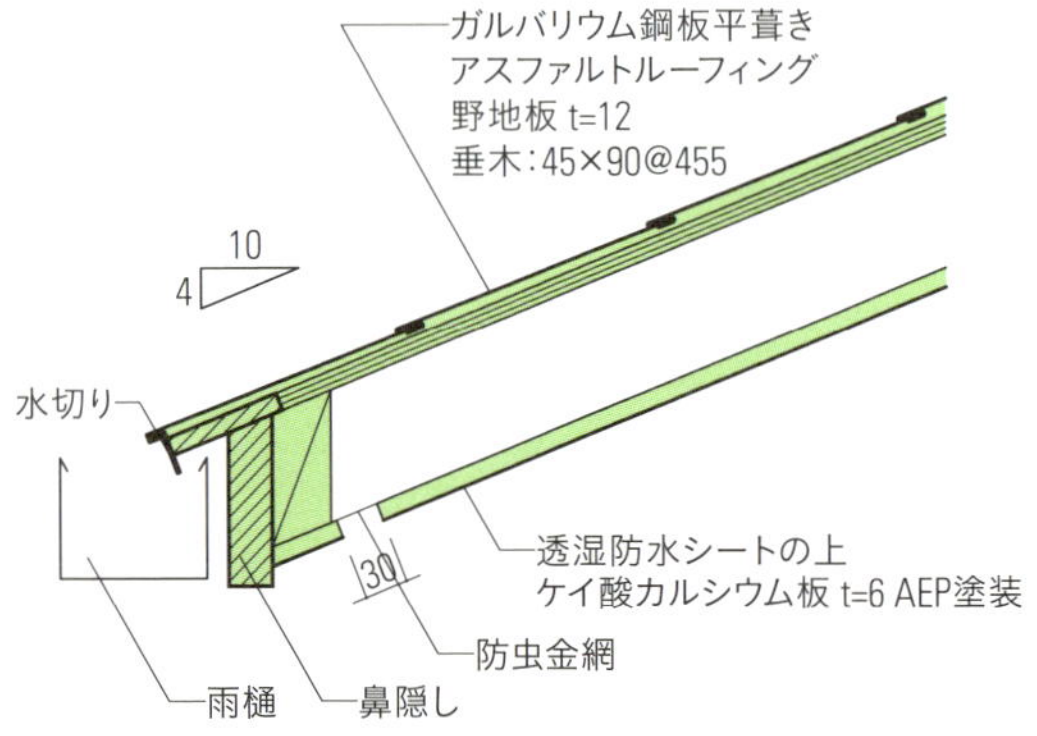
ガルバリウム鋼板平葺き
アスファルトルーフィング
野地板 t=12
垂木：45×90@455
10
4
水切り
透湿防水シートの上
ケイ酸カルシウム板 t=6 AEP塗装
30
防虫金網
雨樋
鼻隠し

軒先❸（軒を出さない）

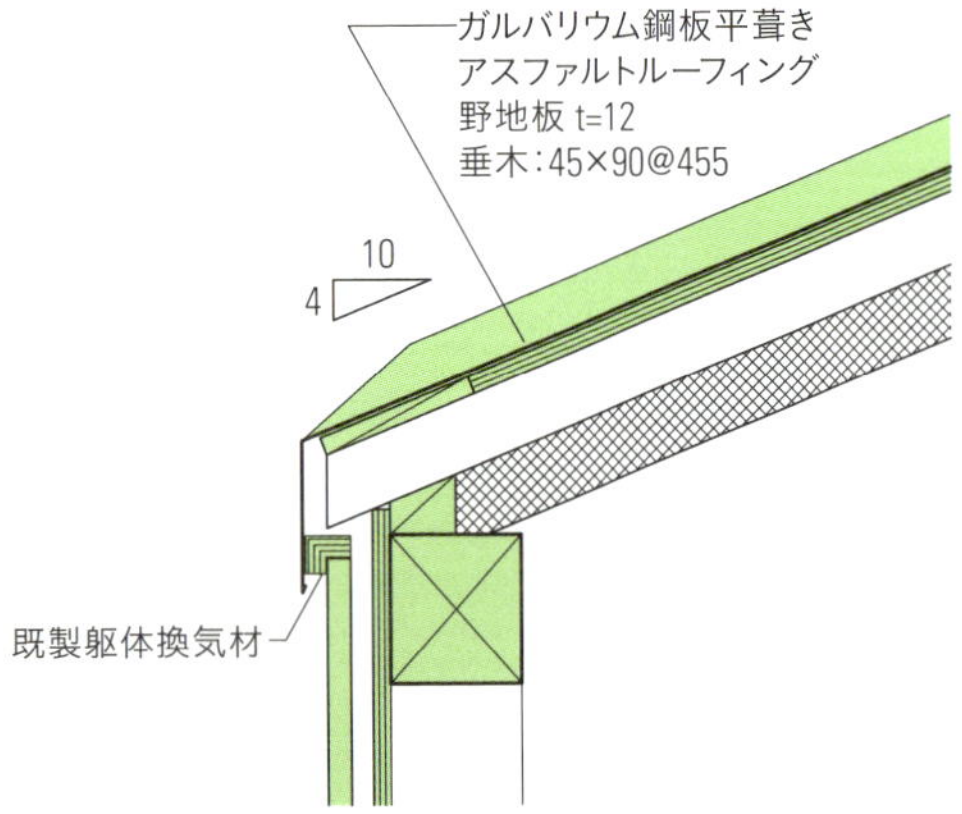
ガルバリウム鋼板平葺き
アスファルトルーフィング
野地板 t=12
垂木：45×90@455
10
4
既製躯体換気材

けらば❶（軒を出す）

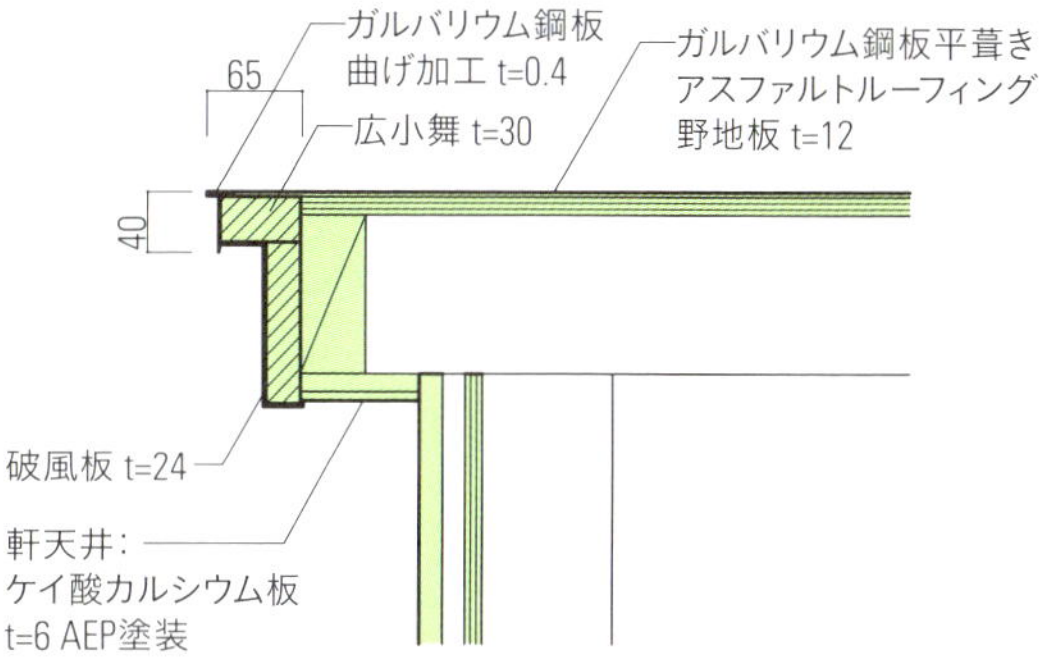
ガルバリウム鋼板
曲げ加工 t=0.4
広小舞 t=30
ガルバリウム鋼板平葺き
アスファルトルーフィング
野地板 t=12
65
40
破風板 t=24
軒天井：
ケイ酸カルシウム板
t=6 AEP塗装

けらば❷（軒を出さない）

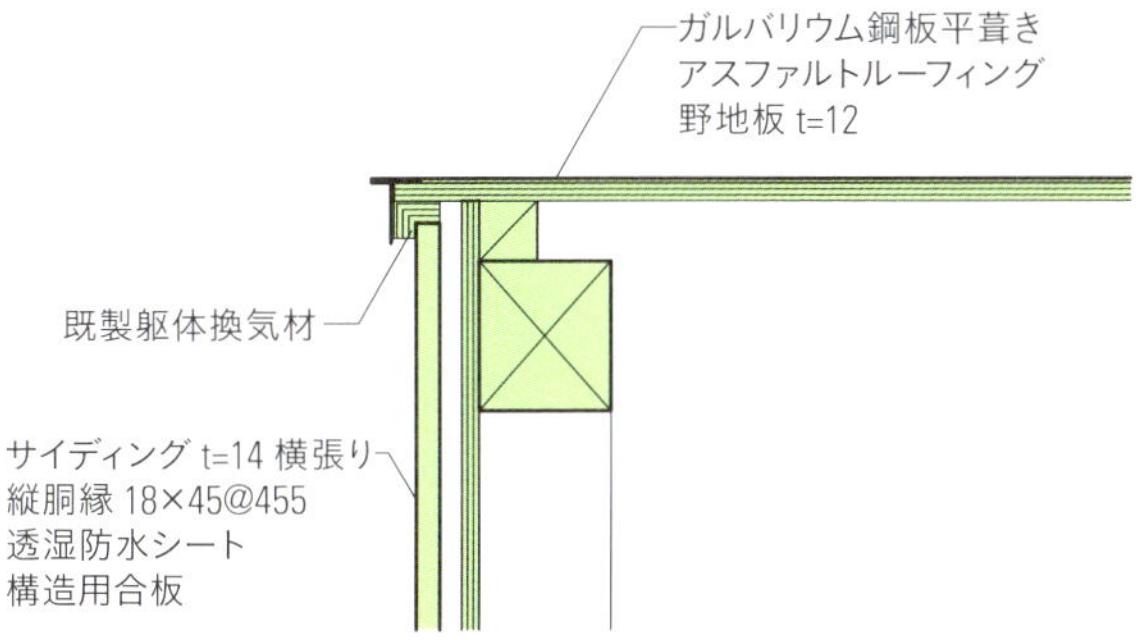
ガルバリウム鋼板平葺き
アスファルトルーフィング
野地板 t=12
既製躯体換気材
サイディング t=14 横張り
縦胴縁 18×45@455
透湿防水シート
構造用合板

下屋の雨仕舞い❶

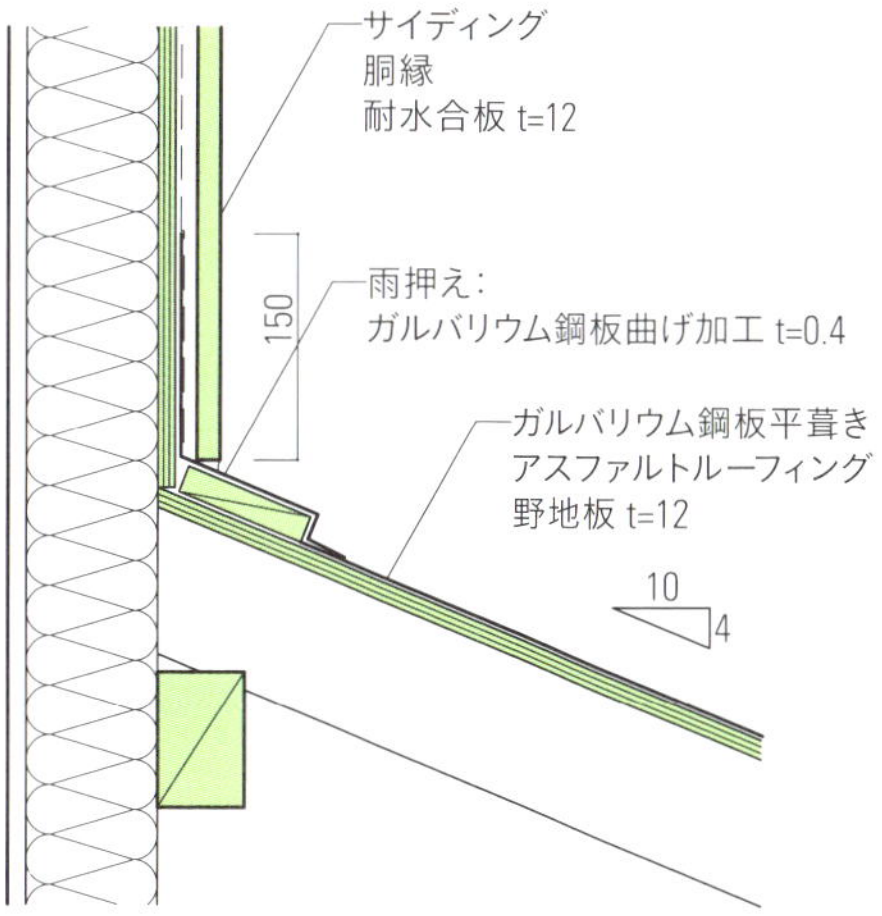
サイディング
胴縁
耐水合板 t=12
150
雨押え：
ガルバリウム鋼板曲げ加工 t=0.4
ガルバリウム鋼板平葺き
アスファルトルーフィング
野地板 t=12
10
4

下屋の雨仕舞い❷（流れ方向）

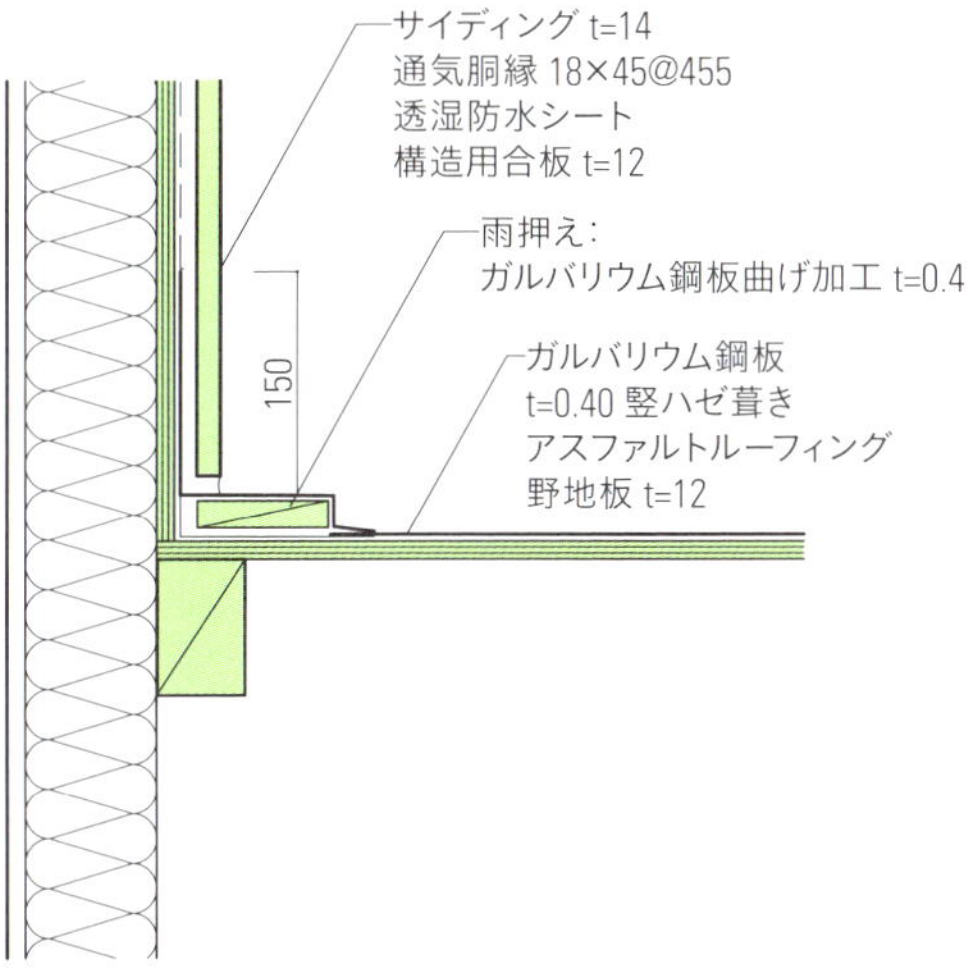
サイディング t=14
通気胴縁 18×45@455
透湿防水シート
構造用合板 t=12
雨押え：
ガルバリウム鋼板曲げ加工 t=0.4
150
ガルバリウム鋼板
t=0.40 竪ハゼ葺き
アスファルトルーフィング
野地板 t=12

立ち上がり

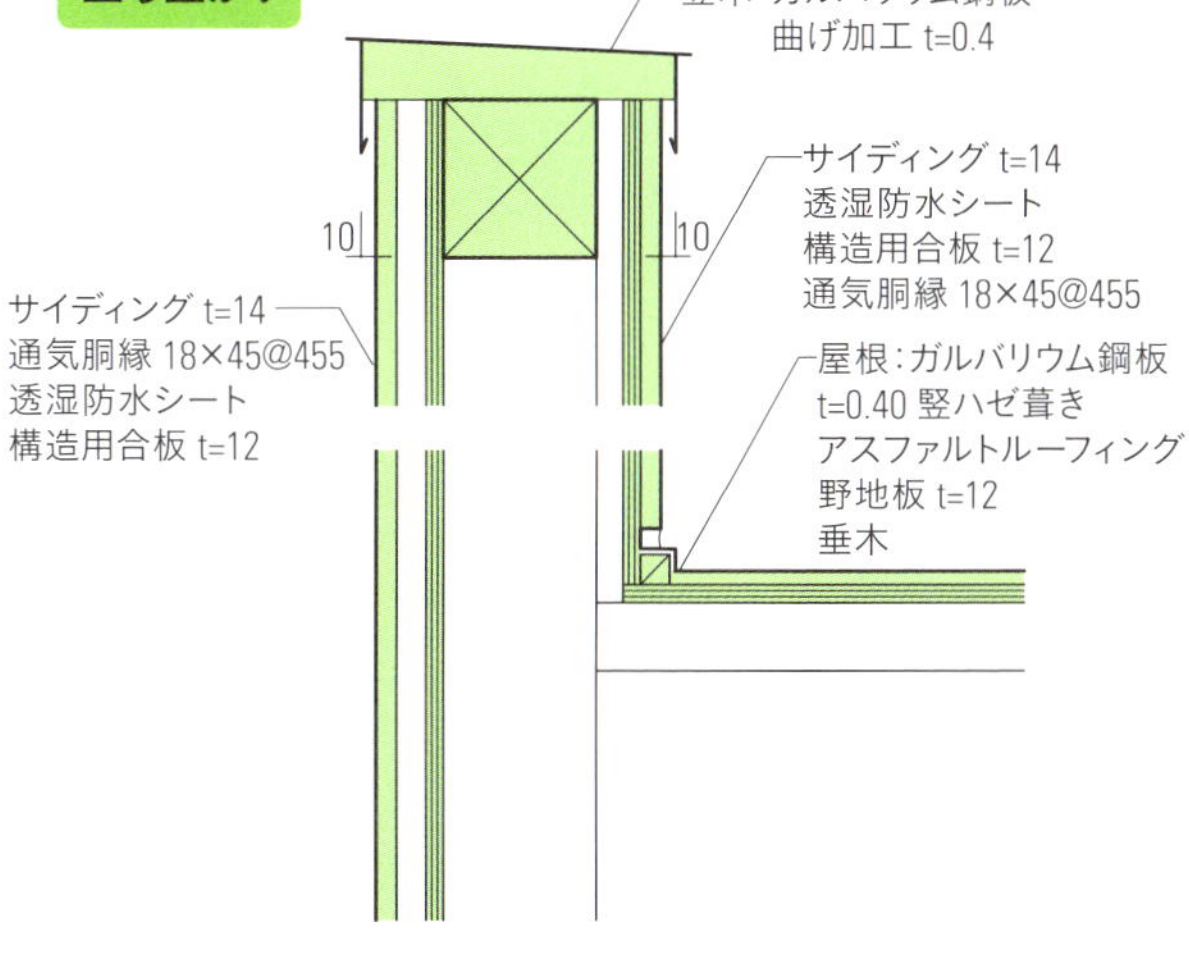
笠木：ガルバリウム鋼板
曲げ加工 t=0.4
10
10
サイディング t=14
透湿防水シート
構造用合板 t=12
通気胴縁 18×45@455
サイディング t=14
通気胴縁 18×45@455
透湿防水シート
構造用合板 t=12
屋根：ガルバリウム鋼板
t=0.40 竪ハゼ葺き
アスファルトルーフィング
野地板 t=12
垂木

谷

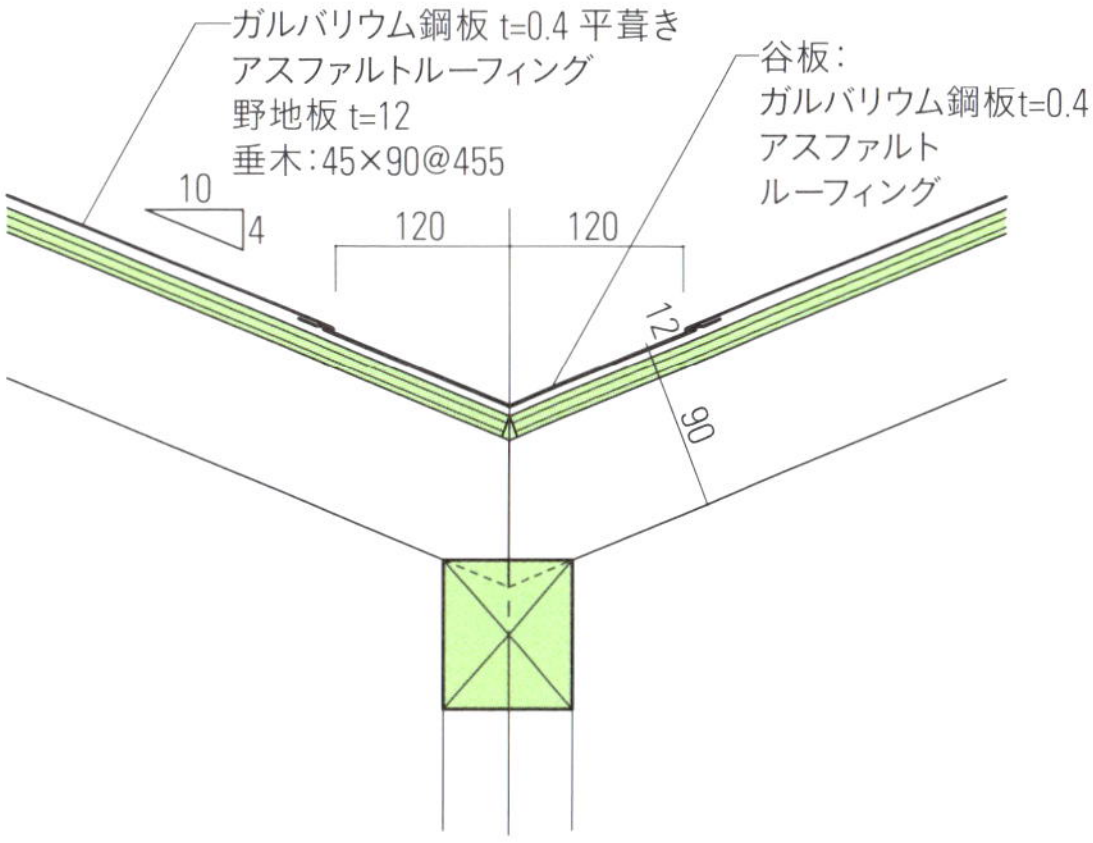
ガルバリウム鋼板 t=0.4 平葺き
アスファルトルーフィング
野地板 t=12
垂木：45×90@455
谷板：
ガルバリウム鋼板t=0.4
アスファルト
ルーフィング
10
4
120
120
12
90

軒先❶

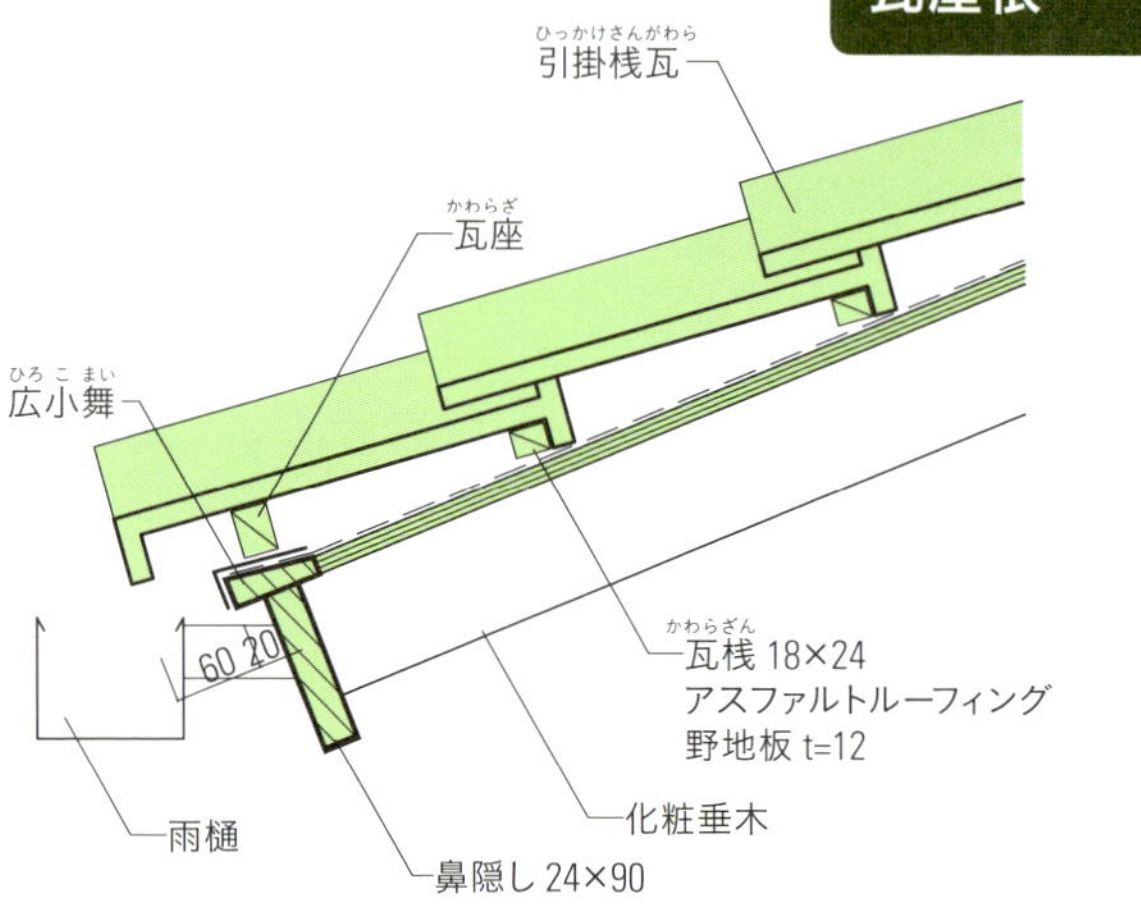
引掛桟瓦《ひっかけさんがわら》
瓦座《かわらざ》
広小舞《ひろこまい》
60
20
瓦桟《かわらざん》 18×24
アスファルトルーフィング
野地板 t=12
化粧垂木
雨樋
鼻隠し 24×90

軒先❷

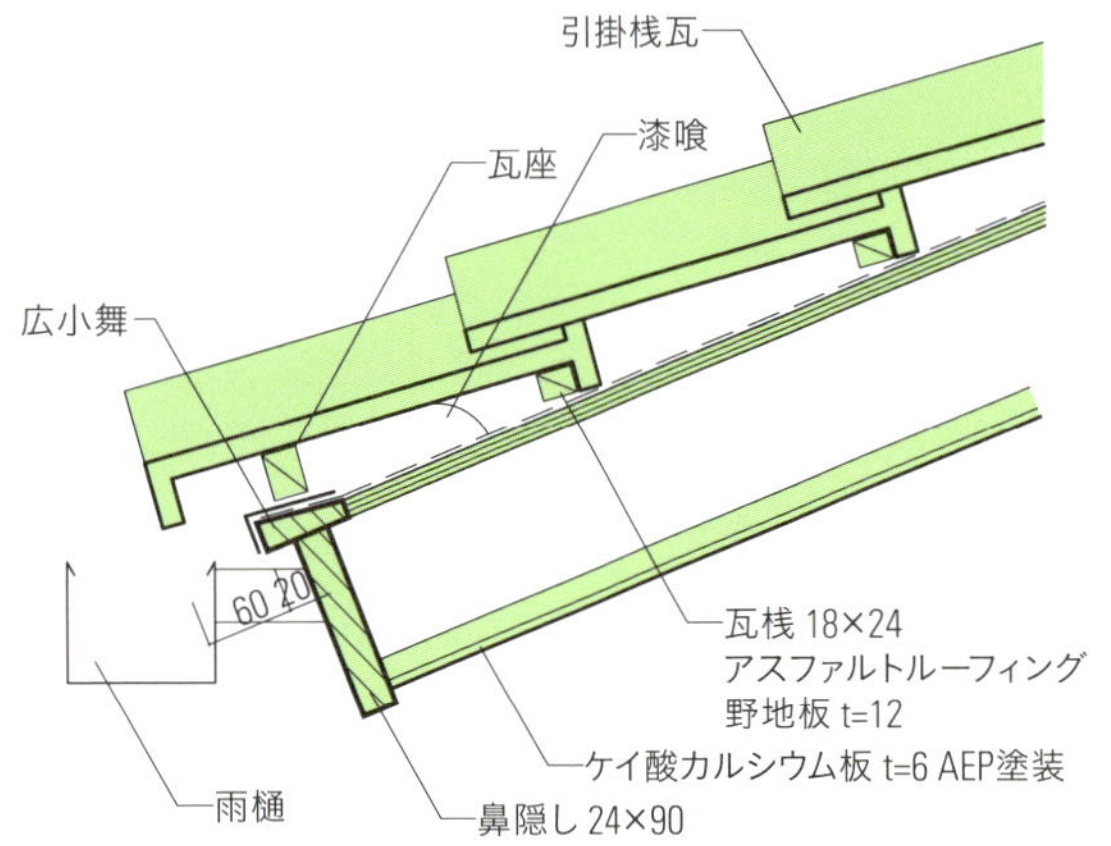
引掛桟瓦
漆喰
瓦座
広小舞
60
20
瓦桟 18×24
アスファルトルーフィング
野地板 t=12
ケイ酸カルシウム板 t=6 AEP塗装
雨樋
鼻隠し 24×90

軒先❸

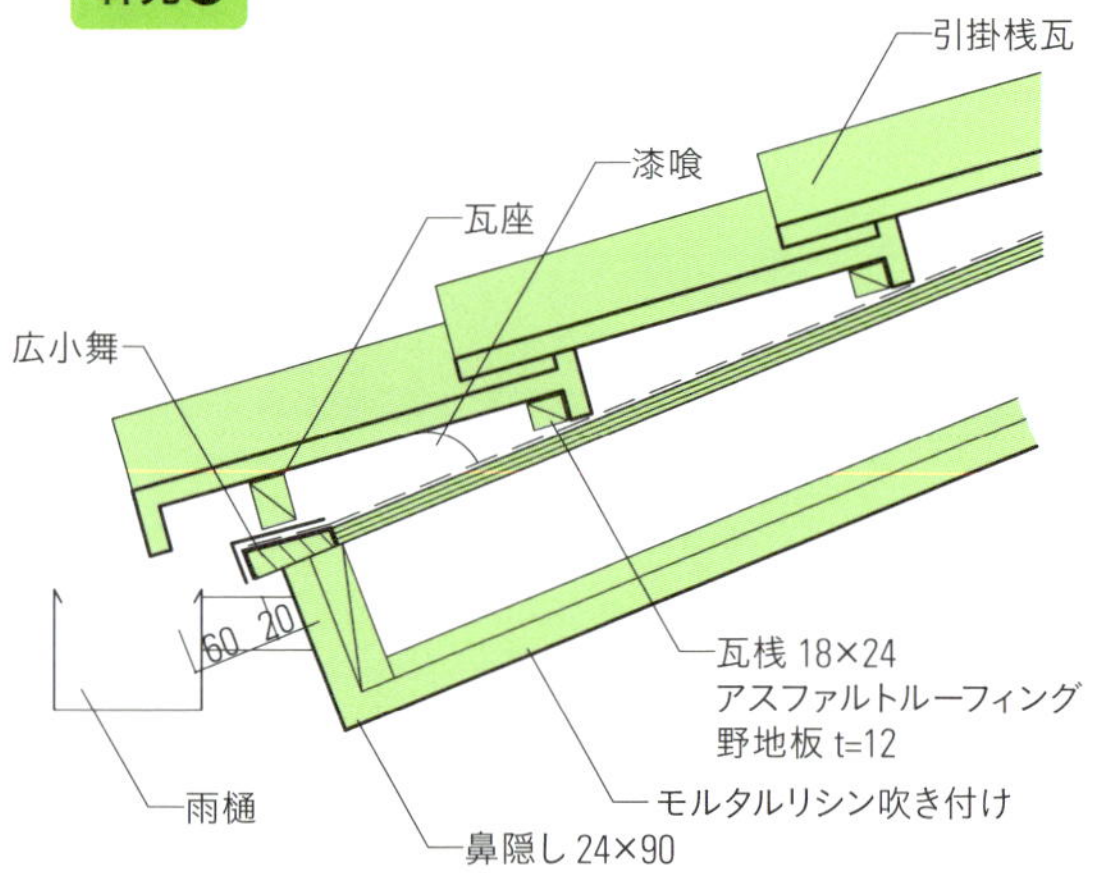
引掛桟瓦
漆喰
瓦座
広小舞
60
20
瓦桟 18×24
アスファルトルーフィング
野地板 t=12
モルタルリシン吹き付け
雨樋
鼻隠し 24×90

棟

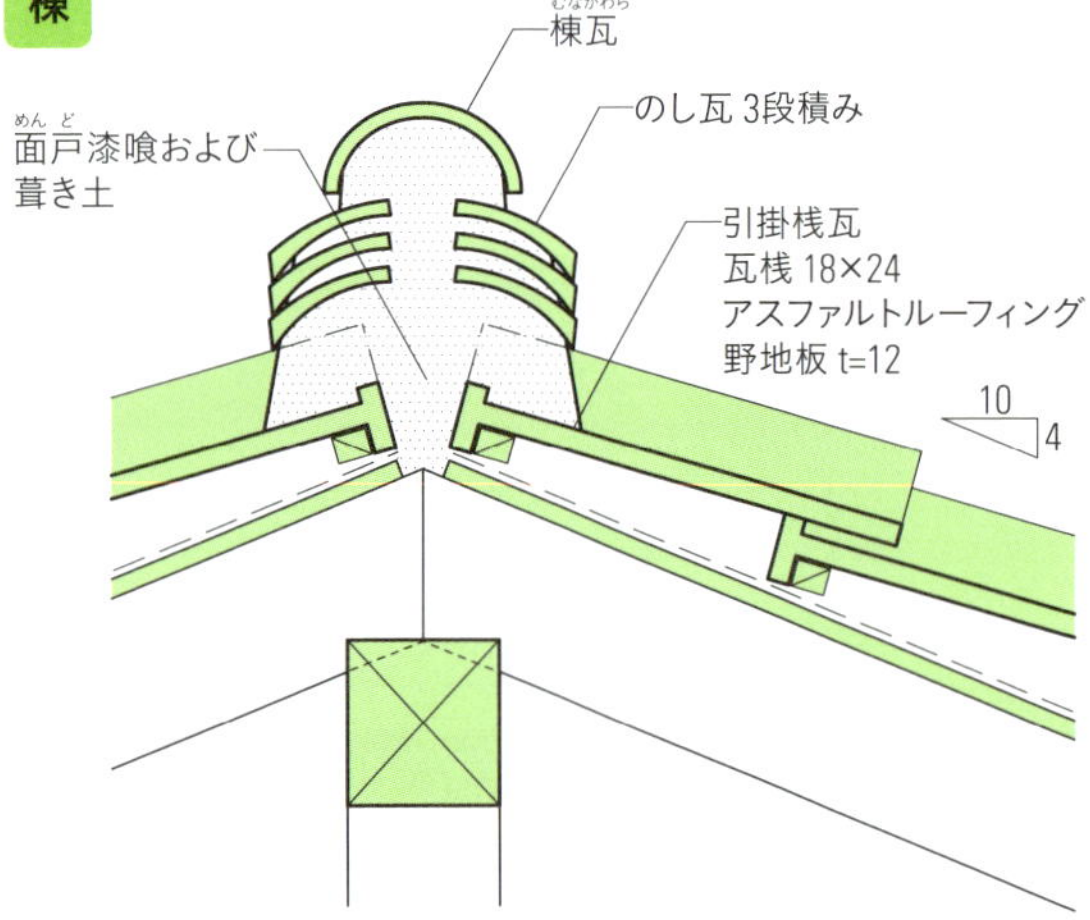
棟瓦《むながわら》
のし瓦 3段積み
面戸《めんど》漆喰および
葺き土
引掛桟瓦
瓦桟 18×24
アスファルトルーフィング
野地板 t=12
10
4

けらば❶

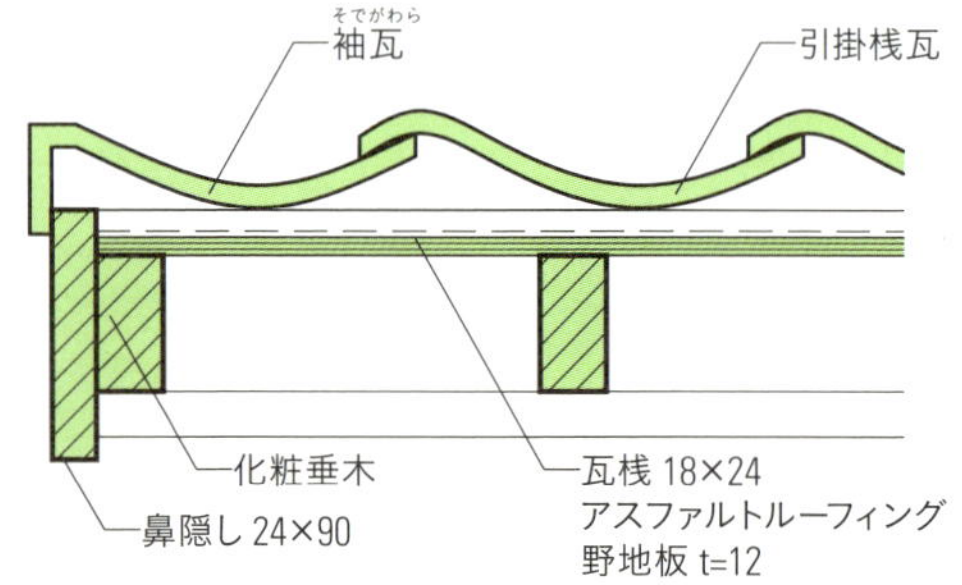
袖瓦《そでがわら》
引掛桟瓦
化粧垂木
瓦桟 18×24
アスファルトルーフィング
野地板 t=12
鼻隠し 24×90

けらば❷

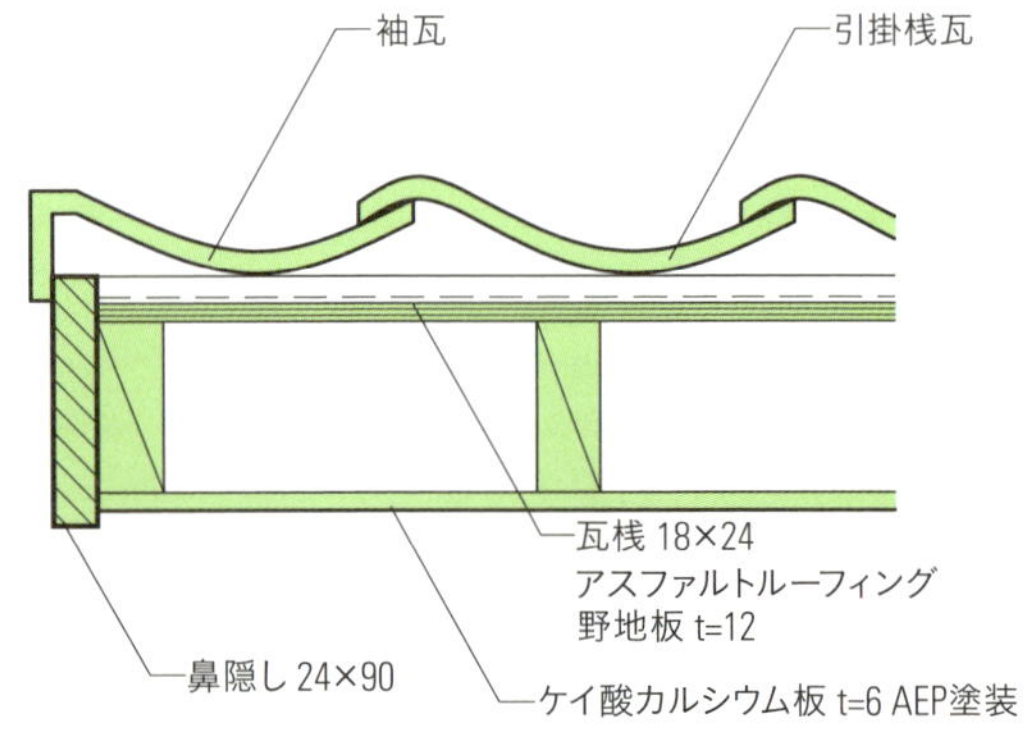
袖瓦
引掛桟瓦
瓦桟 18×24
アスファルトルーフィング
野地板 t=12
鼻隠し 24×90
ケイ酸カルシウム板 t=6 AEP塗装

下屋の雨仕舞い（流れ方向）❶

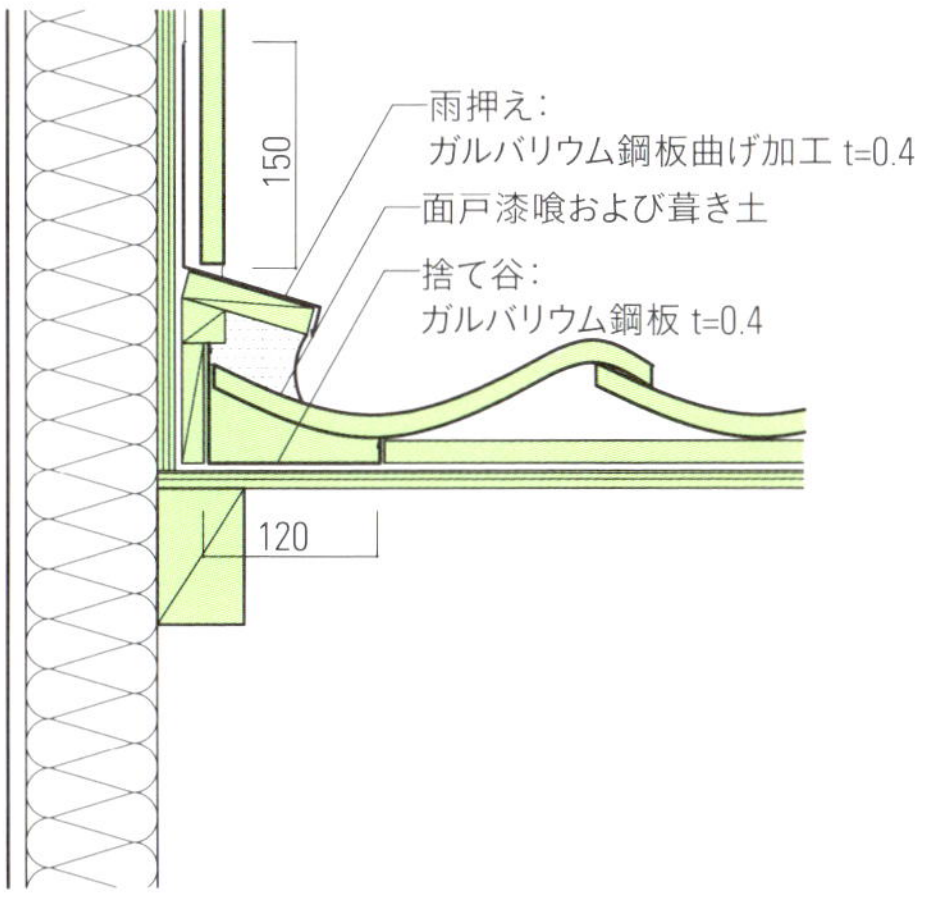
150
雨押え：
ガルバリウム鋼板曲げ加工 t=0.4
面戸漆喰および葺き土
捨て谷：
ガルバリウム鋼板 t=0.4
120

下屋の雨仕舞い❶

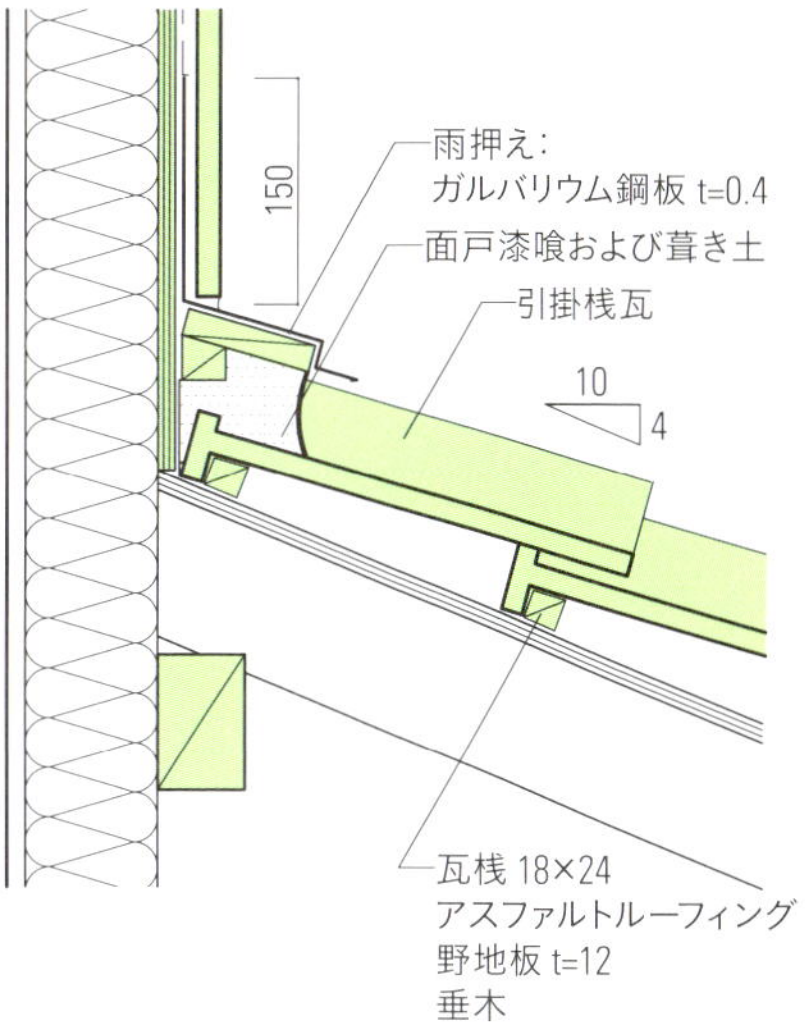
150
雨押え：
ガルバリウム鋼板 t=0.4
面戸漆喰および葺き土
引掛桟瓦
10
4
瓦桟 18×24
アスファルトルーフィング
野地板 t=12
垂木

下屋の雨仕舞い（流れ方向）❷

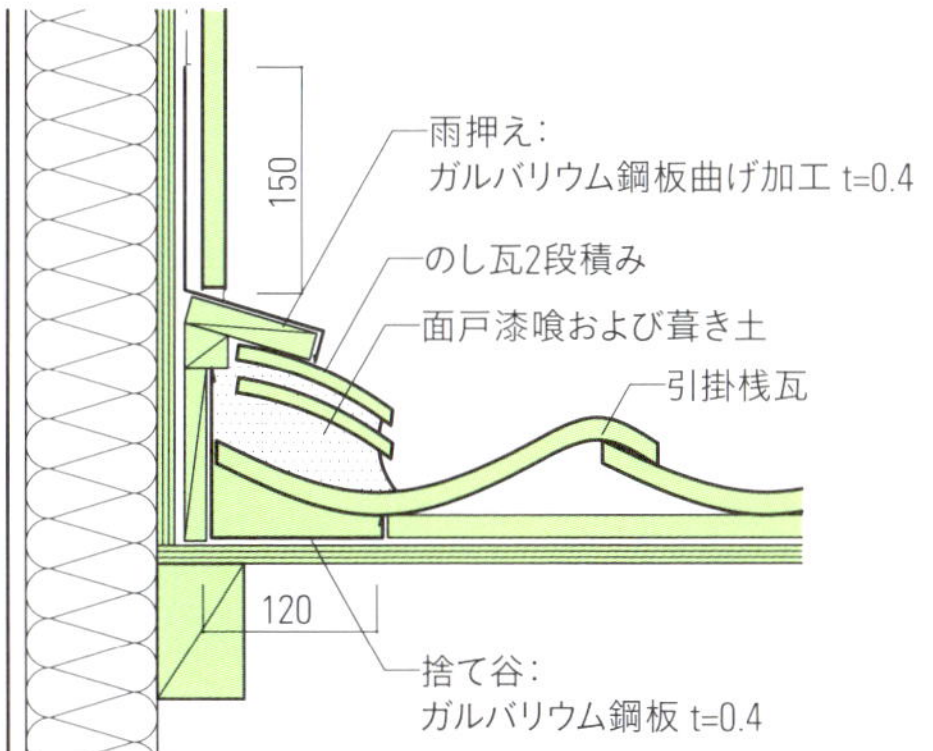
150
雨押え：
ガルバリウム鋼板曲げ加工 t=0.4
のし瓦2段積み
面戸漆喰および葺き土
引掛桟瓦
120
捨て谷：
ガルバリウム鋼板 t=0.4

下屋の雨仕舞い❷

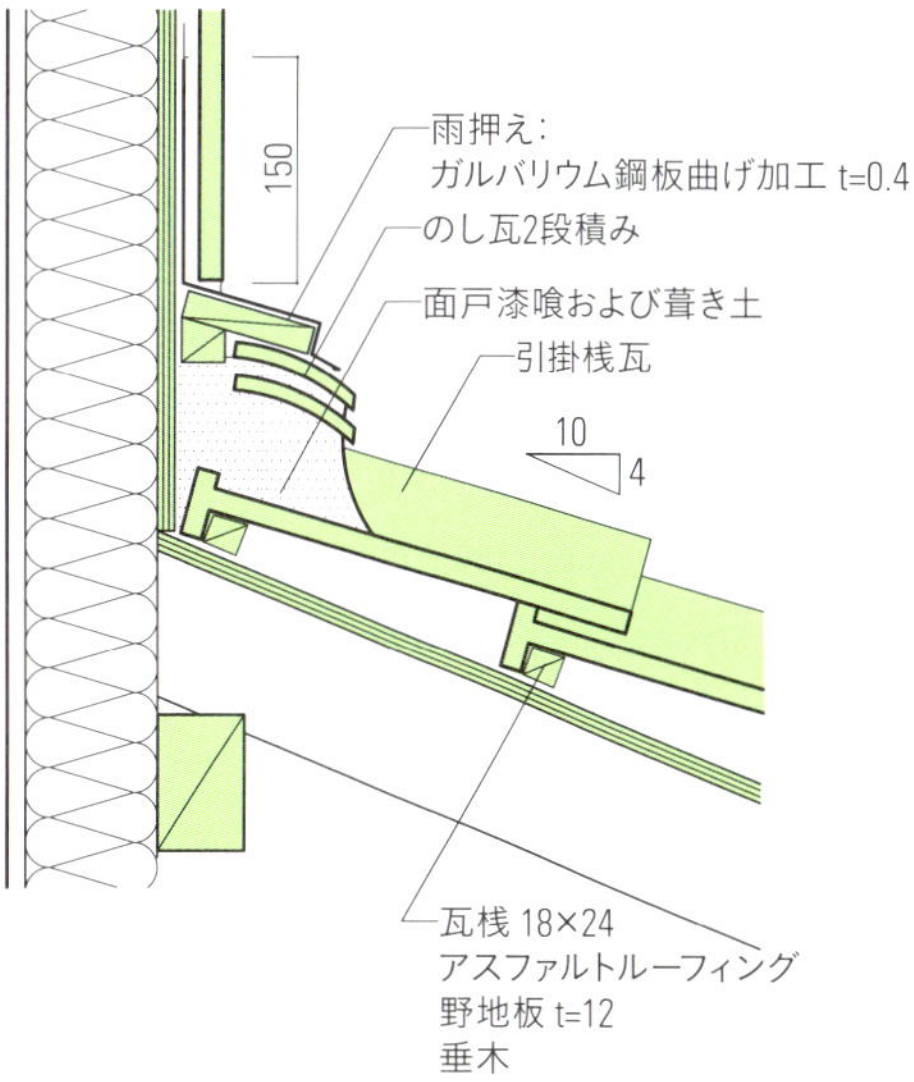
150
雨押え：
ガルバリウム鋼板曲げ加工 t=0.4
のし瓦2段積み
面戸漆喰および葺き土
引掛桟瓦
10
4
瓦桟 18×24
アスファルトルーフィング
野地板 t=12
垂木

谷

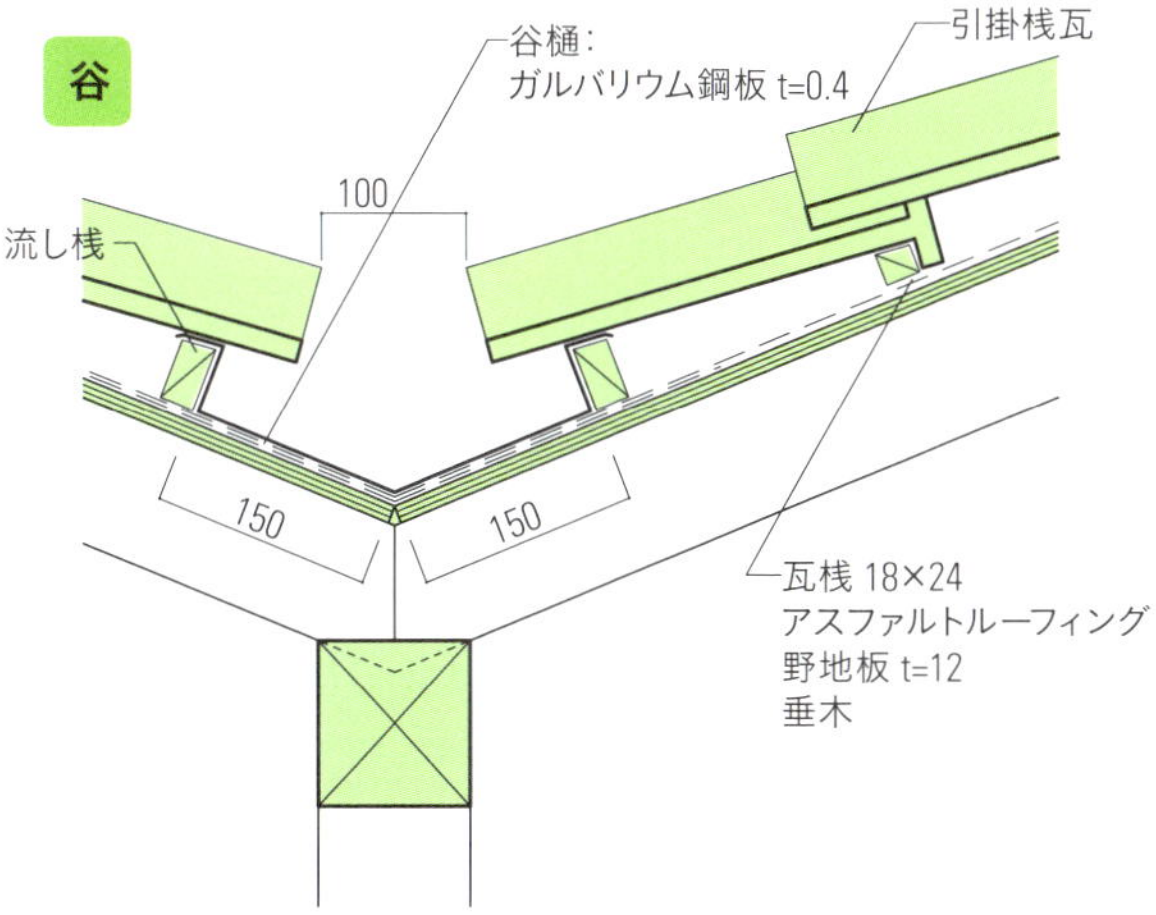
谷樋：
ガルバリウム鋼板 t=0.4
引掛桟瓦
100
流し桟
150
150
瓦桟 18×24
アスファルトルーフィング
野地板 t=12
垂木

片流棟

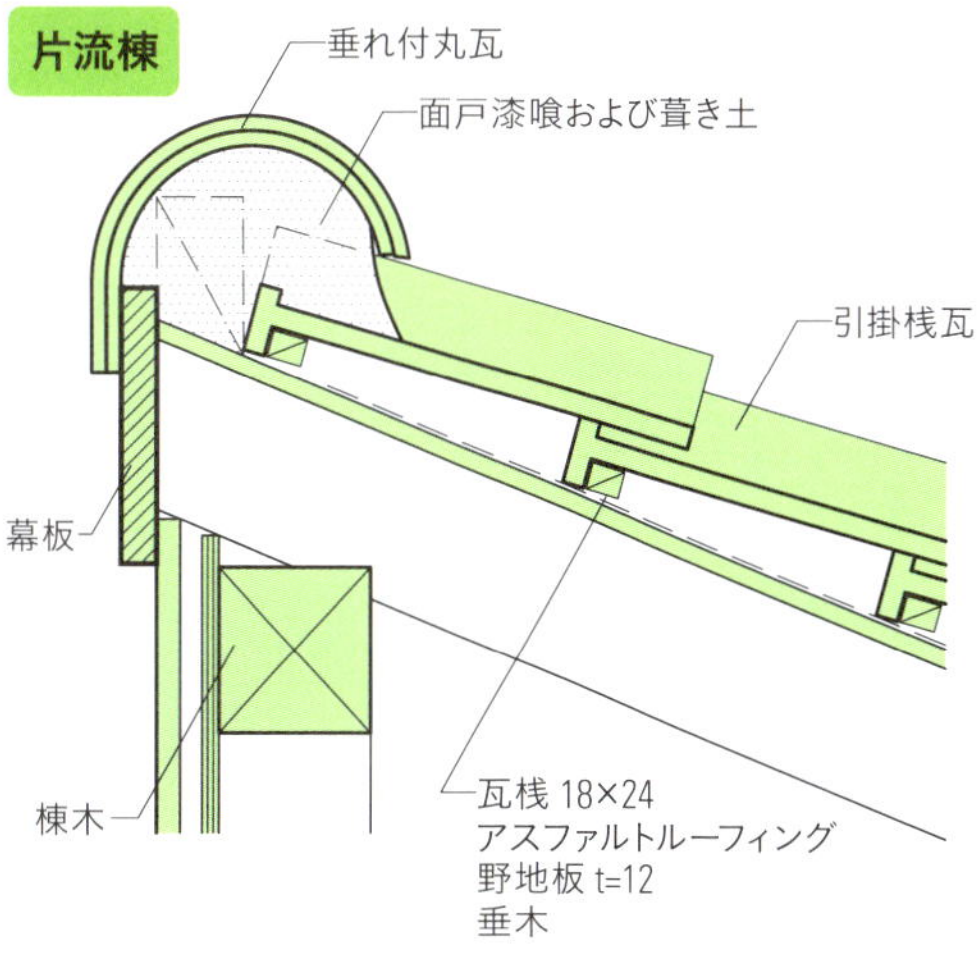
垂れ付丸瓦
面戸漆喰および葺き土
引掛桟瓦
幕板
棟木
瓦桟 18×24
アスファルトルーフィング
野地板 t=12
垂木

4 外部造作・開口廻り

01 外壁の基本的な納まり

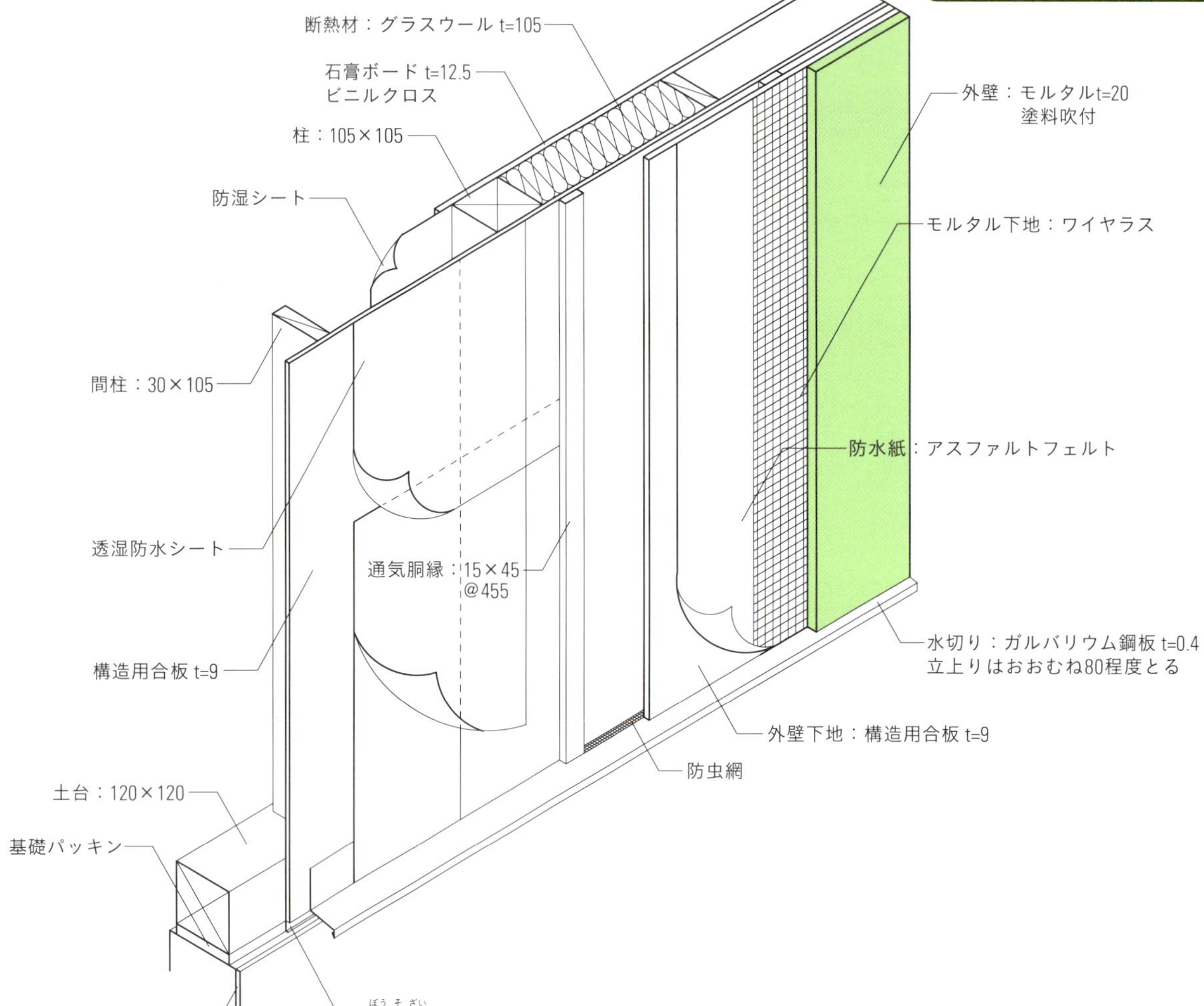

断熱材：グラスウール t=105
石膏ボード t=12.5
ビニルクロス
柱：105×105
防湿シート
間柱：30×105
透湿防水シート
通気胴縁：15×45
@455
構造用合板 t=9
土台：120×120
基礎パッキン
防鼠材《ぼうそざい》
化粧モルタル
外壁：モルタルt=20
塗料吹付
モルタル下地：ワイヤラス
防水紙：アスファルトフェルト
水切り：ガルバリウム鋼板 t=0.4
立上りはおおむね80程度とる
外壁下地：構造用合板 t=9
防虫網

木造住宅における**外壁の種類**は多様である。大きく分けるとモルタル・漆喰等の左官による**湿式《しっしき》仕上げ**とサイディングなどの**乾式《かんしき》仕上げ**がある。水を使う工法を**湿式工法**、水を使わない工法が**乾式工法**という。外壁は建物のイメージを決める重要な要素であり、耐水・断熱・耐久・遮音といった性能も要求される。そのため外壁の選択は慎重に行いたい。

外壁構成は**大壁《おおかべ》**と**真壁《しんかべ》**に分けられる。大壁は構造用合板や石膏ボードなどを柱や間柱、胴縁に張り付ける。そのため柱や梁といった**構造体が外側に露出しない**。一方、真壁は、主に和風の建築に用いられ、柱に貫や受け材の上に構造用合板や石膏ボードなどを張り付け、**柱の内側で壁を仕上げる**。

湿気の多い日本では壁の中の**結露**に対する配慮が重要となる。結露は**気密性**を高めることで起こりにくくすることができる。しかし、完全に湿気を防ぐことは難しい。そのため、**通気**させることを考える。外壁の室内側に防湿シートを張れば、屋内から壁内への**湿気流入を防げる**。**透湿防水《とうしつぼうすい》シート**によって外部の水の侵入を防ぎ、入ってしまった湿気に対しては透湿性を活かす。**通気層**を設ければ外部へ湿った空気を排出することができる。

外壁を断熱するためには、壁内にグラスウール等の**充填断熱材**を入れる方法と、外壁の外側にスタイロフォーム等の**断熱材**を張る方法がある。

自由度の高いモルタル

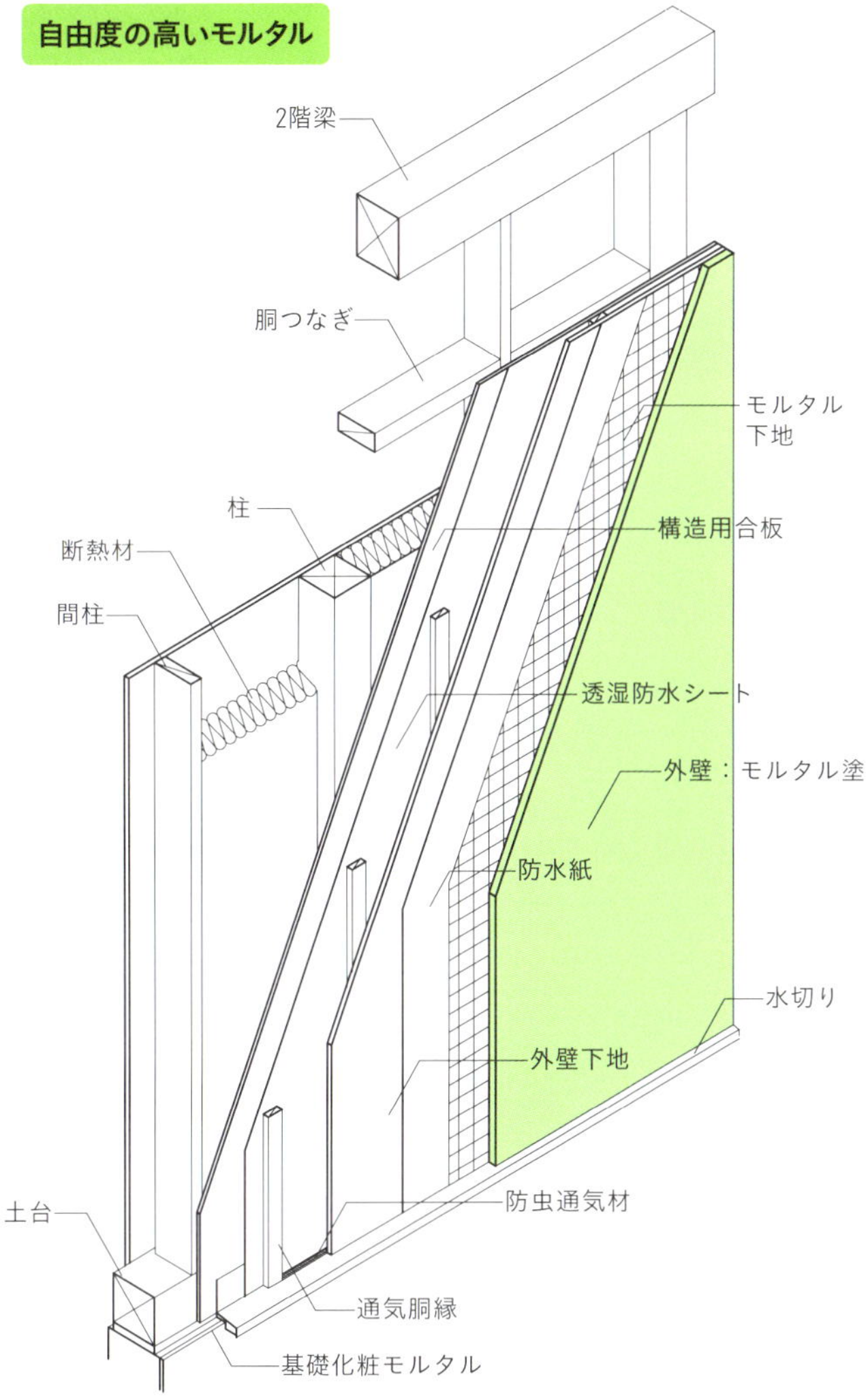
2階梁
胴つなぎ
モルタル
下地
柱
断熱材
構造用合板
間柱
透湿防水シート
外壁：モルタル塗
防水紙
水切り
外壁下地
防虫通気材
土台
通気胴縁
基礎化粧モルタル

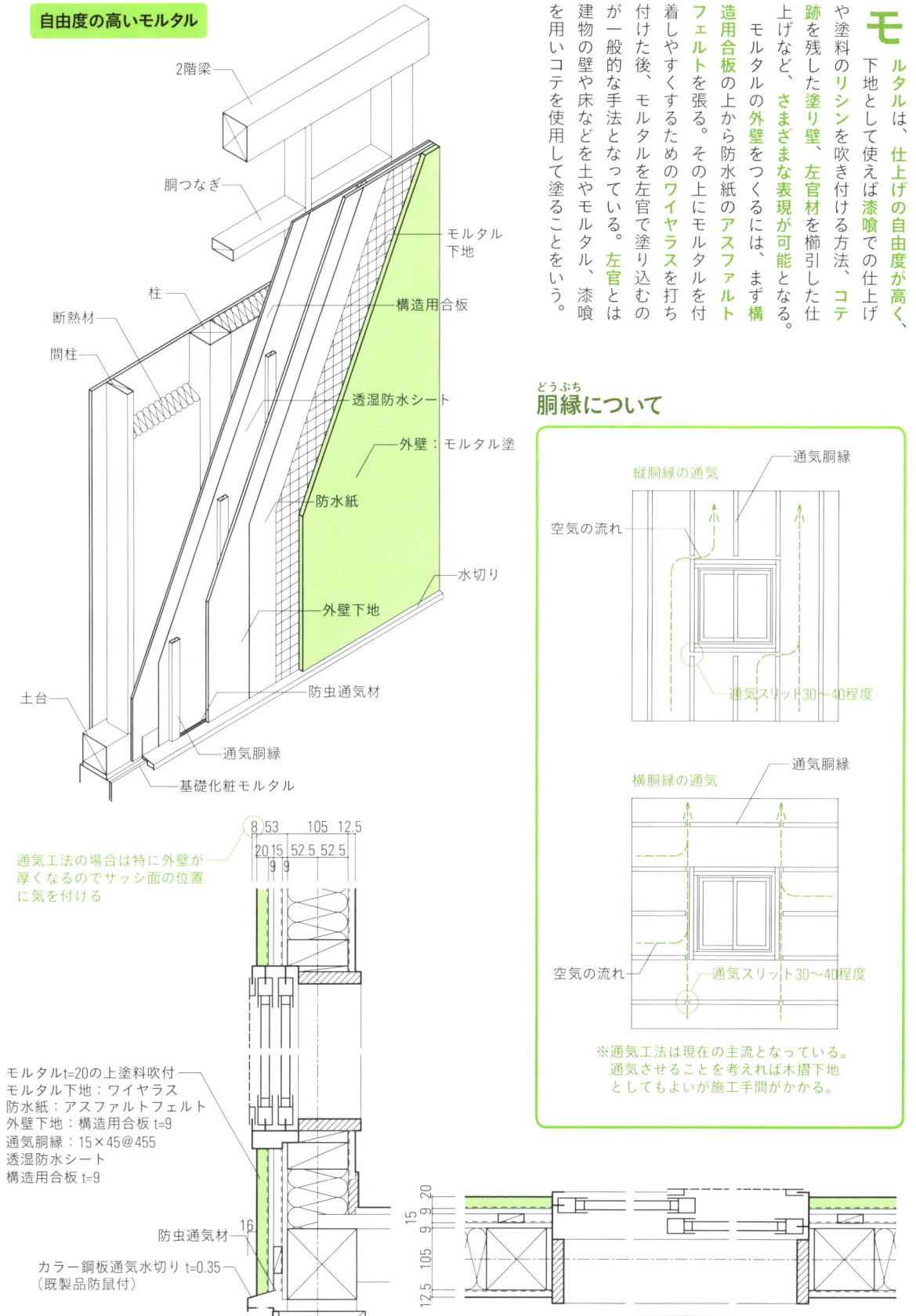

モルタルは、**仕上げの自由度が高く**、下地として使えば**漆喰**での仕上げや塗料の**リシン**を吹き付ける方法、**コテ跡**を残した**塗り壁**、**左官材**を櫛引した仕上げなど、**さまざまな表現が可能**となる。

モルタルの**外壁**をつくるには、まず**構造用合板**の上から防水紙の**アスファルトフェルト**を張る。その上にモルタルを付着しやすくするための**ワイヤラス**を打ち付けた後、モルタルを左官で塗り込むのが一般的な手法となっている。**左官**とは建物の壁や床などを土やモルタル、漆喰を用いコテを使用して塗ることをいう。

胴縁《どうぶち》について

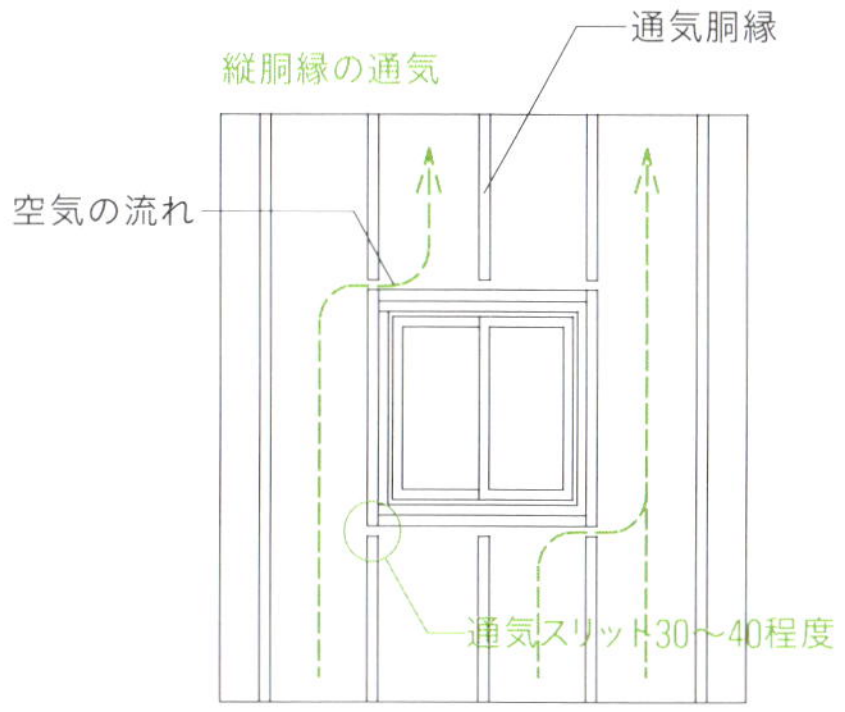
縦胴縁の通気
通気胴縁
空気の流れ
通気スリット30～40程度

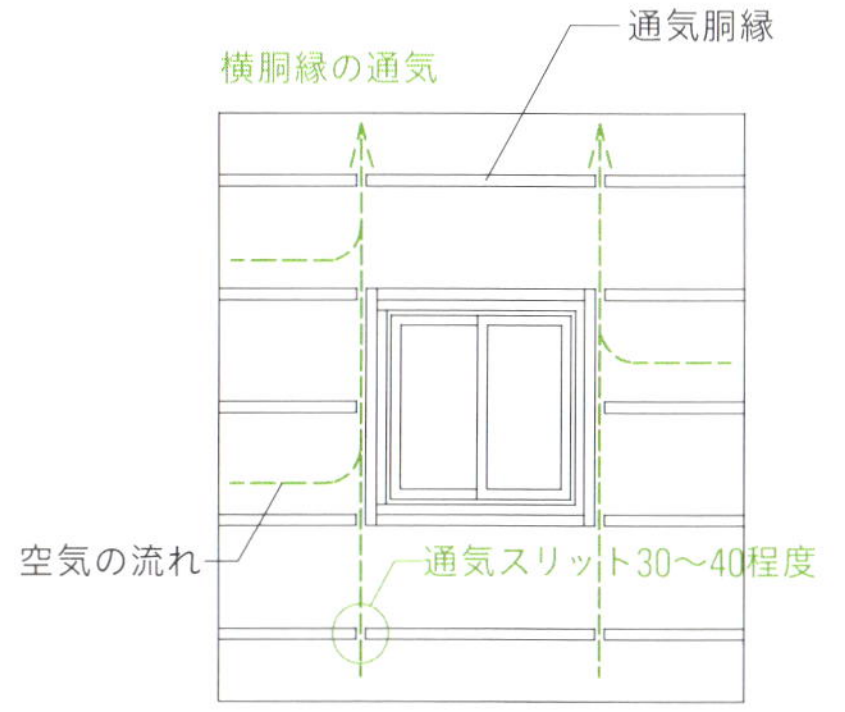
横胴縁の通気
通気胴縁
空気の流れ
通気スリット30～40程度

※通気工法は現在の主流となっている。
通気させることを考えれば木摺下地
としてもよいが施工手間がかかる。

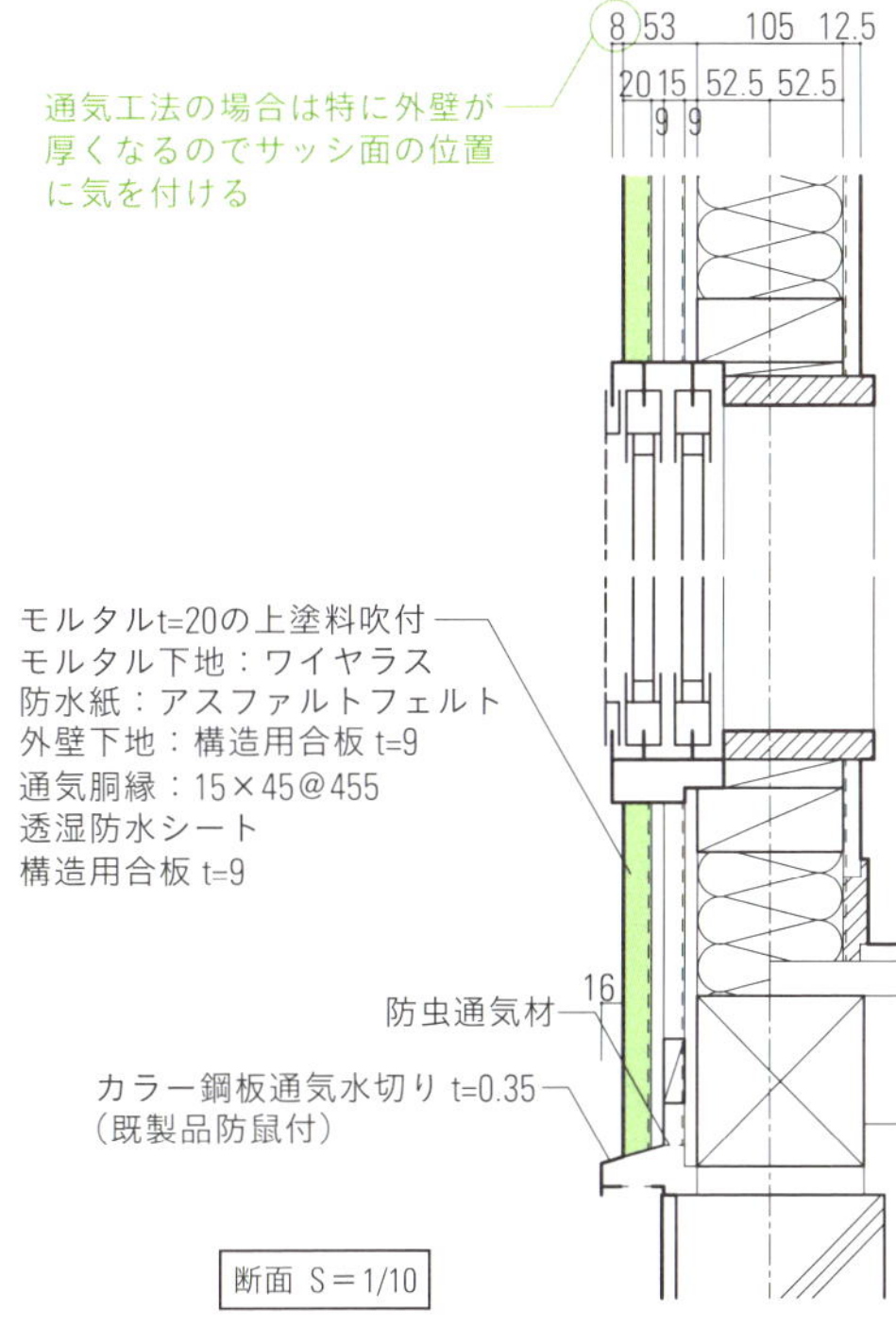
8 53 105 12.5
20 15 52.5 52.5
9 9
通気工法の場合は特に外壁が
厚くなるのでサッシ面の位置
に気を付ける
モルタルt=20の上塗料吹付
モルタル下地：ワイヤラス
防水紙：アスファルトフェルト
外壁下地：構造用合板 t=9
通気胴縁：15×45@455
透湿防水シート
構造用合板 t=9
16
防虫通気材
カラー鋼板通気水切り t=0.35
（既製品防鼠付）

断面 S＝1/10

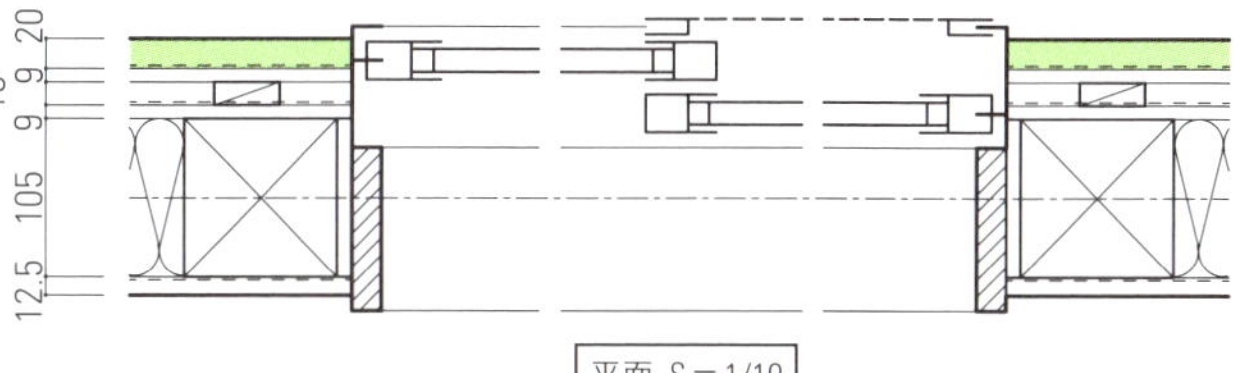
20
9
9
15
9
105
12.5

平面 S＝1/10

施工が早く安定性が高いサイディング

サイディングは多くの場合通気工法が標準となっているため、壁内に湿気がこもりずらくメンテナンス性も高い。
胴縁の厚さはサイディングを留めるためと、通気層をとるために15以上とする。

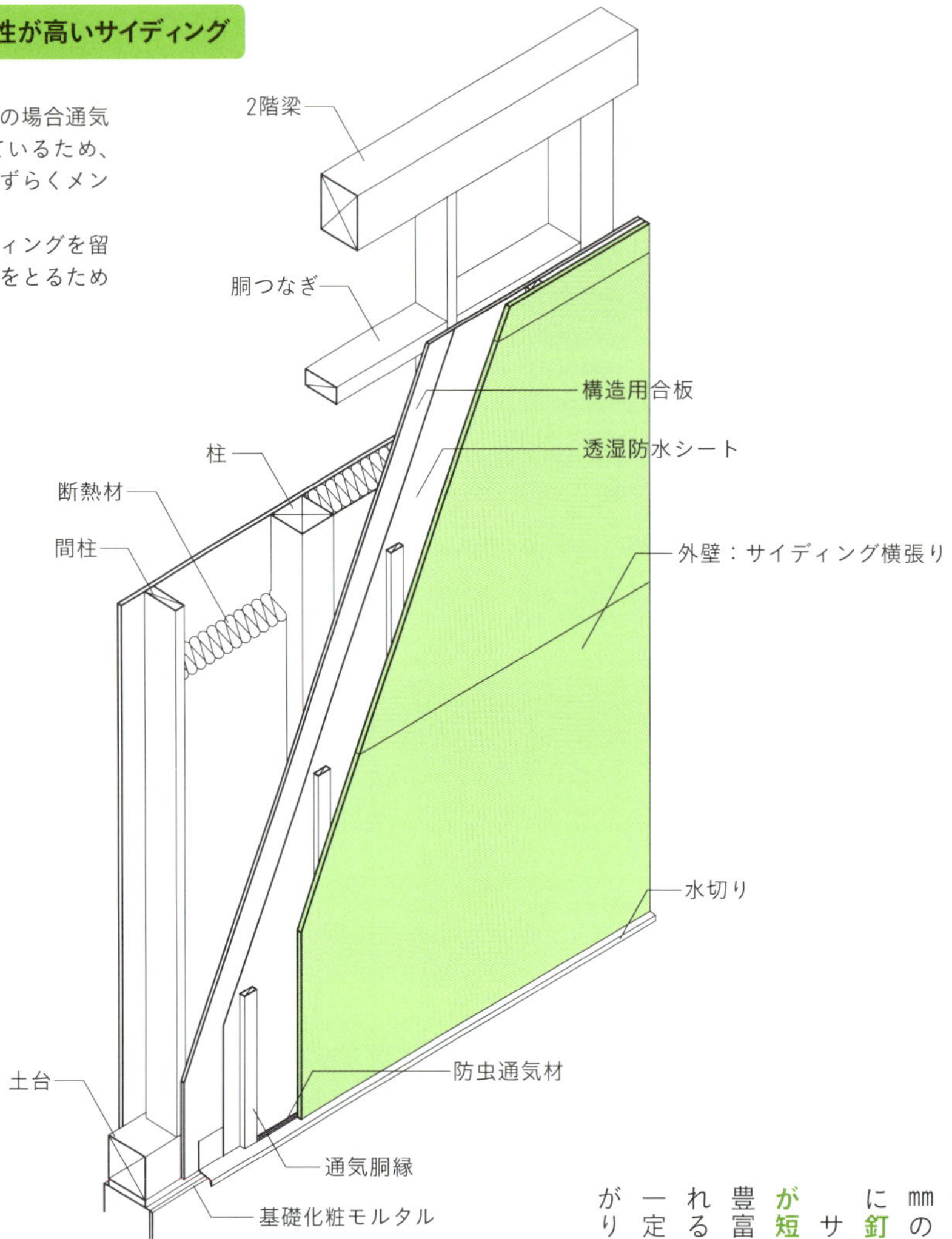
2階梁
胴つなぎ
構造用合板
透湿防水シート
柱
断熱材
間柱
外壁：サイディング横張り
水切り
防虫通気材
土台
通気胴縁
基礎化粧モルタル

サイディングとは、**セメント質**と**繊維質**を主な原料にして、**板状に形成**したものや断熱材やボードを芯材にして金属板で覆ったもの、ケイ酸カルシウムなどでつくられたものなど多くの種類がある。サイディングは150~600mmの幅で、**建物の外壁に**縦または横方向に**釘や金物で取り付ける。**

サイディングはモルタルに比べて**工期が短く**、柄や色などのバリエーションが豊富なことが特徴である。工場で生産されるので、サイズとジョイントの精度が一定となる。そのため**施工が容易**で仕上がり精度も高い。

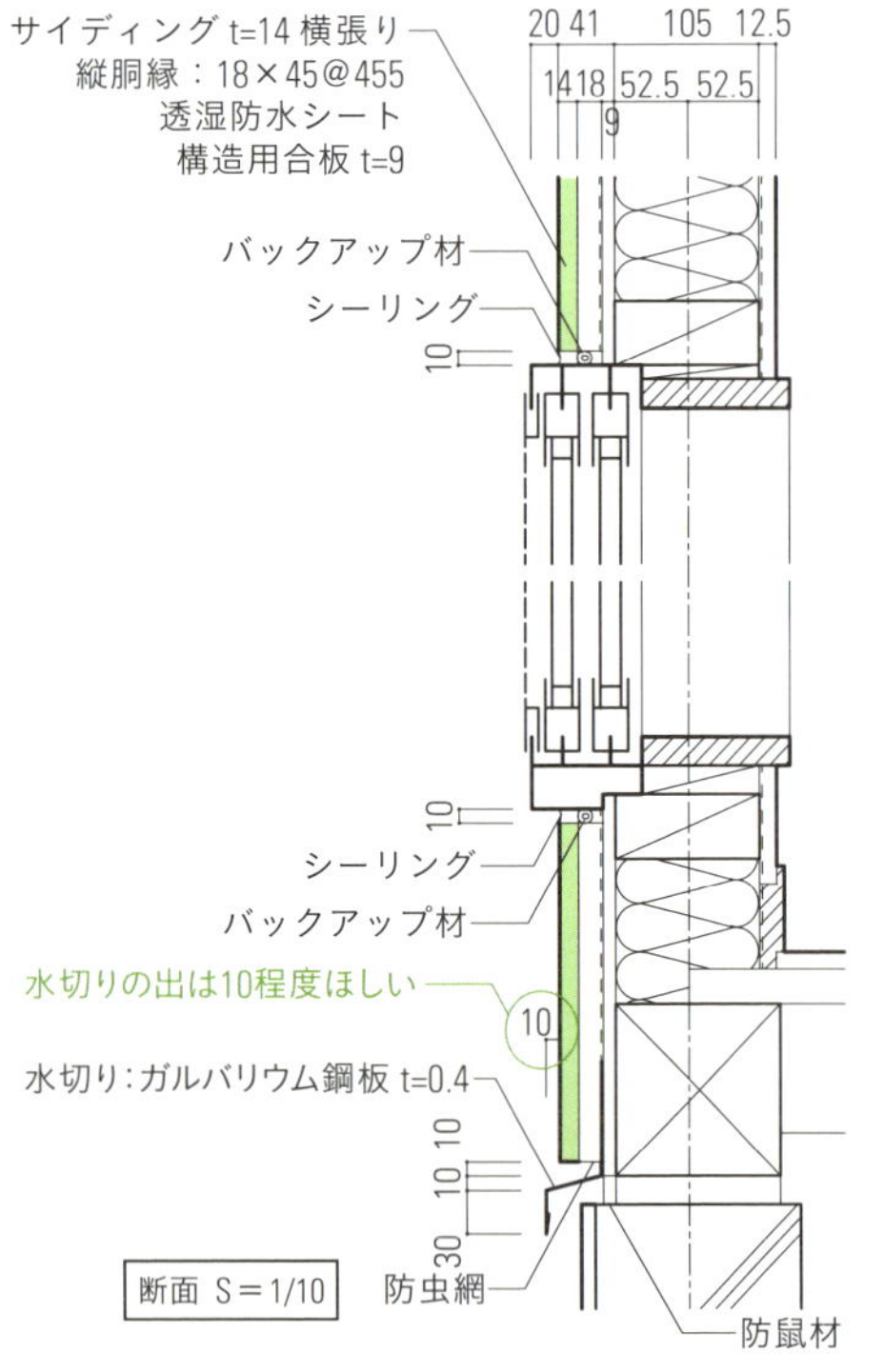
サイディング t=14 横張り
縦胴縁：18×45@455
透湿防水シート
構造用合板 t=9
20 41 105 12.5
14 18 52.5 52.5
9
バックアップ材
シーリング
10
10
シーリング
バックアップ材
水切りの出は10程度ほしい
10
水切り：ガルバリウム鋼板 t=0.4
10 10 30
防虫網
防鼠材

断面 S＝1/10

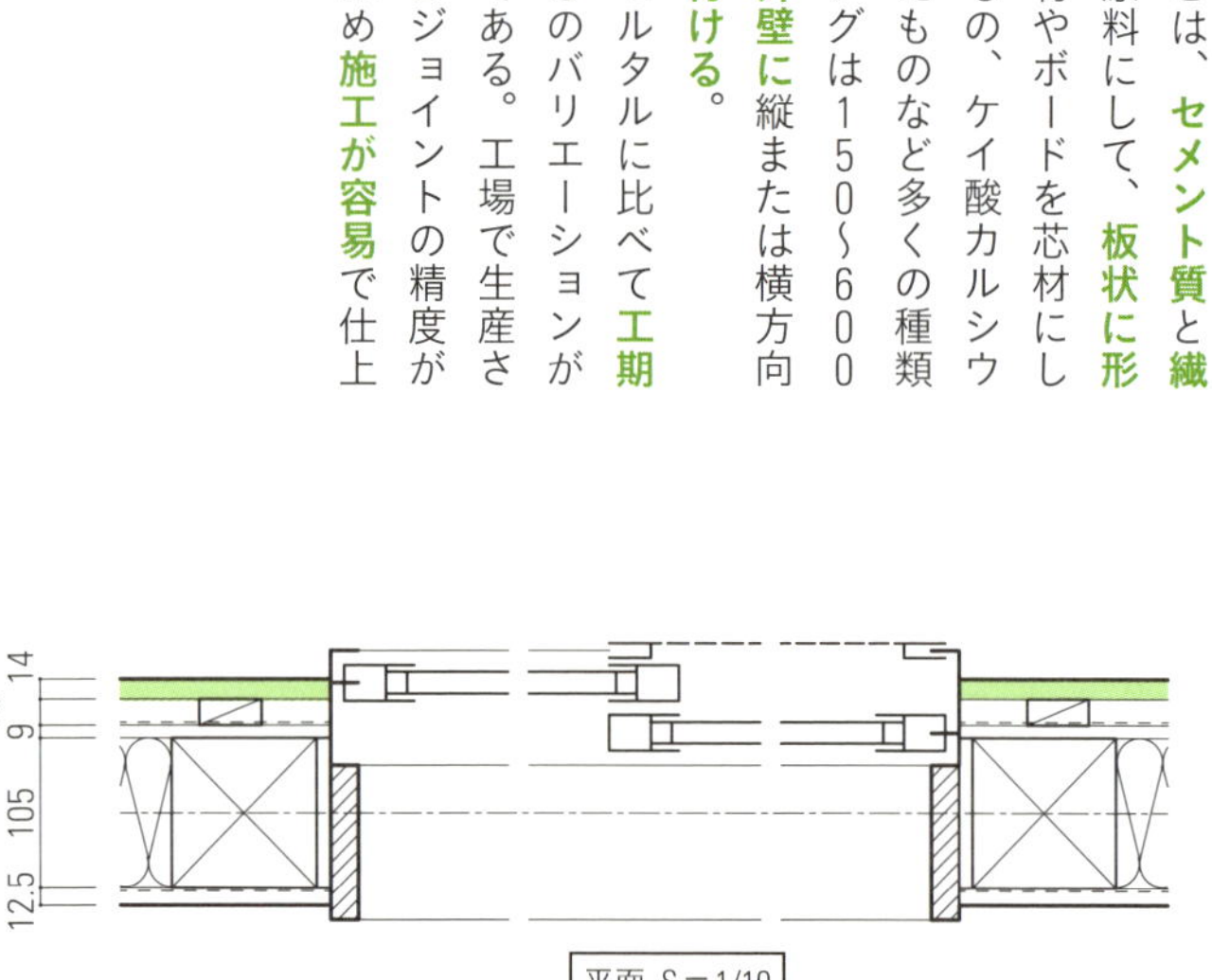
14
18
9
105
12.5

平面 S＝1/10

温もりのある自然素材で仕上げる

木張りは大きく分けると縦張りと横張りがある。縦張りは横胴縁、横張りは縦胴縁が下地に必要となる。
12、15の材厚を選択すると他の外装材でも一般的な寸法のため扱いやすい。

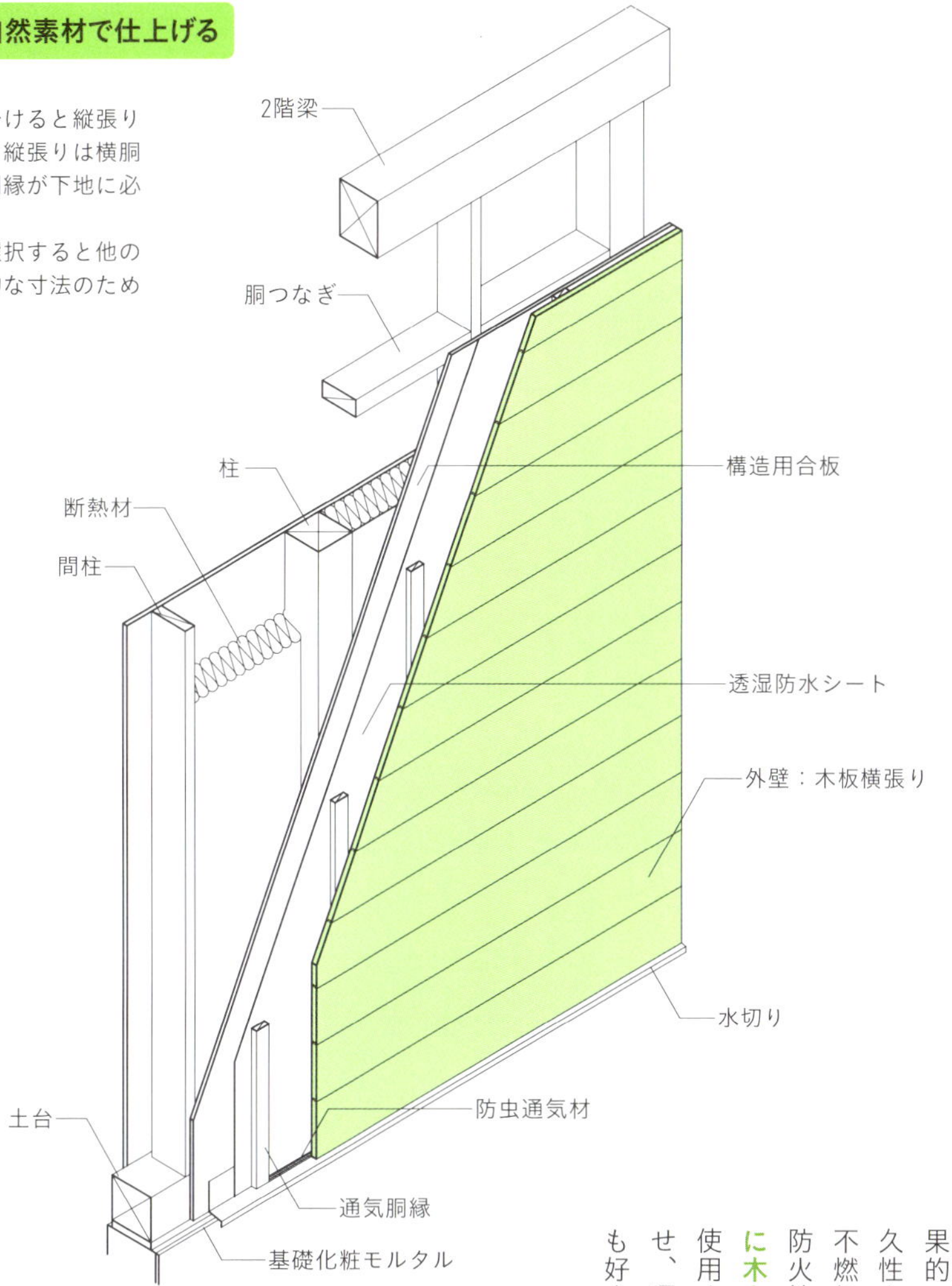
2階梁
胴つなぎ
柱
断熱材
間柱
構造用合板
透湿防水シート
外壁：木板横張り
水切り
土台
防虫通気材
通気胴縁
基礎化粧モルタル

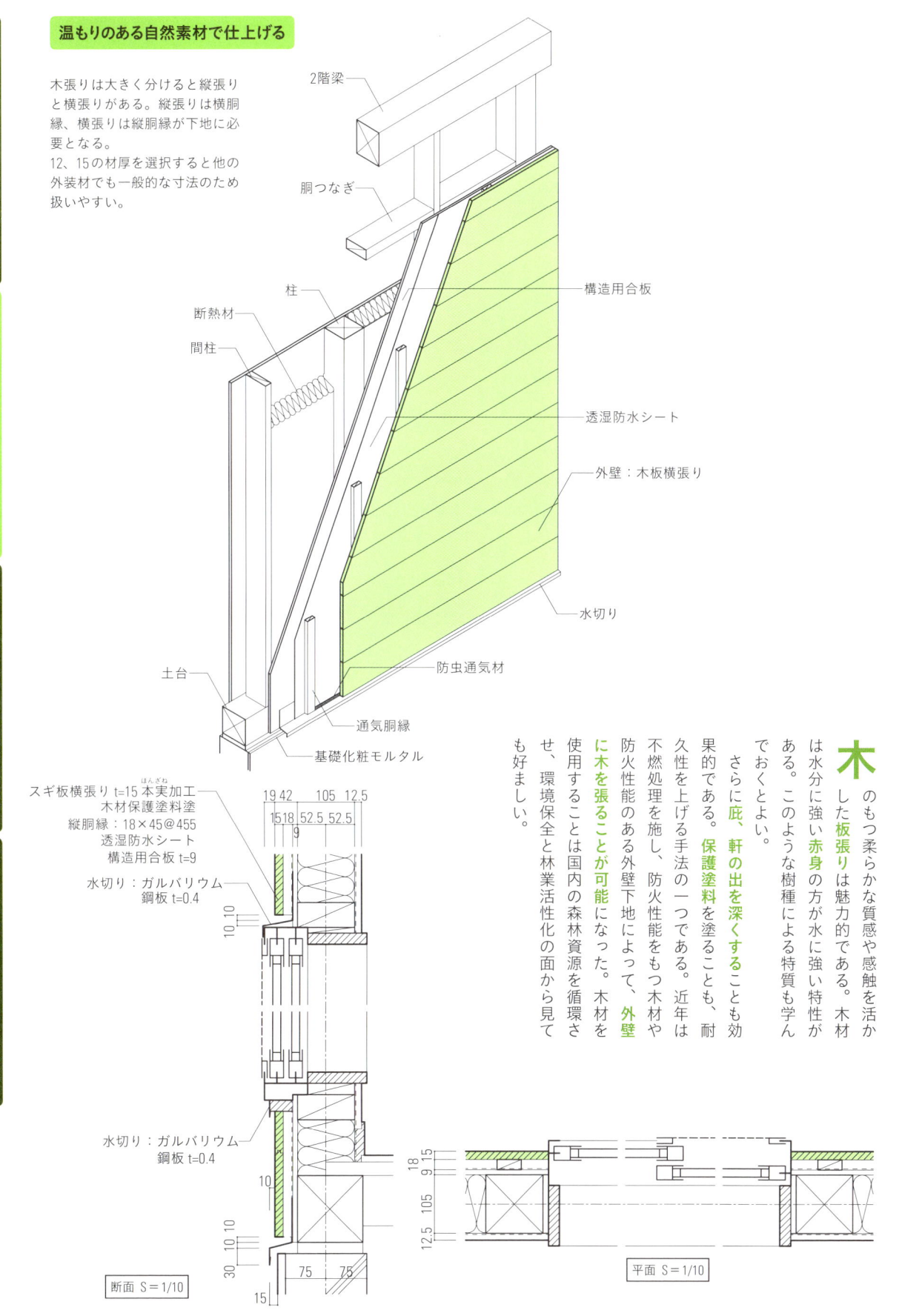

木のもつ柔らかな質感や感触を活かした**板張り**は魅力的である。木材は水分に強い**赤身**の方が水に強い特性がある。このような樹種による特質も学んでおくとよい。

さらに**庇、軒の出を深くする**ことも効果的である。**保護塗料**を塗ることも、耐久性を上げる手法の一つである。近年は不燃処理を施し、防火性能をもつ木材や防火性能のある外壁下地によって、**外壁に木を張ることが可能**になった。木材を使用することは国内の森林資源を循環させ、環境保全と林業活性化の面から見ても好ましい。

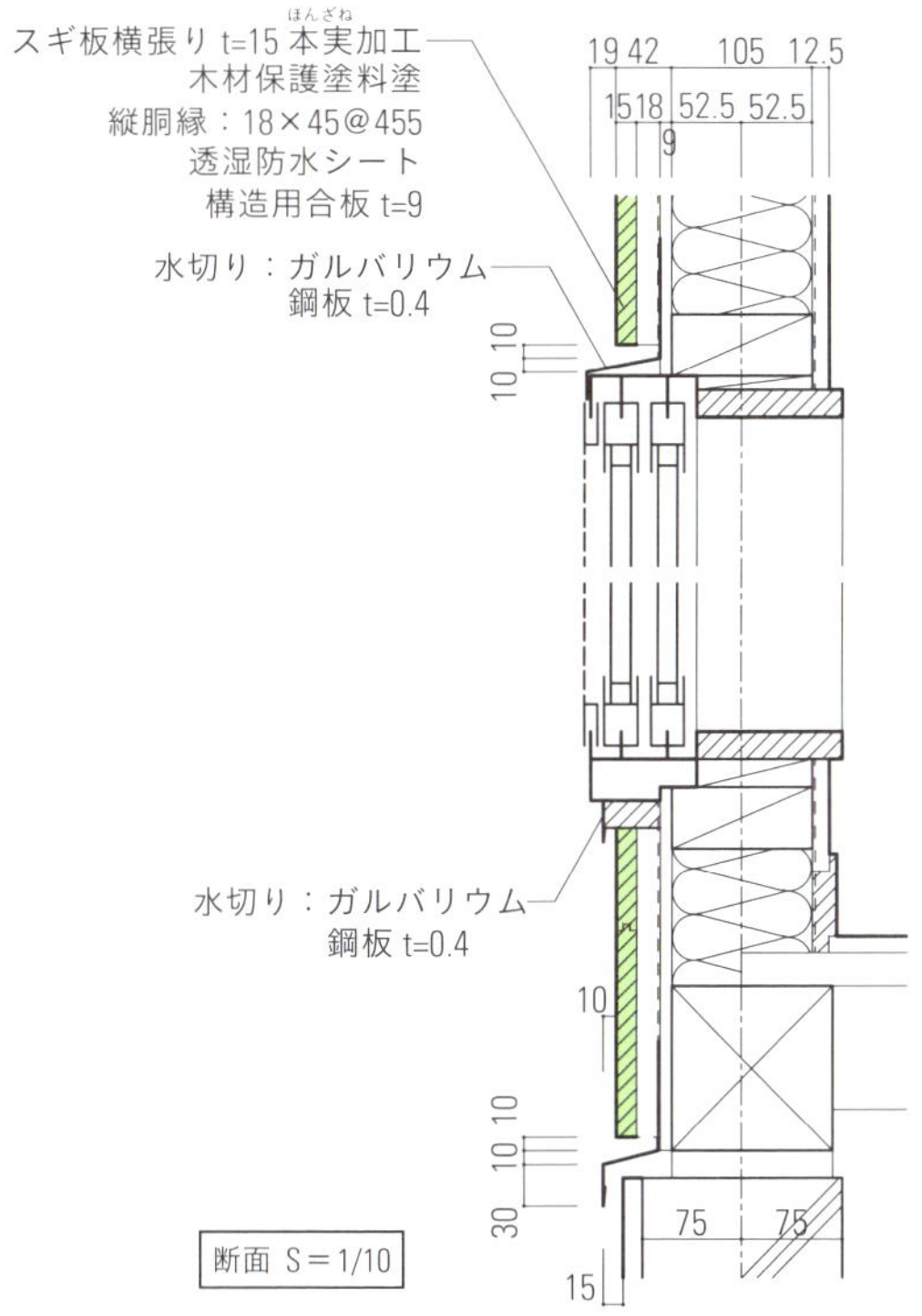
スギ板横張り t=15 本実《ほんざね》加工
木材保護塗料塗
縦胴縁：18×45@455
透湿防水シート
構造用合板 t=9
水切り：ガルバリウム
鋼板 t=0.4
水切り：ガルバリウム
鋼板 t=0.4
19 42 105 12.5
15 18 52.5 52.5
9
10 10
10
10 10
30
75 75
15

断面 S＝1/10

18 15
9
105
12.5

平面 S＝1/10

デザインしやすく耐久性のある金属板

ガルバリウム鋼板のメリットはメンテナンス性、耐久が高いことである。
デザインしやすいため、近年よく用いられる。

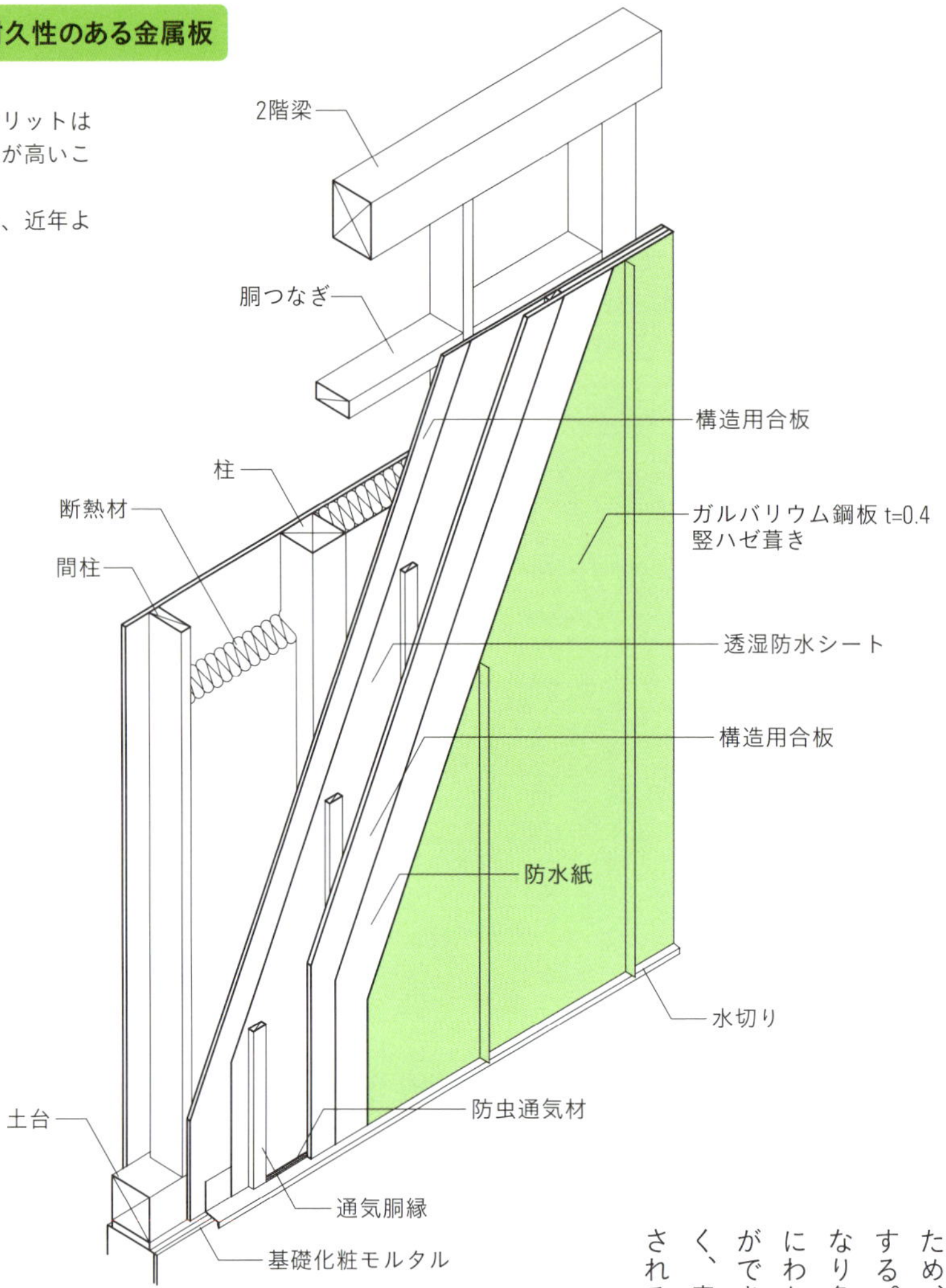
2階梁
胴つなぎ
構造用合板
柱
断熱材
ガルバリウム鋼板 t=0.4
竪ハゼ葺き
間柱
透湿防水シート
構造用合板
防水紙
水切り
土台
防虫通気材
通気胴縁
基礎化粧モルタル

外壁の金属板張りには**ガルバリウム鋼板《こうはん》**がよく用いられる。ガルバリウム鋼板とは、加工性、耐熱性、熱反射性に優れ、あらゆる用途に対応できるため、**主流になりつつある金属板**である。

ガルバリウム鋼板は**高い耐食性**をもつため、特に酸性雨、酸性雪で威力を発揮する。これまでの鋼板（通称トタン）と異なり色調変化が起こりにくいため、長期にわたって**建物の外観を美しく保つ**ことができる。**耐久性**や**メンテナンス性**も高く、意匠的にもまとめやすいため、使用されるケースが増えてきた。

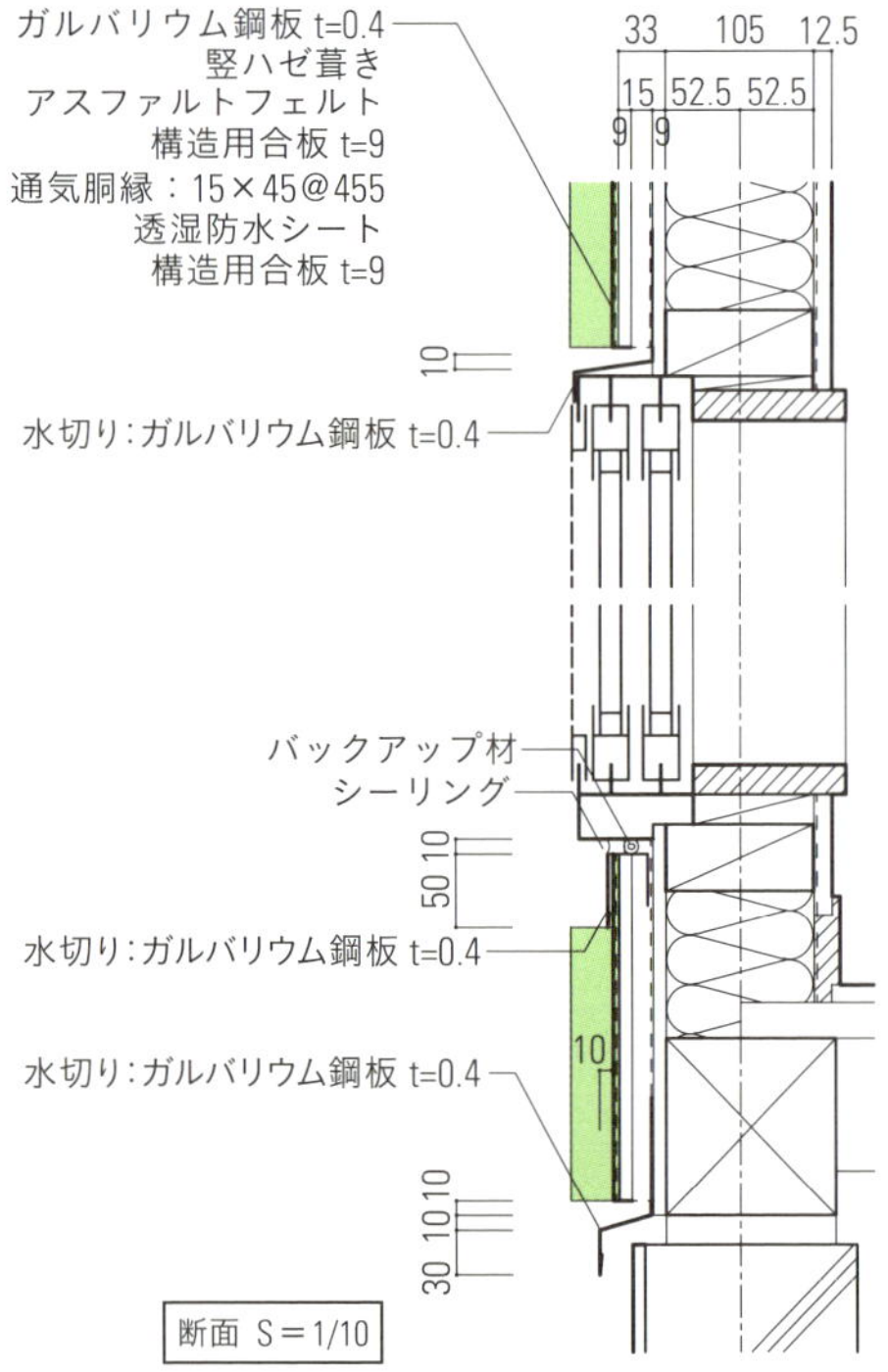
ガルバリウム鋼板 t=0.4
竪ハゼ葺き
アスファルトフェルト
構造用合板 t=9
通気胴縁：15×45@455
透湿防水シート
構造用合板 t=9
33
105
12.5
15
52.5
52.5
9
9
10
水切り：ガルバリウム鋼板 t=0.4
バックアップ材
シーリング
50
10
水切り：ガルバリウム鋼板 t=0.4
10
水切り：ガルバリウム鋼板 t=0.4
10
10
10
30

断面 S＝1/10

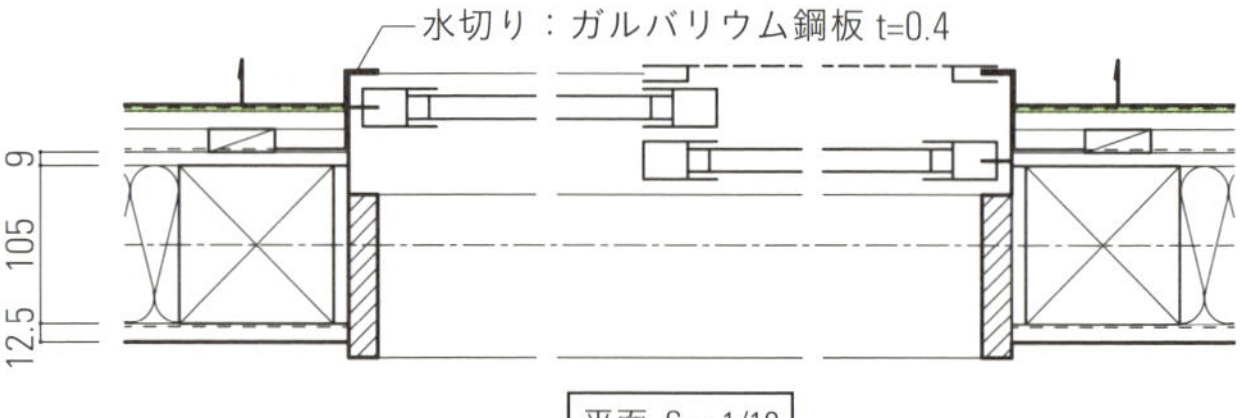
水切り：ガルバリウム鋼板 t=0.4
9
105
12.5

平面 S＝1/10

真壁で和風建築をデザインする

構造用合板ではなく木摺下地としてもよいが、施工手間がかかる。
内外真壁で納める場合は通常断熱材を入れない。

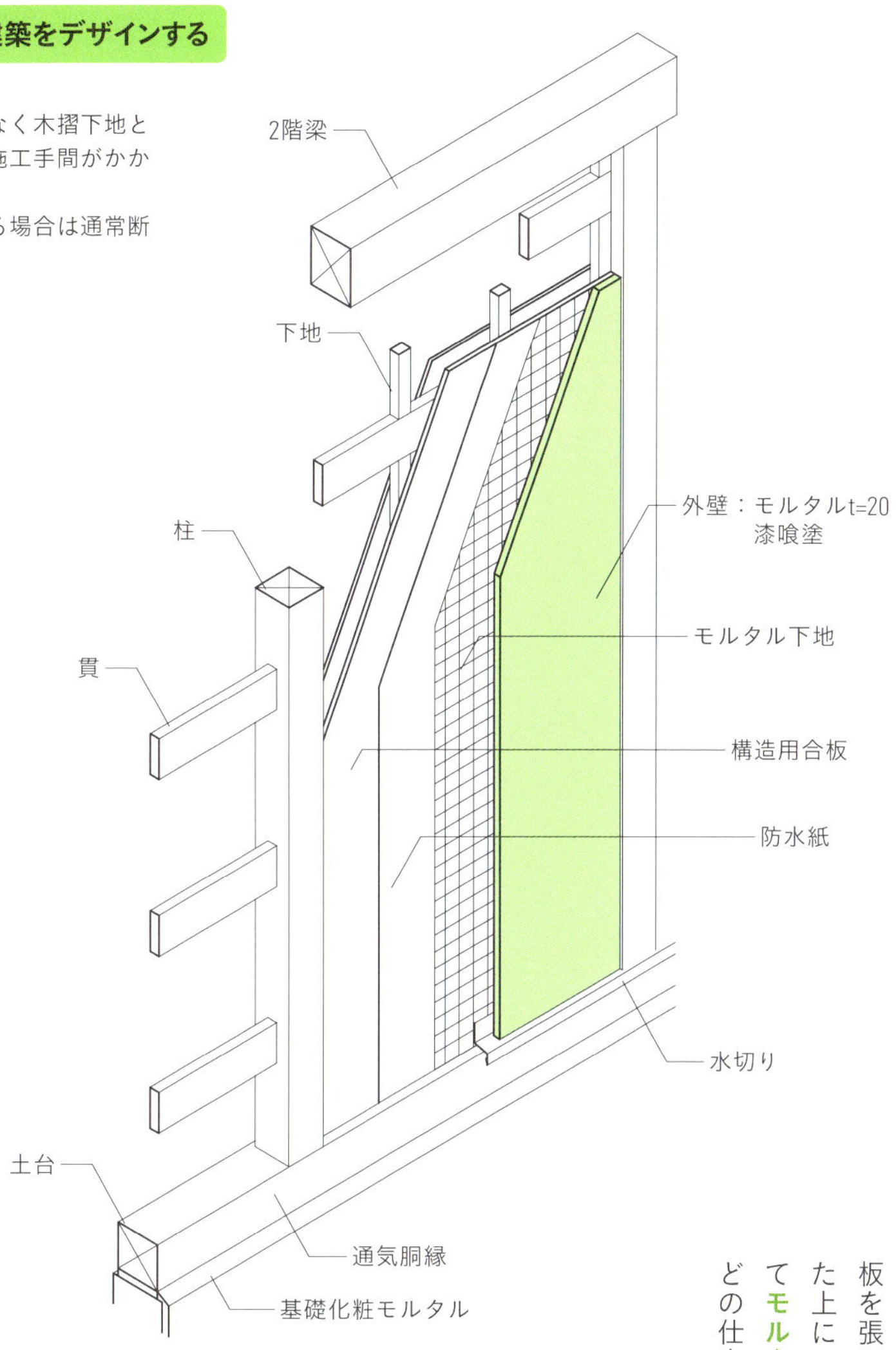
2階梁
下地
柱
貫
土台
外壁：モルタルt=20
漆喰塗
モルタル下地
構造用合板
防水紙
水切り
通気胴縁
基礎化粧モルタル

真《しん》**壁**《かべ》は、柱を露出する壁のことである。日本国内では主に**和室**や**書院造り**、**数寄屋造り**などの伝統工法が用いられた建物、民家などに見ることができる。かつては柱に通し貫を通し、竹小舞を下地として土壁や漆喰壁などを**左官**で塗り込む手法が一般的だった。

近年は、**貫**あるいは**受け材**に構造用合板を張り、**アスファルトフェルト**を張った上に**ワイヤラス**を打ち付け、下地として**モルタル**を塗り込む。その上に**漆喰**などの仕上げを施すことが多い。

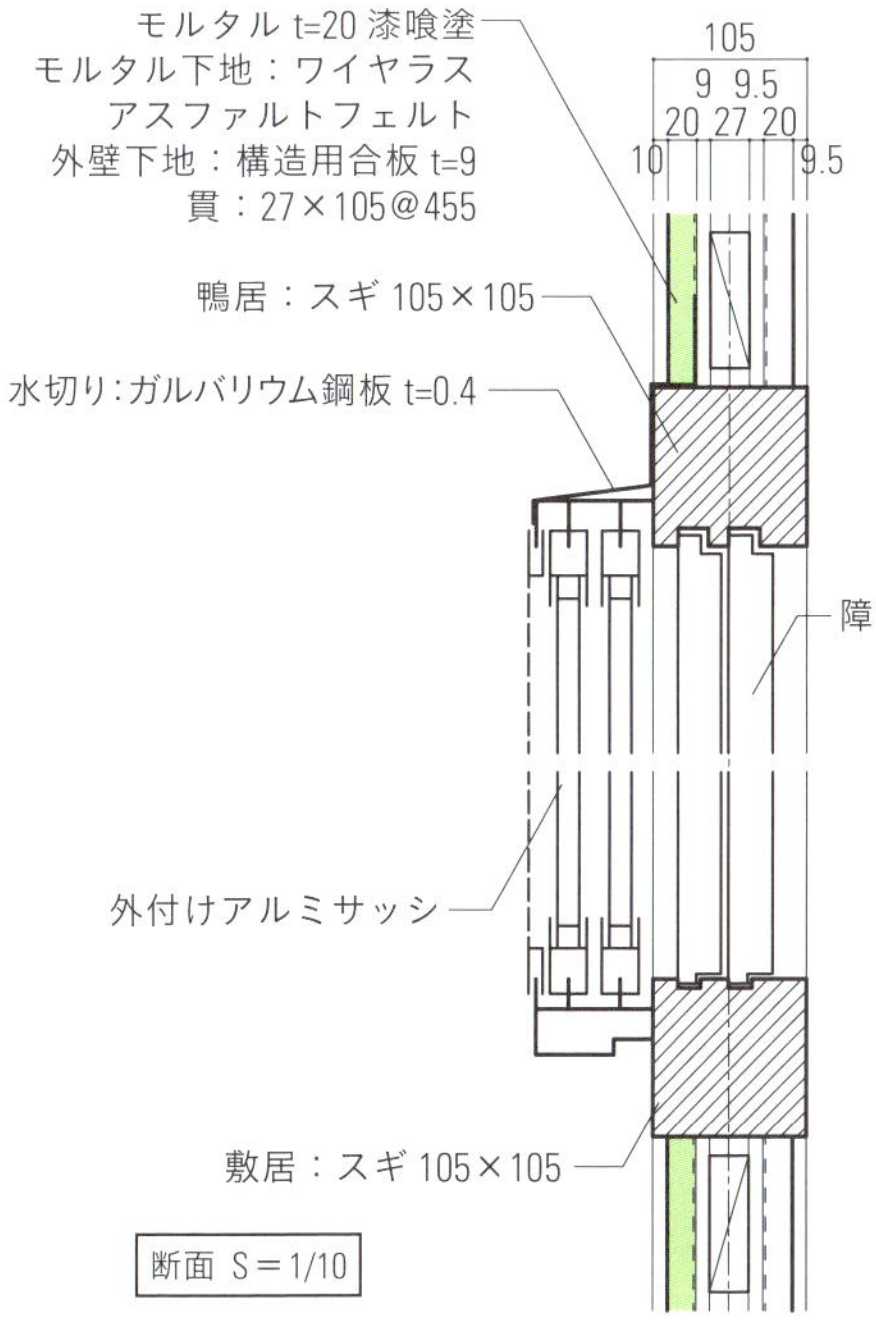
モルタル t=20 漆喰塗
モルタル下地：ワイヤラス
アスファルトフェルト
外壁下地：構造用合板 t=9
貫：27×105@455
105
9 9.5
20 27 20
10
9.5
鴨居：スギ 105×105
水切り：ガルバリウム鋼板 t=0.4
障子
外付けアルミサッシ
敷居：スギ 105×105

断面 S＝1/10

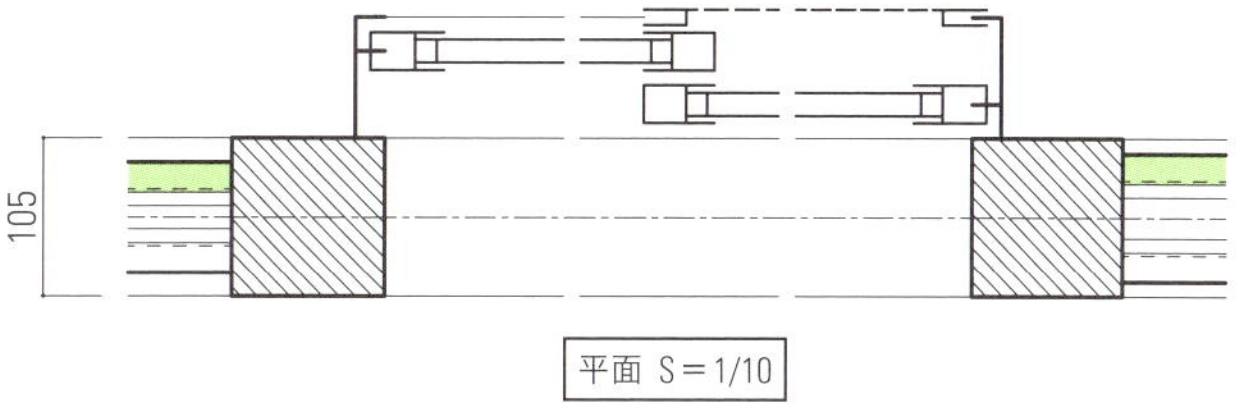
105

平面 S＝1/10

外部建具は内部との境界に接し、良好な室内環境をつくる重要な役目を担うため、目的に合わせて選択したい。

現在の外部建具は、**アルミサッシ**が主流である。種類としては**半外付け**、**外付け**、**内付け**の3種類があるが、内付けは防水性が悪く、現在は用いられていない。

開閉方式の種類は、**引く方式**と**開く方式**に大別される。引く方式の窓は引違い・片引き・引き込み・上げ下げなどである。開く方式の窓は内倒し・外倒し・片開き・両開き・回転窓などである。さらに天窓・折れ窓・FIXといった方式もあり、実に多様である。

サッシの取付けは、柱・間柱に張り付けた構造用合板をジグソーなどでカットし、**窓台**と**まぐさ**をセットする。

先張り防水シートの上から**サッシ枠**を建て込んだ後、防水テープを下部、両側、上部の順で張り付ける。室内側では**アングル**と**額縁**をビスで留め付けて固定する。

通気のために**通気胴縁**と**クリアランス**を30~40㎜程度とった上で、サッシ外周胴縁を取り付け、**ガラス**が組み込まれた**障子**を建て込む。

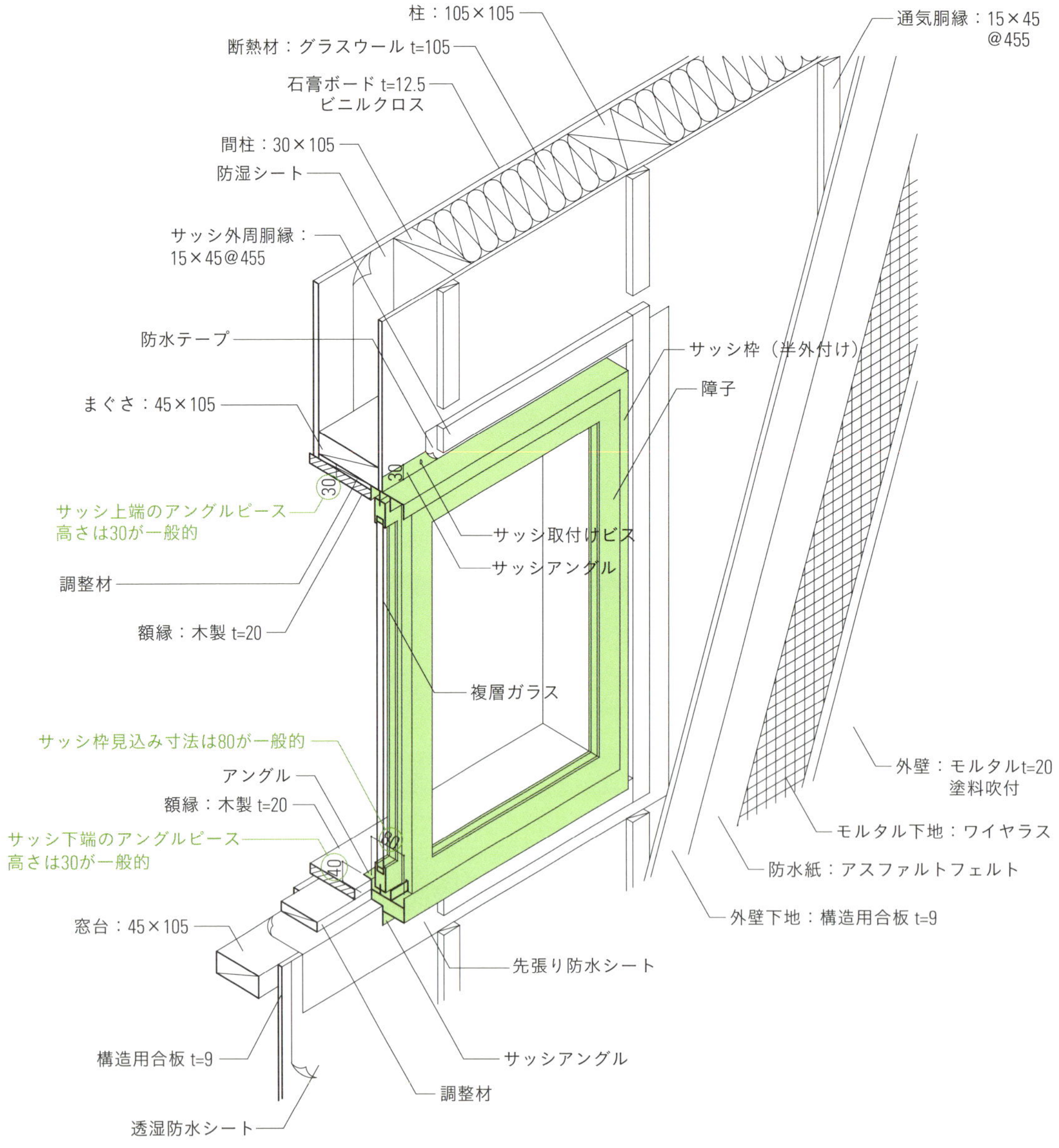
柱：105×105
断熱材：グラスウール t=105
石膏ボード t=12.5
ビニルクロス
間柱：30×105
防湿シート
サッシ外周胴縁：
15×45@455
防水テープ
まぐさ：45×105
30
30
サッシ上端のアングルピース
高さは30が一般的
調整材
額縁：木製 t=20
サッシ枠見込み寸法は80が一般的
アングル
額縁：木製 t=20
サッシ下端のアングルピース
高さは30が一般的
80
40
窓台：45×105
構造用合板 t=9
透湿防水シート
通気胴縁：15×45
@455
サッシ枠（半外付け）
障子
サッシ取付けビス
サッシアングル
複層ガラス
外壁：モルタルt=20
塗料吹付
モルタル下地：ワイヤラス
防水紙：アスファルトフェルト
外壁下地：構造用合板 t=9
先張り防水シート
サッシアングル
調整材

引違い窓

採光・換気性能に優れた日本独自の開閉方式で、大開口も可能。

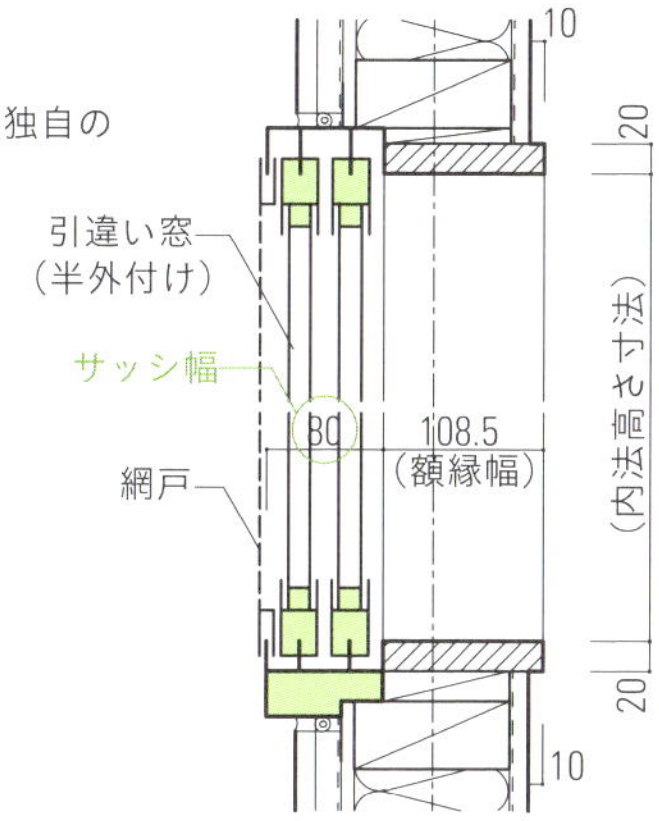
10
20
引違い窓
（半外付け）
サッシ幅
80
108.5
（額縁幅）
（内法高さ寸法）
網戸
20
10

上げ下げ窓

2枚の障子が上下に可動する縦長の窓向きである。

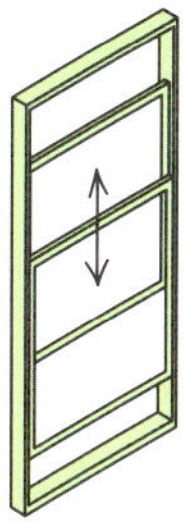

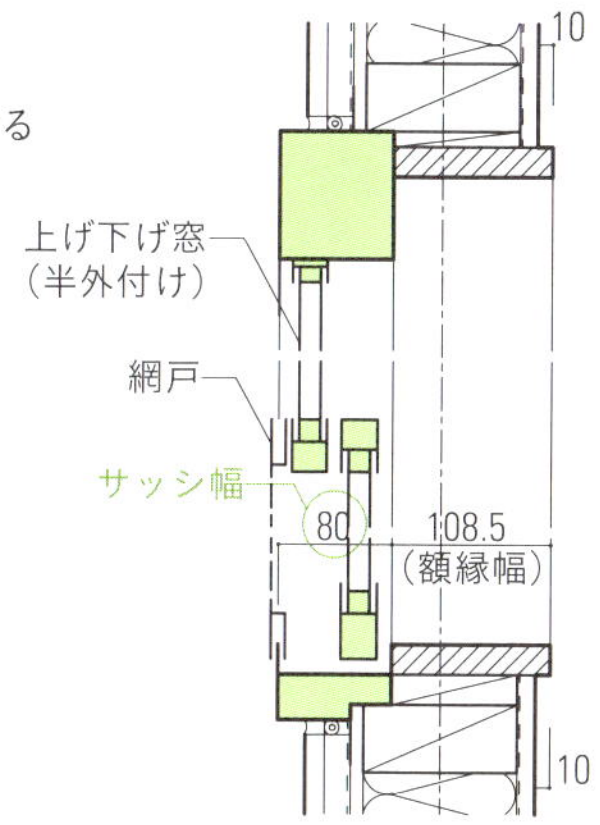
10
上げ下げ窓
（半外付け）
網戸
サッシ幅
80
108.5
（額縁幅）
10

縦すべり出し窓

縦軸を中心として左右に開放されるため通風性に優れている。

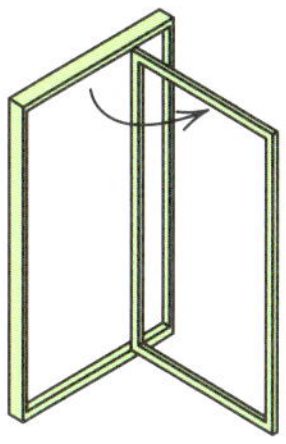

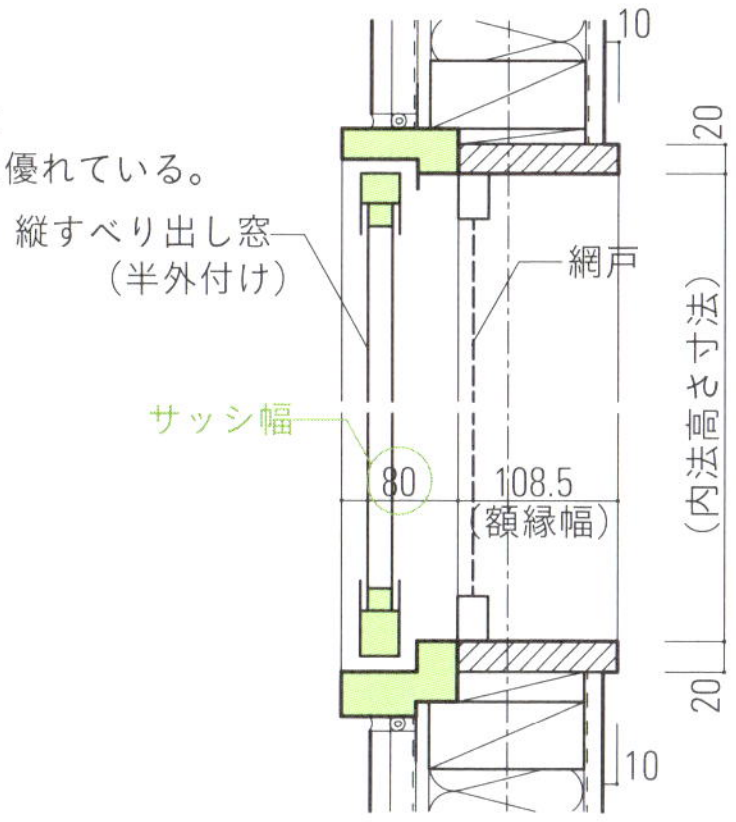
10
20
縦すべり出し窓
（半外付け）
網戸
サッシ幅
80
108.5
（額縁幅）
（内法高さ寸法）
20
10

横すべり出し窓

横軸を中心として外部に滑りながら開くため雨の吹込みが少ない。

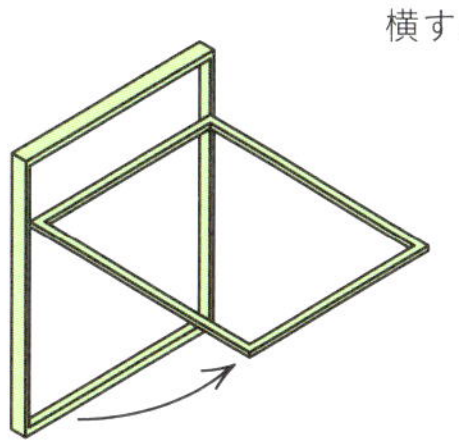

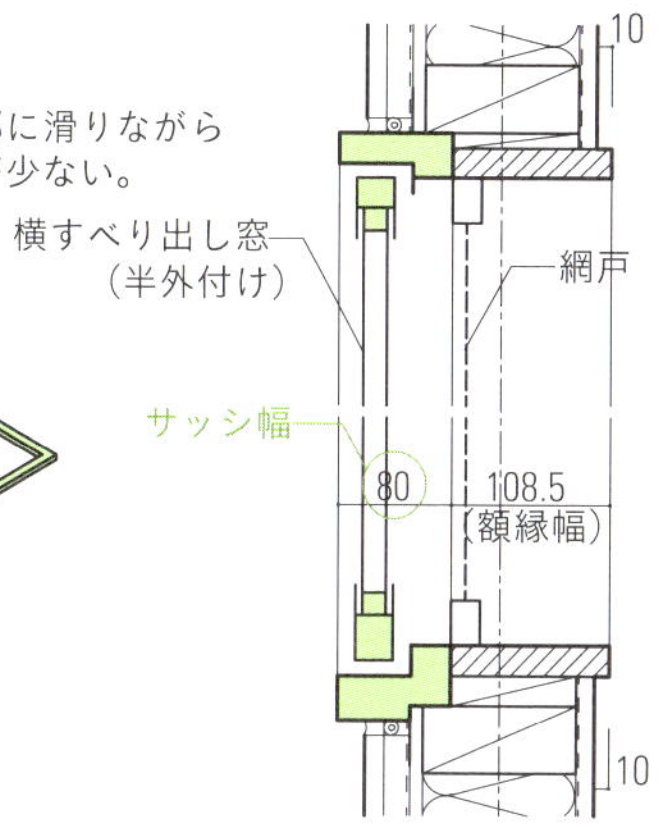
10
横すべり出し窓
（半外付け）
網戸
サッシ幅
80
108.5
（額縁幅）
10

内倒し窓

内側に障子が倒れるため外部に格子など取り付け可能。

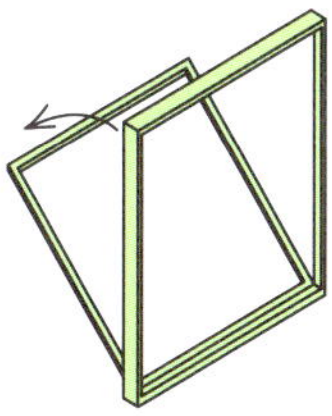

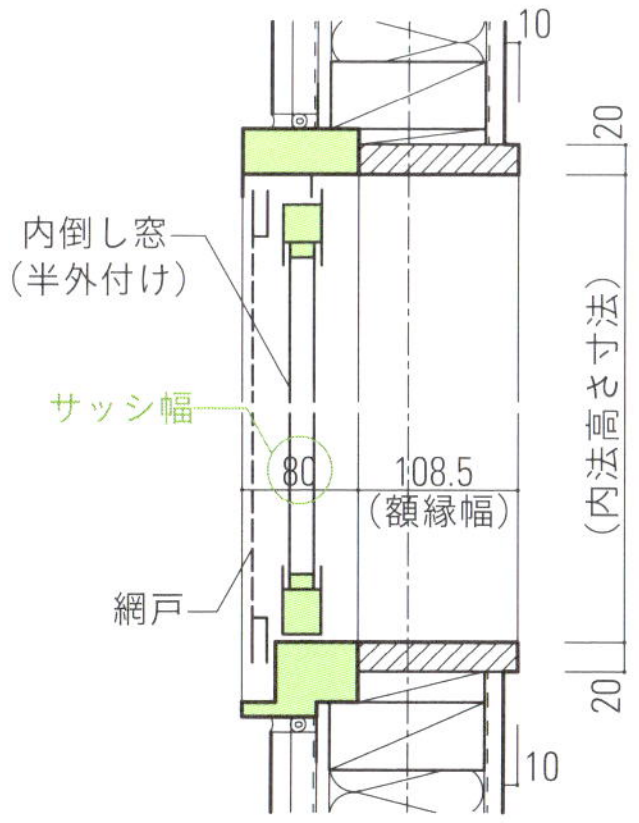
10
20
内倒し窓
（半外付け）
サッシ幅
80
108.5
（額縁幅）
（内法高さ寸法）
網戸
20
10

外倒し窓

障子が外側に倒れて開き、排煙効果が最も高いタイプである。

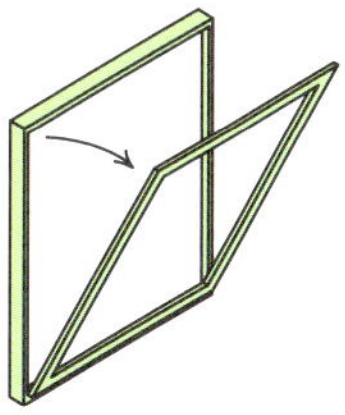

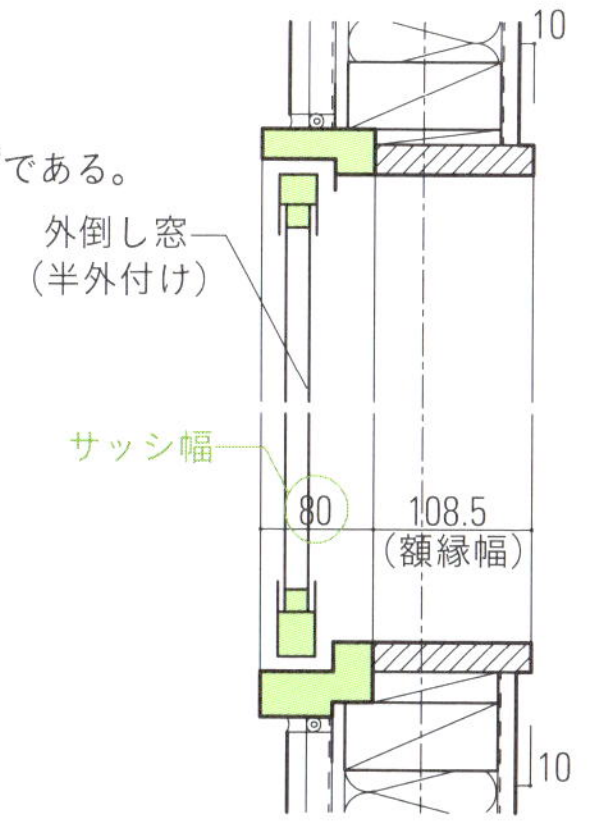
10
外倒し窓
（半外付け）
サッシ幅
80
108.5
（額縁幅）
10

FIX窓

開閉できないが枠が細くなるため、眺望を楽しむには最適。

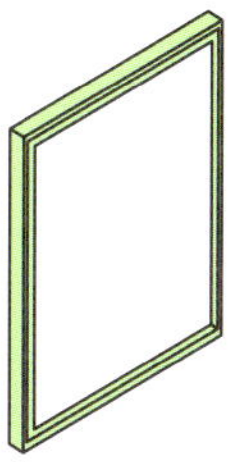

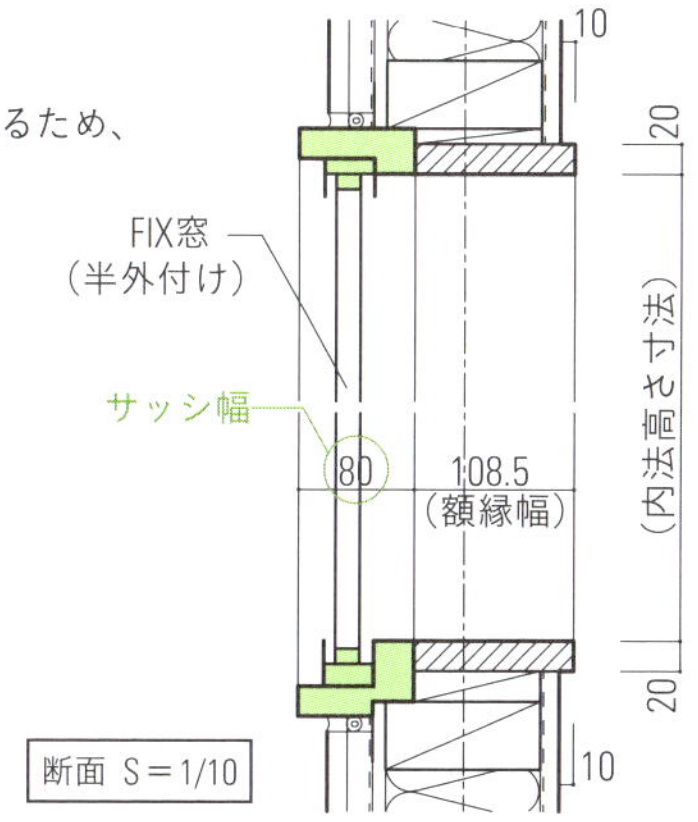
10
20
FIX窓
（半外付け）
サッシ幅
80
108.5
（額縁幅）
（内法高さ寸法）
20
10
断面 S＝1/10

両開き窓

2枚の障子を両側に開くため大きな通風面積を確保できる。

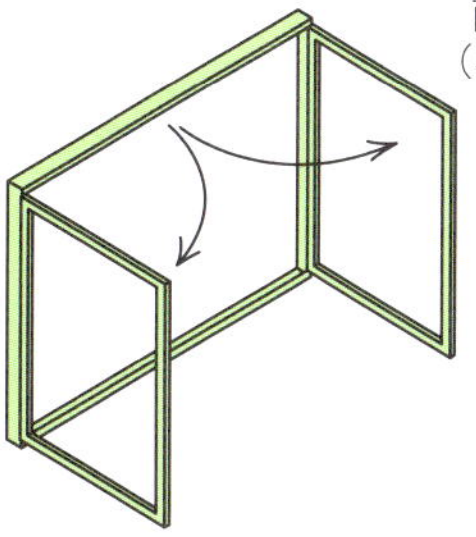

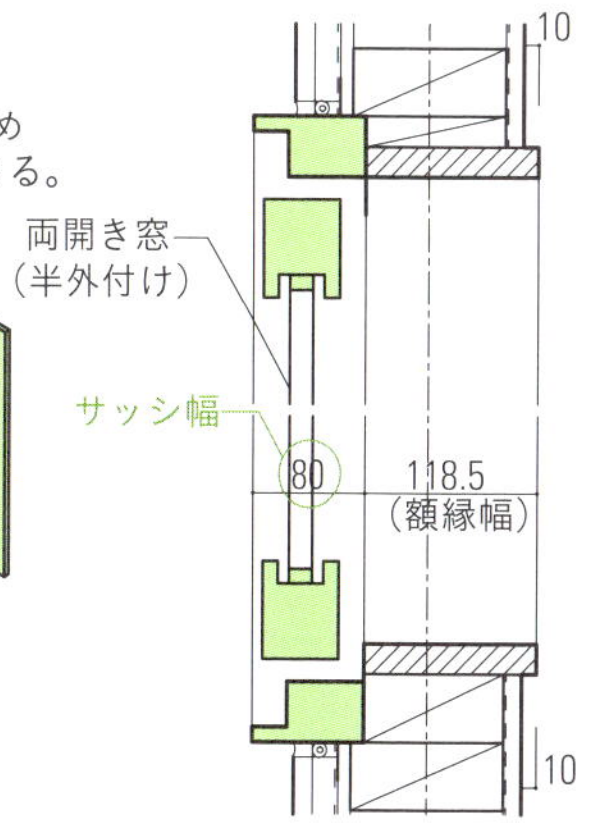
10
両開き窓
（半外付け）
サッシ幅
80
118.5
（額縁幅）
10

現在主流の半外付けサッシを使う

外付けの二重窓化が可能な利点と内付けの丈夫さを活かし、「水切りを後で付加する必要がない」という特徴をもつ。

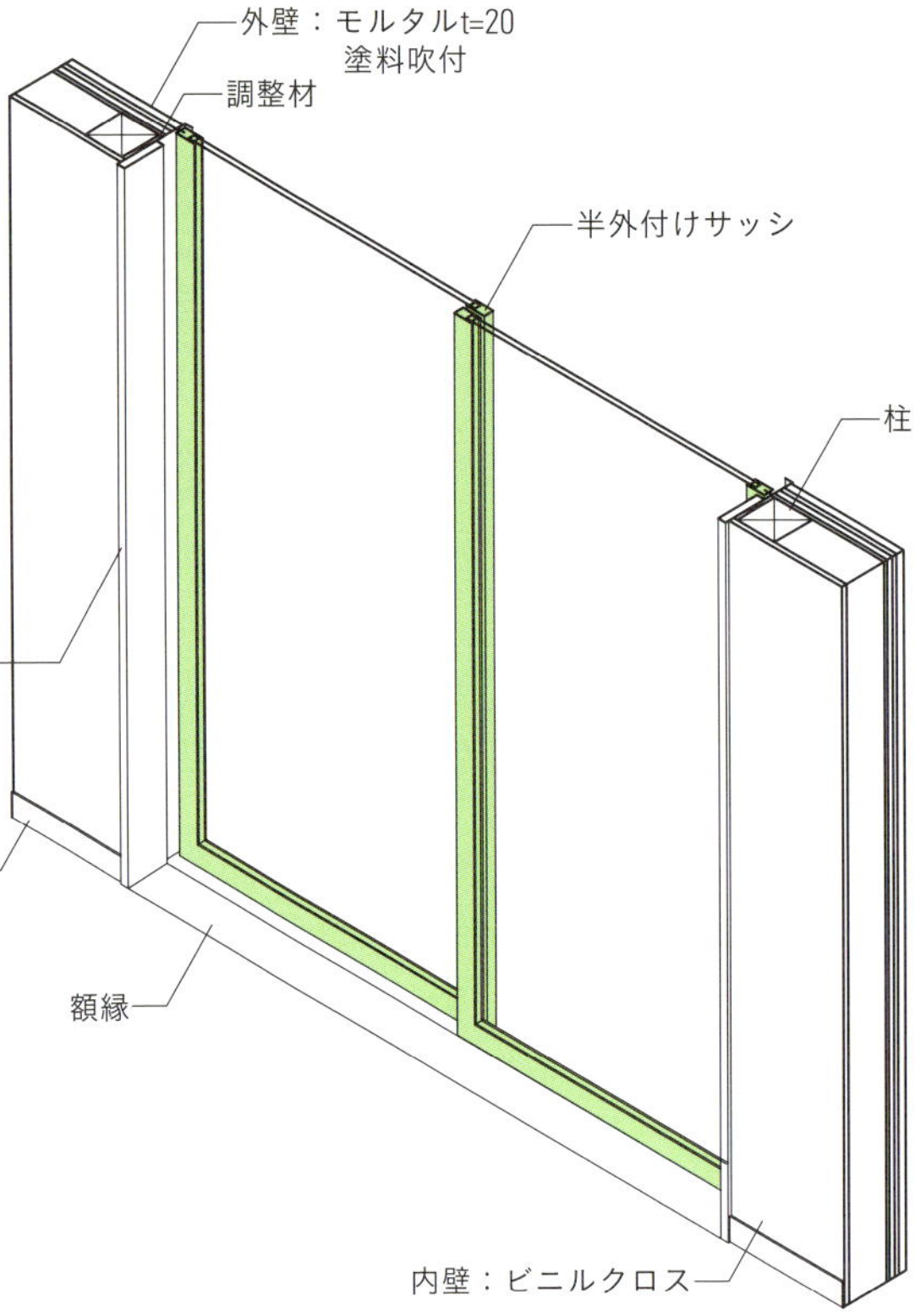
外壁：モルタルt=20
塗料吹付
調整材
半外付けサッシ
柱
額縁
巾木
額縁
内壁：ビニルクロス

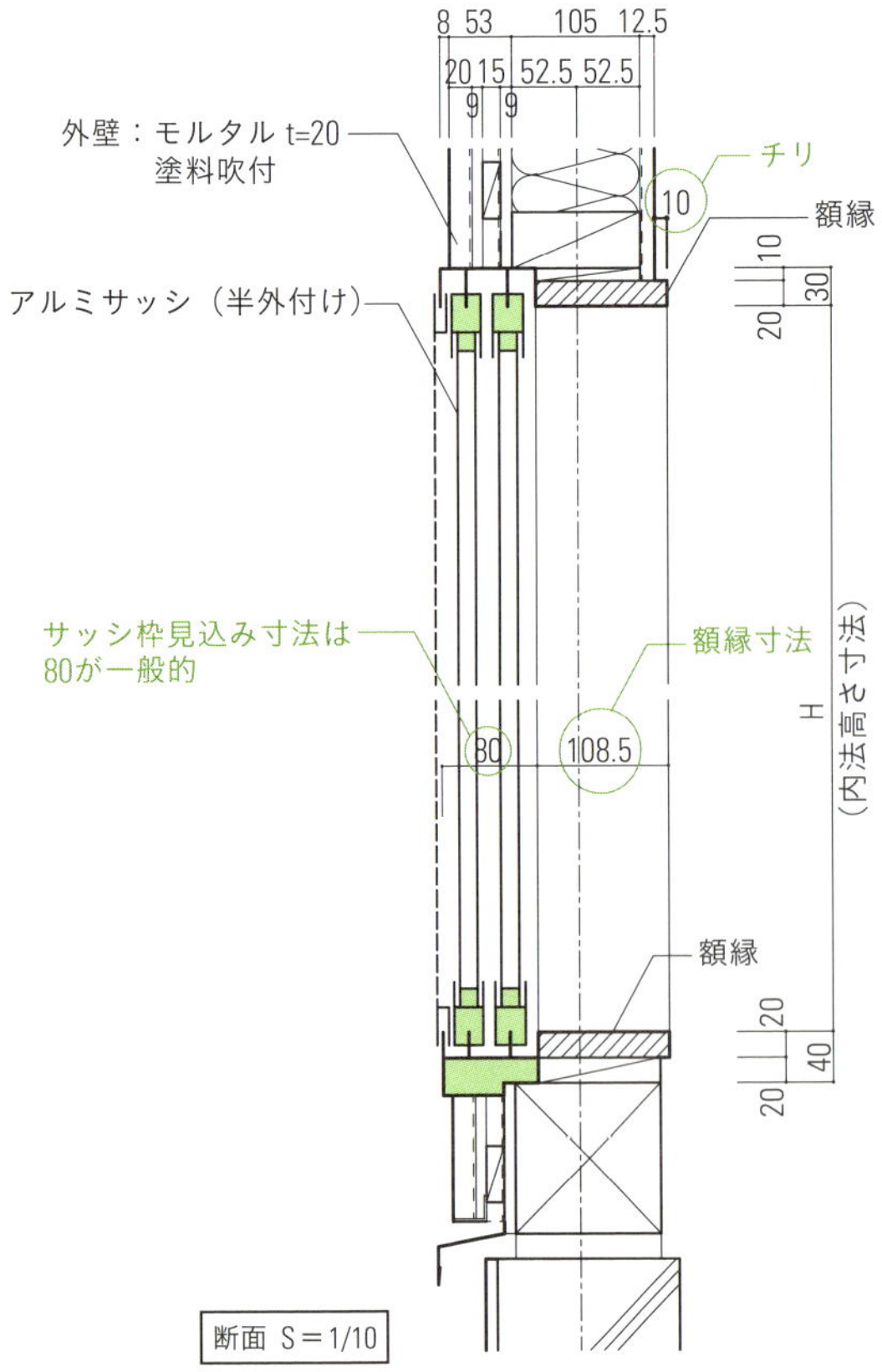
※額縁と内壁を「面一」で納めることは
難しいので、10ほどチリをとる
8 53
105 12.5
20 15 52.5 52.5
9 9
外壁：モルタル t=20
塗料吹付
チリ
10
額縁
アルミサッシ（半外付け）
10
30
20
サッシ枠見込み寸法は
80が一般的
額縁寸法
80
108.5
H
（内法高さ寸法）
額縁
20
40
20

断面 S＝1/10

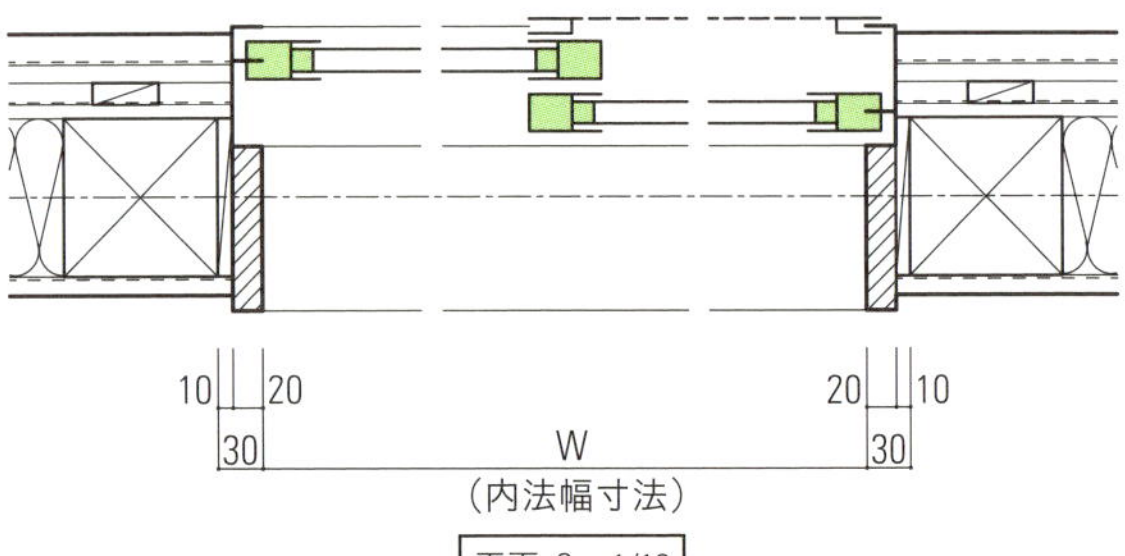
10
20
20
10
30
W
30
（内法幅寸法）

平面 S＝1/10

大《おお》壁《かべ》では、外壁からの出寸法が少なく、納まりが容易なため**半外付けサッシ**を使用することが一般的である。

半外付けは**取付面よりもサッシが外に**あり、**ツバもついているため防水性が高い。サッシ枠が額縁も兼ねている**ので外壁材を直に納められることもメリットである。

部屋の温度は開口部からの影響が大きいため、現在は断熱効果が高い**複層ガラス**の使用が主流である。複層ガラスではガラスとガラスの間に空気層があるため、効果的に断熱し、結露を抑えることができる。

サッシ障子枠を隠してシャープな空間に

使用頻度の高い「半外付けサッシ」でも額縁を伸ばすことで障子枠を隠し、シャープな空間を演出可能。

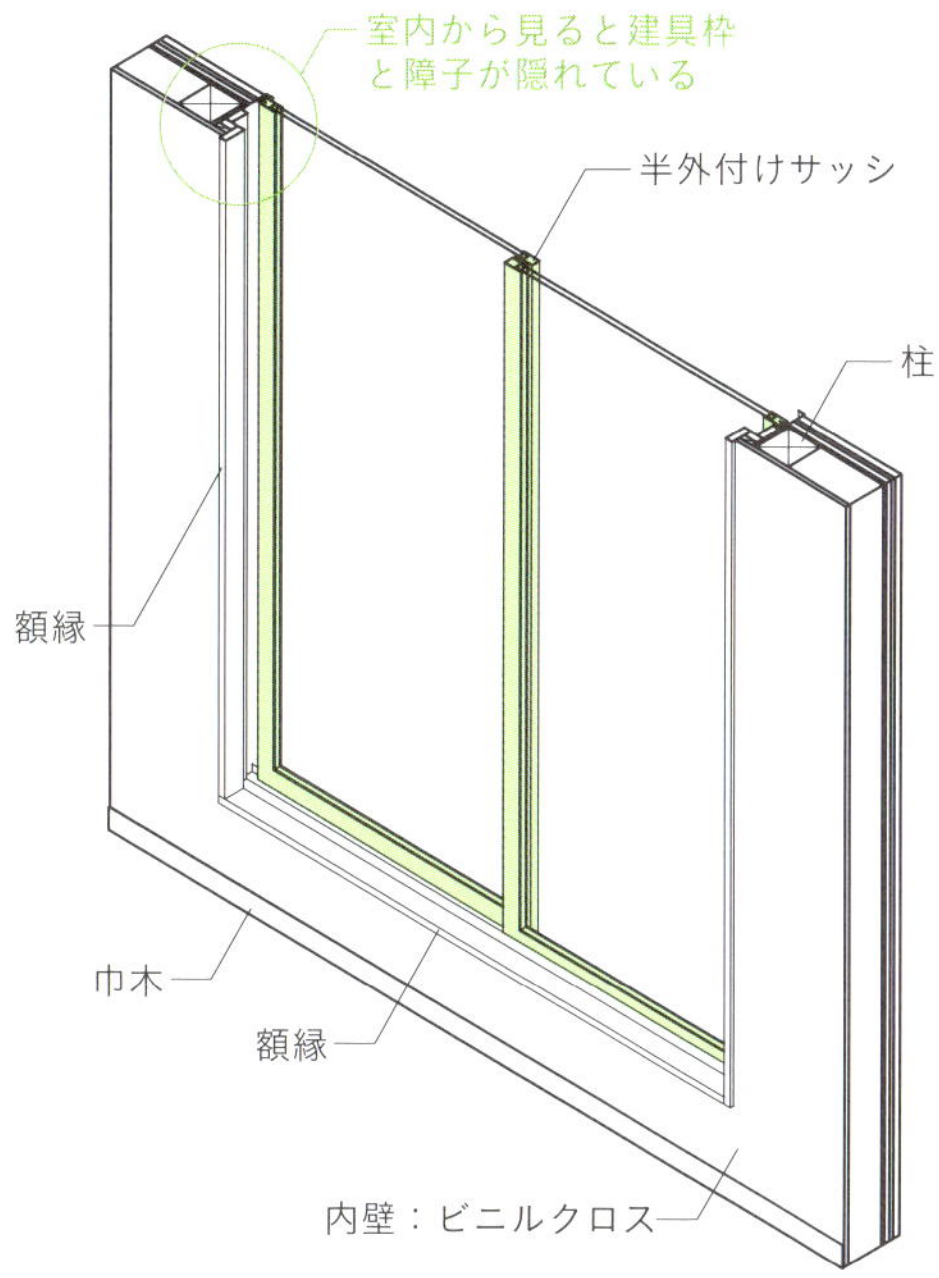
室内から見ると建具枠と障子が隠れている
半外付けサッシ
柱
額縁
巾木
額縁
内壁：ビニルクロス

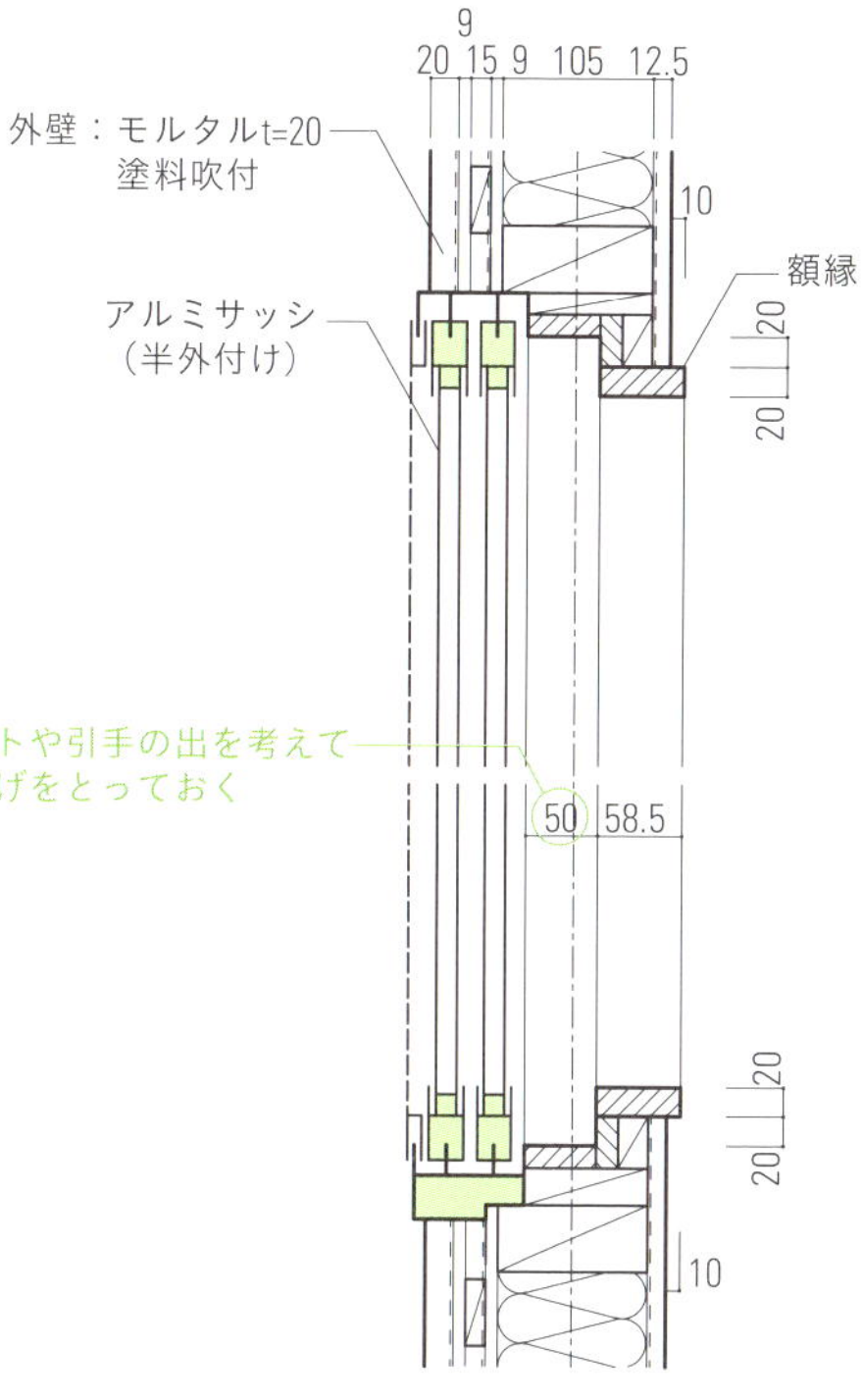
9
20 15 9 105 12.5
外壁：モルタルt=20
塗料吹付
10
額縁
アルミサッシ
（半外付け）
20
20
クレセントや引手の出を考えて
袖壁の逃げをとっておく
50 58.5
20
20
10

断面 S＝1/10

樹脂二重サッシで断熱・防音効果を高める

「断熱効果を高めたい」あるいは「騒音を防止したい」場合は、二重サッシを用いるとよい。

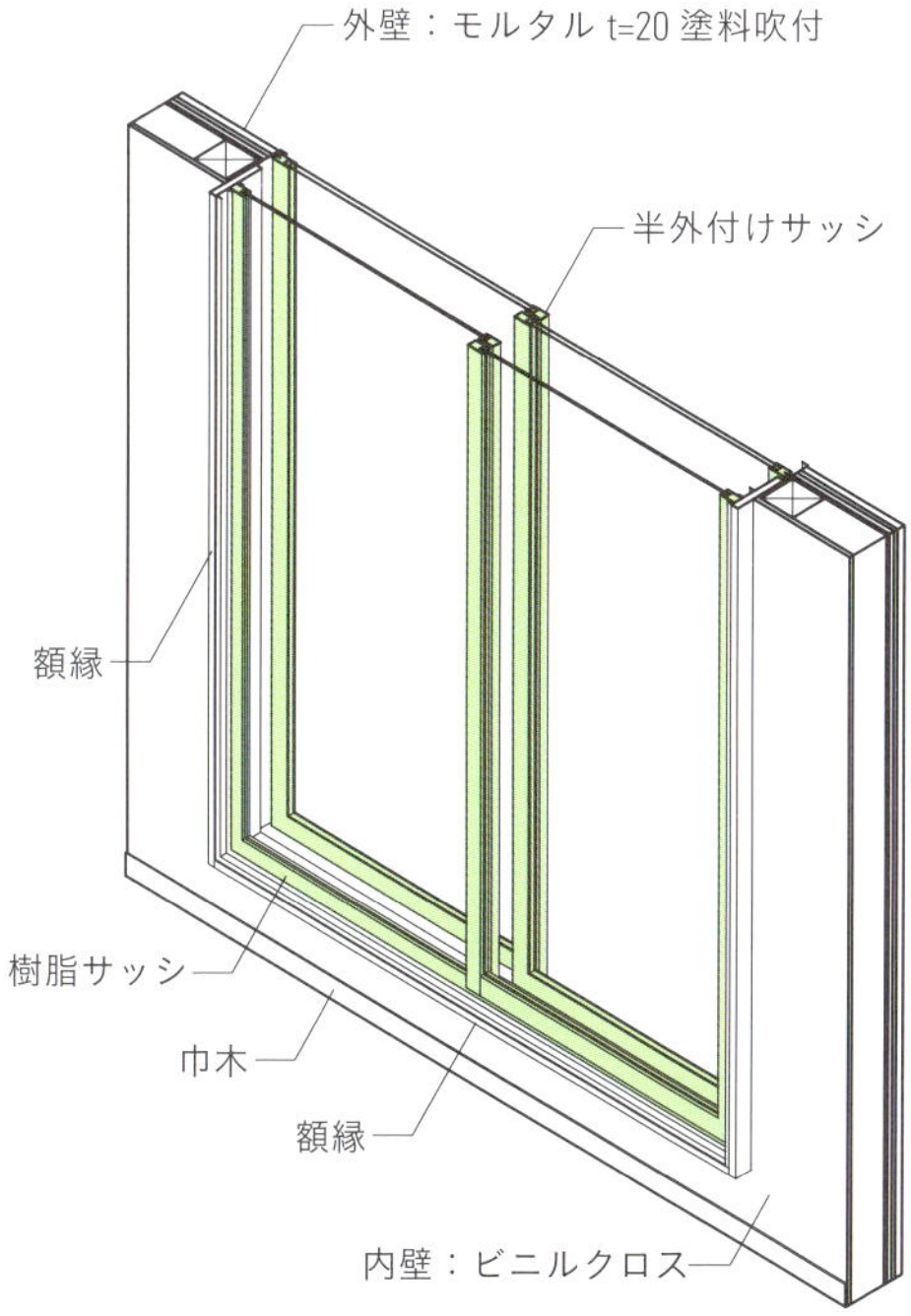
外壁：モルタル t=20 塗料吹付
半外付けサッシ
額縁
樹脂サッシ
巾木
額縁
内壁：ビニルクロス

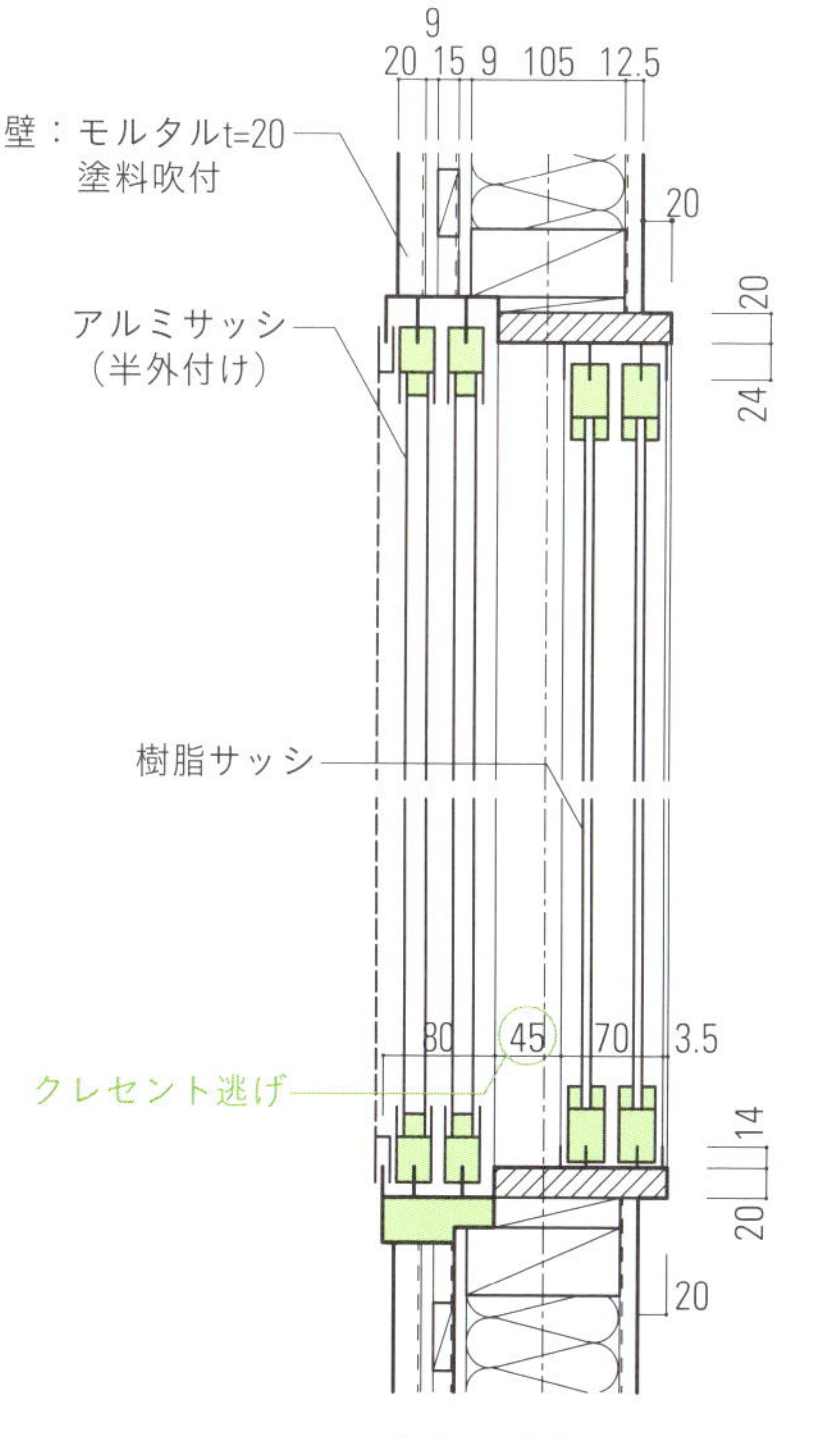
9
20 15 9 105 12.5
外壁：モルタルt=20
塗料吹付
20
アルミサッシ
（半外付け）
20
24
樹脂サッシ
80 45 70 3.5
クレセント逃げ
14
20
20

断面 S＝1/10

真壁に外付けサッシ＋障子で和の雰囲気に

外付けサッシは真壁用につくられており、障子も取り付け可能。外付けサッシは枠を簡単に消すことができるのもメリットである。

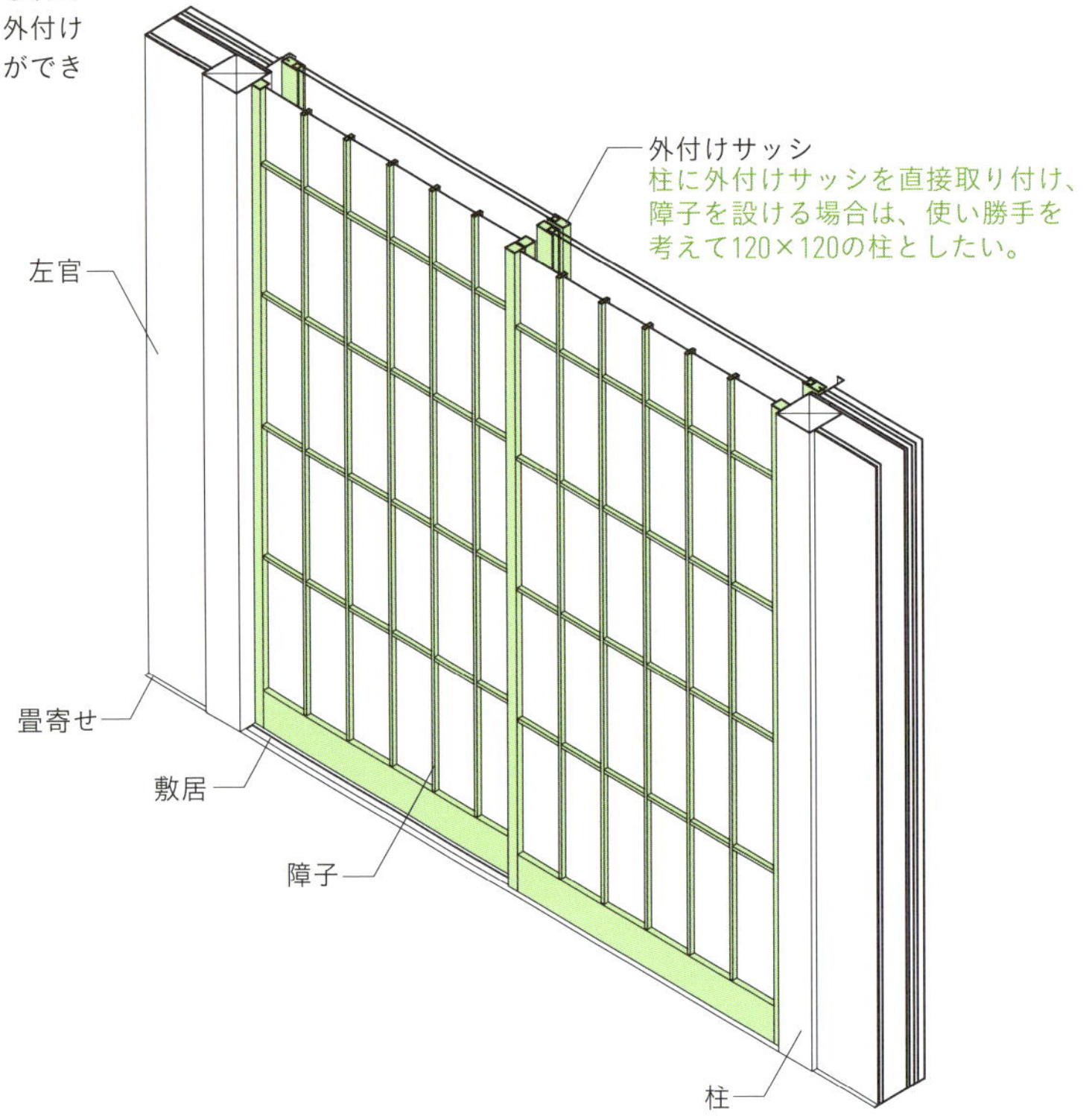
外付けサッシ
柱に外付けサッシを直接取り付け、障子を設ける場合は、使い勝手を考えて120×120の柱としたい。
左官
畳寄せ
敷居
障子
柱

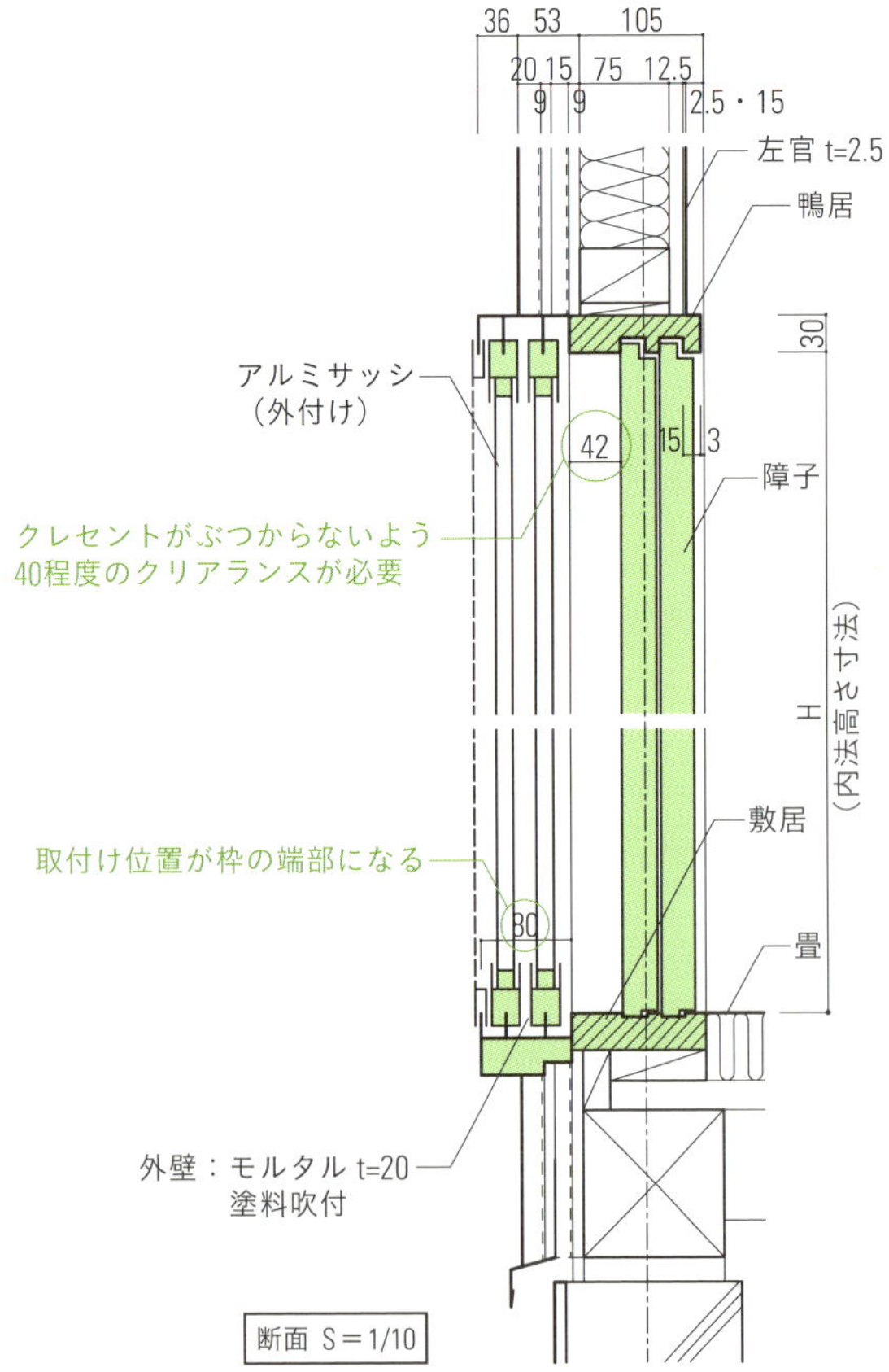
36
53
105
20
15
75
12.5
9
9
2.5・15
左官 t=2.5
鴨居
30
アルミサッシ（外付け）
42
15
3
障子
クレセントがぶつからないよう40程度のクリアランスが必要
H（内法高さ寸法）
敷居
取付け位置が枠の端部になる
30
畳
外壁：モルタル t=20 塗料吹付

断面 S＝1/10

通常の木造住宅では、真壁の場合、**外付けサッシ**を用いることが多い。外付けサッシは枠が完全に取付下地より外側にくるため、柱を見せたい真壁に適しているといえる。**室内側に枠を見せないように納める**こともでき、**障子**も納めやすい。障子を取り付ければサッシと室内側に**空気層**ができるため、**断熱効果**もある。

全面開口で採光と眺望を確保するには、障子が完全にサッシの外側に納まるように**片引き**や**引き込み**にするとよい。外付けサッシはサッシ本体が外に出る分、**出窓的にも使いやすい**ことも覚えておきたい。

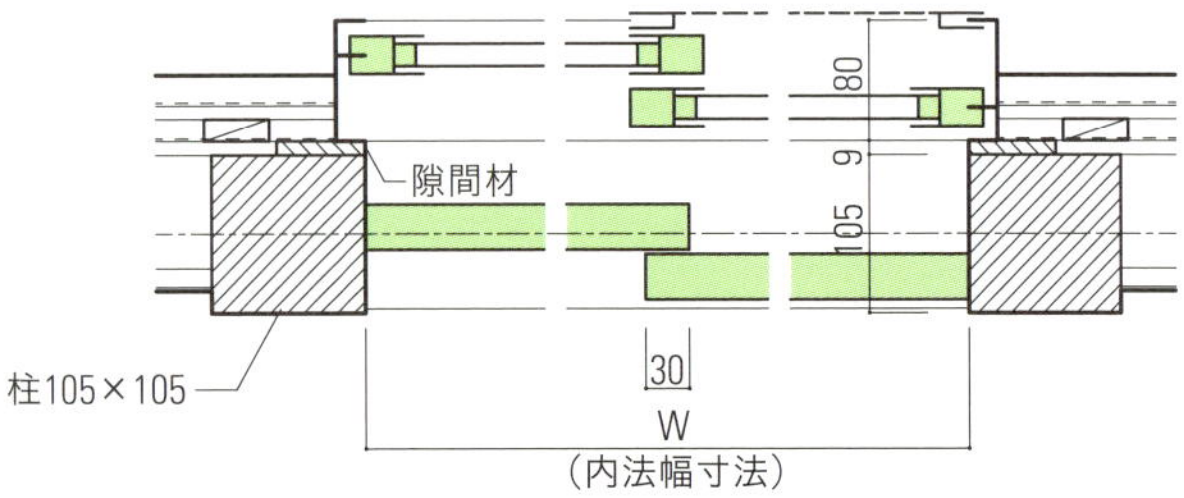
80
9
105
隙間材
柱105×105
30
W
（内法幅寸法）

平面 S＝1/10

片引き障子で景観を窓いっぱい取り込む

障子を開けても視界の邪魔にならないようにするため、すべて引ける片引き障子とする。

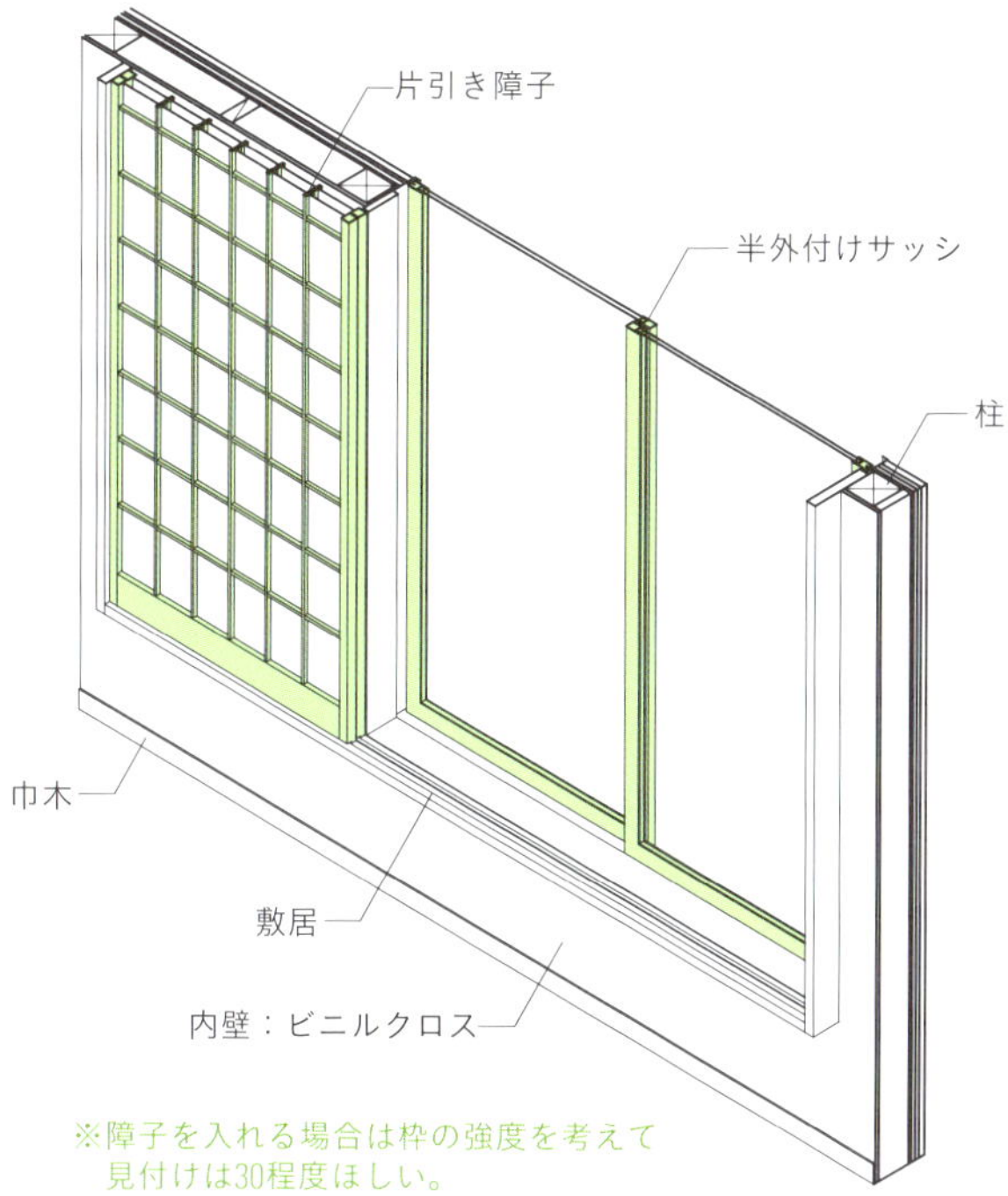

※障子を入れる場合は枠の強度を考えて見付けは30程度ほしい。

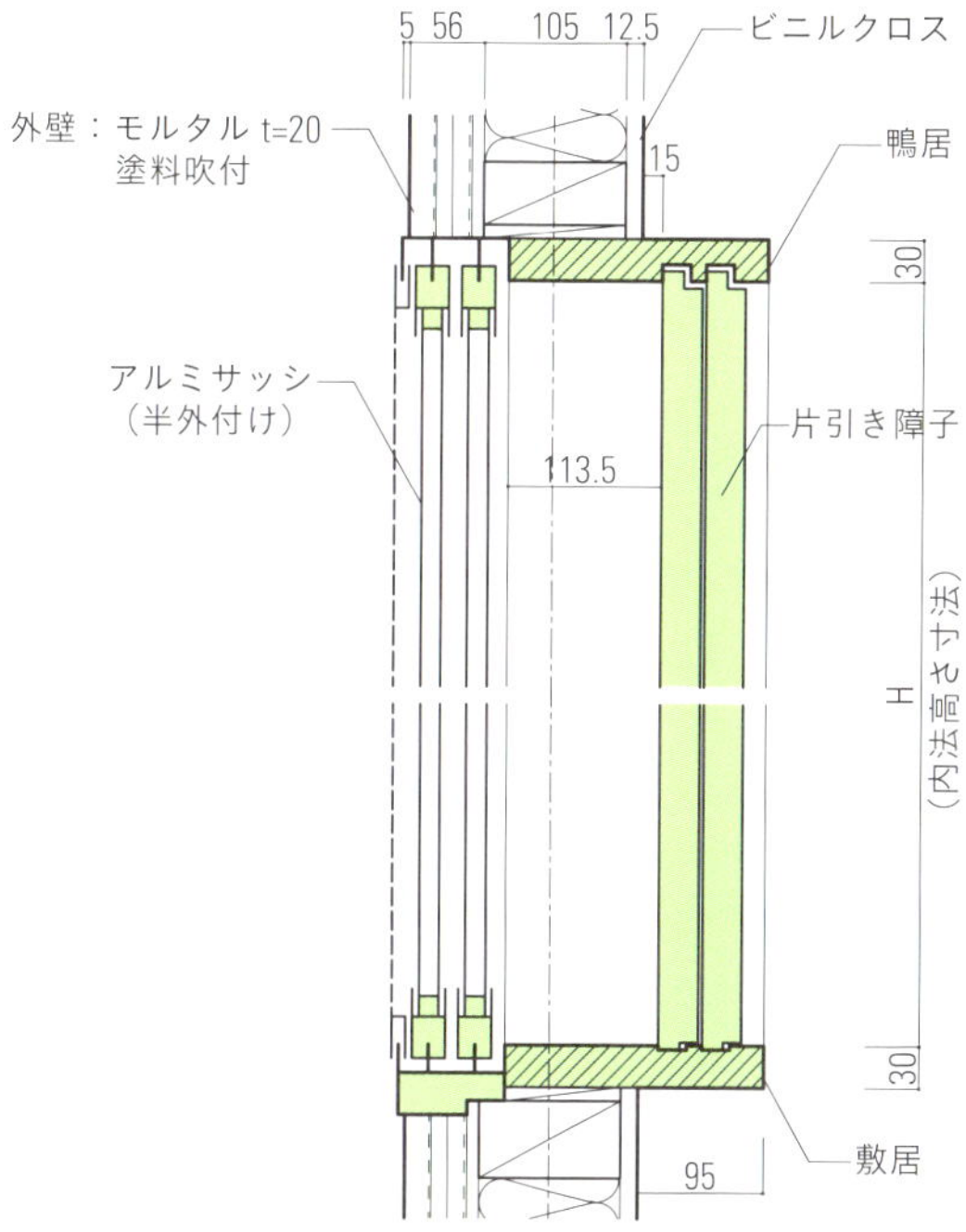

断面 S＝1/10

引き込むことで障子を視界から消す

障子の存在を消すために壁の中に引き込めるようにする。

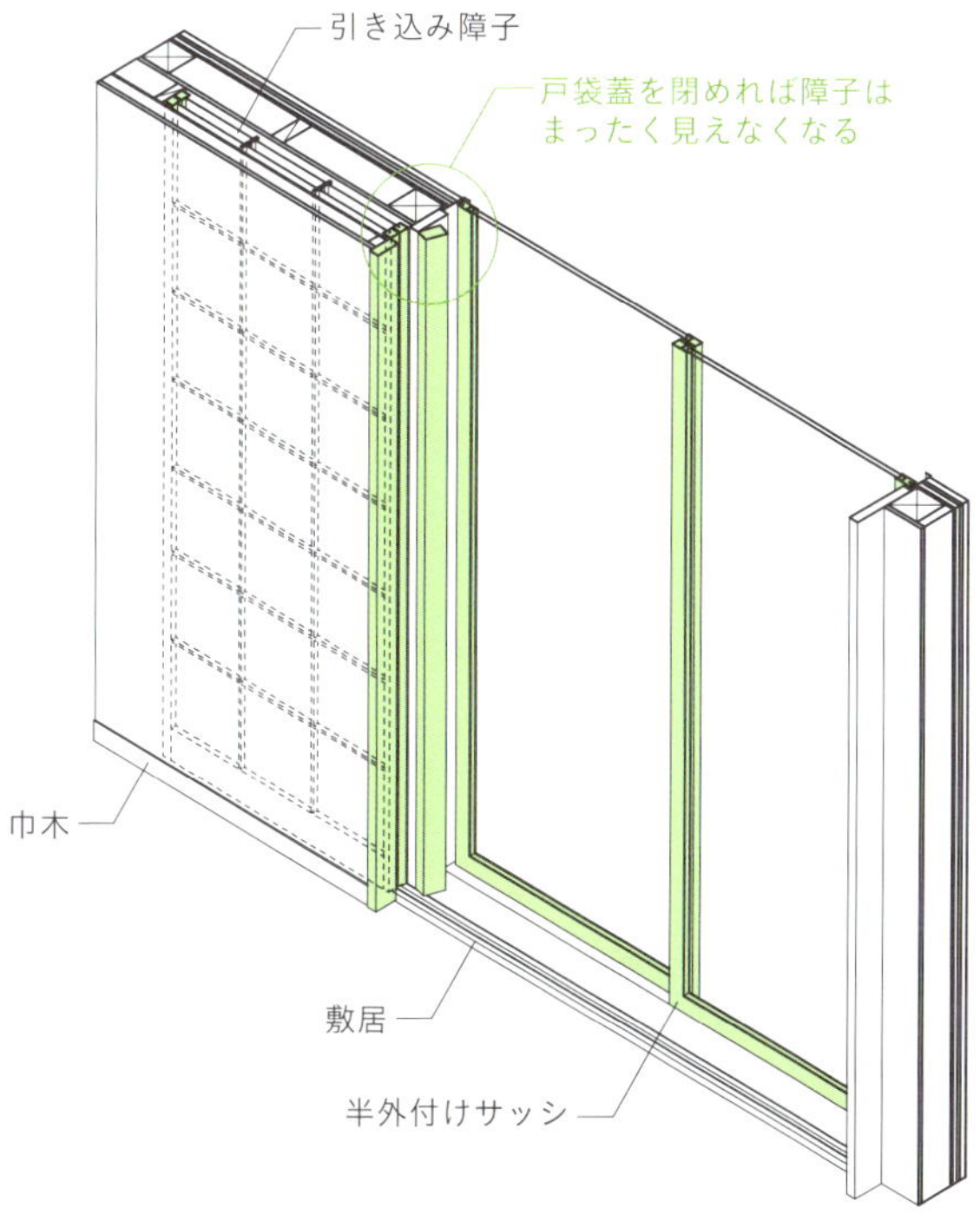

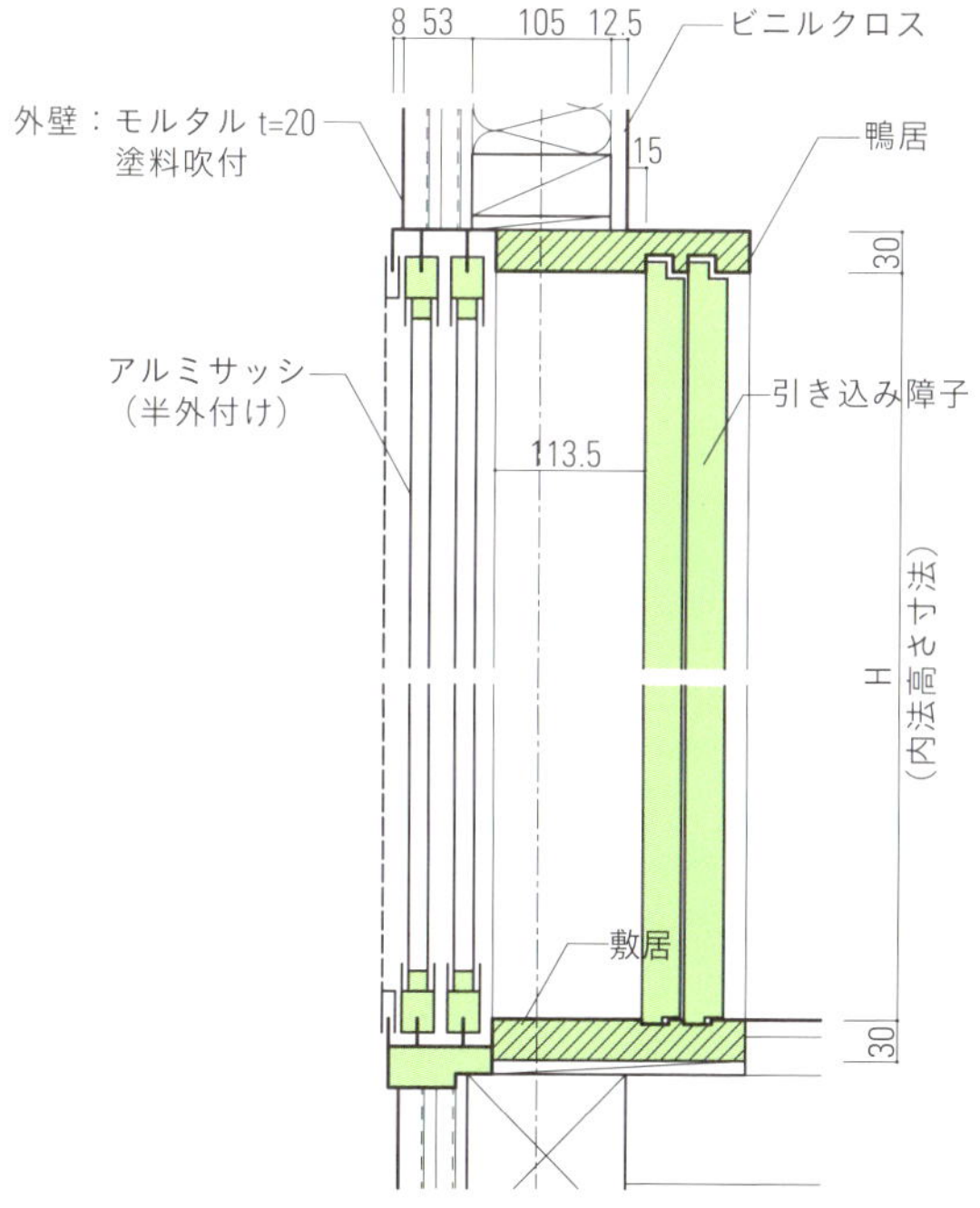

断面 S＝1/10

一般的な引違い窓を木製にする

※木製サッシの気密性を高めたい場合はしゃくり（材を削って溝を付けること）を入れる

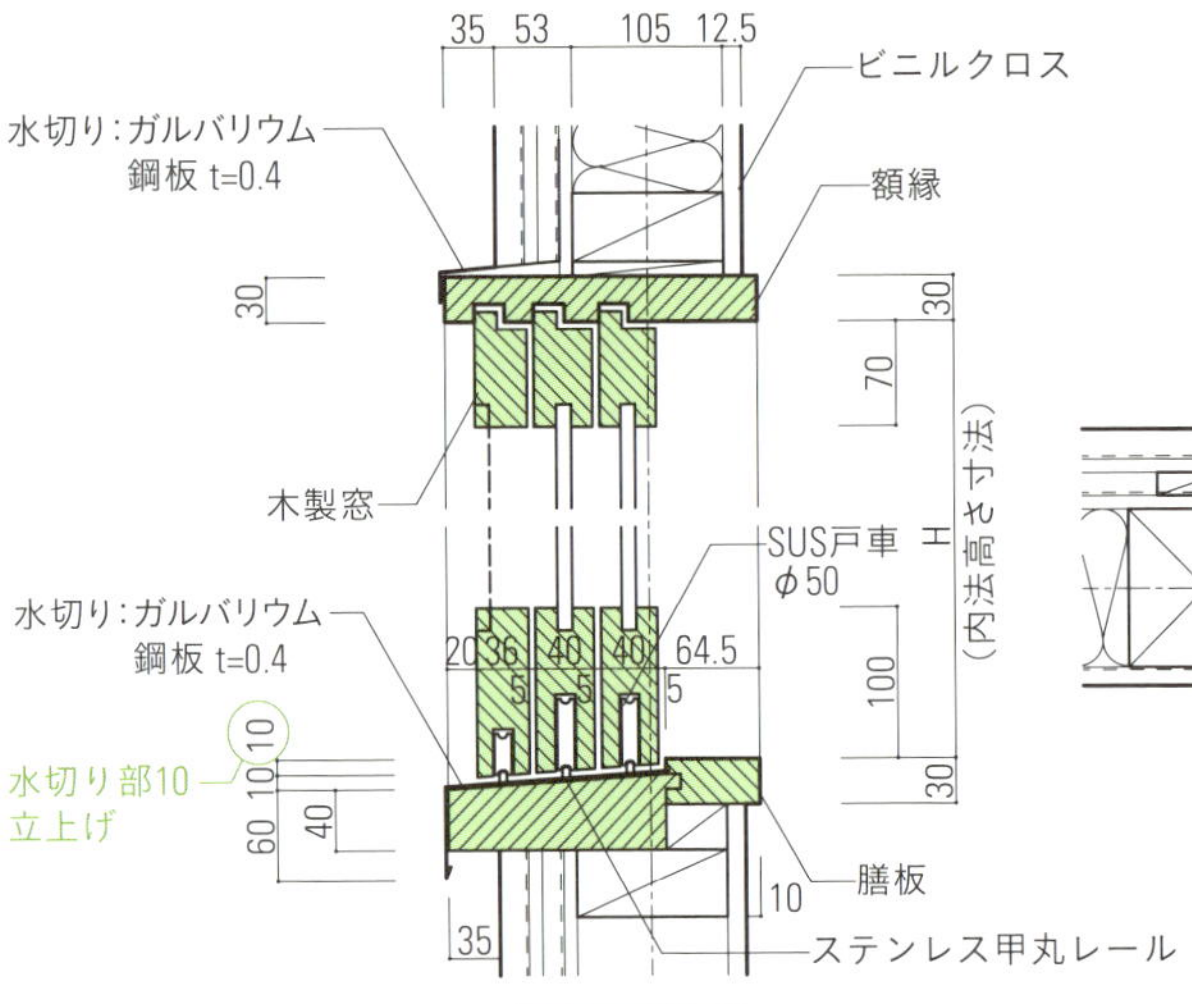
35 53 105 12.5
ビニルクロス
水切り：ガルバリウム鋼板 t=0.4
額縁
木製窓
SUS戸車 φ50
H（内法高さ寸法）
水切り：ガルバリウム鋼板 t=0.4
水切り部10立上げ
膳板
ステンレス甲丸レール
20 36 40 40 64.5
35

断面 S＝1/10

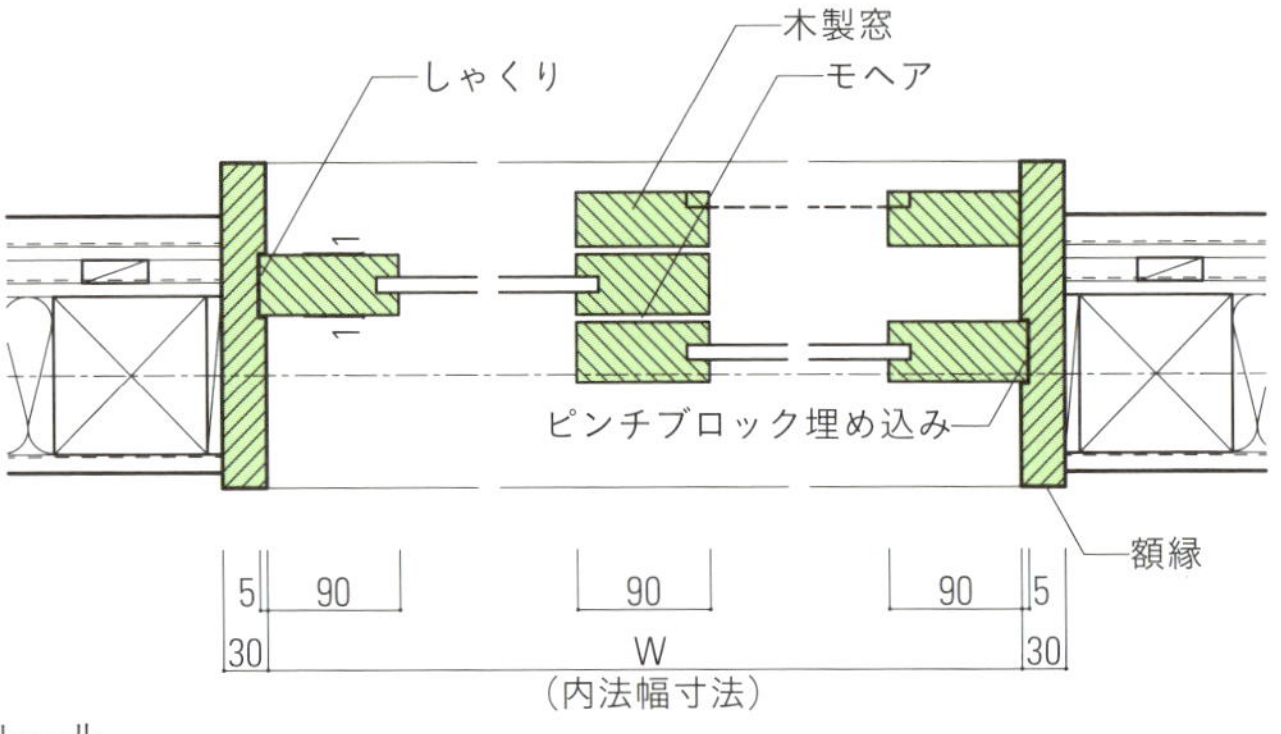
しゃくり
木製窓
モヘア
ピンチブロック埋め込み
額縁
5 90 90 90 5
30 W 30
（内法幅寸法）

平面 S＝1/10

視界から見えなくなる片引き窓

※木製建具廻りはなるべく庇・軒を出すことを前提としたい

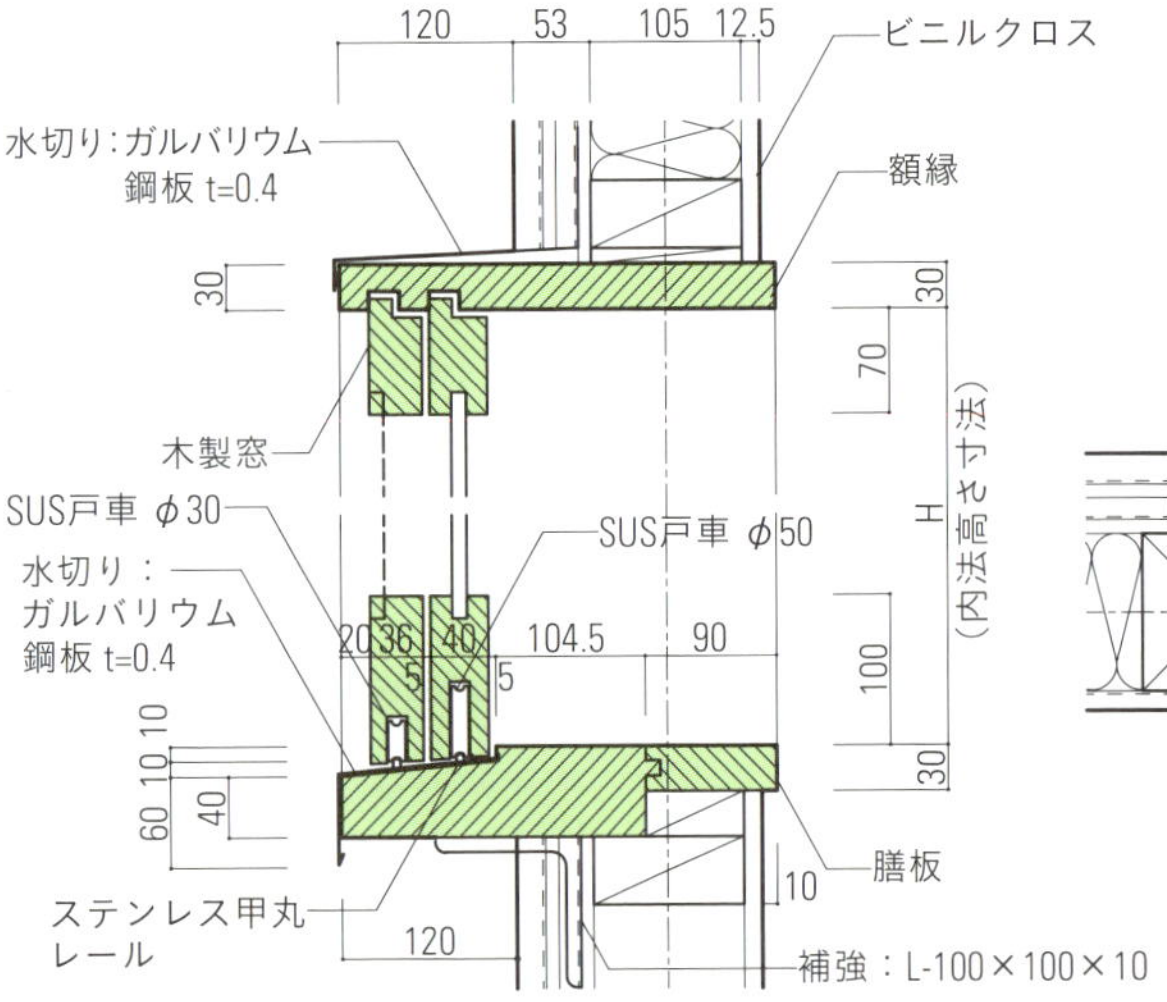
120 53 105 12.5
ビニルクロス
水切り：ガルバリウム鋼板 t=0.4
額縁
木製窓
SUS戸車 φ30
SUS戸車 φ50
水切り：ガルバリウム鋼板 t=0.4
H（内法高さ寸法）
20 36 40 104.5 90
膳板
ステンレス甲丸レール
120
補強：L-100×100×10

断面 S＝1/10

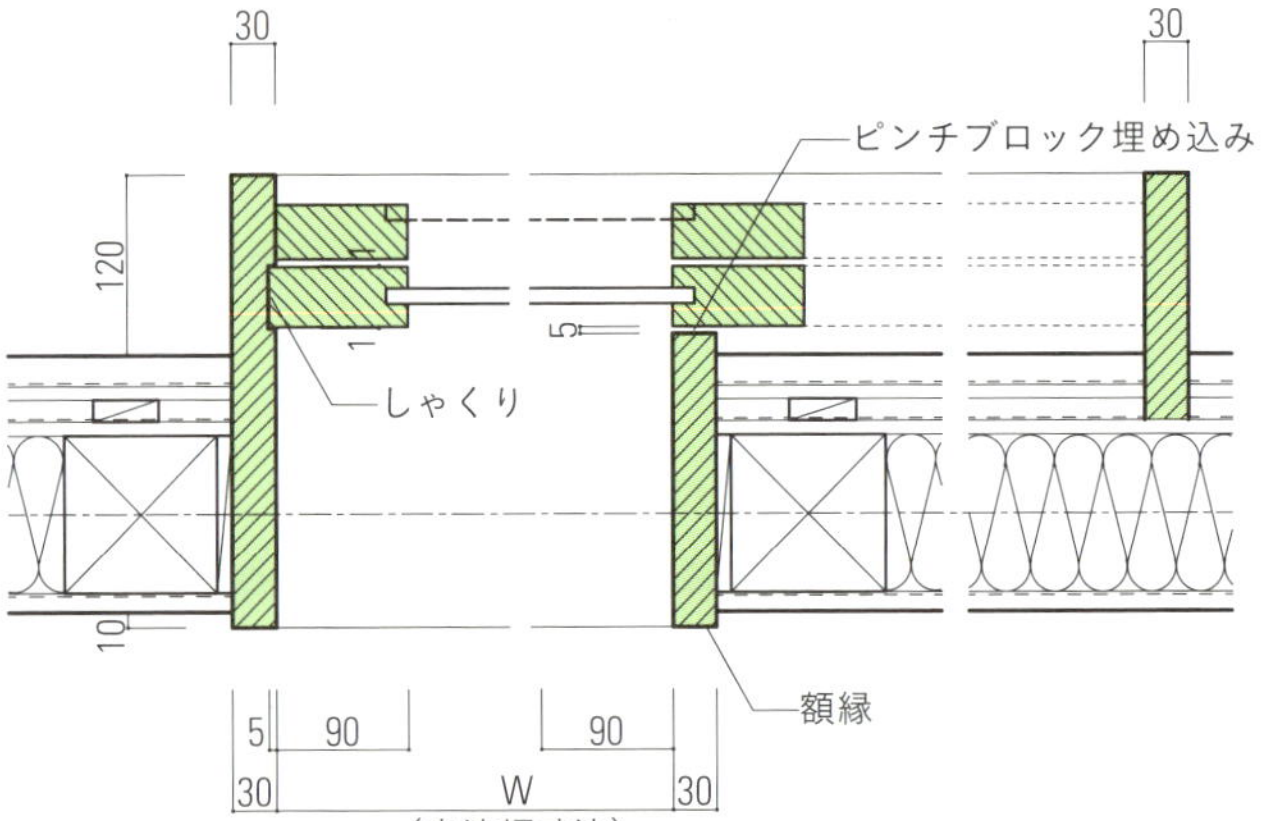
30
30
ピンチブロック埋め込み
120
しゃくり
額縁
5 90 90
30 W 30
（内法幅寸法）

平面 S＝1/10

木製建具はアルミサッシと比べ設計の自由度が高い。手触りもよく見た目にも美しい。**軒をきちんと出す**ことが漏水や長持ちの面から好ましい。

外部木製建具で最も留意すべき点は、**雨仕舞**や**防音**、**隙間風**の対策である。気密性を高めることも兼ねて、建具枠に3～5㎜ほどの**しゃくり**（材を削って溝を付けること）を入れる。

木製引違い戸の場合は、障子が重なる部分に繊維でできた隙間を防ぐ**モヘア**を取り付ければ効果的である。**片引き戸の場合**は隠し框《かまち》とすれば、障子部分の**上框**《あがりがまち》と**下框**《しもがまち》にゴム製の**ピンチブロック**を取り付けられるため、**気密性を上げる**ことができる。片引き戸の方が引違い戸よりも可動部分が少ないため、気密性は高い。

木製片引き窓は開け放ったときに視界を遮るものが何もないので、窓の外の**景色や自然環境を積極的に取り込みたい**ときには重宝される。**FIX窓**であれば框なしで直接枠に納めることができるため、景観を目いっぱい取り込める利点がある上に、隙間風の侵入もない。

断熱効果を高めるためにも**複層ガラス**や**障子**を採用することが望ましい。また、乾燥収縮に備えて額縁とガラス戸の間に**5㎜**ほどの**クリアランス**がほしい。**敷居**《しきい》と**鴨居**《かもい》には、水対策としてガルバリウム鋼板で**水切り**を取り付ける。防風雨の侵入も防ぐため、**10㎜以上立ち上げる**ことで防風雨の侵入を防ぐ。

気密性を高めた隠し框の木製片引き窓

隠し框、ピンチブロック等を用い、さらに障子を設けて気密性を上げた納まり。

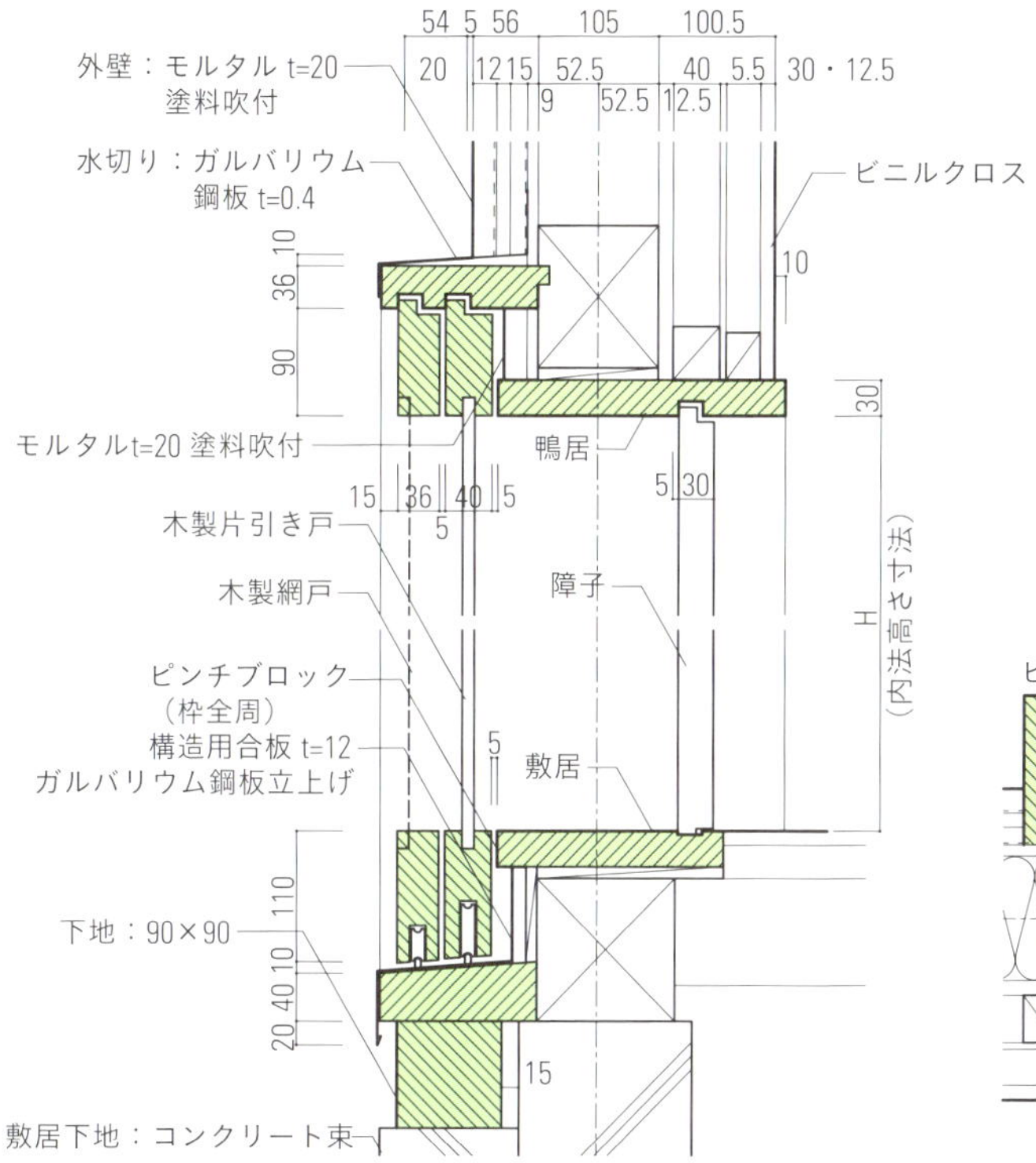

断面 S＝1/10

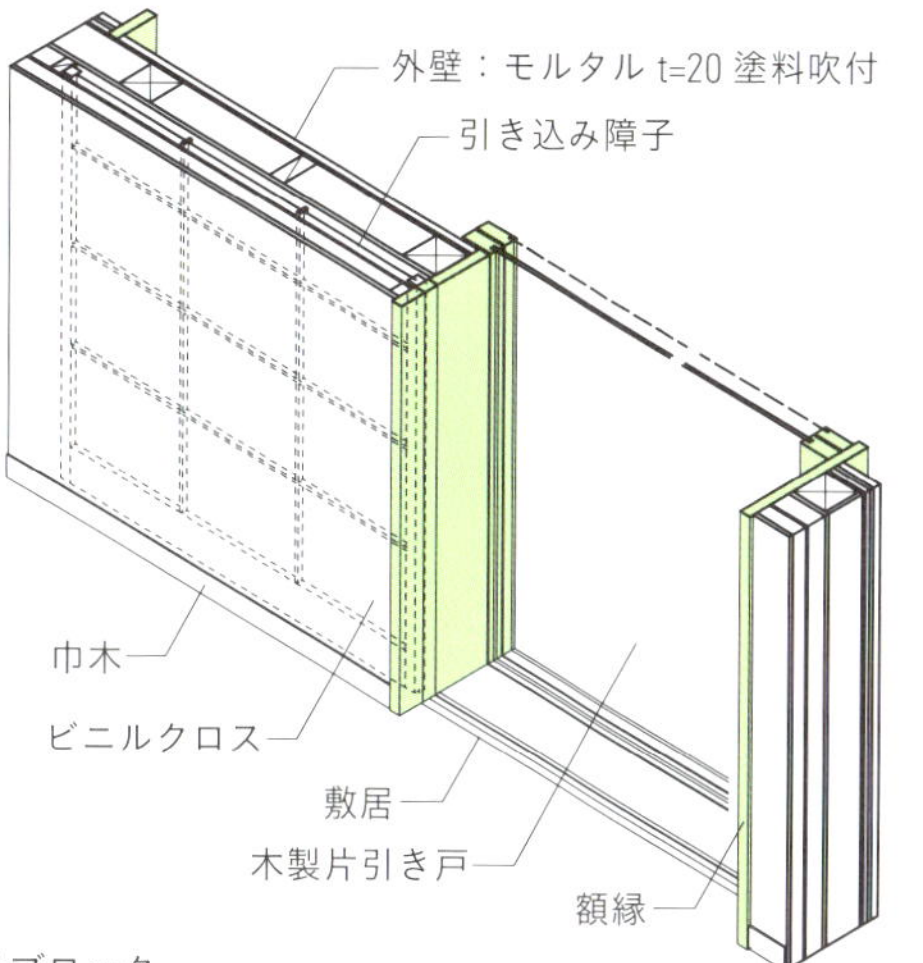

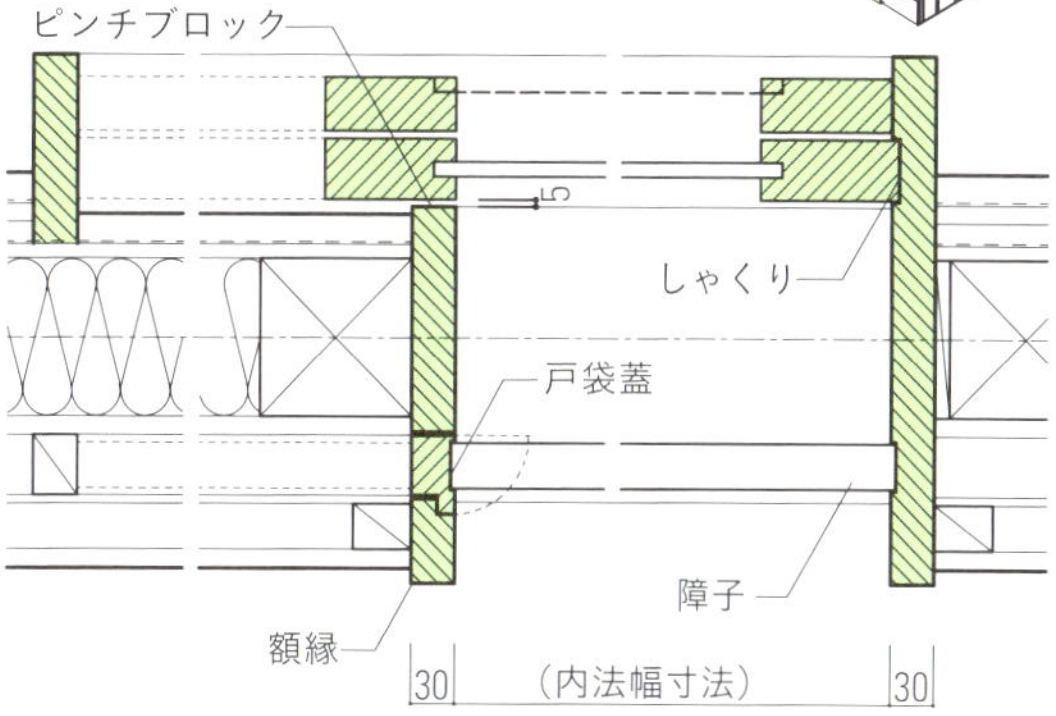

平面 S＝1/10

内部真壁の木製片引き戸＋隠し框

柱の外側に引き戸の障子をぴったり隠すことで窓の存在を消し、木構造が現しになるシンプルな空間ができる。

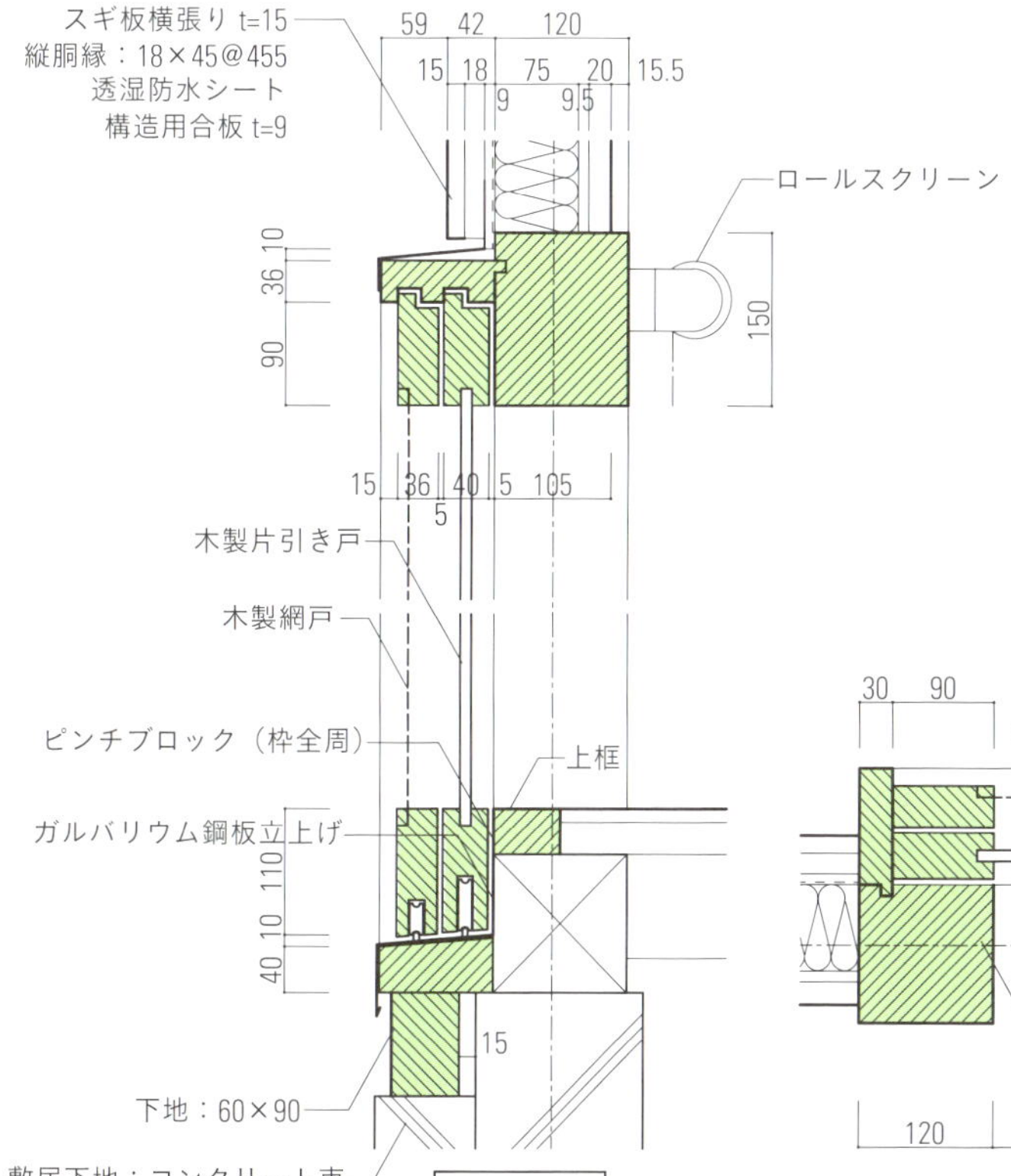

断面 S＝1/10

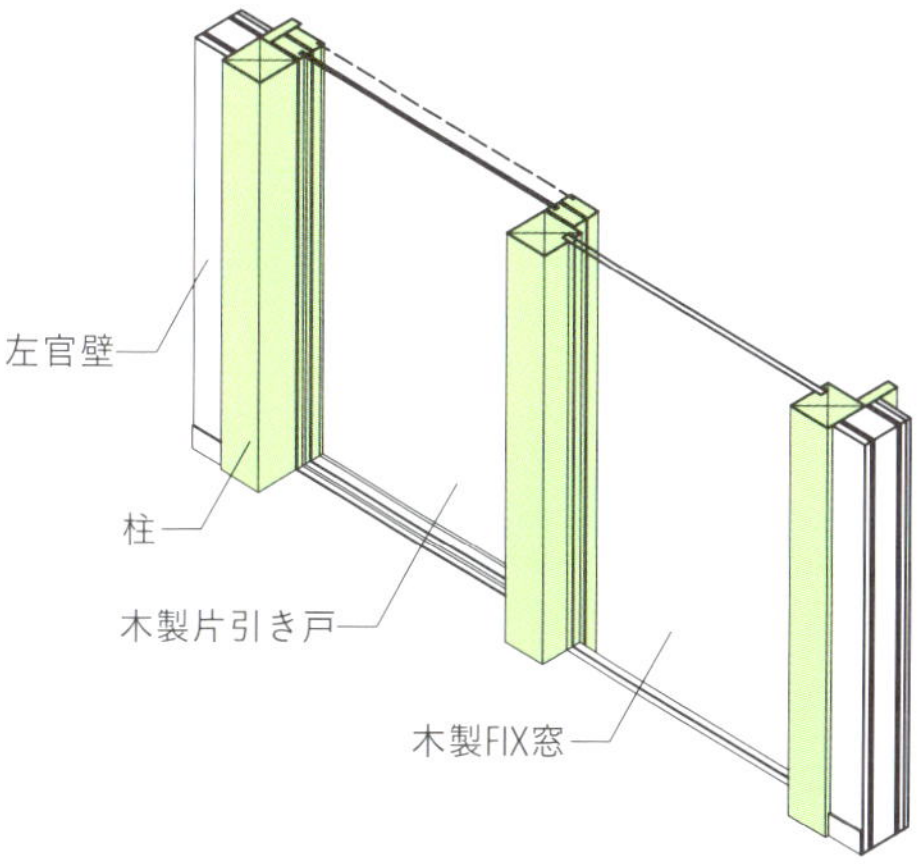

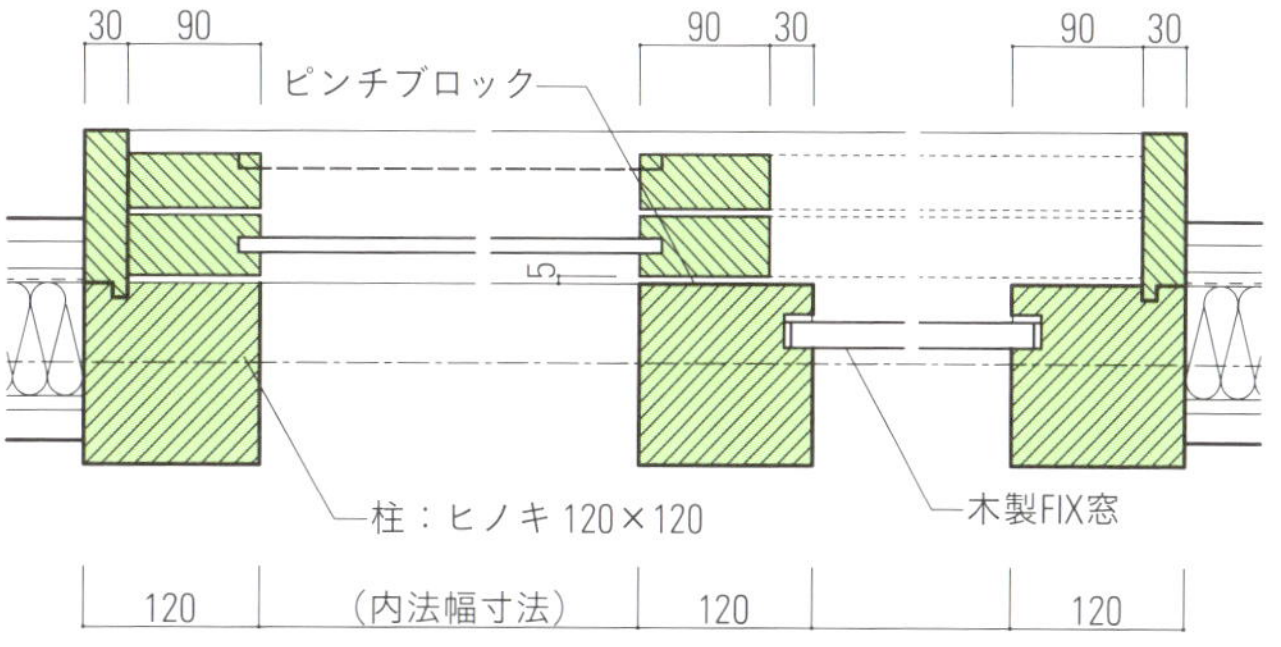

平面 S＝1/10

03 バルコニーの基本的な納まり

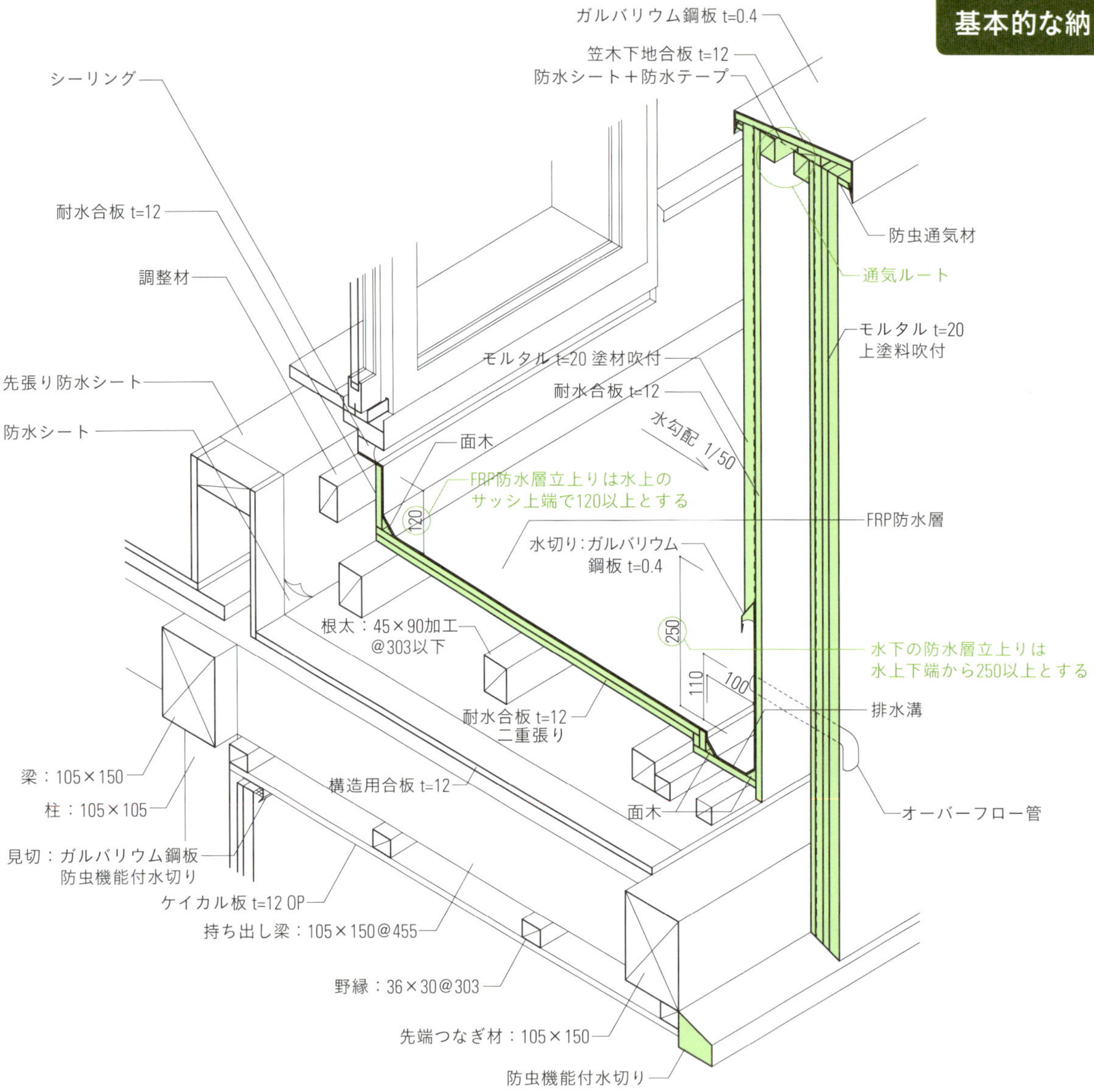

ガルバリウム鋼板 t=0.4
笠木下地合板 t=12
防水シート＋防水テープ
シーリング
防虫通気材
通気ルート
耐水合板 t=12
調整材
モルタル t=20
上塗料吹付
モルタル t=20 塗材吹付
先張り防水シート
耐水合板 t=12
防水シート
水勾配 1/50
面木
FRP防水層立上りは水上の
サッシ上端で120以上とする
120
FRP防水層
水切り：ガルバリウム
鋼板 t=0.4
根太：45×90加工
@303以下
250
水下の防水層立上りは
水上下端から250以上とする
110
100
排水溝
耐水合板 t=12
二重張り
梁：105×150
柱：105×105
構造用合板 t=12
面木
オーバーフロー管
見切：ガルバリウム鋼板
防虫機能付水切り
ケイカル板 t=12 OP
持ち出し梁：105×150@455
野縁：36×30@303
先端つなぎ材：105×150
防虫機能付水切り

敷地が狭小化した都市部において、**バルコニー**は洗濯の干し場や草花の育成、屋内の延長空間などの用途に欠かせない。風雨に晒されるため、**バルコニー先端より庇または軒が出ている**ことが基本である。

現在の主流は**FRP防水**のバルコニーである。FRP防水とは、液状のポリエステル樹脂に硬化剤を加えて混合し、ガラス繊維などの補強材と混ぜ合わせて一体にしたものである。FRPの防水層は継ぎ目のない**シームレスな構造**で**軽量**かつ強靭な上、耐食性・耐熱性・耐候性などに優れている。近年は屋根にFRP防水を施工するケースも増えてきたが、**ルーフバルコニー**は**屋根扱い**となるため、防火を求められる地域では**耐火性能の確認も必要**である。

木製バルコニーは風合いと美観の点で優れているが、屋内に水が入らないよう十分な配慮が必要である。風雨にさらされるため、水分に強い樹種（国産材ではヒノキ、ヒバ、クリ、外材ではイペやセランガンバツ、ウェスタンレッドシダーなど）が用いられる。木部には木材保護塗料を塗れば耐久性を上げることができる。

手摺の高さは、落下防止を防ぐため床面から**1100㎜以上**とし、子どもが足を掛けないよう**縦桟**《たてさん》とすることが望ましい。縦桟の間隔は子どもの頭が通らない**110㎜以下**にするとよい。

持ち出し梁の防水バルコニー

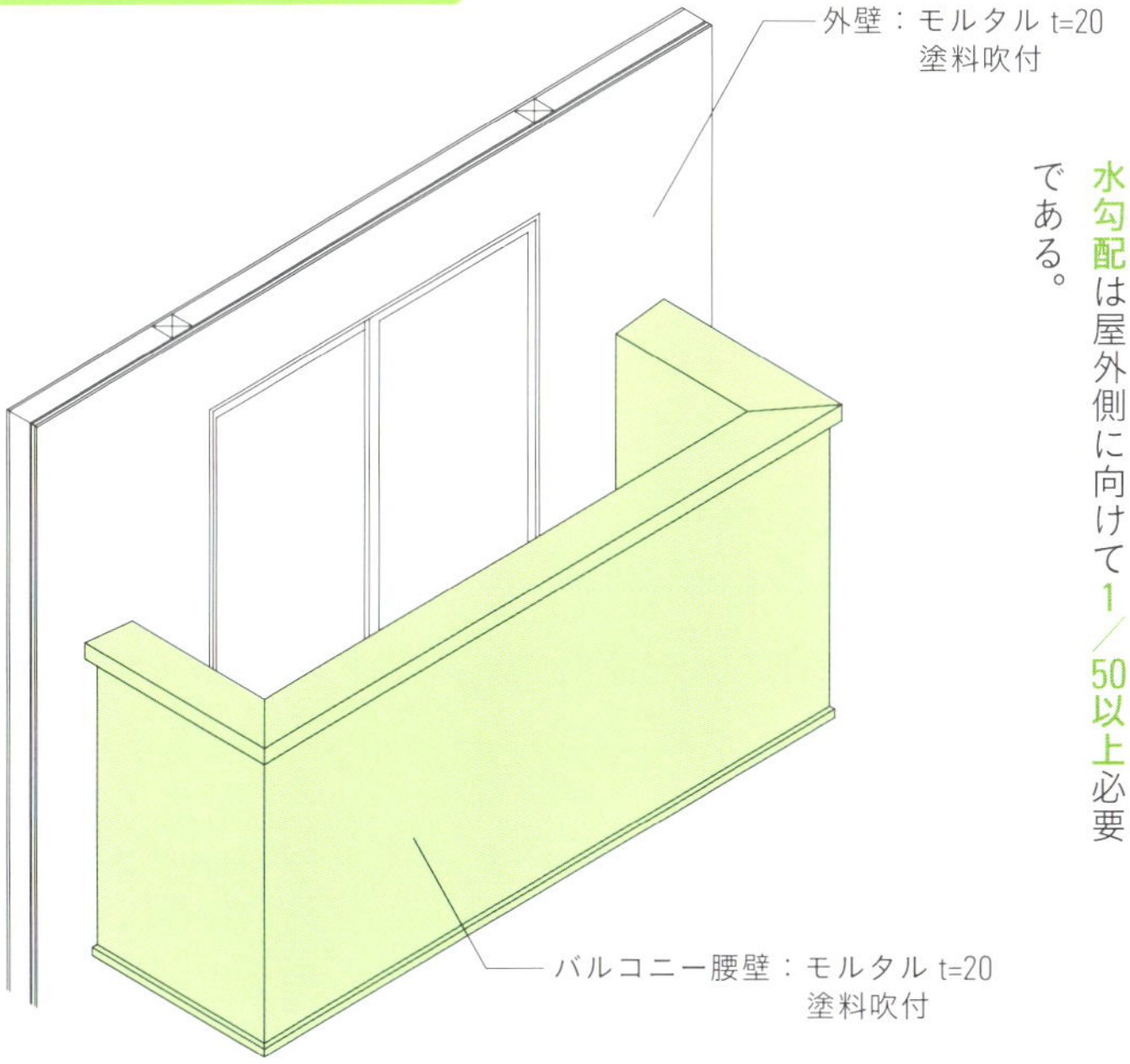
外壁：モルタル t=20
塗料吹付
バルコニー腰壁：モルタル t=20
塗料吹付

床面を防水した**持ち出し梁バルコニー**は、「大きな庇」として機能するため、下部に縁側やデッキを設置することができる。下部には他にも洗濯物を干すスペースとしても活用できる。バルコニーの出寸法によるが、少々の雨であれば濡れることはない。

バルコニーを梁で持ち出す場合は、揺れなどの問題から**900㎜以下**に抑えるとよい。FRP防水の立上りはバルコニー床面からサッシ下端まで**130㎜以上**、壁に関しては**250㎜以上**とるとよい。**水勾配**は屋外側に向けて**1/50以上**必要である。

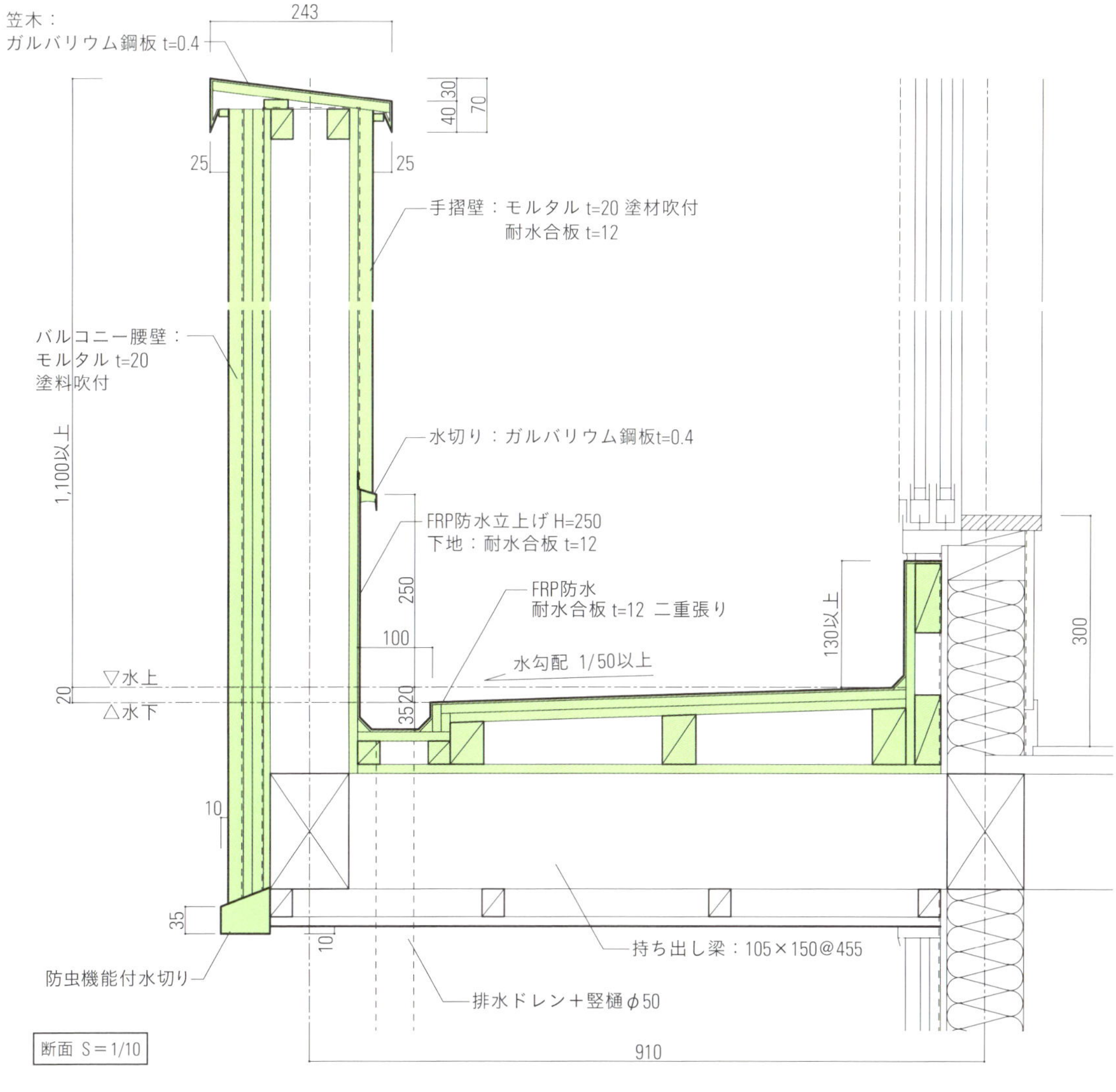
笠木：
ガルバリウム鋼板 t=0.4
243
40
30
70
25
25
手摺壁：モルタル t=20 塗材吹付
耐水合板 t=12
バルコニー腰壁：
モルタル t=20
塗料吹付
1,100以上
水切り：ガルバリウム鋼板t=0.4
FRP防水立上げ H=250
下地：耐水合板 t=12
250
FRP防水
耐水合板 t=12 二重張り
130以上
300
100
水勾配 1/50以上
▽水上
△水下
20
35
20
10
35
10
持ち出し梁：105×150@455
防虫機能付水切り
排水ドレン＋竪樋 φ50
910
断面 S＝1/10

03 バルコニーの基本的な納まり

バリアフリー＋防水なしのバルコニー

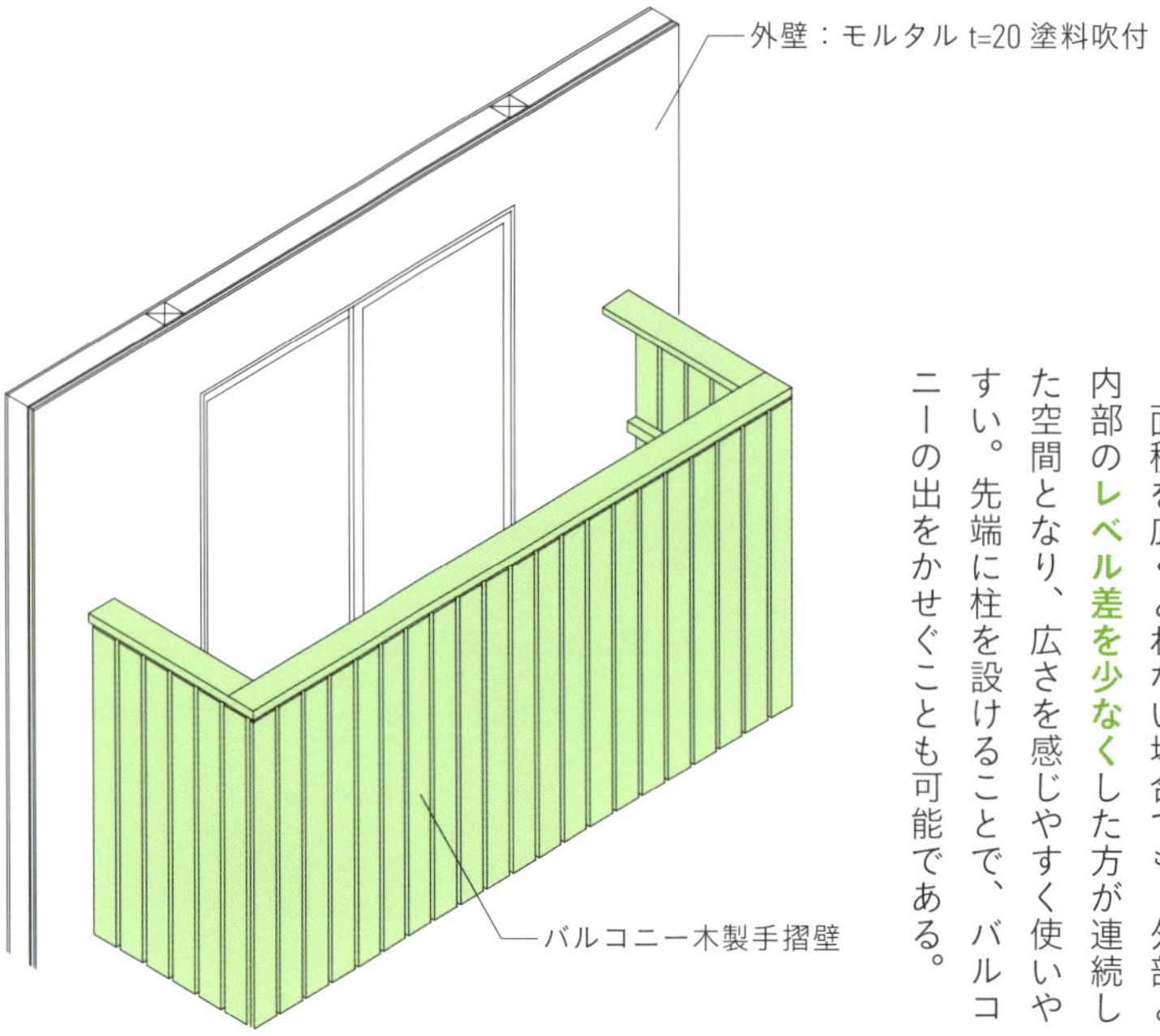
外壁：モルタル t=20 塗料吹付
バルコニー木製手摺壁

梁を持ち出して木材を露出したバルコニーは、**貫通部**に**シーリング処理**と**板金処理**、さらに**防水テープ**を内外の四周に張り付けて施工する。また水が抜けやすいように床板の間をはじめ、各部にクリアランスを確保する。さらに耐久性を上げる場合は、梁に板金を巻いておくとよい。木製バルコニーは防水対策をしっかりとること同時に、各部材の風通しをよくしておくことがポイントである。

面積を広くとれない場合でも、外部と内部の**レベル差を少なく**した方が連続した空間となり、広さを感じやすく使いやすい。先端に柱を設けることで、バルコニーの出をかせぐことも可能である。

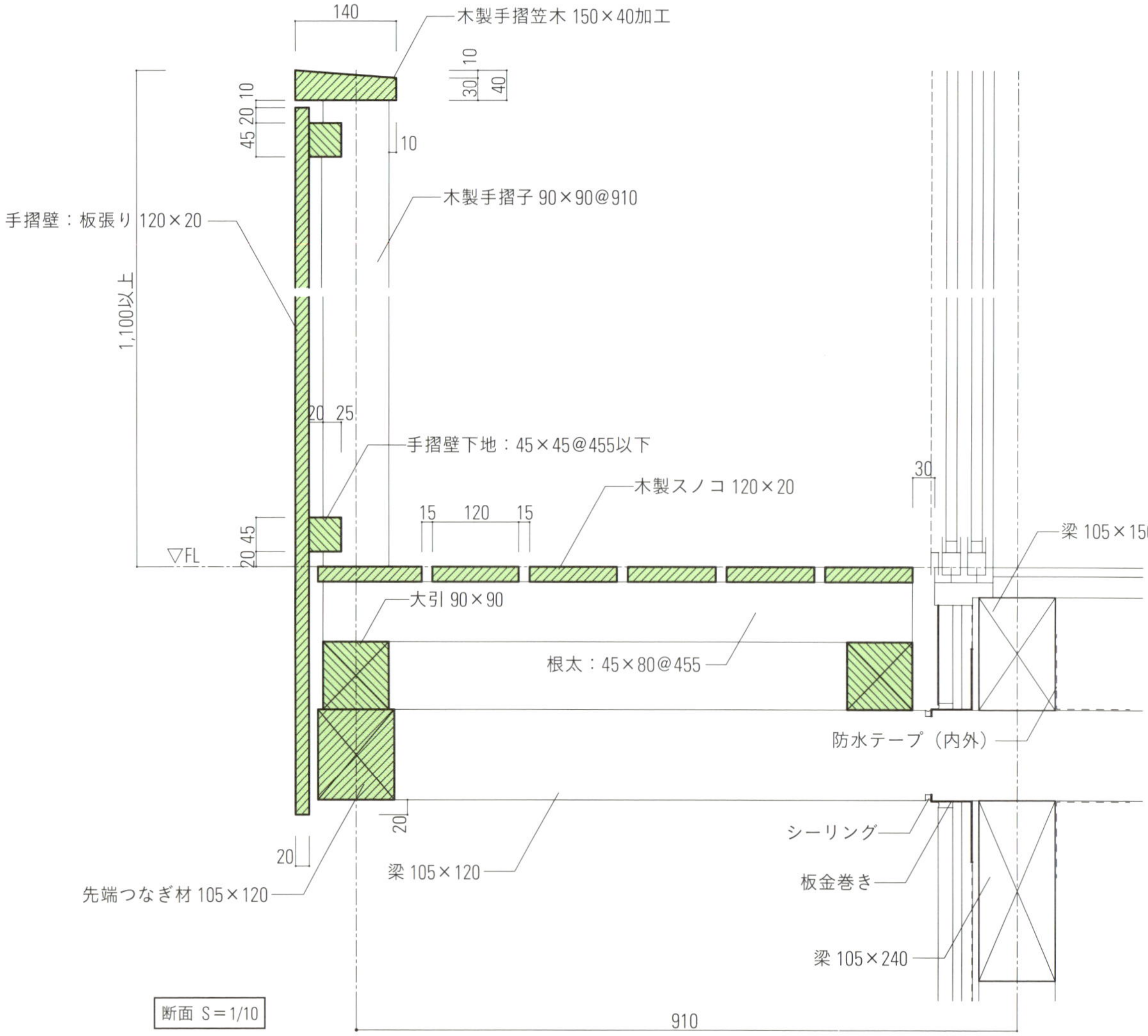
140
木製手摺笠木 150×40加工
10
30
40
10
20
45
10
木製手摺子 90×90@910
手摺壁：板張り 120×20
1,100以上
20 25
手摺壁下地：45×45@455以下
30
木製スノコ 120×20
15 120 15
梁 105×150
45
20
▽FL
大引 90×90
根太：45×80@455
防水テープ（内外）
20
シーリング
20
梁 105×120
板金巻き
先端つなぎ材 105×120
梁 105×240
断面 S＝1/10
910

下部に居室がある場合の防水バルコニー

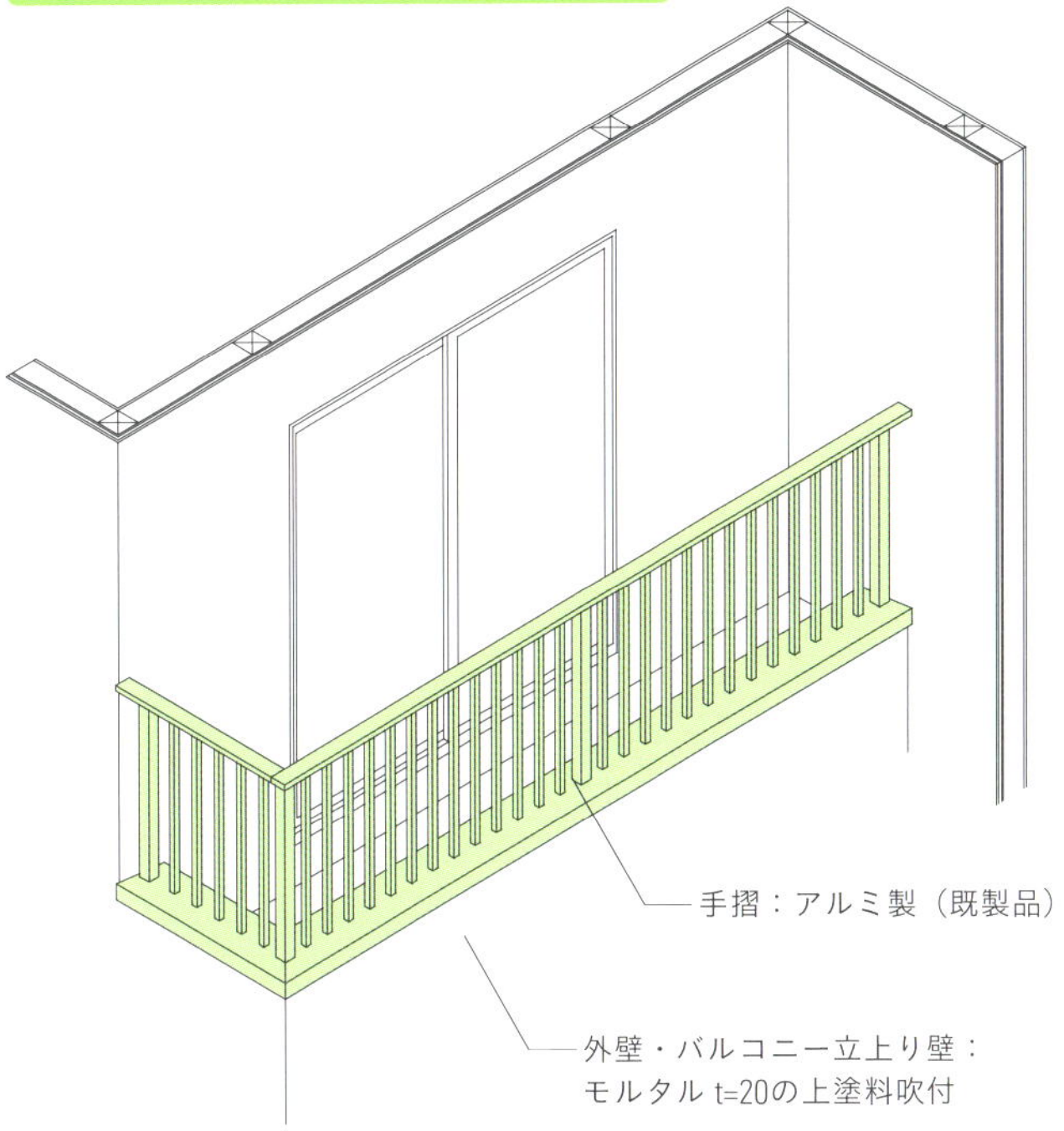
手摺：アルミ製（既製品）
外壁・バルコニー立上り壁：
モルタル t=20の上塗料吹付

ルーフバルコニー下やバルコニー下に居室がある場合は、漏水に気を付けたい。可能であれば排水ドレンは屋内ではなく、屋外に通すとよい。また、断熱材を入れることを忘れないようにしたい。

バルコニーは陽が当たることが多いため、内部との温度差で結露《けつろ》が起こりがちである。結露が起これば木材にも腐朽菌が繁殖し、傷みやすくなってしまう。断熱材を1階の壁から天井、2階壁へと途切れずに連続させることが肝要である。

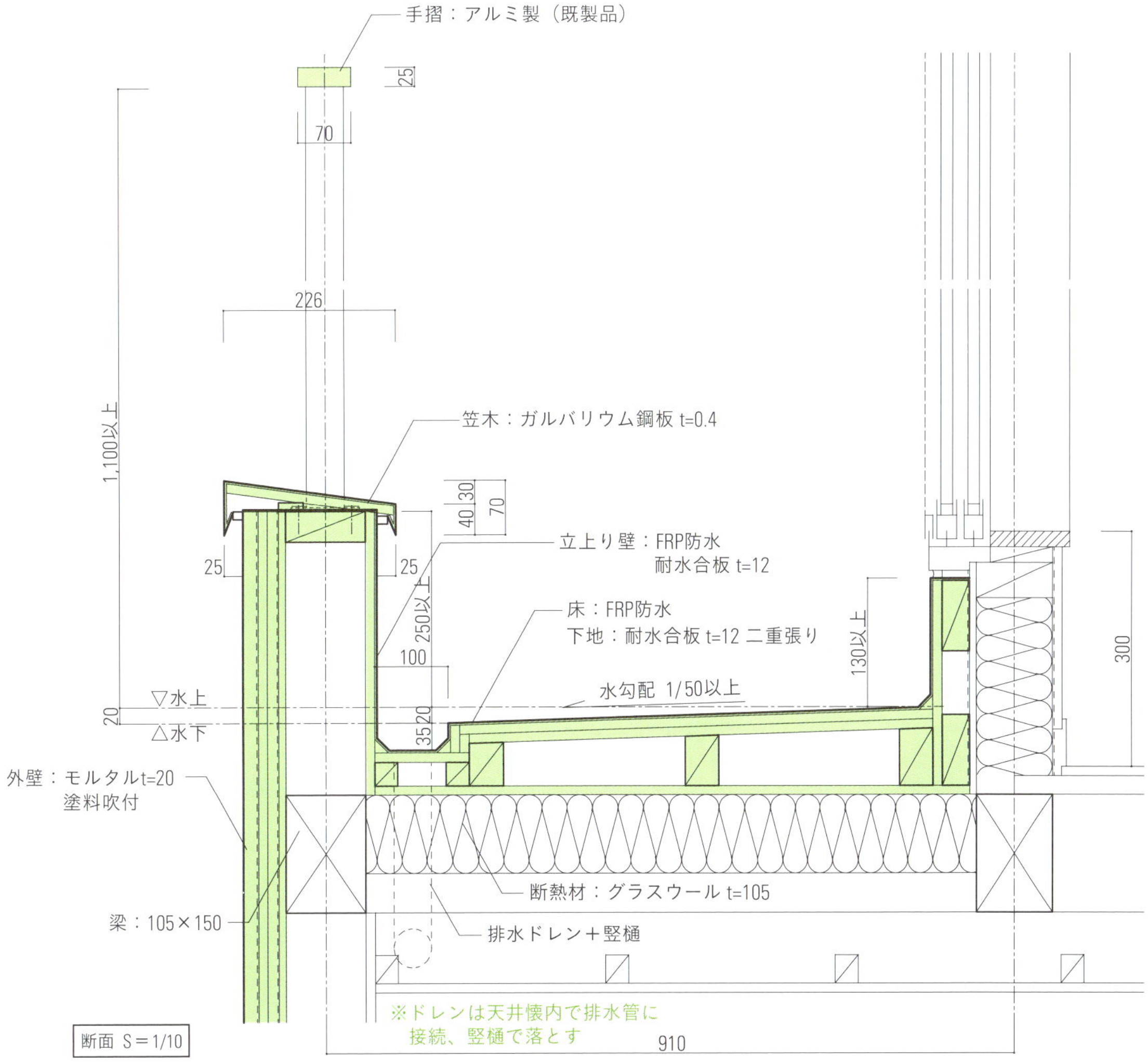
手摺：アルミ製（既製品）
25
70
226
1,100以上
笠木：ガルバリウム鋼板 t=0.4
40 30
70
25
25
立上り壁：FRP防水
耐水合板 t=12
床：FRP防水
下地：耐水合板 t=12 二重張り
250以上
100
130以上
300
水勾配 1/50以上
▽水上
20
△水下
35 20
外壁：モルタルt=20
塗料吹付
断熱材：グラスウール t=105
梁：105×150
排水ドレン＋竪樋
※ドレンは天井懐内で排水管に
接続、竪樋で落とす
910

断面 S＝1/10

屋根の上のバリアフリーバルコニー

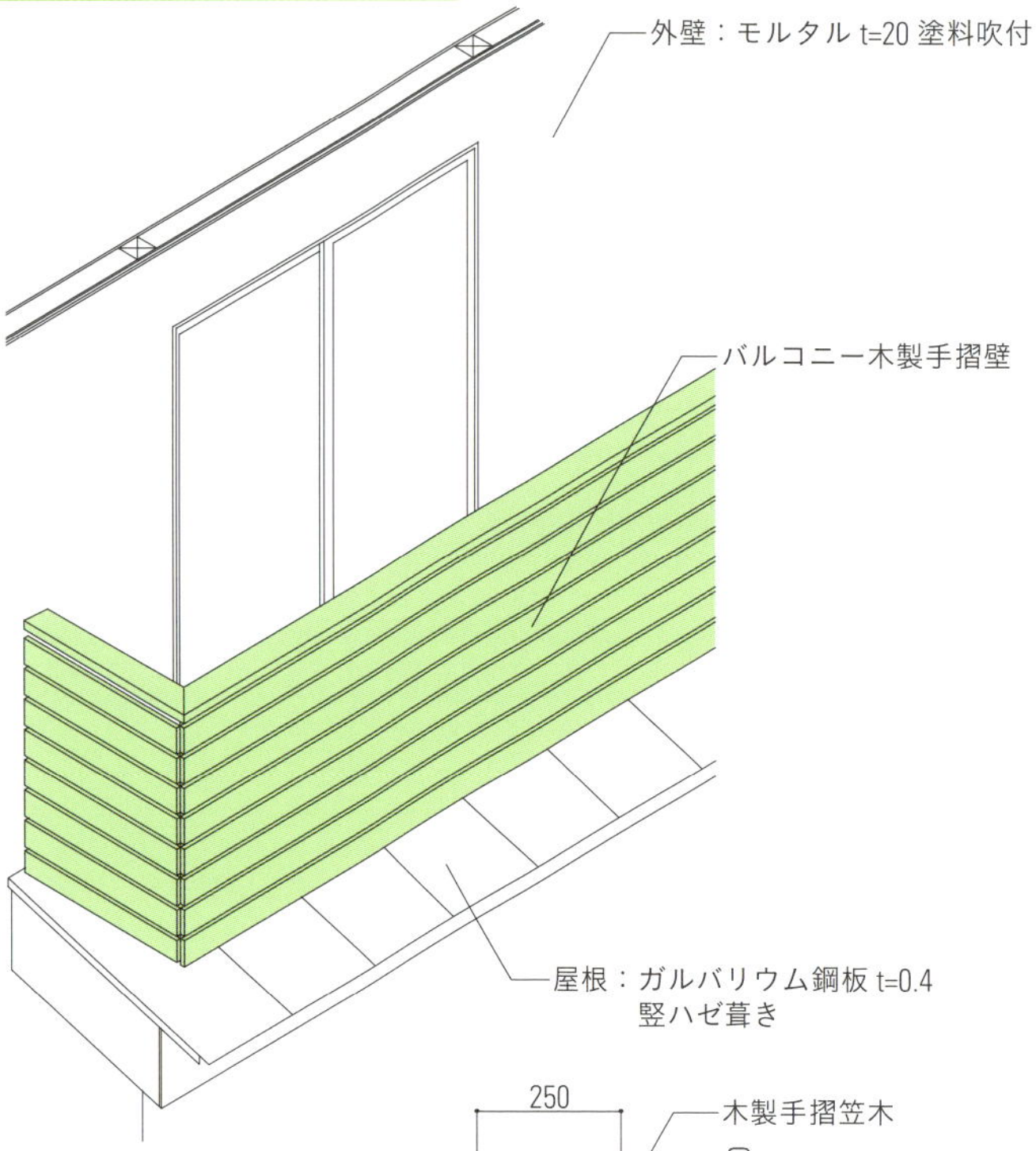
外壁：モルタル t=20 塗料吹付
バルコニー木製手摺壁
屋根：ガルバリウム鋼板 t=0.4
竪ハゼ葺き

木造の場合、**陸屋根**は防水に問題が出やすいため、**竪《たて》ハゼ**などの**金属板葺き屋根**をつくり、その上に**バルコニー**を設けた方が安全である。バルコニー下地の板材は屋根材の上に載せるだけとし、固定は外壁側で行うとよい。

なお、左図のように建物の外側に張り出した屋根なしの露台のような外部空間をバルコニーと呼び、建物と一体になったような屋根付きの外部空間を**ベランダ**と区別する。

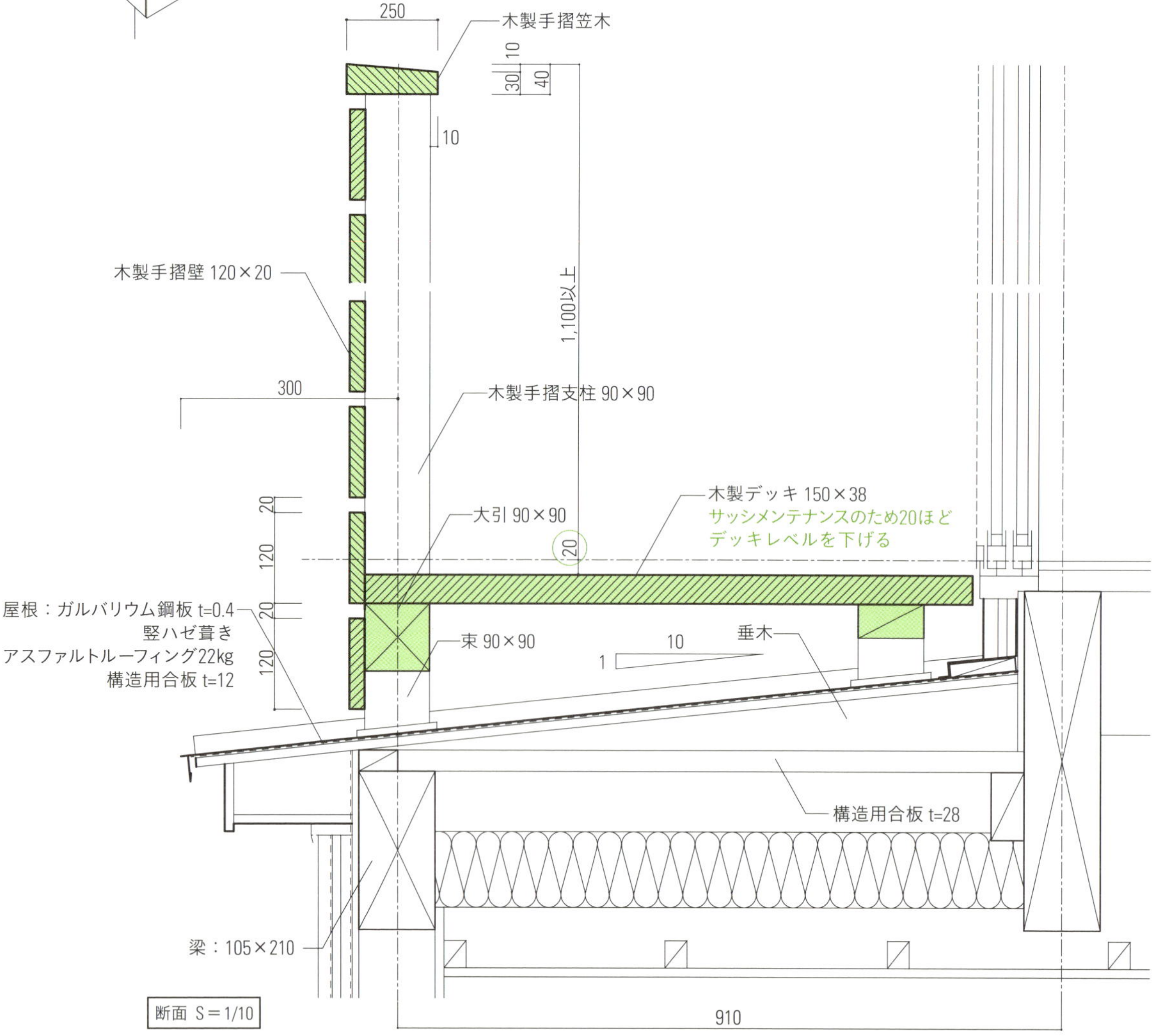
250
木製手摺笠木
10
30
40
10
木製手摺壁 120×20
1,100以上
300
木製手摺支柱 90×90
木製デッキ 150×38
サッシメンテナンスのため20ほど
デッキレベルを下げる
大引 90×90
20
120
20
120
屋根：ガルバリウム鋼板 t=0.4
竪ハゼ葺き
アスファルトルーフィング22kg
構造用合板 t=12
束 90×90
10
1
垂木
構造用合板 t=28
梁：105×210
910
断面 S＝1/10

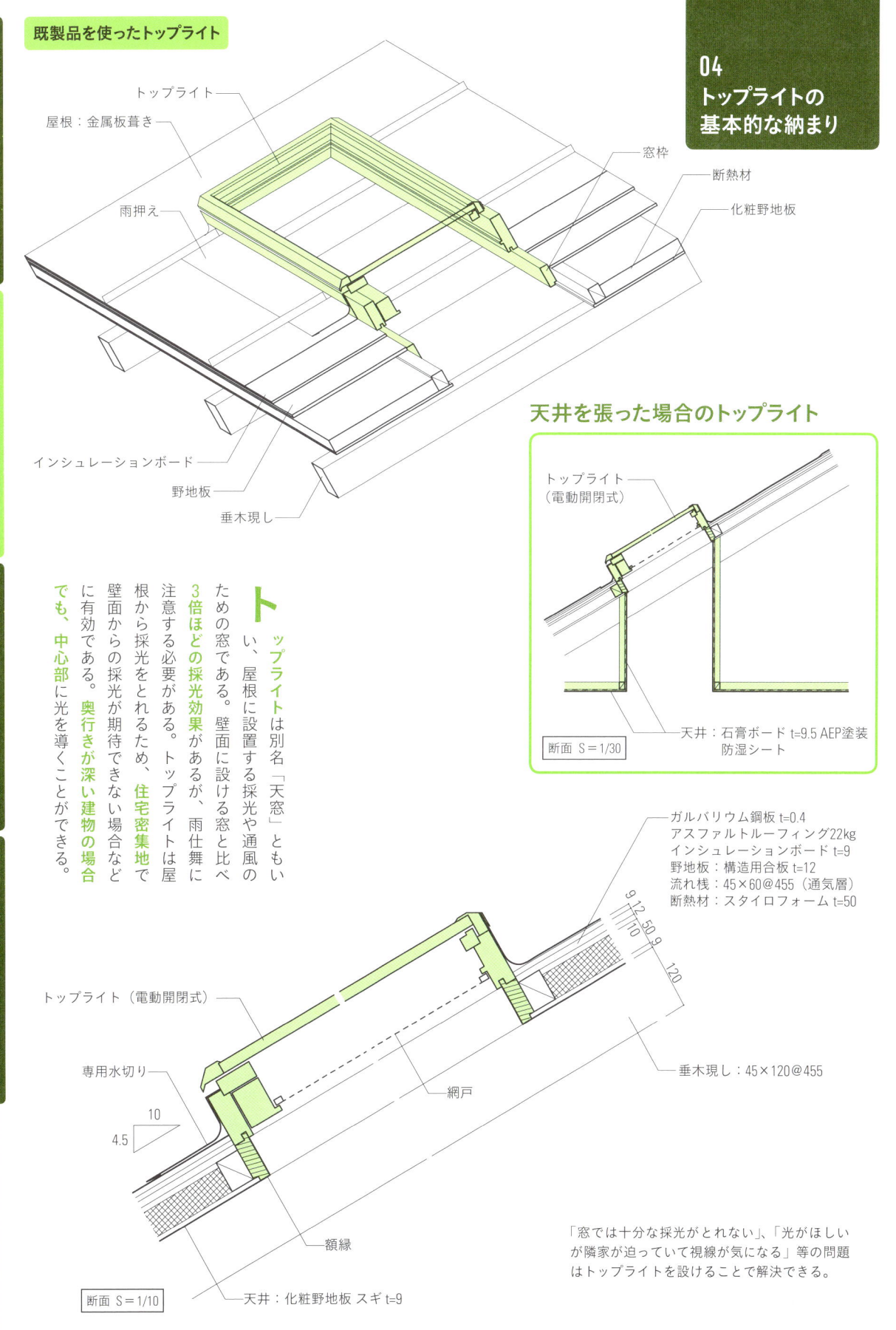

04 トップライトの基本的な納まり

既製品を使ったトップライト

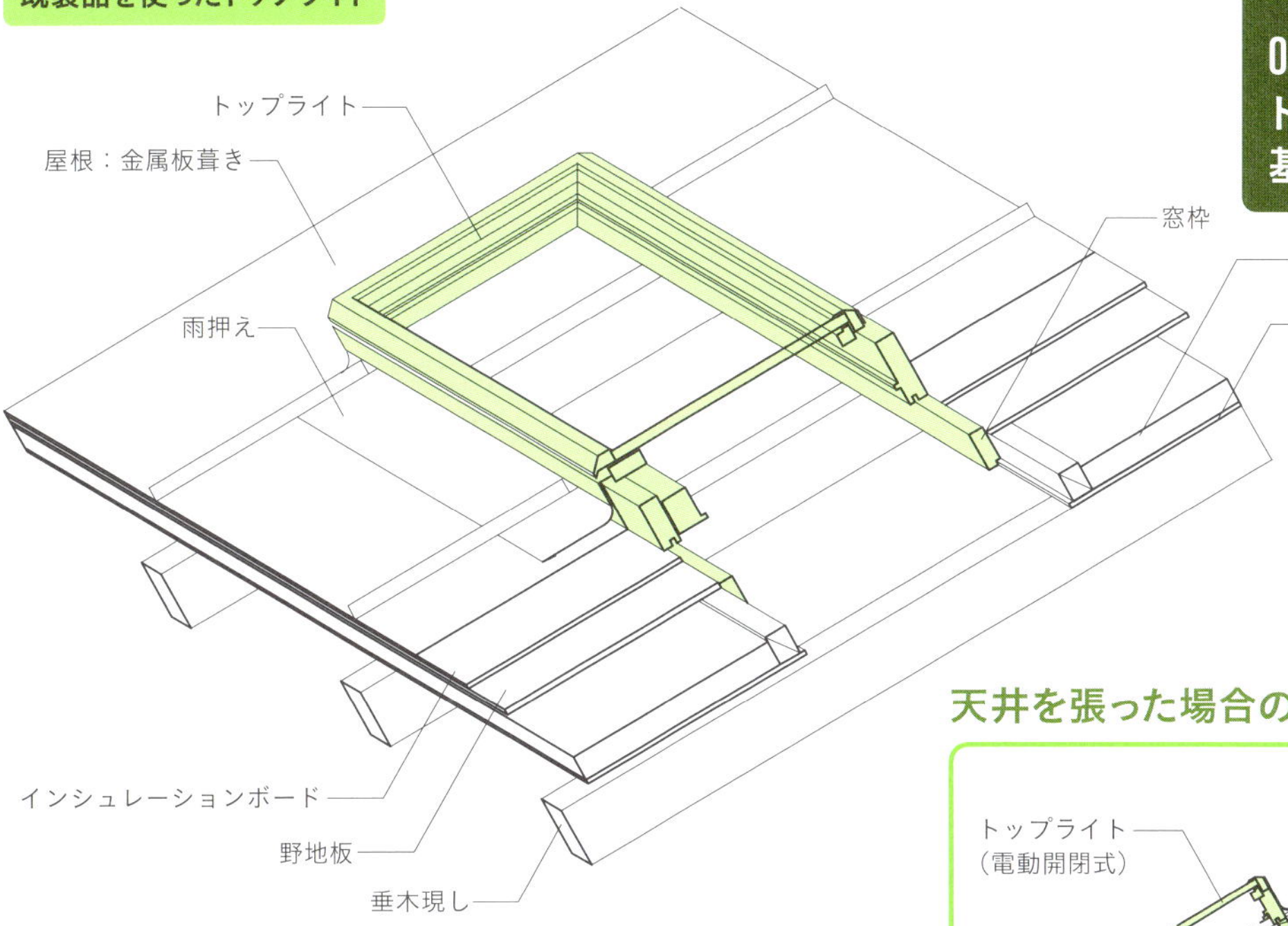
トップライト
屋根：金属板葺き
雨押え
窓枠
断熱材
化粧野地板
インシュレーションボード
野地板
垂木現し

トップライトは別名「天窓」ともいい、屋根に設置する採光や通風のための窓である。壁面に設ける窓と比べ**3倍ほどの採光効果**があるが、雨仕舞に注意する必要がある。トップライトは屋根から採光をとれるため、**住宅密集地**で壁面からの採光が期待できない場合などに有効である。**奥行きが深い建物の場合でも、中心部**に光を導くことができる。

天井を張った場合のトップライト

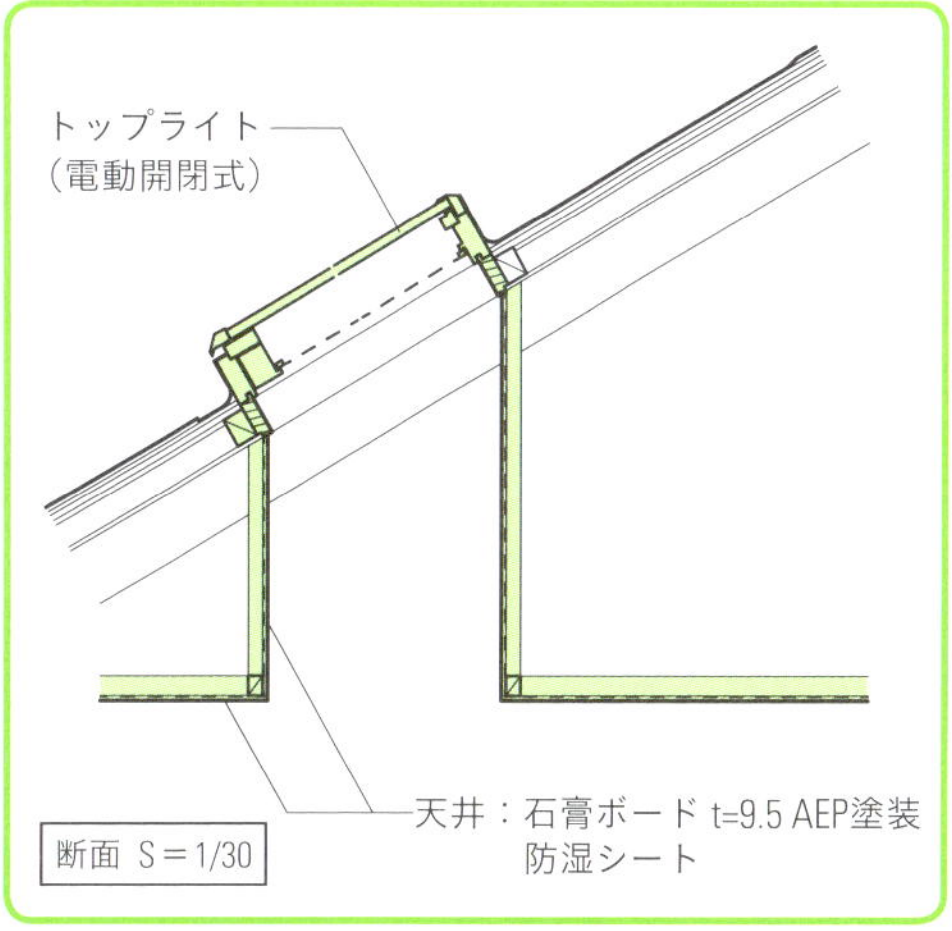
トップライト
（電動開閉式）
天井：石膏ボード t=9.5 AEP塗装
防湿シート
断面 S＝1/30

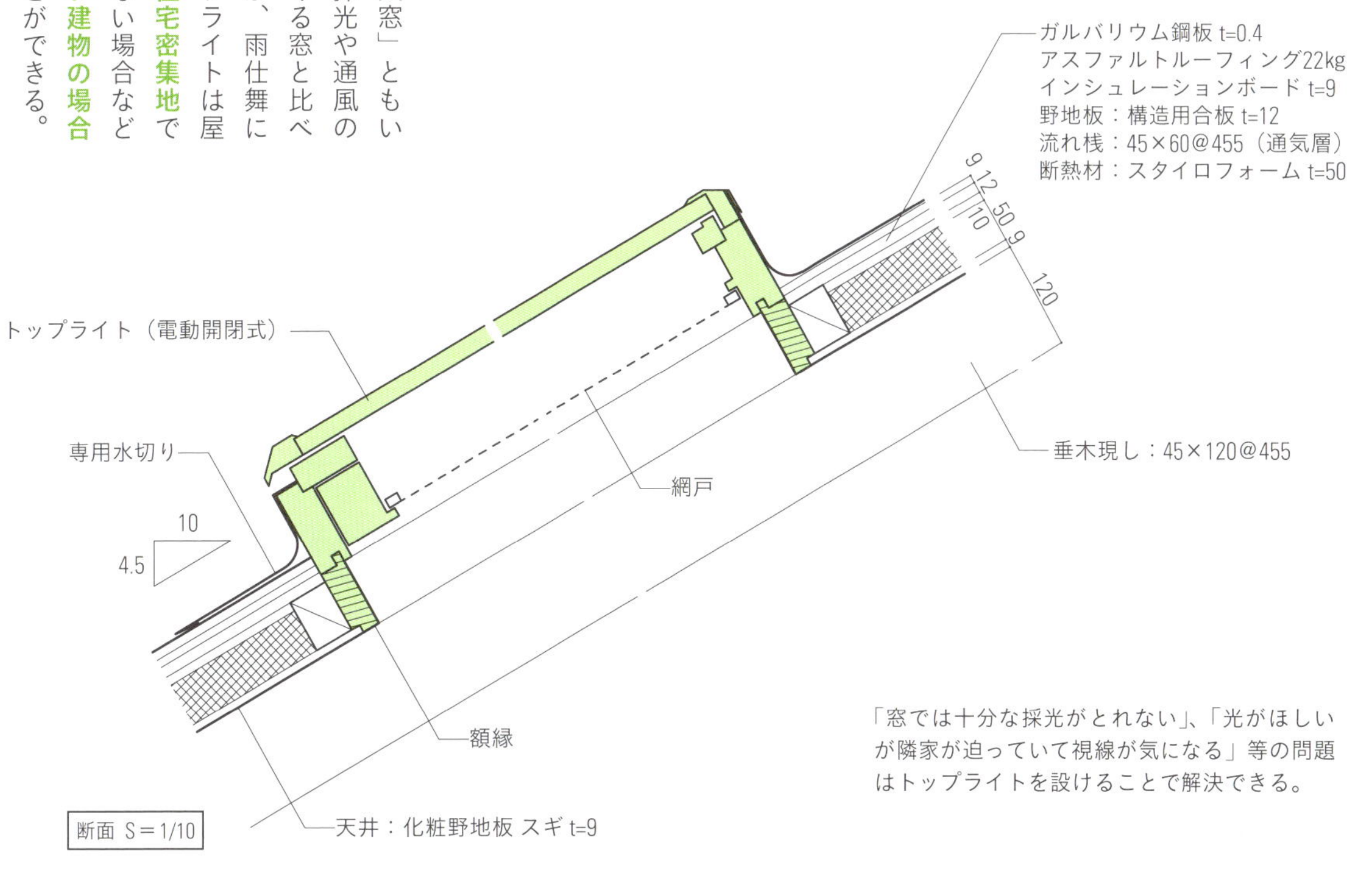
ガルバリウム鋼板 t=0.4
アスファルトルーフィング22kg
インシュレーションボード t=9
野地板：構造用合板 t=12
流れ桟：45×60@455（通気層）
断熱材：スタイロフォーム t=50
9 12 50 9
10
120
トップライト（電動開閉式）
専用水切り
10
4.5
網戸
垂木現し：45×120@455
額縁
天井：化粧野地板 スギ t=9
断面 S＝1/10

「窓では十分な採光がとれない」、「光がほしいが隣家が迫っていて視線が気になる」等の問題はトップライトを設けることで解決できる。

垂木でつくる鋼板葺き

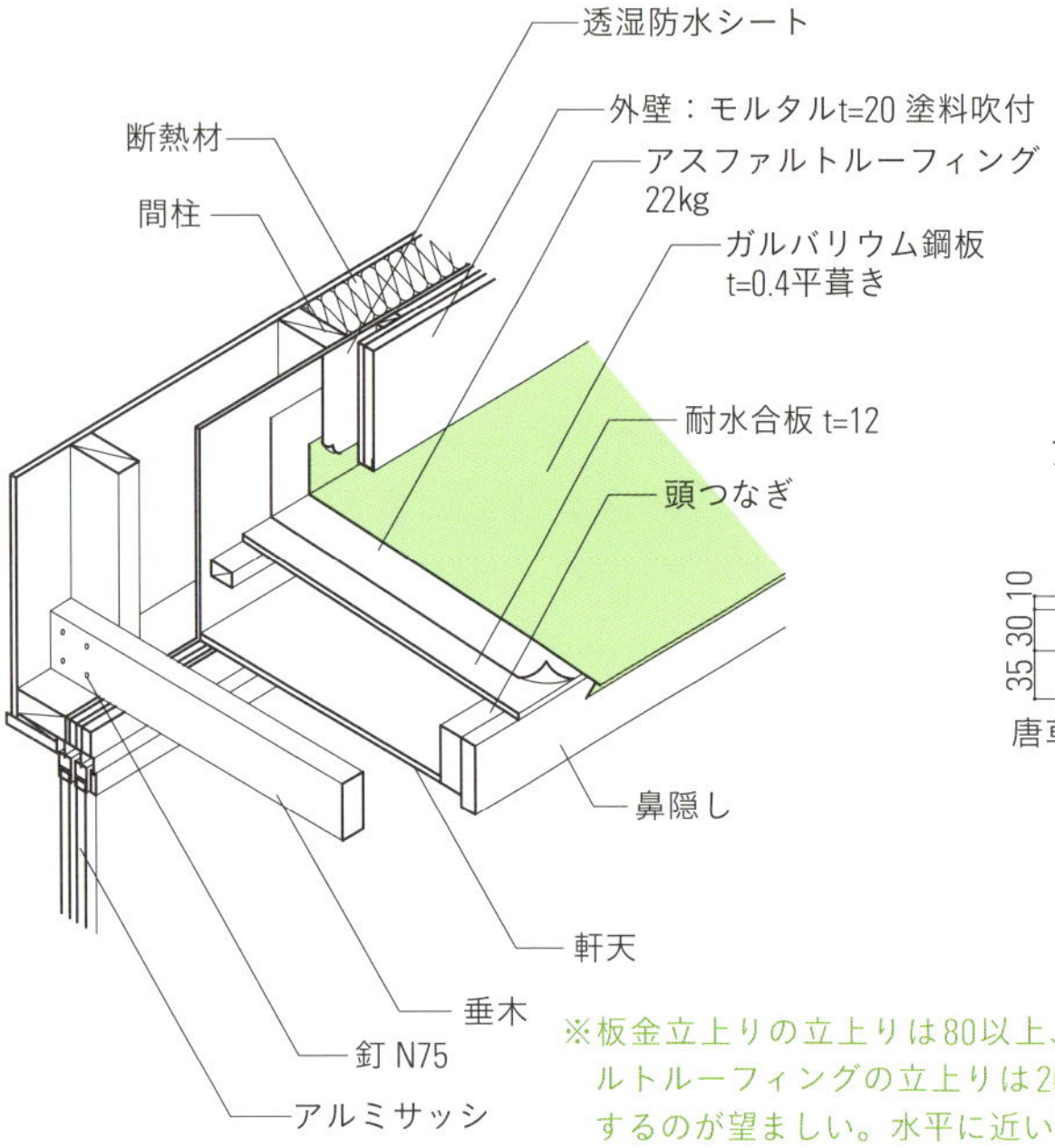
透湿防水シート
断熱材
外壁：モルタルt=20 塗料吹付
間柱
アスファルトルーフィング
22kg
ガルバリウム鋼板
t=0.4平葺き
耐水合板 t=12
頭つなぎ
鼻隠し
軒天
垂木
釘 N75
アルミサッシ

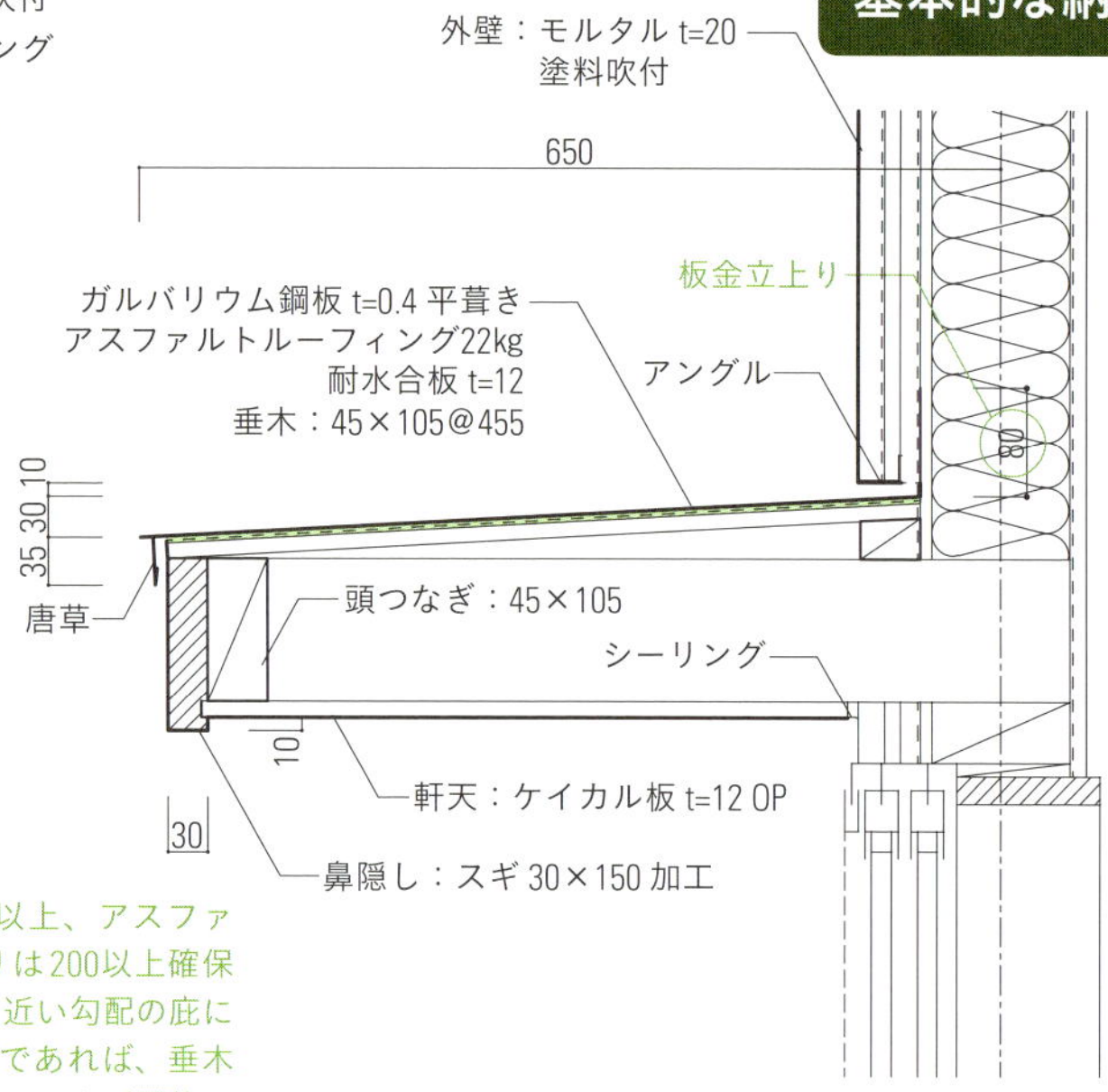
外壁：モルタル t=20
塗料吹付
650
板金立上り
ガルバリウム鋼板 t=0.4 平葺き
アスファルトルーフィング22kg
耐水合板 t=12
垂木：45×105@455
アングル
80
35 30 10
唐草
頭つなぎ：45×105
シーリング
10
軒天：ケイカル板 t=12 OP
30
鼻隠し：スギ 30×150 加工

※板金立上りの立上りは80以上、アスファルトルーフィングの立上りは200以上確保するのが望ましい。水平に近い勾配の庇にする場合で芯から650程度であれば、垂木を間柱に打ち付ければ支えることが可能

断面 S＝1/10

出の大きい梁持ち出しスレート庇

※跳ね出しが910以上の場合は梁をそのまま持ち出すとよい。図は防火・準防火地域等で軒裏などに防火構造が求められるときの仕様である

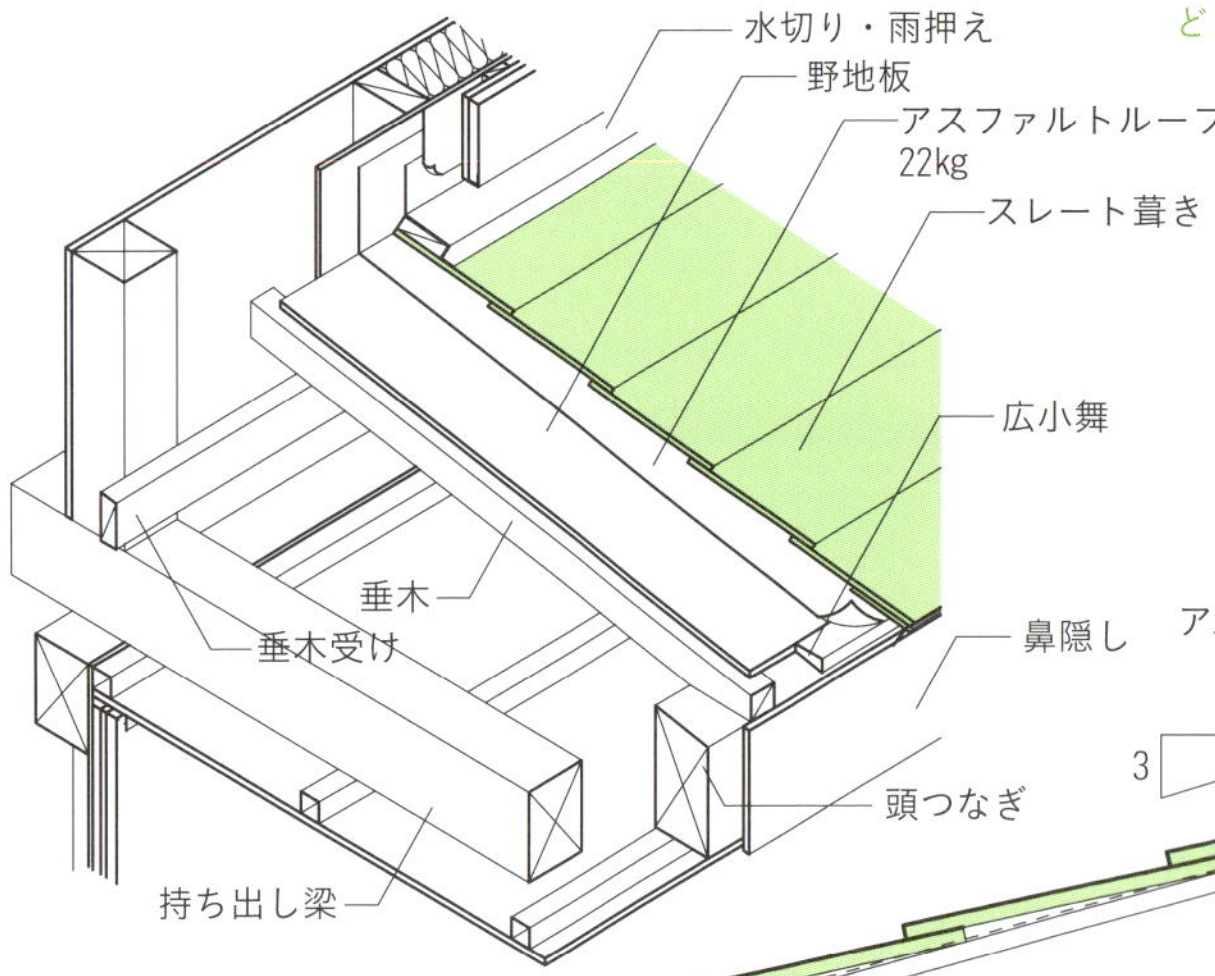
水切り・雨押え
野地板
アスファルトルーフィング
22kg
スレート葺き
広小舞
垂木
垂木受け
鼻隠し
頭つなぎ
持ち出し梁

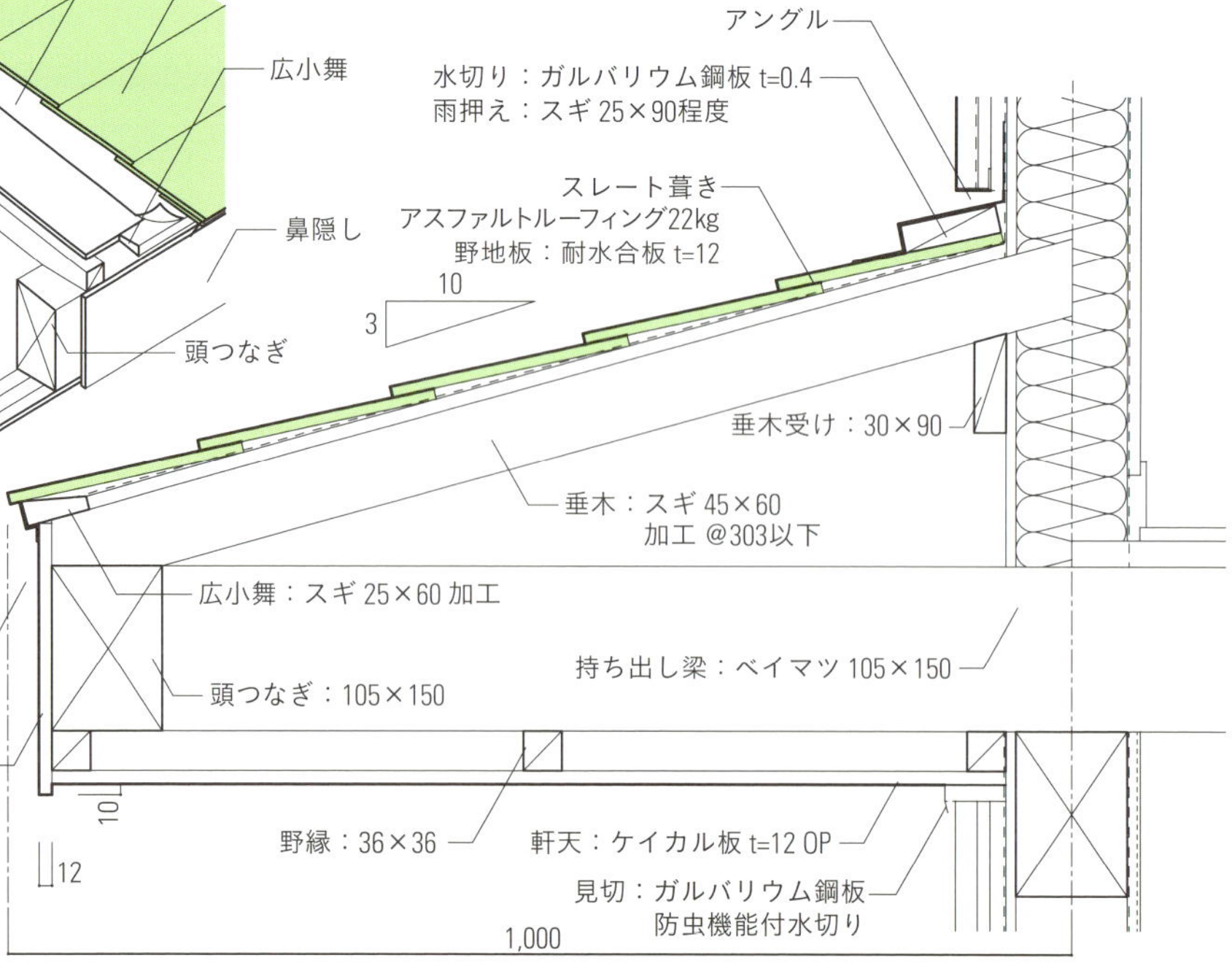
アングル
水切り：ガルバリウム鋼板 t=0.4
雨押え：スギ 25×90程度
スレート葺き
アスファルトルーフィング22kg
野地板：耐水合板 t=12
10
3
垂木受け：30×90
35
垂木：スギ 45×60
加工 @303以下
広小舞：スギ 25×60 加工
ガルバリウム鋼板 t=0.4
持ち出し梁：ベイマツ 105×150
頭つなぎ：105×150
鼻隠し：ケイカル板 t=12
既製品 OP
10
野縁：36×36
軒天：ケイカル板 t=12 OP
12
見切：ガルバリウム鋼板
防虫機能付水切り
1,000

断面 S＝1/10

構造体の厚みを押えた瓦葺きの庇

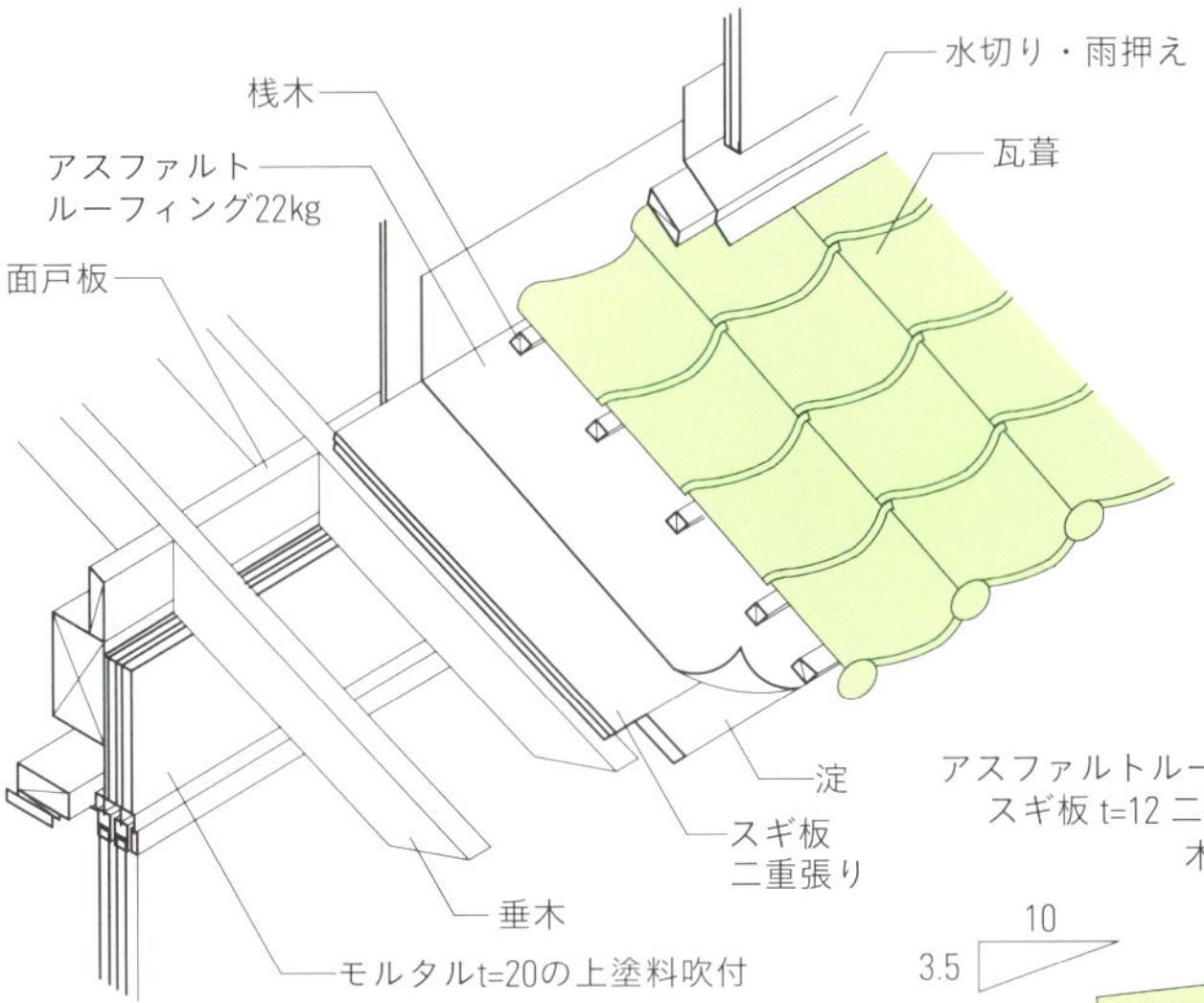
水切り・雨押え
栈木
アスファルト
ルーフィング22kg
瓦葺
面戸板
淀
スギ板
二重張り
垂木
モルタルt=20の上塗料吹付

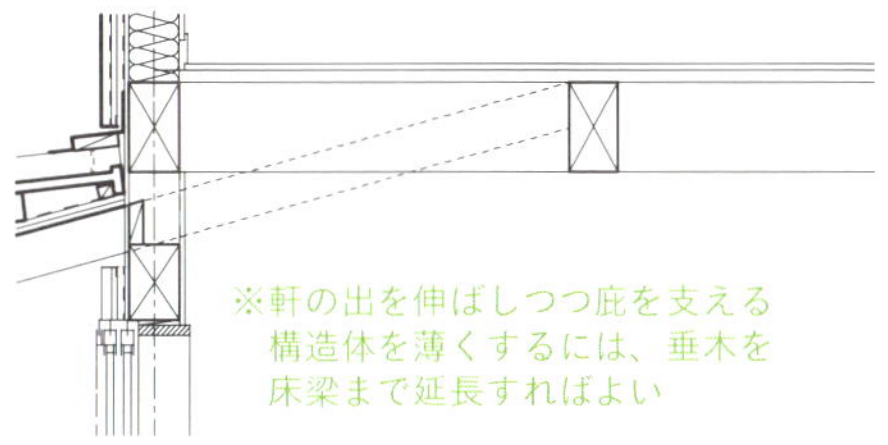

※軒の出を伸ばしつつ庇を支える構造体を薄くするには、垂木を床梁まで延長すればよい

※垂木の先端を斜めにカットすることで、軽快な印象を与えている

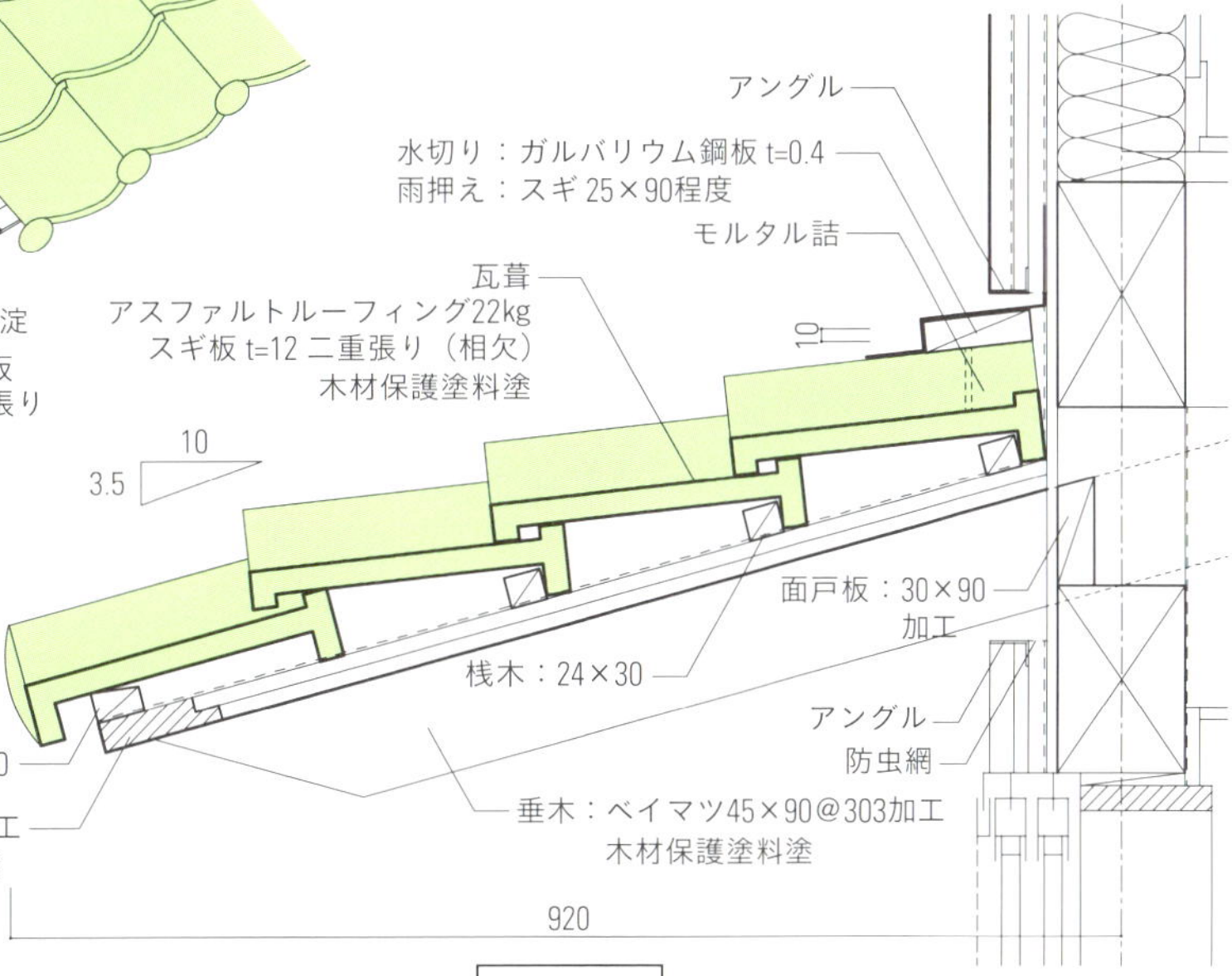
アングル
水切り：ガルバリウム鋼板 t=0.4
雨押え：スギ 25×90程度
モルタル詰
瓦葺
アスファルトルーフィング22kg
スギ板 t=12 二重張り（相欠）
木材保護塗料塗
10
10
3.5
面戸板：30×90
加工
栈木：24×30
アングル
防虫網
瓦座≒40
淀：スギ 30×120加工
木材保護塗料塗
垂木：ベイマツ45×90@303加工
木材保護塗料塗
920

断面 S＝1/30

シャープに見せるステンレス庇

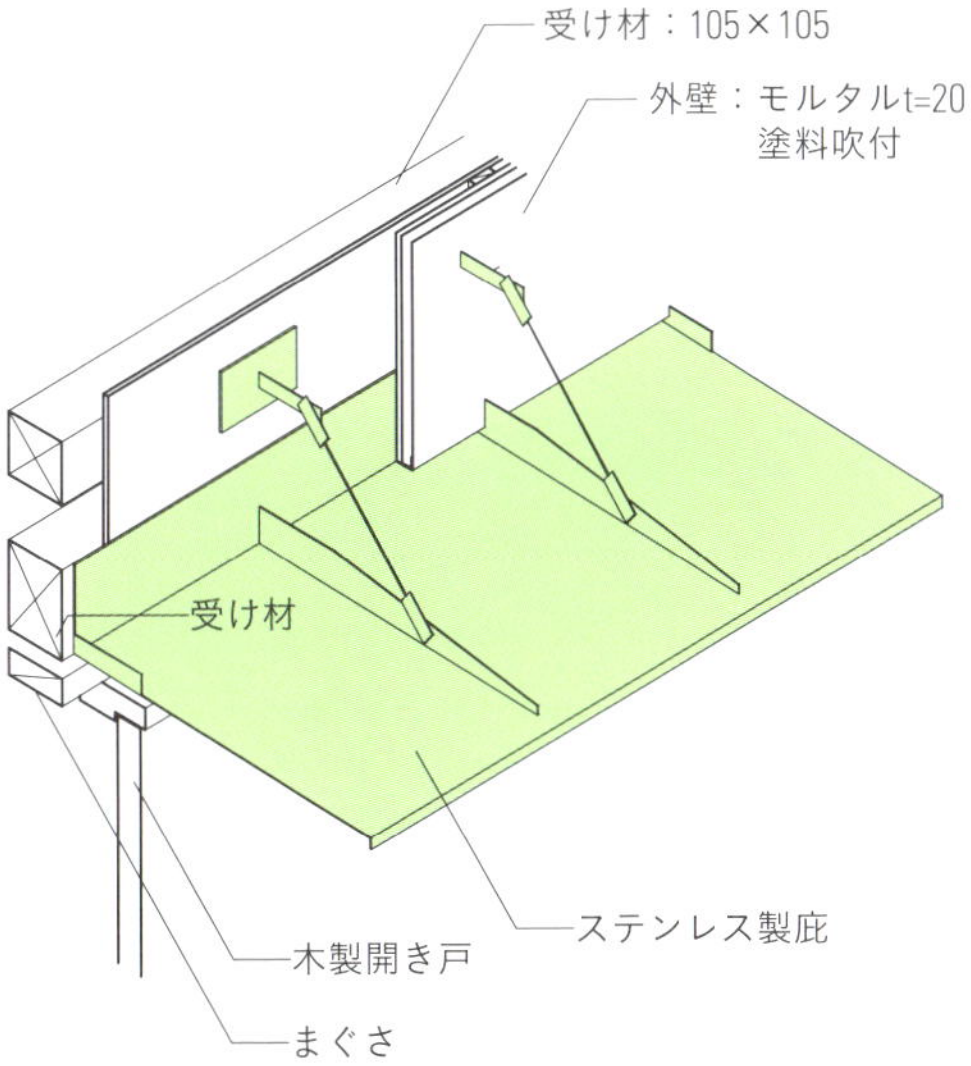
受け材：105×105
外壁：モルタルt=20
塗料吹付
受け材
ステンレス製庇
木製開き戸
まぐさ

※庇を取り付けるために105×105程度の木材を下地として設ける

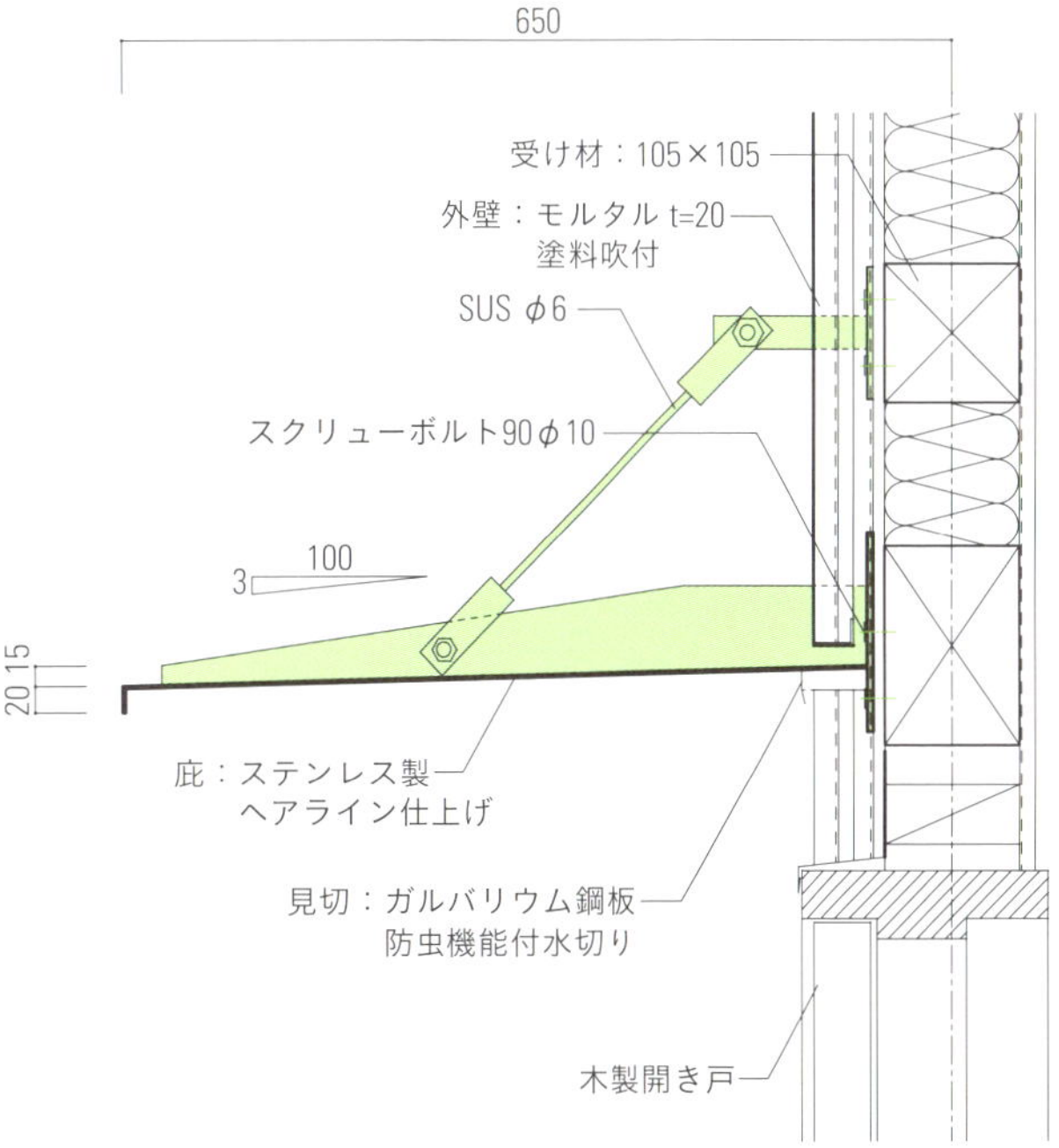
650
受け材：105×105
外壁：モルタル t=20
塗料吹付
SUS φ6
スクリューボルト90φ10
100
3
20
15
庇：ステンレス製
ヘアライン仕上げ
見切：ガルバリウム鋼板
防虫機能付水切り
木製開き戸

断面 S＝1/10

06 テラス・縁側の基本的な納まり

テ**ラス**は限られた居住空間に広がりをもたらせ、庭での生活も豊かに演出するスペースでもある。

テラスは**砕石**を敷き詰めて転圧し、ワイヤーメッシュなどを入れた**コンクリートを打設する方法**が一般的である。仕上げは**タイル**や**自然石**、**モルタル**などから選択する。庭の雨水が回らないよう、地盤面とテラスには**レベル差**を付けた方がよい。**勾配**は必要だが、間違っても、建物側に向けないように注意したい。

タイル張りのテラス

雨水が建物の基礎方向に流れないよう、1/100以上の勾配をとる。ただし、急すぎるとイス・テーブルの座りが悪くなる。

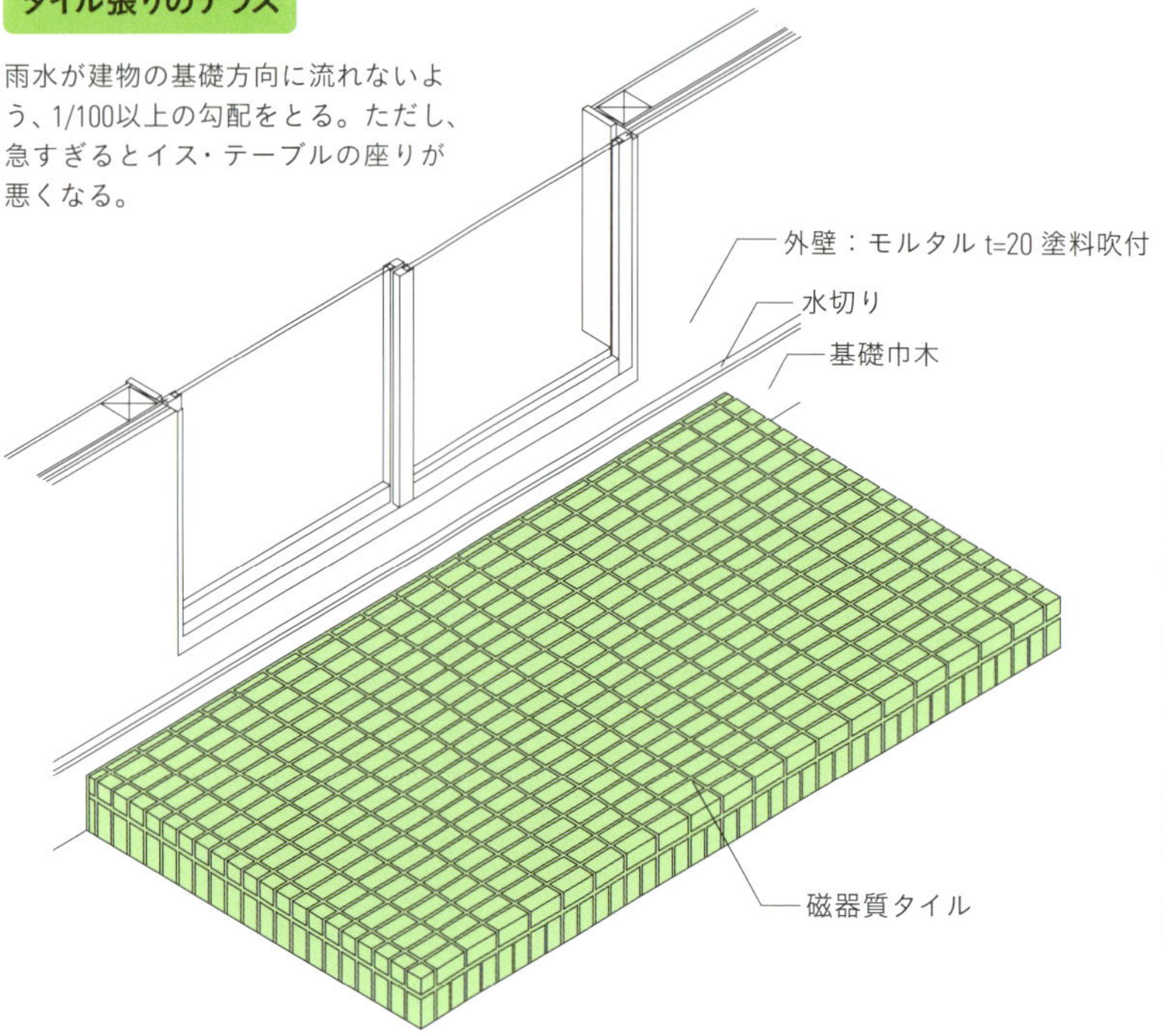
外壁：モルタル t=20 塗料吹付
水切り
基礎巾木
磁器質タイル

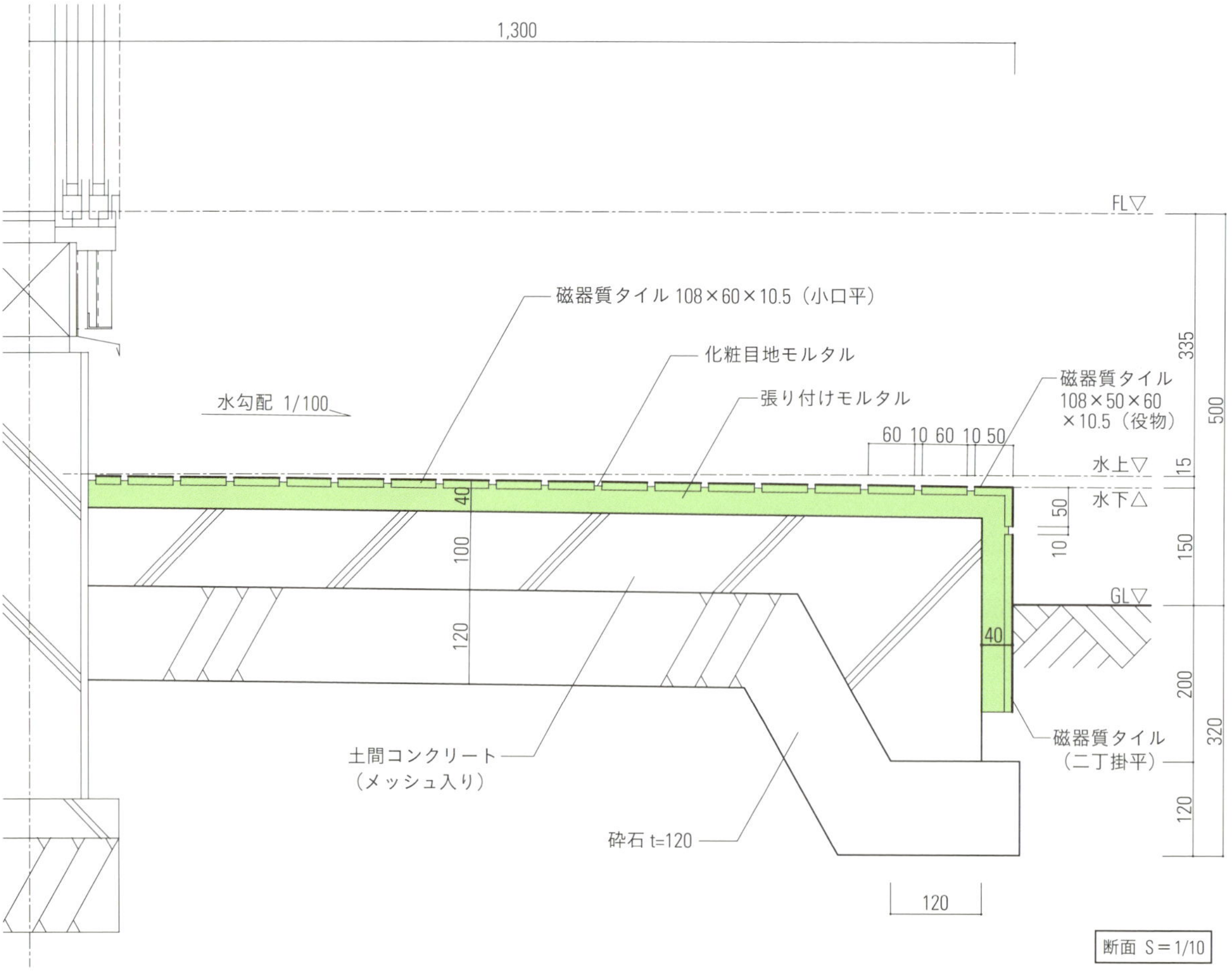
1,300
FL▽
磁器質タイル 108×60×10.5（小口平）
化粧目地モルタル
張り付けモルタル
水勾配 1/100
磁器質タイル
108×50×60
×10.5（役物）
60 10 60 10 50
水上▽
水下△
40
100
120
50
10
GL▽
40
335
500
15
150
200
320
120
磁器質タイル
（二丁掛平）
土間コンクリート
（メッシュ入り）
砕石 t=120
120

断面 S＝1/10

泥はね防止テラス

犬走りをつけ雨落しを設けることで、軒・庇からの雨水による泥の跳ね返りを防ぎ建物を保護する。

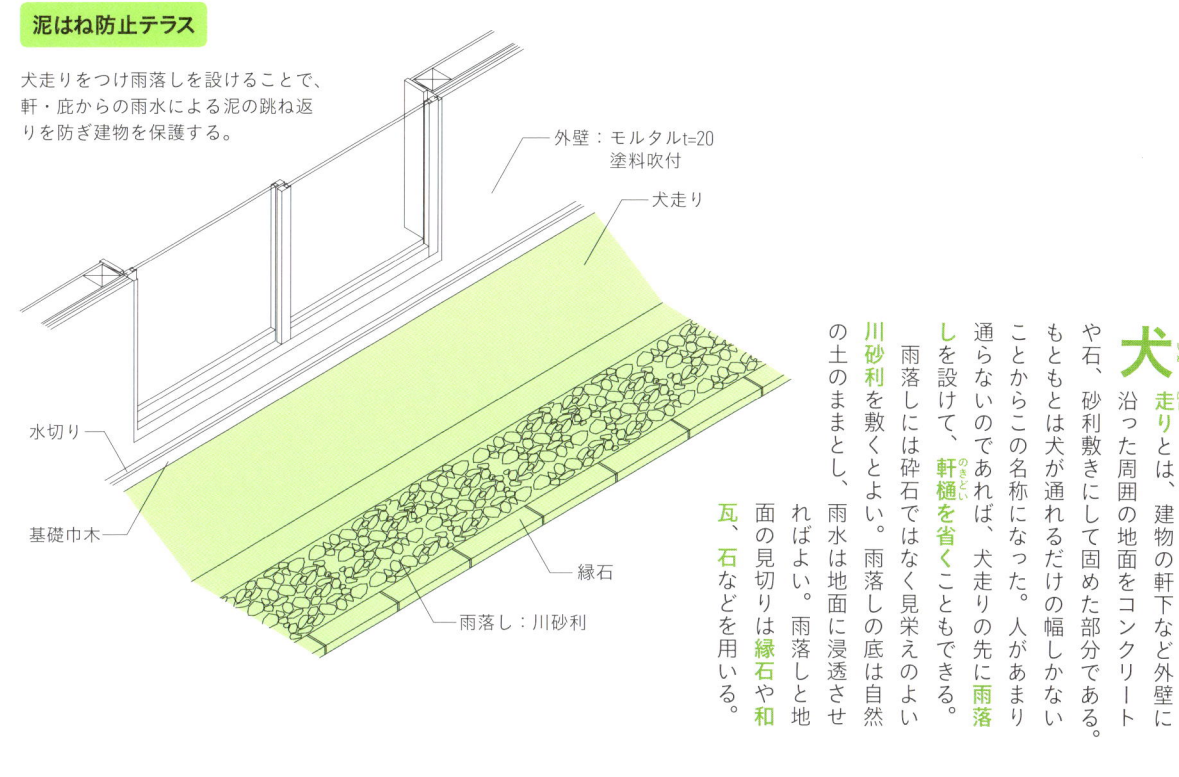

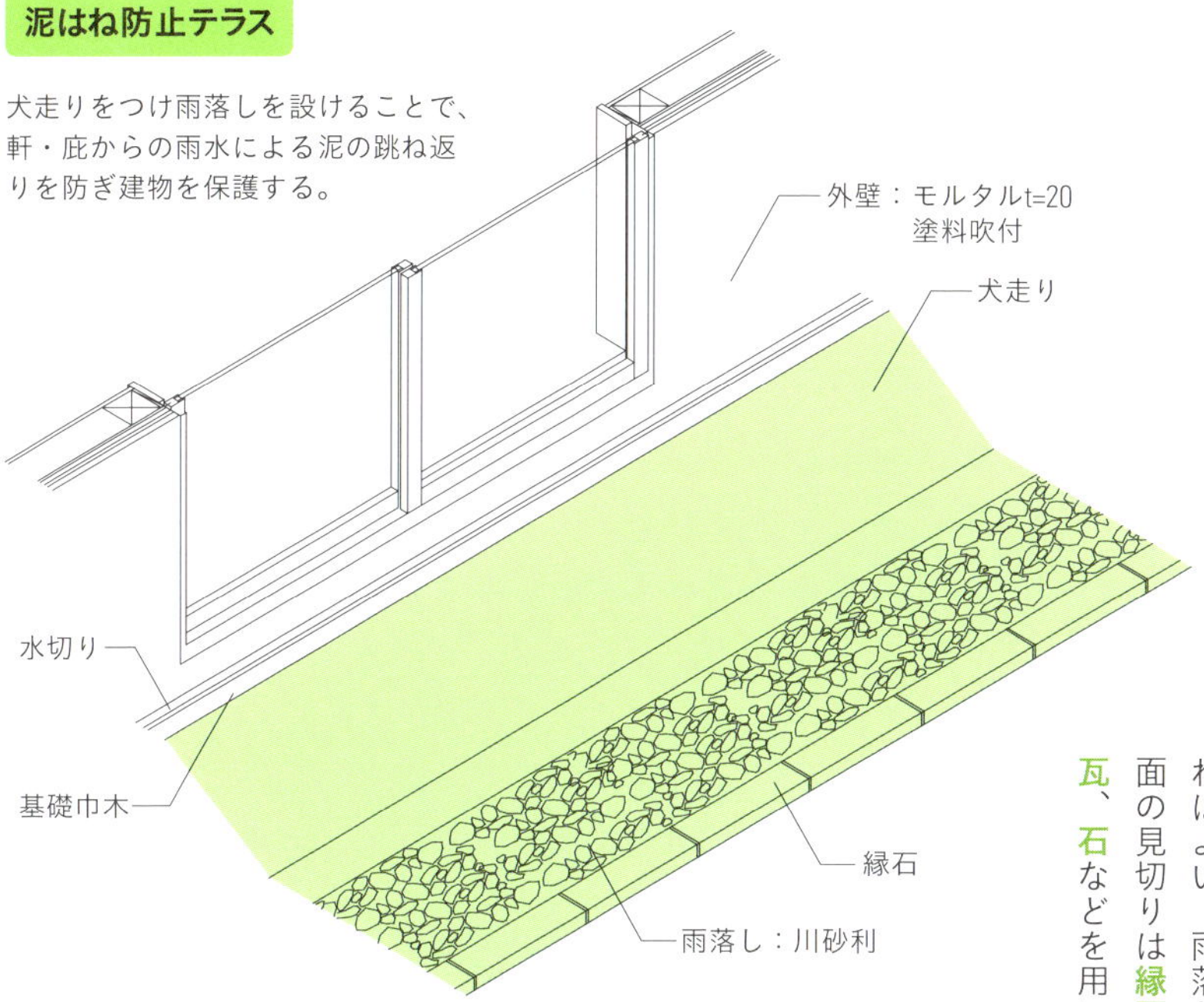
外壁：モルタルt=20
塗料吹付
犬走り
水切り
基礎巾木
縁石
雨落し：川砂利

犬《いぬ》走《ばし》りとは、建物の軒下など外壁に沿った周囲の地面をコンクリートや石、砂利敷きにして固めた部分である。もともとは犬が通れるだけの幅しかないことからこの名称になった。人があまり通らないのであれば、犬走りの先に**雨落し**を設けて、**軒樋《のきどい》を省く**こともできる。

雨落しには砕石ではなく見栄えのよい**川砂利**を敷くとよい。雨落しの底は自然の土のままとし、雨水は地面に浸透させればよい。雨落しと地面の見切りは**縁石**や**和瓦**、**石**などを用いる。

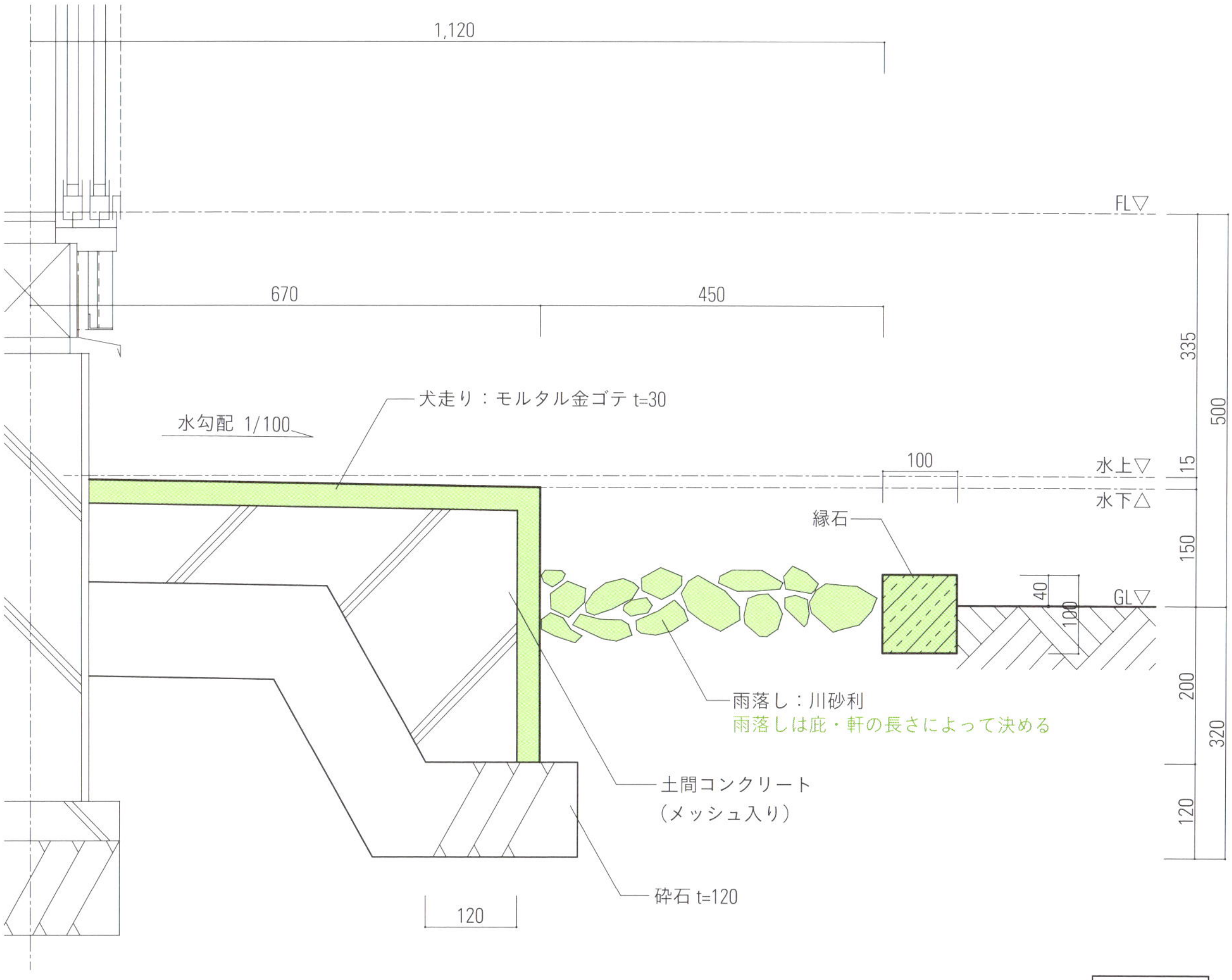
1,120
FL▽
670
450
335
500
犬走り：モルタル金ゴテ t=30
水勾配 1/100
100
水上▽
15
水下△
縁石
150
40
100
GL▽
雨落し：川砂利
雨落しは庇・軒の長さによって決める
200
320
土間コンクリート
（メッシュ入り）
120
砕石 t=120
120

断面 S＝1/10

06 テラス・縁側の基本的な納まり

縁側は、建物の縁に沿って窓に接して設けられる板敷き状の部分をいう。半屋外空間である縁側は、建物内部と外部の自然をつなぐ大切な場所である。

テラスと比べると靴を履かないで出られるため、内部空間が広がったような感覚が得られる。最近は木材保護の観点から、土間コンクリートを打ち、その上に束を立てて縁側をつくることが多くなった。

縁側は外縁である濡《ぬ》れ縁《えん》（壁や窓、雨戸の外側の軒下部分につくられる）と内部側に設けられる内縁《ないえん》（壁や窓、雨戸の内側につくられる中間的な空間）に大別される。

水はけのよいスノコ状縁側

濡れ縁では雨跳ねによる建物の水かかりを防ぐため、軒または庇を出すことが望ましい。

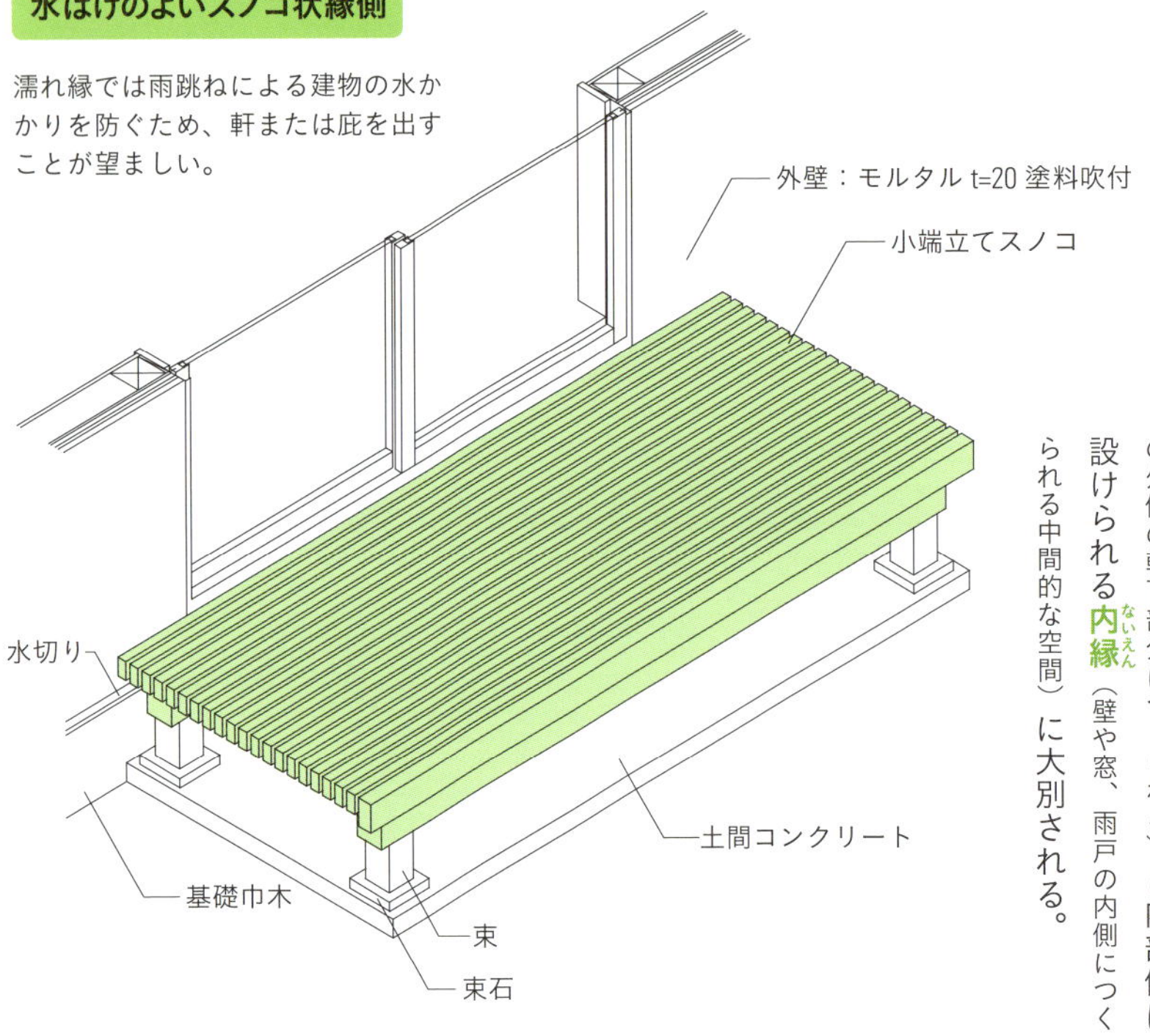

外壁：モルタル t=20 塗料吹付
小端立てスノコ
水切り
土間コンクリート
基礎巾木
束
束石

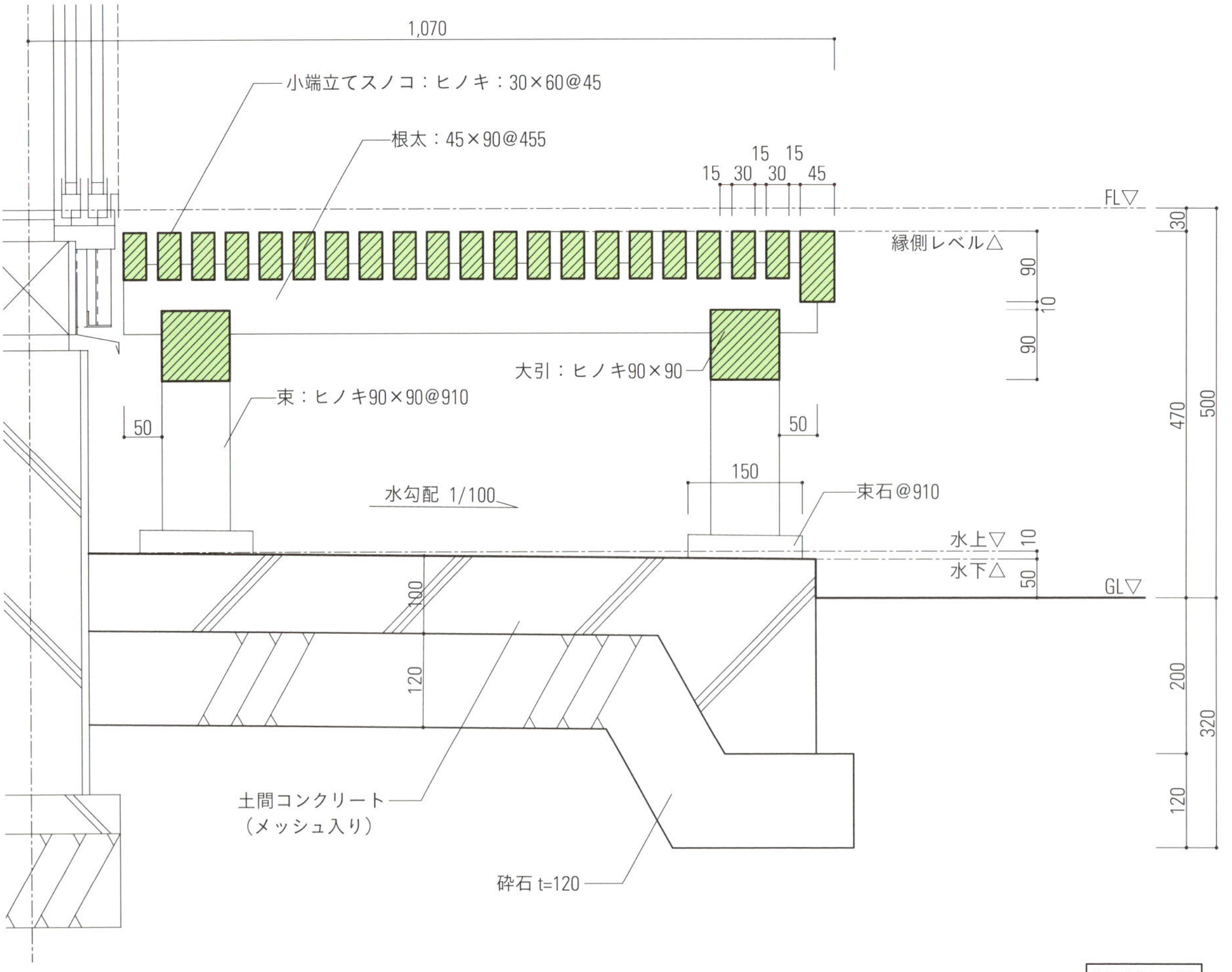

1,070
小端立てスノコ：ヒノキ：30×60@45
根太：45×90@455
15 15
15 30 30 45
FL▽
縁側レベル△
30
90
10
90
大引：ヒノキ90×90
束：ヒノキ90×90@910
50
50
150
470
500
水勾配 1/100
束石@910
水上▽ 10
水下△ 50
GL▽
100
120
200
320
120
土間コンクリート
（メッシュ入り）
砕石 t=120

断面 S＝1/10

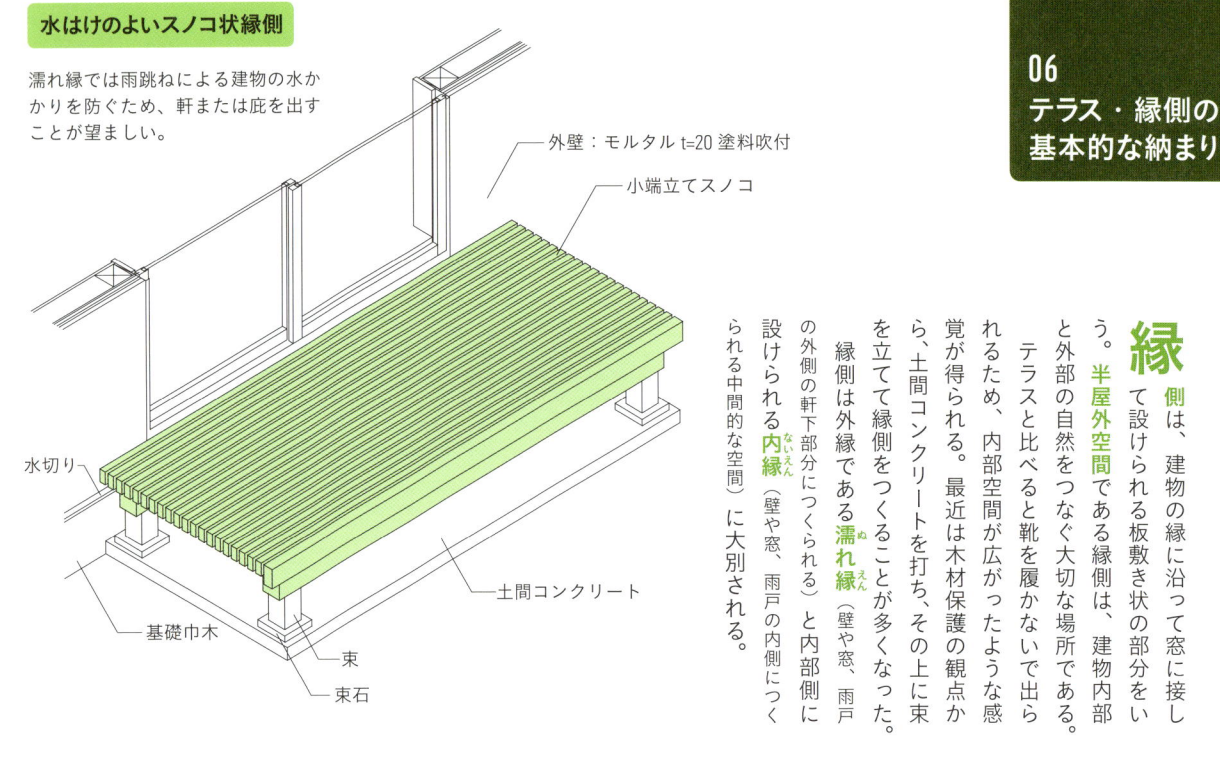

フラットな縁側

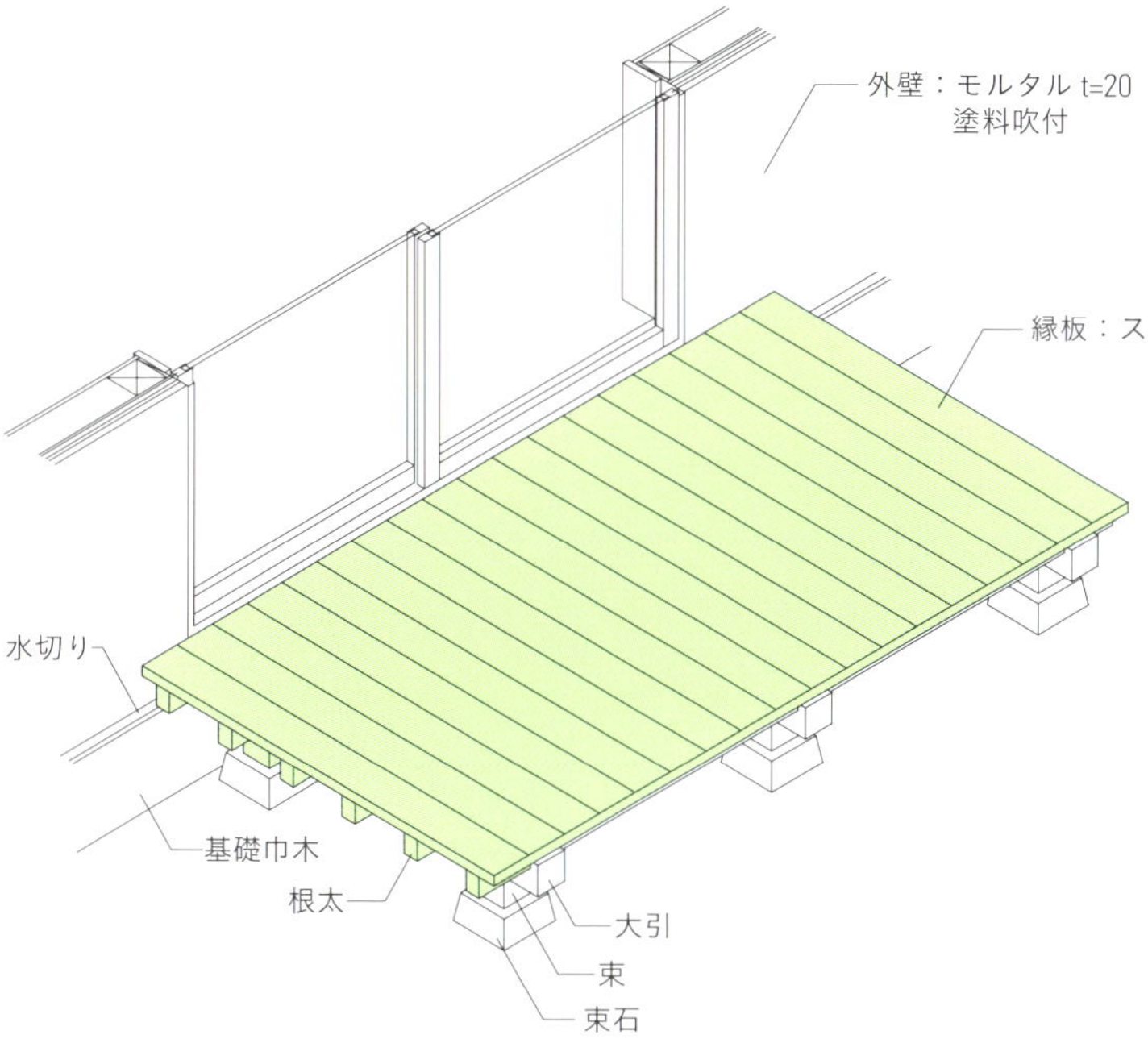
外壁：モルタル t=20
塗料吹付
縁板：スギ
水切り
基礎巾木
根太
大引
束
束石

地面に束石を直接置いた縁側は手間が少なく、コンクリートを打たない分、早くつくることができる。耐久性を考えるとスノコ状が望ましいが、突き付けとしたい場合は外側に向けて若干勾配を付けるとよい。庇や軒で縁側本体を雨がかりにならないように保護することも忘れないようにしたい。

縁板を室内から外へ縦方向に張ったものが切《きれ》目《め》縁《えん》、建物と平行に張ったものが榑《くれ》縁《えん》である。910㎜を超えるような内部の縁側は広《ひろ》縁《えん》と呼ばれることもある。

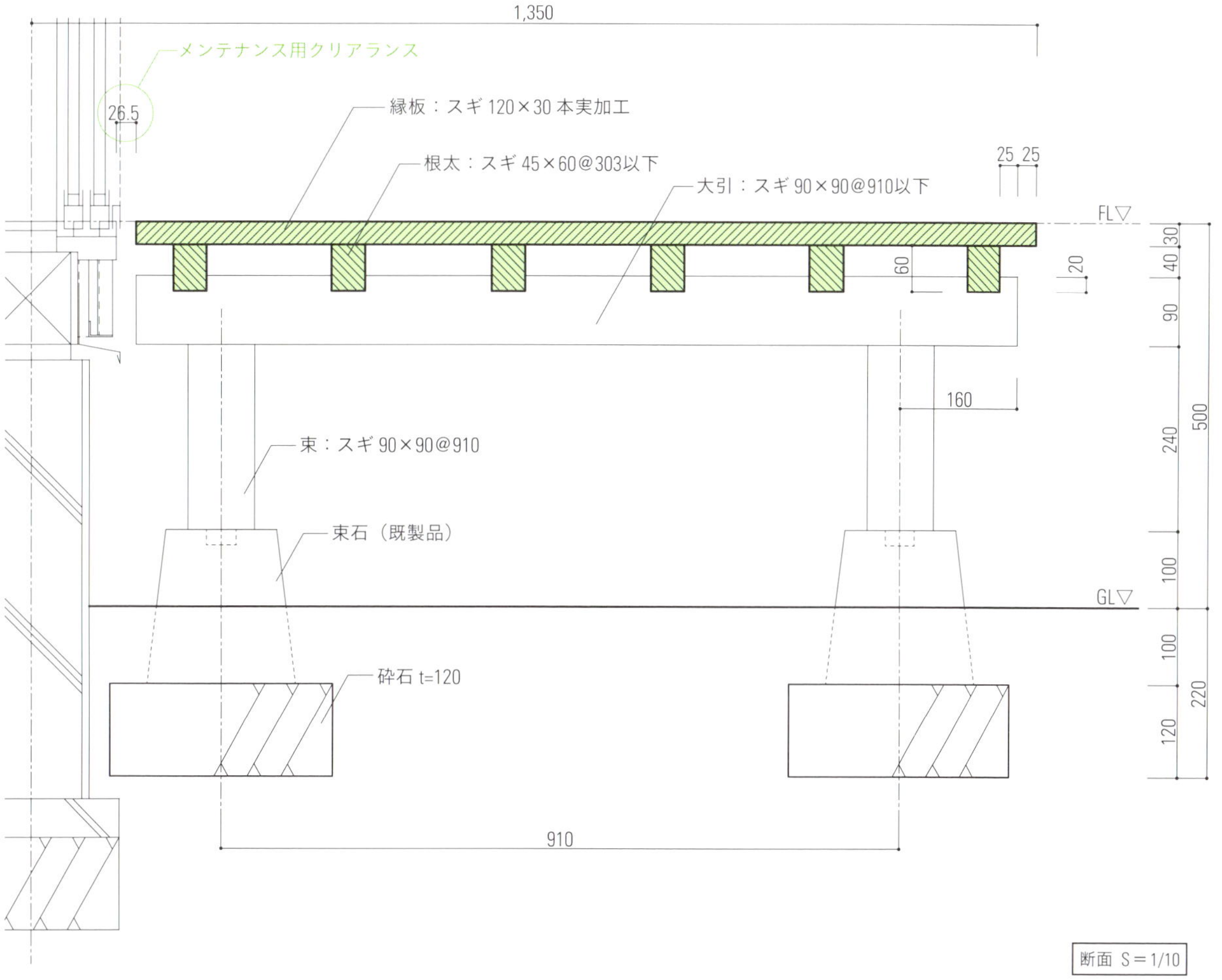
1,350
メンテナンス用クリアランス
26.5
縁板：スギ 120×30 本実加工
根太：スギ 45×60@303以下
大引：スギ 90×90@910以下
25 25
FL▽
30
40
90
240
100
100
120
500
220
60
20
160
束：スギ 90×90@910
束石（既製品）
GL▽
砕石 t=120
910

断面 S＝1/10

01 内壁の基本的な納まり

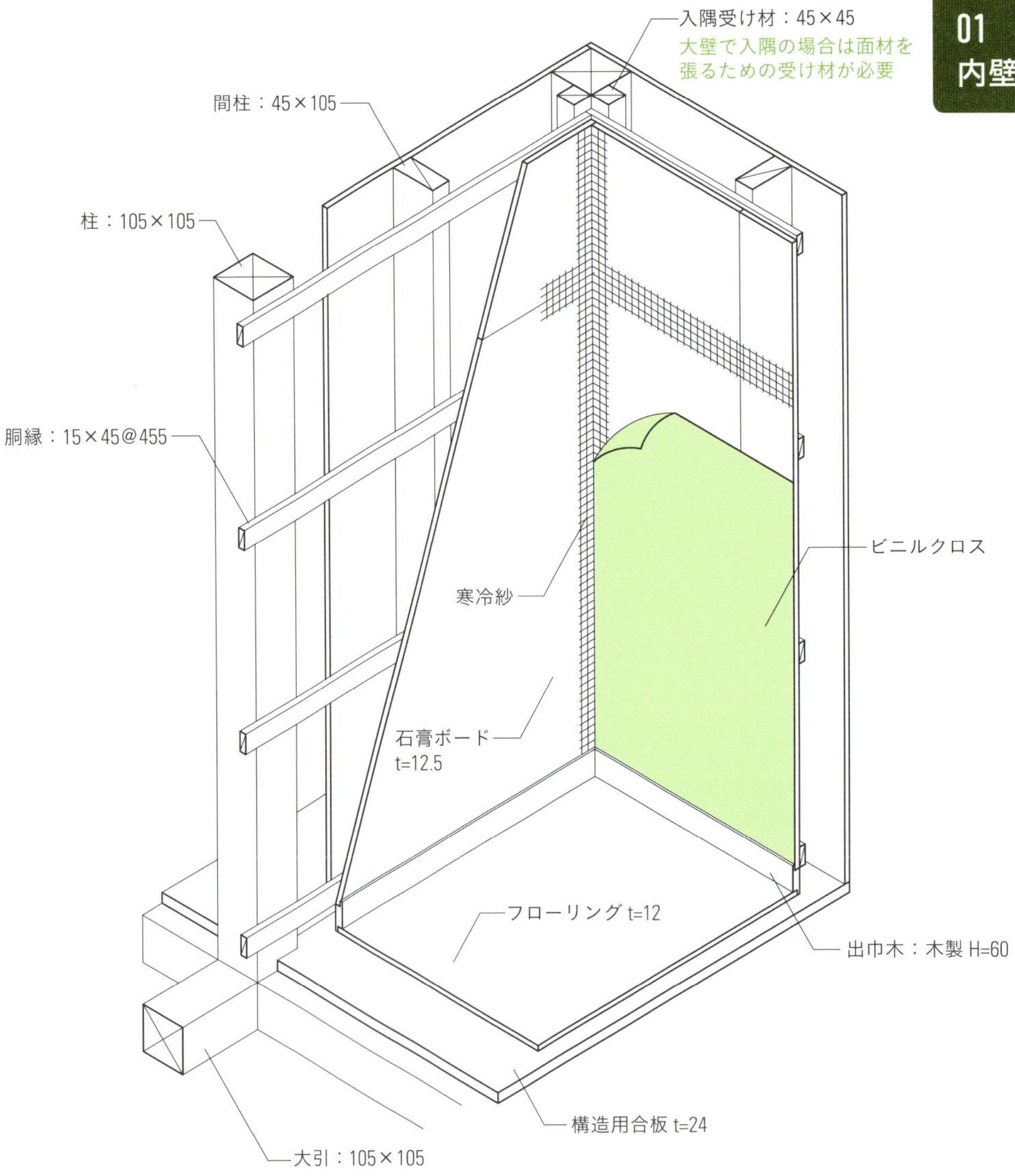
入隅受け材：45×45
大壁で入隅の場合は面材を張るための受け材が必要
間柱：45×105
柱：105×105
胴縁：15×45@455
ビニルクロス
寒冷紗
石膏ボード t=12.5
フローリング t=12
出巾木：木製 H=60
構造用合板 t=24
大引：105×105

内**壁**は大きく分けると**大壁**と**真壁**に分けられる。真壁は柱を見せる構造であり、大壁は柱を見せない構造である。

以前まで、木造住宅の内壁は**胴縁**を入れて施工することが一般的だった。だが、**石膏ボード**の普及により、胴縁を入れずに柱・間柱に**直接石膏ボードを打ち付ける工法が主流**となった。しかし本来、各部材の乾燥収縮等に対応するため、**緩衝材**としての胴縁を入れることが望ましい。

石膏ボードは大変便利で、塗装、クロス、左官など予算と用途に合わせてさまざまな仕上げが可能である。

内壁の**木板張り**はさまざまな形式がある。**突き付け張り**の場合、板同士のジョイント部に加工をしないため、施工は楽だが、材の収縮で隙間ができやすく、釘頭が見えてしまうことが難点である。**相《あい》じゃくり張り**は、しゃくりを入れた板を利用する。材の収縮による隙間は隠れるが、やはり釘頭が見えてしまう。**本《ほん》実《ざね》張り**は雄雌の実加工を施した板を張るため、材の収縮に対応しつつ釘の存在を隠してくれる。

巾木《はばき》の役割は物をぶつけた際の傷防止や壁の位置を決める、部材端部の仕上げの不手際を隠す等々がある。本来の壁の位置決めの施工手順からも**床**、**巾木**、**壁の順**で仕上げていく。住宅の場合40～60㎜ほどの高さが一般的である。

胴縁に板を張る

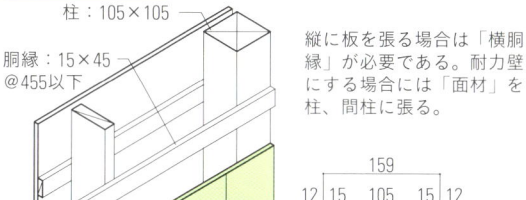

縦に板を張る場合は「横胴縁」が必要である。耐力壁にする場合には「面材」を柱、間柱に張る。

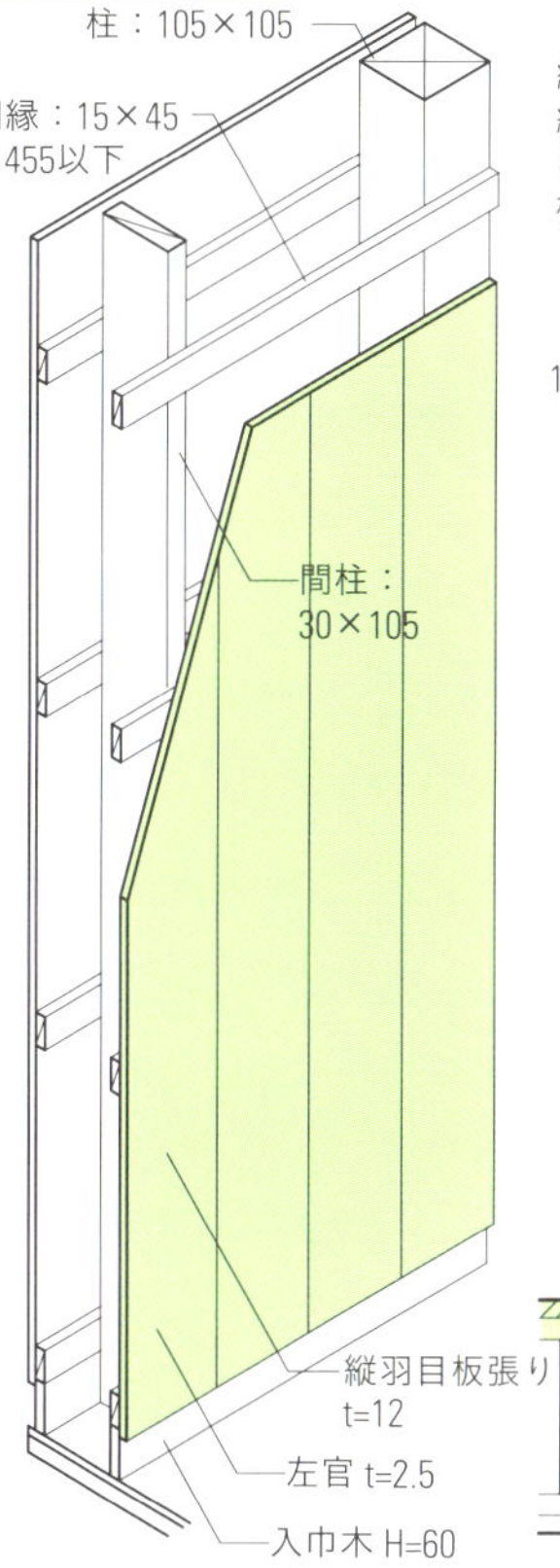
柱：105×105
胴縁：15×45
@455以下
間柱：
30×105
縦羽目板張り
t=12
左官 t=2.5
入巾木 H=60

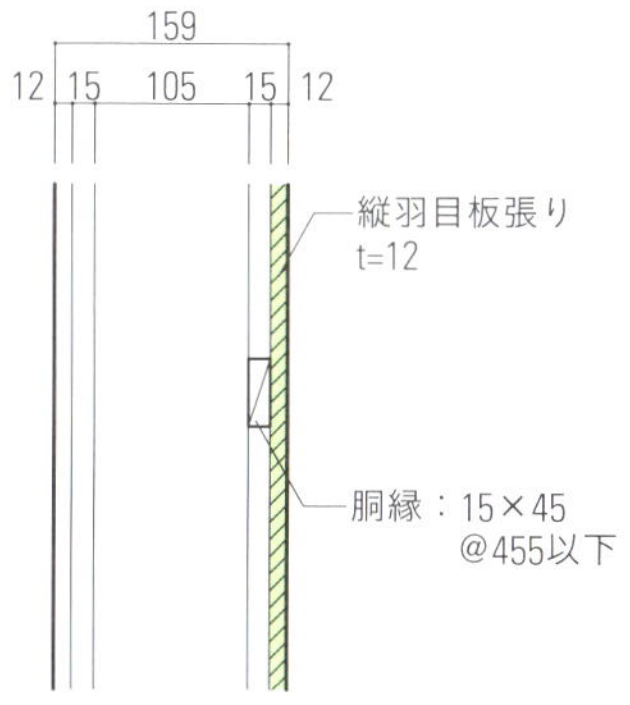
159
12 15 105 15 12
縦羽目板張り
t=12
胴縁：15×45
@455以下

断面 S＝1/10

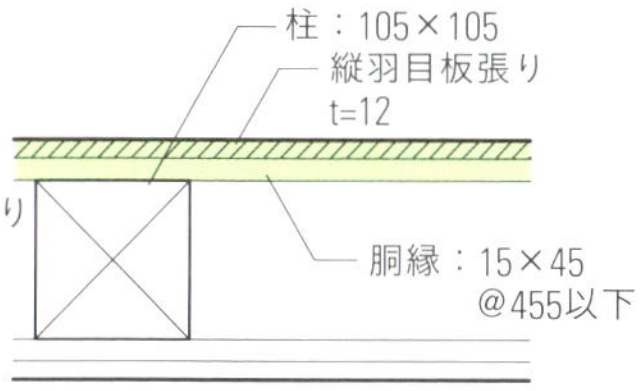
柱：105×105
縦羽目板張り
t=12
胴縁：15×45
@455以下

平面 S＝1/10

柱に直接石膏ボードを張る

柱、間柱に直接「石膏ボード」を張り付ける工法は、塗装・クロス・左官等仕上げの自由度の高さからも、近年の主流になりつつある。

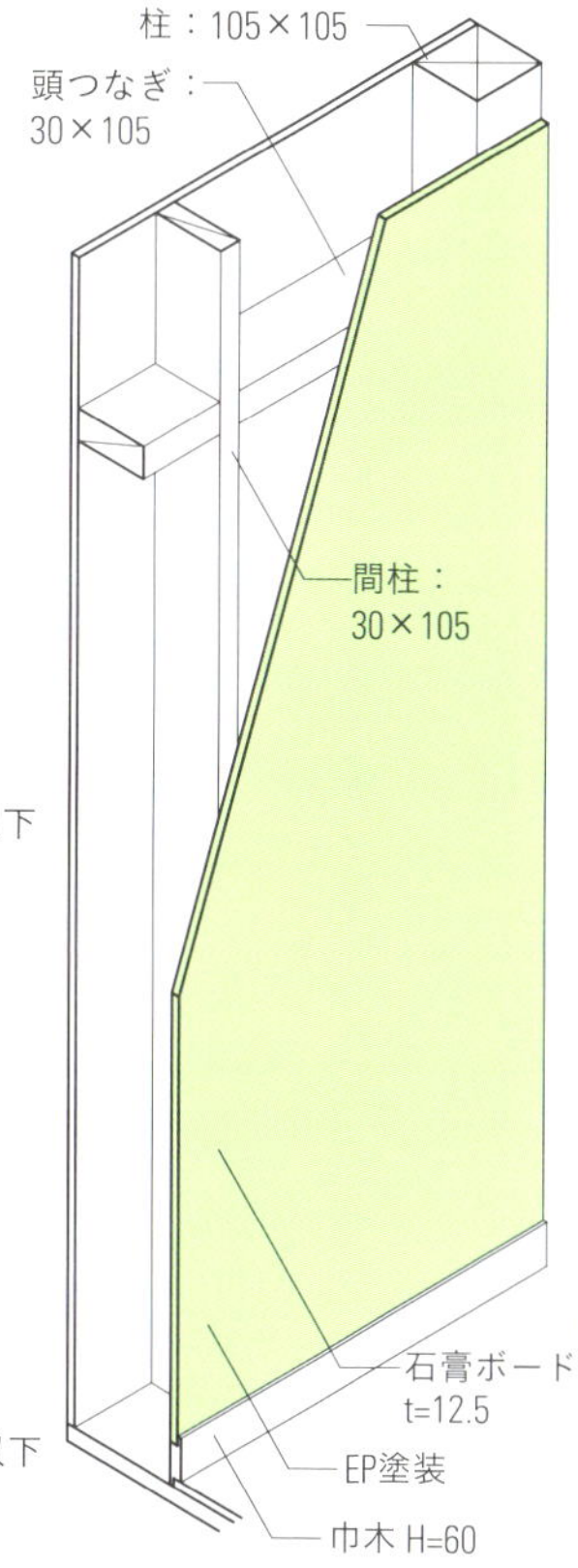
柱：105×105
頭つなぎ：
30×105
間柱：
30×105
石膏ボード
t=12.5
EP塗装
巾木 H=60

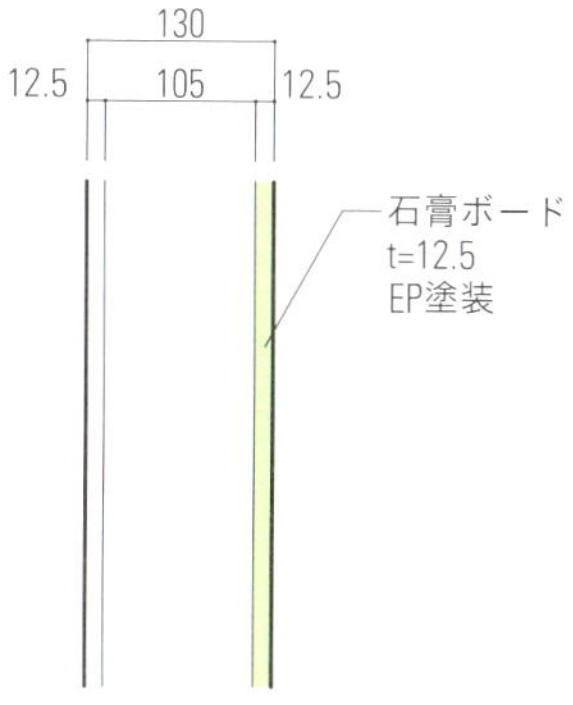
130
12.5 105 12.5
石膏ボード
t=12.5
EP塗装

断面 S＝1/10

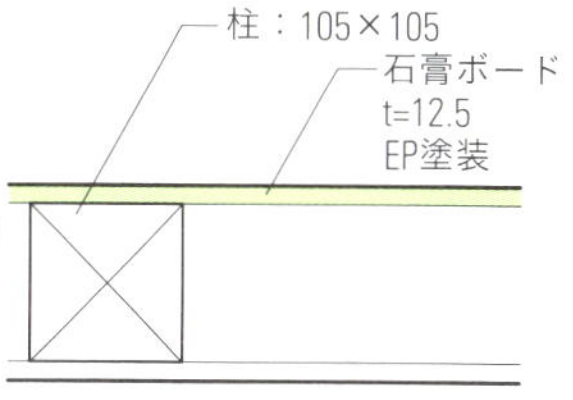
柱：105×105
石膏ボード
t=12.5
EP塗装

平面 S＝1/10

受け材を使った真壁

厚さ30×幅40以上の「受け材」を柱、土台、梁、桁などに釘で打ち付けて下地とし、面材と組み合わせることで、真壁であっても大壁に遜色ない壁倍率が確保できる。

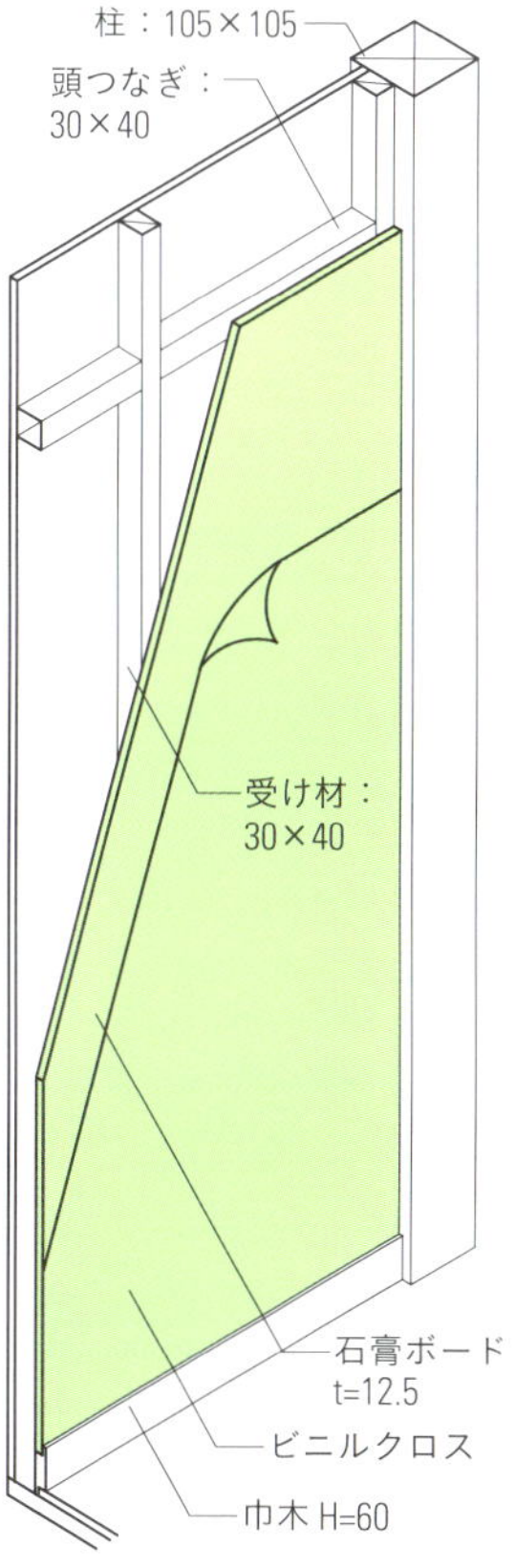
柱：105×105
頭つなぎ：
30×40
受け材：
30×40
石膏ボード
t=12.5
ビニルクロス
巾木 H=60

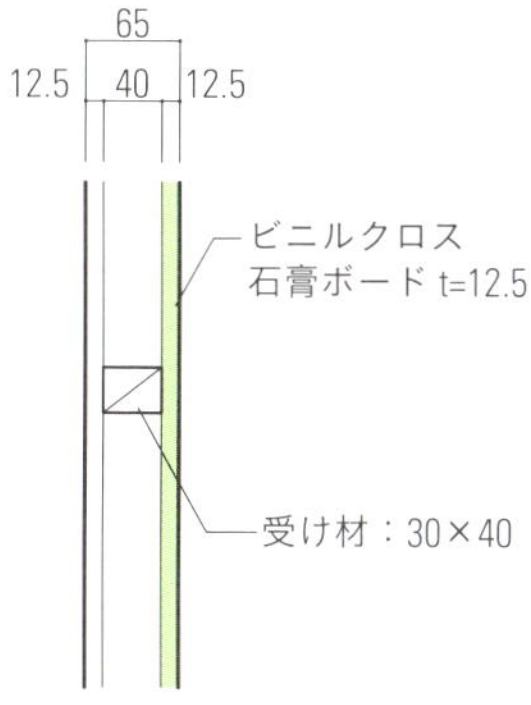
65
12.5 40 12.5
ビニルクロス
石膏ボード t=12.5
受け材：30×40

断面 S＝1/10

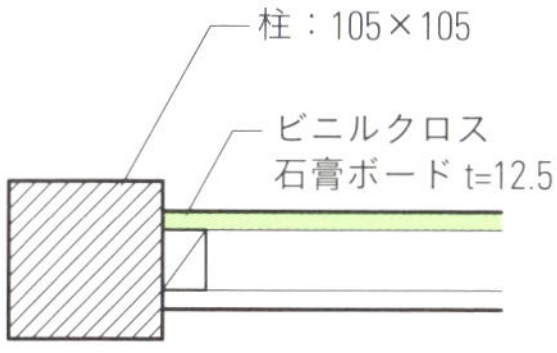
柱：105×105
ビニルクロス
石膏ボード t=12.5

平面 S＝1/10

貫を使った真壁

貫構造を耐力壁とするには厚さ15×幅90以上の貫を「610以下」の間隔で「5本以上」設ける必要がある。（上端、下端の間隔は300以下）

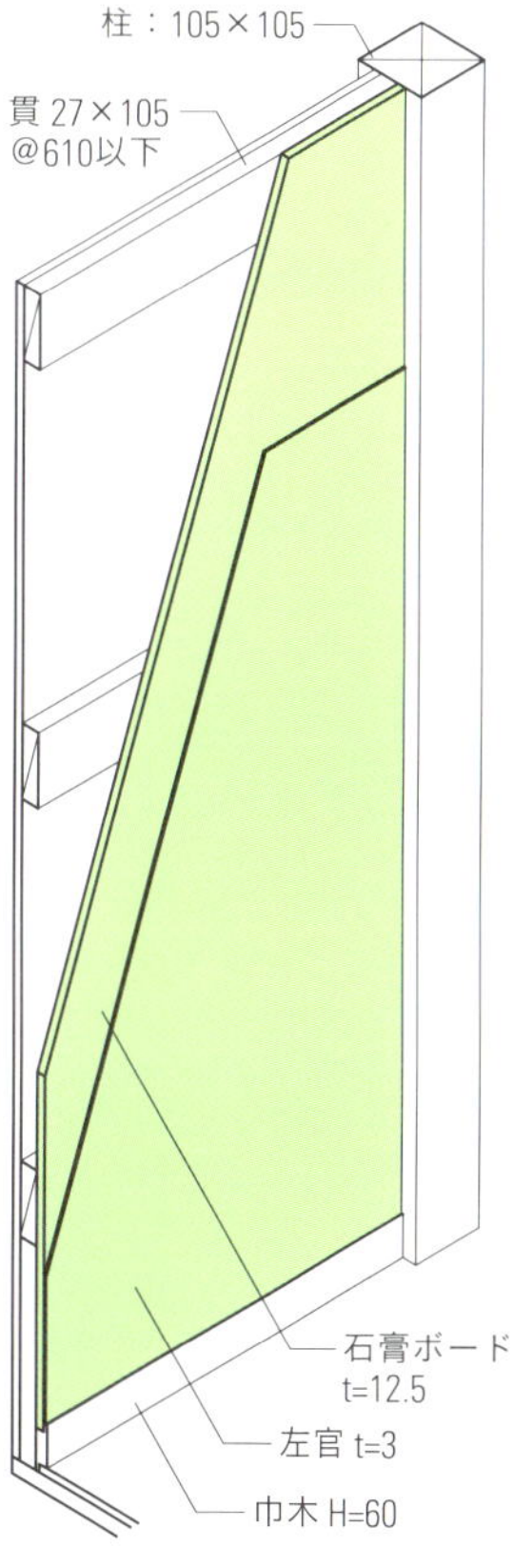
柱：105×105
貫 27×105
@610以下
石膏ボード
t=12.5
左官 t=3
巾木 H=60

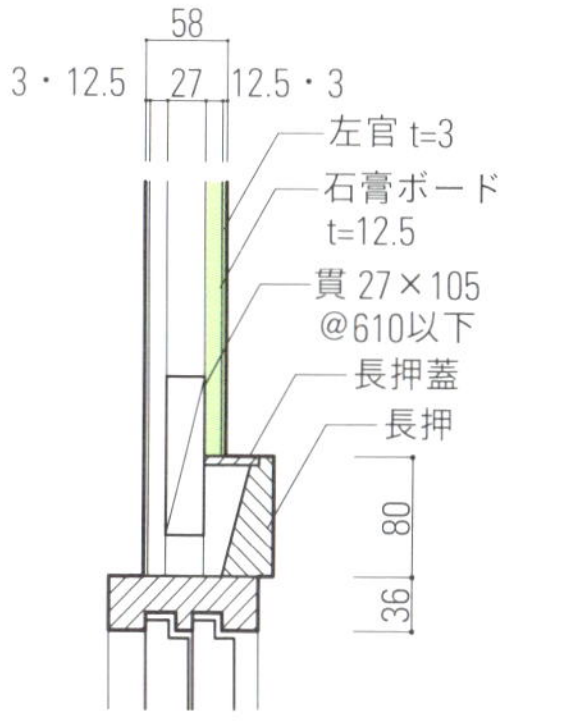
58
3・12.5 27 12.5・3
左官 t=3
石膏ボード
t=12.5
貫 27×105
@610以下
長押蓋
長押
80
36

断面 S＝1/10

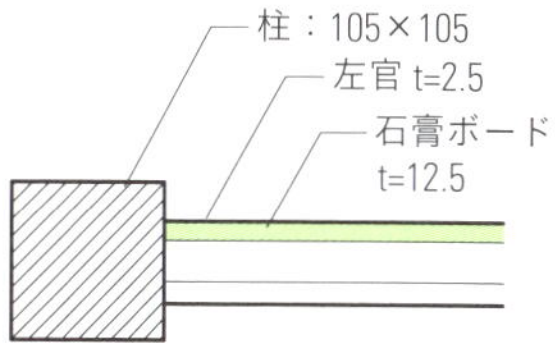
柱：105×105
左官 t=2.5
石膏ボード
t=12.5

平面 S＝1/10

内壁の納まりバリエーション

クラックを防ぐ

塗装など部材の収縮が考えられる場合は、クッション材として胴縁を施工することが望ましい。

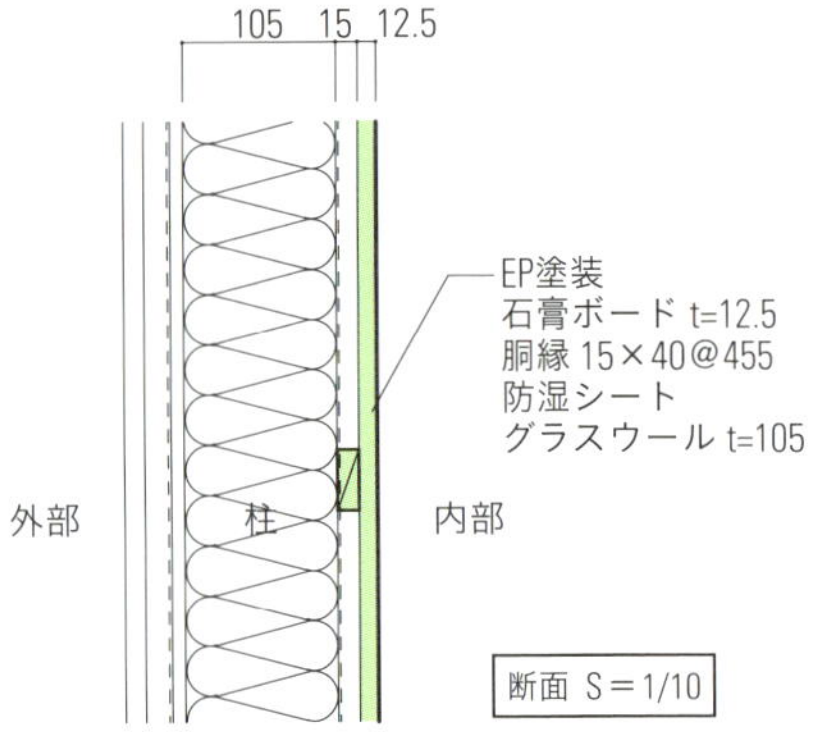
105 15 12.5
EP塗装
石膏ボード t=12.5
胴縁 15×40@455
防湿シート
グラスウール t=105
外部
柱
内部
断面 S＝1/10

現在主流の石膏ボード

現在主流になりつつある納まり。外部に面する壁の場合は防湿シートを施工する。

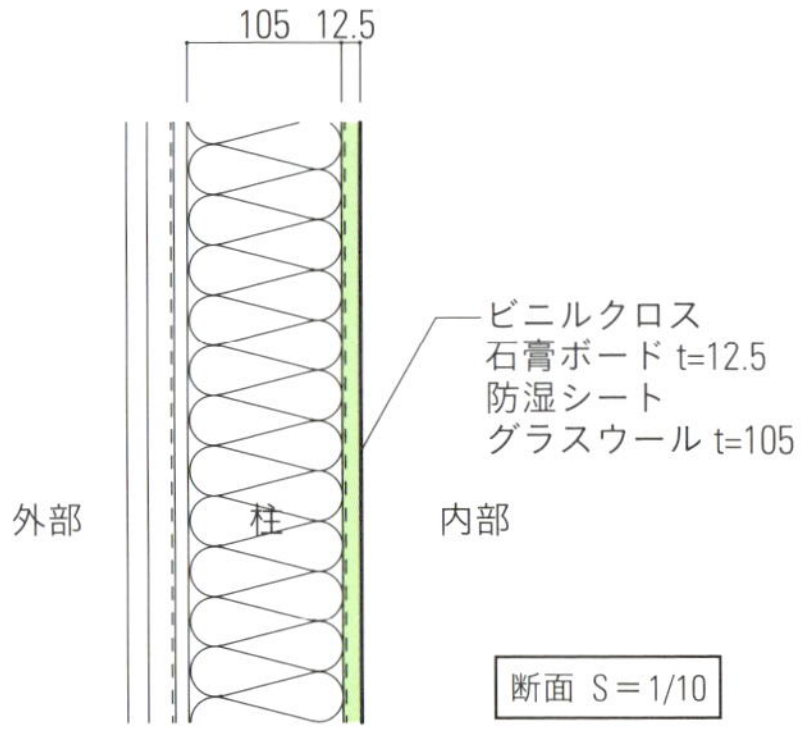
105 12.5
ビニルクロス
石膏ボード t=12.5
防湿シート
グラスウール t=105
外部
柱
内部
断面 S＝1/10

柱に直接板を張る

木張り仕上げの場合、横張りであれば柱・間柱を下地として使用できるが、縦張りの場合は横胴縁が必要となる。

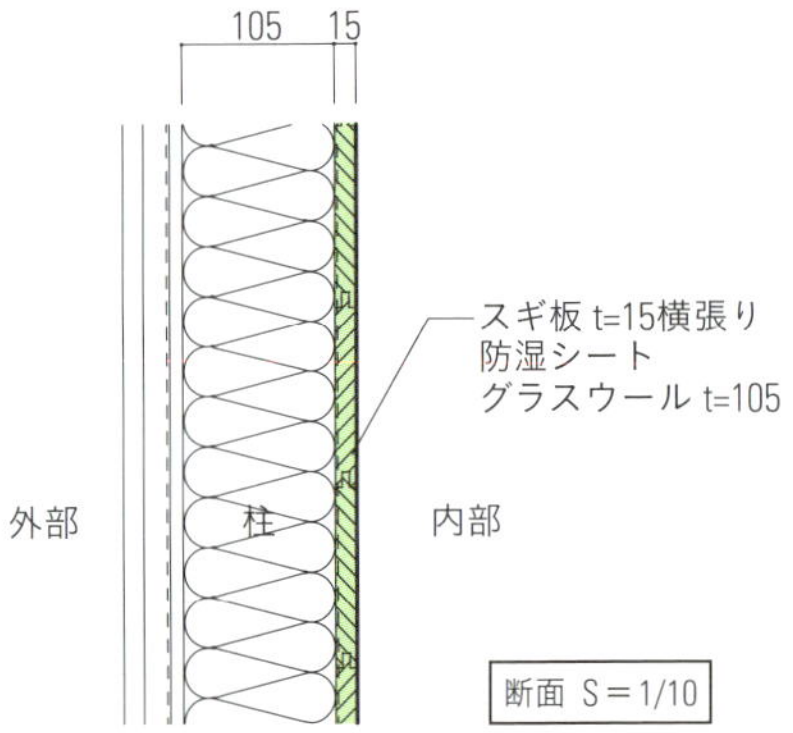
105 15
スギ板 t=15横張り
防湿シート
グラスウール t=105
外部
柱
内部
断面 S＝1/10

クラックを防ぐ＋施工性がよい

石膏ボードを二重張りにすればクッション性が上がり、施工が早くなる。

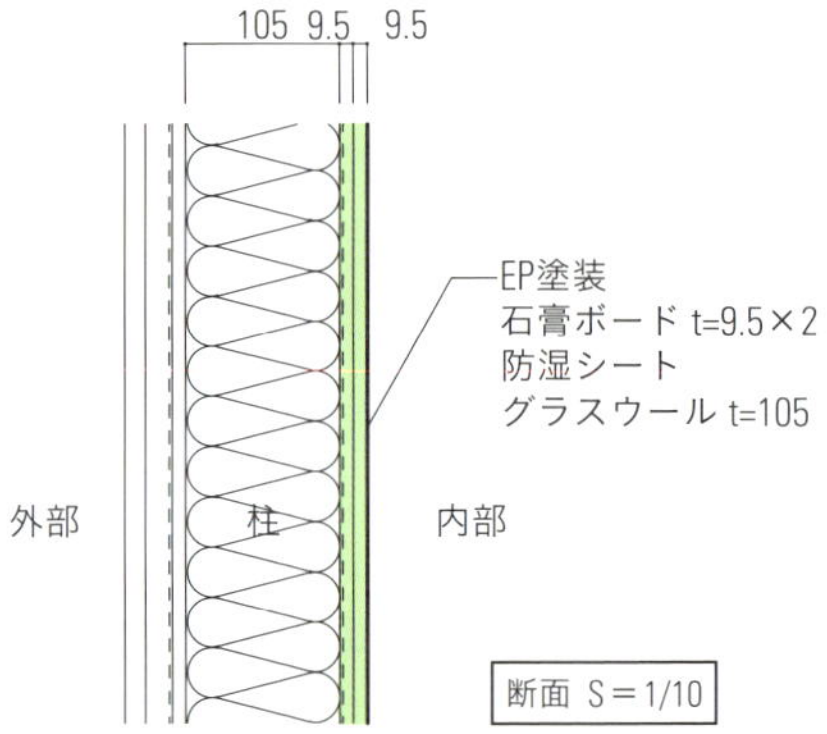
105 9.5 9.5
EP塗装
石膏ボード t=9.5×2
防湿シート
グラスウール t=105
外部
柱
内部
断面 S＝1/10

タイル張り

防水に考慮しなくてよい場合の納まり。

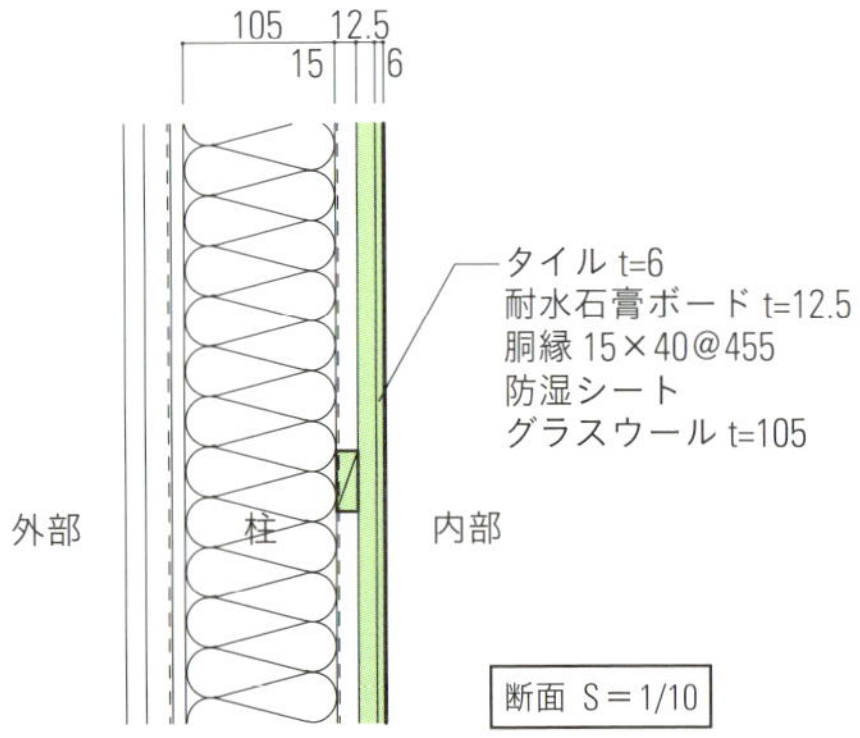
105 12.5
15 6
タイル t=6
耐水石膏ボード t=12.5
胴縁 15×40@455
防湿シート
グラスウール t=105
外部
柱
内部
断面 S＝1/10

板張りから左官に切り替え

左官の下地に石膏ボード等が必要なので、木板部分で厚みを調整する必要がある。下地を合板とすればコスト、手間の面で効果が高い。

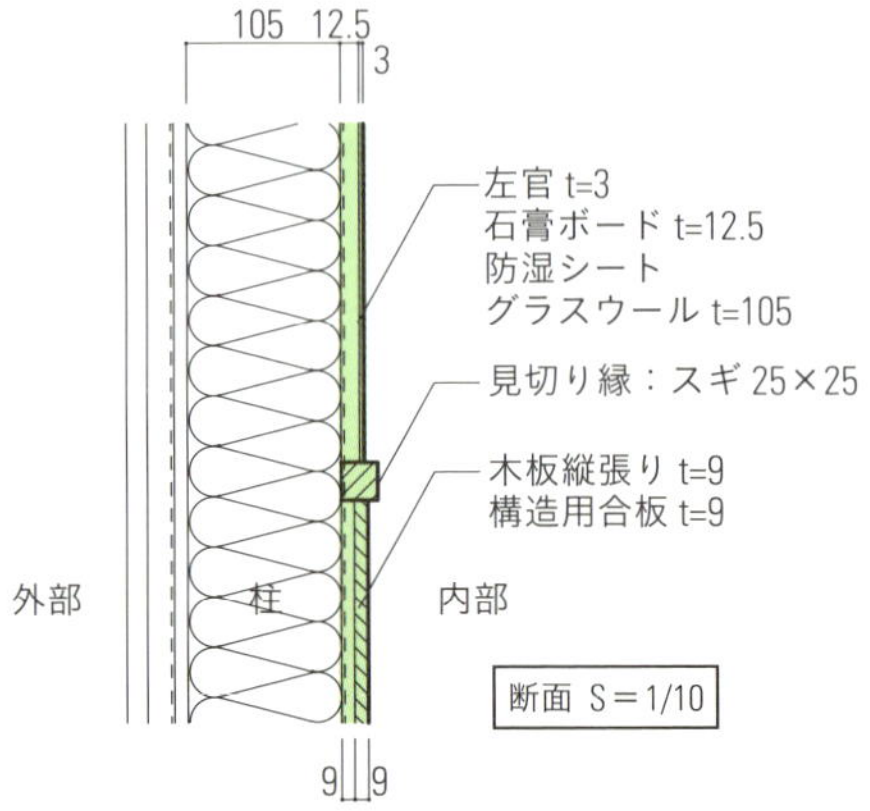
105 12.5
3
左官 t=3
石膏ボード t=12.5
防湿シート
グラスウール t=105
見切り縁：スギ 25×25
木板縦張り t=9
構造用合板 t=9
外部
柱
内部
断面 S＝1/10
9 9

巾木の納まりバリエーション

木材の動きを制限する出巾木

床に小穴入れとすることで、フローリングなどの木材の動きを制限することができる。

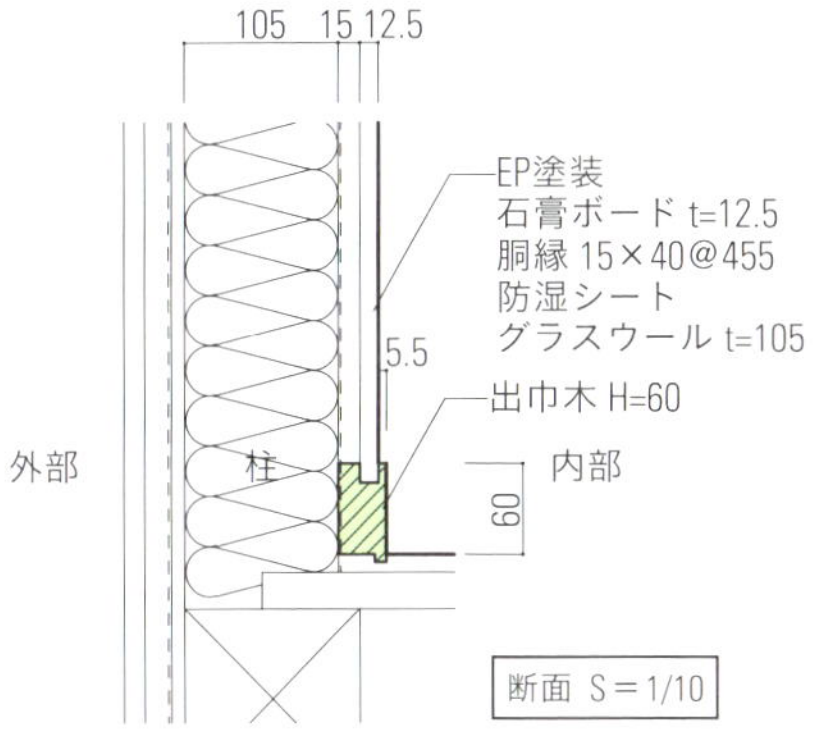
105
15
12.5
EP塗装
石膏ボード t=12.5
胴縁 15×40@455
防湿シート
グラスウール t=105
5.5
出巾木 H=60
外部
柱
内部
60
断面 S＝1/10

現在主流の手間が少ない付巾木

手間の少ない納まりで、壁の下端部を柱・間柱等の下地材に留め付けられる。

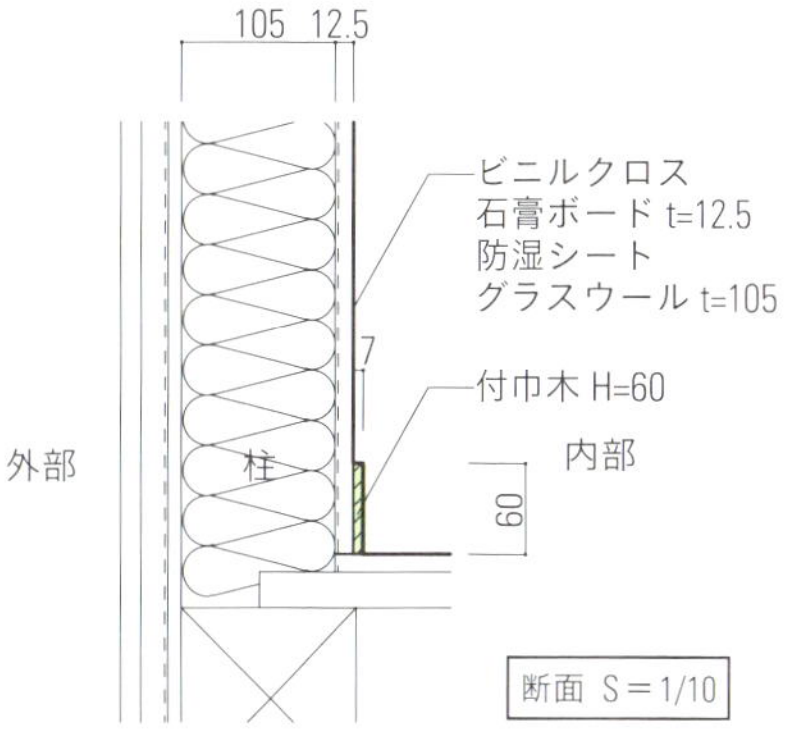
105
12.5
ビニルクロス
石膏ボード t=12.5
防湿シート
グラスウール t=105
7
付巾木 H=60
外部
柱
内部
60
断面 S＝1/10

部材の収縮に対応する出巾木

シンプルな形状ながら部材の伸縮を許容し、壁材等の端部を隠すことができる。

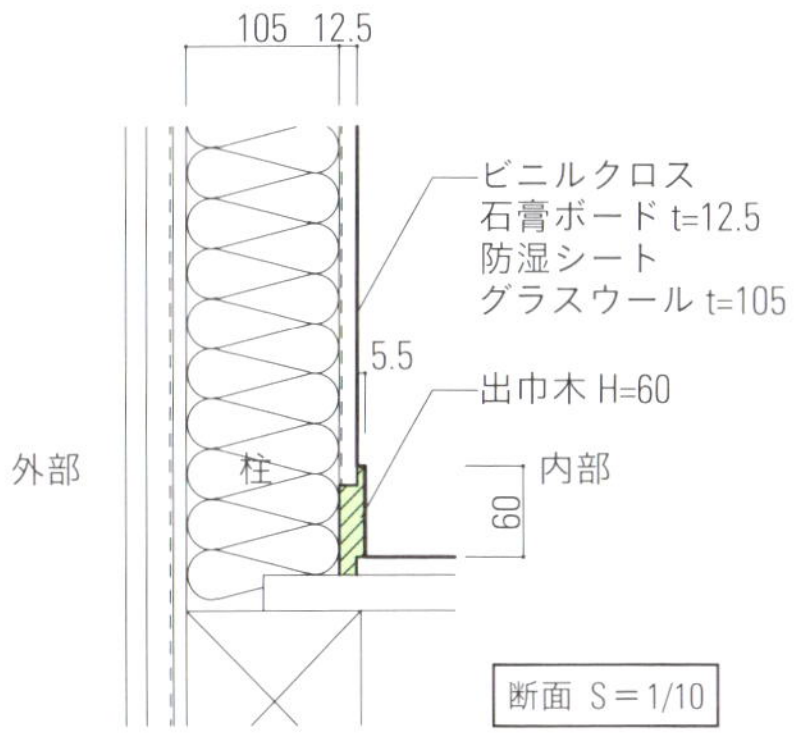
105
12.5
ビニルクロス
石膏ボード t=12.5
防湿シート
グラスウール t=105
5.5
出巾木 H=60
外部
柱
内部
60
断面 S＝1/10

左官材を飲み込む付巾木

左官仕上げで使用する巾木は左官材を飲み込ませるチリじゃくりを施す。

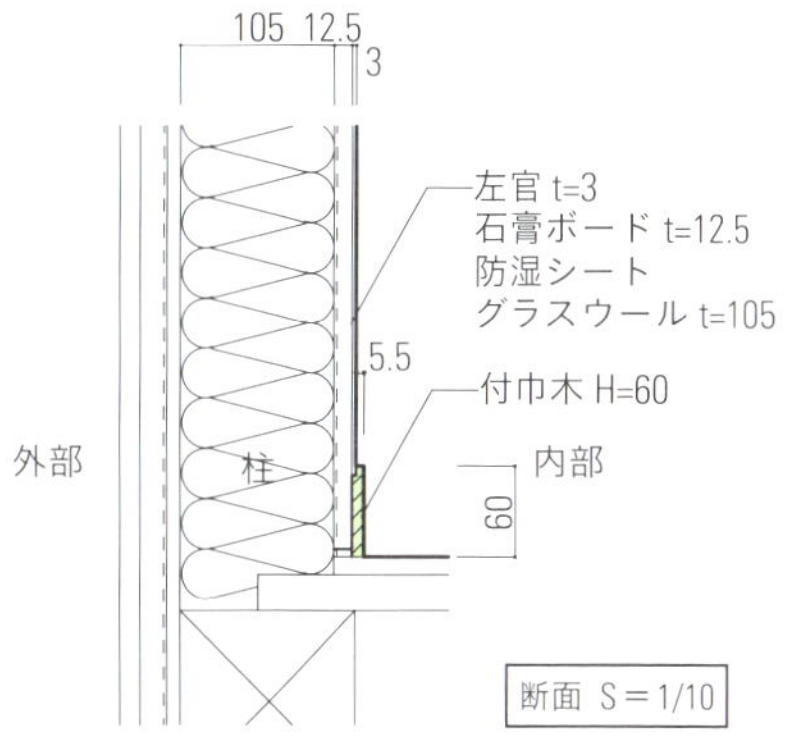
105
12.5
3
左官 t=3
石膏ボード t=12.5
防湿シート
グラスウール t=105
5.5
付巾木 H=60
外部
柱
内部
60
断面 S＝1/10

壁の後ろに位置する入巾木

手間が少なく、特別な納まりが必要でない納まり。

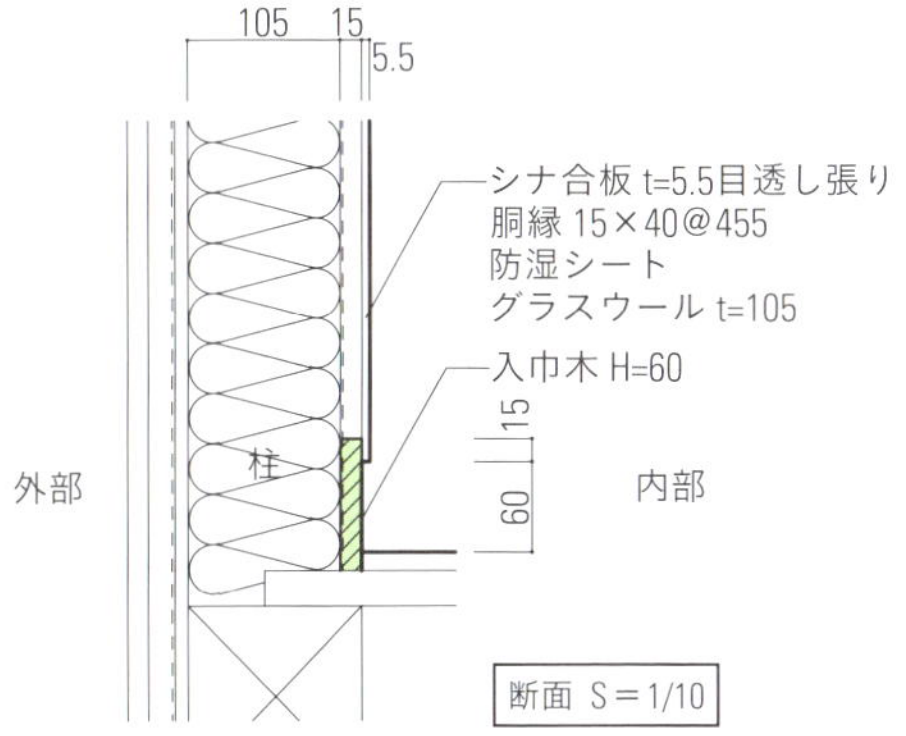
105
15
5.5
シナ合板 t=5.5目透し張り
胴縁 15×40@455
防湿シート
グラスウール t=105
入巾木 H=60
15
60
外部
柱
内部
断面 S＝1/10

巾木なし

壁が木張りのように硬質の面材であれば巾木を「なし」としてもよい。

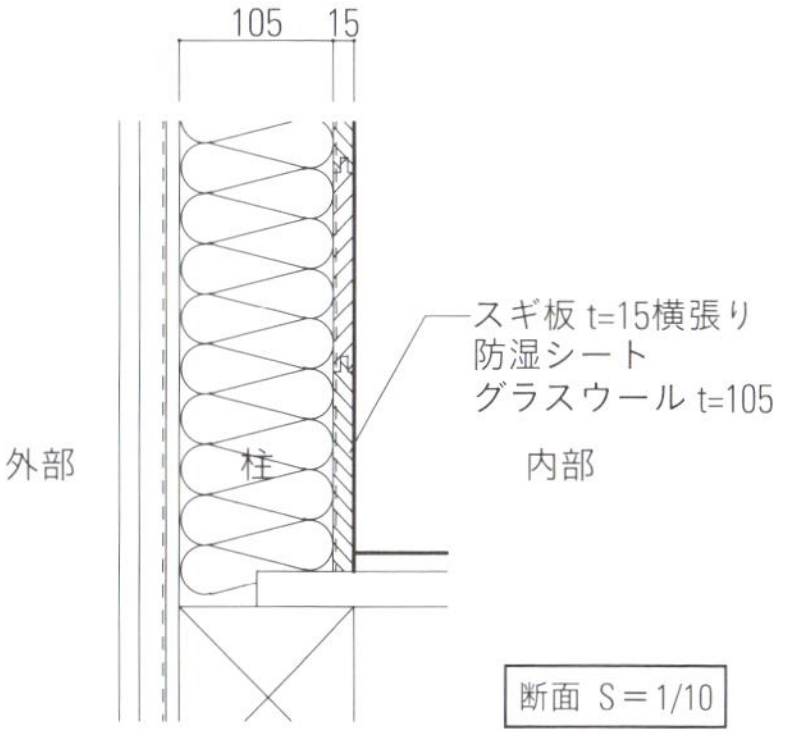
105
15
スギ板 t=15横張り
防湿シート
グラスウール t=105
外部
柱
内部
断面 S＝1/10

垂《たれ》壁《かべ》の納まりバリエーション

見切り・枠を付けない

空間をすっきりと見せたい場合。出隅部の石膏ボードは寒冷紗等で補強し、パテでしごいた後にビニルクロスを張る。

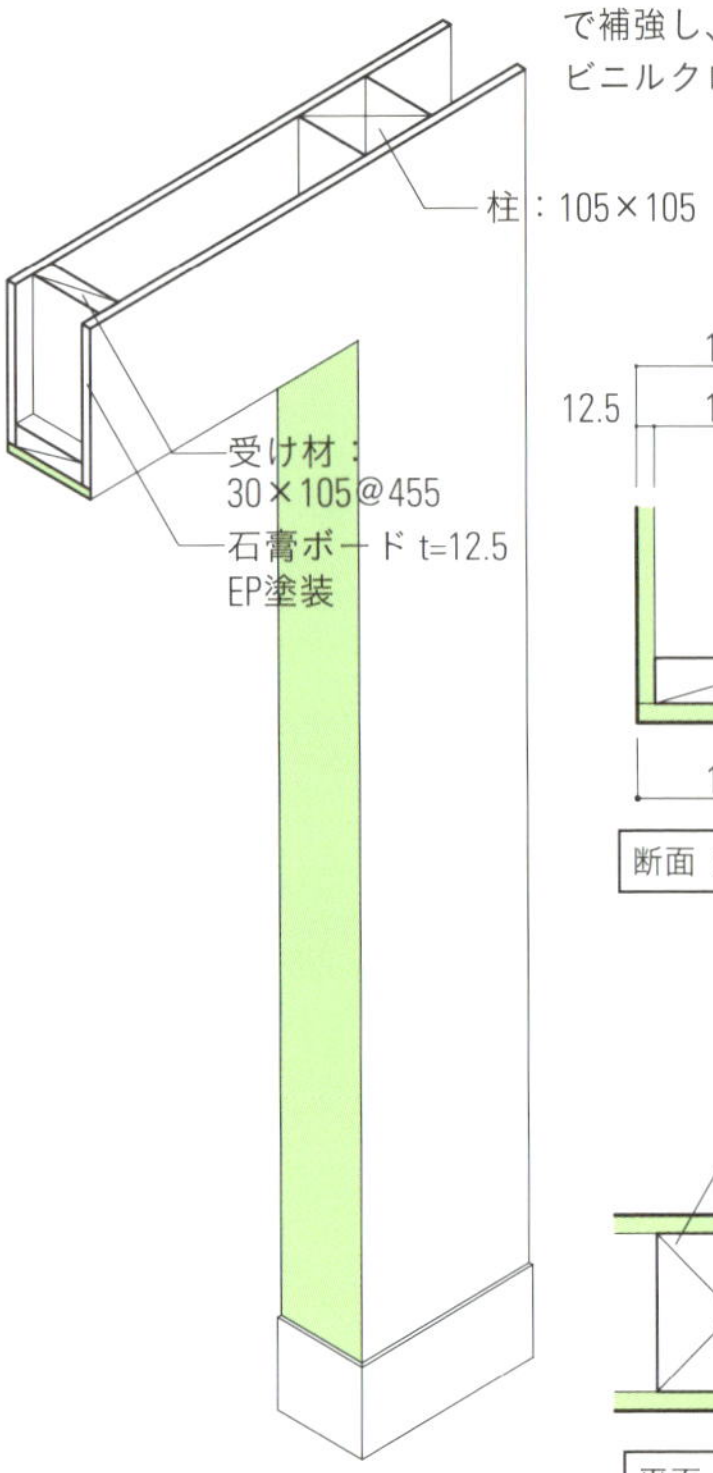
柱：105×105
受け材：
30×105@455
石膏ボード t=12.5
EP塗装

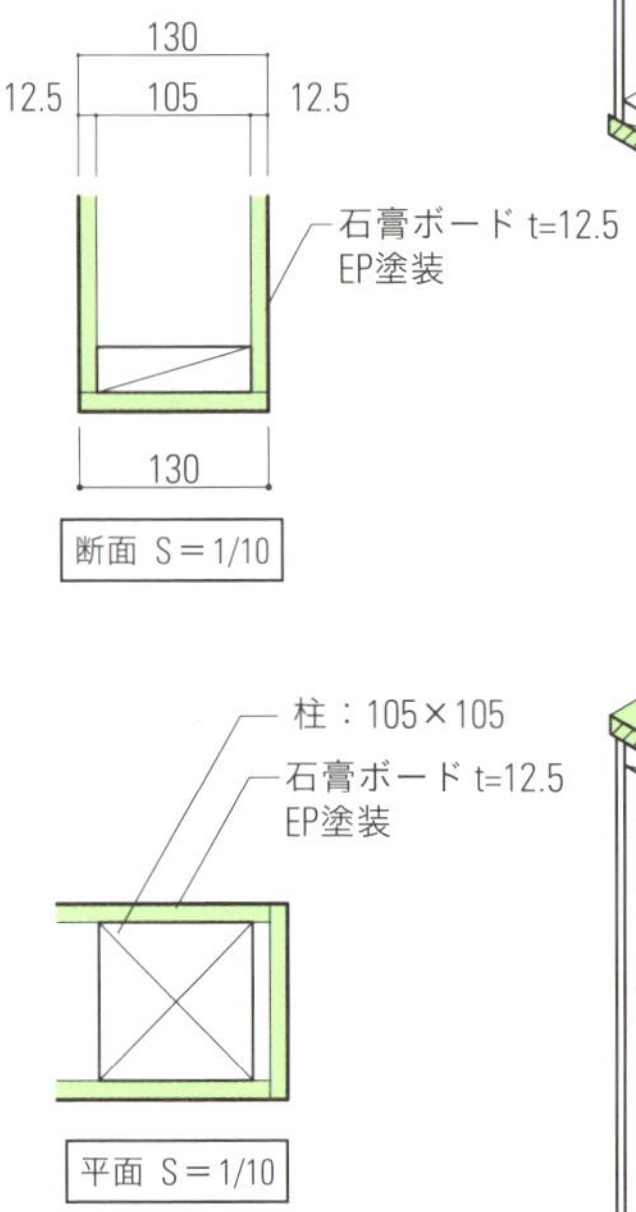
130
12.5
105
12.5
石膏ボード t=12.5
EP塗装
130
断面 S＝1/10
柱：105×105
石膏ボード t=12.5
EP塗装
平面 S＝1/10

木枠でつくる垂壁

大壁で垂壁を施工するケース。枠のチリは通常10程度とる。

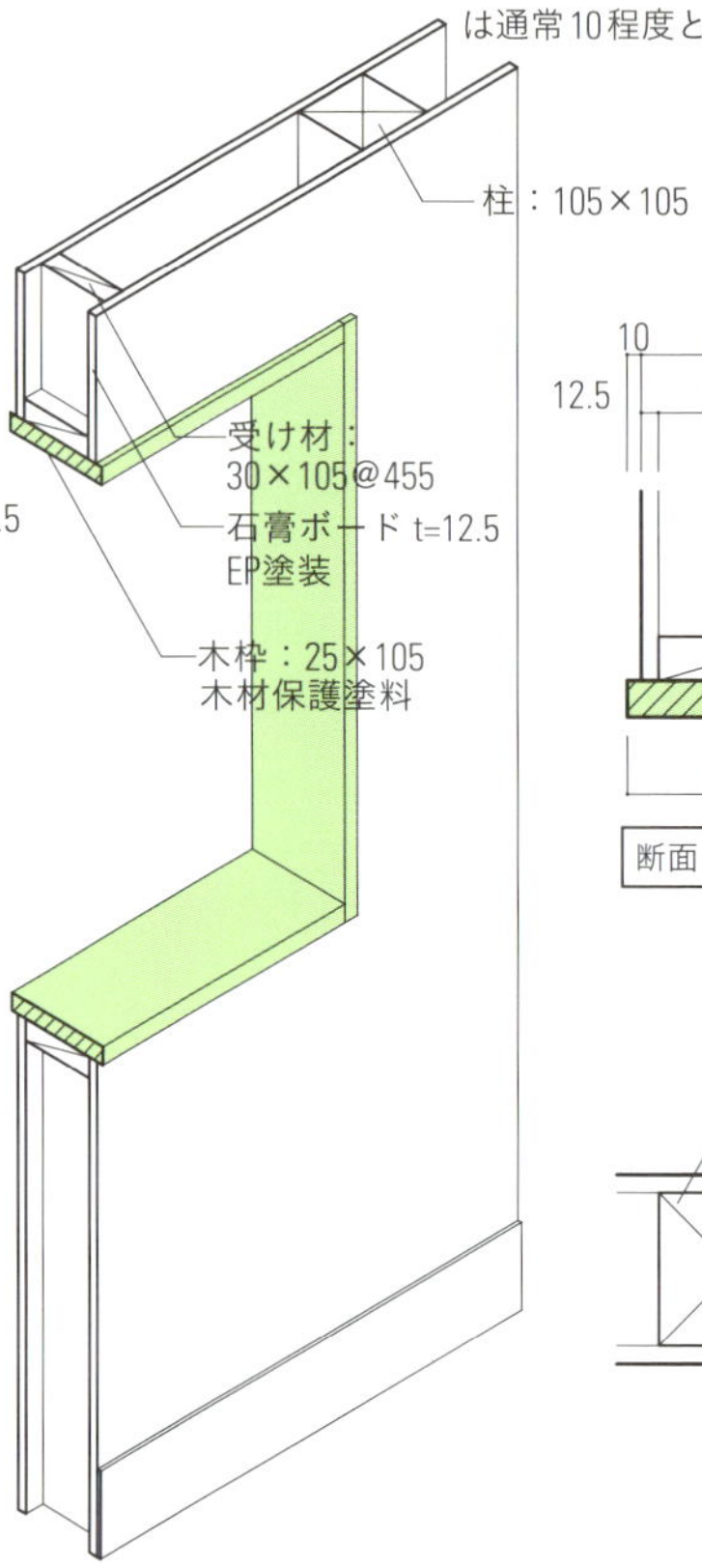
柱：105×105
受け材：
30×105@455
石膏ボード t=12.5
EP塗装
木枠：25×105
木材保護塗料

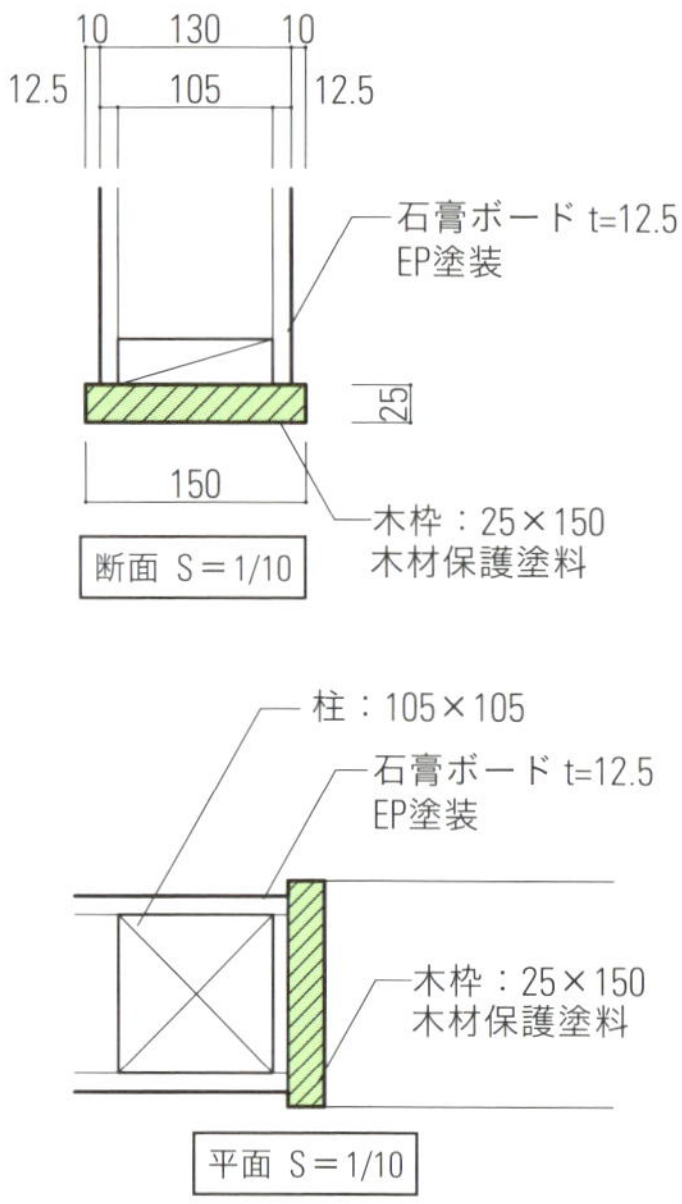
10
130
10
12.5
105
12.5
石膏ボード t=12.5
EP塗装
25
150
木枠：25×150
木材保護塗料
断面 S＝1/10
柱：105×105
石膏ボード t=12.5
EP塗装
木枠：25×150
木材保護塗料
平面 S＝1/10

真壁＋枠

真壁で垂壁を施工するケース。見付けは建具枠などに合わせることが一般的である。

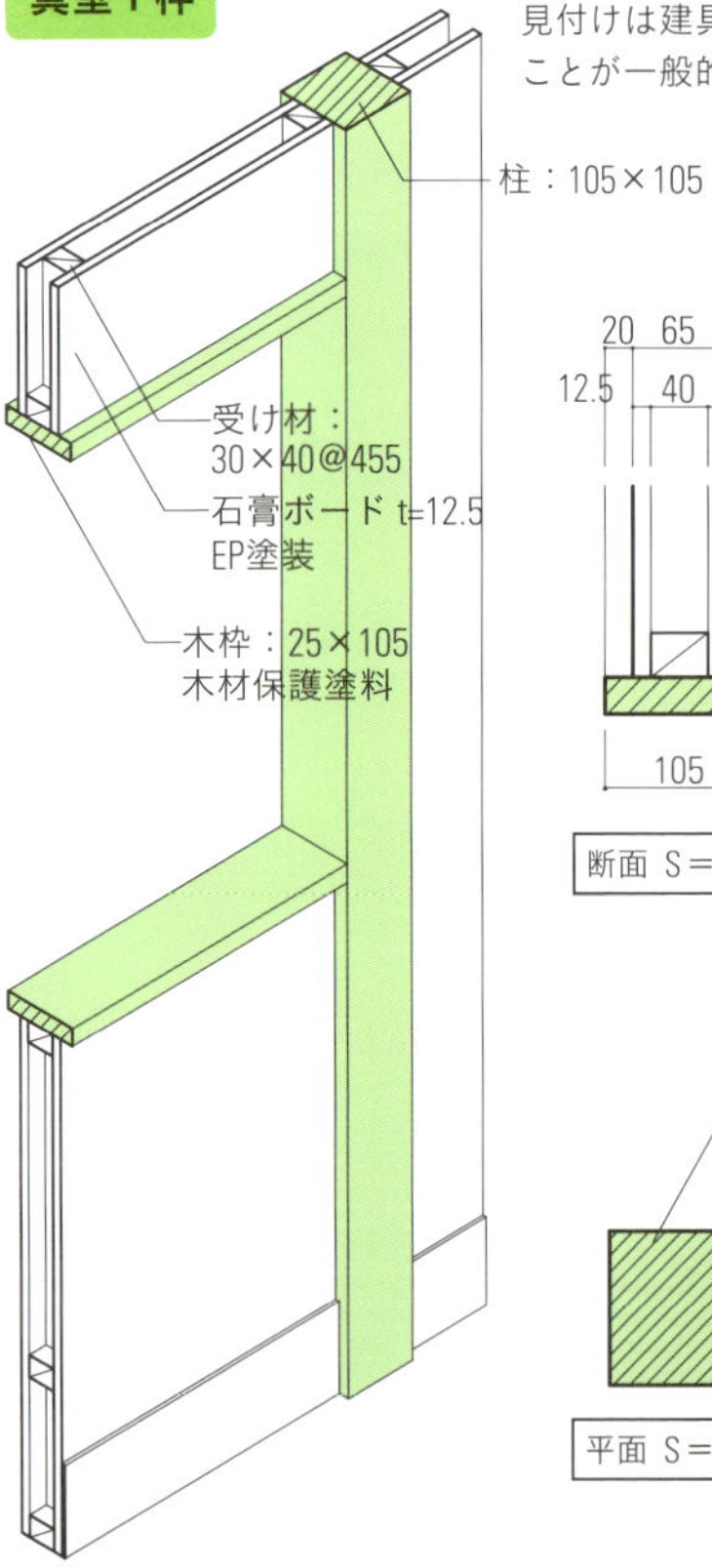
柱：105×105
受け材：
30×40@455
石膏ボード t=12.5
EP塗装
木枠：25×105
木材保護塗料

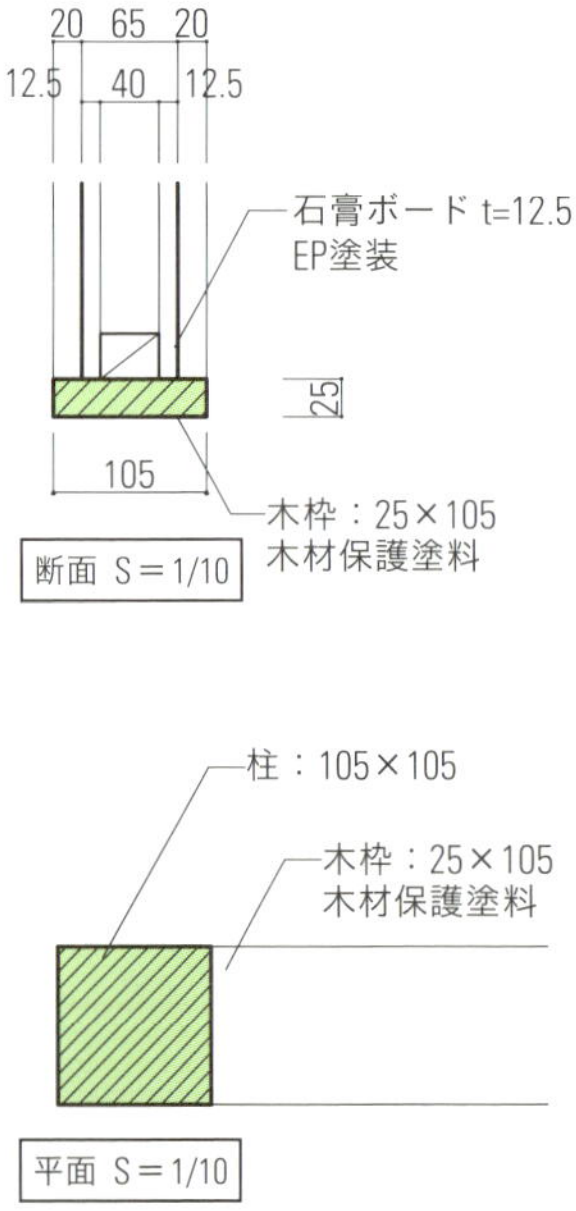
20
65
20
12.5
40
12.5
石膏ボード t=12.5
EP塗装
25
105
木枠：25×105
木材保護塗料
断面 S＝1/10
柱：105×105
木枠：25×105
木材保護塗料
平面 S＝1/10

方立と面一

内壁は厚み40以上の下地材であれば天井高さ2,400程度の施工が可能である。方立と壁を同面とすることで、モダンな印象を与えることができる。

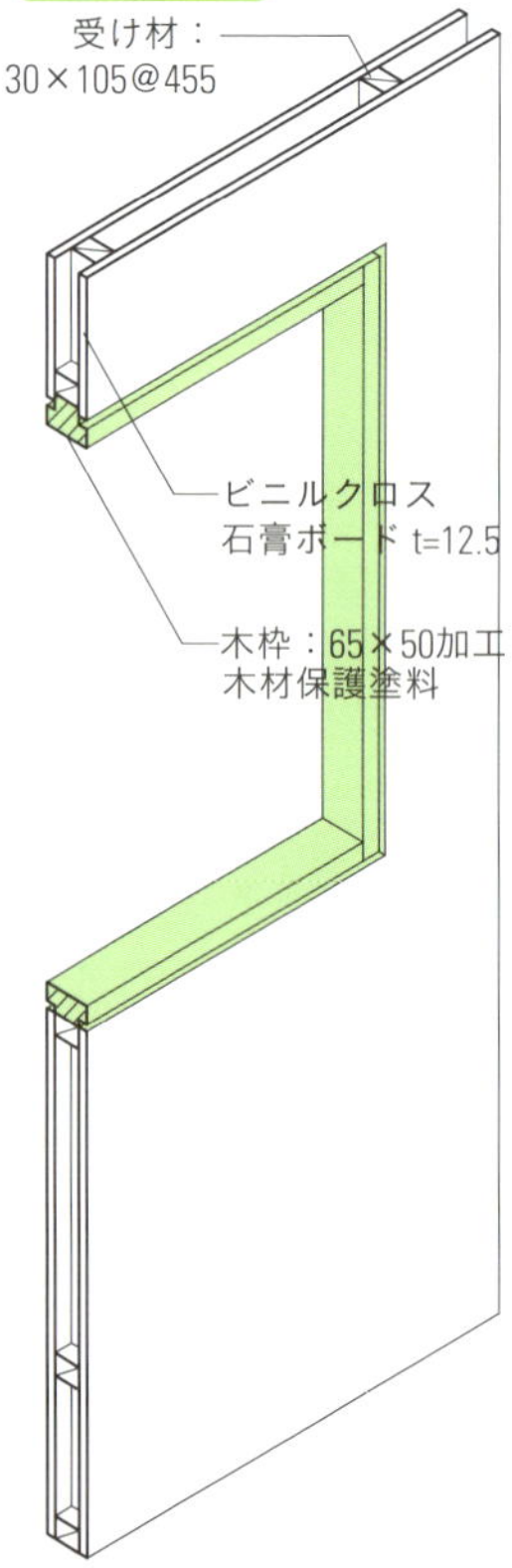
受け材：
30×105@455
ビニルクロス
石膏ボード t=12.5
木枠：65×50加工
木材保護塗料

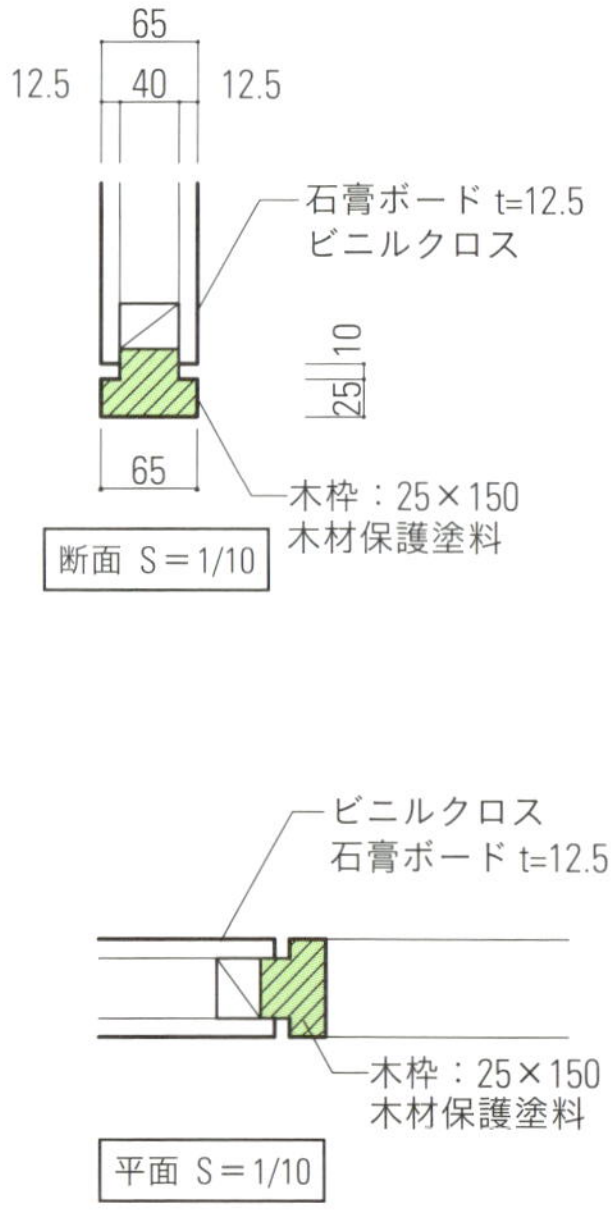
65
12.5
40
12.5
石膏ボード t=12.5
ビニルクロス
10
25
65
木枠：25×150
木材保護塗料
断面 S＝1/10
ビニルクロス
石膏ボード t=12.5
木枠：25×150
木材保護塗料
平面 S＝1/10

カーテンボックスの納まりバリエーション

現しでつくる

吹抜け等で天井面に設けれないときに用いる。天板上には小物などを置くことができる。

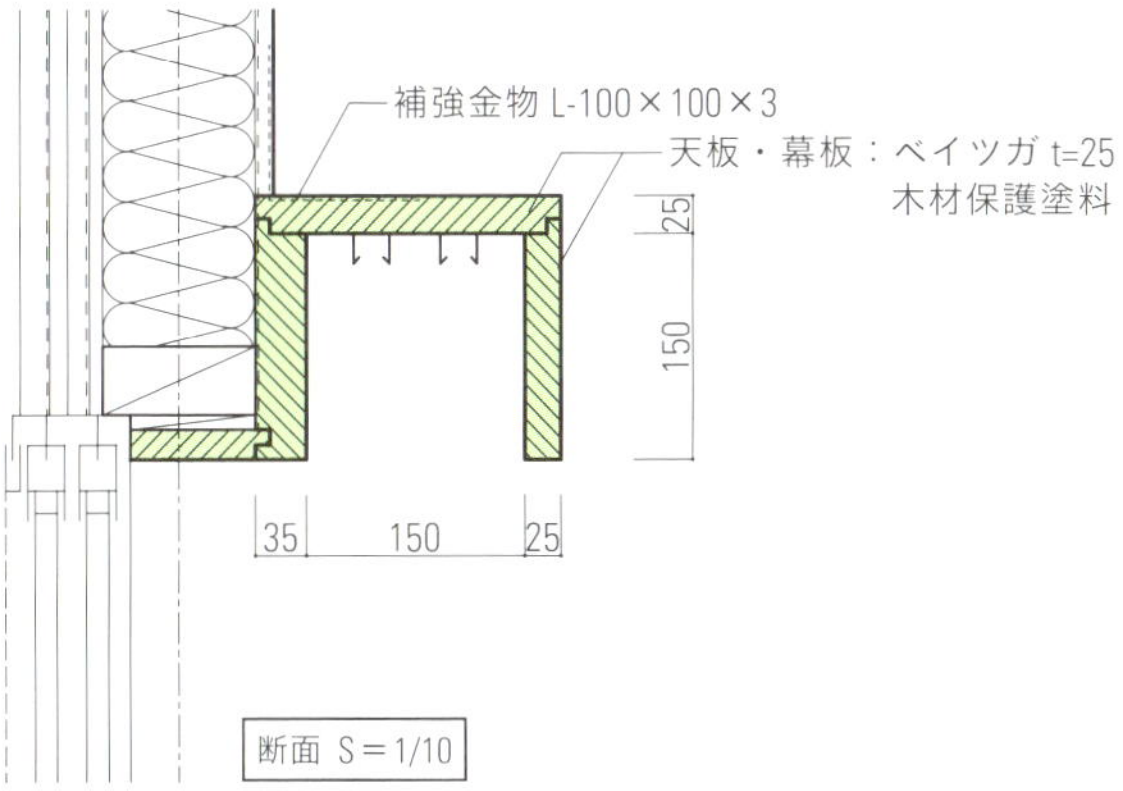
補強金物 L-100×100×3
天板・幕板：ベイツガ t=25
木材保護塗料
25
150
35
150
25
断面 S＝1/10

天井内に設ける

天井までサッシがある場合は、天井内にカーテンボックスを納めればすっきりとした印象になる。

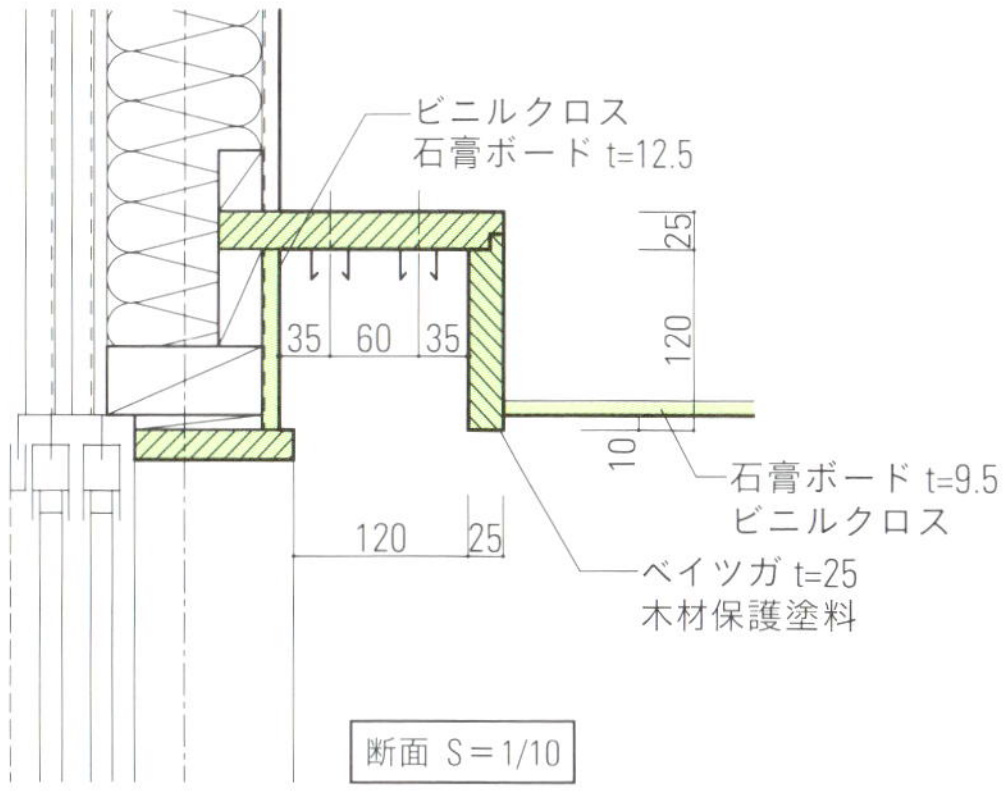
ビニルクロス
石膏ボード t=12.5
25
120
35
60
35
10
石膏ボード t=9.5
ビニルクロス
120
25
ベイツガ t=25
木材保護塗料
断面 S＝1/10

現しの梁に取り付ける

カーテンボックスのWは、120～180の間で調整するとよい。

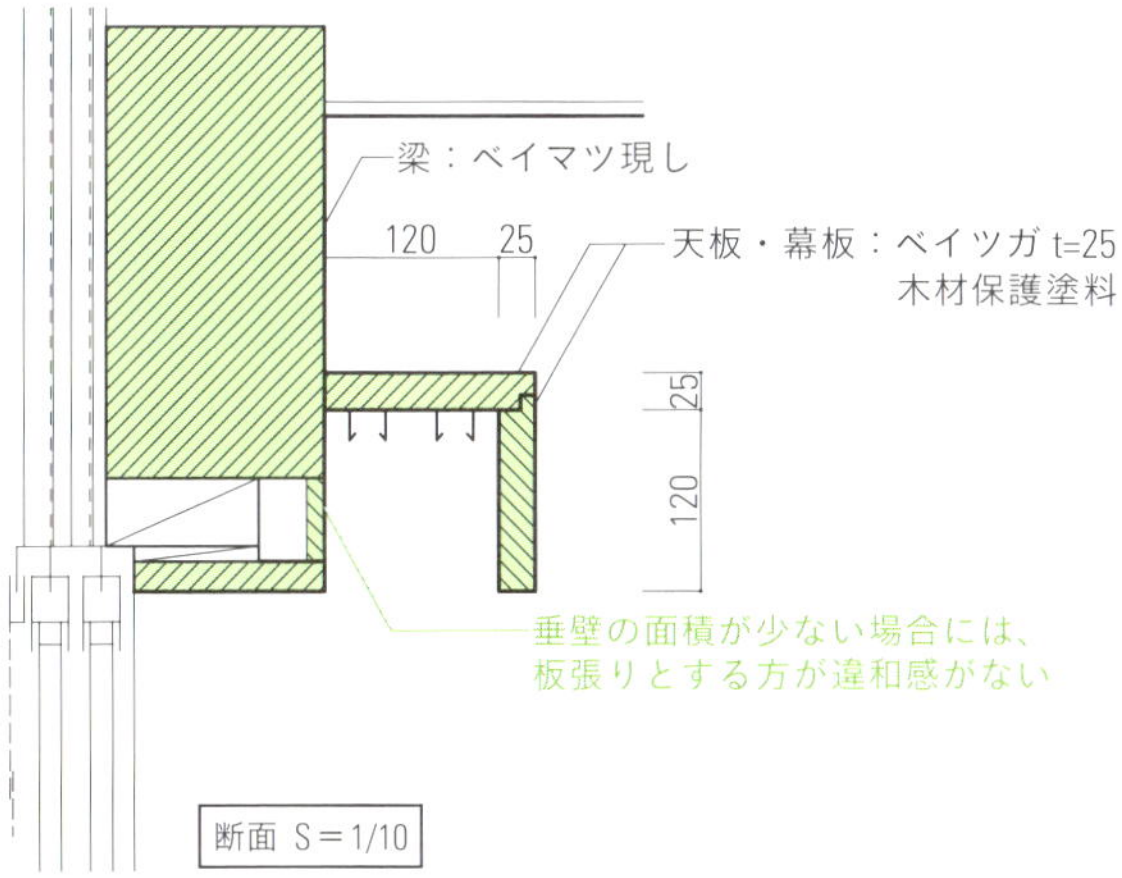
梁：ベイマツ現し
120
25
天板・幕板：ベイツガ t=25
木材保護塗料
25
120
垂壁の面積が少ない場合には、
板張りとする方が違和感がない
断面 S＝1/10

現しの梁の手前に取り付ける

ロールスクリーン等は製品寸法を調べてW×Hを決定する。

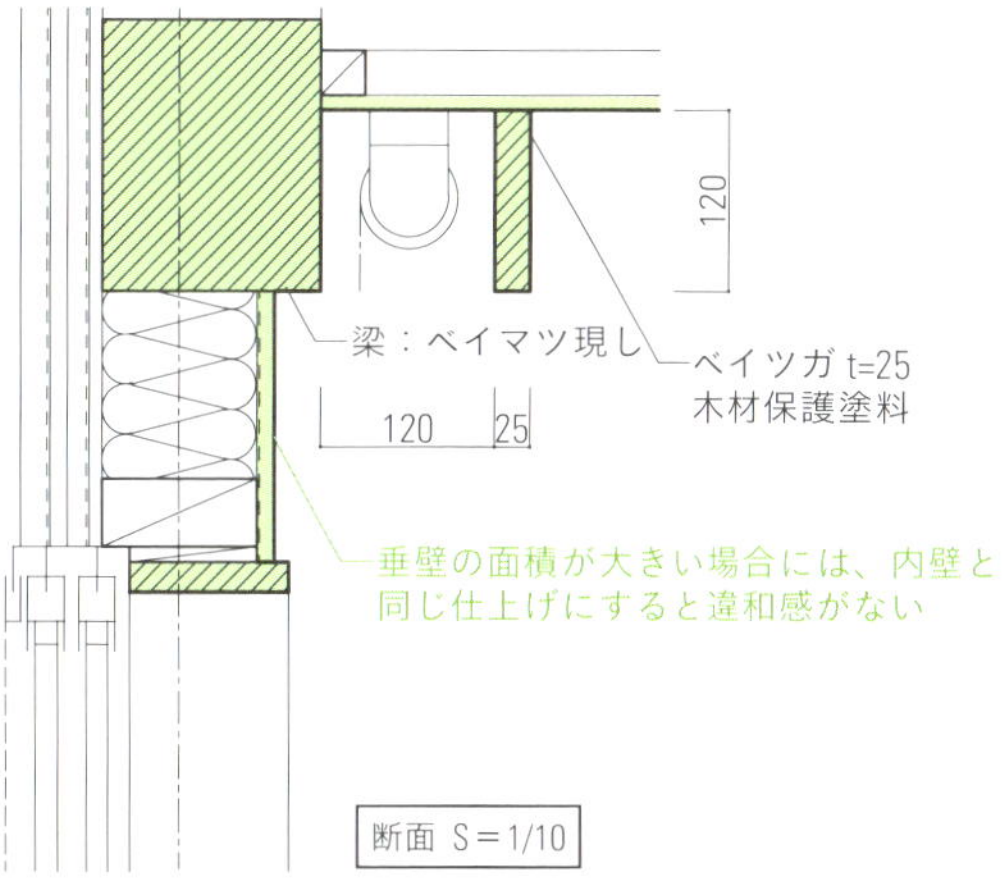
120
梁：ベイマツ現し
ベイツガ t=25
木材保護塗料
120
25
垂壁の面積が大きい場合には、内壁と
同じ仕上げにすると違和感がない
断面 S＝1/10

垂壁で存在感を低減

垂壁をつくり壁と一体化させることでカーテンボックスの存在感を少なくする。

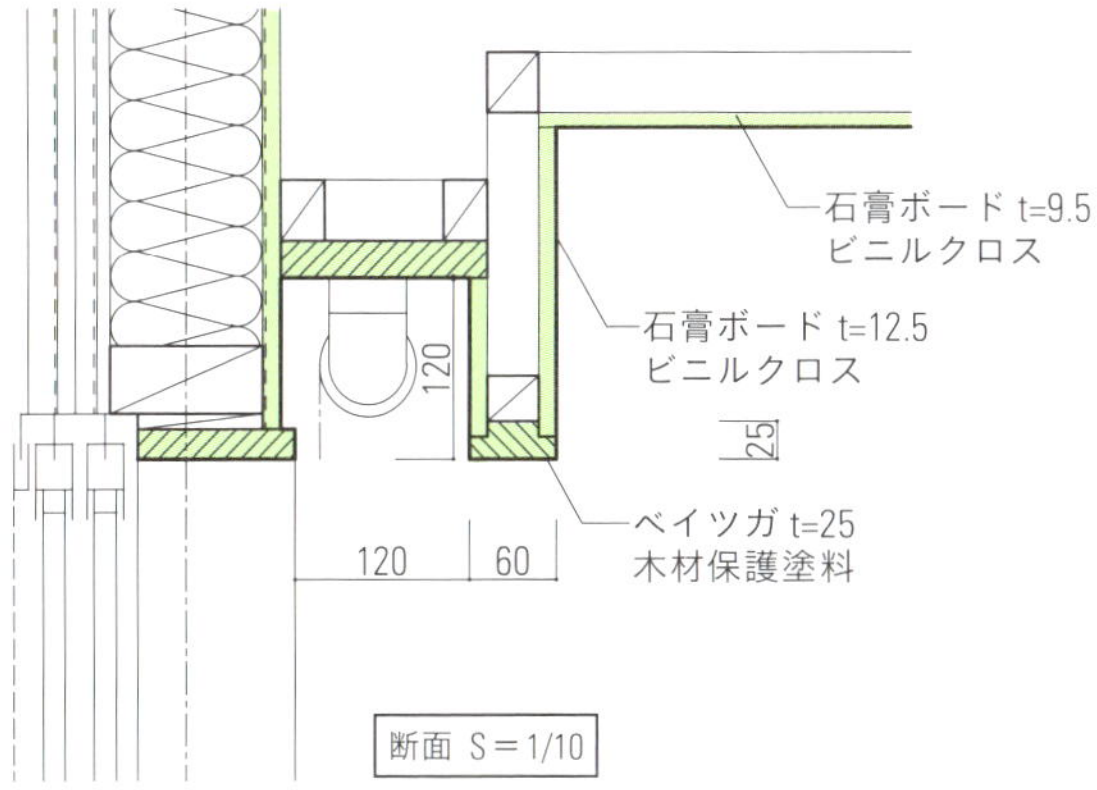
石膏ボード t=9.5
ビニルクロス
石膏ボード t=12.5
ビニルクロス
120
25
ベイツガ t=25
木材保護塗料
120
60
断面 S＝1/10

クロス巻込み

ビニルクロスを巻き込むことによって、サッシ枠が消せる納まり。

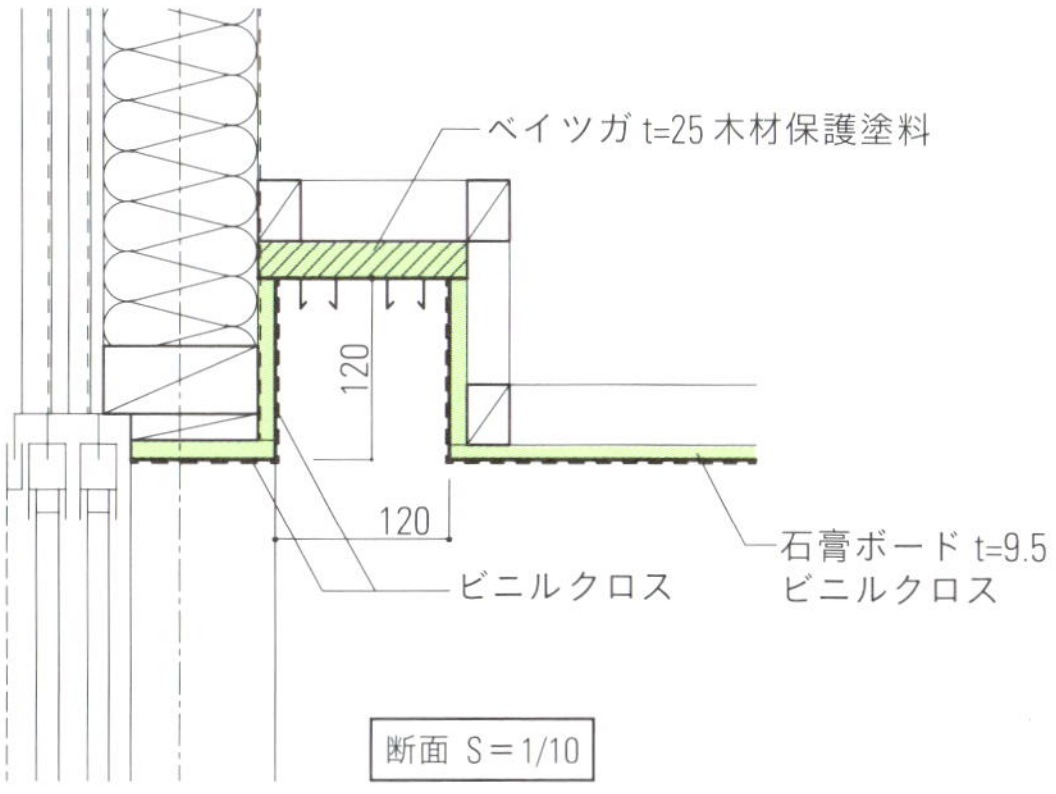
ベイツガ t=25 木材保護塗料
120
120
ビニルクロス
石膏ボード t=9.5
ビニルクロス
断面 S＝1/10

02 内部建具の基本的な納まり

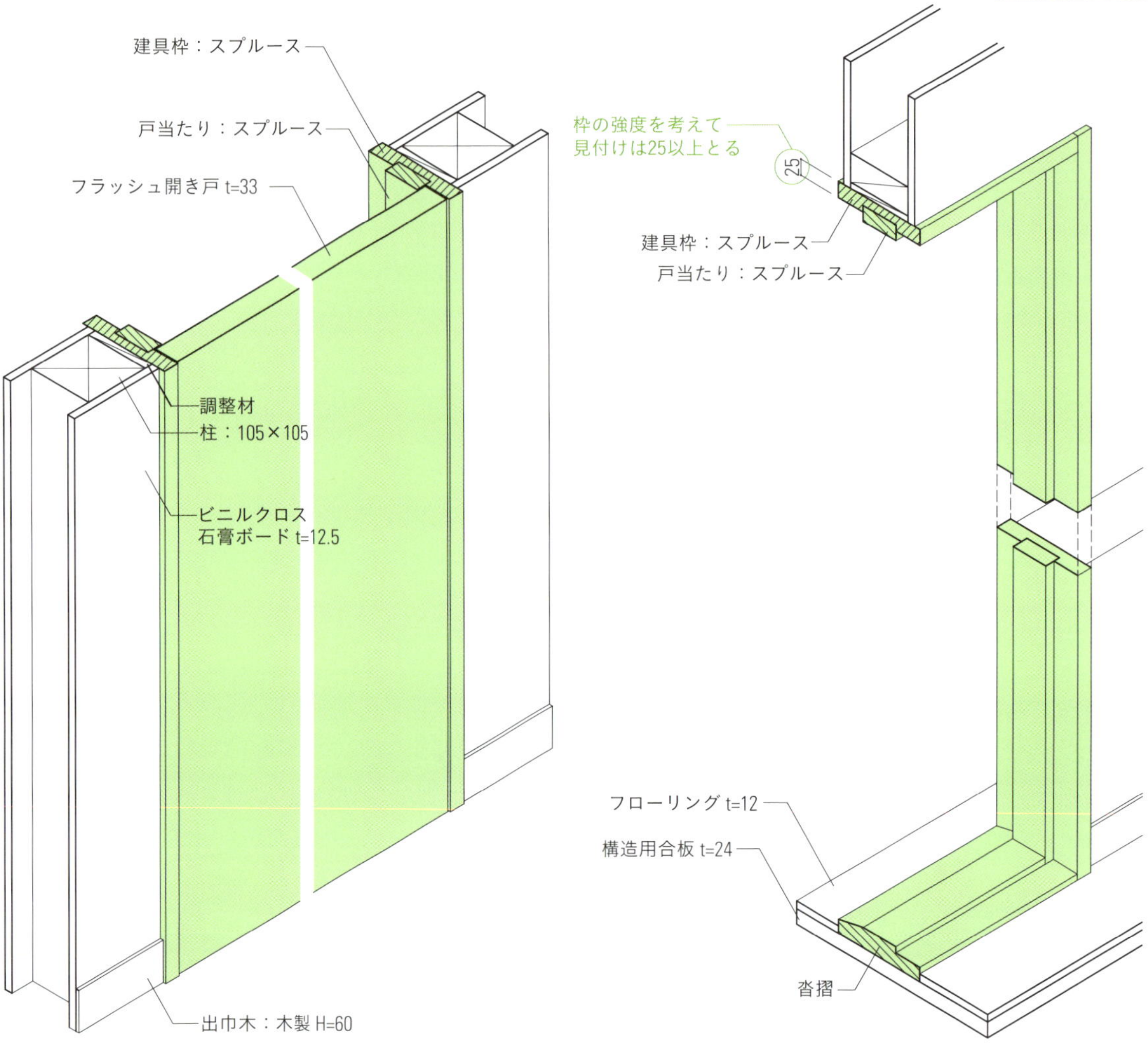
建具枠：スプルース
戸当たり：スプルース
フラッシュ開き戸 t=33
調整材
柱：105×105
ビニルクロス
石膏ボード t=12.5
出巾木：木製 H=60
枠の強度を考えて
見付けは25以上とる
25
建具枠：スプルース
戸当たり：スプルース
フローリング t=12
構造用合板 t=24
沓摺

日本の住宅は**建具**の種類が豊富である。

引き戸は日本古来の建築に見られるように、仕切られた諸室を開けることでつなげたり、行事に合わせて**間取りを変えることのできる**特性をもつ。

引違い戸は建具を外すか、壁体内に引き込めるように納めると**空間に開放性**を与えてくれる。

2枚戸の場合は、**右側が手前**にくる原則を守って取り付ける。**障子**の場合、召し合わせは30㎜程度とし、2枚の戸の枠幅が重なるようにするとよい。

引き戸は開閉時にスペースをとらないため、狭い空間でも取り付けることができる。きれいに引き込めるような納まりにすれば**建具の存在を消す**こともでき、空間に広がりを与えてくれる。

開き戸は引き戸と異なり閉鎖している状態が常となっている。気密性に優れているため、防音や断熱を求める室の建具に適している。気密性、遮音性を上げる場合は**沓摺**《くつずり》を取り付けるとよい。

枠は無垢材を使用する場合、素性のよいもの（ウンスギ、スプルース、ツガ、ピーラー、ラワン等）を選ぶとよい。**枠材の幅**が大きすぎるとゆがみやすくため、120㎜幅以内に抑えるとよい。

一般的な障子

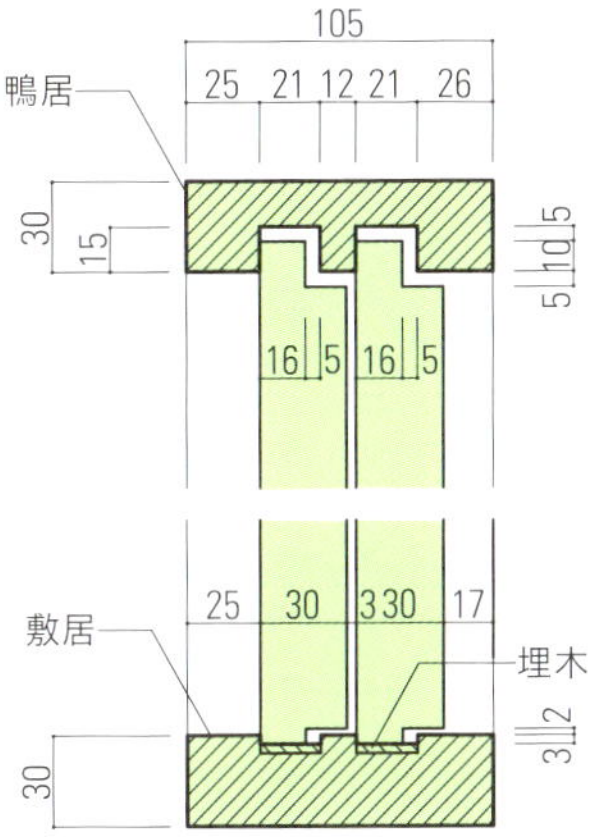

※障子幅は30、襖幅は21を基本とする

断面 S＝1/5

シャープな引き戸

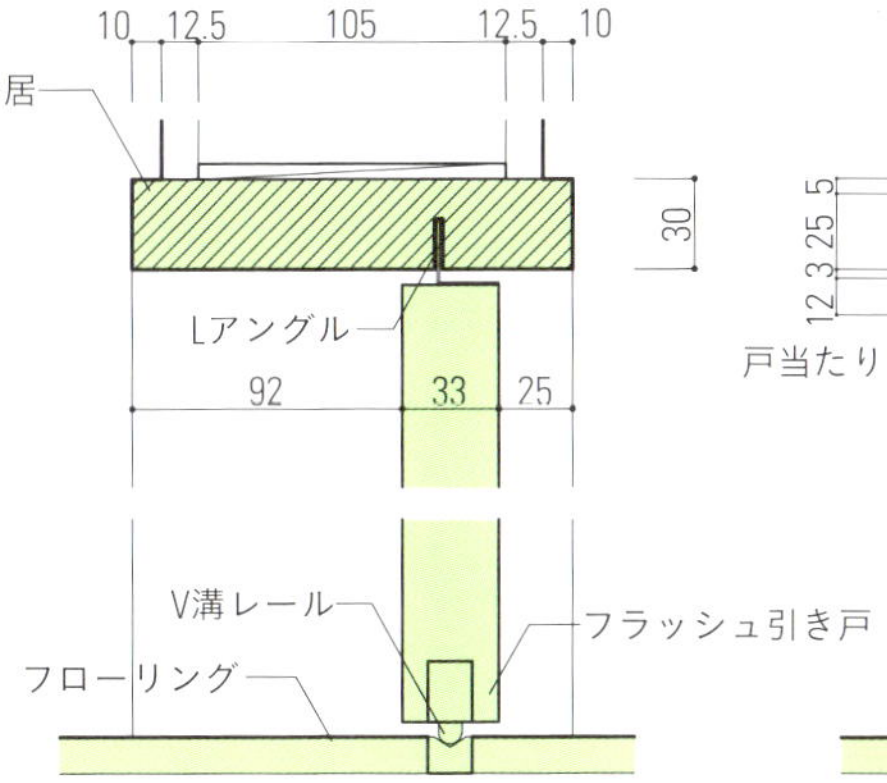

※レールとアングルを使ってすっきり見せる
フラッシュ戸の場合、厚さは33が基本

断面 S＝1/5

一般的な開き戸

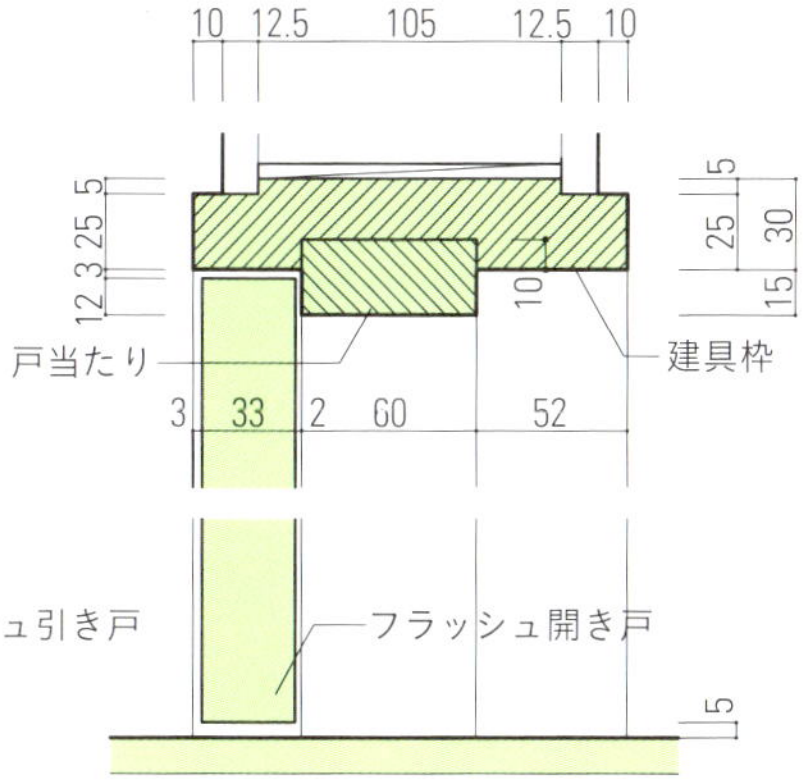

※無垢材の場合は枠材厚みを30以上とる

断面 S＝1/5

基本的に開き戸は建具枠が必要となるため、厚みのある枠材を建具の上部、左右の三方に取り付け、さらに戸当たりを取り付ける。戸当たりの幅は30㎜以上確保したい。戸厚はフラッシュ戸の場合33㎜が基本だが、薄くしたい場合は30㎜にしてもよい。壁面と建具枠が面では納めづらいため、チリを10㎜程度とる。沓摺をなくせばバリアフリーになる上、部屋同士がつながっているようにも見える。

最近では引き戸の敷居にはレール、鴨居にはアングルを採用することが増えてきた。敷居にレールを用いれば軽い力で動かせるようになる。鴨居にアングルを用いれば溝の幅が細くて済むため、枠材の強度低下を最小限に抑えることができる。さらに、開けたときも溝が目立たないのですっきりとした空間に見える。

和室建具は下枠の敷居と上枠の鴨居で納めるのが一般的である（和風建築で「内法」といえば、敷居と鴨居の内側の寸法を指す）。敷居は木表を上に、鴨居は木表を下に取り付けないと木の反りで建具が動かなくなってしまう。

敷居には戸の滑りをよくするために3㎜厚程度の埋木（埋め樫）を入れてもよい。戸厚30㎜の障子や襖などでは、鴨居に7分（21㎜）幅、深さ15㎜の溝2本と4分（12㎜）の中樋端《なかひばた》、戸同士の隙間3㎜で構成するのが基本（これを通称「四七溝」という）である。

框戸《かまちど》
建具四周を枠で囲みガラス、無垢の板材、合板などをはめこんだもの。

竪格子戸
建具四周を枠で囲み貫と竪格子でつくられたもの。軽い仕切り、区切りに向いている。

フラッシュ戸❶
コア材の桟組下地の両面に合板などの面材を張ったもの。

フラッシュ戸❷
ガラス入りのフラッシュ戸

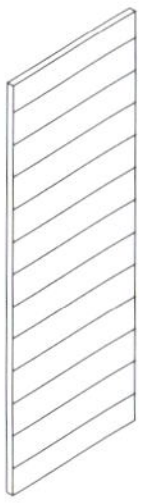

フラッシュ戸❸
下地の合板の上に練付合板や突板、戸板を張ったもの。

舞良戸《まいらど》
建具四周の枠に化粧合板をはめ横桟で押さえたもの。竪桟としてもよい。

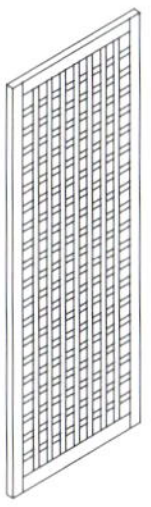

木連格子戸
建具四周の枠に小振りの正方形の格子を組んだもの。

襖
下地骨の組子に紙を下張りし襖紙を張ったもの。

太鼓襖《たいこぶすま》
上下に滑り桟を打ち付けた縁なしの襖。

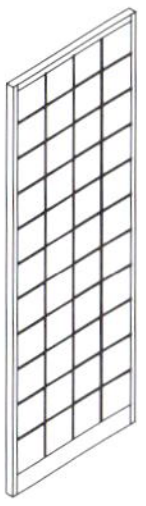

障子
格子の組子の片面に和紙を張ったもの。雪見障子、横組障子、竪繁組子障子などさまざまな種類がある。

気密・遮音性のある引き戸

最近まで「引き戸」といえば、鴨居と敷居に溝を切る手法が一般的であった。縦枠にしゃくりを入れることで遮光・隙間風に対応する。

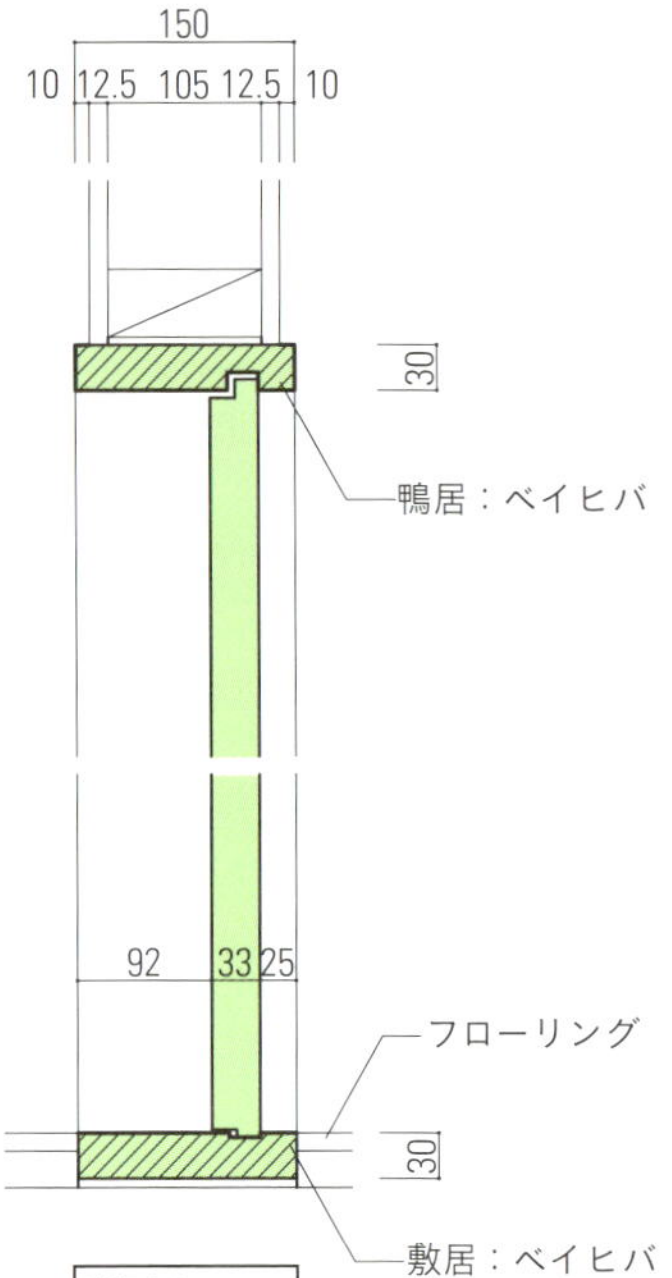

断面 S＝1/10

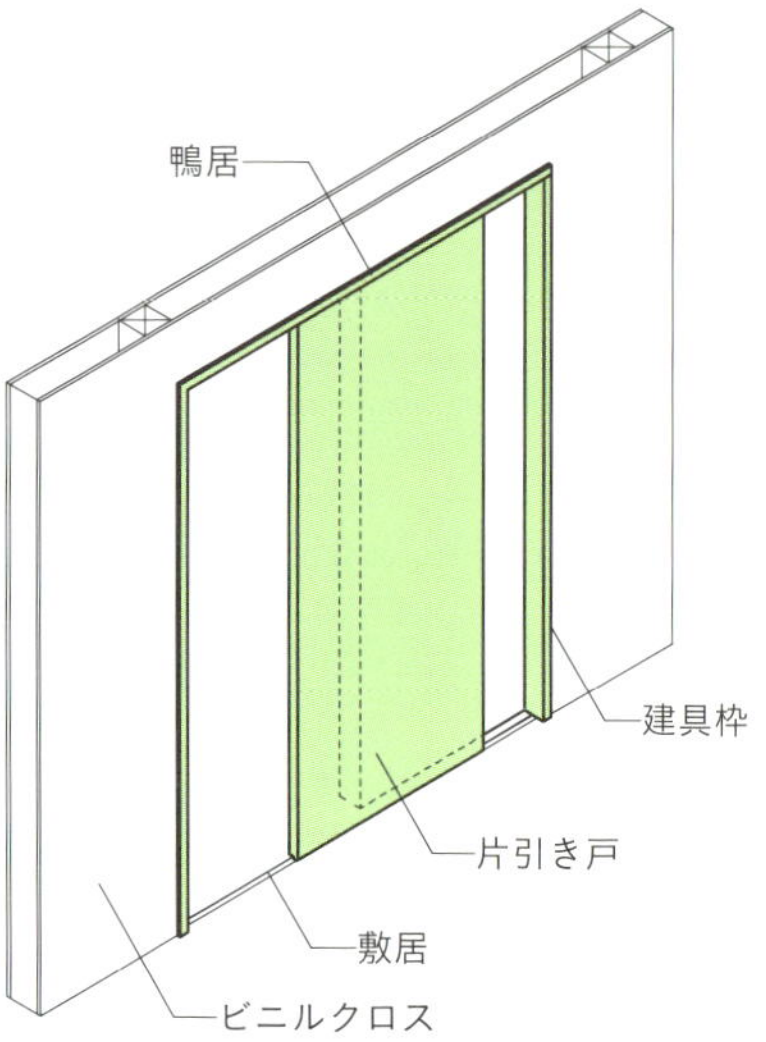

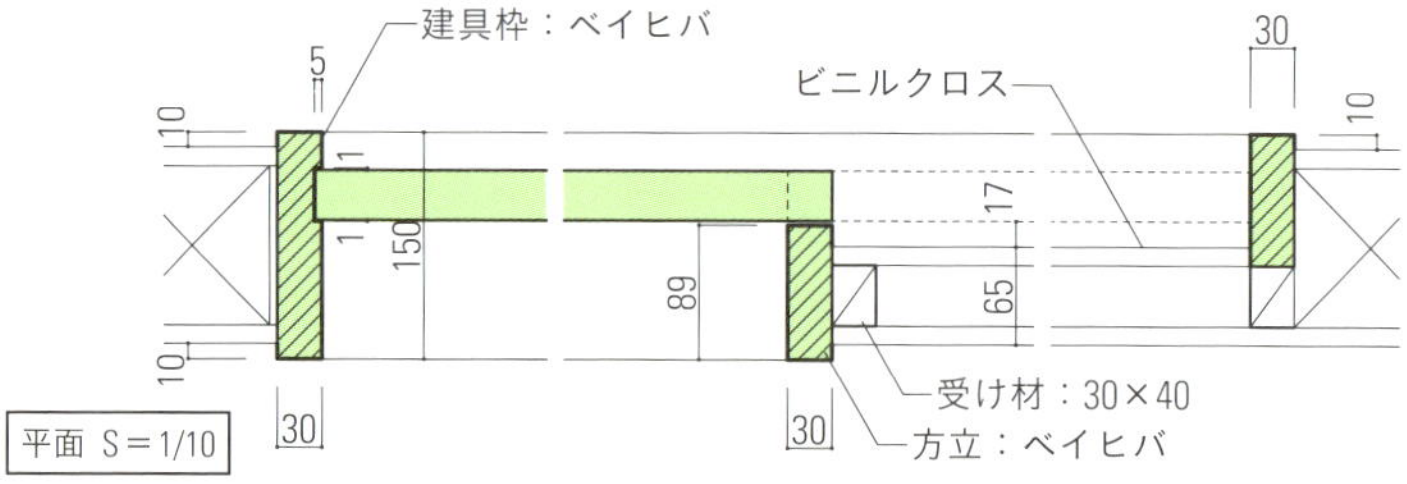

平面 S＝1/10

柱の外側に納める片引き戸

耐力壁や柱などがある場合は、建具を壁の外に納める。フローリングに直接溝を埋め込むと、足元がすっきりする。

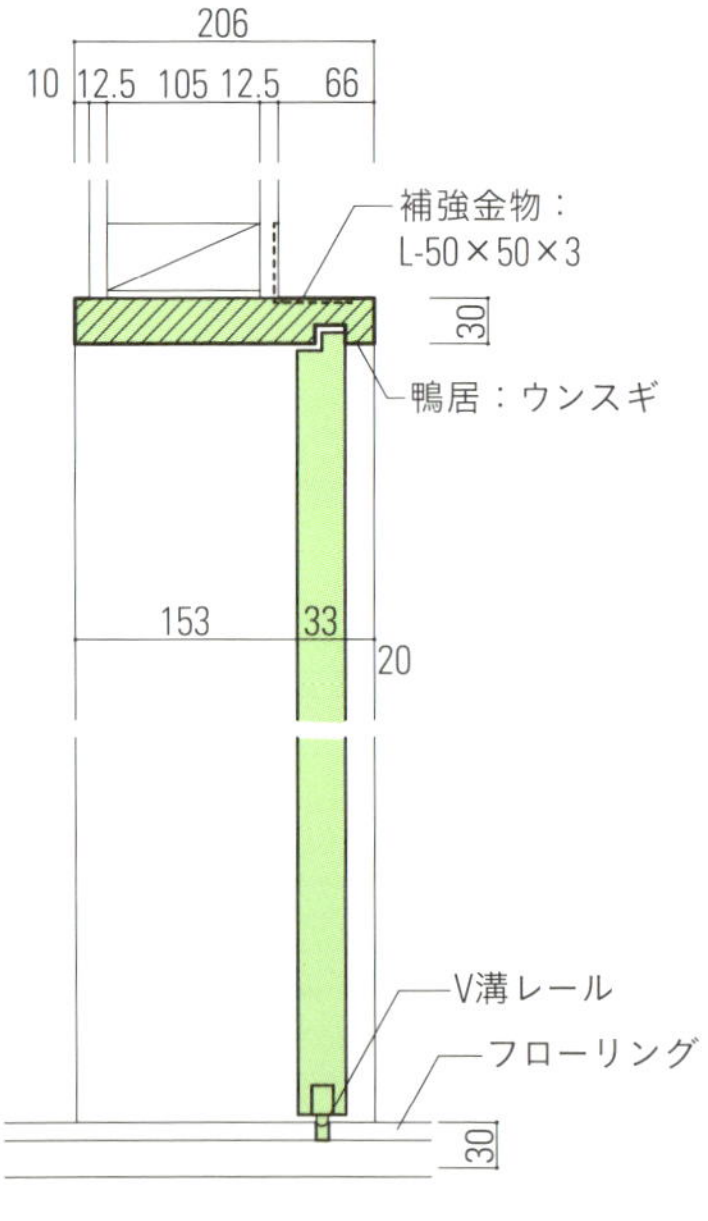

断面 S＝1/10

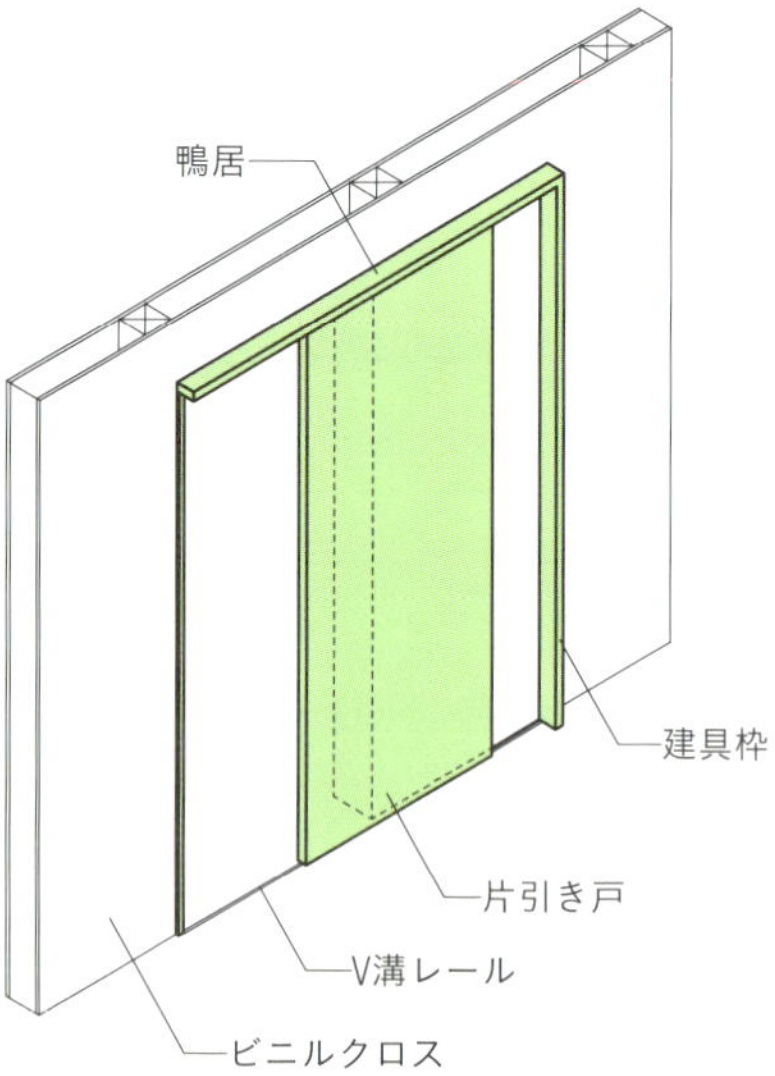

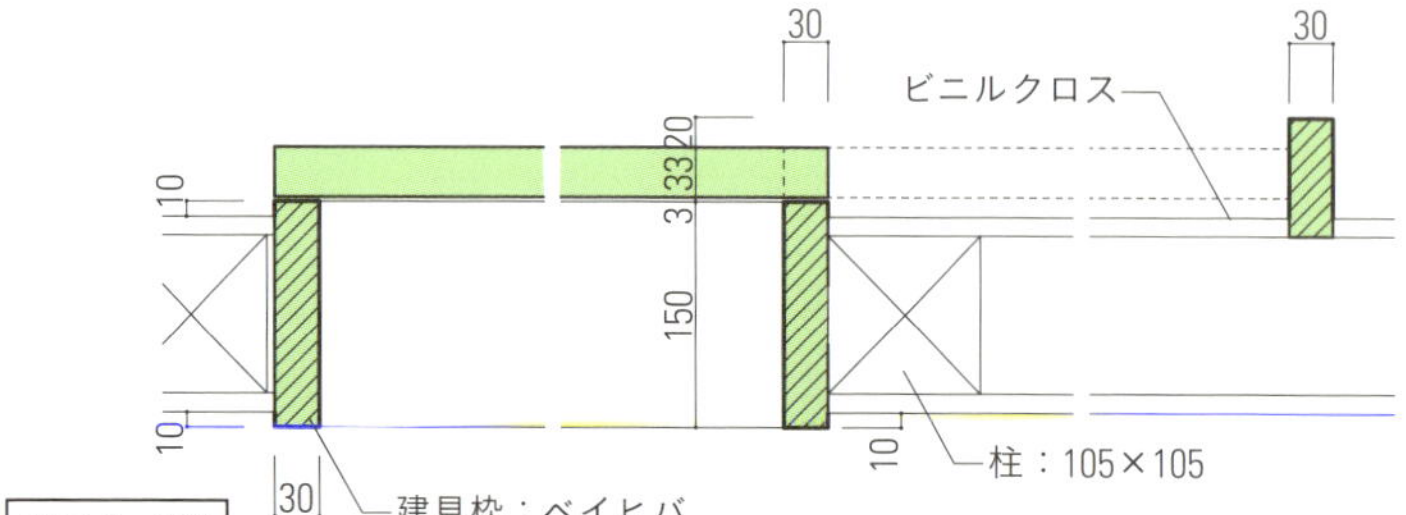

平面 S＝1/10

柱の外側に納める引き込み戸

レール＋Lアングルを使うことで軽い力で戸袋に引き込める。引き残しをつくらない場合は、建具小口に回転引手を取り付ける。

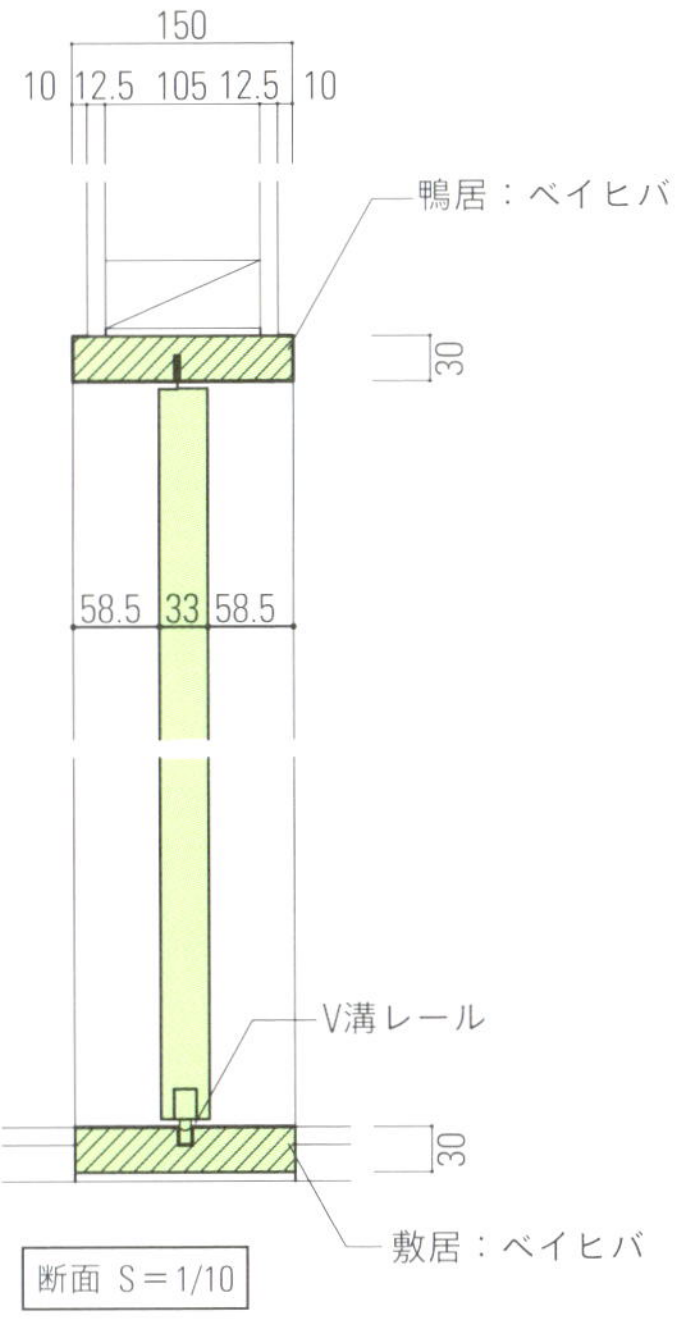
150
10 12.5 105 12.5 10
鴨居：ベイヒバ
30
58.5 33 58.5
V溝レール
30
敷居：ベイヒバ
断面 S＝1/10

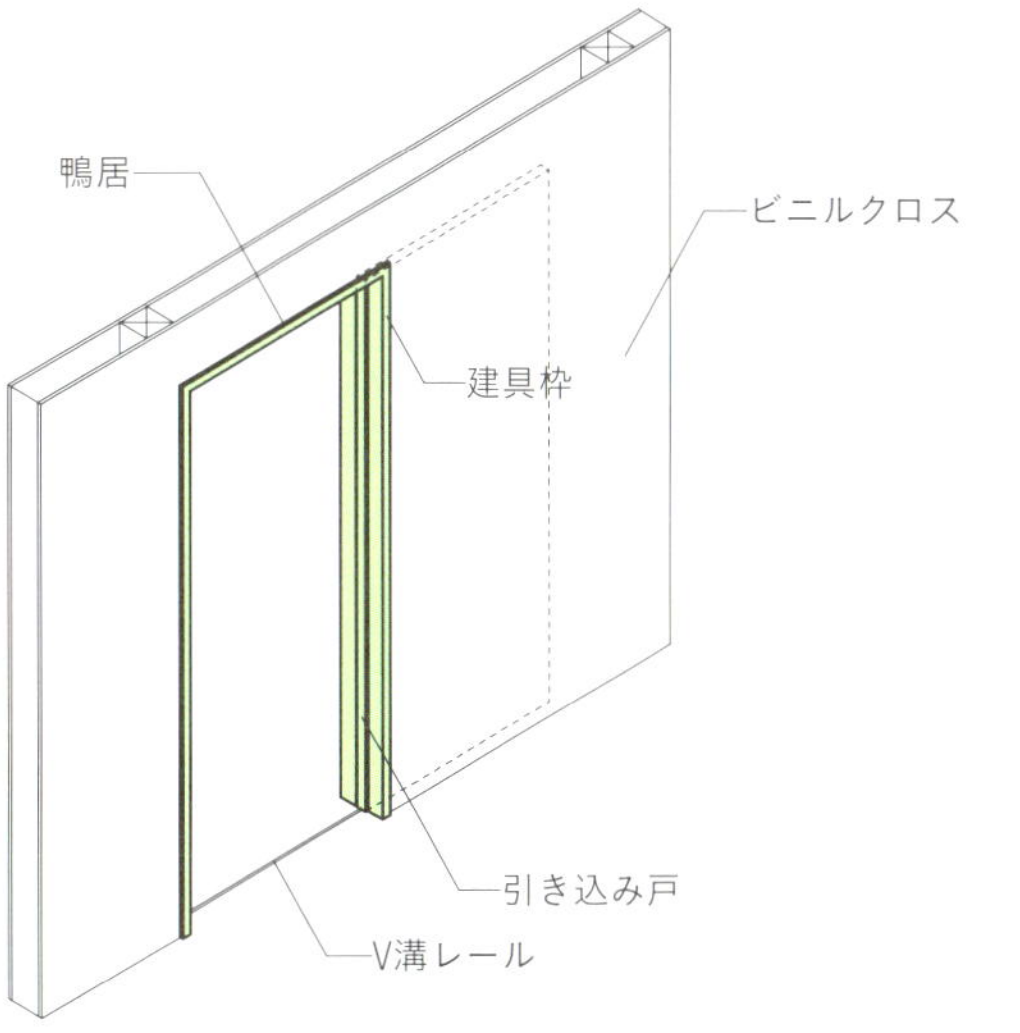
鴨居
ビニルクロス
建具枠
引き込み戸
V溝レール

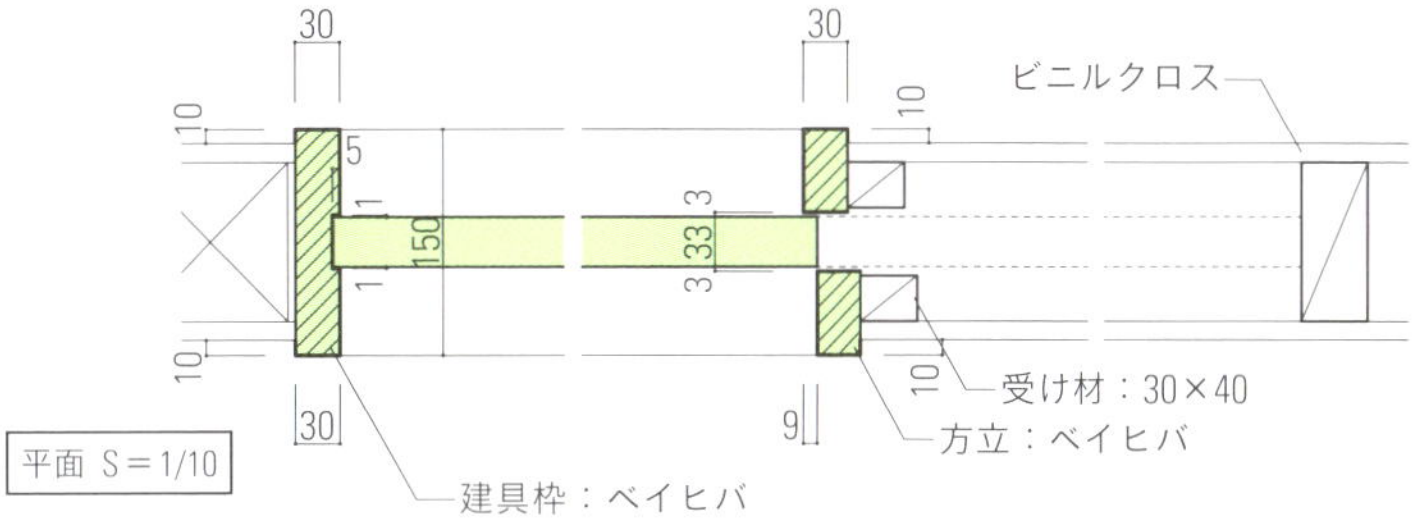
30
30
ビニルクロス
10
5
1
150
3 33 3
1
10
10
30
9
受け材：30×40
方立：ベイヒバ
建具枠：ベイヒバ
平面 S＝1/10

軽く動く吊レールで天井までの建具を引き込む

天井面まで建具高さを伸ばせば、開け放ったときに室同士につながりが生まれる。吊レールは開閉が少ない力で可能になる上、鴨居・敷居に溝が不要になるので、建具がすっきり見える。

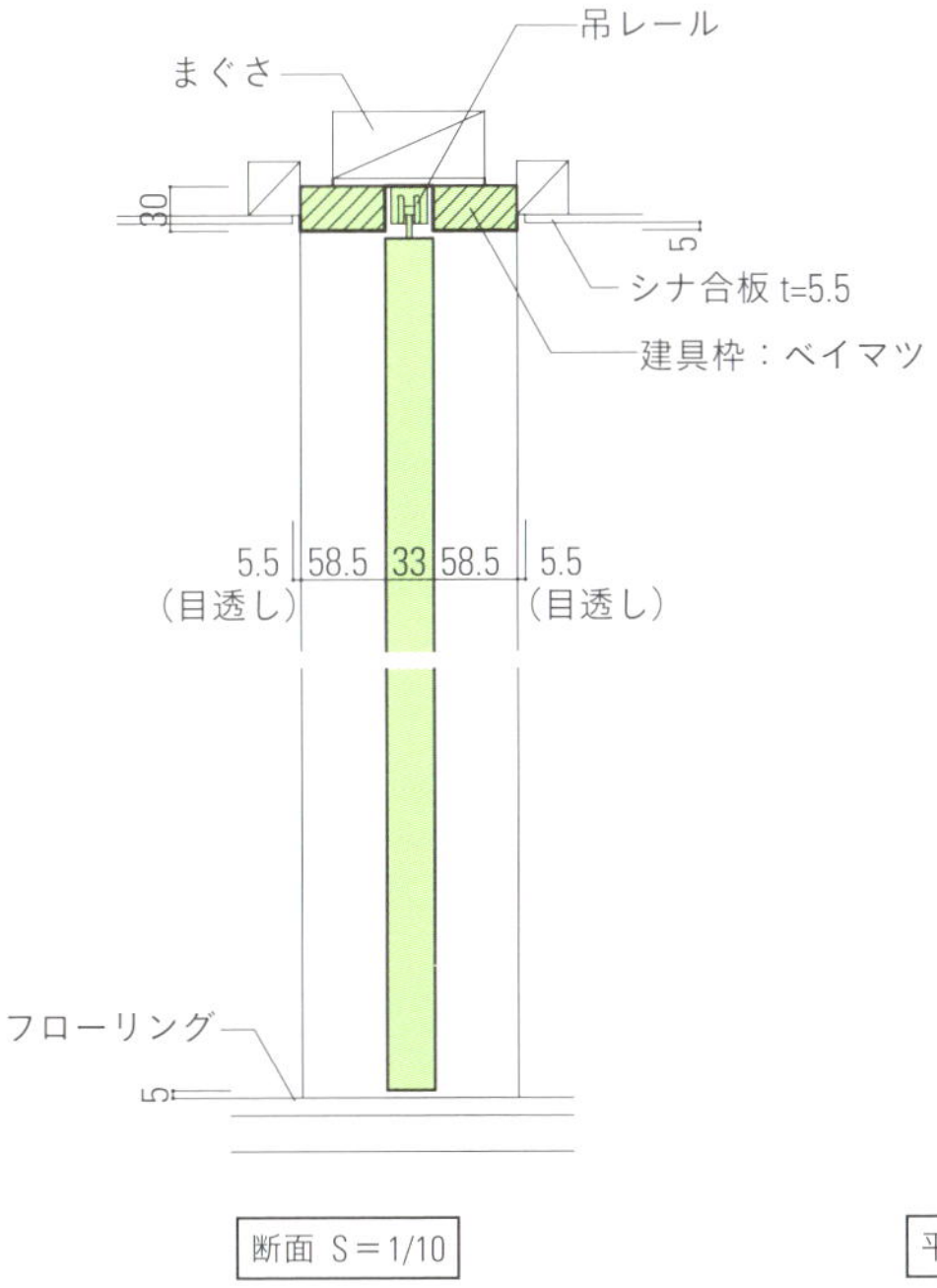
吊レール
まぐさ
30
5
シナ合板 t=5.5
建具枠：ベイマツ
5.5 58.5 33 58.5 5.5
(目透し) (目透し)
フローリング
5
断面 S＝1/10

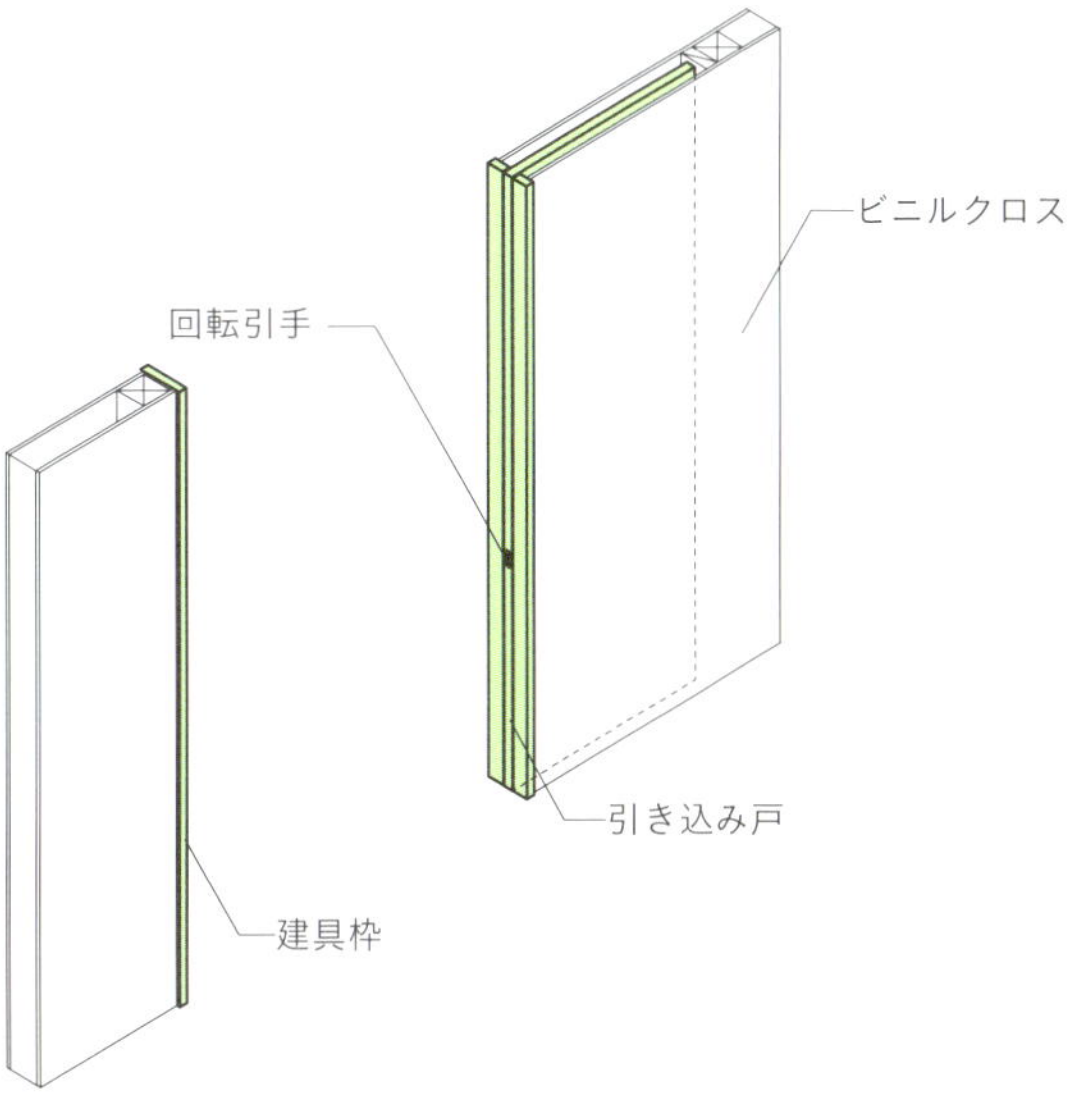
ビニルクロス
回転引手
引き込み戸
建具枠

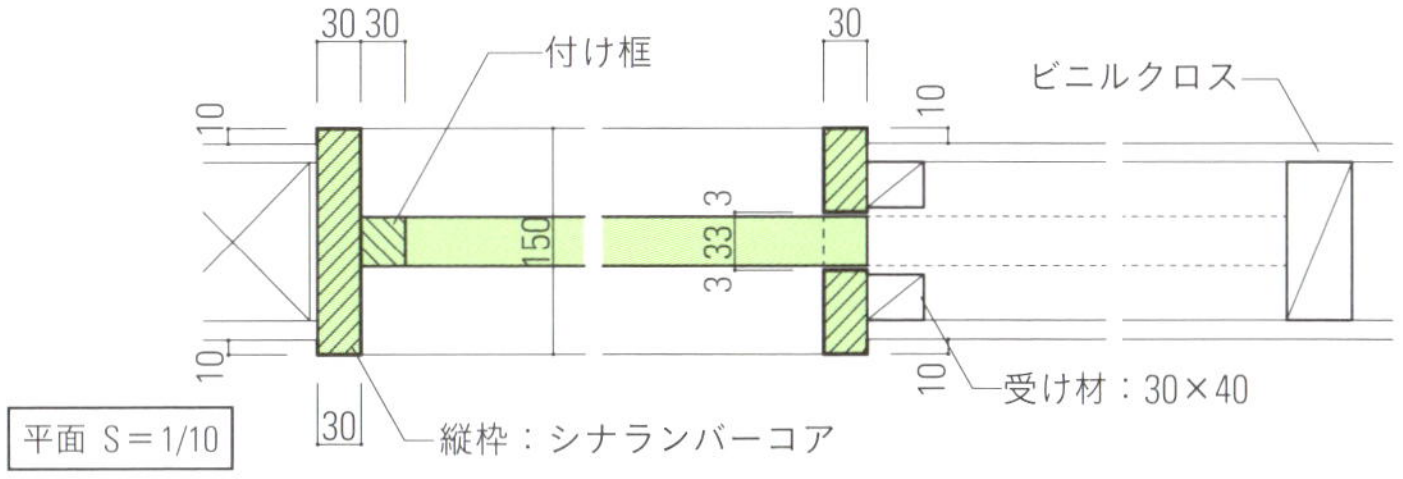
30 30
付け框
30
ビニルクロス
10
10
150
3 33 3
10
10
30
受け材：30×40
縦枠：シナランバーコア
平面 S＝1/10

03 内部造作の基本的な納まり

一般的な襖

標準的な押入は奥行き910、間口1,820。高さは中段までが600～800、天袋は1,750～1,850程度である。

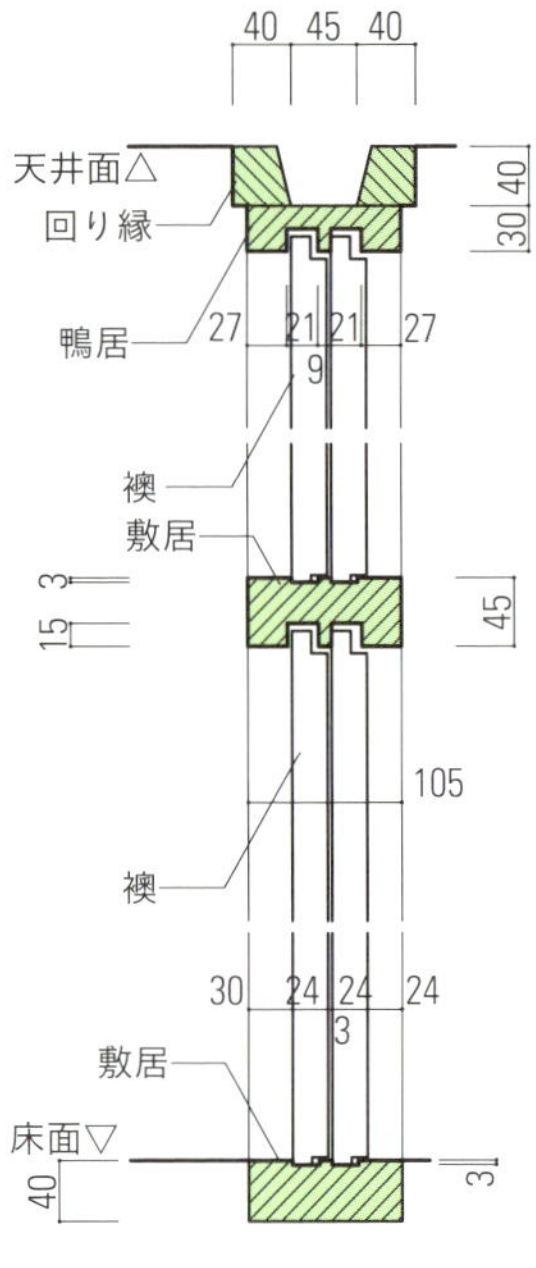

40 45 40
天井面△
回り縁
30 40
鴨居
27 21 21 27
9
襖
敷居
3
15
45
105
襖
30 24 24 24
3
敷居
床面▽
40
3

断面 S＝1/5

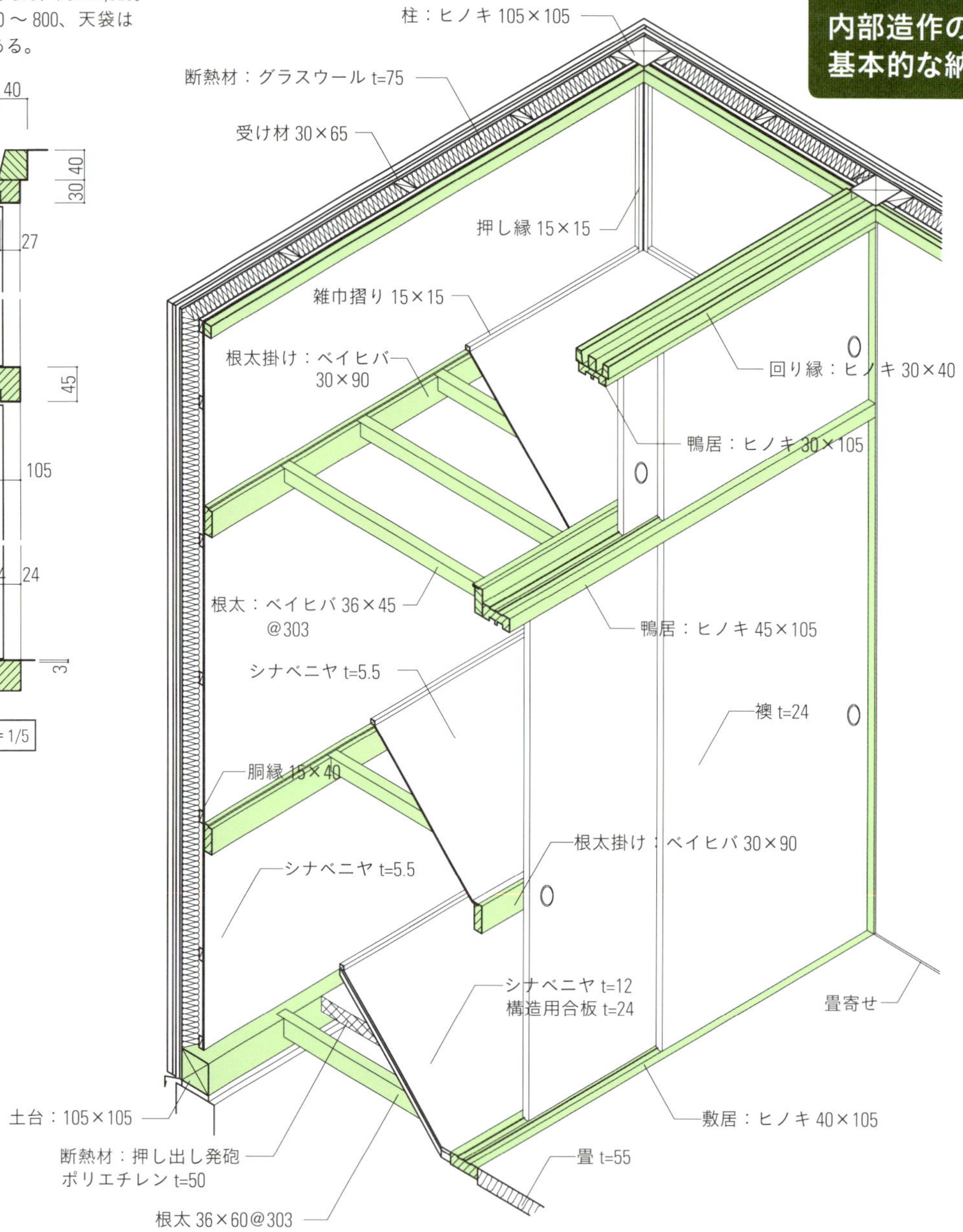

柱：ヒノキ 105×105
断熱材：グラスウール t=75
受け材 30×65
押し縁 15×15
雑巾摺り 15×15
根太掛け：ベイヒバ 30×90
回り縁：ヒノキ 30×40
鴨居：ヒノキ 30×105
根太：ベイヒバ 36×45 @303
鴨居：ヒノキ 45×105
シナベニヤ t=5.5
襖 t=24
胴縁 15×40
根太掛け：ベイヒバ 30×90
シナベニヤ t=5.5
シナベニヤ t=12
構造用合板 t=24
畳寄せ
土台：105×105
敷居：ヒノキ 40×105
断熱材：押し出し発砲
ポリエチレン t=50
畳 t=55
根太 36×60@303

造**作家具**は**箱体**、箱体の基礎と巾木の役目を果たす**台輪**《だいわ》、天井との隙間を調整する**支輪**《しりん》、壁との間の凹凸を調整する**フィラー**で構成される。

箱体は**地板**、左右の**側板**、**天板**、**裏板**をベースとして組まれ、**方立**、**中仕切り**、**可動棚**、**固定棚**を目的に合わせて取り付ける。そこに扉、引出しなどが付けば完成である。箱体を連続させたい場合は、お互いを**締結金物**で密着させる。現在は、可動棚の**ダボ**、扉の**スライド丁番**、引出しの**スライドレール**など各種金物を自在に取り付けできるよう、**ランバーコア材**を採用することが増えてきた。

同じくよく用いられる**フラッシュパネル**はサンドイッチ構造の一種であり、周囲および芯に幅の狭い板を使い、両面に合板を接着した**中空構造板**である。ランバーコアよりも強度は落ちる。

造作家具は、スペースの有効利用、空間と家具のテイストを合わせられるというメリットがある。中心となる箱体はランバーコア、扉はフラッシュ、天板は集成材とし、それにシナ合板などを組み合わせるケースが多い。

意匠的にエアコンなどの設備機器を見せたくない場合、造作家具の内部に隠すのも有効である。

押入は明治期の綿入れ布団とともに現代まで引き継がれてきた。寝具や座布団、衣装、小物あらゆるものが収納される**フレキシブルな空間**である。そのため、座敷や茶の間では欠かせないものである。

構成方法はさまざまで、**長押**《なげし》より上を**天袋**《てんぶくろ》にするケースや、内法の中間に中敷居を設けて2段にするケース、下部に空間をとって**吊押入**とするケース等がある。天袋は収納物の荷重で敷居が下がることを避けるため、**天袋の根太と敷居は離して取り付ける**ことが望ましい。押入は壁内や床下部分に**断熱材を入れ忘れない**ように注意する。

クローゼットにはハンガーに吊るして収納できる機能が必要である。容量も大きく場所をとるため、位置や建具の大きさには注意されたい。丈の長いドレスやコート類はハンガーパイプ下の寸法が**1600㎜以上必要**である。引出しも造付けであれば小物、ワイシャツ、アクセサリーなどもしまえるため便利である。スペースに余裕がなくなりそうな寝室のクローゼットの場合、扉が開いたときにベッドにぶつからないよう、**扉の幅を小さめに**しておくとよい。

大壁の押入

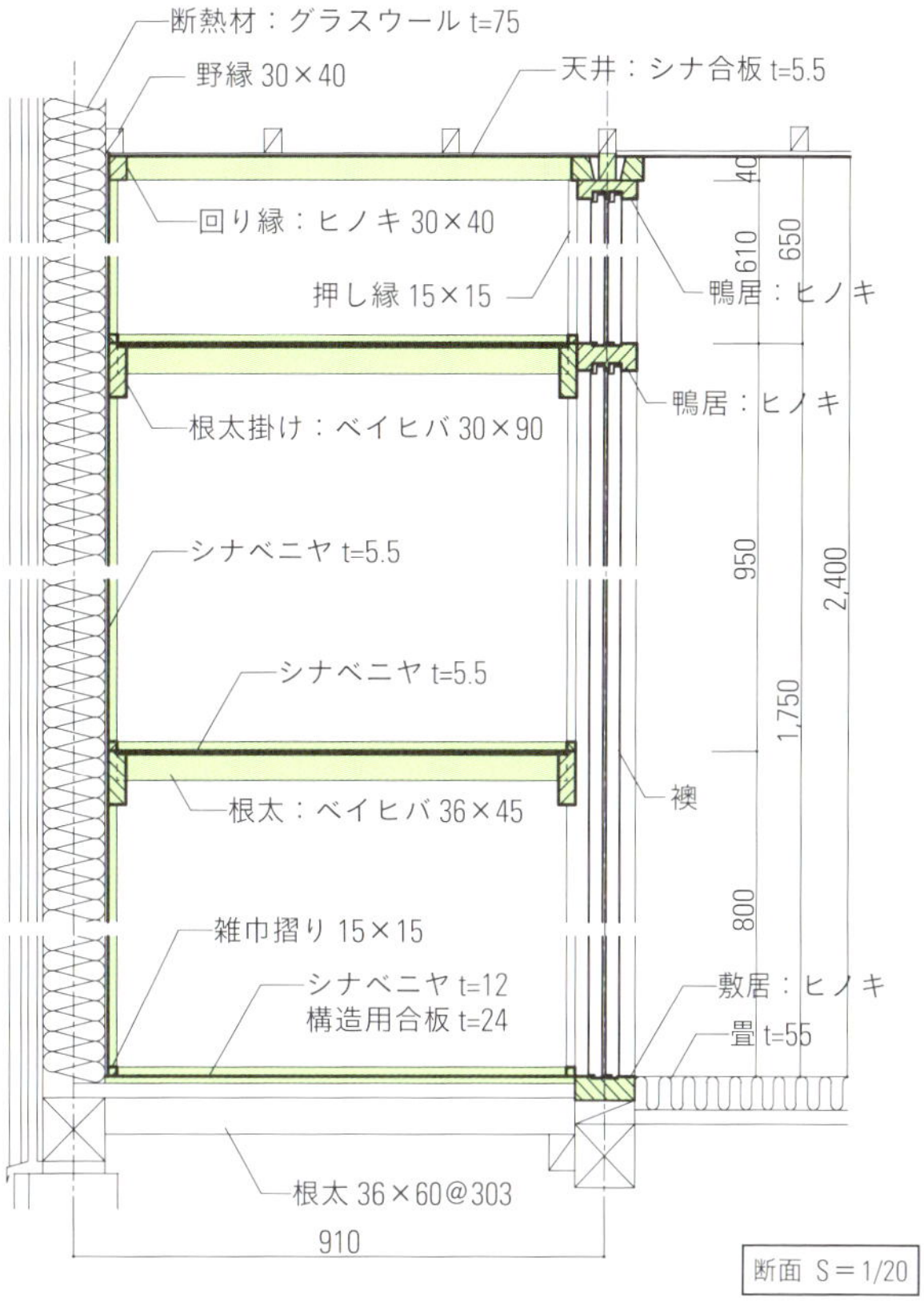

シンプルな収納

シンプルに収納部分をつくり、既製品の金物と組み合わせたケース。

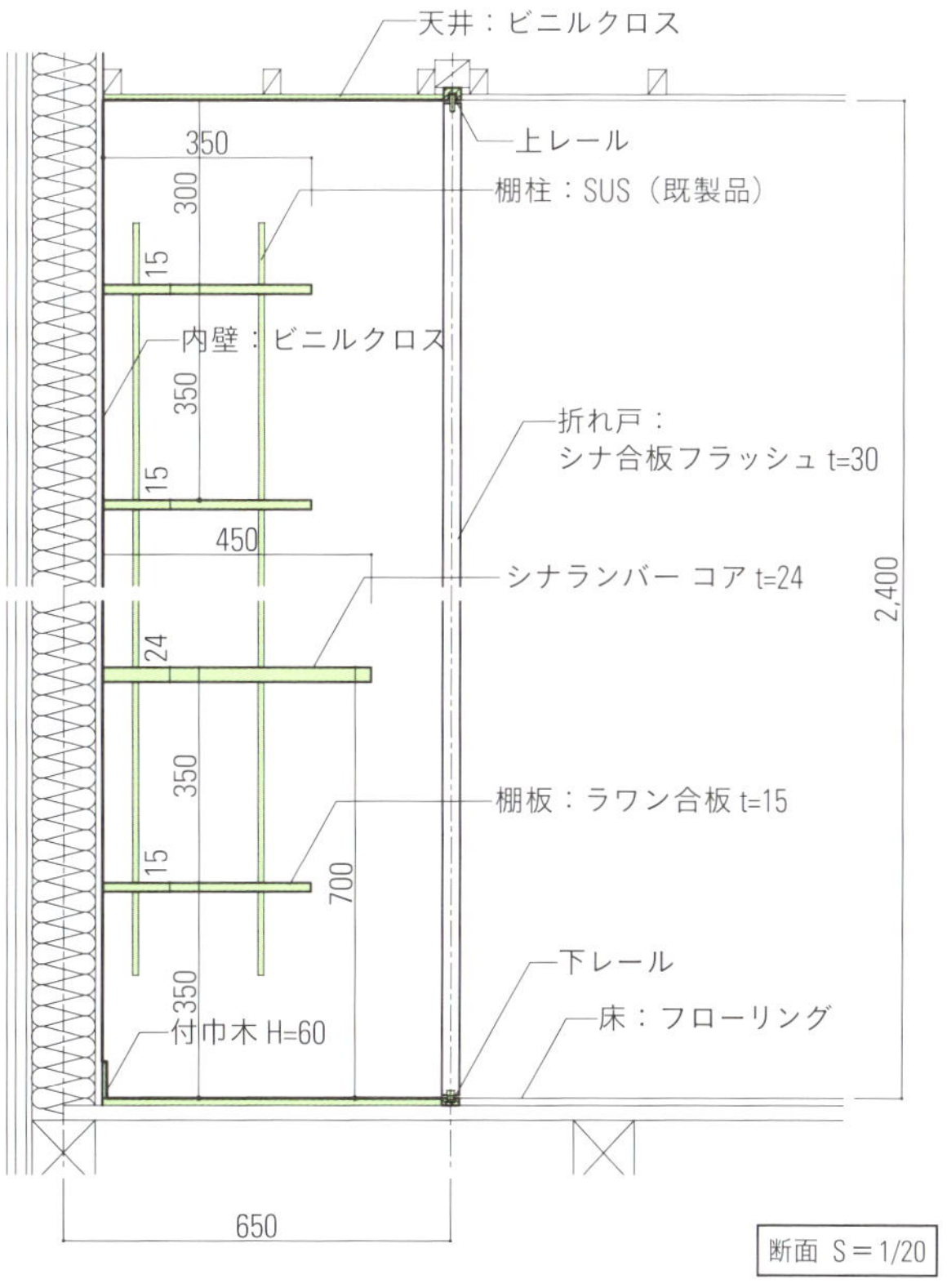

スペースを無駄にしない階段下収納

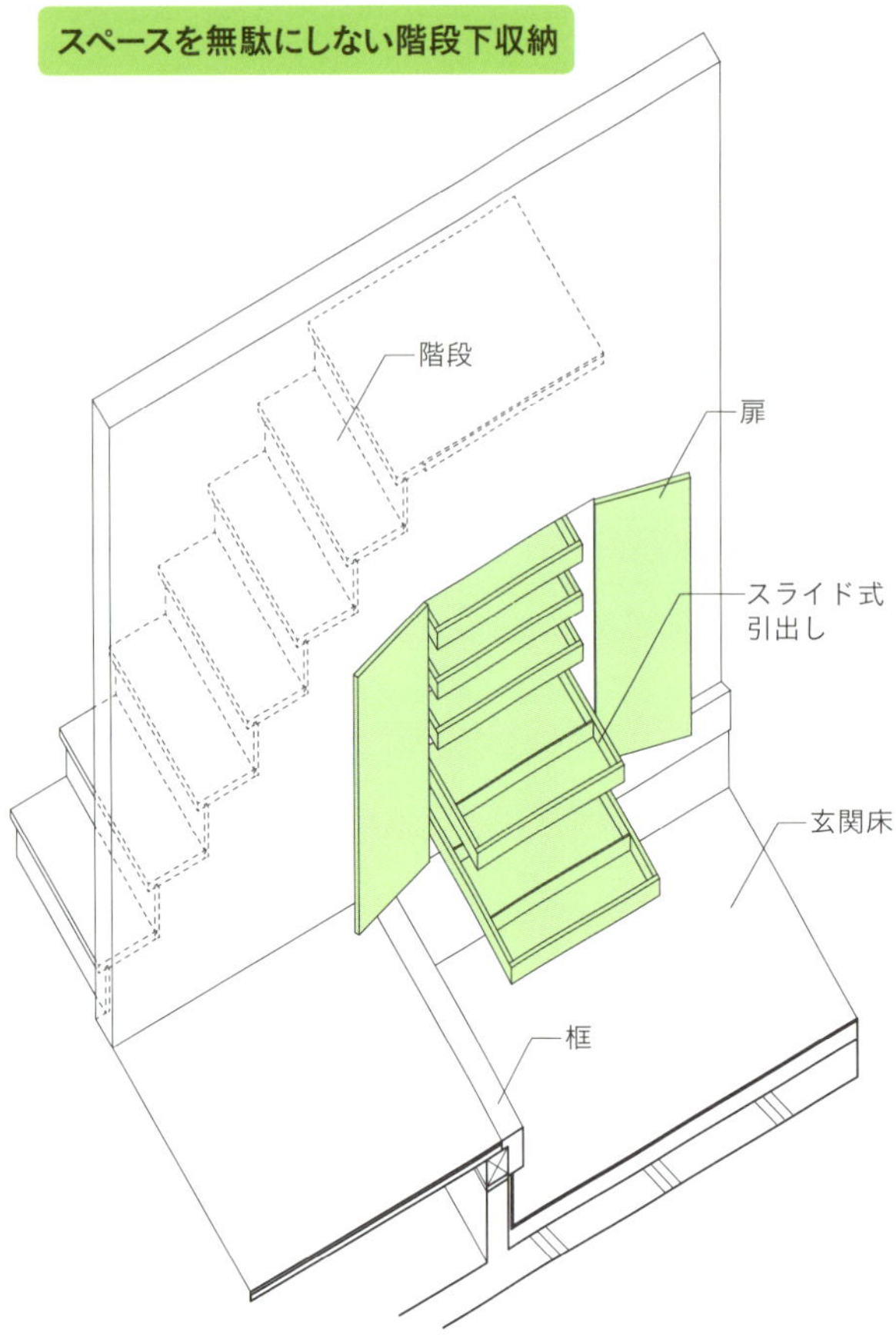
階段
扉
スライド式
引出し
玄関床
框

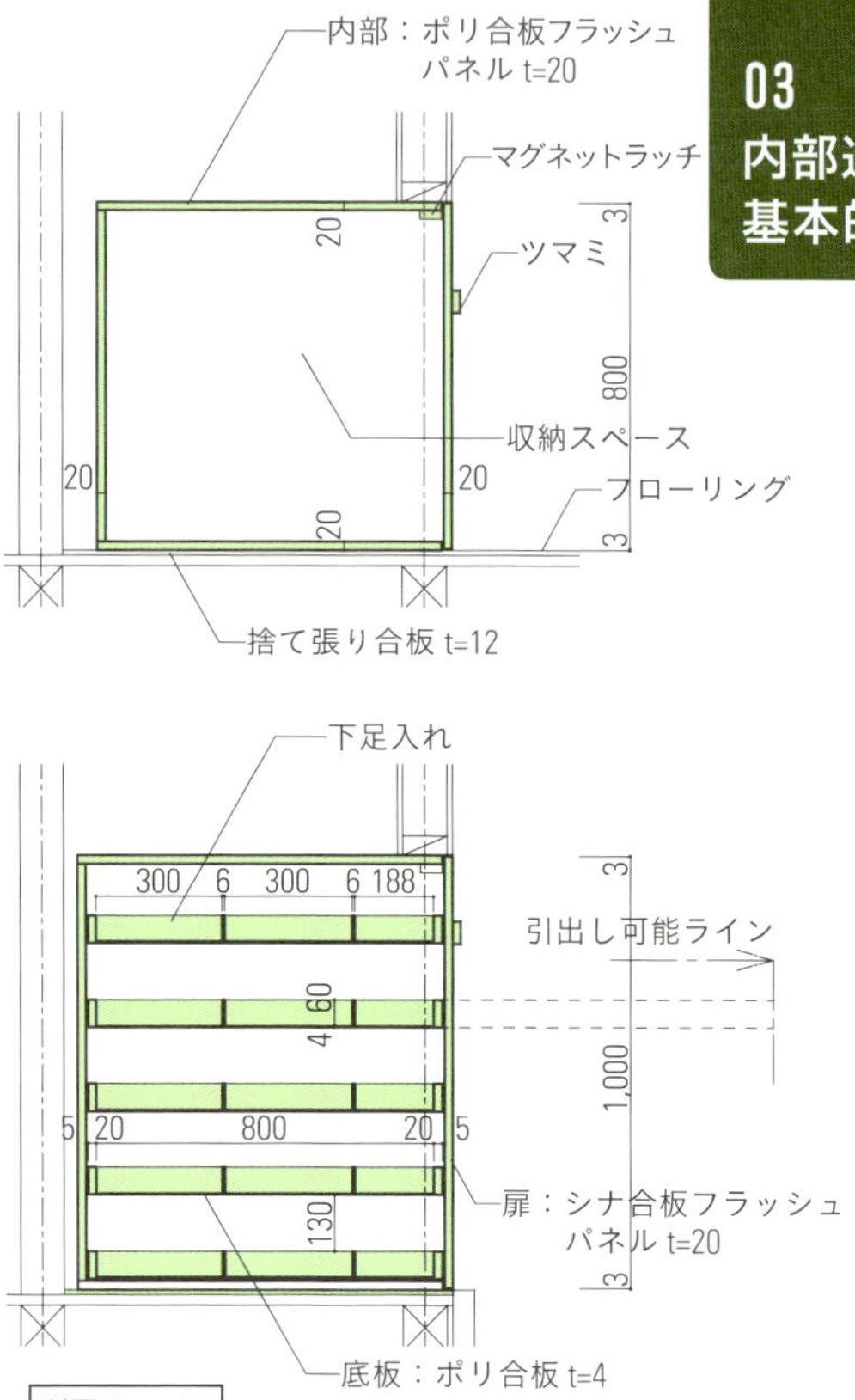
内部：ポリ合板フラッシュ
パネル t=20
マグネットラッチ
ツマミ
収納スペース
フローリング
捨て張り合板 t=12
20
20
20
20
3
800
3
下足入れ
300 6 300 6 188
引出し可能ライン
460
1,000
5 20 800 20 5
130
扉：シナ合板フラッシュ
パネル t=20
3
3
底板：ポリ合板 t=4

断面 S＝1/30

可動棚付きの下足入れ

下足入れは中段を飾り棚として利用してもよいし、天井までの収納としてもよい。

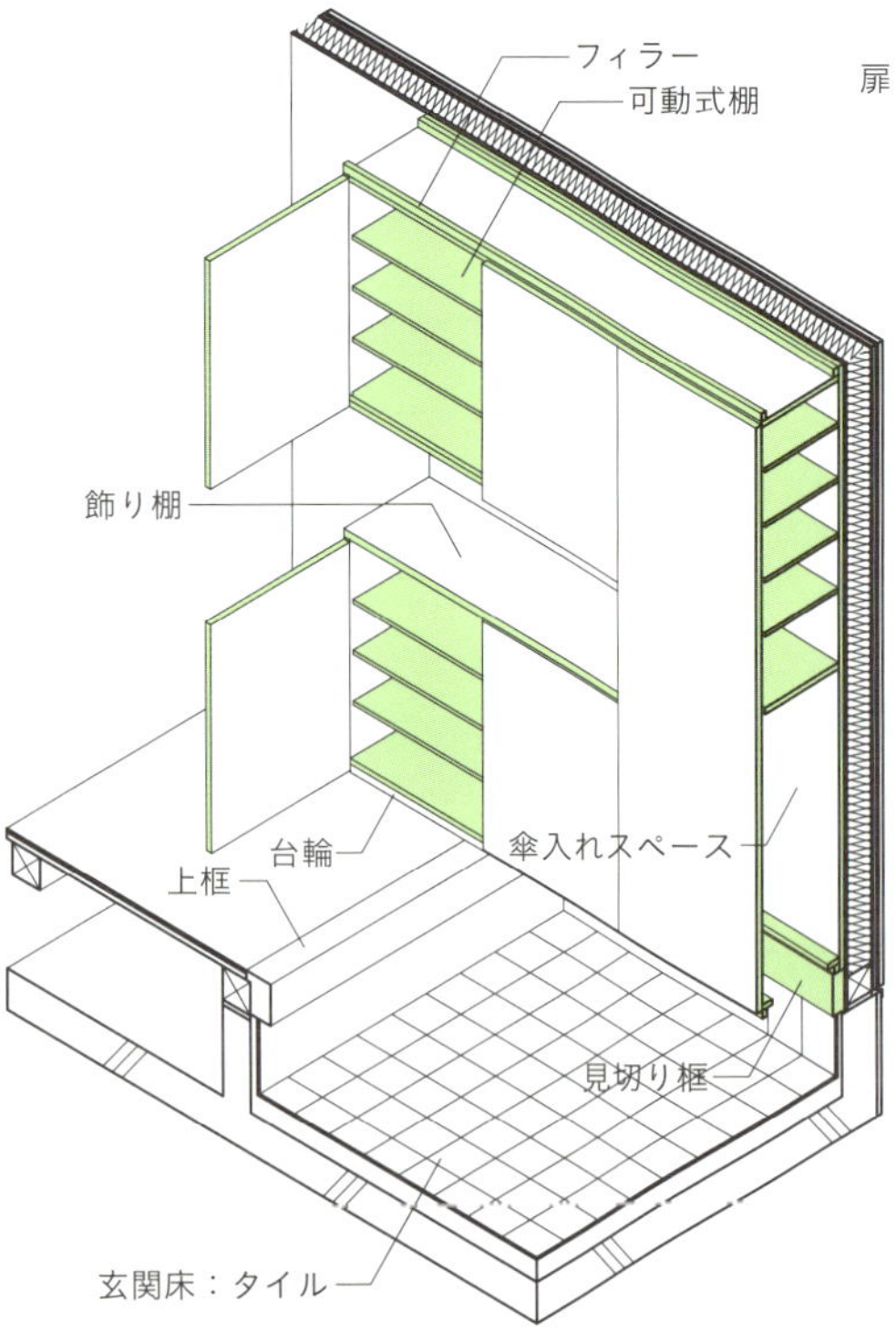
フィラー
可動式棚
飾り棚
台輪
上框
傘入れスペース
見切り框
玄関床：タイル

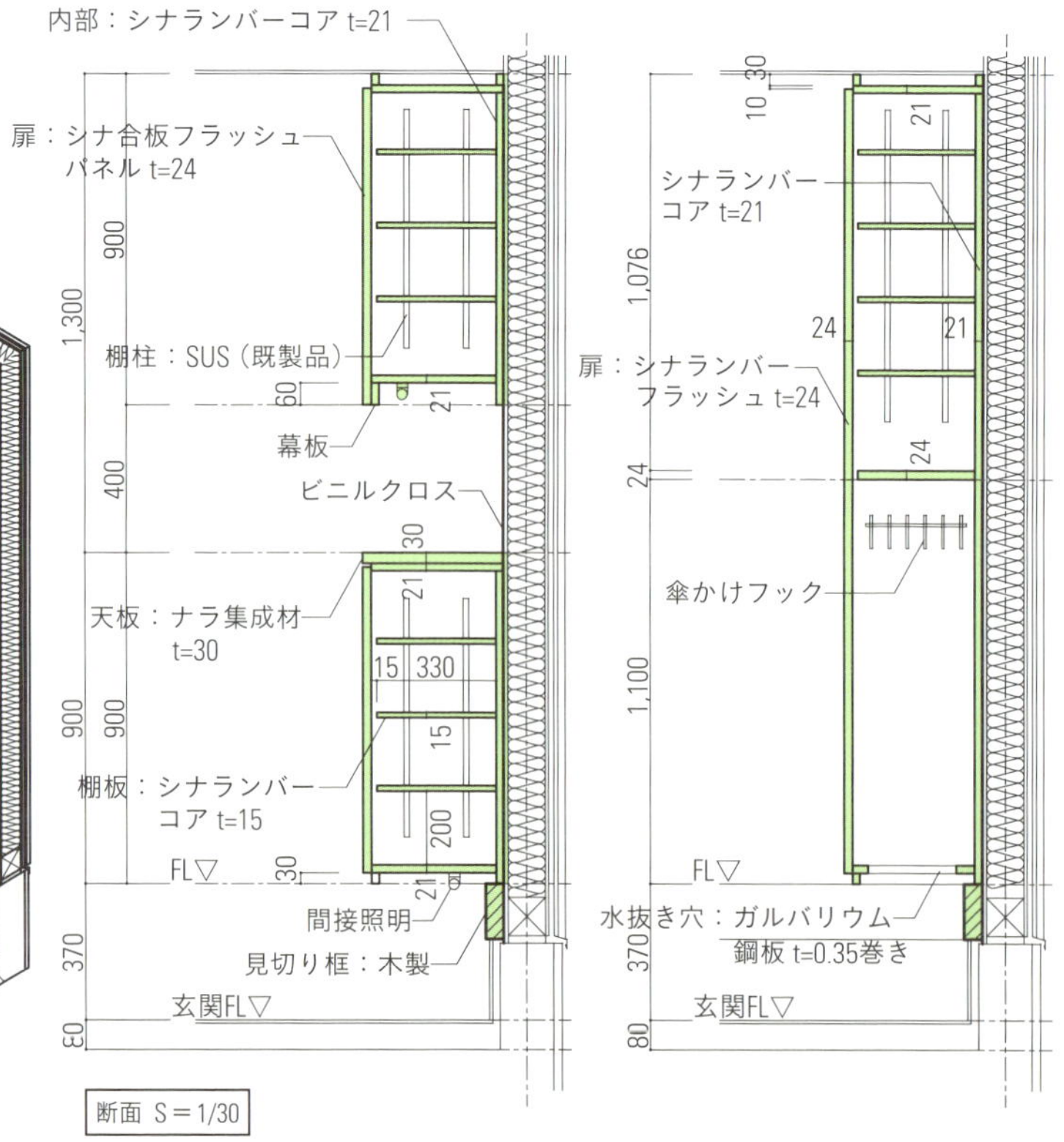
内部：シナランバーコア t=21
扉：シナ合板フラッシュ
パネル t=24
棚柱：SUS（既製品）
幕板
ビニルクロス
天板：ナラ集成材
t=30
棚板：シナランバー
コア t=15
FL▽
間接照明
見切り框：木製
玄関FL▽
900
1,300
60
21
400
30
21
15 330
15
200
900
900
30
21
370
80
10 30
21
シナランバー
コア t=21
1,076
24
21
扉：シナランバー
フラッシュ t=24
24
24
傘かけフック
1,100
FL▽
水抜き穴：ガルバリウム
鋼板 t=0.35巻き
370
玄関FL▽
80

断面 S＝1/30

造作で机と本棚をつくる＋レールが不要な折れ戸

扉が建具枠の外側に付く金物を用いれば下レールがないため、台車などがひっかからない。

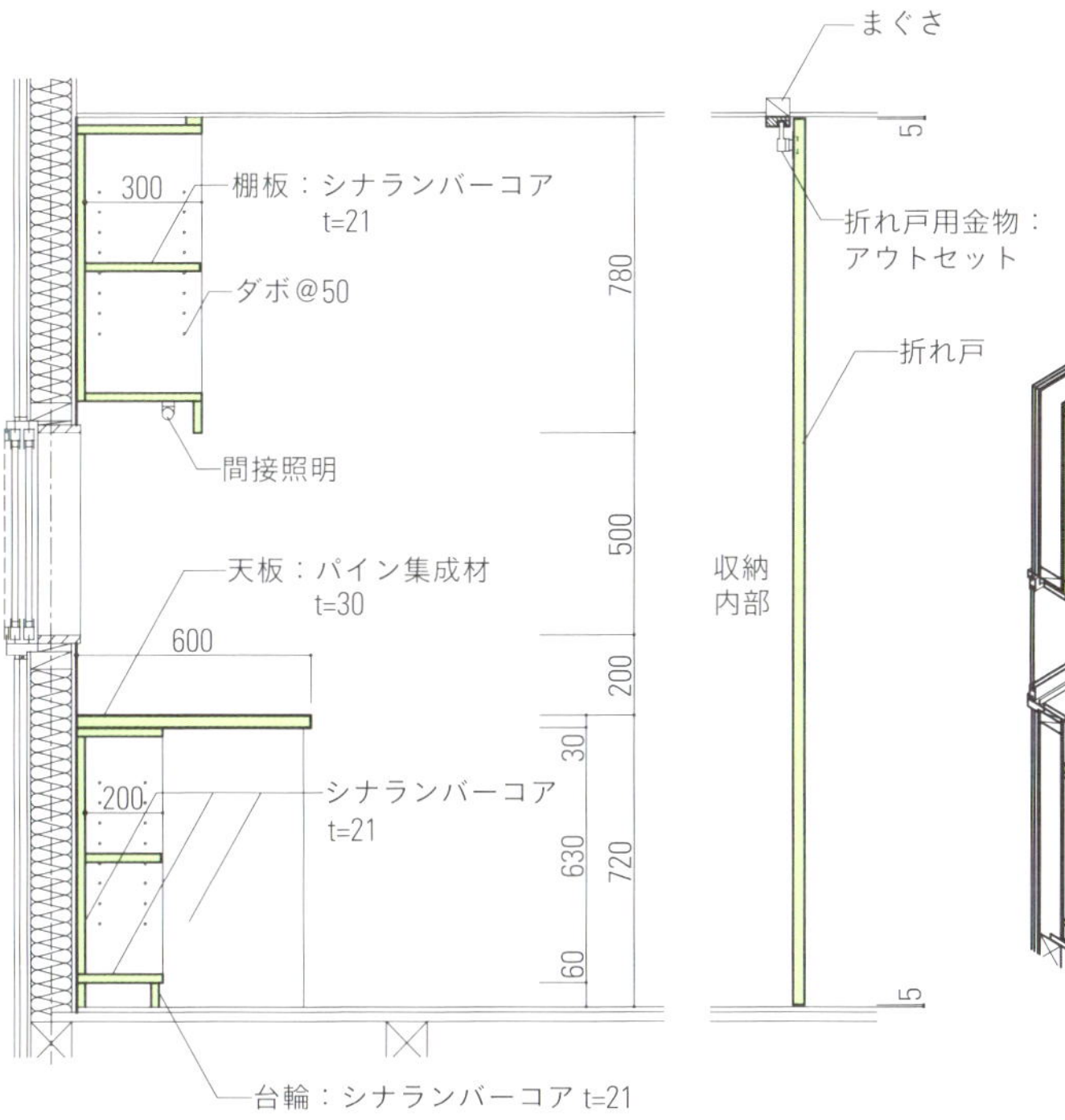
まぐさ
300
棚板：シナランバーコア
t=21
ダボ@50
間接照明
天板：パイン集成材
t=30
600
200
シナランバーコア
t=21
台輪：シナランバーコア t=21
780
500
200
30
630
720
60
5
5
折れ戸用金物：
アウトセット
折れ戸
収納
内部

断面 S＝1/30

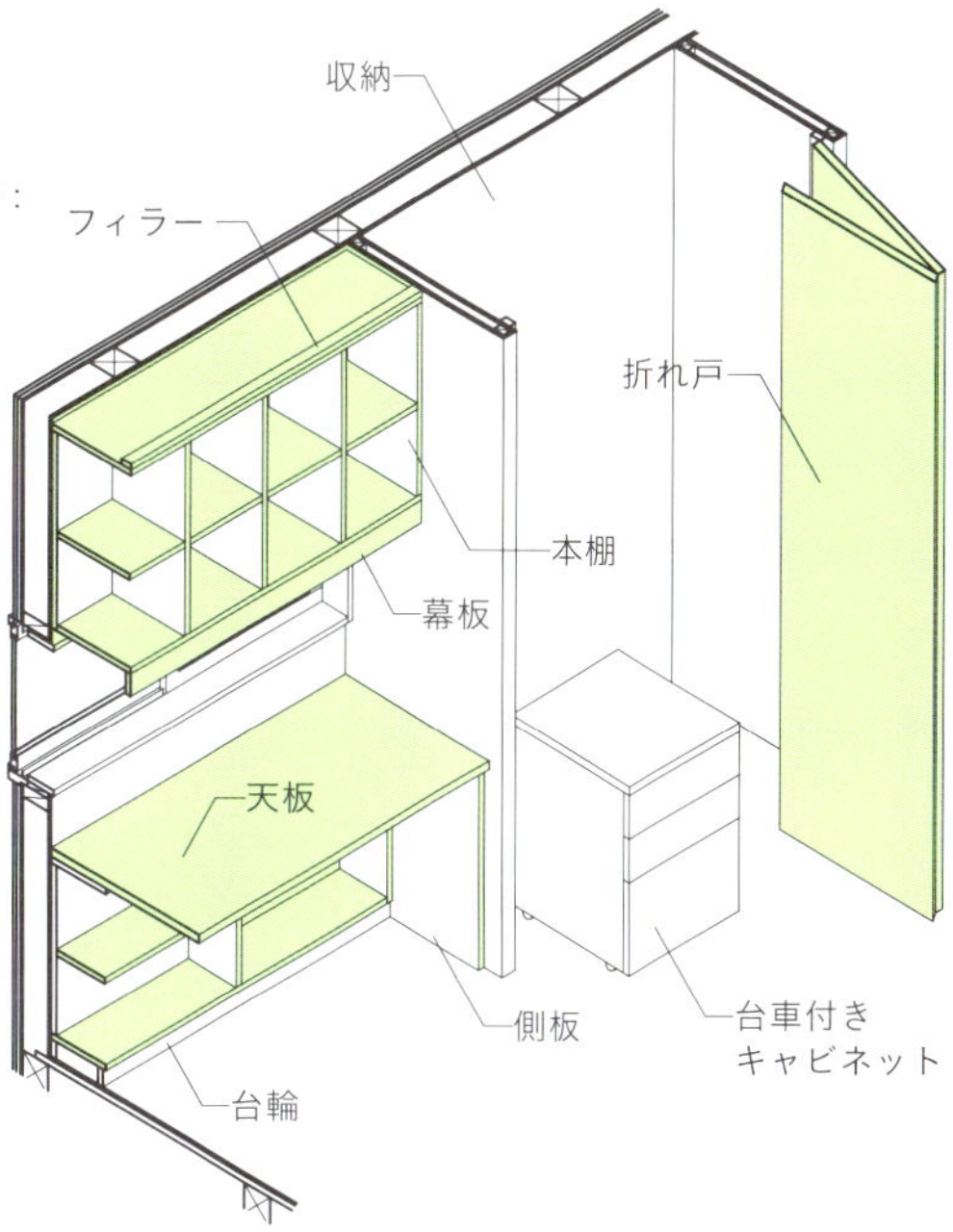
収納
フィラー
折れ戸
本棚
幕板
天板
側板
台車付き
キャビネット
台輪

着脱可能な掘りゴタツで用途に合わせた空間へ

着脱可能な堀りゴタツによってくつろぐ、お茶を飲む、寝るなどさまざまな使い方が可能になる。畳を敷いて物を収納してもよい。

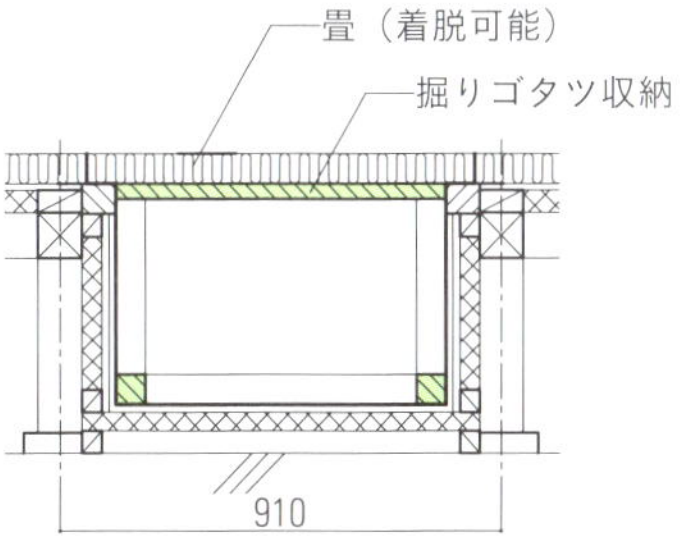
畳（着脱可能）
掘りゴタツ収納
910

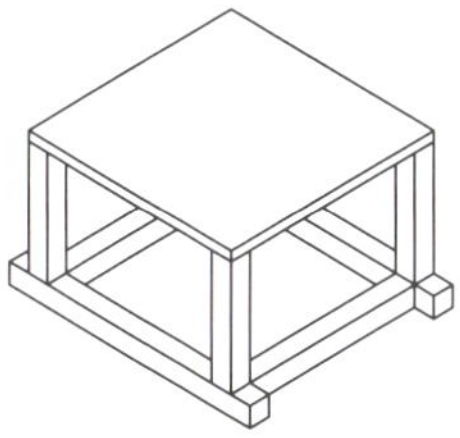

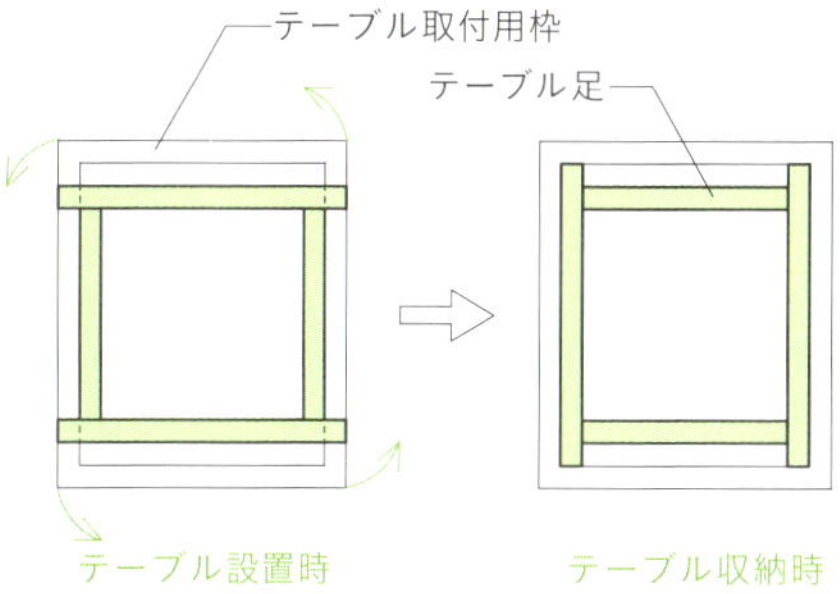
テーブル取付用枠
テーブル足
テーブル設置時
テーブル収納時

90度回転させることで畳下に収納可能

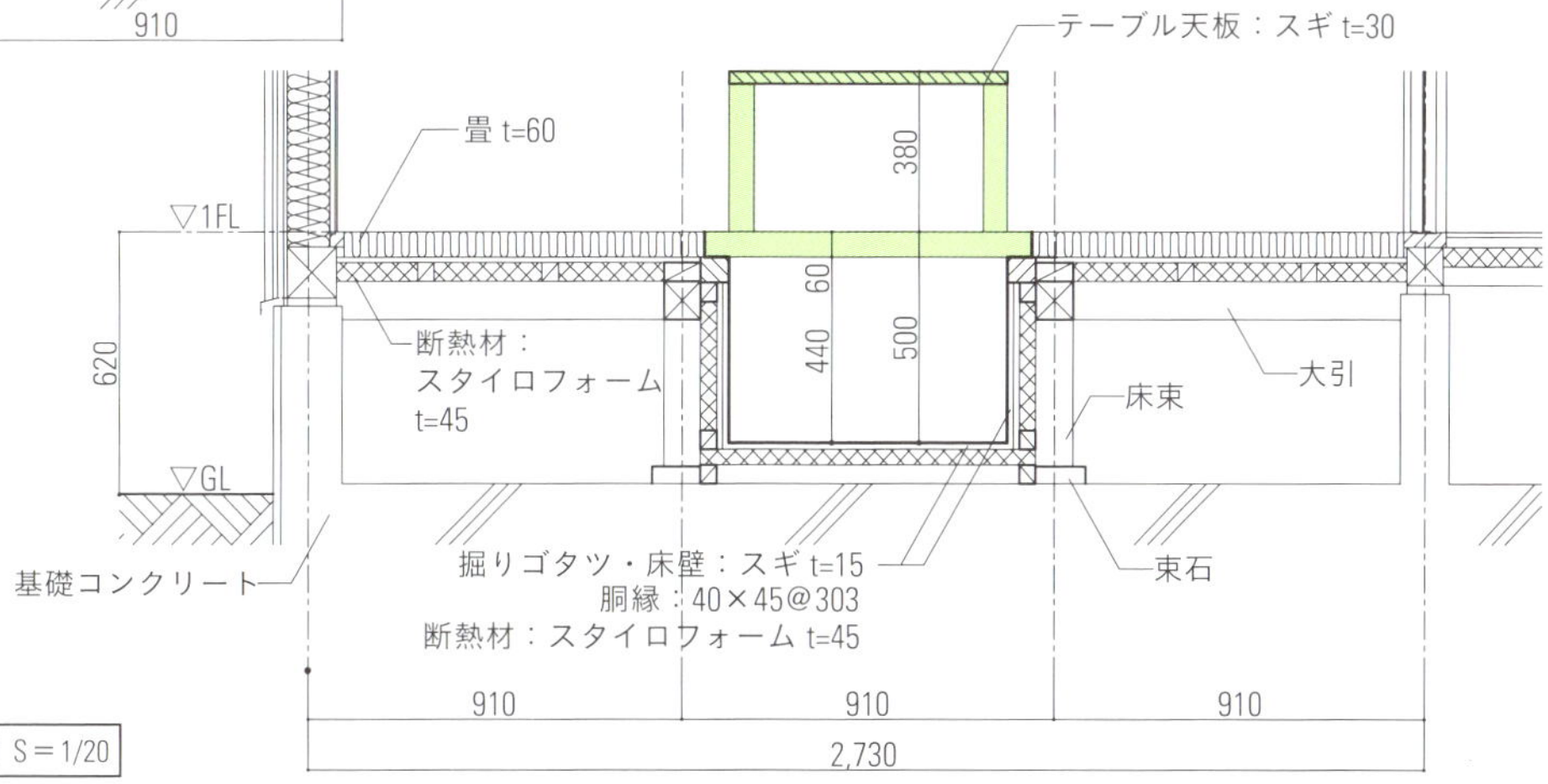
テーブル天板：スギ t=30
畳 t=60
▽1FL
▽GL
620
380
60
440
500
断熱材：
スタイロフォーム
t=45
床束
大引
基礎コンクリート
掘りゴタツ・床壁：スギ t=15
胴縁：40×45@303
断熱材：スタイロフォーム t=45
束石
910
910
910
2,730

断面 S＝1/20

一般的なキッチン＋造作家具

カウンター天板は熱・水に強い人造大理石などを使用するとよい。扉や配膳スペース等、水がかかりやすい場所に木材を使用する場合は、水に強いウレタン塗装などを施す。

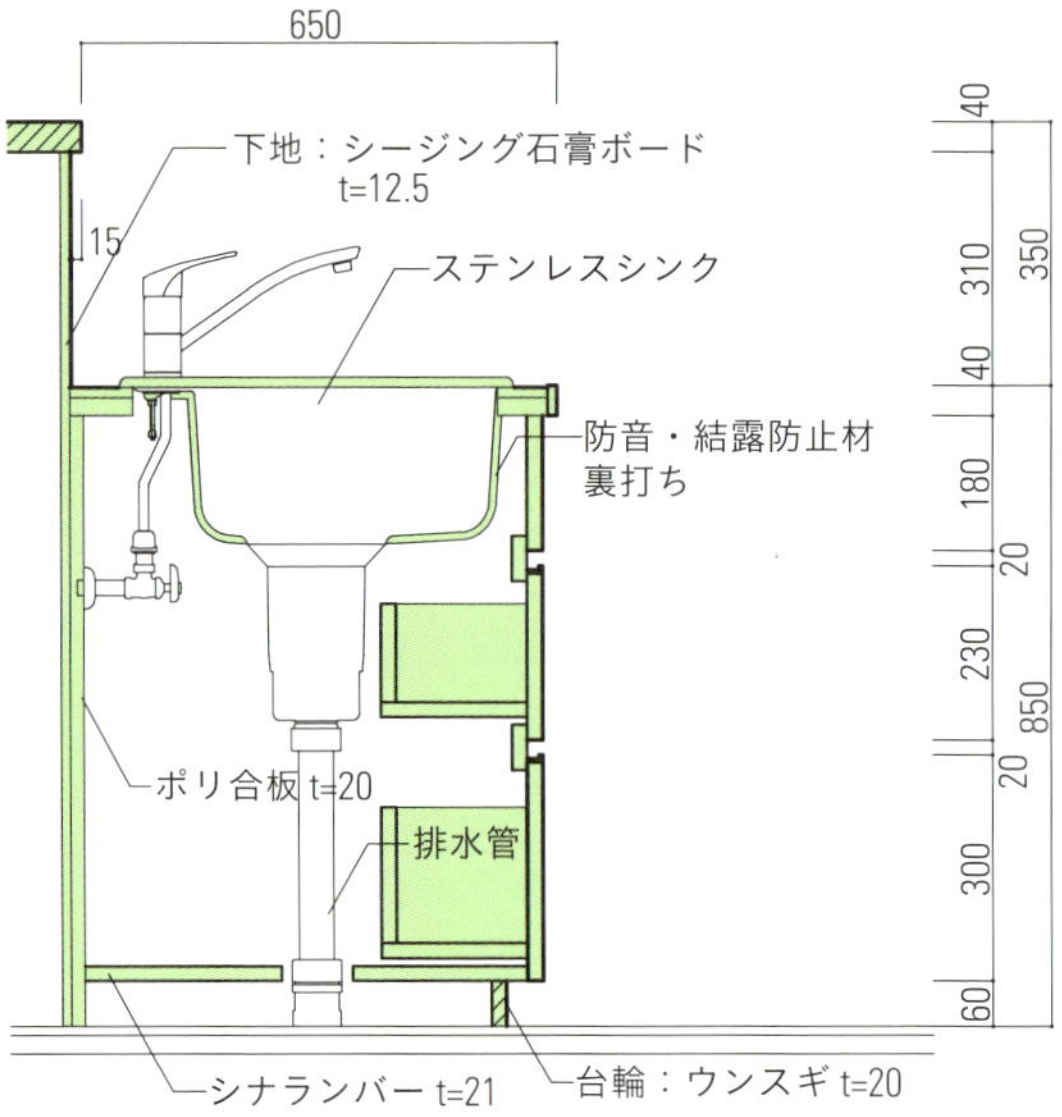
650
下地：シージング石膏ボード
t=12.5
15
ステンレスシンク
防音・結露防止材
裏打ち
ポリ合板 t=20
排水管
シナランバー t=21
台輪：ウンスギ t=20
40
310
350
40
180
20
230
850
20
300
60

シンク部断面 S＝1/20

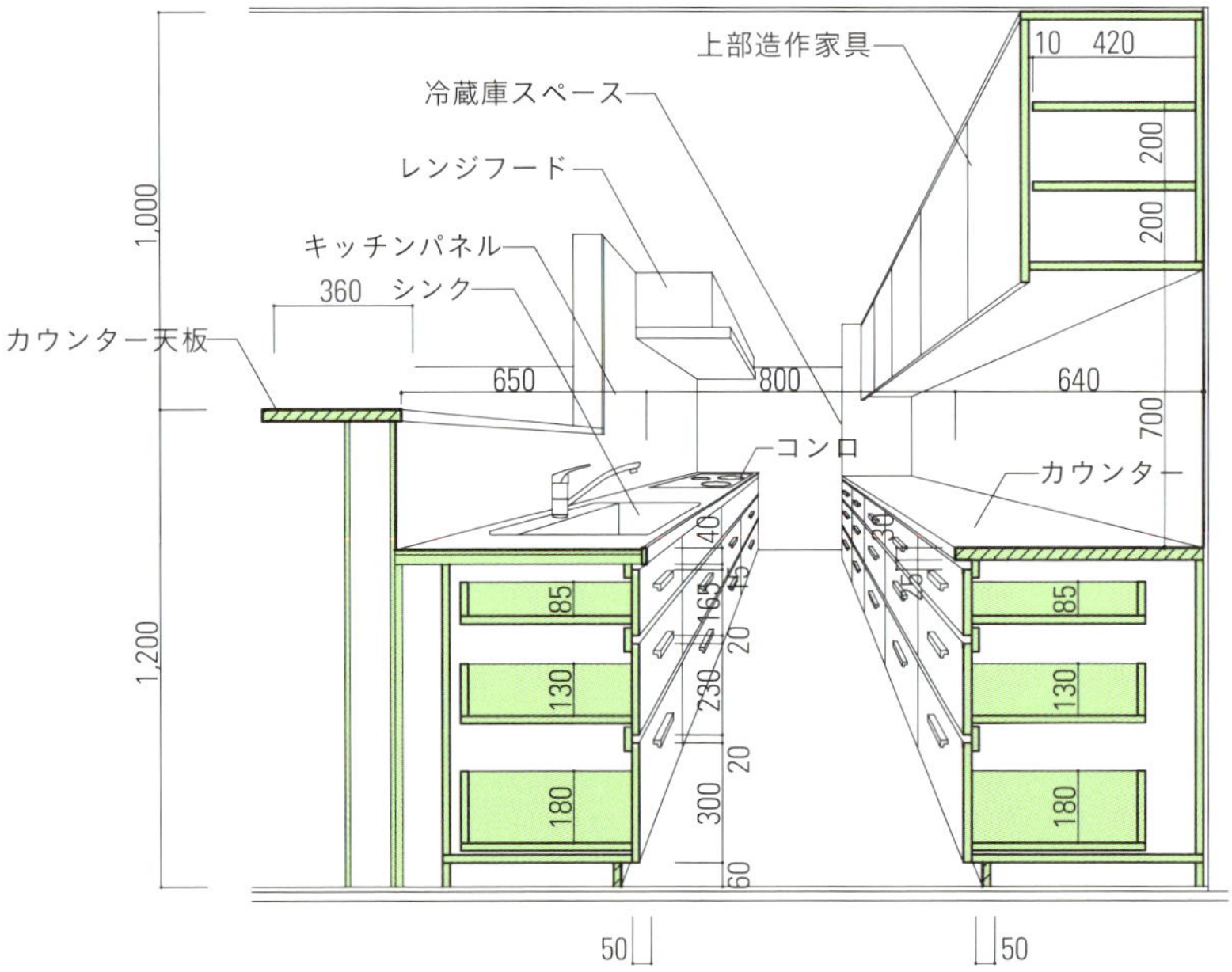
上部造作家具
冷蔵庫スペース
レンジフード
キッチンパネル
360 シンク
カウンター天板
650
800
640
10 420
200
200
700
1,000
1,200
コンロ
カウンター
85
130
180
40
165
20
230
20
300
60
50
50

断面 S＝1/30

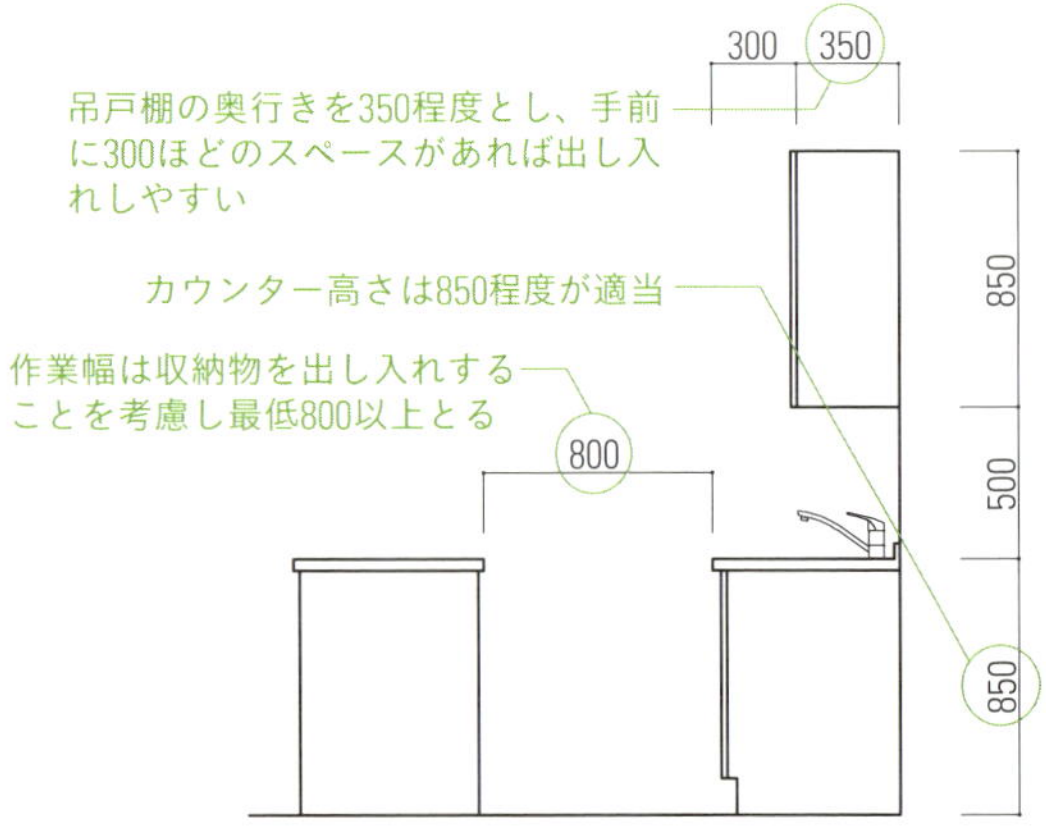
300 350
吊戸棚の奥行きを350程度とし、手前に300ほどのスペースがあれば出し入れしやすい
カウンター高さは850程度が適当
作業幅は収納物を出し入れすることを考慮し最低800以上とる
800
850
500
850

キッチンは食事をつくる大切な場所であり、ほぼ毎日使用するため重要な空間である。

使いやすく、物があふれない清潔なキッチンにするためには、調理手順や動線、幅や高さ、食器の形状・量などを考慮した計画にしなければならない。

キッチンは食材を収納し、洗い、切り、調理するという一連の行為がスムーズに行えるようにする。

キッチンタイプには**I型**や**L型**、**アイランドド型**、**コの字型**などがある。これらは使う人の好みに合わせて選択したい。

数人で作業しやすいアイランド型

水がかかるキッチンは下地材に水に強いシージング石膏ボードなどを用いるとよい。

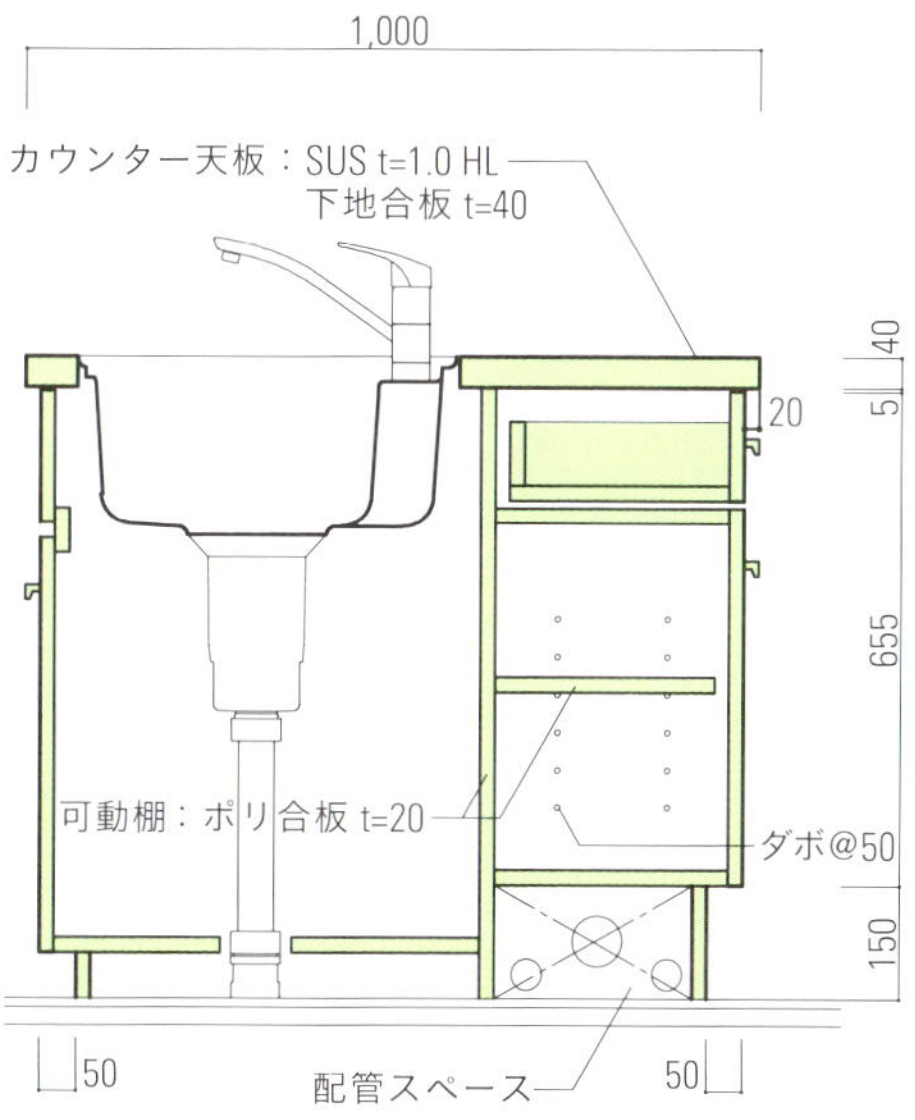
1,000
カウンター天板：SUS t=1.0 HL
下地合板 t=40
40
5
20
655
可動棚：ポリ合板 t=20
ダボ@50
150
50
配管スペース
50

シンク部断面 S＝1/20

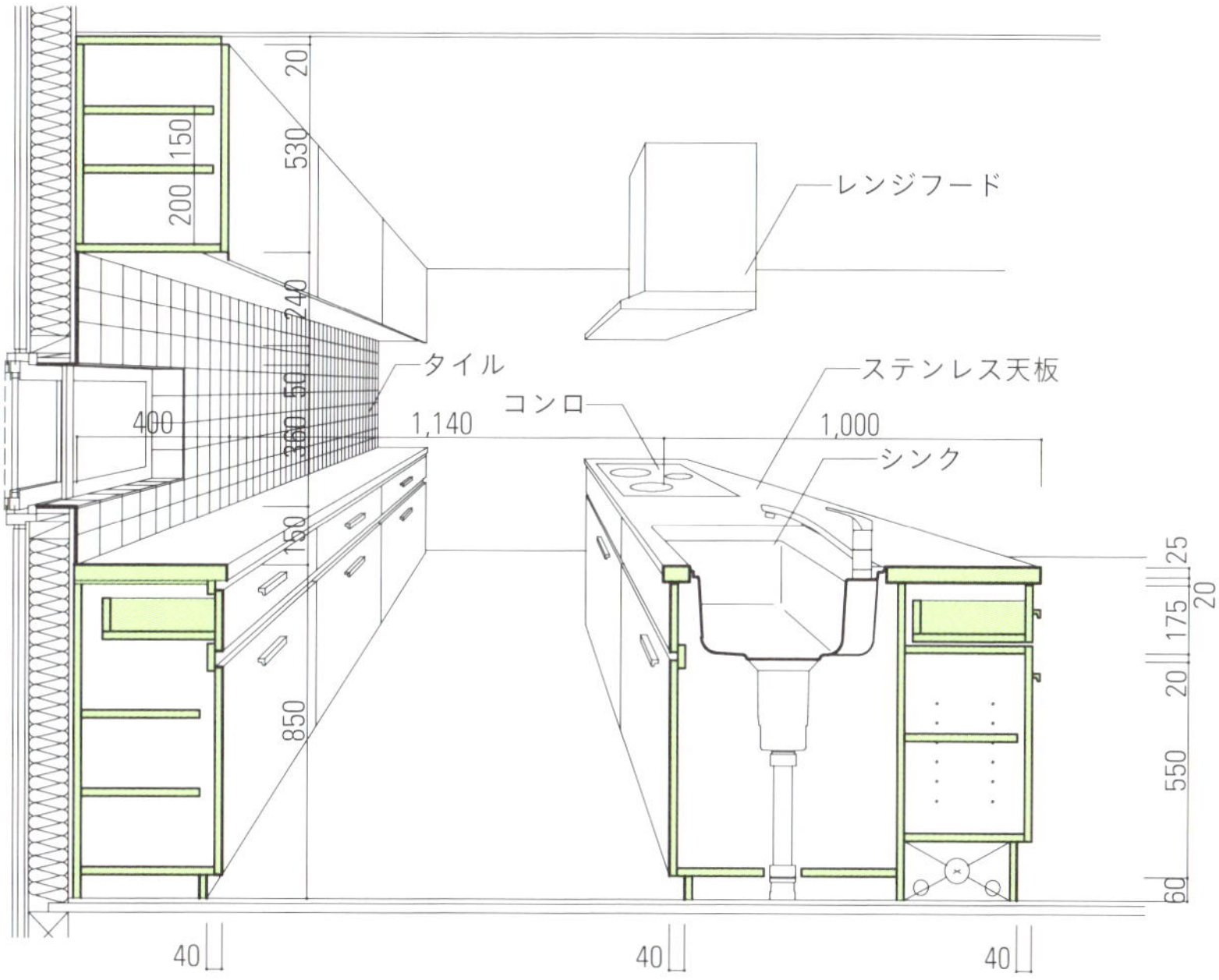
20
530
150
200
240
50
360
150
850
400
1,140
レンジフード
タイル
コンロ
ステンレス天板
1,000
シンク
25
20
175
20
550
60
40
40
40

断面 S＝1/30

❶I型
一般的なタイプで反対側に食器棚等の収納があると使いやすい

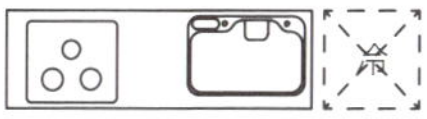

❷L型
作業動線がカウンター長さに短くなるが、隅部の収納に工夫を要する

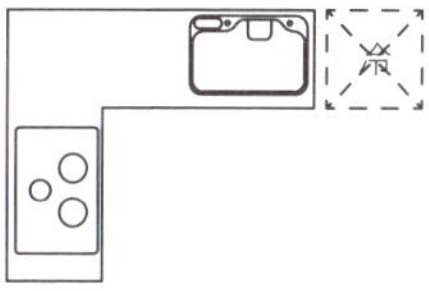

❸アイランド型
壁から離れたところに独立した作業台を設置したもので、数人での作業を楽しむのによい

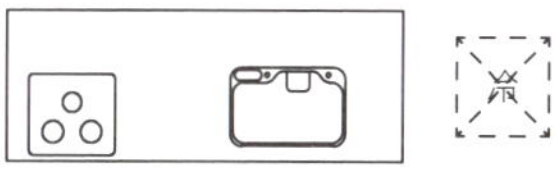

❹コの字型
L型よりもさらにコンパクトに納まり、シンク等の位置により作業スペースなども確保可能

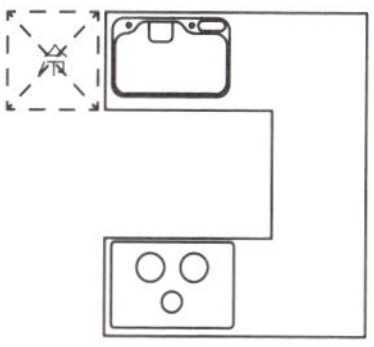

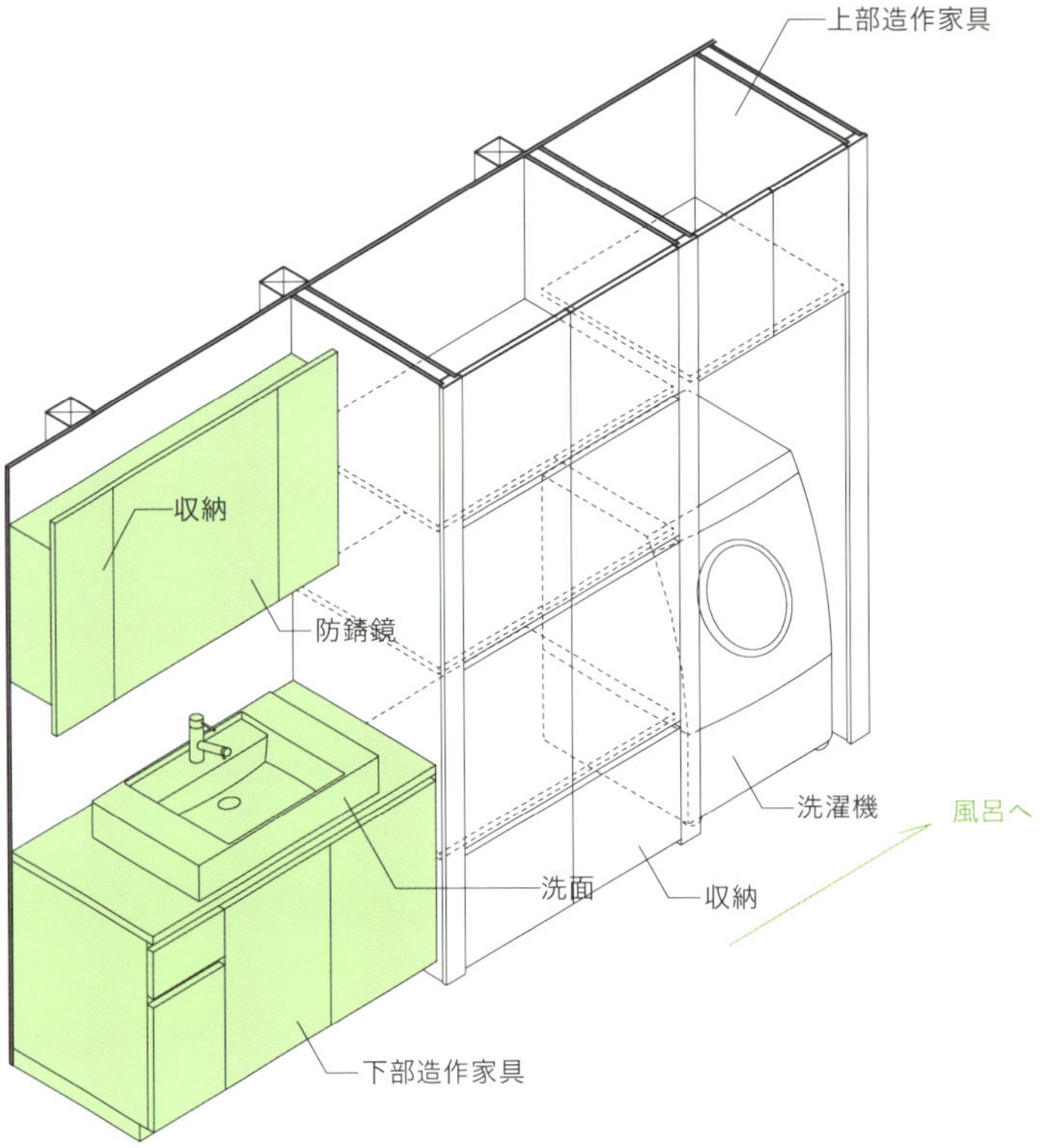
上部造作家具
収納
防錆鏡
洗濯機
風呂へ
洗面
収納
下部造作家具

洗面背後に収納をとった洗面室

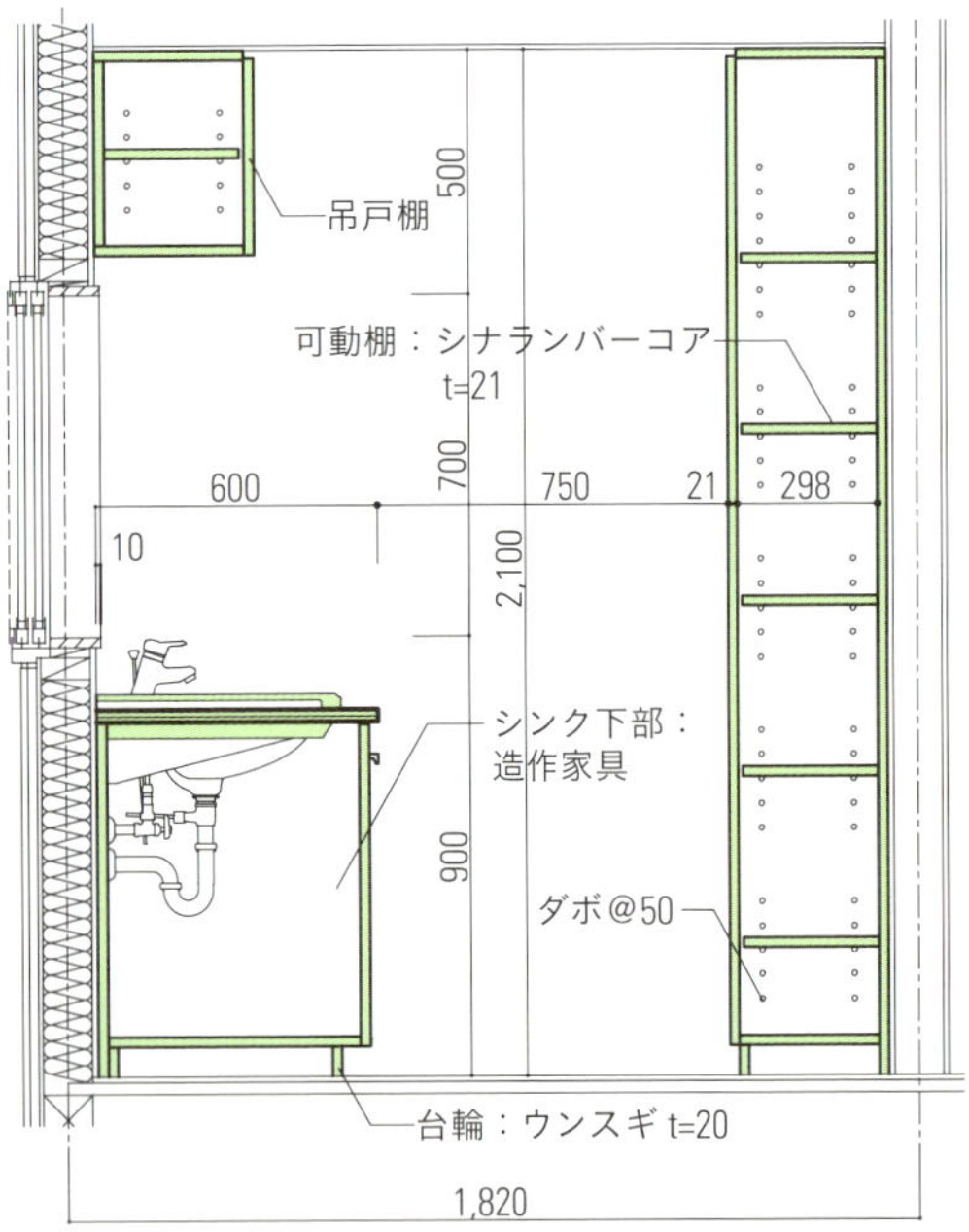
吊戸棚
500
可動棚：シナランバーコア
t=21
600
700
750
21
298
10
2,100
シンク下部：
造作家具
900
ダボ＠50
台輪：ウンスギ t=20
1,820

断面 S＝1/30

一般的な洗面室

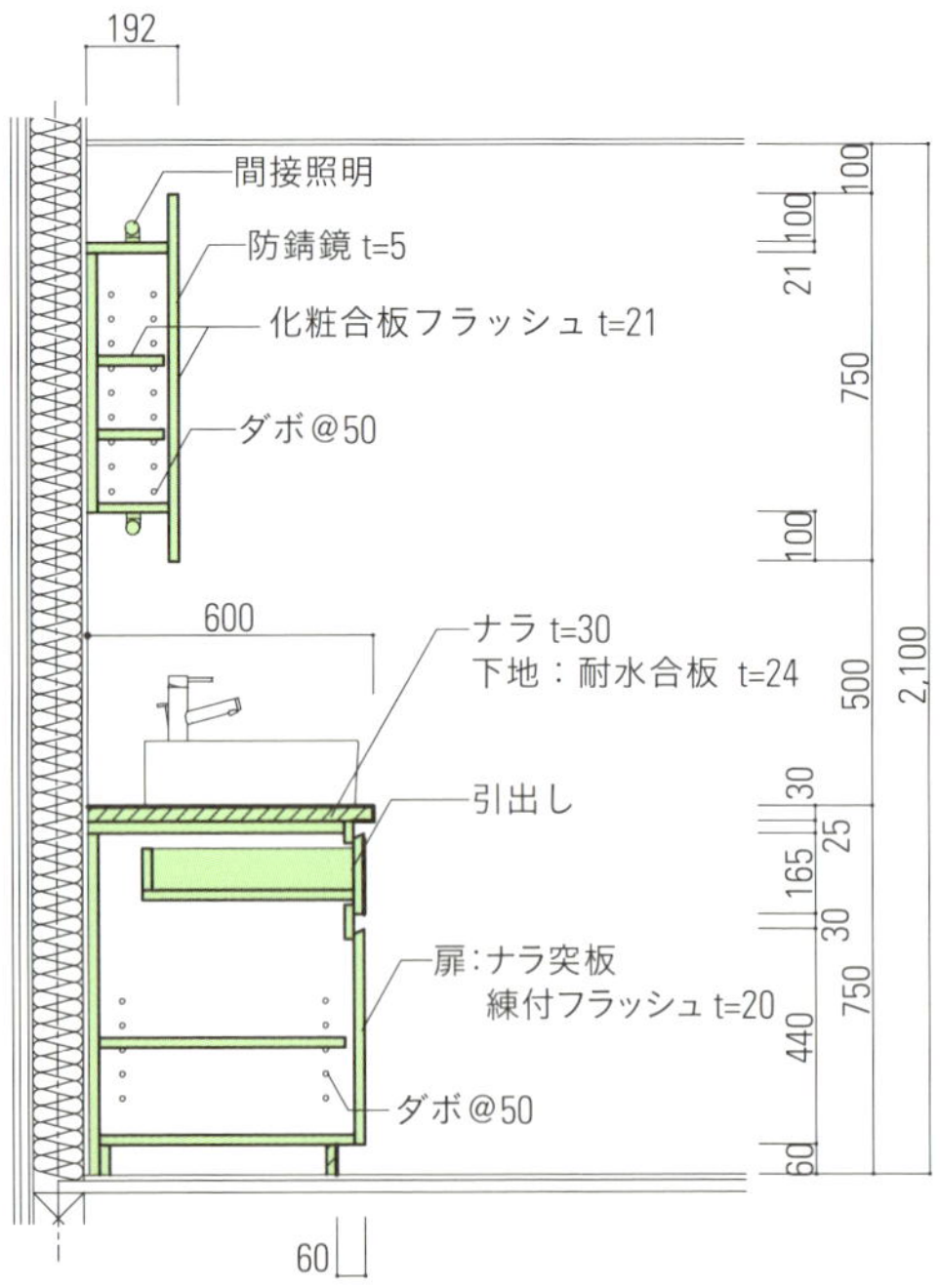
192
間接照明
防錆鏡 t=5
化粧合板フラッシュ t=21
ダボ＠50
100
100
21
750
100
600
ナラ t=30
下地：耐水合板 t=24
500
2,100
引出し
30
25
165
30
扉：ナラ突板
練付フラッシュ t=20
750
440
ダボ＠50
60
60

断面 S＝1/30

清潔感を向上させた1階のトイレ

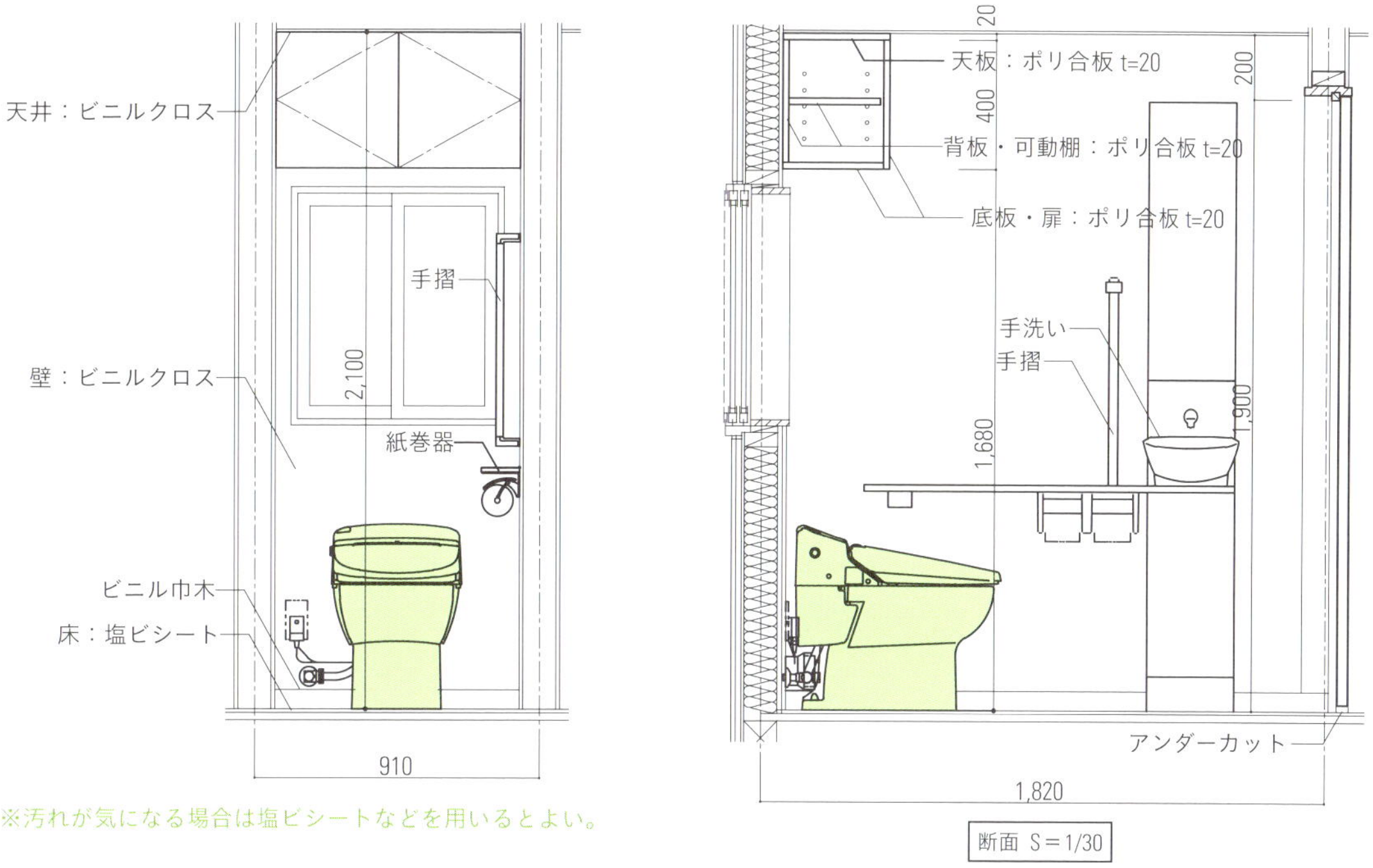
天井：ビニルクロス
壁：ビニルクロス
ビニル巾木
床：塩ビシート
手摺
2,100
紙巻器
910
20
400
天板：ポリ合板 t=20
200
背板・可動棚：ポリ合板 t=20
底板・扉：ポリ合板 t=20
手洗い
手摺
1,680
900
アンダーカット
1,820
断面 S＝1/30

※汚れが気になる場合は塩ビシートなどを用いるとよい。

かつて日本の**トイレ**は和式が一般的であったが、現在は**洋式が主流**となった。1990年代のトイレは**15～20L**ほどの水を消費していたが、最新のトイレは従来より**半分から1／4程度**と大きく節水できるようになった。温水洗浄便座も普及し、水を溜めるタンクがないタンクレストイレも登場した。

トイレの**仕上げ**には**耐水・清潔性**が求められる。近年は**フローリング**を使うことも多くなったが、汚れを気にする場合には**塩ビシート**なども選択肢に入れたい。洗面室にトイレが接していない場合は、トイレ内に**手洗い器**を設けた方がよい。

2階にトイレを設ける場合、排水・振動など**音**の問題を防ぐ対策として、2階の床および1階の天井に**グラスウール**などの遮音材を敷き込むとよい。居室との界壁にもグラスウールを充填するか、**石膏ボードを二重張り**にして間に遮音シートを挟み込むことも有効である。排水管には**遮音テープ**を巻くか、制震遮音塩化ビニル管などを使用する。

洗面、浴室、トイレなどの**サニタリースペース**は**一体型**、**折衷型**、**完全独立型**の3タイプに分かれる。

一体型は、洗面、浴室、トイレが一体になったものである。1人暮らしの場合はスペースを無駄なく使える利点がある。

折衷型は、洗面所とトイレがセットとなり浴室だけが独立したプランや、洗面所（洗面化粧台）と浴室がセットで、トイレが独立したプランをいう。

完全独立型は、トイレや浴室とは別に洗面所があるタイプである。それぞれの機能を独立して使うことができるため、人数の多い家庭向きといえる。一般の住宅では浴室と洗面所が隣接し、トイレを独立させることが多い。

洗面室では顔や手を洗い、歯を磨き、化粧や洗髪も行う。そのため**動きやすい動線**と鏡、十分な容量のある**収納**が不可欠である。また、風呂や洗濯機に接して配置されることが多いため、湿気が抜けやすいように計画しよう。

洗面は水分や浴室からの水蒸気によってサビやカビが発生しやすいため、**耐水・清掃性**に気を使いたい。壁の下地は水に強い**シージング石膏ボード**や**耐水合板**を採用する。洗面化粧台の基礎と巾木の役目を果たす台輪を扉と面に揃えると、つま先が入らず使いづらい。そのため台輪は扉から50～60㎜程度奥に取り付けるとよい。

06
風呂の基本的な納まり

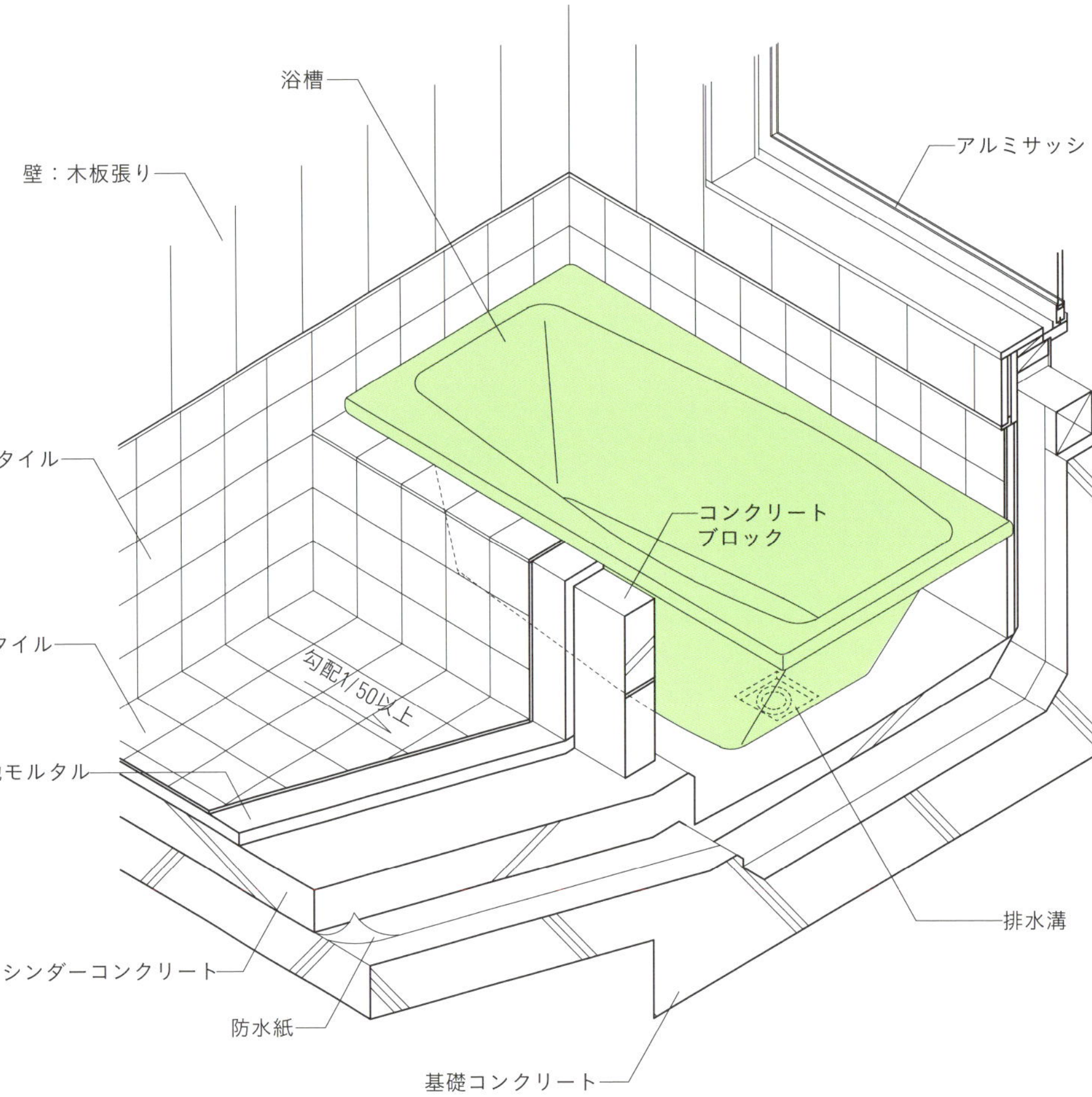
浴槽
壁：木板張り
アルミサッシ
壁：タイル
コンクリートブロック
床：タイル
勾配1/50以上
下地モルタル
排水溝
シンダーコンクリート
防水紙
基礎コンクリート

風呂は多くの日本人にとって、一日の疲れを癒すために欠かせない存在である。使われる**浴槽**は**洋式**、**和洋折衷**、**和式**の3種に分けられる。現在は、和洋折衷タイプの大きさがよく使われている。幅は700～800㎜、長さは1000～1600㎜、深さは600㎜程度である。浴槽が深い場合、浴槽に入る際に足を高く上げる必要があるため危険である。**半埋め込み式**で設置すれば高さを抑えることができるため、安全である。

近年、普及が目覚しい**ユニットバス**に対し、壁や床に防水を施してつくっていく従来の浴室形式を**在来工法**という。

ユニットバスは短時間の施工が可能で、水漏れのリスクも低いことがメリットである。在来工法は浴槽と洗い場のスペース配分や窓のサイズ、床や壁、天井、浴槽の素材や色柄などを自由に組み合わせることができる。

風呂は防水、防滑、防湿、耐蝕といったさまざまな性能を確保しなければならない。**床**は濡れて滑りやすいため、タイルや石を用いることが多い。**壁**はタイルや石に加え、ケイ酸カルシウム板や抗菌メラミン化粧板を用いてもよい。**木板**を張るのであれば水に強いヒノキやサワラ、ヒバを使いたい。**天井**もヒノキ等の木板やケイ酸カルシウム板が適している。

排水ルート

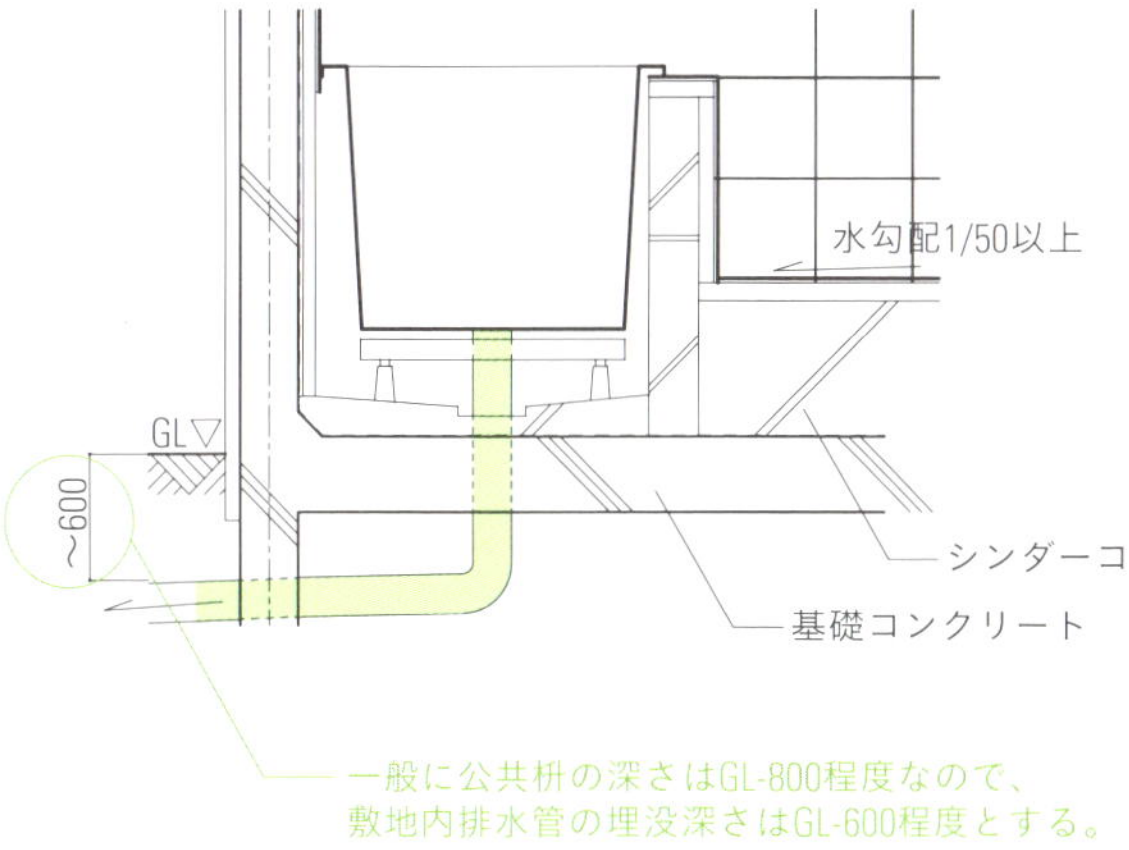
水勾配1/50以上
GL▽
~600
シンダーコンクリート
基礎コンクリート
一般に公共枡の深さはGL-800程度なので、
敷地内排水管の埋没深さはGL-600程度とする。

開口部の納まり

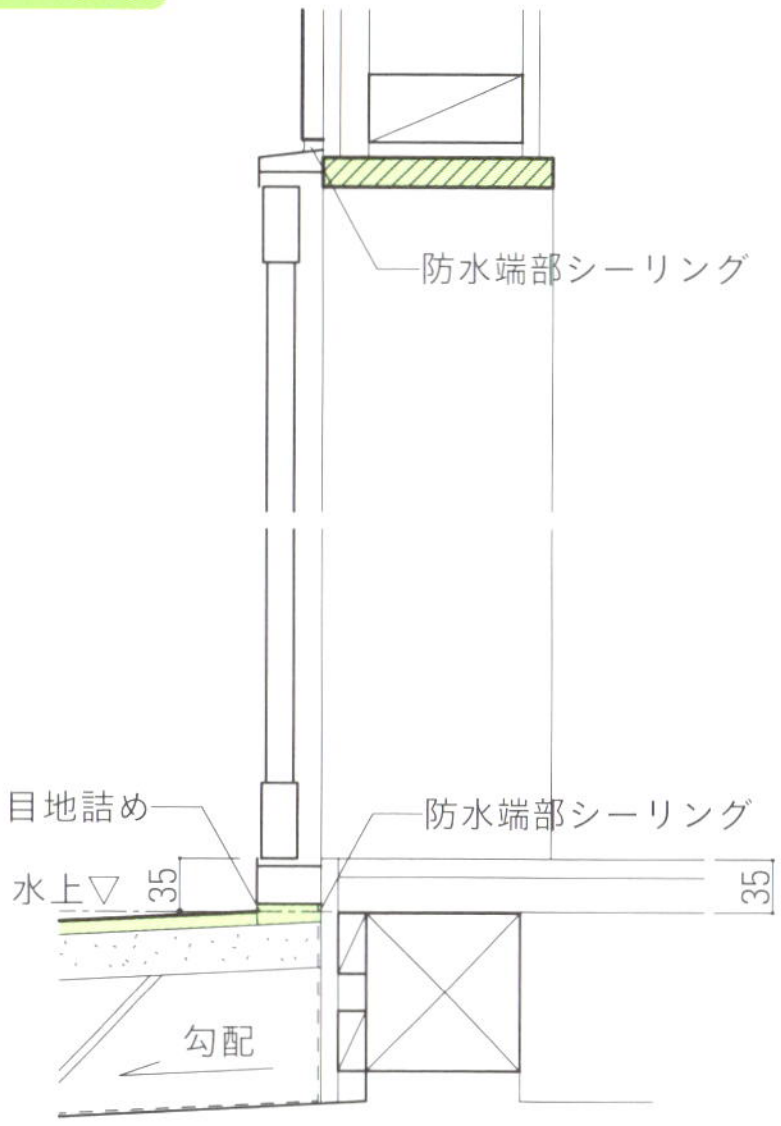
防水端部シーリング
目地詰め
防水端部シーリング
水上▽
35
35
勾配

2階に設ける手間の少ないハーフユニットバス

ハーフユニットバスは腰高まで一体のため、
漏水する可能性が低い。

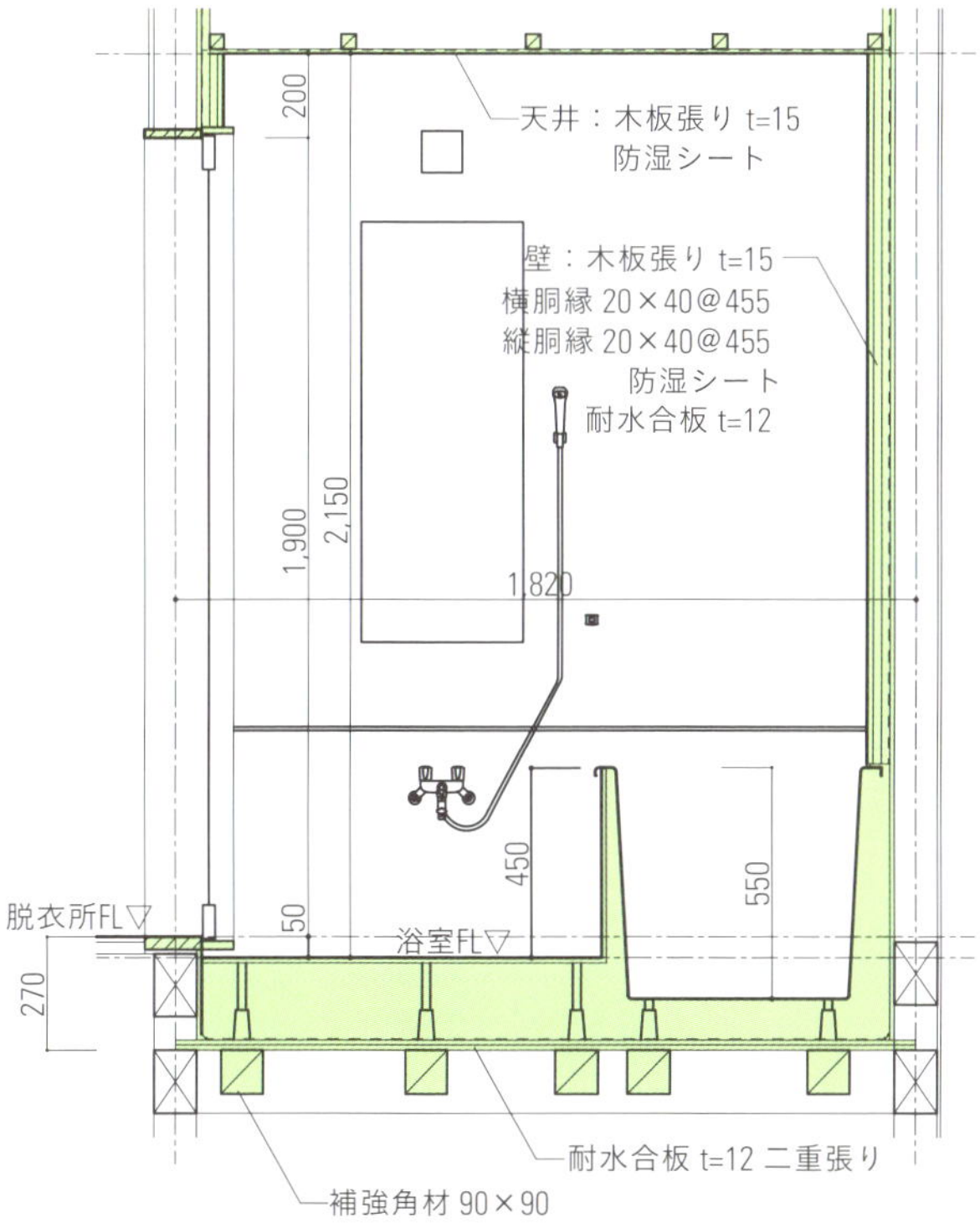
天井：木板張り t=15
防湿シート
壁：木板張り t=15
横胴縁 20×40@455
縦胴縁 20×40@455
防湿シート
耐水合板 t=12
200
1,900
2,150
1,820
450
550
50
270
脱衣所FL▽
浴室FL▽
耐水合板 t=12 二重張り
補強角材 90×90

断面 S＝1/30

1階に設けたタイル＋木張りの風呂

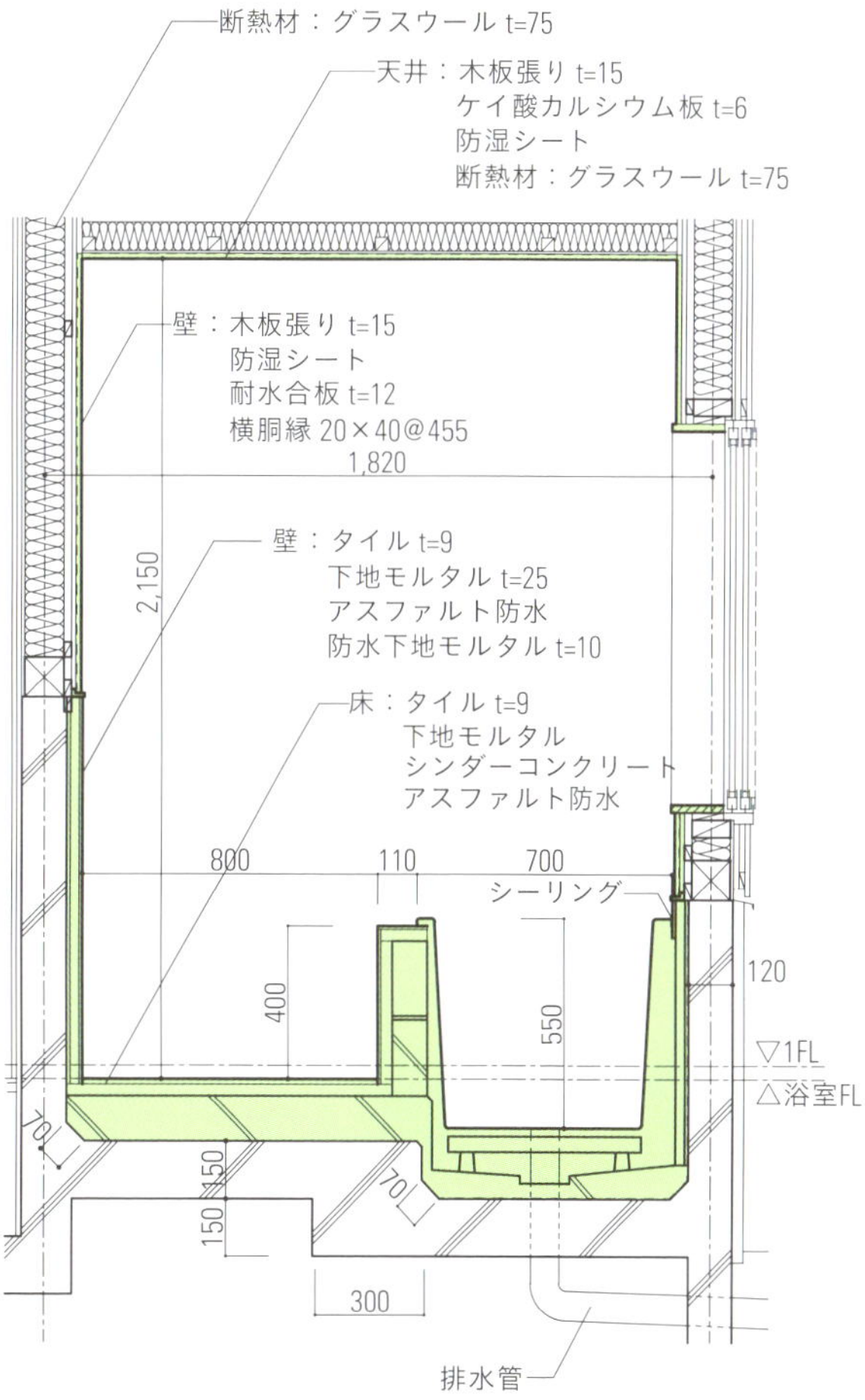
断熱材：グラスウール t=75
天井：木板張り t=15
ケイ酸カルシウム板 t=6
防湿シート
断熱材：グラスウール t=75
壁：木板張り t=15
防湿シート
耐水合板 t=12
横胴縁 20×40@455
1,820
2,150
壁：タイル t=9
下地モルタル t=25
アスファルト防水
防水下地モルタル t=10
床：タイル t=9
下地モルタル
シンダーコンクリート
アスファルト防水
800
110
700
シーリング
400
550
120
▽1FL
△浴室FL
70
70
150
150
300
排水管

断面 S＝1/30

07
玄関の基本的な納まり

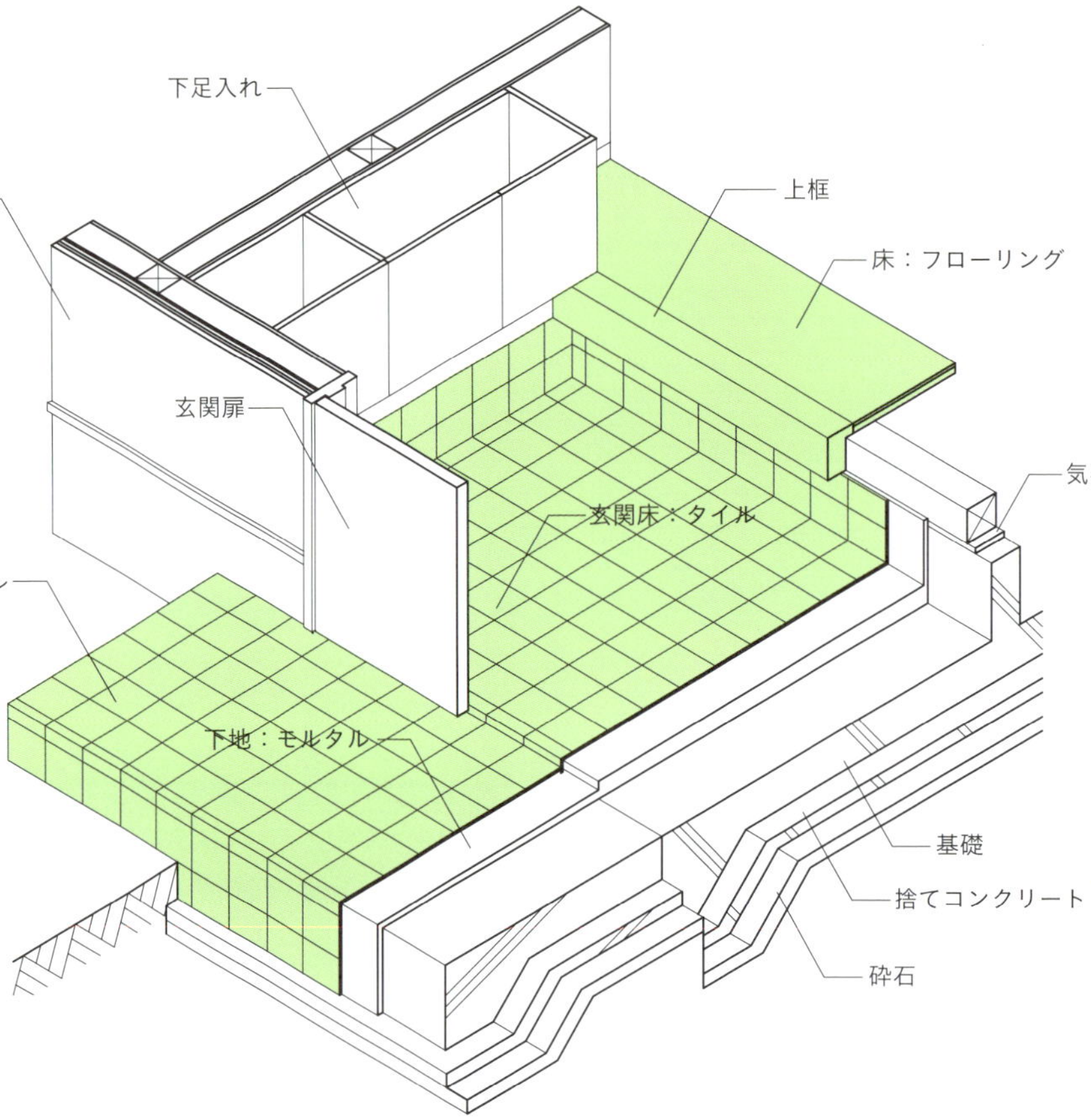

下足入れ
外壁：モルタル t=20
塗料吹付
上框
床：フローリング
玄関扉
気密パッキン
玄関床：タイル
ポーチ床：タイル
下地：モルタル
基礎
捨てコンクリート
砕石

玄関は日常的に人が出入りする**接続空間**である。玄関から靴を脱いで上がることで、「わが家に帰ってきた」という実感をもたらせてくれる場所である。室内に入る際、**靴を脱ぐ慣習**はアジアなどの海外でも見られるが、日本のように玄関内部に入ってから脱ぐ形式は珍しい。

近所の人の訪問や宅配便などの場合、玄関だけで済ませることが多々ある。つまり、**玄関で家の第一印象が決まる**といってよい。そのため、すっきりと美しく見せたい。また、傘や靴などの量を把握した上で、収納にきちんと納まる計画としたい。量が多い場合はウォークインタイプのシューズクローゼットを設けてもよい。

玄関は屋外と屋内を接続し、**土足**での利用となるため、耐久性を要する。床の**仕上材**としてはタイルや石張り、モルタル、三和土などが挙げられる。**雨水の侵入を防ぐ**にはポーチ、玄関土間部分を地盤より高くし、外部へ向けて**1/100以上の勾配**を付けるとよい。

上框（上床と土間の見切り材のこと）は**300㎜程度**あると腰かけて**靴を履きやすい**。摩耗の激しい部分かつ、人を迎える大事な部分でもあるため、木目の美しいケヤキやマツ、ヒノキなどを用いることが多い。近年はバリアフリー仕様で段差を少なくすることも多いため、靴を履くためのベンチを設けてもよい。

一般的な上框の玄関＋木製開き戸

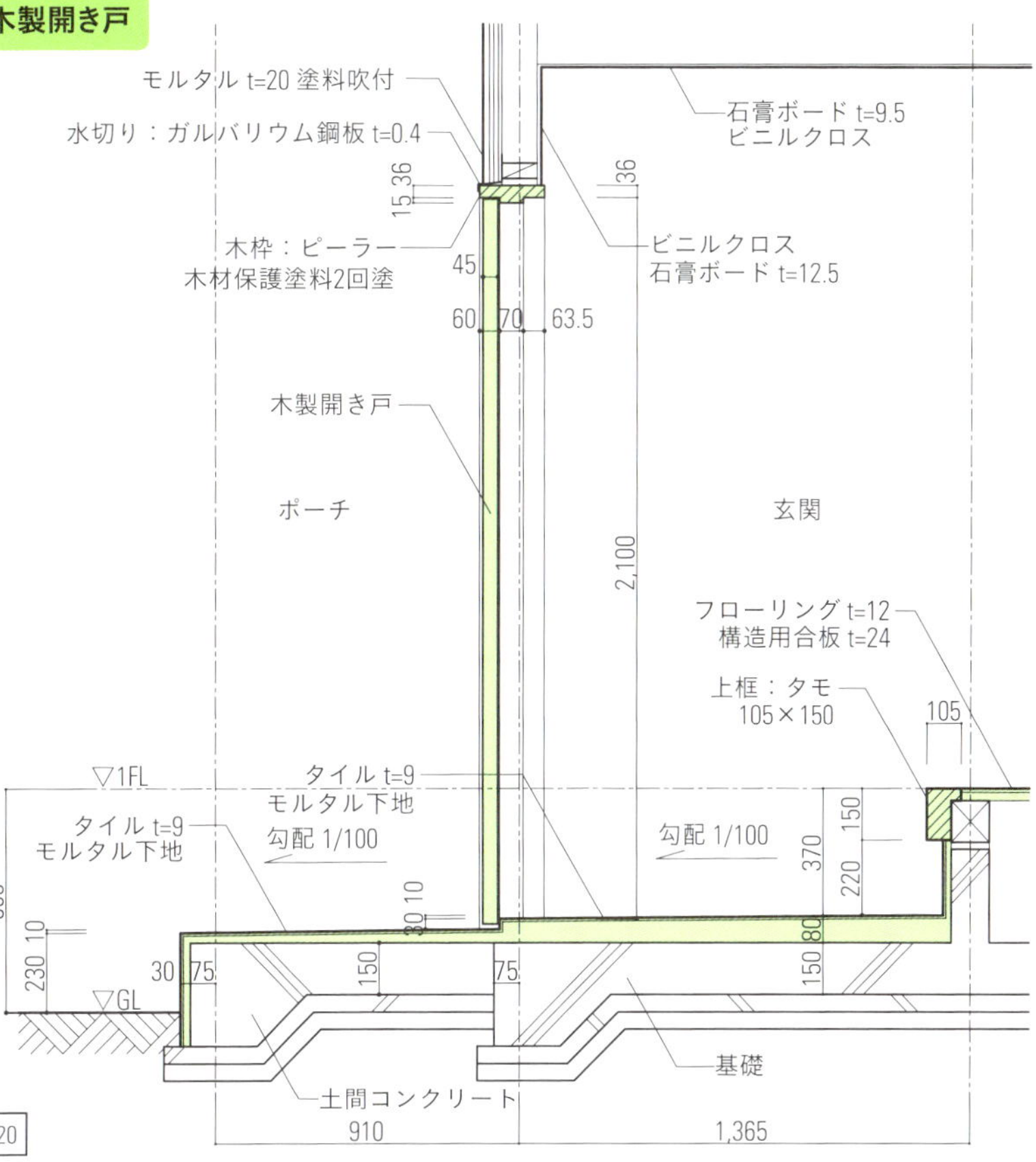
モルタル t=20 塗料吹付
水切り：ガルバリウム鋼板 t=0.4
石膏ボード t=9.5
ビニルクロス
15 36
36
木枠：ピーラー
木材保護塗料2回塗
45
ビニルクロス
石膏ボード t=12.5
60 70 63.5
木製開き戸
ポーチ
玄関
2,100
フローリング t=12
構造用合板 t=24
上框：タモ
105×150
105
▽1FL
タイル t=9
モルタル下地
勾配 1/100
タイル t=9
モルタル下地
勾配 1/100
150
370
220
650
30 10
10
230
150 80
30 75
150
75
▽GL
基礎
土間コンクリート
910
1,365

断面 S＝1/20

一般的に用いられるアルミ製ドア

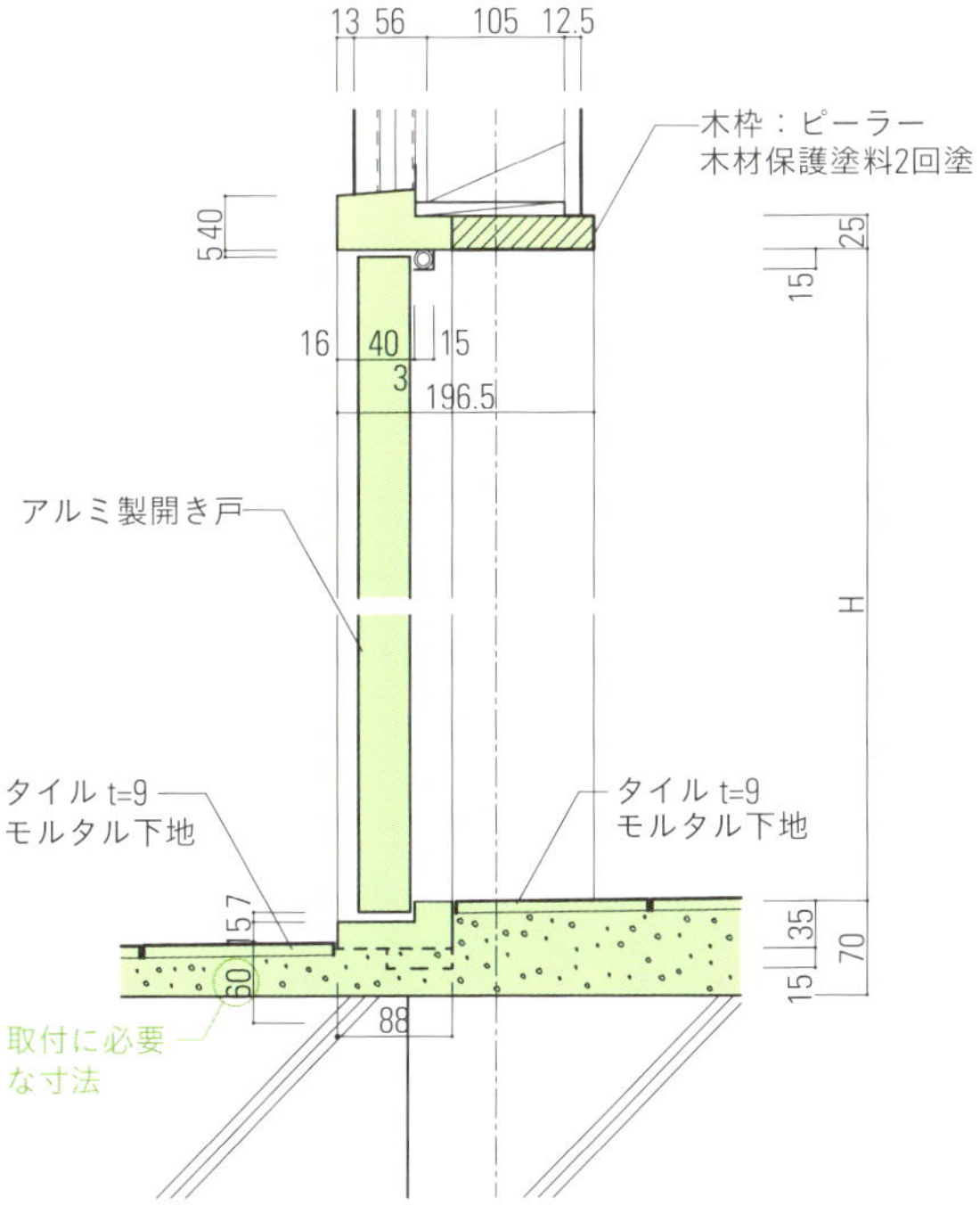
13 56 105 12.5
木枠：ピーラー
木材保護塗料2回塗
5 40
25
15
16 40 15
3
196.5
アルミ製開き戸
H
タイル t=9
モルタル下地
タイル t=9
モルタル下地
15.7
35
70
15
60
88
取付に必要
な寸法

断面 S＝1/10

バリアフリーに使われるアルミ製引き戸

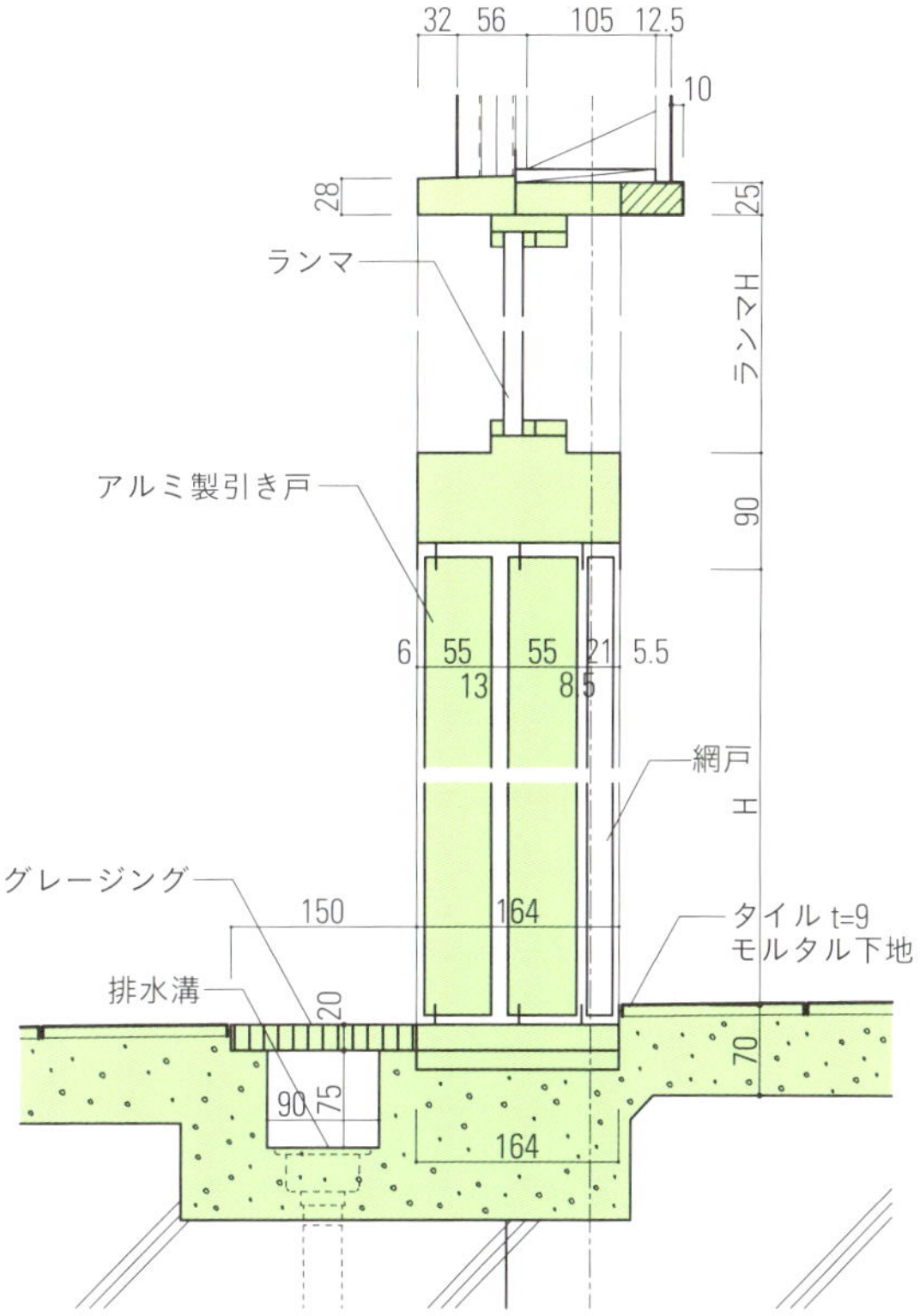
32 56 105 12.5
10
28
25
ランマ
ランマH
アルミ製引き戸
90
6 55 55 21 5.5
13 8.5
網戸
H
グレージング
150
164
タイル t=9
モルタル下地
排水溝
20
70
90 75
164

断面 S＝1/10

各部位の納まりを前章で学んだ。
それらを、組み合わせて一つの建築にすることは、
さまざまな建築の様式を設計するのに役立つ。
難しそうに見える矩計図も、各部位の納まりを
理解すれば、難しいものではないことがわかるはずである。

第3章 部位別パターンの組み合わせ

※矩計図ページの部位別バリエーションは下記のように対応している。

↓2章の節番-項番号

2-04 木製手摺❷

↑納まりのタイトル

1 矩計図の組み合わせ［基礎編］

平面図を基に**矩計図**を作成する。

この住宅では家族が一番長い時間を過ごす**居間**・**食堂**を、**吹抜け**によって開放的で明るい空間とした。**各室**は居間と食堂を中心につながるように配置されている。家族の息吹がどこにいても感じ取れる住まいである。

居間と食堂と居間の上部は吹抜けになっており、大きな窓から光が降り注ぎ、風も抜けていく。暗くなりがちな北側のスタディコーナー上部にも**トップライト**を設けているため、十分な照度を確保している。天井は張らず**垂木まで現し**にすることによって、高さを抑えながらも圧迫感をなくしている。

外壁は温もりある自然素材の**板張り**とし、窓も木の雰囲気に合わせるため、主に**木製サッシ**を使用している。その外壁や建

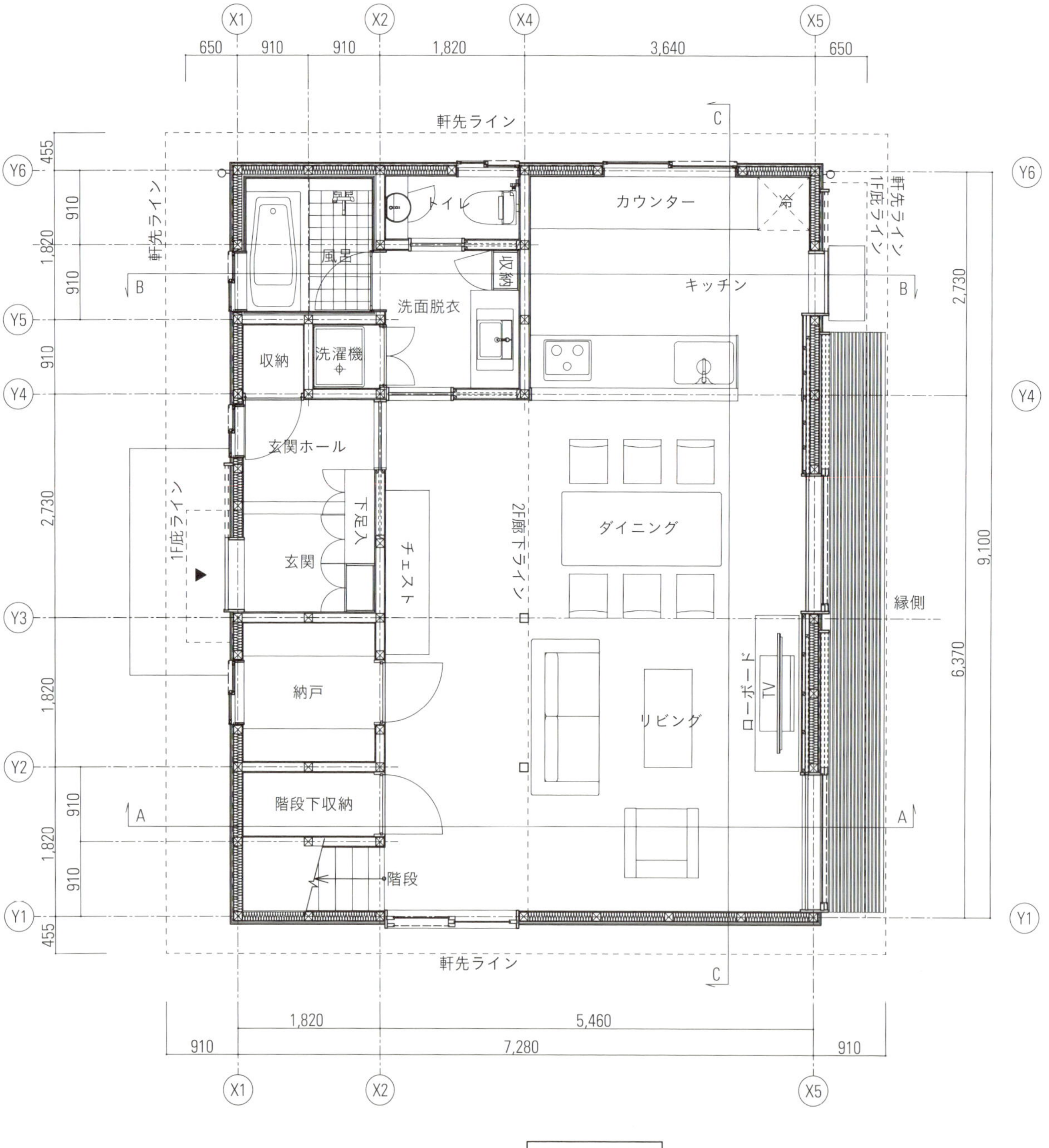

1階平面図 S＝1/80

具を雨から守るため**軒**や**庇**の出をしっかりと確保している。このことは夏の厳しい日射が室内に入り込むことも防ぐことにもつながっている。

屋根はデザインの自由度があり、重量も抑えられる**金属板葺き**とした。垂木を現しで見せているため合板ではなく**化粧野地板**を用いた。温熱環境を良好に保つため**断熱材**も敷き込んだ。**通気層**も設けているため夏は室内の熱い空気が外へ排出される。

居間・食堂の**木製窓**は**隠し框**とし、開けたときに建具枠が視界から消えるような納まりとした。さらに外部との中間領域になる**縁側**を設けることで、外部とのつながりを強くしている。

構造は**大壁**で壁倍率を確保している。内部は柱や梁といった構造材を現している。内壁の仕上げは木の現しと相性がよく、調湿性能に優れた**左官の珪藻土塗り**である。各部には物があふれないように容量のある収納を設けている。スタディコーナーに壁を設ければ将来の家族構成の変化にも対応できる。

シンプルな構成でありながら自然素材に包まれた広がりのある住まいとなっている。

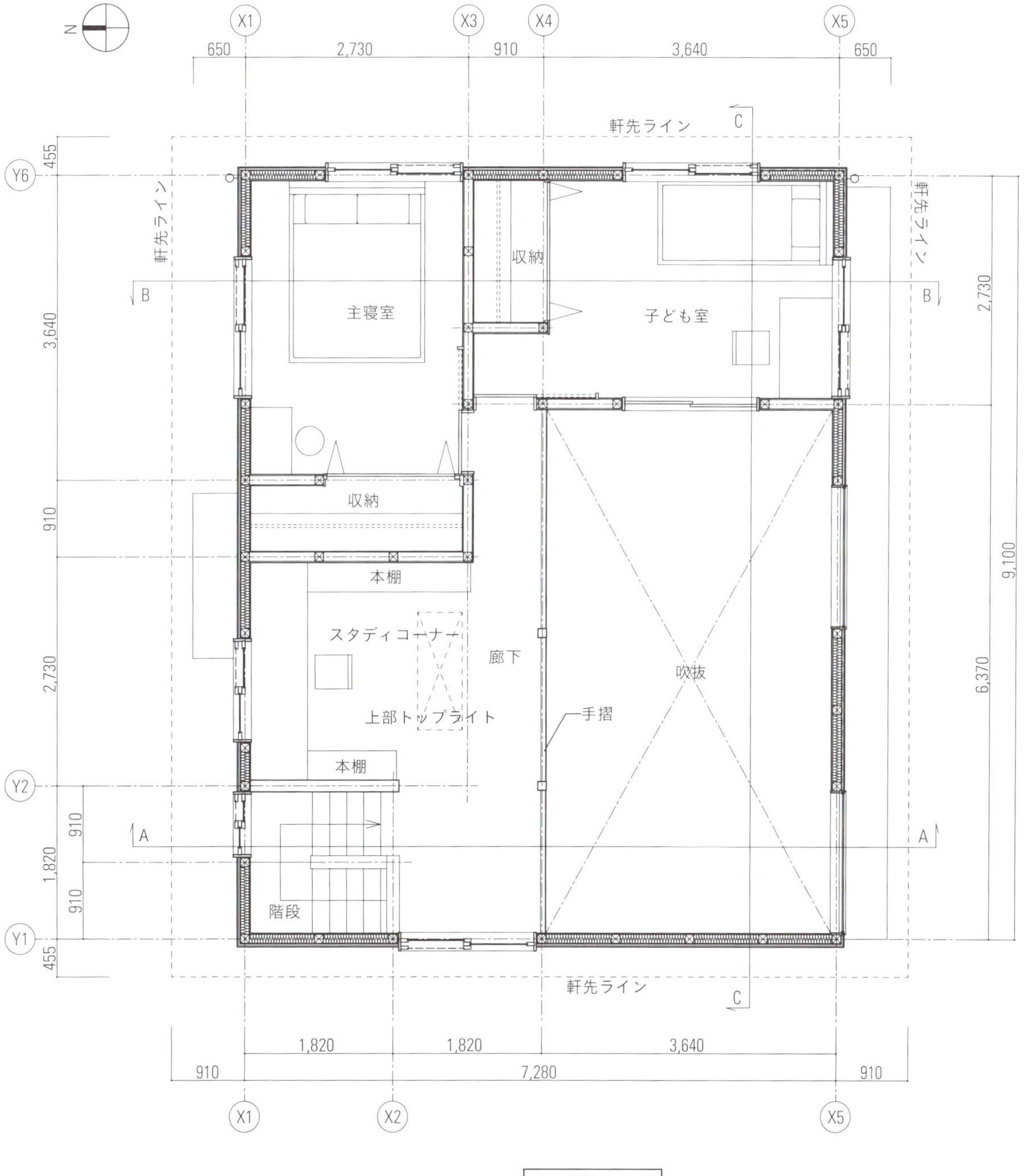

2階平面図 S＝1/80

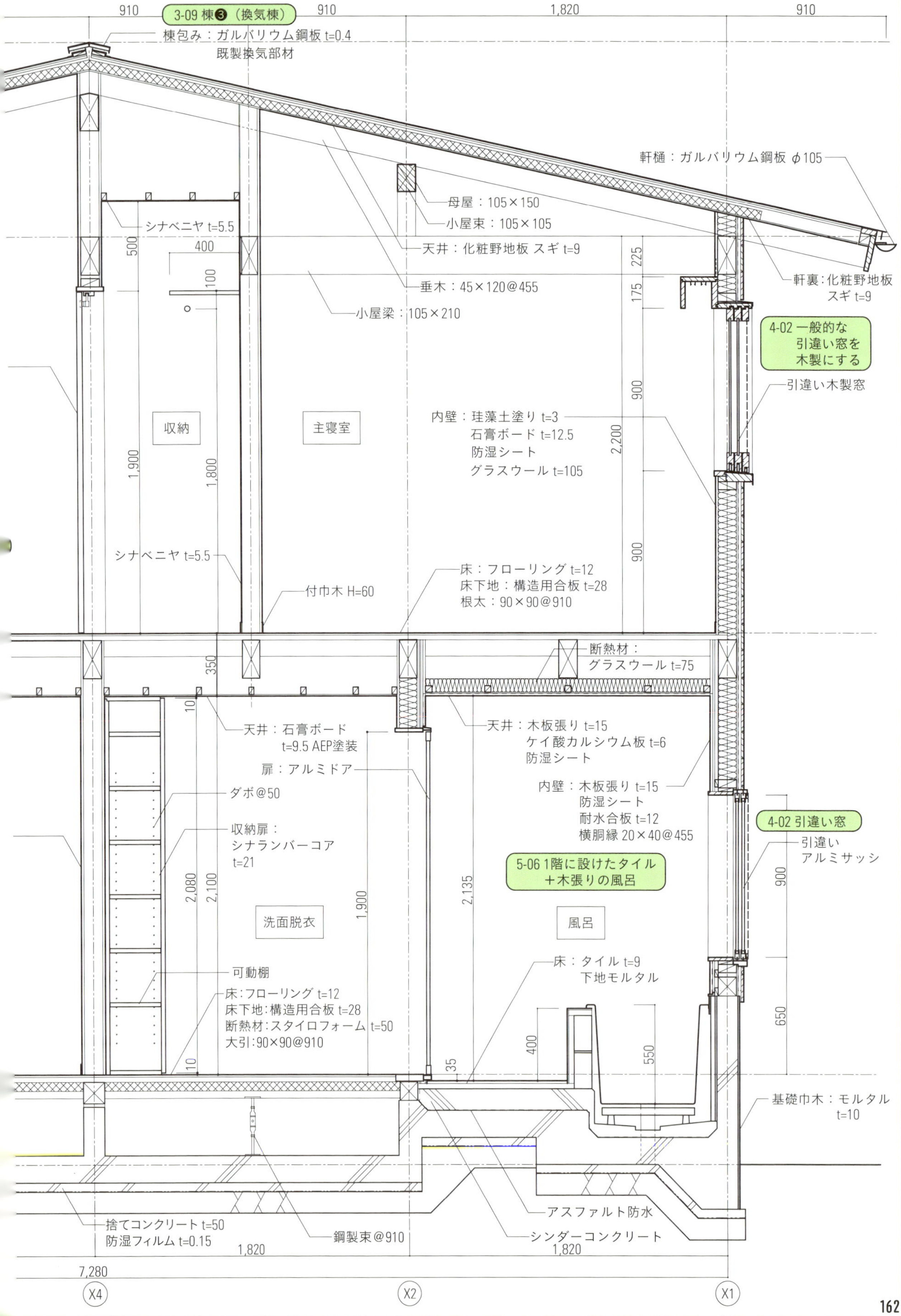
3-09 棟❸（換気棟）
910
910
1,820
910
棟包み：ガルバリウム鋼板 t=0.4
既製換気部材
軒樋：ガルバリウム鋼板 φ105
母屋：105×150
小屋束：105×105
天井：化粧野地板 スギ t=9
垂木：45×120@455
小屋梁：105×210
軒裏：化粧野地板
スギ t=9
シナベニヤ t=5.5
500
400
100
225
175
4-02 一般的な
引違い窓を
木製にする
引違い木製窓
900
内壁：珪藻土塗り t=3
石膏ボード t=12.5
防湿シート
グラスウール t=105
2,200
収納
主寝室
1,900
1,800
900
シナベニヤ t=5.5
床：フローリング t=12
床下地：構造用合板 t=28
根太：90×90@910
付巾木 H=60
断熱材：
グラスウール t=75
350
10
天井：石膏ボード
t=9.5 AEP塗装
天井：木板張り t=15
ケイ酸カルシウム板 t=6
防湿シート
扉：アルミドア
内壁：木板張り t=15
防湿シート
耐水合板 t=12
横胴縁 20×40@455
ダボ@50
4-02 引違い窓
収納扉：
シナランバーコア
t=21
引違い
アルミサッシ
5-06 1階に設けたタイル
＋木張りの風呂
2,080
2,100
1,900
2,135
900
洗面脱衣
風呂
床：タイル t=9
下地モルタル
可動棚
床:フローリング t=12
床下地:構造用合板 t=28
断熱材:スタイロフォーム t=50
大引:90×90@910
400
550
650
10
35
基礎巾木：モルタル
t=10
アスファルト防水
捨てコンクリート t=50
防湿フィルム t=0.15
鋼製束@910
シンダーコンクリート
1,820
1,820
7,280
X4
X2
X1

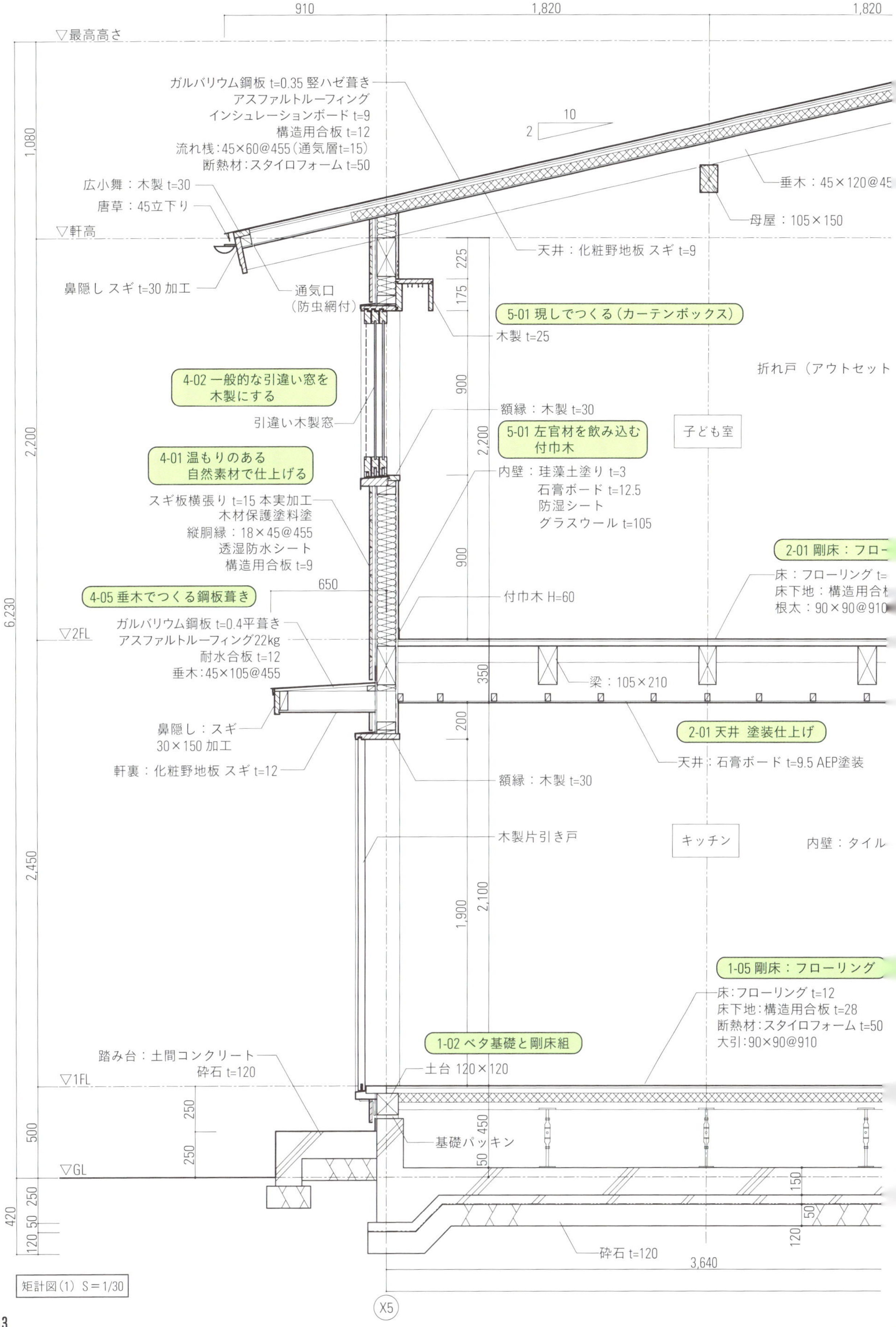
910
1,820
1,820
▽最高高さ
ガルバリウム鋼板 t=0.35 竪ハゼ葺き
アスファルトルーフィング
インシュレーションボード t=9
構造用合板 t=12
流れ桟：45×60@455（通気層t=15）
断熱材：スタイロフォーム t=50
10
2
垂木：45×120@45
広小舞：木製 t=30
唐草：45立下り
母屋：105×150
▽軒高
天井：化粧野地板 スギ t=9
1,080
225
175
鼻隠し スギ t=30 加工
通気口
（防虫網付）
5-01 現しでつくる（カーテンボックス）
木製 t=25
折れ戸（アウトセット
4-02 一般的な引違い窓を木製にする
900
引違い木製窓
額縁：木製 t=30
5-01 左官材を飲み込む付巾木
子ども室
2,200
2,200
4-01 温もりのある自然素材で仕上げる
内壁：珪藻土塗り t=3
石膏ボード t=12.5
防湿シート
グラスウール t=105
スギ板横張り t=15 本実加工
木材保護塗料塗
縦胴縁：18×45@455
透湿防水シート
構造用合板 t=9
900
2-01 剛床：フロー
床：フローリング t=
床下地：構造用合
根太：90×90@910
4-05 垂木でつくる鋼板葺き
650
付巾木 H=60
6,230
ガルバリウム鋼板 t=0.4平葺き
アスファルトルーフィング22kg
耐水合板 t=12
垂木：45×105@455
▽2FL
350
梁：105×210
鼻隠し：スギ
30×150 加工
200
2-01 天井 塗装仕上げ
軒裏：化粧野地板 スギ t=12
天井：石膏ボード t=9.5 AEP塗装
額縁：木製 t=30
木製片引き戸
キッチン
内壁：タイル
2,450
1,900
2,100
1-05 剛床：フローリング
床：フローリング t=12
床下地：構造用合板 t=28
断熱材：スタイロフォーム t=50
大引：90×90@910
1-02 ベタ基礎と剛床組
踏み台：土間コンクリート
砕石 t=120
土台 120×120
▽1FL
250
450
基礎パッキン
500
250
50
▽GL
150
250
50
420
50
120
120
砕石 t=120
3,640
X5

矩計図（1） S＝1/30

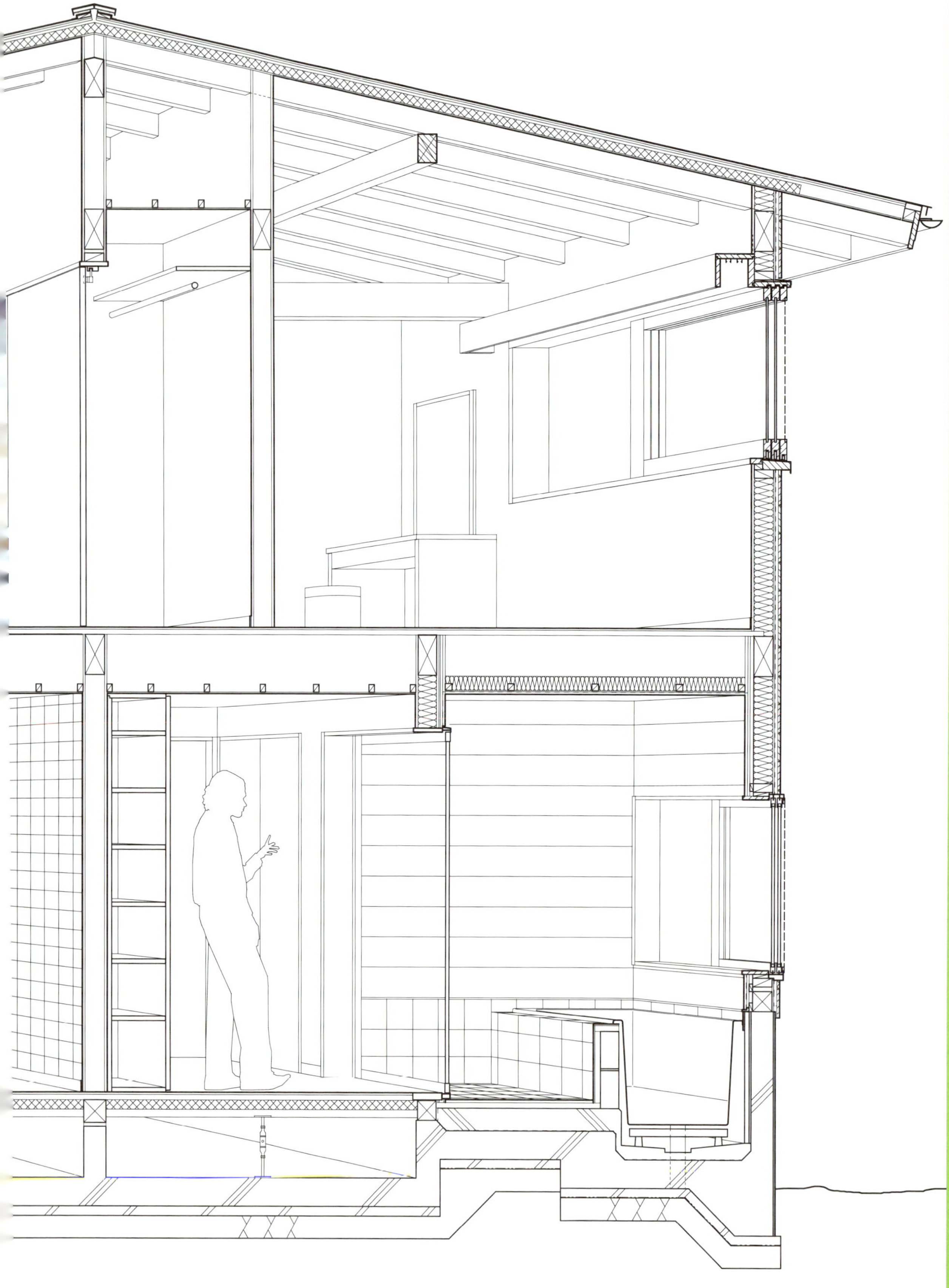

断面詳細パース（1） S＝1/30

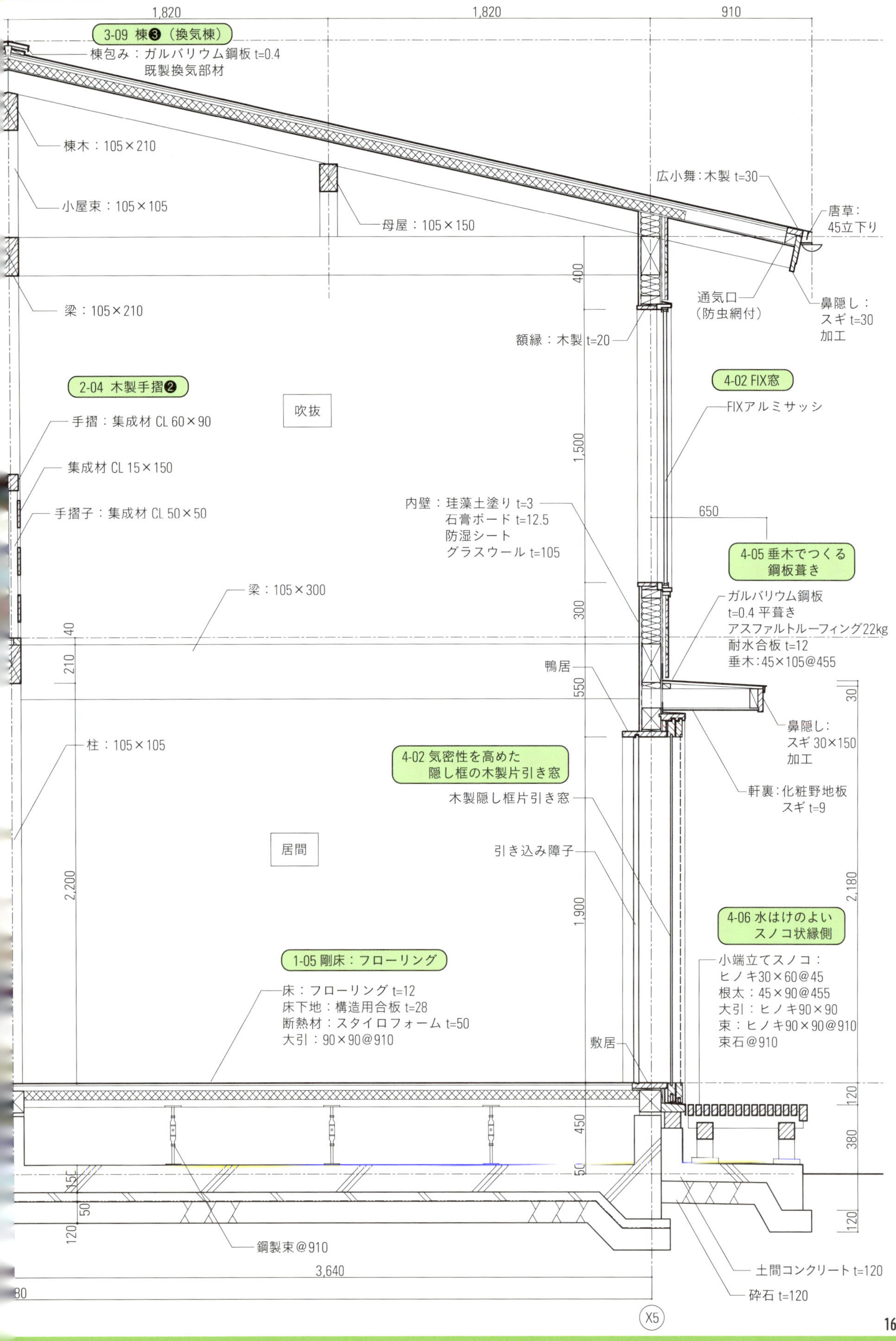
1,820
1,820
910
3-09 棟❸（換気棟）
棟包み：ガルバリウム鋼板 t=0.4
既製換気部材
棟木：105×210
小屋束：105×105
母屋：105×150
広小舞：木製 t=30
唐草：
45立下り
梁：105×210
400
通気口
（防虫網付）
鼻隠し：
スギ t=30
加工
額縁：木製 t=20
4-02 FIX窓
FIXアルミサッシ
2-04 木製手摺❷
吹抜
手摺：集成材 CL 60×90
集成材 CL 15×150
手摺子：集成材 CL 50×50
1,500
内壁：珪藻土塗り t=3
石膏ボード t=12.5
防湿シート
グラスウール t=105
650
4-05 垂木でつくる
鋼板葺き
梁：105×300
ガルバリウム鋼板
t=0.4 平葺き
アスファルトルーフィング22kg
耐水合板 t=12
垂木：45×105@455
40
210
300
鴨居
550
30
鼻隠し：
スギ 30×150
加工
柱：105×105
4-02 気密性を高めた
隠し框の木製片引き窓
木製隠し框片引き窓
軒裏：化粧野地板
スギ t=9
居間
引き込み障子
2,200
1,900
2,180
4-06 水はけのよい
スノコ状縁側
1-05 剛床：フローリング
小端立てスノコ：
ヒノキ30×60@45
根太：45×90@455
大引：ヒノキ90×90
束：ヒノキ90×90@910
束石@910
床：フローリング t=12
床下地：構造用合板 t=28
断熱材：スタイロフォーム t=50
大引：90×90@910
敷居
120
450
380
50
150
50
120
120
鋼製束@910
3,640
土間コンクリート t=120
80
砕石 t=120
X5

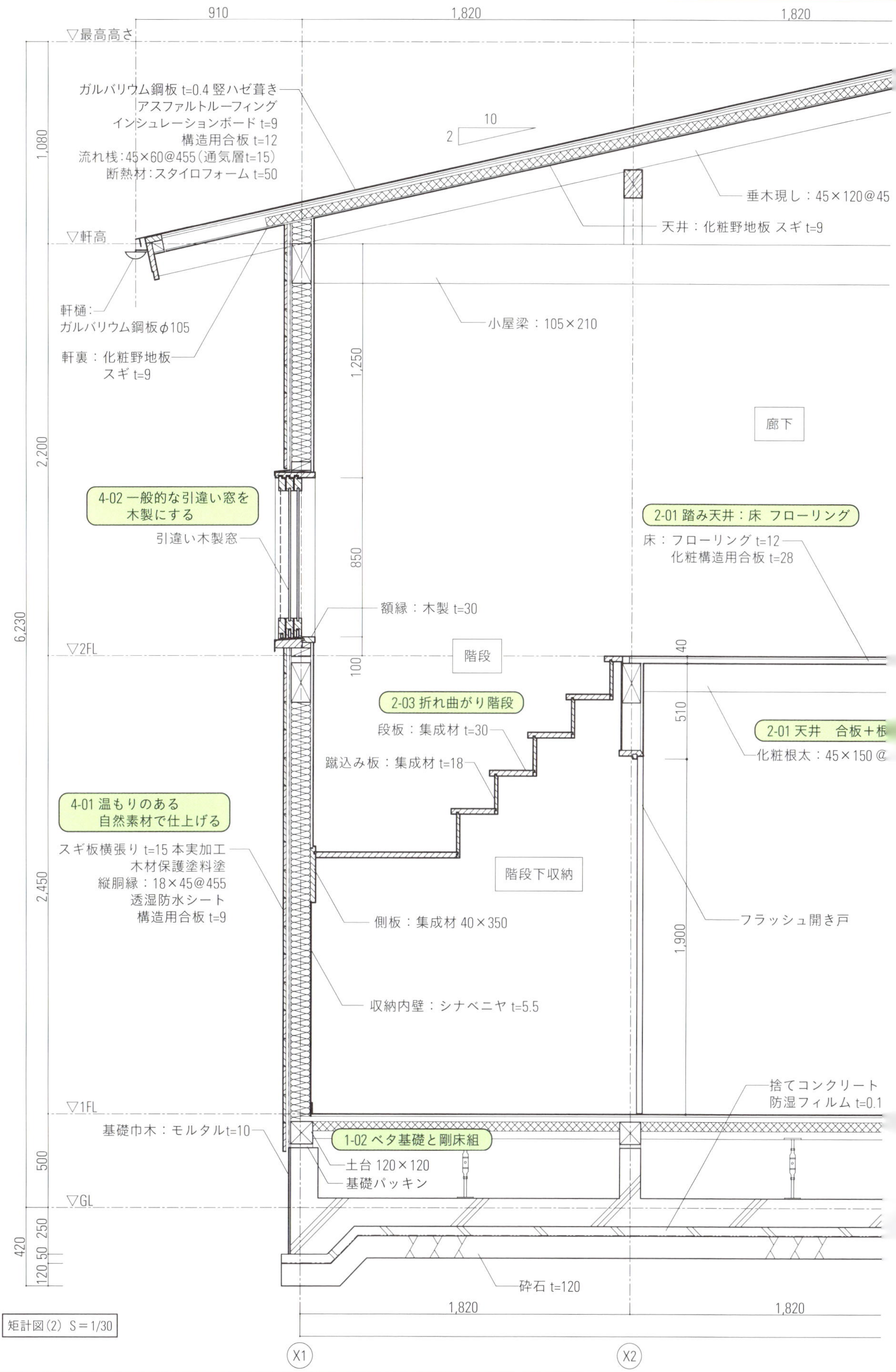
910
1,820
1,820
▽最高高さ
ガルバリウム鋼板 t=0.4 竪ハゼ葺き
アスファルトルーフィング
インシュレーションボード t=9
構造用合板 t=12
流れ桟：45×60@455（通気層t=15）
断熱材：スタイロフォーム t=50
10
2
垂木現し：45×120@45
天井：化粧野地板 スギ t=9
▽軒高
軒樋：
ガルバリウム鋼板φ105
軒裏：化粧野地板
スギ t=9
小屋梁：105×210
1,080
1,250
2,200
廊下
4-02 一般的な引違い窓を
木製にする
引違い木製窓
850
2-01 踏み天井：床 フローリング
床：フローリング t=12
化粧構造用合板 t=28
6,230
額縁：木製 t=30
▽2FL
階段
100
40
2-03 折れ曲がり階段
段板：集成材 t=30
蹴込み板：集成材 t=18
510
2-01 天井 合板＋板
化粧根太：45×150 @
4-01 温もりのある
自然素材で仕上げる
スギ板横張り t=15 本実加工
木材保護塗料塗
縦胴縁：18×45@455
透湿防水シート
構造用合板 t=9
階段下収納
2,450
側板：集成材 40×350
フラッシュ開き戸
1,900
収納内壁：シナベニヤ t=5.5
捨てコンクリート
防湿フィルム t=0.1
▽1FL
基礎巾木：モルタルt=10
1-02 ベタ基礎と剛床組
土台 120×120
基礎パッキン
500
▽GL
250
420
50
120
砕石 t=120
1,820
1,820
X1
X2

矩計図（2） S＝1/30

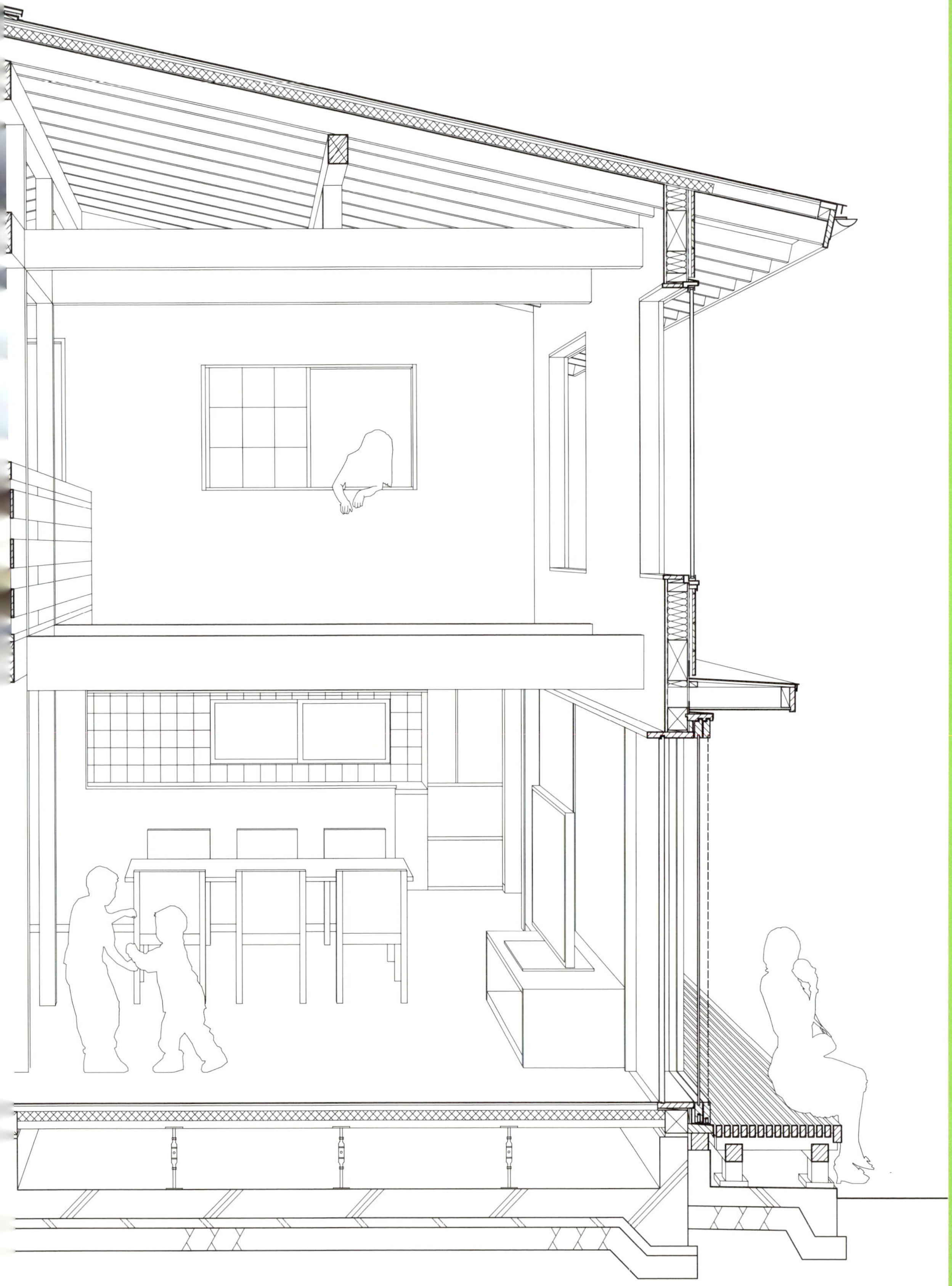

断面パース詳細（2） S＝1/30

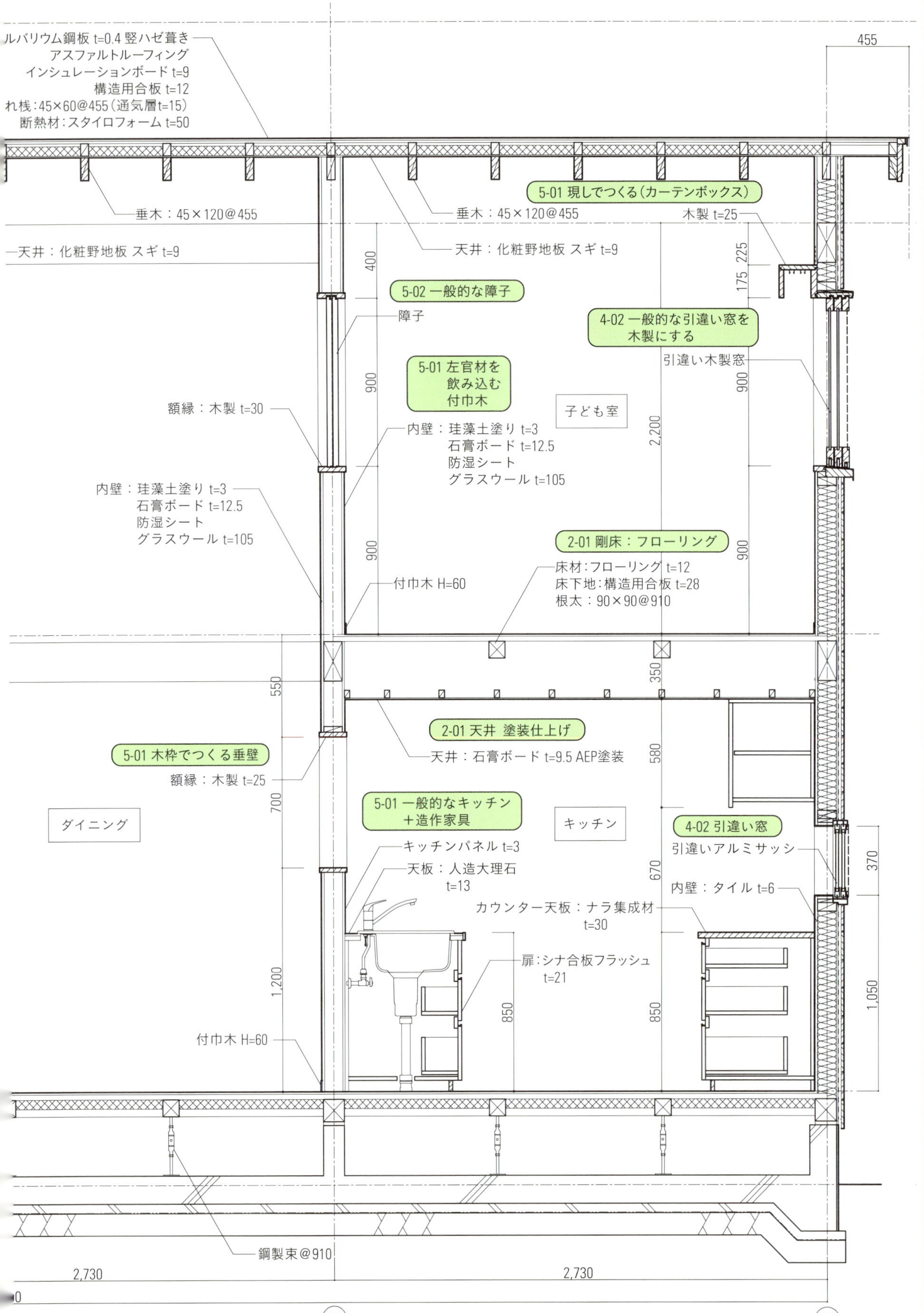

ルバリウム鋼板 t=0.4 竪ハゼ葺き
アスファルトルーフィング
インシュレーションボード t=9
構造用合板 t=12
れ桟：45×60@455（通気層t=15）
断熱材：スタイロフォーム t=50
455
垂木：45×120@455
天井：化粧野地板 スギ t=9
垂木：45×120@455
天井：化粧野地板 スギ t=9
5-01 現しでつくる(カーテンボックス)
木製 t=25
225
175
400
5-02 一般的な障子
障子
4-02 一般的な引違い窓を木製にする
引違い木製窓
5-01 左官材を飲み込む付巾木
900
900
額縁：木製 t=30
子ども室
2,200
内壁：珪藻土塗り t=3
石膏ボード t=12.5
防湿シート
グラスウール t=105
内壁：珪藻土塗り t=3
石膏ボード t=12.5
防湿シート
グラスウール t=105
2-01 剛床：フローリング
900
900
床材：フローリング t=12
床下地：構造用合板 t=28
根太：90×90@910
付巾木 H=60
550
350
2-01 天井 塗装仕上げ
天井：石膏ボード t=9.5 AEP塗装
5-01 木枠でつくる垂壁
580
額縁：木製 t=25
700
5-01 一般的なキッチン＋造作家具
ダイニング
キッチン
4-02 引違い窓
引違いアルミサッシ
370
キッチンパネル t=3
天板：人造大理石 t=13
670
内壁：タイル t=6
カウンター天板：ナラ集成材 t=30
扉：シナ合板フラッシュ t=21
1,200
850
850
1,050
付巾木 H=60
鋼製束@910
2,730
2,730
0
Y4
Y6

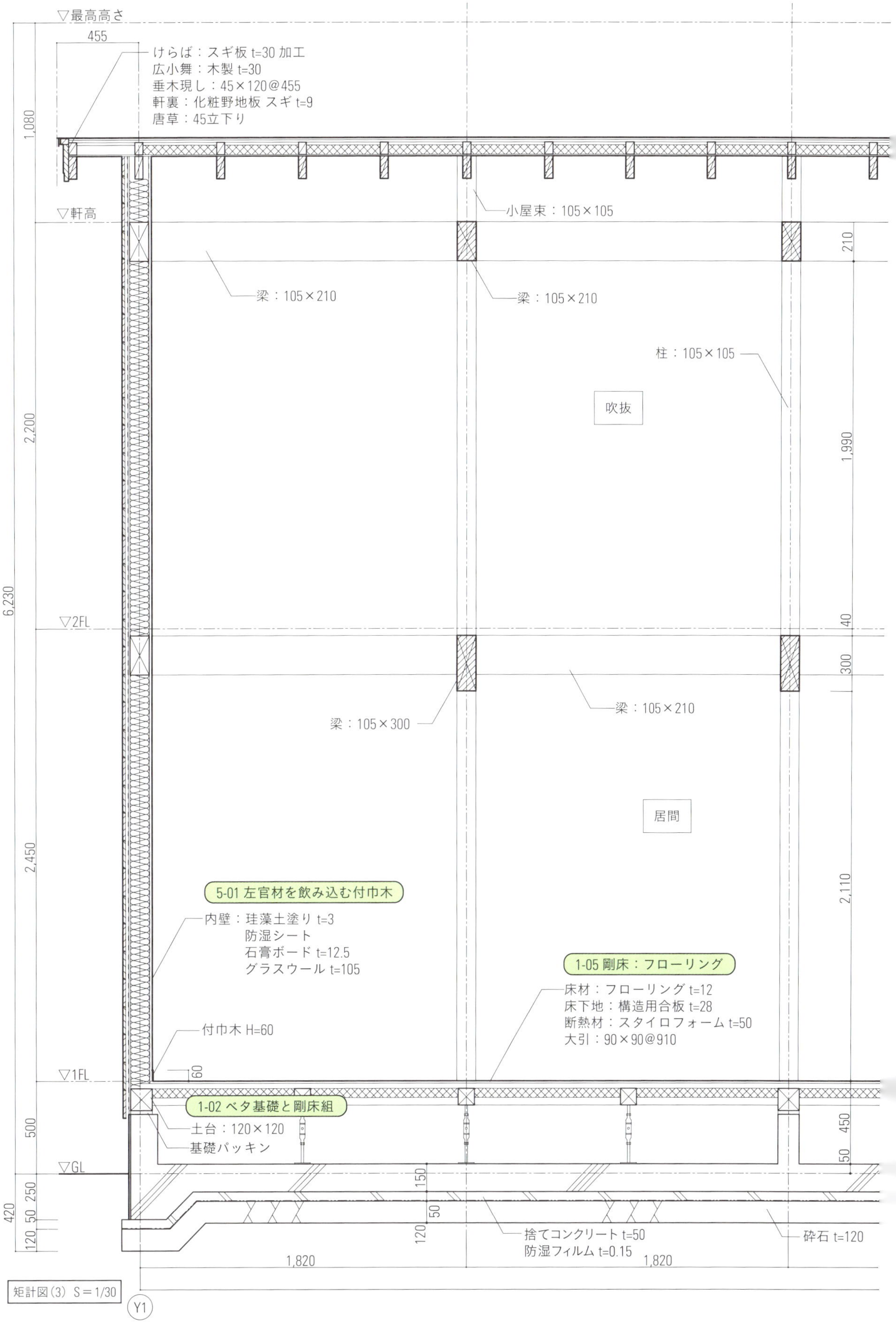
▽最高高さ
455
けらば：スギ板 t=30 加工
広小舞：木製 t=30
垂木現し：45×120@455
軒裏：化粧野地板 スギ t=9
唐草：45立下り
1,080
▽軒高
小屋束：105×105
210
梁：105×210
梁：105×210
柱：105×105
吹抜
2,200
1,990
6,230
▽2FL
40
300
梁：105×210
梁：105×300
居間
2,450
2,110
5-01 左官材を飲み込む付巾木
内壁：珪藻土塗り t=3
防湿シート
石膏ボード t=12.5
グラスウール t=105
1-05 剛床：フローリング
床材：フローリング t=12
床下地：構造用合板 t=28
断熱材：スタイロフォーム t=50
大引：90×90@910
付巾木 H=60
60
▽1FL
1-02 ベタ基礎と剛床組
土台：120×120
基礎パッキン
500
450
50
▽GL
150
50
120
250
50
120
420
捨てコンクリート t=50
防湿フィルム t=0.15
砕石 t=120
1,820
1,820
Y1

矩計図(3) S＝1/30

断面パース詳細（3） S＝1/30

2 矩計図の組み合わせ［応用編］

この住宅は、箱型の外壁ラインに囲まれた空間の中に置いた**4つのボックス**と、その間の空間により成り立っている。1階部分はリビングやキッチン、洗面・浴室、トイレとし、2階部分を主寝室、子ども室2部屋、トイレに割り当てている。残りの部分は、1階と2階を空間的につなぐ**吹抜け（ヴォイド）空間**である。

ダウンフロアで造付けのソファを設置して落ち着いた雰囲気をもったリビング、プライバシーの高い主寝室と子ども室、機能的な要素をもったキッチンや水廻り空間は、囲われたボックス空間となっている。同時にその壁部分は構造的な**耐力壁**となっている。

ボックス空間には、その部屋ごとに設置した室内の開口部により積極的に吹抜け空間とつな

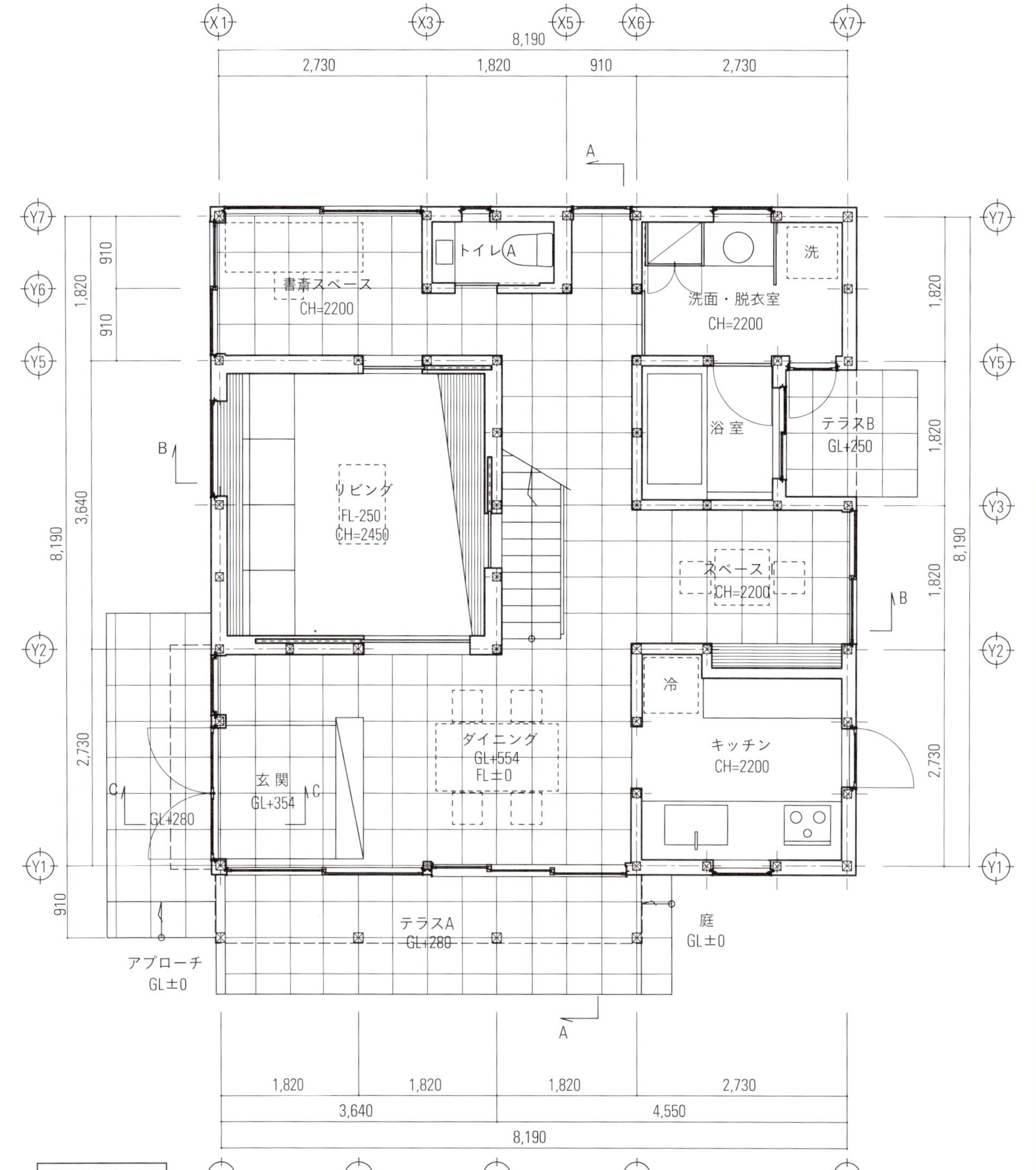

1階平面図 S＝1/80

がるように計画している。

吹抜け空間は、各室とは逆に開放的な空間として、**開口部も大きく**採っている。吹抜けに面する手摺も壁状にはせず、**スチール製の透けた軽やかなもの**としている。全体に光があふれ、風が通る気持ちのよい豊かな空間となっている。動線として居場所として、何よりも家族のコミュケーションが生まれる場所である。

メインのファサードは、箱型に見えるように**パラペット**を立ち上げているが、屋根は**金属屋根の片流形式**である。また、高窓を利用した採光と通風を得るためにチムニーのような吹き上がった空間を組み合わせている。

外壁は、フラット版の**サイディング仕上げ**とし、シンプルな箱型を強調している。内部の壁仕上げ、天井仕上げは、**ビニルクロス**で統一。床の仕上げは、ボックス部分については**フローリング**、吹抜け空間は**磁器タイル**とし、それぞれの空間の性質に合わせて異なる仕上げとしている。また、吹抜け空間には足元の冷え寒さ対策ため、**床暖房**を設置する仕様にしている。

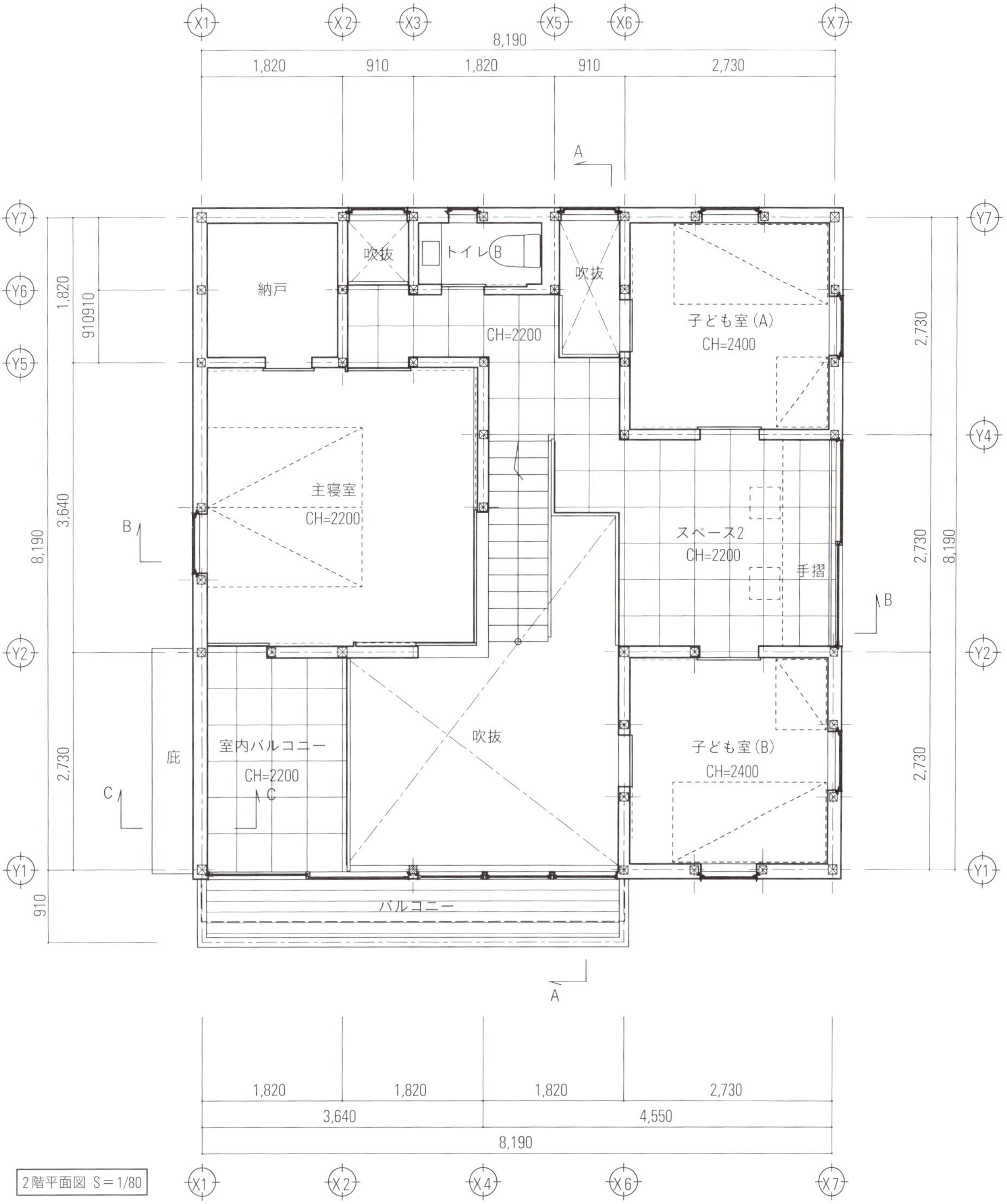

2階平面図　S＝1/80

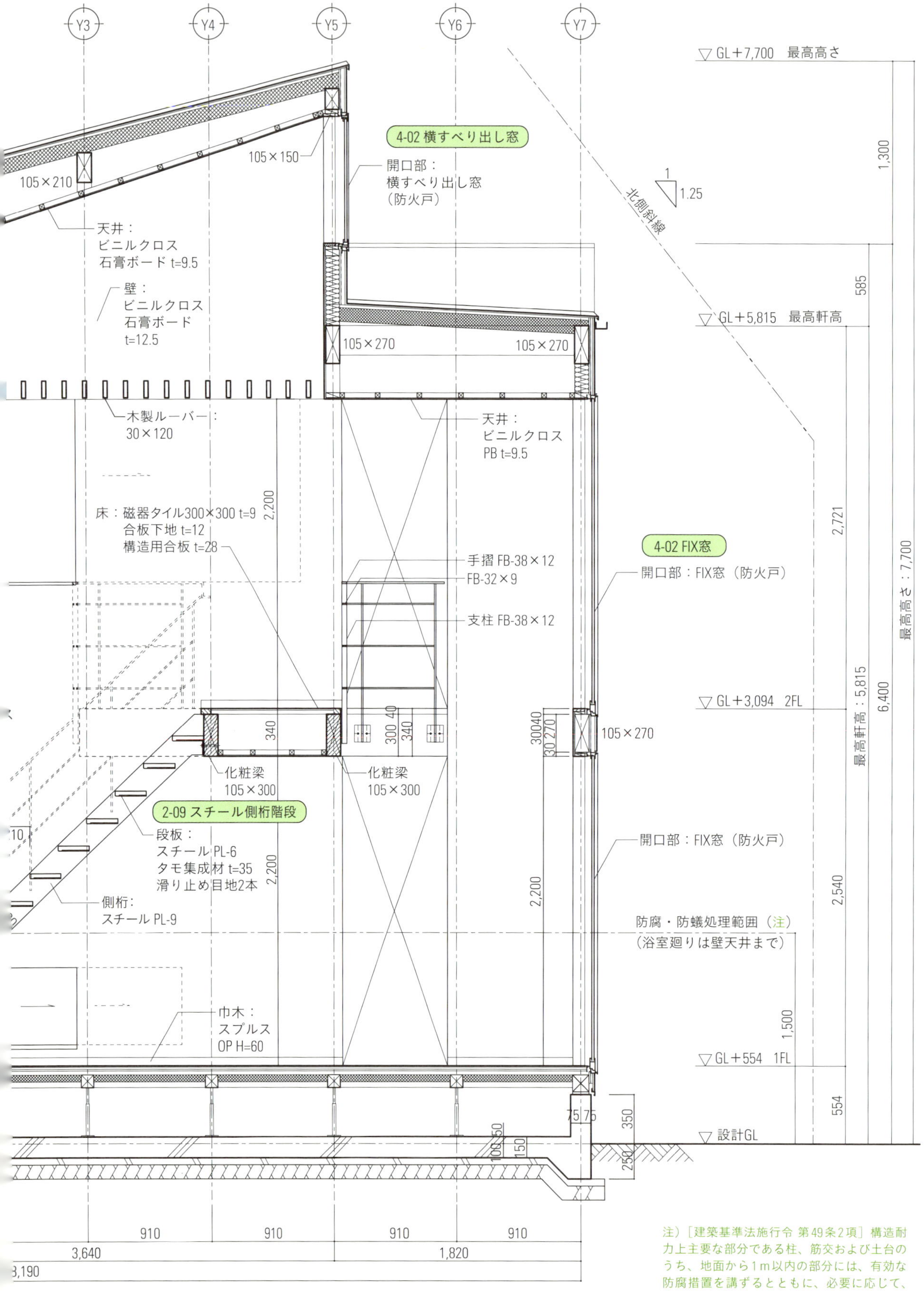
Y3
Y4
Y5
Y6
Y7
GL＋7,700　最高高さ
4-02 横すべり出し窓
105×150
開口部：
横すべり出し窓
（防火戸）
105×210
天井：
ビニルクロス
石膏ボード t=9.5
壁：
ビニルクロス
石膏ボード
t=12.5
1
1.25
北側斜線
1,300
585
GL＋5,815　最高軒高
105×270
105×270
木製ルーバー：
30×120
天井：
ビニルクロス
PB t=9.5
床：磁器タイル300×300 t=9
合板下地 t=12
構造用合板 t=28
2,200
4-02 FIX窓
開口部：FIX窓（防火戸）
手摺 FB-38×12
FB-32×9
支柱 FB-38×12
2,721
GL＋3,094　2FL
340
300 40
340
30040
30 270
105×270
6,400
最高軒高：5,815
最高高さ：7,700
化粧梁
105×300
化粧梁
105×300
2-09 スチール側桁階段
段板：
スチール PL-6
タモ集成材 t=35
滑り止め目地2本
2,200
2,200
側桁：
スチール PL-9
開口部：FIX窓（防火戸）
2,540
防腐・防蟻処理範囲（注）
（浴室廻りは壁天井まで）
1,500
巾木：
スプルス
OP H=60
GL＋554　1FL
554
75 75
350
設計GL
100 50
150
250
910
910
910
910
3,640
1,820
3,190
10

注）［建築基準法施行令 第49条2項］構造耐力上主要な部分である柱、筋交および土台のうち、地面から1m以内の部分には、有効な防腐措置を講ずるとともに、必要に応じて、白アリその他の虫による害を防ぐための措置を講じなければならない。

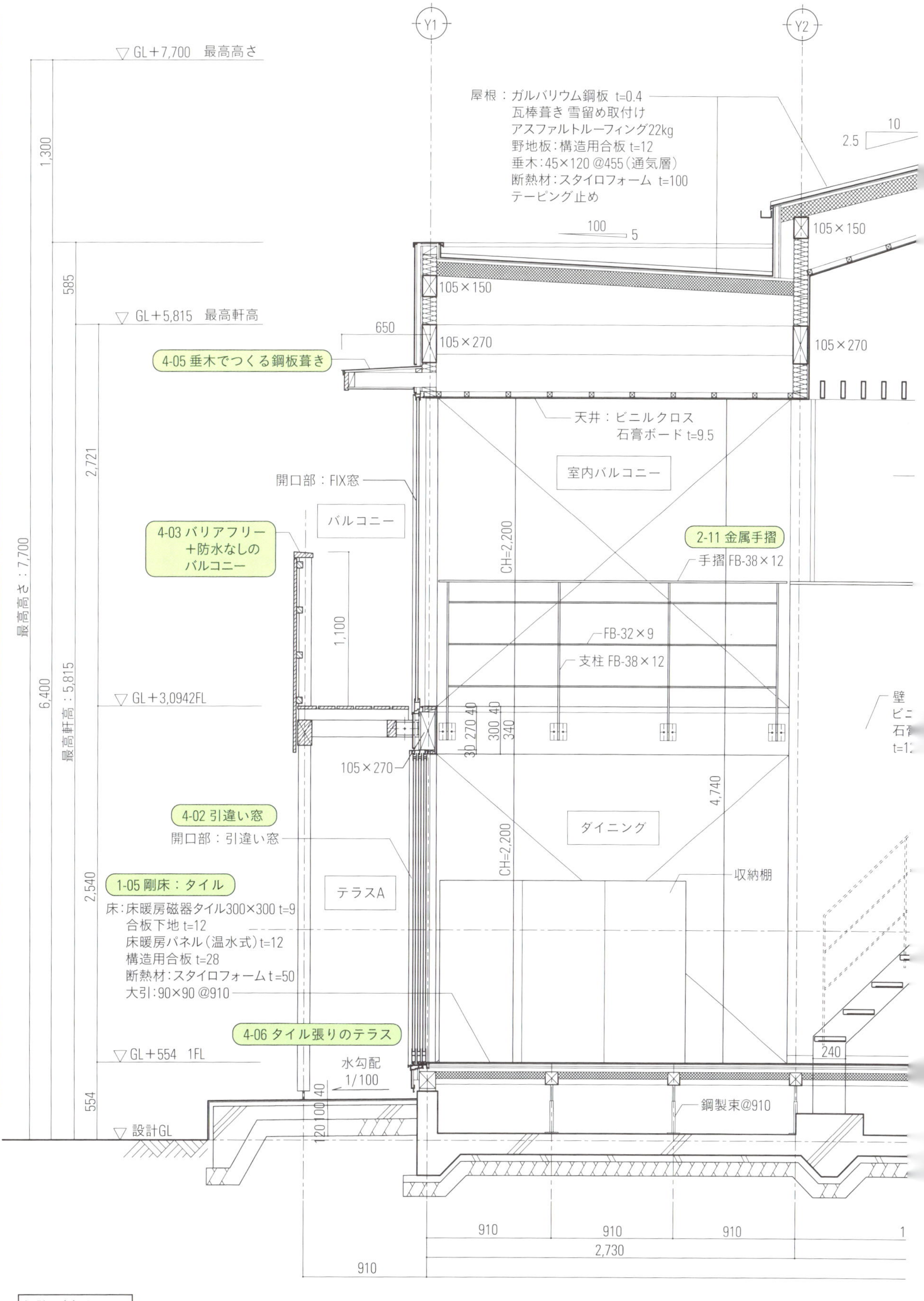
Y1
Y2
GL＋7,700 最高高さ
1,300
585
GL＋5,815 最高軒高
650
4-05 垂木でつくる鋼板葺き
2,721
最高高さ：7,700
6,400
最高軒高：5,815
屋根：ガルバリウム鋼板 t=0.4
瓦棒葺き 雪留め取付け
アスファルトルーフィング22kg
野地板：構造用合板 t=12
垂木：45×120 @455（通気層）
断熱材：スタイロフォーム t=100
テーピング止め
10
2.5
100
5
105×150
105×150
105×270
105×270
天井：ビニルクロス
石膏ボード t=9.5
開口部：FIX窓
室内バルコニー
バルコニー
4-03 バリアフリー＋防水なしのバルコニー
CH=2,200
2-11 金属手摺
手摺 FB-38×12
1,100
FB-32×9
支柱 FB-38×12
GL＋3,0942FL
30 270 40
300 40
340
壁
ビニ
石膏
t=1
105×270
4,740
4-02 引違い窓
開口部：引違い窓
ダイニング
CH=2,200
2,540
1-05 剛床：タイル
床：床暖房磁器タイル300×300 t=9
合板下地 t=12
床暖房パネル（温水式）t=12
構造用合板 t=28
断熱材：スタイロフォーム t=50
大引：90×90 @910
テラスA
収納棚
4-06 タイル張りのテラス
GL＋554 1FL
水勾配
1/100
240
554
40
100
120
鋼製束@910
設計GL
910
910
910
1
2,730
910

矩計図（1） S＝1/40

断面詳細パース（1） S＝1/40

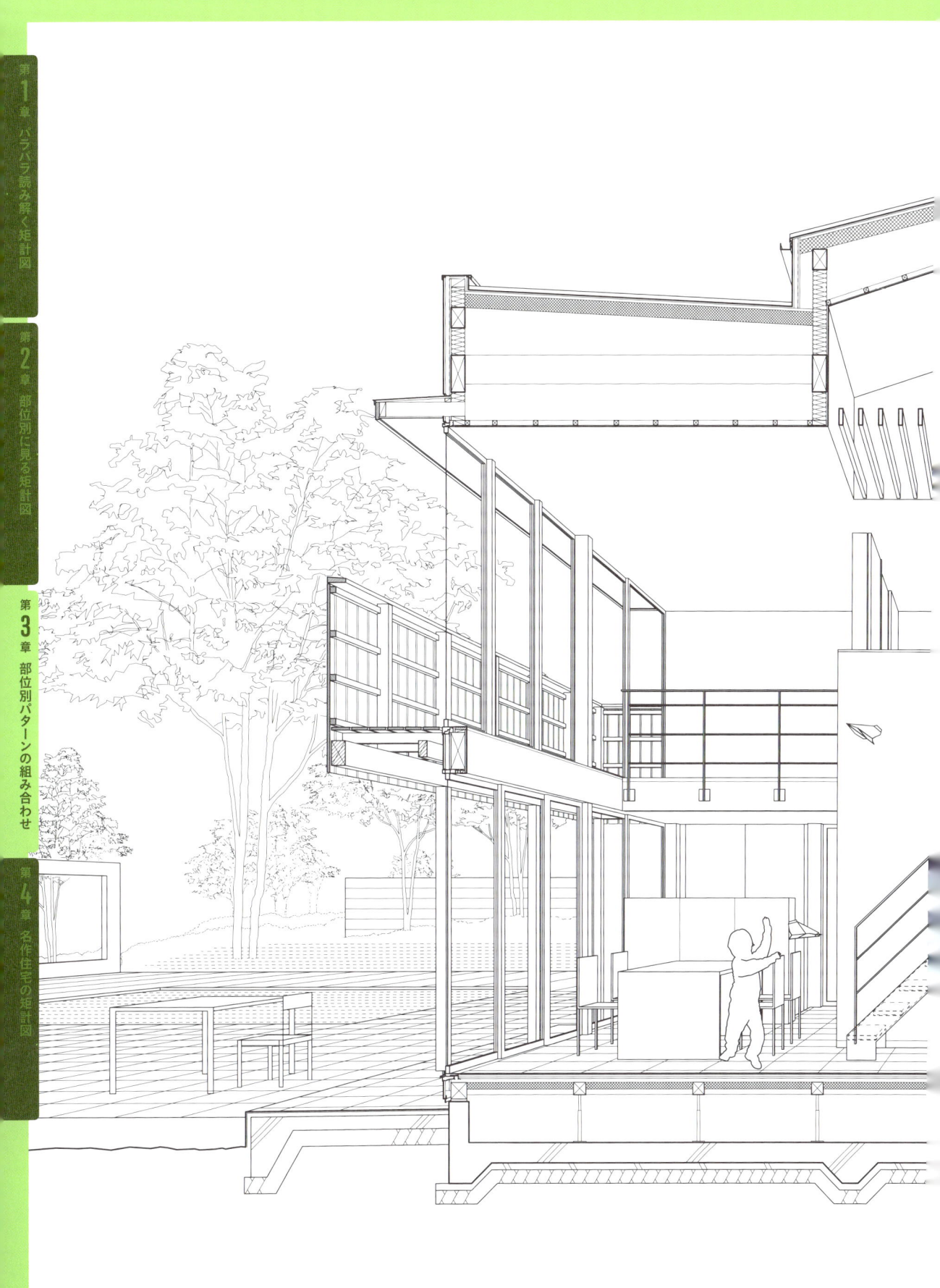

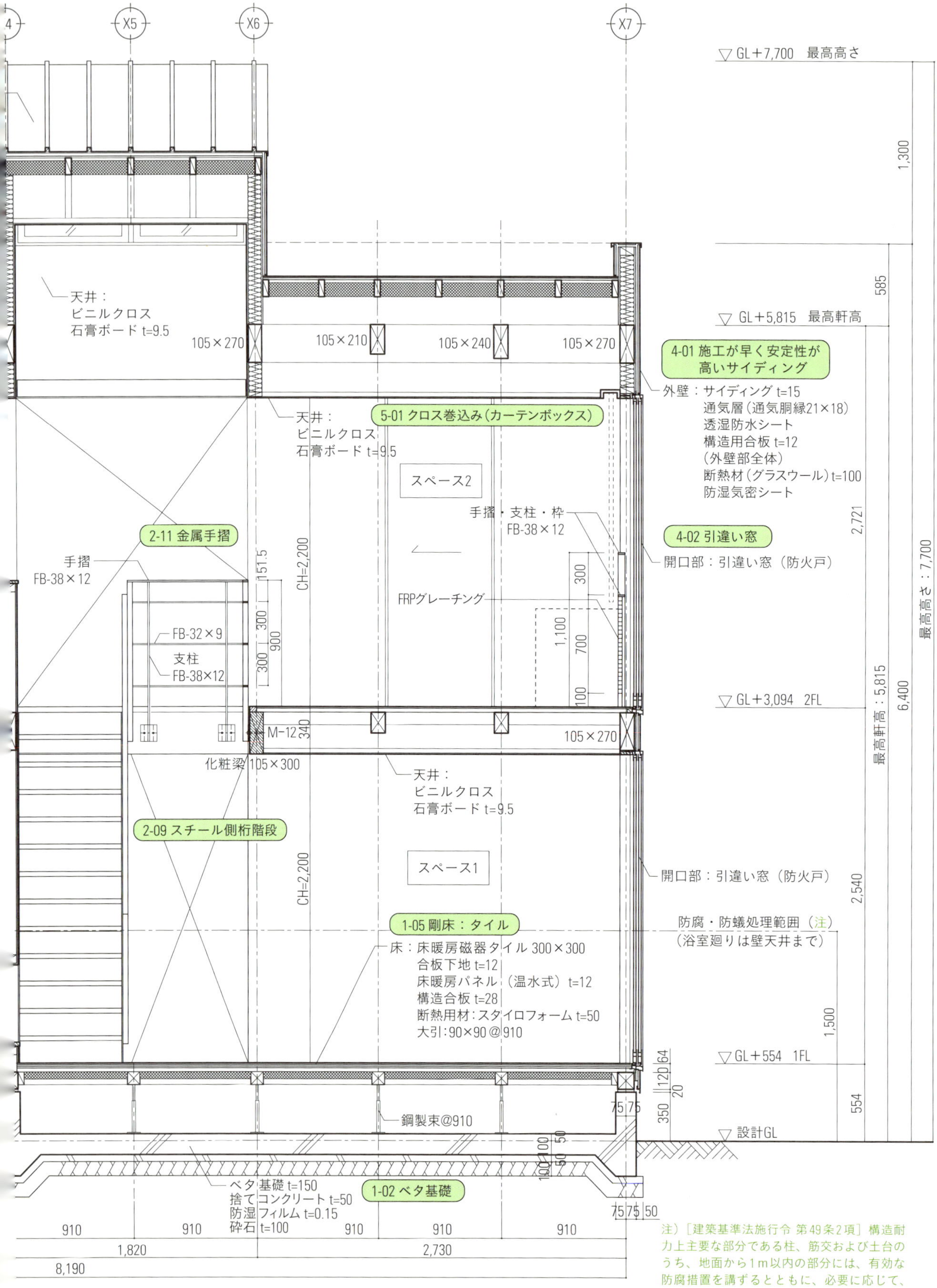

注）［建築基準法施行令 第49条2項］構造耐力上主要な部分である柱、筋交および土台のうち、地面から1m以内の部分には、有効な防腐措置を講ずるとともに、必要に応じて、白アリその他の虫による害を防ぐための措置を講じなければならない。

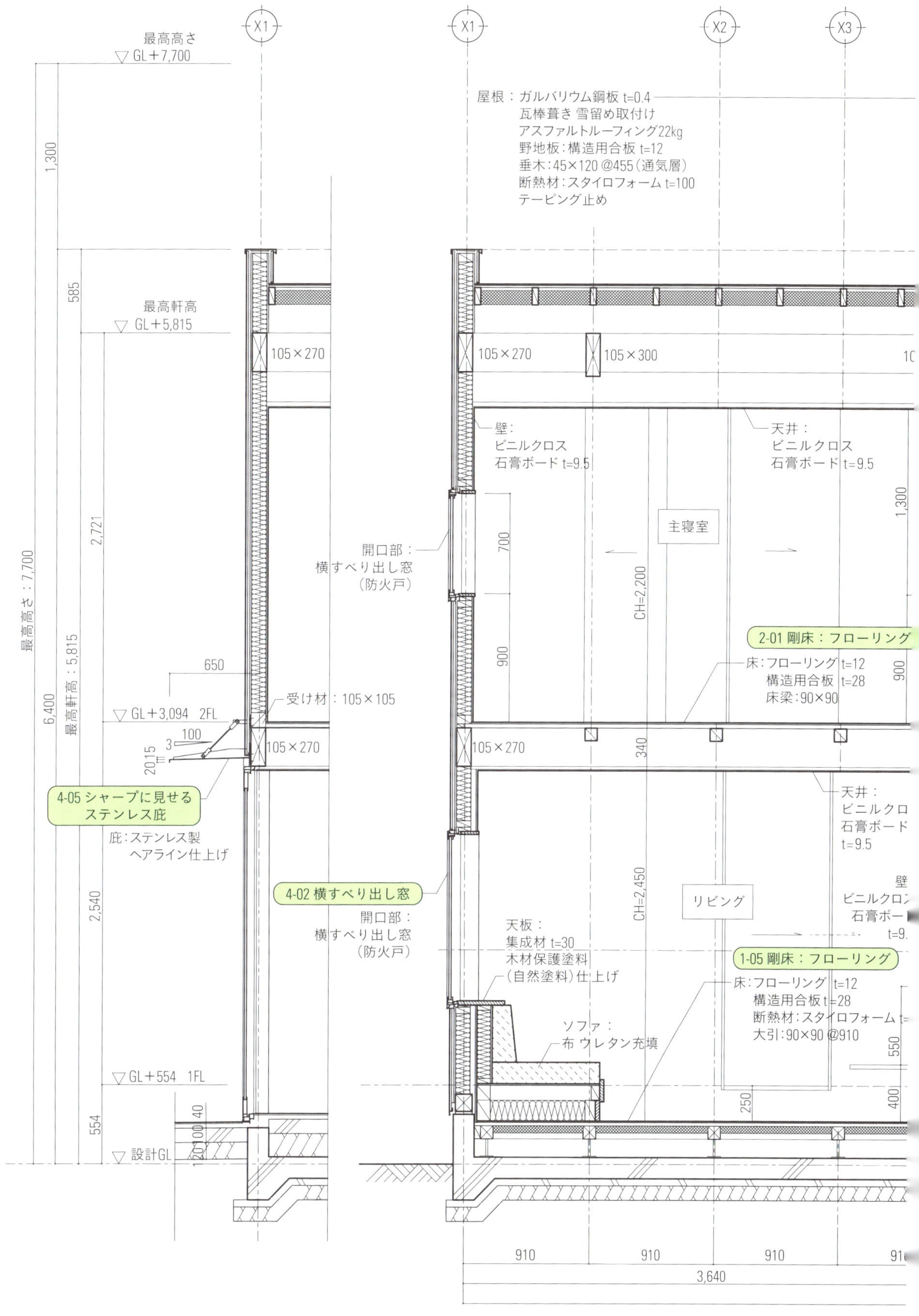
X1
X1
X2
X3
最高高さ
GL＋7,700
屋根：ガルバリウム鋼板 t=0.4
瓦棒葺き 雪留め取付け
アスファルトルーフィング22kg
野地板：構造用合板 t=12
垂木：45×120 @455（通気層）
断熱材：スタイロフォーム t=100
テーピング止め
1,300
585
最高軒高
GL＋5,815
105×270
105×270
105×300
壁：
ビニルクロス
石膏ボード t=9.5
天井：
ビニルクロス
石膏ボード t=9.5
2,721
700
主寝室
1,300
開口部：
横すべり出し窓
（防火戸）
最高高さ：7,700
CH=2,200
2-01 剛床：フローリング
900
床：フローリング t=12
構造用合板 t=28
床梁：90×90
900
650
最高軒高：5,815
受け材：105×105
6,400
GL＋3,094 2FL
100
3
20 15
105×270
105×270
340
4-05 シャープに見せる ステンレス庇
庇：ステンレス製
ヘアライン仕上げ
天井：
ビニルクロ
石膏ボード
t=9.5
CH=2,450
リビング
壁
ビニルクロス
石膏ボー
t=9.
4-02 横すべり出し窓
開口部：
横すべり出し窓
（防火戸）
2,540
天板：
集成材 t=30
木材保護塗料
（自然塗料）仕上げ
1-05 剛床：フローリング
床：フローリング t=12
構造用合板 t=28
断熱材：スタイロフォーム t=
大引：90×90 @910
ソファ：
布 ウレタン充填
550
GL＋554 1FL
554
40
100
120
設計GL
250
400
910
910
910
3,640

矩計図（2） S＝1/40

断面詳細パース（2） S＝1/40

何事も「良い前例から学ぶ」というのが学習の基本である。
この章では、「名作」といわれる木造住宅の
原図を読み解くことから、設計の考え方や矩計図を習得していく。
現代からすれば古い作品であるが、
シンプルがゆえにわかりやすい。隅々まで図面を読み取って、
矩計図だけでなく設計者の理念なども理解してほしい。

第4章 名作住宅の矩計図

清家 清

「森博士の家」

「森博士の家」は建築家・清家清の初期の作品である。戦後間もない1950年代に設計された。当時、庶民は借家に住むのが一般的であったが、戦後復興期の国の持家推奨政策によって、住宅金融公庫の床面積の限度が15坪から18坪に引き上げられた。この住宅もその床面積以内に納められている。当時の一般庶民の住宅は、この程度が平均的な広さであった。

戦前は西洋近代化の波によって、人々は伝統的な和風建築よりも合理的な洋風建築へ傾倒していたが、戦後復興期になると「新日本調」として和風の建築が再評価されるようになる。

この「森博士の家」も欧米風のLDKの居室と二つの和室が並び、それらの部屋を南側の廊下がつないでいる。それぞれの部屋を仕切る建具の開閉によって、空間が可変し、さまざまな用途に適応する日本的なライフスタイルを可能にする住居である。

矩計図は、当時の住宅の性能をよく表している。断熱性能も気密性も、そして耐久性もいまの私たちの住宅とは比べものにならない。しかし、現在のように新しい建材や性能のよいサッシュ、断熱に対する技術や考え方などで住宅の性能は上がったことは確かだが、自然素材だけでつくられた当時の住宅はとても環境にやさしい。もちろん、矩計図もシンプルで、木造住宅の基本を学ぶには良い教材である。私たちの現在の住宅と、このような住宅を性能だけではなく地球環境の視点から考えるのもよいだろう。

図面提供：デザインシステム

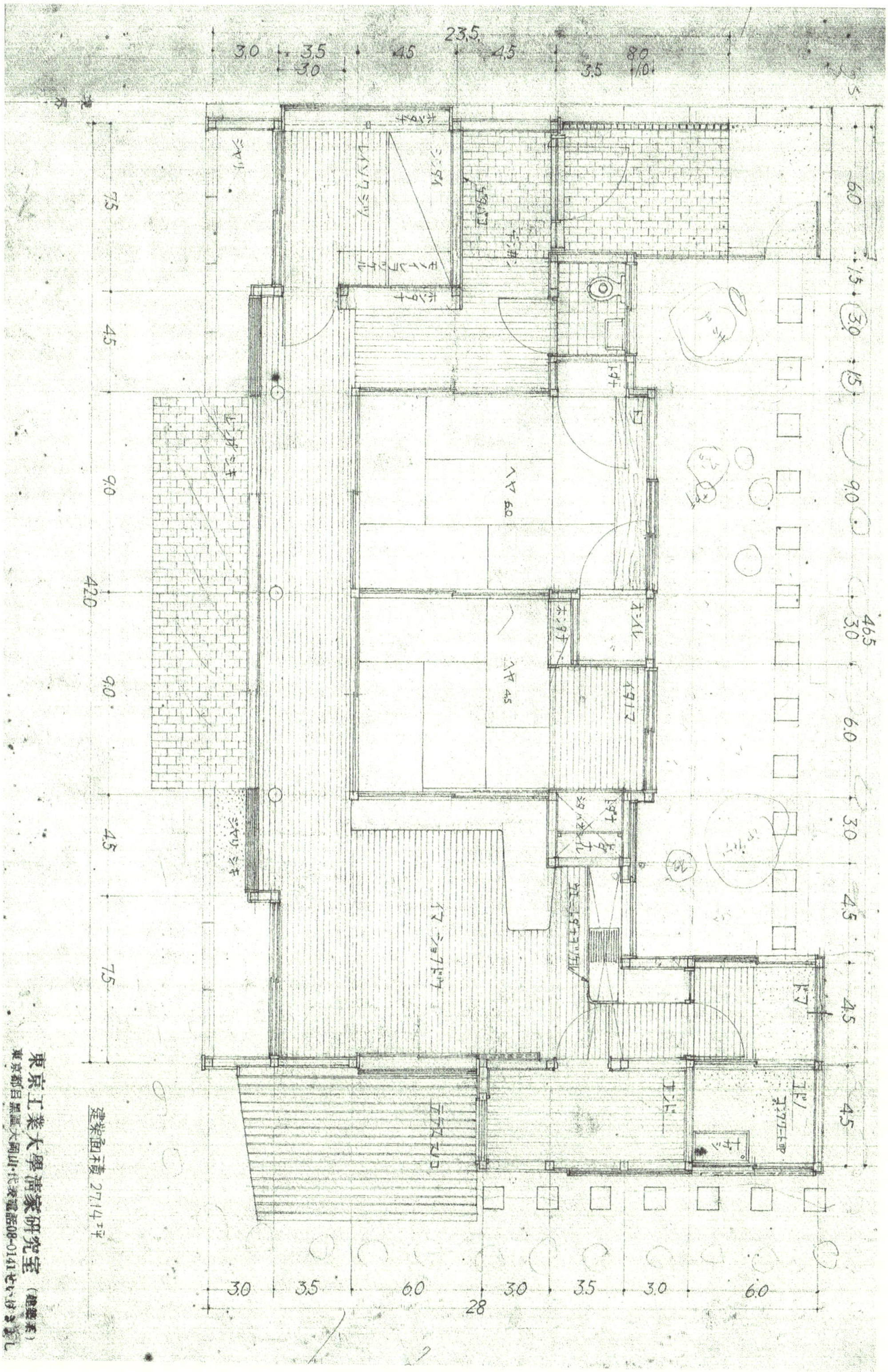

「森博士の家」平面図　S＝1/30（原図を66.6％に縮小、寸法の単位は尺）

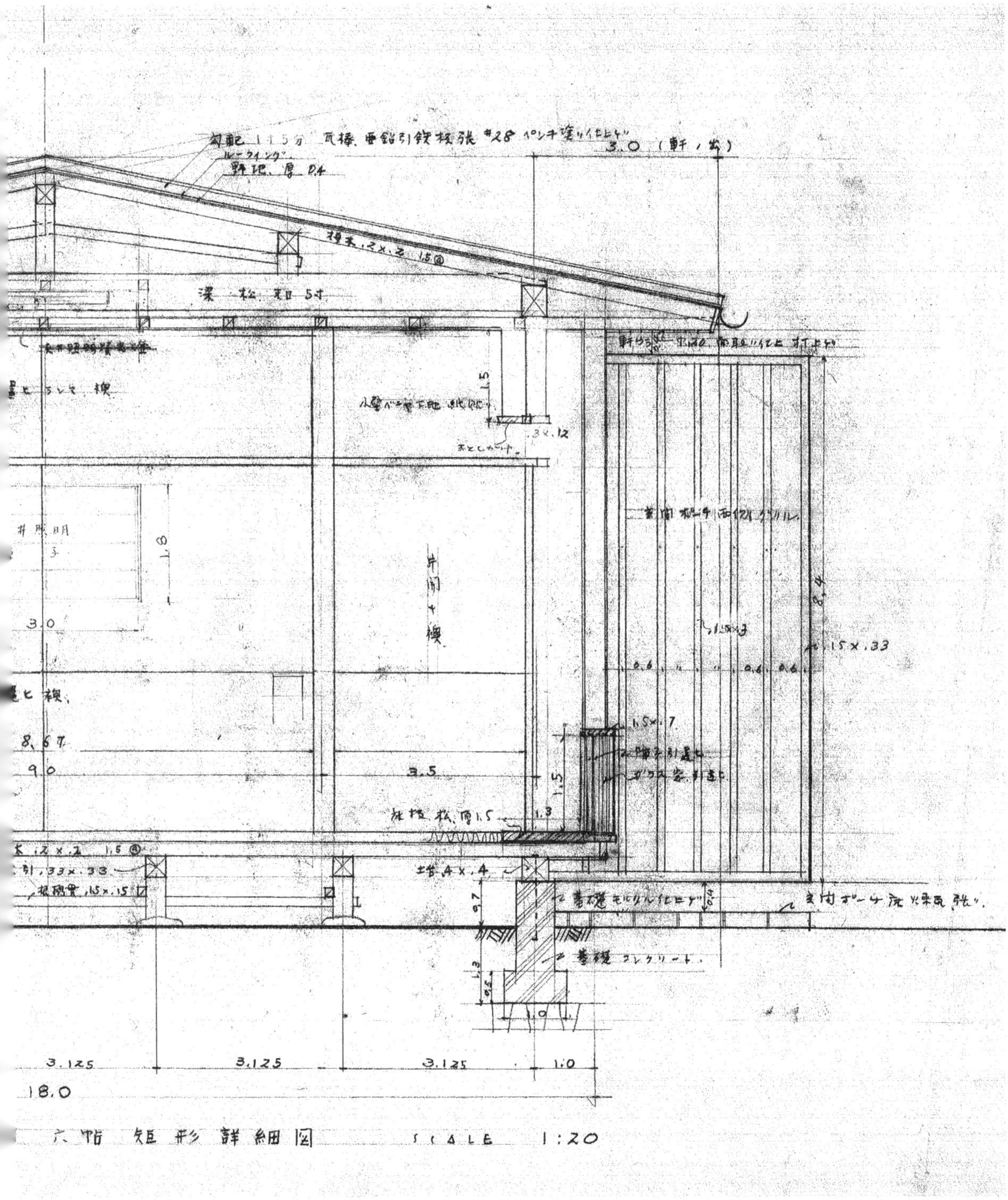

3.0（軒ノ出）
ルーフィング
野地 厚 0.4
垂木 .2×.2 1.5@
.3×.12
1.8
3.0
8.67
9.0
3.5
1.3
1.5×.7
.15×.33
障子引違い
ガラス戸引違い
床板 松 厚1.5
束 .4×.4
基礎 モルタル仕上ゲ
基礎 コンクリート
3.125
3.125
3.125
1.0
18.0
六帖 矩形 詳細図
SCALE 1:20

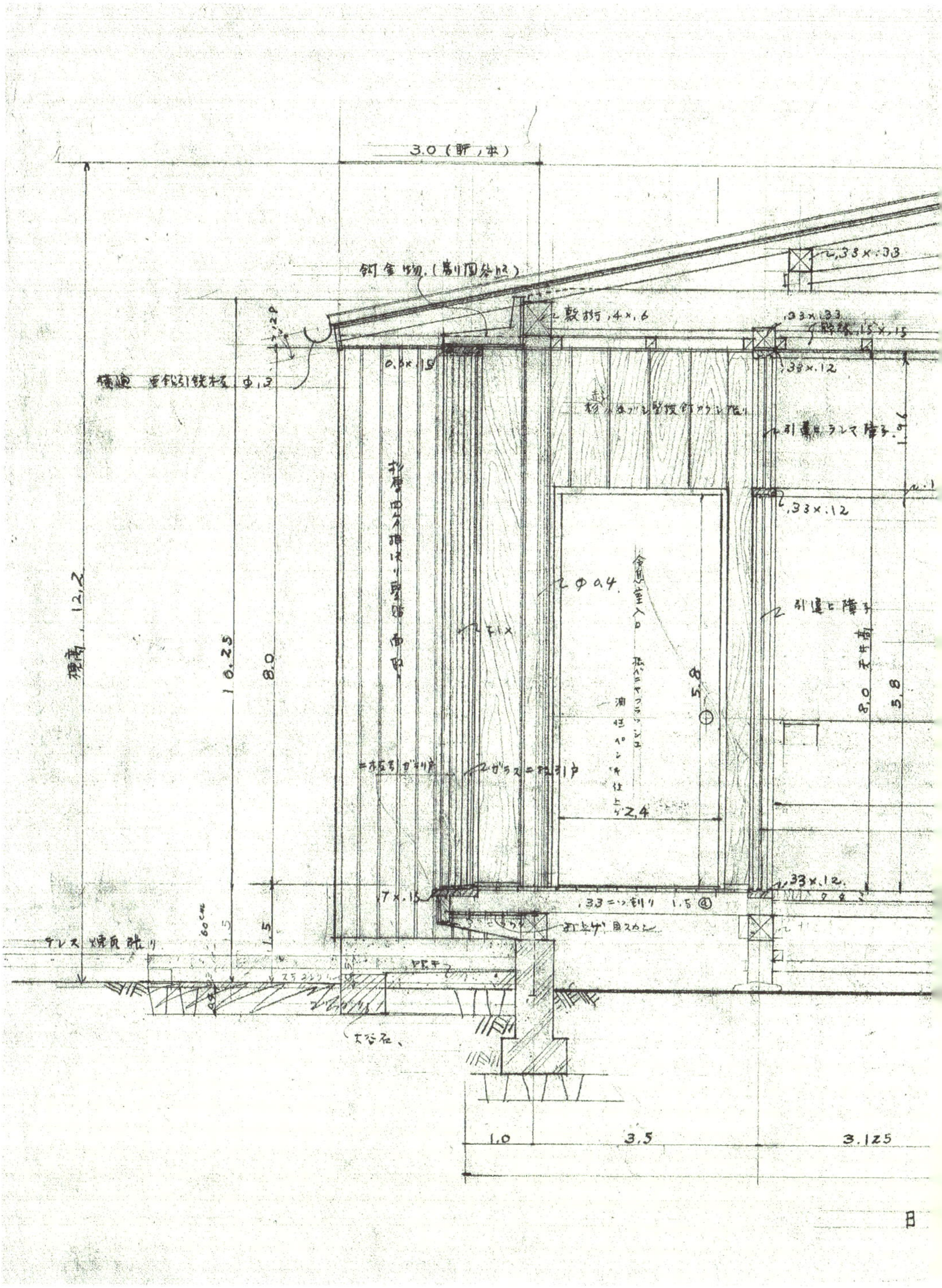

「森博士の家」矩計図　S＝1/30（原図を66.6%に縮小、寸法の単位は尺）

吉村順三
「軽井沢山荘」

「軽井沢の山荘」は建築家・吉村順三のセカンドハウスである。この建築はいままでさまざまなメディアに紹介されてきたように、住宅建築の中でも指折りの傑作といって過言ではない。特に初心者の方には矩計図ばかりでなく、平面図、立面図などすべての図面を見て、空間の構成や自然との調和、そして、限られた空間を有効に使う工夫とともに、設計者の理念をこの山荘から学んでほしい。

鉄筋コンクリート造の1階部分の上に、片流屋根の木構造が載っている。1階部分の細さが、上部の木造の居住部をより浮遊感を与え、美しい林の中に溶け込み、「鳥のように過ごしたい」という吉村順三の意図がよく具現化されている。

片流屋根、目板を打った縦張りの外壁など、どこにでもあるような仕上げにもかかわらず、なぜかその佇まいは凛として美しい。デザインの本質とはこういうものであろう。

矩計図は「その建物の特徴と性能を表すものである」という定義があるが、この山荘も全体から細部まで神経が行き届いている。屋根の上部と下部の端部のカットの角度の違い、梯子段のような階段の段板がわずかに内側に傾けられていたり、屋上のデッキへの上り口の雨仕舞の仕方、壁の中に隠れてしまう居間の建具の納め方など、学ぶべきことを挙げれば数えきれない。

こうした優れた建物の矩計図から、単に納まりや技法だけでなく、建築家の設計への姿勢をも読み取ってほしい。

図面提供：吉村順三記念ギャラリー
特別協力：平尾寛設計事務所

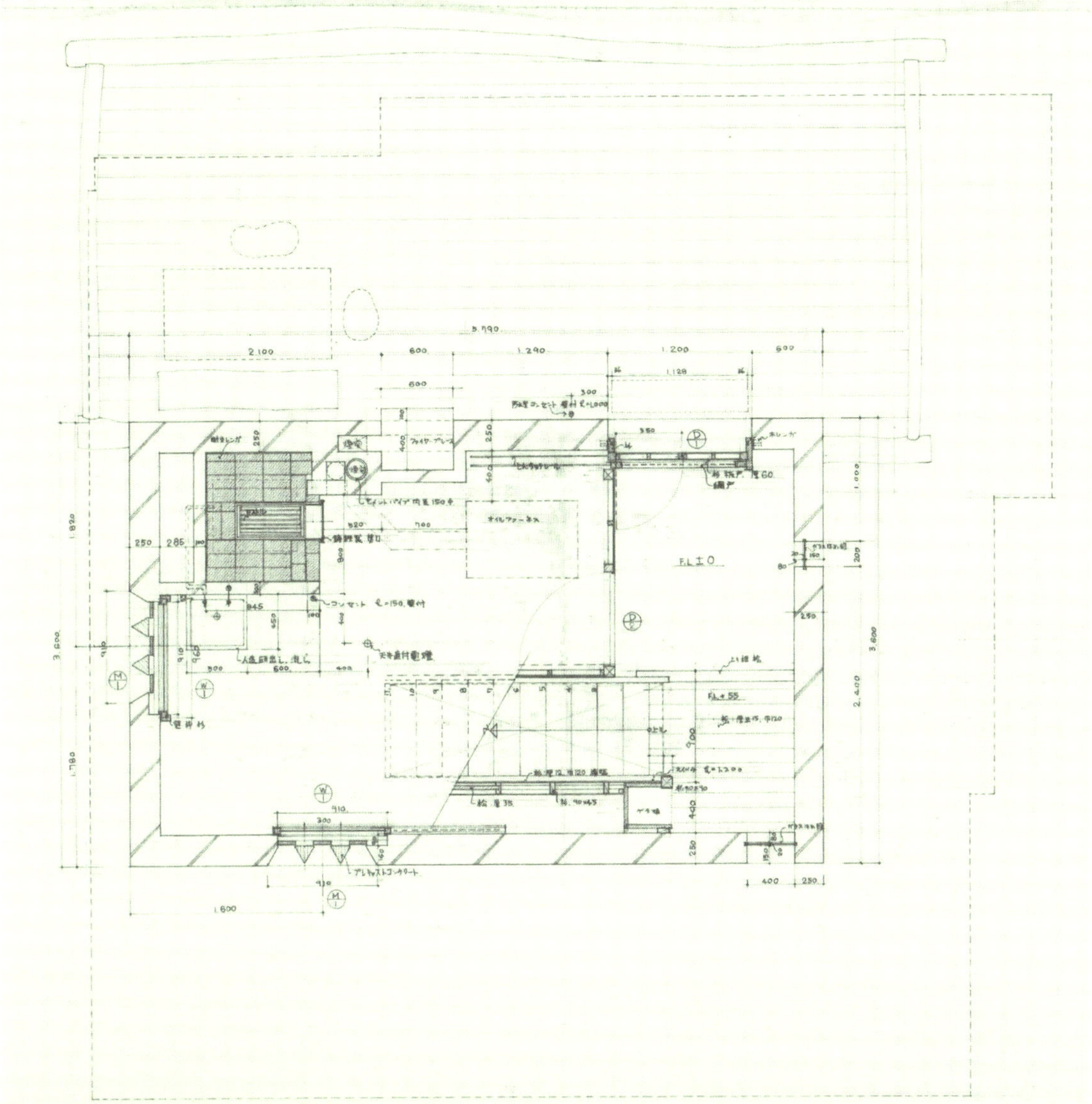

「軽井沢山荘」1階平面図　S＝1/60（原図を33.3%に縮小）
1階の鉄筋コンクリート造の部分は、玄関、ホール、階段のほかに、
物置、ユーティリティー、風呂の焚き口がある。

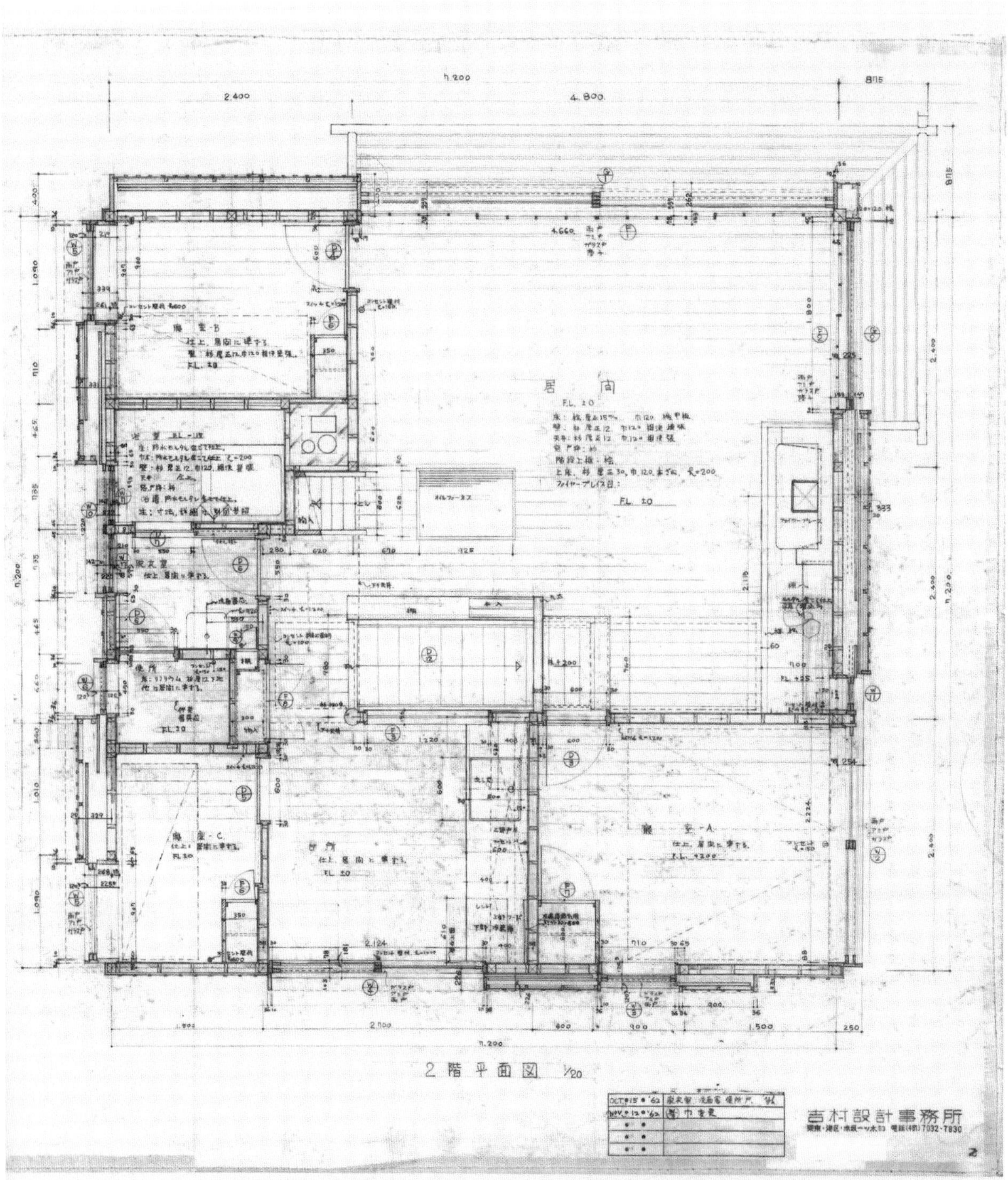

「軽井沢山荘」2階平面図　S＝1/60（原図を33.3%に縮小）
7.2m四方の平面。台所隣りの寝室Cは、現在は食堂に改装されている。

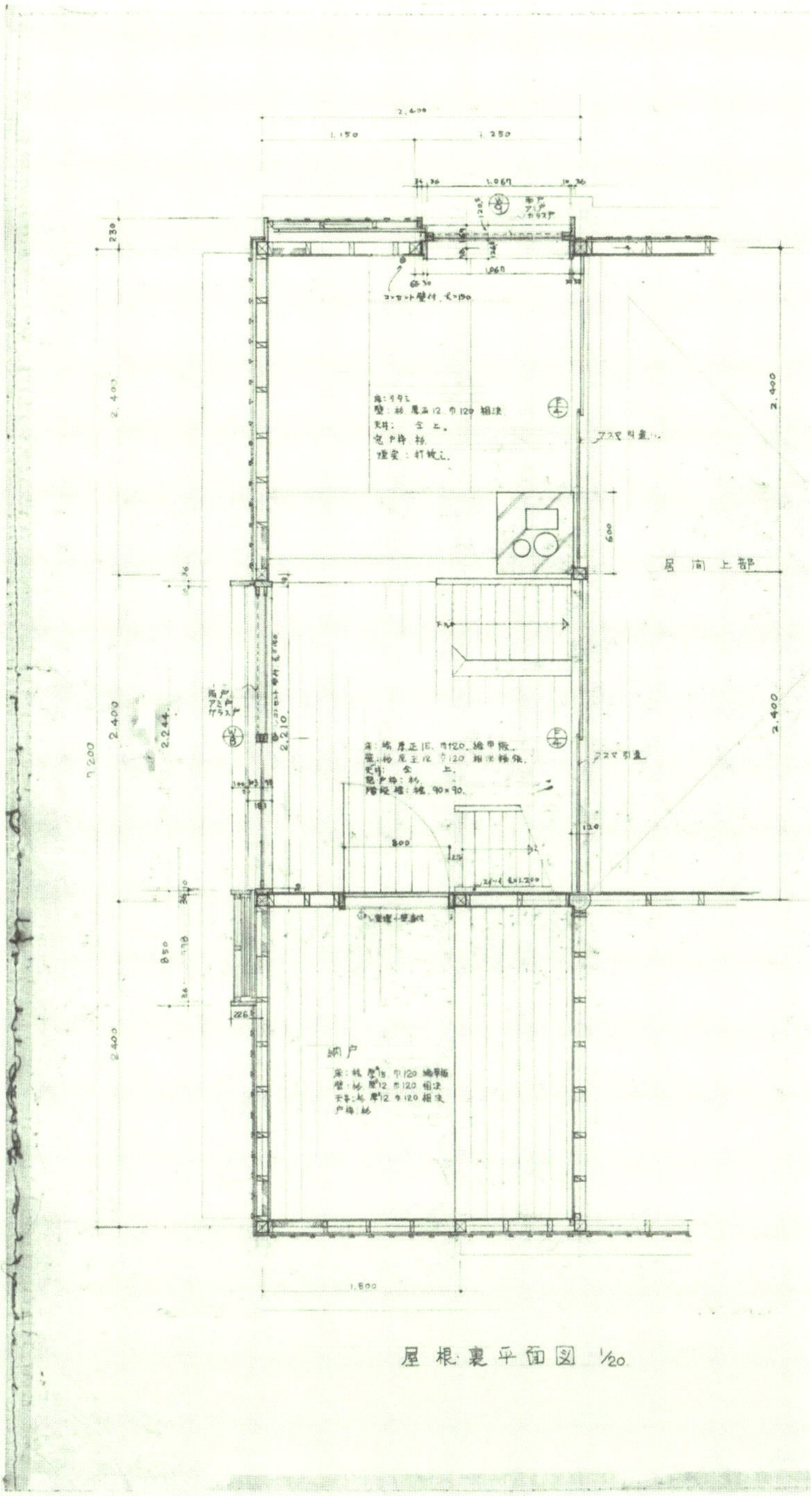

「軽井沢山荘」ロフト部分平面図　S＝1/60（原図を33.3％に縮小）
ロフトへははしご段で登る。和室と納戸がある。

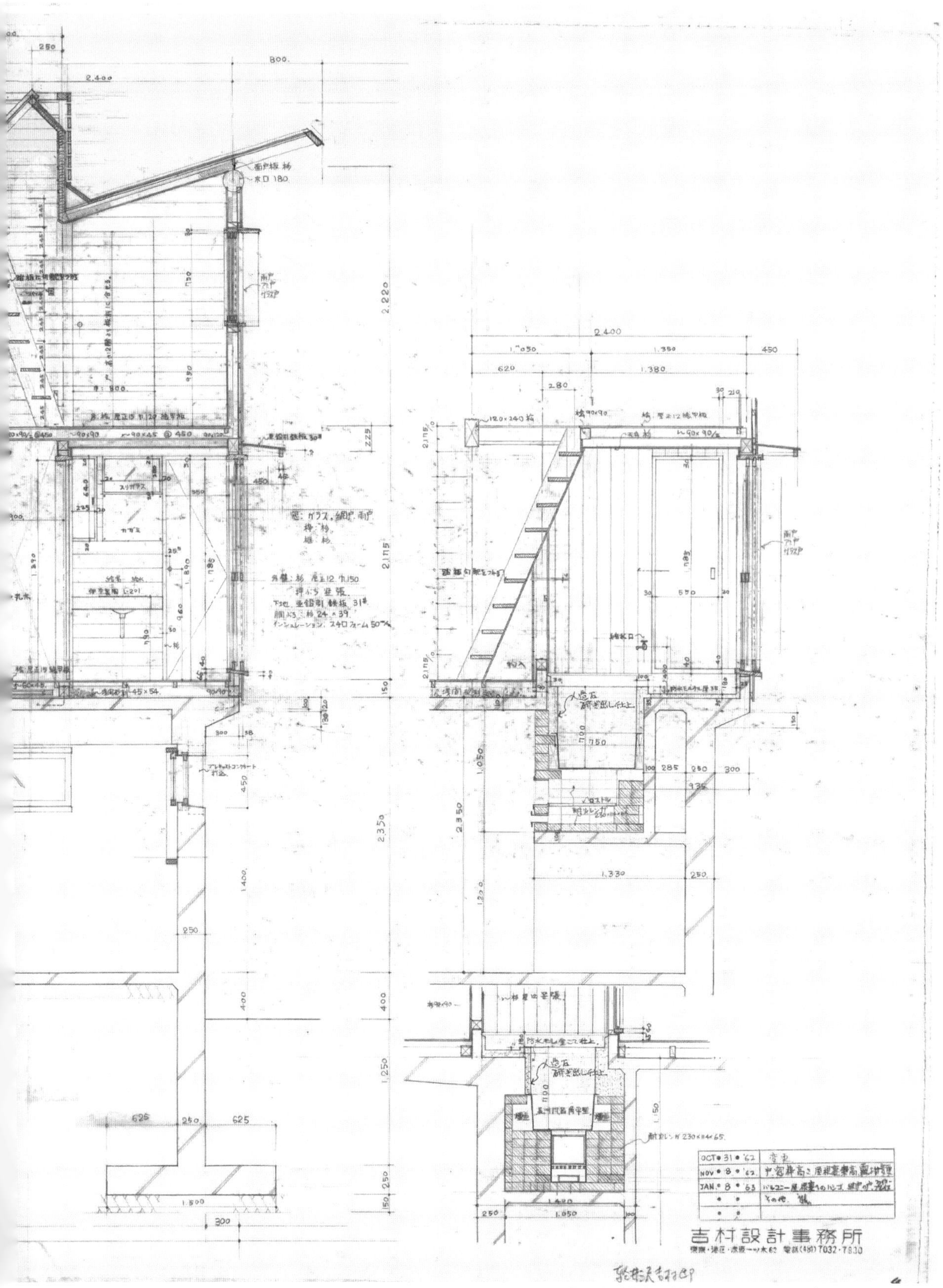

風呂および焚き口断面詳細図　S＝1/50（原図を40％に縮小）

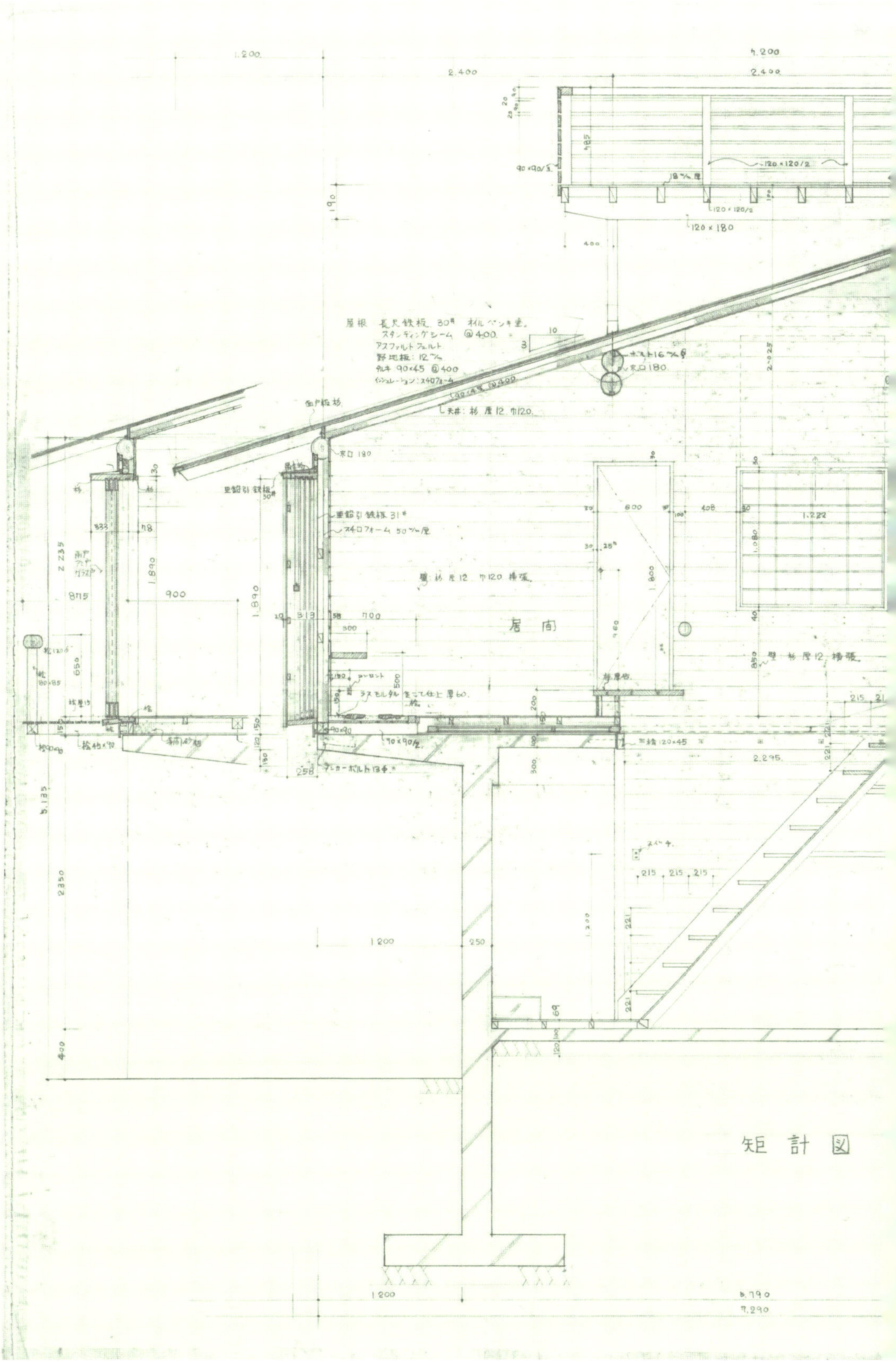

「軽井沢山荘」矩計図　S＝1/50（原図を40%に縮小）
1階から2階へ上がる階段を仕切る水平にスライドする扉がある。ロフトから屋上のデッキに登るはしご段と、その上げブタのしくみと納まりなどをよく学んでほしい。

上：西側立面図
下：東側立面図

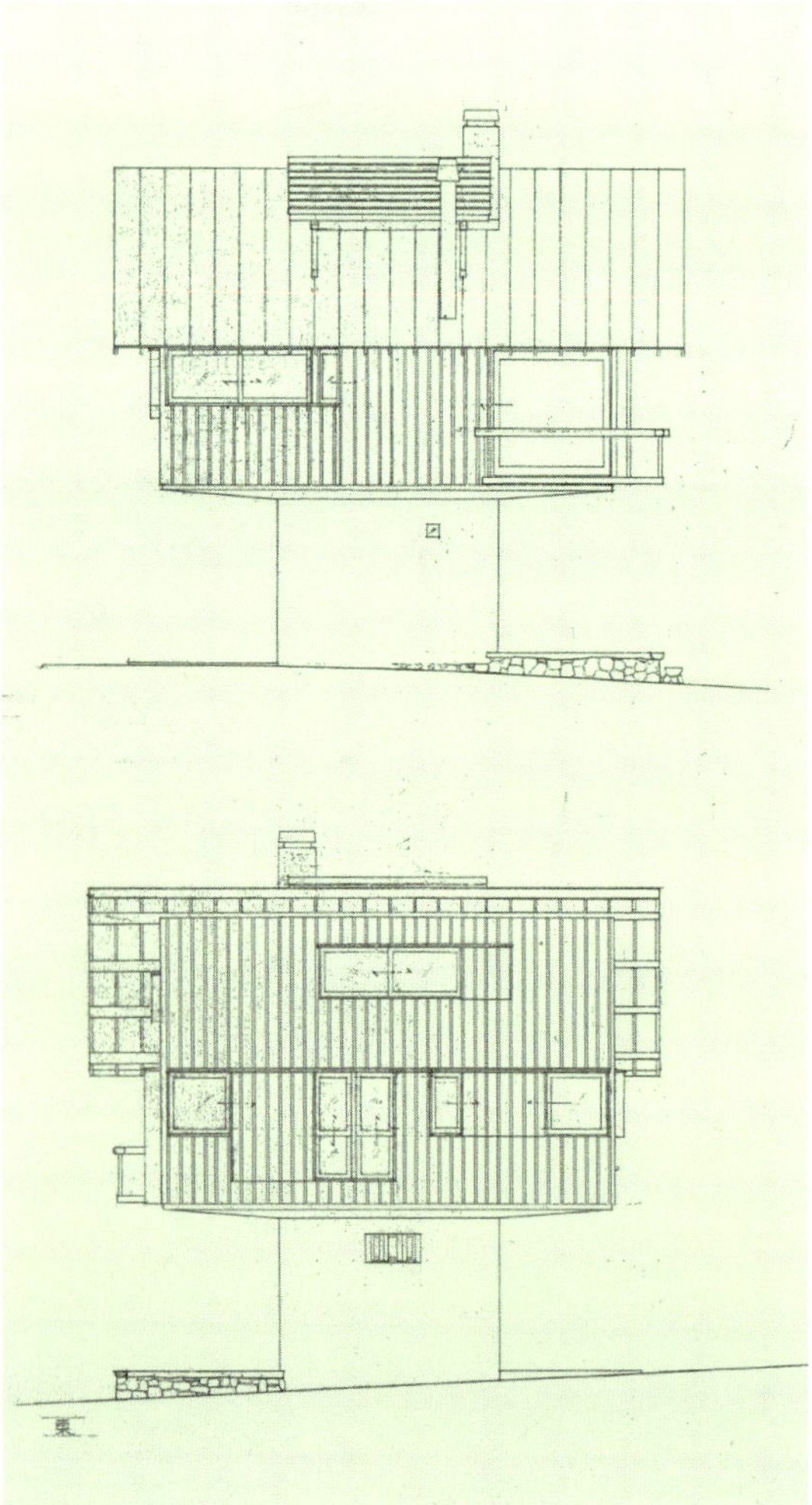

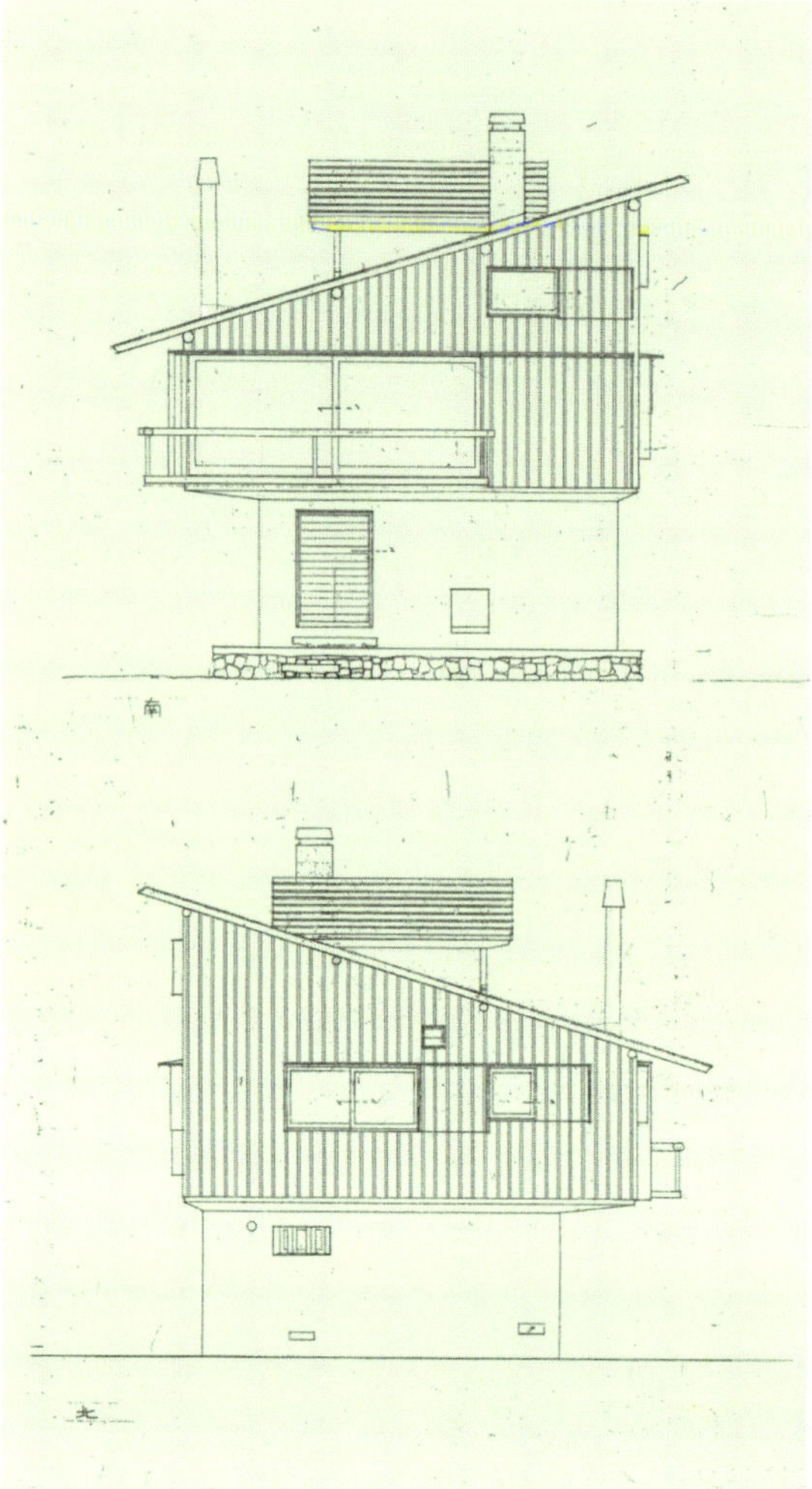

上：南側立面図
下：北側立面図

1階鉄筋コンクリート造の上に片流屋根の木構造が載った形態。屋根は亜鉛めっき鉄板スタンディングシーム葺き、外壁は杉板縦羽目目板押え。

宮脇 檀「プラザ・ハウス」

「プラザハウス」と名づけられた山荘は、ある芸能プロダクションの厚生施設として建てられた。広場に見立てられデッキスペースを囲うようにリビングダイニング、キッチン、寝室棟、さらに小さな小部屋の4棟が巧みに配置されている。おそらく、イタリアの小さな都市を歩くのが好きだった宮脇檀が、そうした都市の広場から発想した空間である。

ここに掲載された矩計図は「プラザハウス」の中でも最も重要な空間であるリビングダイニング棟のものである。平面図を見るとわかる通り、この空間は多くの人たちが集い語り合うように大きな空間になっている。四角い平面いっぱいに円形のソファベンチが行くりつけられ、人々の視線が自然に中央に集中するようになっている。

内部を無柱空間にするために屋根を支える大梁は鉄筋のトラスを架け、さらに方杖で長いスパンを支持している。

すべての開口部は木製枠であるのは、宮脇があまりアルミサッシを好まなかったためである。木製枠や建具は雨風に対する気密性や耐久性が劣るものの、開口部の開け閉めの形式や大きさが自由にデザインできるため、基本的な木構造の納まりなどを学ぶにはうってつけの建物である。ぜひ、大きな引込み戸や上部の嵌め殺しのガラス窓の納まりの基本詳細を学んでほしい。

図面提供：宮脇 彩

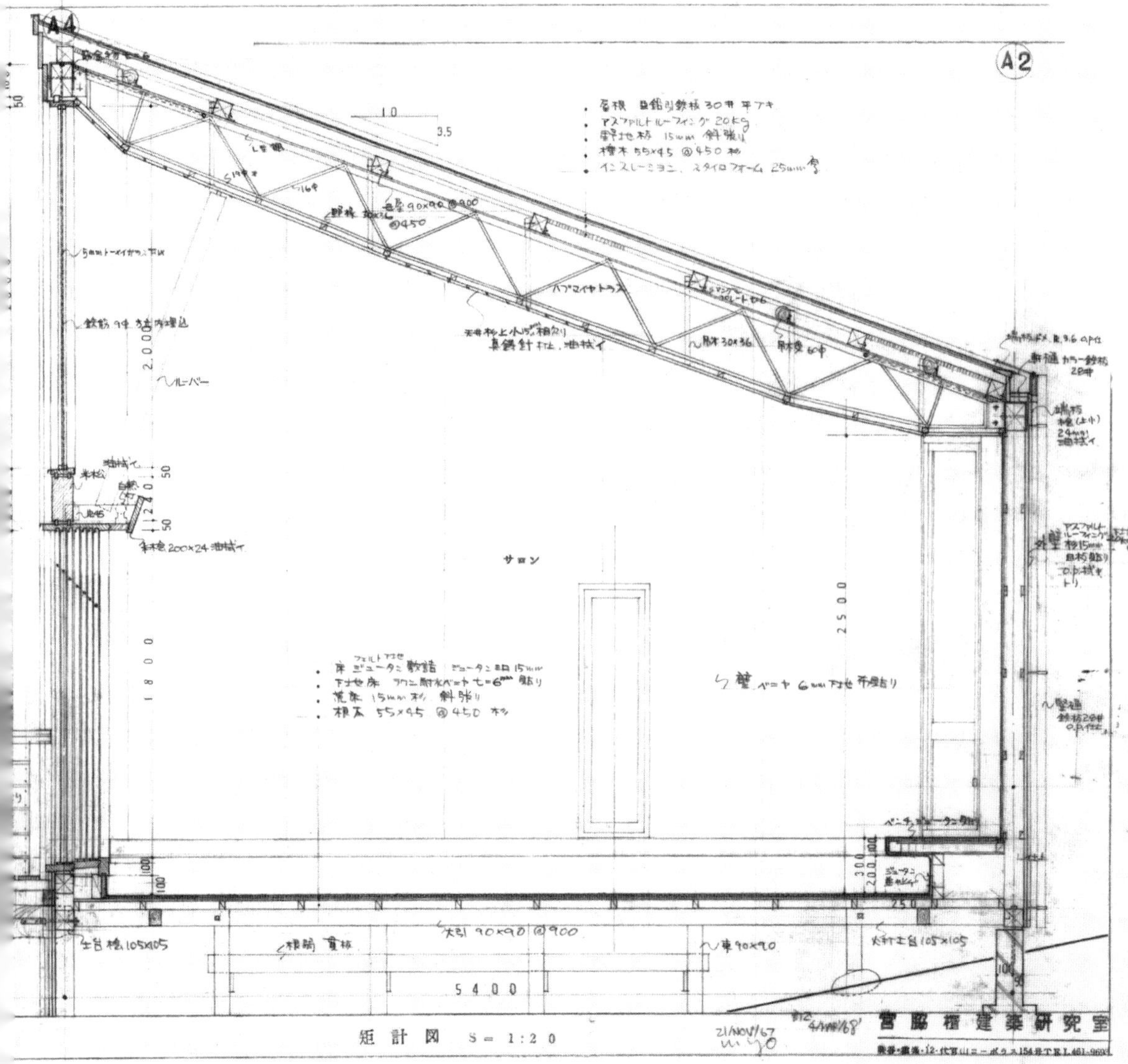

「プラザハウス」（ラバーズラウンジ、サロン）矩計図　S＝1/40（原図を50%に縮小）
「ラバーズラウンジ」と名づけられた小さな離れとデッキをはさんだ「サロン（リビングダイニング）」の矩計図である。中央部のデッキの寸法は実寸を縮めて描かれている。また、中央に描かれた手摺部分の断面詳細図は、プラザを囲むすべての手摺の断面詳細である。

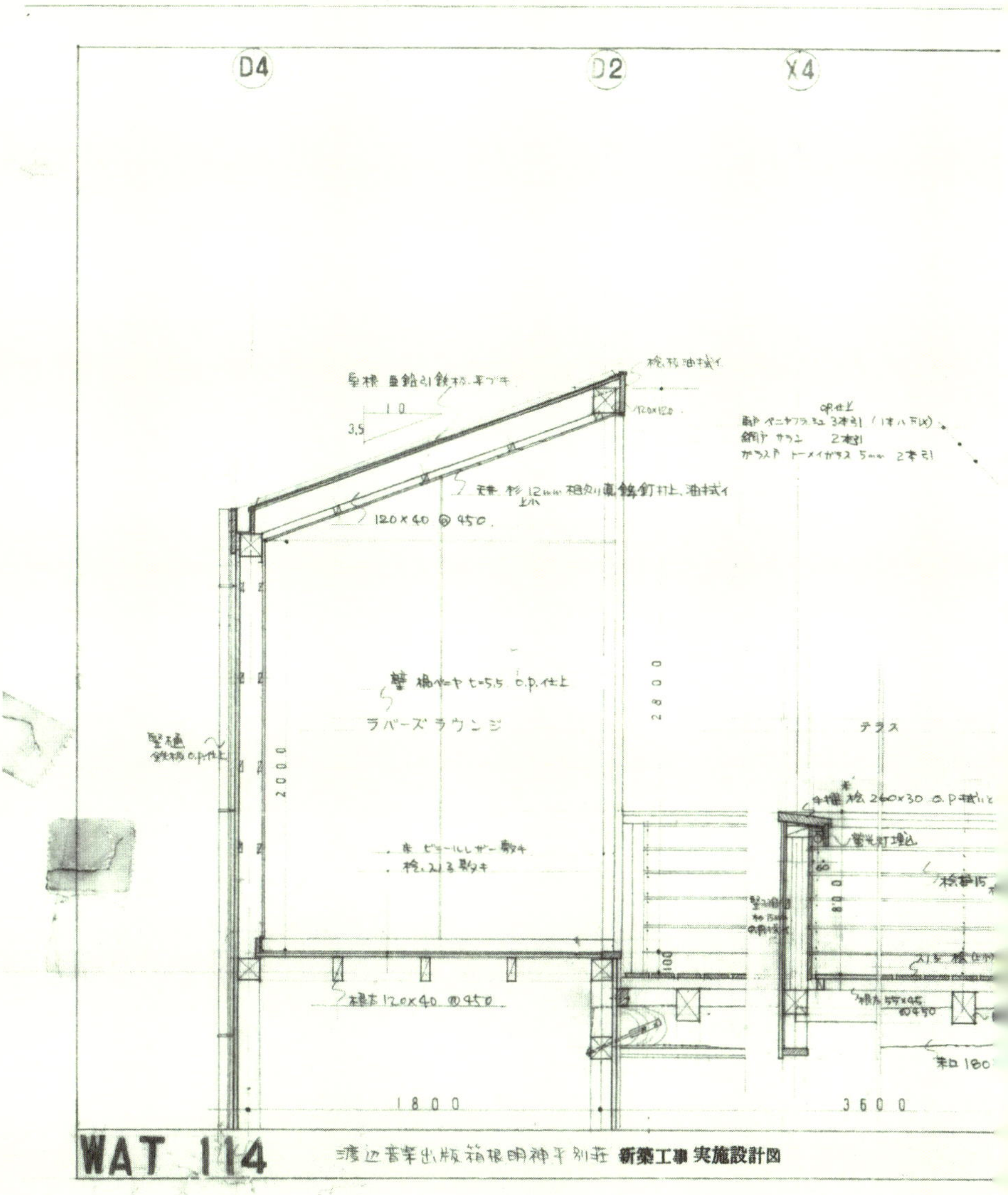

※WATは「宮脇建築研究室」の設計建物名を記号化したもの。
数字は図面番号。各々の事務所によって書式表示は変わる。

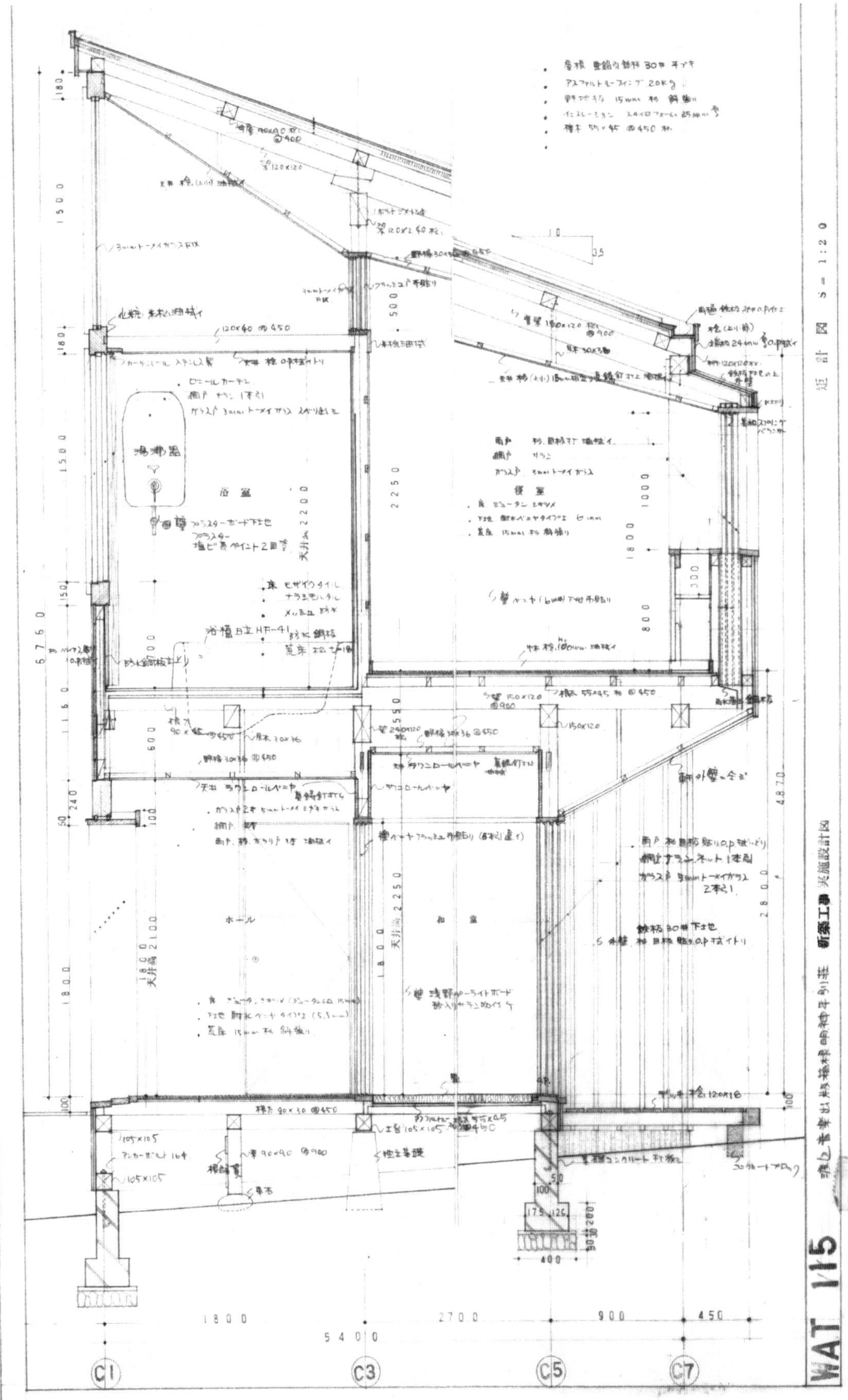

「プラザハウス」（プライベート空間棟）矩計図　S＝1/40（原図を50％に縮小）　中央部は省略されて描かれている。

宮脇 檀

「あかりのや」
（立松邸）

この「あかりのや」と名づけられた住宅は、宮脇檀が提案した「混構造住宅」の初期の作品の一つである。「混構造」とは鉄筋コンクリート造と木構造の長所を生かし、一体化した建築である。

「あかりのや」は半地下階と1階部分をRC造で壁式造、2階部分を木構造で構成されている。特に2階部分の木造部は、柱や桁や梁などを主構造体とした「軸組構造」である。この軸組構造は柱や梁を主体とし、その間に壁や建具をはめ込んでいく構造で、柱や梁を見せる「真壁造」といわれる様式である。「あかりのや」の構造は、この柱梁で構築する軸組真壁づくりであるため、空間に軽快感と開放感がある。また、柱と柱の間に建具を入れる構造であるため、用途に応じて建具を取り外すことによって、部屋の広さを自由に変えることができる。

2階の木造部は1階の重厚さと、「対比的に軽快に見せたい」という宮脇の意匠上の意図から、できるだけ細い部材を使っている。そのため、その部材の細さを構造的に補うために梁や桁の中にワイヤーを入れ、端部で締めつけて梁に強さを与えている。また、屋根の棟の部分にトップライトを設け、台所や玄関に光を導くようになっているが、ゆるい勾配の屋根のトップライトは雨漏りがしやすいため、板金でていねいに納めている。

図面提供：宮脇 彩

「あかりのや」矩計図　S＝1/30（原図を66.6%に縮小）

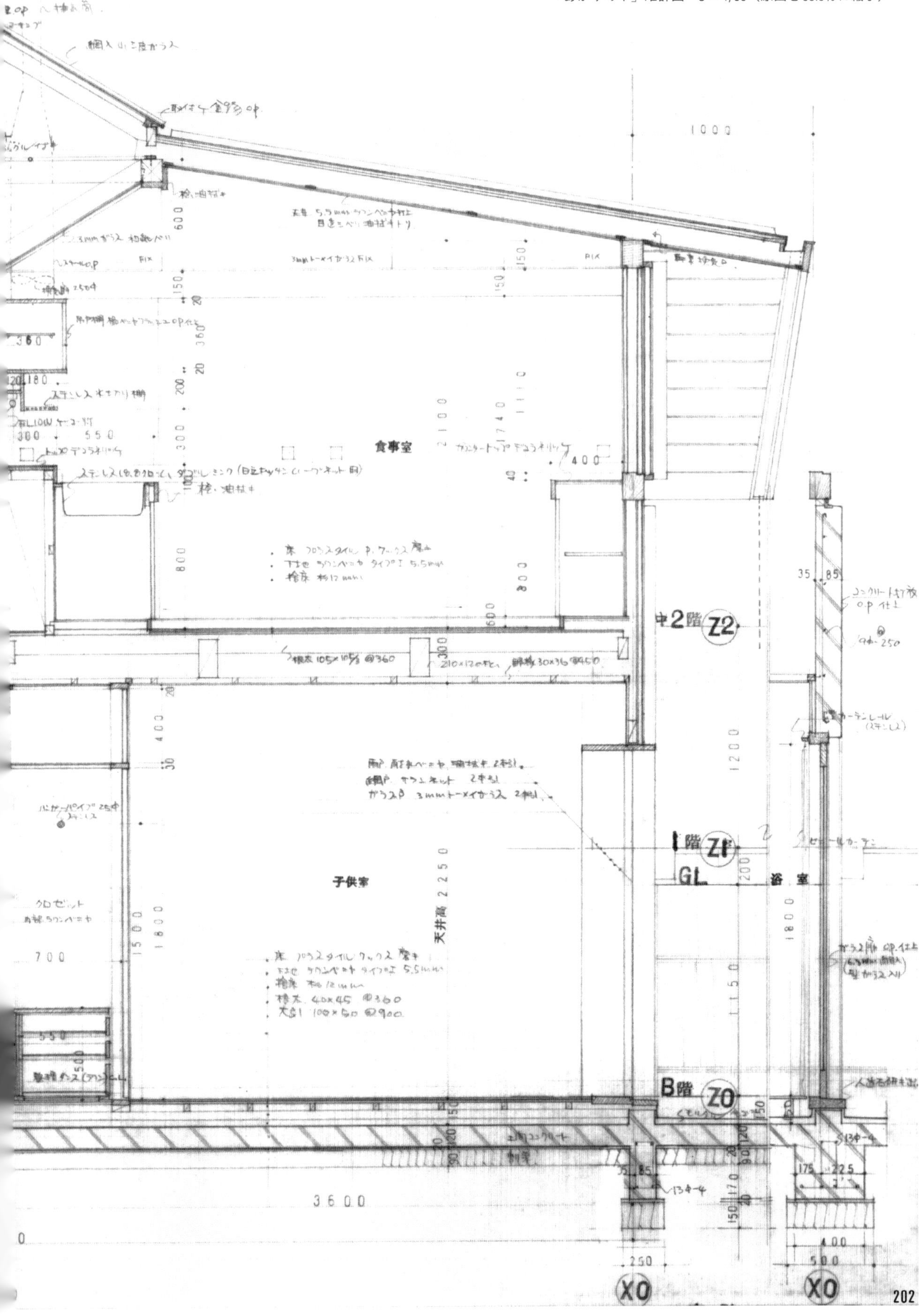

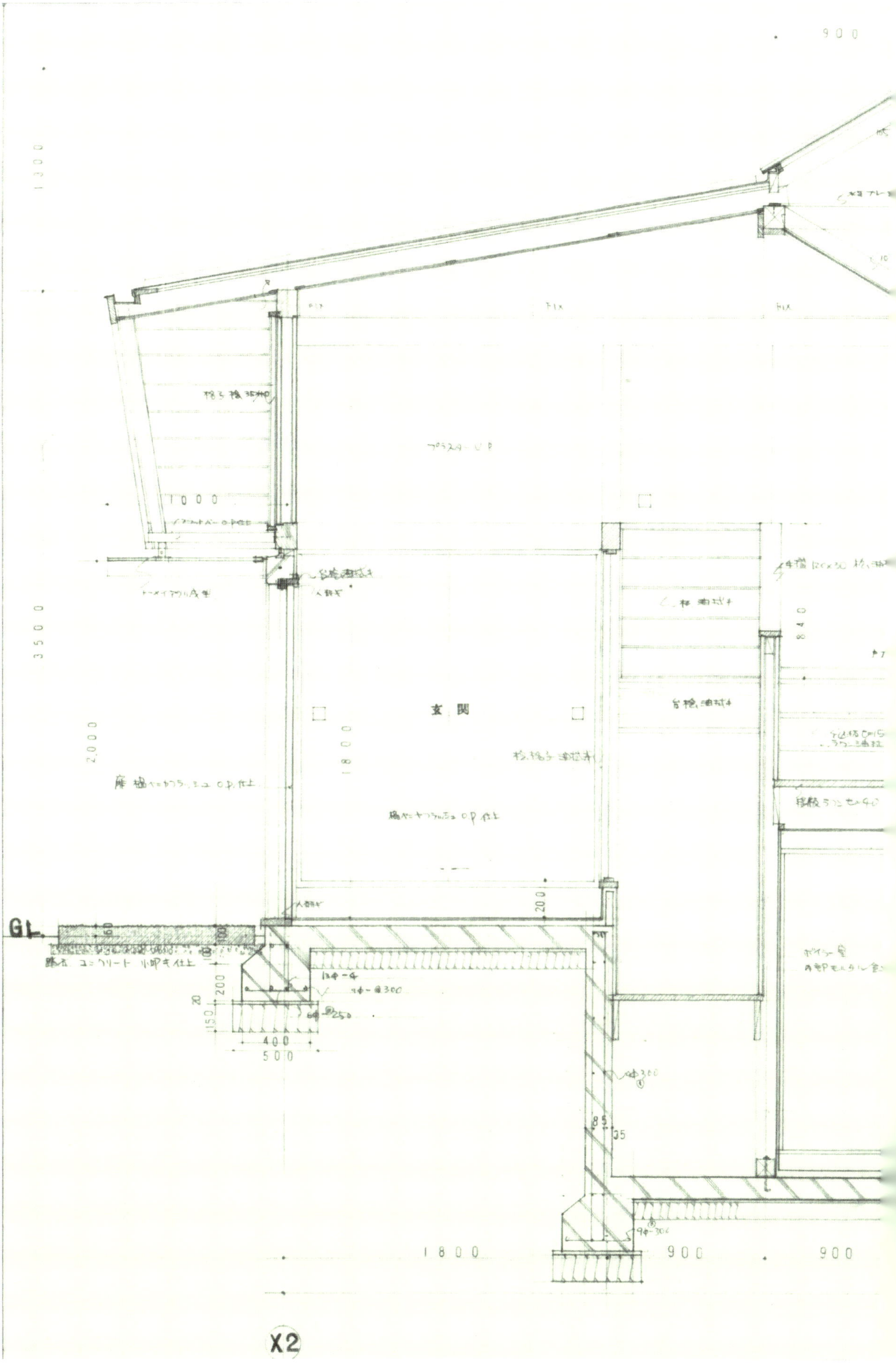
900
1300
FIX
FIX
FIX
1000
3500
玄関
2000
1800
840
GL
200
400
500
150
85
35
1800
900
900
X2

用語解説

あ

相じゃくり（あいじゃくり）
材料などを接合させるために、両方の板に半分ずつ彫ってつなぐこと。

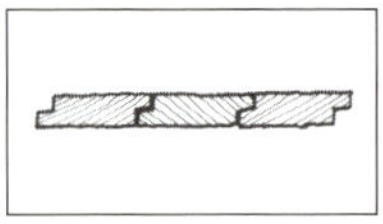
相じゃくり

アスファルトフェルト
原紙（フェルト）にアスファルトを浸み込ませたもので、主に外壁下地材として使用する。

アスファルトルーフィング
板紙にアスファルトを浸み込ませた防水材料。屋上や屋根に敷いて雨水の浸入を防ぐ。

雨押え（あまおさえ）
外壁と屋根が接触する部分、外壁と窓の上枠部分から雨水が浸入することを防ぐ部材やその部分。

アンカーボルト
木造建築物において基礎コンクリートと土台を接合する際に、基礎コンクリート内に埋め込んで固定されるボルトのこと。

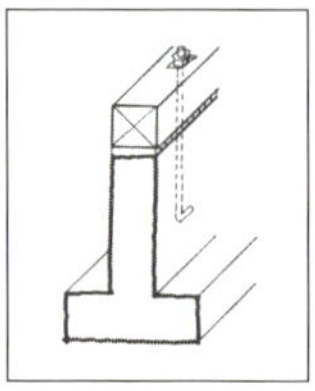
アンカーボルト

アングル
L型の鋼材、もしくは金物。

アンダーカット
ドア部分の通気性を確保するために、建具下部を切り取ること。

イペ
南洋材。硬くて腐りにくいのでデッキ材などに使用される。

入隅（いりずみ）
入りコーナー、反対は出隅。

塩ビシート（えんびしーと）
ポリ塩化ビニルシートのこと。硬質塩化ビニルと軟質塩化ビニルの2種類ある。燃えにくく、高い防水性をもっているので防水シートとして使われる。

大壁（おおかべ）
柱の外側に仕上材が張られ、柱自体が隠れて見えない壁のこと。主に洋室などに使われることが多い。大壁に対して仕上材が柱の内側で仕上がり、柱が見える壁を真壁という。

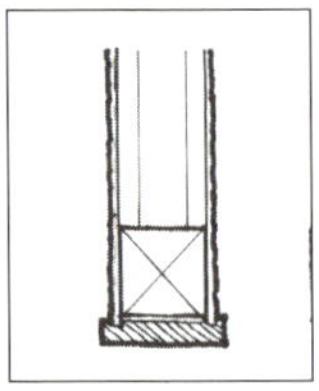
大壁

大手（おおで）
建具の縁（扉の小口）で、扉枠と当たる箇所。フラシュ戸ではこの部分に5ミリ程度の薄板で大手張りする。

大引（おおびき）
1階床下にある構造材。根太という床面を支える部材を支持している。

か

鍵（かぎ）
錠を閉めたり開けたりするための道具。

額縁（がくぶち）
窓や出入り口の枠に取り付ける壁との見切り材。化粧材。

笠木（かさぎ）
屋上の防水立ち上がり壁（パラペット）などの上方に取り付けられる水切り用の覆い。

堅木（かたぎ）
硬い木。ケヤキ、タモ、ナラなど。

かぶり厚さ（かぶりあつさ）
鉄筋コンクリートの内部の鉄筋からコンクリートの外側までの厚さ寸法。

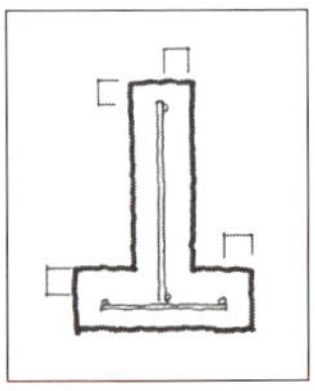
かぶり厚さ

壁倍率（かべばいりつ）
木造耐力壁の強度を示す数値。

唐草（からくさ）
屋根材の軒先の水切りなどのために下部に折り曲がった部分。

ガルバリウム鋼板（がるばりうむこうはん）
アルミニウム・亜鉛合金めっき鋼板。高い防食性を活かして屋根材や外壁材に使用される。

側板（がわいた）
造作における側面の板。

瓦棒葺き（かわらぼうぶき）
屋根の流れに沿い、桟木（心木）を設け、その間に雨水の流れとなる凹形の溝板を設置し、心木をカバー鉄板で覆う葺き方。

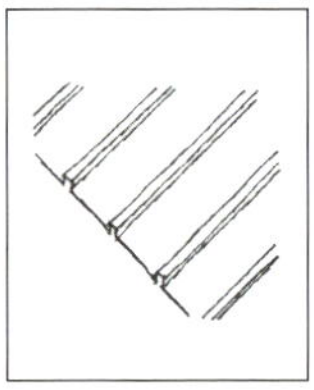
瓦棒葺き

寒冷紗（かんれいしゃ）
塗装時に、下地の目地割れ、ひび割れを防ぐために下地に貼るガーゼ状の布。

木摺り（きずり）
塗り壁に使う、幅30ミリ程度の小幅の板。漆喰塗りの場合はスノコ状に一定間隔をあけて柱に打ち付ける。モルタル塗りの場合は木摺りの上にアミ状の金属（ラス）を張り、塗り下地をつくる。

基礎パッキン（きそぱっきん）
基礎コンクリートと土台の間に入れるパッキン材。土台パッキンともいう。

気密パッキン（きみつぱっきん）
サッシの気密性を高めるために、枠や建具に取り付けられる部材。塩化ビニルやゴム系の素材でできたものがある。ピンチブロックやパイル状のモヘヤがある。

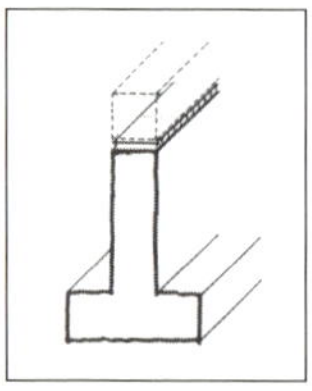
基礎パッキン

許容応力度（きょようおうりょくど）
部材が破壊しない強度のこと。代表的なものに、圧縮、引張り、曲げ、せん断などがある。

グラスウール
細かいガラス繊維でできたマット状の素材で断熱材として用いる。

クリアランス
隙間。あき寸法のこと。

クレセント
引き違いアルミサッシなどの窓締まり金物。

ケイカル板（けいかるばん）
ケイ酸カルシウム板。耐火、断熱、遮音性能に優れ、比重も軽く加工性がよい。

珪藻土（けいそうど）
海や湖に生息している単細胞の植物プランクトンの死骸が堆積してできた土層から採取される土。多孔質であることから、断熱性があり温度の吸放出性が高く、内装材料として用いられる。

蹴込み板（けこみいた）

階段の蹴上げ部分の板のこと。

化粧ストレート（けしょうすとれーと）
セメントを主材料として、平形や波形に成形された屋根材。

結露受け樋（けつろうけとい）
トップライトなどのガラスに結露した水を受けて流すための樋。

けらば
切妻屋根の妻側の端部。

鋼製束（こうせいづか）
床を支える鉄製の束。ネジ製になっていて、レベル調整が容易にできるものもある。

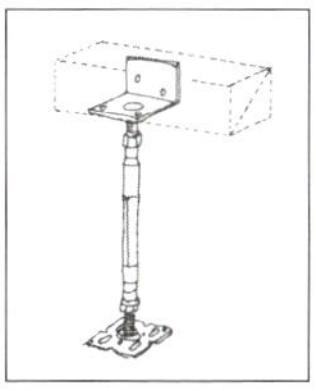
鋼製束

構造用合板（こうぞうようごうはん）
構造上主要な部分に使われる合板。主に床材や壁材や屋根材の下地材に使われる。

剛床（ごうしょう）
床面を構造用合板などで打ち付け、限りなく面状にした床。ネダレスとほぼ同じ意味。

小口（こぐち）
木材繊維の切り口が見える部分。ガラスなどはその切断面。

小端立てスノコ（こばだてすのこ）
木材の長方形断面の長辺を縦に、短辺を上下に使用したスノコ。

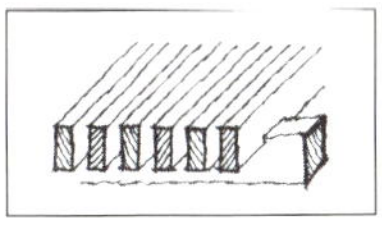
小端立てスノコ

コーナービート
壁の出隅の角を保護するためのL型のコーナー下地材料。

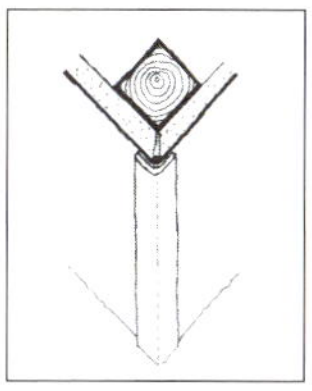
コーナービート

コンクリートの中性化（こんくりーとのちゅうせいか）
空気中の酸素により、アルカリ性のコンクリートが中性化すること。中性化すると、コンクリートの中の鉄筋の酸化を防げなくなるため、十分なかぶり厚さを必要とする。

さ

サイディング
定形のサイズでつくられた既製品の外壁材の総称。材質は窯業系のものや金属系のものなどがある。

在来工法（ざいらいこうほう）
主要構造部の土台、柱、梁、桁などで構成される木造の工法。軸組工法ともいう伝統的な工法。

ささら桁（ささらげた）
階段の段板を下から支える階段の構造材。

地板（じいた）
床に使用する厚板。

ジェットバーナー仕上げ（じぇっとばーなーしあげ）
石材の表面に冷水を散布しながらバーナーで焼き、凹凸をつくる。滑り止めに使われる。

シージングボード
インシュレーションボードの一種でアスファルトを塗布するなどし、吸水性を抑えた材料。

止水板（しすいばん）
基礎などのコンクリートの打継ぎ部分に入れる、外からの水の浸入を防ぐための金属板、もしくはゴム製の板。防水板とも呼ばれる。

漆喰（しっくい）
消石灰に海藻糊やスサまたは砂を混ぜた左官材料。

シナランバーコア
小角材を寄せ集めた芯材（コア）の両面にシナベニヤを張った三層構造の材料。

しゃくり
材料を接合させるために、板に溝を彫ったり、突起をつけたりすること。

住宅瑕疵担保責任保険（じゅうたくかしたんぽせきにんほけん）
「住宅の品質確保の促進等に関する法律」では、売主または請負人に対して、住宅の特に重要な部分について、10年間の瑕疵担保責任を義務づけている。万が一、業者が倒産しても購入者が補修費用などを負担しないでも済むためのもの。

錠（じょう）
扉が開かないようにするための金物。ロック、錠前。

障子（しょうじ）
出入り口や窓に用いる建具のこと。一般的には障子紙を張った光の入る明り障子を指す。

シーリング
防水や気密を目的とする目地埋め材。

真壁（しんかべ）
柱の内側で仕上がる壁。主に和室の仕様で多く使用される。

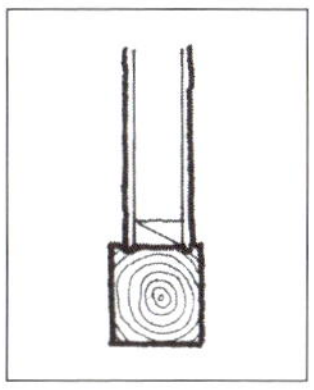
真壁

シングル配筋（しんぐるはいきん）
鉄筋コンクリート造の屋根、壁、床などの一重の鉄筋配筋。

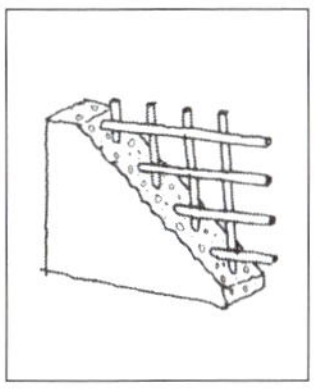
シングル配筋

シンダーコンクリート
防水押さえなど、強度を必要としない部分に使う軽量コンクリート。

水平構面（すいへいこうめん）
床で構成されている水平面のこと。耐震など、ねじれ防止などにつながる重要な要素。

筋交（すじかい）
柱と柱の間に入れる斜め材で、建物の構造体を補強する部材。

捨てコンクリート（すてこんくりーと）
基礎底面を平にならしたり、基礎の中心をマークしたりするなどのために捨て打ちするコンクリートのこと。

スチールPL
鋼板・鉄板のこと。

スペーサー
コンクリート打設時に、コンクリートのかぶり厚さを確保するために型枠や捨てコンクリートと鉄筋との間に設ける仮設部材。

墨出し（すみだし）
コンクリートや木材に墨ツボ、墨糸、墨差しで通り芯や柱芯などの線や印を付ける作業。

スライドレール
引き出しやスライド天板などの出し入れをスムースに行うための金具。

スライド丁番（すらいどちょうばん）
丁番の回転軸がスライドする丁番。

背板（せいた）
造作における背面の板。

石膏ボード（せっこうぼーど）
プラスターボード（PB）。石膏を芯材とし、表面をボード用の厚紙で被覆した無機質ボード。

折板葺き（せっぱんぶき）
鉄板を台形状に折り曲げ加工して、屋根材とした葺き方。長いスパンを飛ばせる。

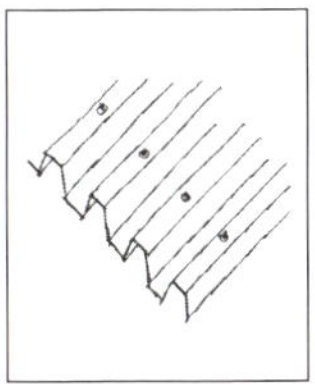
折板葺き

セランガンバツ
南洋材。硬くて腐りにくいのでデッキ材などに使用される。

膳板（ぜんいた）
窓枠、額縁の一部で下枠のこと。

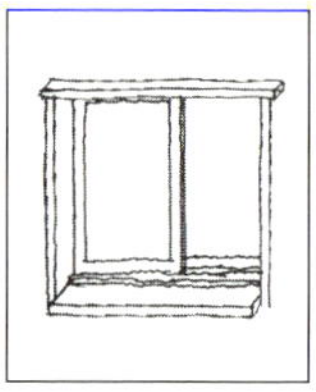

膳板

た

耐圧盤（たいあつばん）
鉄筋コンクリートの基礎の底部のこと。基礎スラブともいう。

耐力壁（たいりょくへき）
建物の横からの力を支える壁。建物は上からの力に対しては強いが、横からの力（地震力や風圧力）には弱いため、この耐力壁を設ける。

台輪（だいわ）
フロアキャビネットの高さ調整のための台座、巾木にもなる。

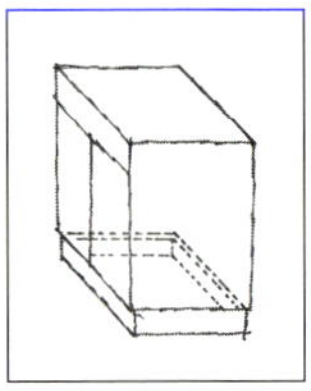

台輪

竹小舞（たけこまい）
タテヨコに竹を渡してワラ縄で結束した土塗り壁の下地。

三和土（たたき）
粘土と石灰とにがり、塩化マグネシウムを混ぜて小槌などで叩いて締め固めた床。

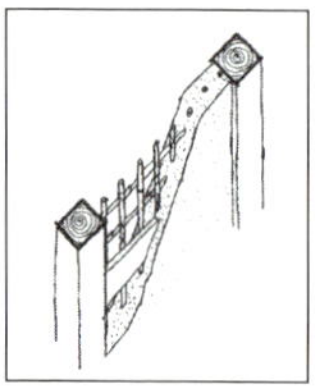

竹小舞

畳寄せ（たたみよせ）
畳と壁の間に入れる見切り材。

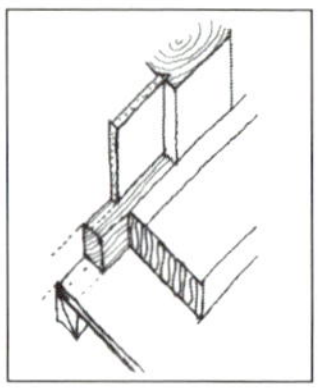

畳寄せ

竪ハゼ葺き（たてはぜぶき）
水の流れる方向に延びる細長い金属板を接続するために、お互いを折り曲げて、その部分を立てる納まり。

縦羽目板張り（たてばめいたばり）
壁、天井などの板張りで板を矧ぎ合わせて縦に平坦に張ること。横に張るのは横羽目板張り。

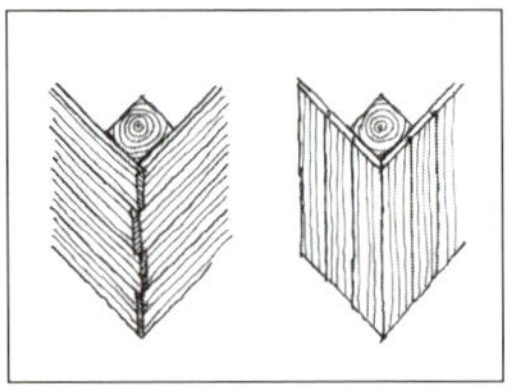

横羽目　縦羽目

ダブル配筋（だぶるはいきん）
鉄筋コンクリート造の屋根、壁、床などの二重の鉄筋配筋。

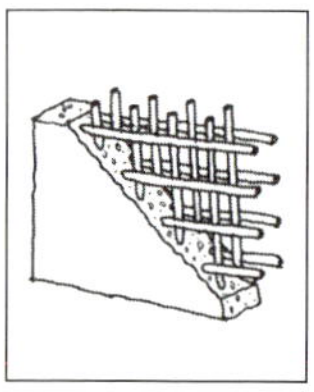

ダブル配筋

段板（だんいた）
階段の足を載せる板のこと。踏板ともいう。

断熱材（だんねつざい）
熱移動、熱伝達を抑えるための熱伝導率の低い材料。建築では繊維系断熱材として、グラスウール、ロックウール、羊毛。発泡系断熱材ではウレタンフォーム、フェノールフォームなどがある。

力桁（ちからげた）
階段に使用する部材で、段板の真ん中を支えるように斜めに架け渡した1本の太い角材のこと。

地耐力（ちたいりょく）
地盤が建物を支えられる強度を数値化したもの。

地中梁（ちちゅうばり）
地盤よりも下の基礎梁。

チリ
平行する二つの面の段差のこと。

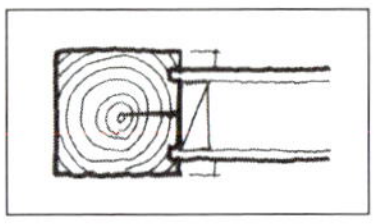

チリ

通気胴縁（つうきどうぶち）
外壁の仕上材の下地で、通気層を設けるための縦に入れる胴縁（15×40@455）。

突板（つきいた）
高価な木材を薄くスライスしたもの（0.2～1.0ミリ）。

突き付け（つきつけ）
板などを貼るときに、隙間なくぴったりとくっつける納まり。

土壁（つちかべ）
和風建築の伝統的な壁の一つ。土を使用してつくられる左官仕上げの壁の総称。

吊木（つりぎ）
天井や棚などを上方から吊り支えるための部材。天井に使われる場合は、天井の野縁受けを小屋梁などから吊り支える。

天然ストレート（てんねんすとれーと）
粘板岩を薄く板状に成形した天然素材。

天板（てんばん）
カウンターや机などの上部の板。

凍結深度（とうけつしんど）
冬場に気温が0℃以下になると、地盤も凍結する。この凍結する平均的な深さのことであり、地域によって異なる。地盤が凍結すると盛り上がり、基礎や埋設管が損傷することがある。

透湿防水シート（とうしつぼうすいしーと）
水は通さないが、湿気（水蒸気）は通すシート。主に木造住宅の外壁側に使われ、雨の浸入を防ぎながら壁内の湿気を排出できる。

銅板葺き（どうばんぶき）
銅板で葺いた屋根。炭酸ガス中に置いておくと緑色の緑青ができ、耐食性がよくなる。他の金属板と比べると高価な材料。

戸じゃくり（とじゃくり）
建具が枠にぴったりと納まるように、建具が枠に当たる部分を溝状に削ること。

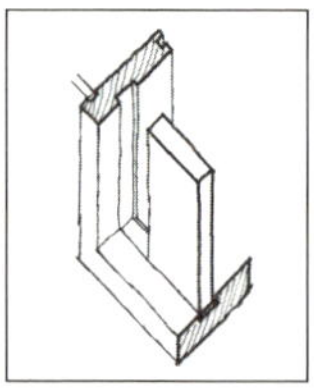

戸じゃくり

土台（どだい）
木造建築物で基礎コンクリートの上に設けられる木材。

土間コンクリート（どまこんくりーと）
地面に砂利や砕石を敷き込み、突き固め、その上に直接コンクリートを打ってつくられた床。ひび割れ防止のために鉄筋を入れる場合が多い。

ドライエリア
地下において、採光や通風を得るために、建物外壁に沿って掘り込んだ部分。空堀（からぼり）ともいう。

ドライエリア

な

内外（ないがい）
だいたいその見当であること。

二重壁（にじゅうかべ）
地下の壁をつくる場合、構造壁の内側に防水、防湿のために設けるもう一枚の壁の納まりのこと。

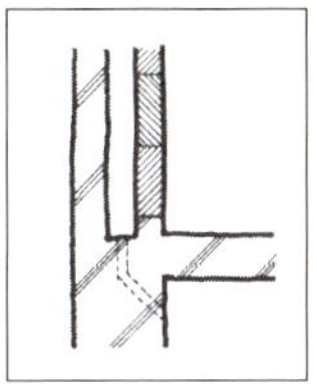
二重壁

貫（ぬき）
柱と柱の間に入れる水平材。この貫を使ったものを貫工法といい、古くからある木造の伝統工法の一つ。

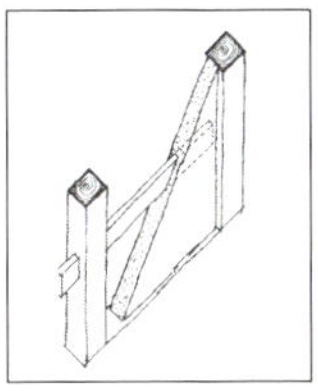
貫

根入れ（ねいれ）
地盤面よりも下に入っている部分。

ネオプレンゴム
スチールサッシなどで、気密性を上げるために使用するゴム。

根伐り（ねぎり）
基礎をつくるために地盤を掘削すること。

根太（ねだ）
床材もしくは床下地材を支える部材。

練付（ねりつけ）
木材や合板などの表面に化粧用として突板や樹脂板などを張り付けること。

野地板（のじいた）
屋根下地で垂木の上に貼る板のこと。

野縁（のぶち）
天井仕上げ工事において、仕上材を張り付けるための下地に使われる部材。

野縁受け（のぶちうけ）
野縁を支えるために、野縁と直行方向に入れる天井下地材。

登り梁（のぼりばり）
屋根の勾配に合わせて斜めに架けられた梁材。

は

ハイサイドライト
外壁の高い位置に設けられた、主に採光のための窓。

矧ぎ合わせ（はぎあわせ）
複数の小幅の木材を、幅広の木材になるように組み合わせていくこと。

羽子板ボルト（はごいたぼると）
片方が板状、片方がボルトになっている羽子板状になっている接合金物。梁材と梁材を接合するのに用いる。

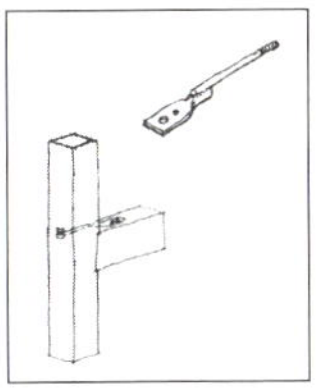
羽子板ボルト

はっかけ
ドアや窓の枠材の見える部分を小さく見せる納まり。

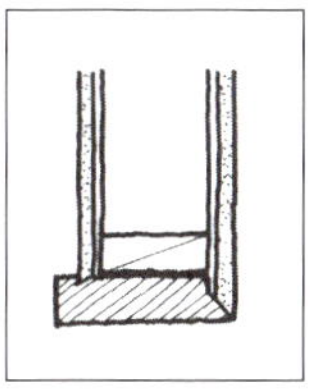
はっかけ

バックアップ材（ばっくあっぷざい）
目地の深さを調整し、3面接着を防止する材料。発泡ポリエチレンなどが使われる。

鼻隠し（はなかくし）
屋根の軒先に付けられる板のこと。

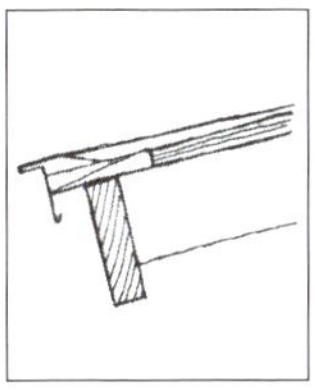
鼻隠し

巾木（はばき）
壁の最下部に取り付ける横材のこと。壁下部の損傷を防ぐとともに、壁と床の見切り材としての役目をもつ。巾木が壁面から出ているものを出巾木、壁面よりも引っ込んでいるものを入巾木、そして壁材を施工した後に付ける付巾木という。

破風板（はふいた）
軒先のけらば側に付けられる板のこと。

ハンチ
主に鉄筋コンクリート造の梁の両端部付近で、梁の下面が一定の勾配をもって傾斜し、梁の付け根にいくにしたがって大きくなる部分をいう。

火打ち梁（ひうちばり）
床組や小屋組の変形を防止するために斜めに入れる梁材。

引手（ひきて）
引き戸の開閉のために手をかけるための金物。

ビニルクロス
ポリ塩化ビニルを主材とする壁紙。

広小舞（ひろこまい）
軒先に付けられる角材のこと。

ピンチブロック
木製建具などの気密性を上げるために使用する気密材。

フィラー
キャビネットなどと壁面との隙間を埋める部材。

フーチング
基礎の形式によって形は異なるが、建物の力を地盤、もしくは杭に伝える面で、底部が広がった部分のこと。

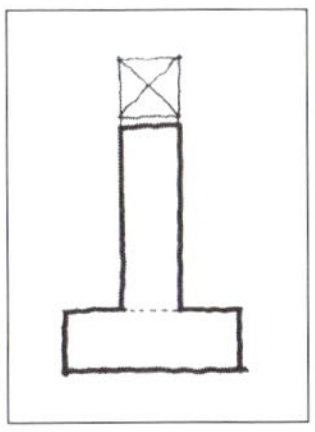
フーチング

フラッシュパネル
木で枠を組み、両面に合板などを張って平坦に仕上げたパネル。

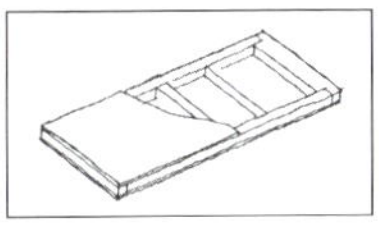
フラッシュパネル

縁石（ふちいし）
外構などの床材の端部に入れる石。

防湿コンクリート（ぼうしつこんくりーと）
木造建築物で地盤からの湿気を防ぐため、床下地面に厚さ60ミリ以上で打設されたコンクリート。

防湿シート（ぼうしつしーと）
湿度を止めるためのシート。土間コンクリートの下などに敷く。

防水紙（ぼうすいし）
防水性のある紙、シート。アスファルトフェルト、アスファルトルーフィング、透湿防水シートなど。

防鼠材（ぼうそざい）
鼠よけの網などのこと。

方立（ほうだて）
窓や枠の縦材。もしくはまぐさと窓台との間に設ける垂直材。

ホールダウン金物（ほーるだうんかなもの）
基礎コンクリートに埋め込まれたボルト。基礎と土台を緊結するアンカーボルトとは違い、土台を貫通し、基礎と柱を緊結することにより、地震時などに柱が引き抜かれるのを防ぐ効果がある。

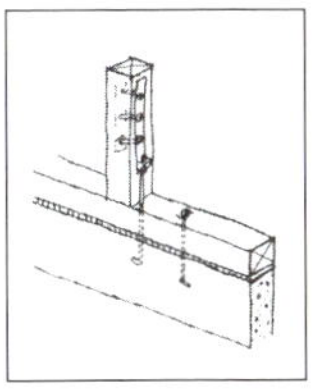
ホールダウン金物

補強ブラケット（ほきょうぶらけっと）
枠などの材料を壁から持ち出すときに使用する補強材。

ポリ合板（ぽりごうはん）
化粧板と合板などを貼り合わせた上にポリエステル樹脂を塗布し、フィルムをかけてロールで樹脂を伸ばして硬化させたもの。

ポリ合板フラッシュ（ぽりごうはんふらっしゅ）
ポリエステル化粧板を張った表面が平らな建具。中空なので軽く、歪みにくく安価。

本実（ほんざね）
矧ぎ合わせの一種。板の側面それぞれに凸部と凹部をつくり、はめ込む方法。

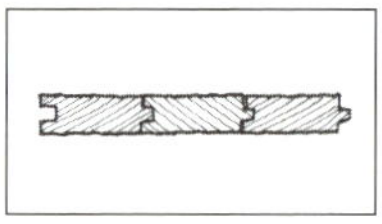
本実

本磨き（ほんみがき）
石材の仕上げの一つ。表面が平滑でもっともツヤのある仕上げ。

ま

まぐさ
窓やドアの開口部上部に設けられる横材。

窓台（まどだい）
窓枠の下地材で、窓の下枠（膳板）などを受ける補強材。

間柱（まばしら）
柱と柱の間に入れる垂直材。壁の下地材として使われるが主要構造部材ではない。

見えがかり線（みえがかりせん）
図面を描く上で、断面の先に見える部材などを表す線。断面線よりも細く表現する。

見込み（みこみ）
部材の正面から見たときの側面の奥行。

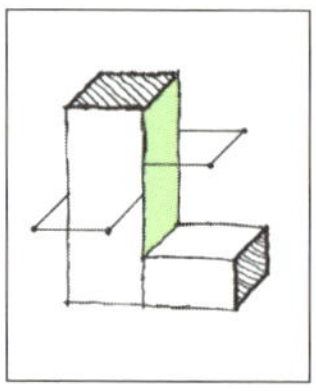
見込み

水上／水下（みずかみ／みずしも）
屋根やベランダ、土間などの勾配で高いところが水上、低いところが水下。

水切り（みずきり）
雨水の壁の中への浸入や、外壁の汚れを防ぐ、水を切る部材のこと。主にサッシの下側に取り付けられる。

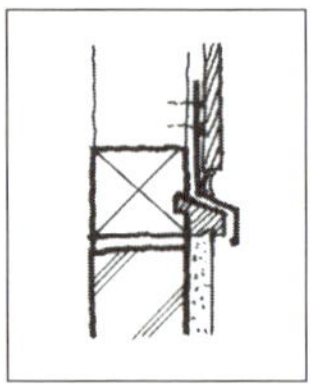
水切り

見付け（みつけ）
部材の正面から見える面のこと。

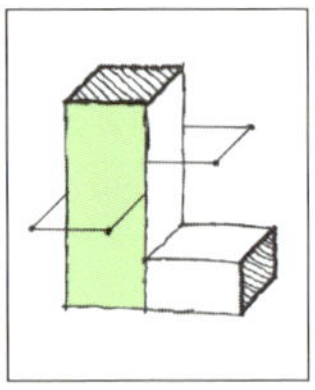
見付け

目透かし（めすかし）
天井や壁などで、板やボード状部材を張るときに多少の隙間をあけて納める方法。

面戸板（めんどいた）
桁の上の垂木と垂木の間を埋める板。

モヘア
建具の気密性を上げるために枠と建具の間に入れる毛（パイル）状の気密材。

モルタル
セメントと砂を混ぜたもの。セメント：砂は1：2、1：3程度。

ら

ラスモルタル
モルタルがくっ付きやすくなるように金属網（ラス網）下地に塗ったモルタル。

わ

ワイヤラス
モルタル塗りの下地に用いるメッシュ状の金網。金属製薄板に一定の切れ目を入れ、伸ばしたメタルラスや、ボードにラス状のものは張り付けられたラスカットボードを用いることもある。

割栗石／砕石（わりぐりいし／さいせき）
基礎の下に設ける基礎と地盤をつなぐための石で、12～15センチ程度の石。最近では岩石を砕いた砕石を使用することが多い。

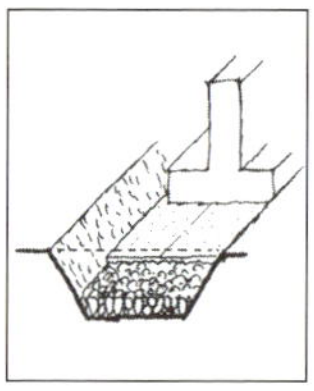
割栗石

英

AEP
合成エマルジョンペイント一種。アクリルエマルジョンペイントと呼ばれている。耐水性、耐熱性があり、セメント系にも塗装できる。

CL
ニトロセルロースを主材とした木材用透明材料。家具、建具などに幅広く用いられる。

EP
合成エマルジョンペイント。壁、天井など広く使われ安価。耐水性、対アルカリ性に劣る。

FB
フラットバー。平鋼。平らな細長い鋼材。

FRP防水
ガラス繊維などを補強材とし、液状のポリエステル樹脂と一体化させた塗膜防水。

LVL
単板構造用積層板。切削機で切削された繊維方向をすべて平行にして接着、積層した木材加工品。

OP
オイルペイント。安価で肉づきがよく、密着性、対衝撃性、耐候性に優れているが、乾燥が遅い。対薬品性が悪く臭が残るなどの欠点がある。

OS
オイルステイン。木の表面のテクスチャなどを残しながら半透明に着色する油性塗料。

PL
プレート。鉄板もしくはアルミなどの平板。

SUS
ステンレス鋼。

UC
ウレタンワニス。ウレタン樹脂塗料。

V溝レール
レール形状が凸形ではなく、V形に凹んだ引き戸用レール。床、もしくは下枠に埋め込んで使用する。

@
間隔を示す。

著者略歴

中山 繁信 なかやま・しげのぶ

法政大学大学院工学研究科建設工学修士課程修了
宮脇檀建築研究室、工学院大学伊藤ていじ研究室を経て
2000 ～ 2010 年　工学院大学建築学科教授
現在、TESS 計画研究所主宰
著書　『イタリアを描く』　彰国社　2015 年
『美しい風景の中の住まい学』　オーム社　2013 年
『世界で一番美しい住宅デザインの教科書』　エクスナレッジ　2012 年
『世界のスローハウス探検隊』　エクスナレッジ　2008 年
『手で練る建築デザイン』　彰国社　2006 年
『住まいの礼節』　学芸出版社　2005 年
『現代に生きる境内空間の再発見』　彰国社　2000 年　など多数

細谷 功 ほそや・いさお

東洋大学工学部建築学科卒業
寺井徹設計室を経て
1991～2012 年　東洋大学建築学科非常勤講師
現在、スタジオ 4 設計主宰
工学院大学建築学部非常勤講師
APEC 登録建築家
共著書　『矩計図で徹底的に学ぶ住宅設計［S 編］』　オーム社　2017 年
『矩計図で徹底的に学ぶ住宅設計［RC 編］』　オーム社　2016 年
『家づくりの裏ワザ アイデア図鑑』　エクスナレッジ　2015 年
『世界で一番やさしいエコ住宅』　エクスナレッジ　2011 年
『建築家の名言』　エクスナレッジ　2011 年
『木造住宅納まり詳細図集』　エクスナレッジ　2008 年

長沖 充 ながおき・みつる

東京芸術大学大学院建築科修了
小川建築工房、TESS 計画研究所を経て
現在、長沖充建築設計室主宰
都立品川職業訓練校非常勤講師
会津大学短期大学部非常勤講師
著書　『見てすぐつくれる建築模型の本』　彰国社　2015 年
共著書　『矩計図で徹底的に学ぶ住宅設計［S 編］』　オーム社　2017 年
『矩計図で徹底的に学ぶ住宅設計［RC 編］』　オーム社　2016 年
『家づくりの裏ワザ アイデア図鑑』　エクスナレッジ　2015 年
『やさしく学ぶ建築製図』　エクスナレッジ　2011 年
『世界で一番やさしいエコ住宅』　エクスナレッジ　2011 年
『建築家の名言』　エクスナレッジ　2011 年
『階段がわかる本』　彰国社　2010 年

蕪木 孝典 かぶらき・たかのり

筑波大学大学院芸術研究科修了
現在、㈱中央住宅 戸建分譲設計本部所属
東京建築士会環境委員会委員
共著書　『矩計図で徹底的に学ぶ住宅設計［S 編］』　オーム社　2017 年
『矩計図で徹底的に学ぶ住宅設計［RC 編］』　オーム社　2016 年
『世界で一番やさしいエコ住宅』　エクスナレッジ　2011 年

伊藤 茉莉子 いとう・まりこ

日本大学生産工学部建築工学科卒業
2005～2014 年　谷内田章夫／ワークショップを経て
2014～2019 年　KITI 一級建築士事務所を経て
現在、Camp Design inc. 共同主宰
会津大学短期大学部非常勤講師
共著書　『矩計図で徹底的に学ぶ住宅設計［S 編］』　オーム社　2017 年
『矩計図で徹底的に学ぶ住宅設計［RC 編］』　オーム社　2016 年
『世界で一番美しい名作住宅の解剖図鑑』　エクスナレッジ　2014 年

杉本 龍彦 すぎもと・たつひこ

工学院大学大学院修士課程修了
現在、杉本龍彦建築設計事務所主宰
共著書　『矩計図で徹底的に学ぶ住宅設計［S 編］』　オーム社　2017 年
『矩計図で徹底的に学ぶ住宅設計［RC 編］』　オーム社　2016 年

協力
片岡菜苗子（篠崎健一アトリエ勤務）
今村昂広（日本大学大学院生産工学研究科在籍）

装幀・本文デザイン
細山田光宣
相馬敬徳（ラフターズ）

• 本書の内容に関する質問は，オーム社ホームページの「サポート」から，「お問合せ」の「書籍に関するお問合せ」をご参照いただくか，または書状にてオーム社編集局宛にお願いします．お受けできる質問は本書で紹介した内容に限らせていただきます．なお，電話での質問にはお答えできませんので，あらかじめご了承ください．
• 万一，落丁・乱丁の場合は，送料当社負担でお取替えいたします．当社販売課宛にお送りください．
• 本書の一部の複写複製を希望される場合は，本書扉裏を参照してください．

JCOPY ＜出版者著作権管理機構 委託出版物＞

苦手克服！ これで完璧！
矩計《かなばかり》図《ず》で徹底的に学ぶ住宅設計

2015年4月15日　　第1版第1刷発行
2025年6月10日　　第1版第12刷発行

著　者　中山　繁信
　　　　細谷　　功
　　　　長沖　　充
　　　　蕪木　孝典
　　　　伊藤　茉莉子
　　　　杉本　龍彦
発行者　髙田　光明
発行所　株式会社 オーム社
　　　　郵便番号　101-8460
　　　　東京都千代田区神田錦町3-1
　　　　電話　03(3233)0641(代表)
　　　　URL　https://www.ohmsha.co.jp/

© 中山繁信・細谷功・長沖充・蕪木孝典・伊藤茉莉子・杉本龍彦 *2015*

印刷　壮光舎印刷　　製本　牧製本印刷
ISBN978-4-274-21740-1　Printed in Japan

関連書籍のご案内

知りたい
ディテール満載！

木造住宅 パーフェクト 詳細図集

丸山 弾 著
B5判／ 288ページ／ 1色＋4色刷
定価（本体3,500円【税別】）

第1篇 設計

- アプローチに対して軒高を低く抑える
- スキップフロアにして上下階につながりをもたせる
- 玄関を中央に配置して、動線の床面積をまとめる
- 棟木の位置で断面形状を変形させる
- 光の入り方や視線の抜けを多様化させる

ほか

第2篇 枠廻り詳細

- 枠とともに建具のディテールも決める
- 垂れ壁と腰壁を付けて、空間の重心を下げる
- 収納の深さを変えて、物を収める
- 内庇を設けて、窓辺に居場所をつくる
- 開口部のプロポーションと障子の割付を調整する
- 隠し框にして、より視覚的なつながりを

ほか

第3篇 水廻り詳細・その他

- 一間グリッドをずらして建具を納める
- 台所と居間との境界線とメリハリ
- ダイニングに落ち着きを出す高さ
- スキッププランの踏面・蹴上寸法はゆったりと
- さまざまなレベルから楽しめる植栽計画
- 照明で明暗の間をとる

ほか

些細なディテールの積み重ねが
やがて、大きな差になる
木造住宅6軒分の使用図面を
まるごと1冊にまとめた、
圧巻の詳細図集。

もっと詳しい情報をお届けできます.
◎書店に商品がない場合または直接ご注文の場合も
右記宛にご連絡ください.

ホームページ http://www.ohmsha.co.jp/
TEL／FAX TEL.03-3233-0643 FAX.03-3233-3440

（定価は変更される場合があります）

関連書籍のご案内

名作住宅から学ぶ
窓廻りディテール図集

奥深き「窓」の世界へ、ようこそ！

堀啓二＋共立女子大学堀研究室　編著
B5判／128ページ／4色刷
定価(本体2,500円【税別】)

1	建具を消す(壁内に納める)窓のディテール	吉村順三の窓
2	抜け感をつくる窓のディテール	R. H. シンドラーの窓
3	方立を消す(枠を消す)窓のディテール	G. T. リートフェルトの窓
4	枠を消す窓のディテール	清家 清の窓
5	家具と一体化した適材適所の窓のディテール	ルイス・カーンの窓
6	領域をつくる低い腰壁を持つ窓のディテール	アルヴァ・アアルトの窓
7	立体的な窓のディテール	マリオ・ボッタの窓
8	風を生む窓のディテール	藤井厚二の窓
9	存在を消す窓のディテール	ミース・ファン・デル・ローエの窓
10	光を彫刻する窓のディテール	カルロ・スカルパの窓
11	連続する窓のディテール	ル・コルビュジエの窓［前篇］
12	開きつつ閉じる窓のディテール	ル・コルビュジエの窓［後篇］
13	自由な窓のディテール	千利休の窓

もっと詳しい情報をお届けできます.
◎書店に商品がない場合または直接ご注文の場合も
右記宛にご連絡ください.

ホームページ http://www.ohmsha.co.jp/
TEL／FAX TEL.03-3233-0643 FAX.03-3233-3440

(定価は変更される場合があります)　D-1604-111

関連書籍のご案内

「矩計図さえ読めれば、
住宅設計はもっと楽しくなる！」を合言葉に
図面の読み方から
部位別ディテールの基本、
矩計図ができるまでを
とことん分かりやすく。

矩計図シリーズ「木造」「RC造」「S造」、3冊刊行！

苦手克服！ これで完璧！
矩計図で徹底的に学ぶ住宅設計
中山繁信・細谷功・長沖充・蕪木孝典・伊藤茉莉子・杉本龍彦 共著
B5判／224ページ／2色刷 定価（本体2,800円【税別】）

苦手克服！ これで完璧！
矩計図で徹底的に学ぶ住宅設計［RC編］
中山繁信・細谷功・長沖充・蕪木孝典・伊藤茉莉子・杉本龍彦 共著
B5判／220ページ／2色刷 定価（本体2,900円【税別】）

苦手克服！ これで完璧！
矩計図で徹底的に学ぶ住宅設計［S編］
杉浦伝宗・細谷功・長沖充・蕪木孝典・伊藤茉莉子・杉本龍彦 共著
B5判／224ページ／2色刷 定価（本体2,800円【税別】）

もっと詳しい情報をお届けできます.
◎書店に商品がない場合または直接ご注文の場合も
右記宛にご連絡ください.

ホームページ http://www.ohmsha.co.jp/
TEL／FAX TEL.03-3233-0643 FAX.03-3233-3440

（定価は変更される場合があります）

D-1704-010